코드를 통해 본
빵형의 실전 Java

코드를 통해 본
빵형의 실전 Java

초　판 | 1쇄 2020년 06월 05일

지은이 | 박명철
발행인 | 이민호

발페이행 | 남가람북스
등페이록 | 2014년 12월 31일 제 2014-000040호
주페이소 | 인천광역시 연수구 송도미래로 30, E동 1910호
전페이화 | 032 506 3536
팩페이스 | 0303 3446 3536
홈페이지 | www.namgarambooks.co.kr
이 메 일 | namgarambooks@naver.com

편　집 | 남가람북스 편집팀
디자인 | 강민정

ISBN | 979-11-89184-05-6

이 책은 저작권법에 따라 보호받는 저작물이므로 무단 전재와 무단 복제를 금지하며, 이 책 내용의 전부 또는 일부를 이용하려면 반드시 저작권자와 남가람북스의 서면 동의를 받아야 합니다. 책값은 표지 뒷면에 있습니다.
잘못된 책은 구입하신 곳에서 바꾸어 드립니다.

코드를 통해 본
빵형의
실전 Java

실무 해결을 위한 실전 실습서(Java 14 최신 버전 포함)

박명철 지음

남가람북스

이 책을 내며...

30년 전 초등학생 시절에 배웠던 BASIC부터 지금 사용하는 Java에 이르기까지 정말 많은 언어를 공부하고 다뤄보았습니다. 필자는 Java를 따로 공부해본 적이 없이 바로 프로젝트에 투입되어 실무로 Java를 익혔습니다. 다른 언어 하나를 제대로 배웠기 때문에 새로운 언어를 학습하는 게 그리 어렵지 않았습니다. 어느덧 Java로 실무 경험을 쌓은 지 10년이 훌쩍 넘어 이제는 나이나 경력이 많은 개발자보다 경험은 조금 부족하지만 젊고 패기 넘치는 개발자와 함께 프로젝트를 수행하고 있습니다.

요즘 시중에 나와 있는 입문서라는 책들을 들여다보면 너무 이론에만 치우쳐 있다는 느낌을 받습니다. 특히, 실제 실무나 실전 개발에서 사용하지도 않는 이론은 정말 이해하기 힘든 부분입니다. 이를 학습하는 학생이나 개발자는 얼마나 비효율적인 공부를 하는 것일까요? 이런 고민을 해결하고 싶다는 생각을 늘 하고 있었습니다. 그러던 중 좋은 기회를 만나 남가람북스와 함께 자바 책을 만들게 되었습니다.

이해하기 힘든 이론보다 실무와 실전 개발에서 사용하는 실습 코드로 결과를 얻어 가는 과정을 쉽게 이해할 수 있게 쓰려고 노력했습니다. 알고리즘 코딩 테스트를 준비하는 취준생을 위해서 기초를 확실히 이해할 수 있도록 많은 실습 코드를 실었습니다. 책을 열 번 읽기보다 한 번 제대로 된 코딩을 해보기 바라는 마음으로 정성껏 준비했습니다. Java는 너무나 방대한 분야입니다. 필요 없다고 판단하는 이론 분야는 과감하게 들어냈지만 실전에서 꼭 필요한 부분은 모두 담으려고 노력했습니다. 더불어, 책에서 부족한 부분을 채워주고 학습 효과를 더 높일 수 있게 필자의 유튜브 채널인 '빵굽는 개발자 빵형'에 있는 '빵형의 실전 자바' 동영상 강의를 들으면서 공부할 수 있습니다.

아울러 한참 딸아이와 시간을 보내야 할 때 글 쓰느라 함께 놀아주지 못한 딸 서현이에게 미안하고 독박 육아를 마다하지 않고 집필에 집중할 수 있게 묵묵히 도와준 아내에게 감사합니다. 여러 가지 문법과 오탈자 하나하나까지 확인해 주느라 많은 고생을 한 남가람북스 편집팀과 원고를 인내하며 기다려 주신 이민호 대표님께 무한 감사에 머리 숙여 마음을 전합니다. 이 책을 보는 모든 독자 여러분에게 소중한 시간이 될 수 있게 최선을 다했습니다. 모쪼록, 세상에 꼭 필요한 Java 개발자가 되었으면 하는 바람입니다.

가정의 달 5월에...

빵형 개발자 **박명철** 드림

들어가며...

이 책은 혼자서도 충분히 공부할 수 있게 예제를 많이 준비했습니다. 실무 SI 프로젝트에서 많이 사용하고 있는 이클립스를 이용하여 스스로 환경을 설정하고 문법을 익히고 예제를 구현하기까지 혼자서 준비하여 코딩할 수 있게 진행하고 있습니다. 너무 이론에 치우치지 않고자 한 가지를 설명하면 바로 실습해보는 형식으로 구성했습니다. 또한, 스스로 공부할 수 있게 핵심을 알려주고 직접 코딩할 수 있도록 전체 코드를 책 본문에 실었습니다.

더불어, 예제 코드를 따라서 입력하며 학습하다가도 이해가 잘 안 될 때는 '빵굽는 개발자 빵형'이라는 필자의 유튜브 채널에서 '빵형의 실전 자바' 재생목록을 통해서 코딩하는 요령과 소스코드의 설명을 인터넷 강의로 보고 들으며 학습효과를 더 높일 수 있습니다.

시중의 책들과 다른 점은 실무에 투입된 신입 개발자가 많이 다루지 않을 네트워킹과 스레드의 내용은 과감히 뺐다는 점입니다. 또한, Java만을 다루지 않고 실제로 많이 쓰이는 외부 라이브러리를 활용한 예제를 준비하여 실무에서 사용하는 기술들을 미리 학습하면서 지루하지 않고 재밌게 학습할 수 있게 준비했습니다. 한 챕터가 끝나면 연습 문제를 통해서 확실하게 익혔는지 확인한 후에 다음 챕터로 넘어가는 형태로 진행합니다.

이 책의 대상 독자

이 책의 대상 독자는 다음과 같습니다.

- Java를 처음 배우고자 하는 학생
- 교육센터나 학원에서 Java를 학습했지만 응용력이 부족한 취준생
- Java 소스코드 분석이 힘든 신입 개발자
- 책으로 이론을 공부해도 이해가 잘 안 되는 개발자

이 책의 구성 및 활용 방법

이 책은 IDE 툴을 무료로 제공하는 이클립스로 진행합니다. 중간중간에 이클립스 단축키를 소개하고 개발에 필요한 외부 기능도 소개합니다. 다른 툴로 학습하여도 상관은 없습니다. Java 버전은 JDK 14가 발표된 지 얼마 되지 않아서 JDK 13으로 설정하여 진행합니다. 학습할 내용을 처음부터 차근차근 따라 하면서 실력을 키울 수 있게 구성하였으며 아직 배우지 않은 기능들을 맛보기로 조금씩 소개도 하고 있습니다.

가능한 현재 배우고 있는 범위 내에서 예제를 구성하려고 노력했으며 진도가 나갈수록 이전에 배운 내용과 함께 응용하여 다양한 예제로 실습할 수 있도록 했습니다. 그러니 중간부터 학습하지 말고 처음부터 학습하되 이미 알고 있는 내용이라면 눈으로라도 가볍게 살펴보고 넘어가세요.

Java 버전은 14버전까지 소개하고 있습니다. 그리고 현재 명령어는 Java의 무슨 버전에서 추가되었다는 안내와 함께 최신 명령어까지 익힐 수 있습니다. 배운 내용은 연습 문제를 통해서 응용할 수 있게 구성했습니다. 한 단원을 학습한 후 연습 문제를 꼭 풀어보고 다음 단원으로 넘어가면 확실하게 이해할 수 있습니다.

소스코드 다운로드 및 Q&A

소스코드 다운로드는 깃허브나 '빵형의 코드가 궁금해' 카페 및 남가람북스 홈페이지 자료실에서 다운로드할 수 있습니다.

이 책으로 공부하다가 이해하기 어려운 부분은 '빵굽는 개발자 빵형'이라는 필자의 유튜브 채널에서 '빵형의 실전 자바' 재생목록을 통해서 동영상 강의로 해결할 수 있습니다. 또한, 공부하다가 궁금한 사항이 생기면 '빵형의 코드가 궁금해' 카페를 통해서 검색하거나 질문하여 해결하기 바랍니다.

빵형의 코드가 궁금해 - https://cafe.naver.com/curiouscode
빵형 깃허브 - https://github.com/androimaster/RealJava
남가람북스 - https://www.namgarambooks.co.kr

유튜브 채널: 빵굽는 개발자 빵형 - https://www.youtube.com/channel/UCLxPNvxa9D-3UIdocAJUxfQ

목차

이 책을 내며…	4
들어가며…	6

01장 자바 프로그래밍 준비 그리고 시작 … 17

1.1 자바는	18
1.2 **JRE와 JDK**	20
1.3 **OpenJDK와 이클립스 환경 구성**	20
1.3.1 OpenJDK 다운로드	20
1.3.2 이클립스 다운로드	21
1.3.3 JDK 압축 풀기	24
1.3.4 이클립스 압축 풀기	24
1.3.5 이클립스에 JDK 연동하기	25
1.3.6 Encoding 처리	28
1.3.7 Project 생성하기	30
1.3.8 Lombok	39
1.3.9 Hello, Java!!	45
1.3.10 Decompiler	54

02장 변수(Variable)와 상수(Constant) … 59

2.1 변수는	60
2.1.1 변수의 자료형	62
2.1.2 형 변환(Type casting)	75
2.1.3 키보드로 입력받은 값 변수에 담기	81
2.1.4 지역 변수의 타입 추론(Local variable type inference)	86
2.2 상수(Constant)	88
2.3 난수(Random number) 생성하기	91

9

2.4	변수 예약어(Reserved keywords)	93
2.5	표기법	97
2.5.1	카멜 표기법(Camel Case)	97
2.5.2	파스칼 표기법(Pascal Case)	98
2.5.3	스네이크 표기법(Snake Case)	98
2.5.4	케밥 표기법(Kebab Case)	98

03장 주석   99

3.1	//(한 줄 주석)	100
3.2	/* */(여러 줄 주석)	101
3.3	코드 템플릿(Code Templates)	102
3.4	Javadoc Tool	105
3.4.1	Package에 대한 정보 추가	111
3.4.2	Class Description 정보 추가	112
3.4.3	Constructor Description 정보 추가	114
3.4.4	Method Description 정보 추가	115

04장 연산자   117

4.1	산술 연산자	118
4.2	증감 연산자	120
4.2.1	전치 증감 연산자	120
4.2.2	후치 증감 연산자	121
4.3	비교 연산자	124
4.4	논리 연산자	125
4.5	비트 연산자	129
4.5.1	AND	130
4.5.2	OR	132
4.5.3	XOR(Exclusive OR)	133
4.5.4	NOT	135
4.5.5	Signed left shift(왼쪽 시프트 연산자)	136
4.5.6	Signed right shift(오른쪽 시프트 연산자)	137
4.5.7	Unsigned right shift	138

4.6 복합대입 연산자(Assignment Operators)	139
4.7 삼항 연산자	142

05장 배열   149

5.1 각 자료형의 배열	150
5.2 다차원 배열	156
5.2.1 2차원 배열(가로 * 세로)	156
5.2.2 3차원 배열(가로 * 세로 * 반복)	161
5.3 Arrays 클래스	166
5.3.1 Arrays.toString()	166
5.3.2 Arrays.equals()	168
5.3.3 Arrays.copyOf()	170
5.3.4 Arrays.sort()	172
5.3.5 Arrays.binarySearch()	173
5.3.6 Arrays.asList()	175

06장 반복문   181

6.1 for문	182
6.2 다중 for문	187
6.3 break문	189
6.4 continue문	191
6.5 향상된 for문	192
6.6 while문	195
6.7 do ~ while문	197

07장 조건문   207

7.1 조건문의 이해	208
7.2 if	210
7.3 if ~ else	212
7.4 if ~ else if ~ else	214

7.5 switch ~ case	216
7.6 향상된 switch ~ case	225

08장 객체지향 프로그래밍   239

8.1 패키지(Package)	241
8.2 클래스(Class)	246
8.2.1 멤버 변수(Field)	249
8.2.2 메서드(Method)	252
8.2.3 생성자(Constructor)	263
8.2.4 중첩 클래스(Nested Class)	270
8.3 객체(Object)	284
8.3.1 equals( ) 메서드	285
8.3.2 toString( ) 메서드	288
8.3.3 객체 배열	292
8.4 접근 제어자(Access Modifier)	293
8.5 LOMBOK PROJECT	302
8.5.1 @Getter/@Setter	303
8.5.2 @ToString	306
8.5.3 @NoArgsConstructor, @RequiredArgsConstructor and @AllArgsConstructor	308
8.5.4 @Data	310
8.5.5 @Builder	313

09장 추상 클래스와 인터페이스   323

9.1 추상 클래스(Abstract Class)	324
9.1.1 추상 클래스의 이해	325
9.1.2 추상 클래스의 다형성	332
9.2 인터페이스(Interface)	337
9.2.1 인터페이스 사용법	337
9.2.2 디폴트 메서드(Default Method)	339
9.2.3 다수의 인터페이스 활용한 클래스 구현	341
9.2.4 인터페이스를 활용한 다형성	344
9.2.5 상속의 활용	346

10장 제네릭(Generic)   353

10.1 제네릭 클래스(Generic Class)   354
10.1.1 제네릭 클래스 활용   355
10.1.2 제한된 자료형의 제네릭   362
10.1.3 복수의 제네릭   365

10.2 제네릭 메서드(Generic Method)   368
10.2.1 제네릭 메서드 활용   368
10.2.2 제한된 자료형의 제네릭 메서드   370
10.2.3 와일드카드 제네릭 타입(Generic Unbounded wildcard)   371
10.2.4 와일드카드를 활용한 제한된 자료형   372

11장 컬렉션 프레임워크(Collections framework)   381

11.1 Collection   382
11.1.1 List   383
11.1.2 Set   408

11.2 Map   417
11.2.1 HashMap   418
11.2.2 TreeMap   423

12장 열거형(enum)   437

12.1 단순한 열거형   441
12.2 값을 갖는 열거형   447
12.3 2개 이상의 값을 갖는 열거형   449
12.4 메서드를 갖는 열거형   455

13장 날짜와 시간 그리고 숫자 처리   469

13.1 Calendar   470
13.2 DecimalFormat   478
13.3 CompactNumberFormat   483
13.4 SimpleDateFormat   488

13.5	LocalDate	491
13.6	LocalTime	493
13.7	LocalDateTime	497
13.8	ZonedDateTime	499
13.9	DateTimeFormatter	502

14장 애너테이션(Annotation)   515

14.1	메타 애너테이션(Meta-annotations)	517
14.1.1	@Retention	519
14.1.2	@Target	526
14.1.3	@Documented	535
14.1.4	@Inherited	537
14.1.5	@Repeatable	538
14.2	내장형 애너테이션(Build-in Annotation)	543
14.2.1	@Override	543
14.2.2	@Deprecated	544
14.2.3	@SuppressWarnings	546
14.2.4	@SafeVarargs	548
14.2.5	@FunctionalInterface	550
14.3	커스텀 애너테이션(Custom Annotation)	550

15장 정규 표현식(Regular Expression)   557

15.1	검색	559
15.2	치환	566

16장 람다식(Lambda expression)   575

16.1	함수형 인터페이스(Functional interface)	576
16.2	람다식(Lambda expression) 사용법	578
16.2.1	매개변수가 없는 함수형 인터페이스	584
16.2.2	매개변수가 한 개인 함수형 인터페이스	587
16.2.3	매개변수가 두 개인 함수형 인터페이스	606

16.3 메서드 참조(Method reference) ... 607
　16.3.1 static 메서드 참조 ... 608
　16.3.2 특정 개체의 인스턴스 메서드 참조 ... 611
　16.3.3 특정 타입의 임의 개체에 대한 인스턴스 메서드 참조 ... 614
　16.3.4 생성자 참조 ... 615

17장 스트림(Stream) ... 625

17.1 스트림의 이해 ... 626

17.2 스트림의 생성 ... 628
　17.2.1 배열(Array) ... 629
　17.2.2 컬렉션(Collection) ... 634
　17.2.3 비어 있는 스트림(Empty Stream) ... 636
　17.2.4 범위(Range) ... 637
　17.2.5 병렬 스트림 생성(Parallel Stream) ... 641

17.3 스트림 연산(Stream operations) ... 643
　17.3.1 최종 연산(Terminal operations) ... 644
　17.3.2 중간 연산(Intermediate operations) ... 686

18장 예외 처리(Exception) ... 711

18.1 예외 클래스 ... 712

18.2 try-catch-finally ... 713

18.3 throw ... 722

18.4 throws ... 723

18.5 직접 만드는 사용자 예외 클래스 ... 726

18.6 try-with-resources ... 728

19장 파일(File) ... 739

19.1 파일 입출력 ... 740

19.2 File 클래스 ... 752

19.3 Zip and Unzip ... 764
　19.3.1 압축하기 ... 764

19.3.2 압축 풀기	766
19.4 Excel 문서 작성하고 읽기	**768**
19.4.1 Excel 문서 작성하기	772
19.4.2 Excel 문서 읽기	781

20장 웹 크롤링(Web crawling)   789

20.1 로봇 배제 표준(Robots exclusion standard)	**790**
20.1.1 User-agent	791
20.1.2 Disallow	791
20.1.3 Allow	792
20.1.4 Crawl-delay	793
20.1.5 법적인 문제	793
20.2 웹 크롤러 만들기	**793**
찾아보기	**811**

Chapter 01

01장 | 자바 프로그래밍 준비 그리고 시작

이 책은 Java 언어로 실전 개발을 하기 위해 만들었습니다. 시중에 나와 있는 Java 책처럼 모든 문법과 내용을 다루지는 않습니다. 하지만, 실전이나 실무에서 반드시 필요한 내용만을 위주로 담았으며, 이 책을 보면 누구나 뛰어난 자바 개발자가 될 수 있게 구성했습니다. 필자를 믿고 과정 하나하나를 잘 따라오기를 바라는 마음입니다.

Java 프로그래밍을 배우기 위해 출발하는 1장에서는 전반적인 Java를 소개합니다. 그리고, Java 프로그래밍을 처음 배울 때 개발할 수 있는 환경을 먼저 구성해야 합니다. 따라서, 이번 장에서는 Java에 대한 기본 지식을 먼저 살펴본 후 개발에 알맞은 환경설정에 필요한 다운로드부터 설치 과정 하나하나를 함께 살펴봅니다. 이번 장은 말 그대로 Java에 대한 소개와 환경설정 설치에 관한 내용이므로 깊이 있게 보다는 가벼운 마음으로 살펴보면서 시작하면 좋을 듯합니다.

- 자바는
- JRE와 JDK
- Java 환경 구성

1.1 자바는

국내에서 제일 많이 사용하고 있는 개발 언어는 단연 Java라고 말할 수 있습니다. 1991년 Oak라는 이름으로 개발된 프로그래밍 언어로 썬마이크로시스템즈(Sun Microsystems)에서 제임스 고슬링(James Gosling) 외 여러 개발자에 의해서 만들어졌습니다. 그리고 제임스 고슬링의 사무실 밖에 있는 오크 나무를 딴 이름의 Oak는 1996년 Java 1로 정식 버전을 발표합니다. 그러나 지금은 더 이상 썬마이크로시스템즈가 아닌 오라클(Oracle) 사에서 2009년부터 Java의 역사를 다시 이어가고 있습니다. 2020년 현재 Java SE 14버전이 출시(Release)되었습니다.

JDK는 OracleJDK와 OpenJDK가 있으며, OracleJDK는 유료 구독형 라이선스로 개편이 진행되고 있습니다. 그러나 OpenJDK는 GPL 라이선스로 여전히 무료로 사용할 수 있습니다. 그래서 우리는 유료인 OracleJDK보다는 무료인 OpenJDK 13으로 진행하고자 합니다. 참고로 Java 버전의 출시 변천사를 한눈에 볼 수 있게 나타내 봤습니다. 가볍게 읽고 참고하세요.

Java 출시(Release) History(2020)

Release Name	JDK Version	Year Released
Java 1	1.0	January 1996
Java 1.1	1.1	February 1997
Java 2	1.2	December 1998
Java 3	1.3	May 2000
Java 4	1.4	February 2002
Java 5	1.5	September 2004
Java 6	1.6	December 2006
Java 7	1.7	July 2011
Java 8	1.8	March 2014
Java 9	9	September 2017
Java 10	10	March 2018
Java 11	11	September 2018
Java 12	12	March 2019
Java 13	13	September 2019
Java 14	14	March 2020

자바의 가장 큰 특징은 플랫폼(Platform)으로부터 **독립적**입니다. JRE라는 자바 실행환경이 설치된 모든 플랫폼에서 똑같은 실행 결과를 얻을 수 있습니다. 여기서 플랫폼은 운영체제를 말하며 Windows, Linux, UNIX 등을 말합니다. 그리고 **객체지향(Object Oriented Programming)** 프로그래밍 언어입니다. JDK 1.8부터는 **함수형 프로그래밍(Functional Programming)** 을 지원하며 **메모리 관리(Garbage Collector)** 를 자동으로 해주기 때문에 따로 코딩으로 처리하지 않아도 되는 특징이 있습니다.

1.2 JRE와 JDK

JRE는 Java Runtime Environment의 약자로 Java로 개발된 class를 실행, 운영할 수 있는 환경을 말합니다. JDK는 Java Development Kit의 약자로 개발에 필요한 환경을 제공합니다. 여기에는 컴파일러와 실행 도구 등이 포함되어 있으며, JDK가 없이는 Java 프로그래밍을 할 수 없습니다.

JVM(Java Virtual Machine)은 컴파일된 class 파일을 각각의 OS 특성에서 동작할 수 있도록 해석하여 전달합니다. 각 OS 별로 JVM이 다르므로 OS에 맞는 코드로 해석합니다.

> 우리가 작성하는 프로그래밍 코드를 소스코드(혹은 원시코드)라 하며 확장자는 'java'입니다. 컴파일러를 통해서 소스코드를 컴퓨터가 이해할 수 있는 코드로 변환 작업을 합니다. 여기에서는 Java의 컴파일러가 컴파일(Compile)한다고 하며 컴파일된 파일의 확장자는 'class'입니다. 컴퓨터가 읽을 수 있는 class 파일을 JVM이 읽어서 처리하게 됩니다.

1.3 OpenJDK와 이클립스 환경 구성

Windows 10 OS를 기준으로 환경을 구성합니다. OpenJDK를 다운로드하고 개발 툴인 이클립스를 다운받아서 압축을 풀고 실행할 수 있도록 설정합니다. 그리고 프로그래밍을 처음 하는 사람이라면 누구나 작성하는 'Hello, World'를 출력하는 소스코드를 작성하여 실행해봅니다.

1.3.1 OpenJDK 다운로드

OpenJDK 사이트에 가서 OpenJDK 13버전을 다운로드합니다. 현재 1.8버전을 많이 사용하고 있으나 최신 Java를 공부하기 위해서 아직 자리 잡지 못한 12버전보다는 11버전으로 선택했습니다. ojdkbuild는 Red Hat이 후원하는 프로젝트로 비공식적인 커뮤니티 프로젝트이므로 고객지원을 따로 하지는 않습니다.

그림, Oracle 웹사이트(https://jdk.java.net/13/)로 방문해서 OpenJDK 13버전을 다운로드합니다. 파일 확장자가 'msi'가 아닌 'zip'를 선택합니다. msi 파일은 설치형이라 굳이 설치할 필요 없이 압축을 풀기만 해도 진행하는 데 문제가 없습니다.

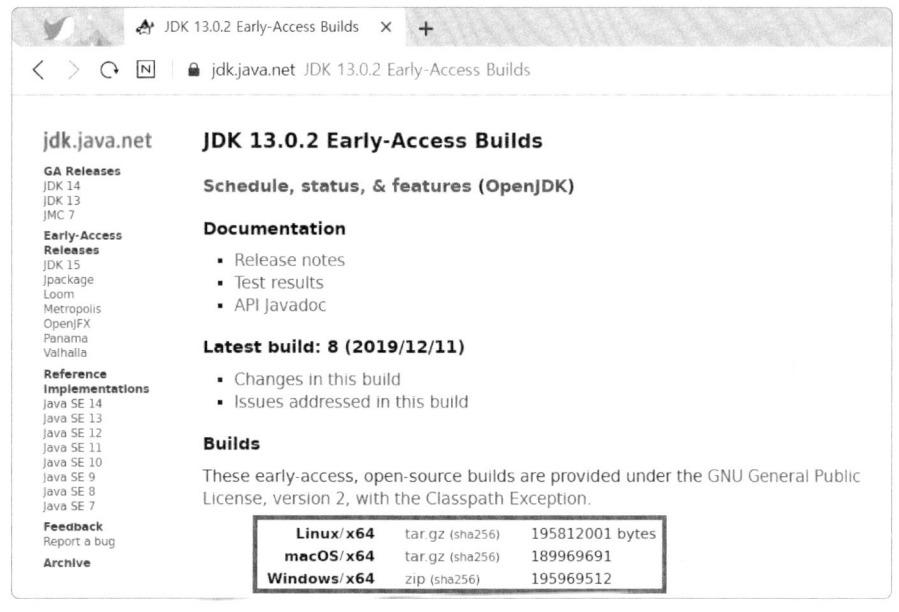

[그림 1-1] OpenJDK 다운로드

하단에 OS에 맞게 다운로드할 수 있습니다.

1.3.2 이클립스 다운로드

자바 코딩을 공부하는 데 있어서 에디터(Editor) 프로그램은 참 중요합니다. 모든 명령어와 순서를 외워서 직접 코딩하는 것도 좋은 방법이지만, 이 책에서는 요령을 더 가르쳐주고자 함이니 단순 Editor 프로그램보다는 이클립스(Eclipse)나 인텔리제이(IntelliJ)를 추천합니다. 그러나 인텔리제이는 유료이므로 우리는 무료인 이클립스로 진행합니다. 먼저, 이클립스 사이트(https://www.eclipse.org/downloads/)로 가서 다운로드합니다.

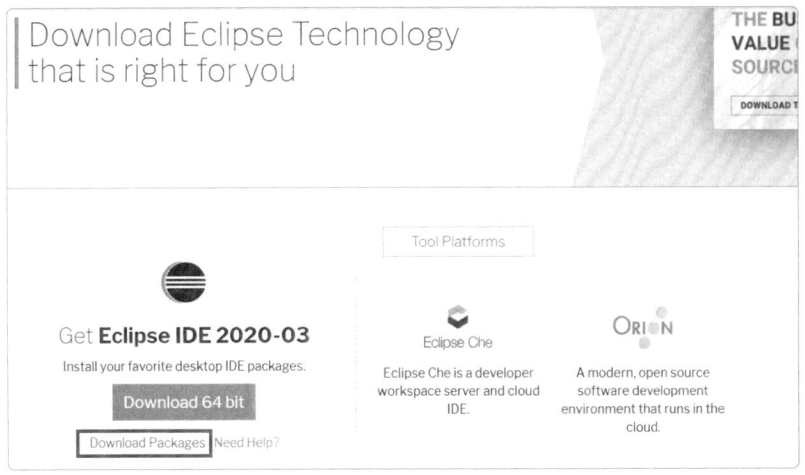

[그림 1-2] Download Packages를 클릭

다운로드 패키지를 선택하지 않고 'Download 64bit'를 선택하면 이클립스 인스톨 파일이 설치됩니다. 굳이 이클립스를 설치하지 않고도 내가 필요한 곳에서 다수의 이클립스 압축을 풂으로써 이를 해결할 수 있습니다.

[그림 1-3] 우측 Windows 64-bit를 클릭

Windows OS를 사용하고 있다면 우측의 'Windows 64-bit'를 선택하면 압축된 이클립스를 다운로드할 수 있습니다. 자신이 사용하고 있는 OS에 맞는 버전을 다운로드하면 됩니다.

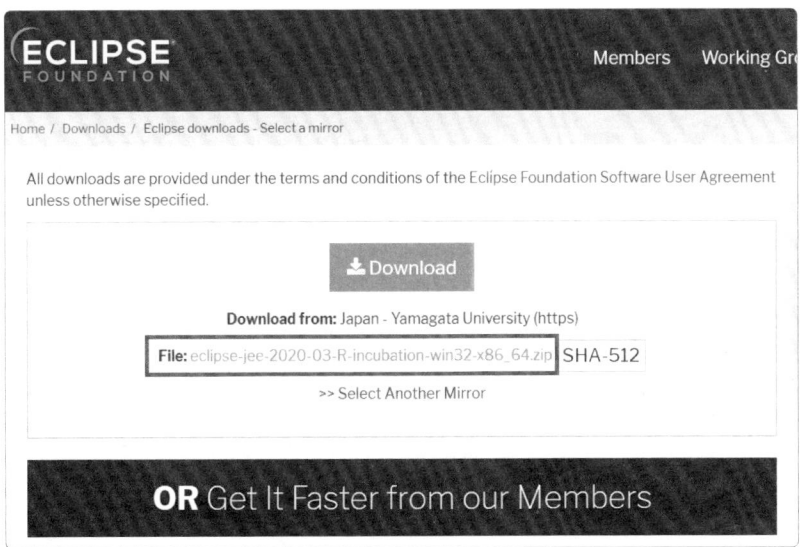

[그림 1-4] File을 클릭하여 다운로드 받음

이제 파일명을 선택하여 파일을 다운로드합니다. 그리고 다음과 같은 구조로 폴더를 생성합니다.

[그림 1-5] 폴더 구조

[My Java]라는 폴더를 만들어 놓고 하위에 [IDE], [Java], [Workspace] 폴더를 각각 생성합니다. IDE 폴더에는 이클립스가 위치하고 Java 폴더에는 JDK가 위치합니다. 끝으로 Workspace 폴더는 우리가 학습할 소스코드가 작성될 폴더입니다. 이 구성은 개발자가 원하는 대로 하면 됩니다. 필자는 이런 식으로 관리하고 있습니다.

1.3.3 JDK 압축 풀기

하드디스크는 어디든 상관없습니다. 필자는 C 드라이브에 'My Java'라는 폴더를 만들어서 다운로드한 OpenJDK를 복사합니다. 이후로는 'My Java' 폴더에 모든 리소스가 위치하게 됩니다. 그리고 압축을 풉니다.

[그림 1-6] OpenJDK 압축 풀기

[그림 1-6]과 같이 압출을 풉니다.

1.3.4 이클립스 압축 풀기

이클립스도 마찬가지로 'IDE'라는 폴더를 만들어서 다운로드한 파일을 복사해서 압축을 풀었습니다.

[그림 1-7] 이클립스 압축 풀기

설치를 따로 하지 않아도 이클립스는 실행이 가능합니다.

1.3.5 이클립스에 JDK 연동하기

압축을 푼 이클립스 폴더에 eclipse.exe 파일을 실행시킵니다.

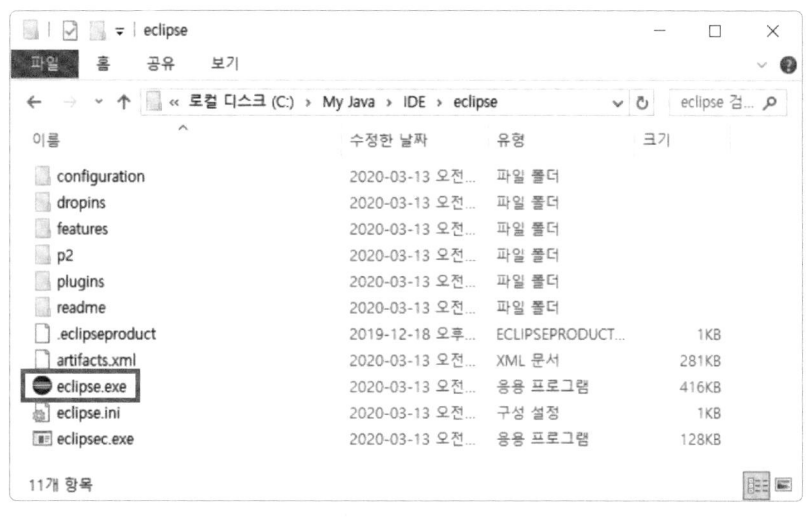

[그림 1-8] 이클립스 실행 파일

이때, 이미 Java 1.8 이상의 버전이 설치되어있다면 아무런 문제 없이 실행되겠지만, Java 관련하여 아무것도 설치가 되어있지 않다면 다음과 같은 메시지가 출력됩니다.

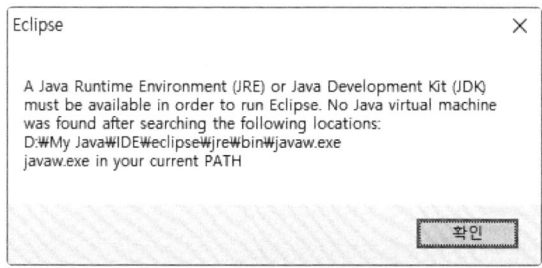

[그림 1-9] javaw 파일 참조 오류

이러한 상황을 해결하기 위해서는 eclipse.ini 홑따옴표를 삭제합니다. 그럼 파일을 에디터로 열어서 '-vm' 옵션을 내용에 추가합니다. Javaw.exe 파일 경로는 이전에 설치한 OpenJDK의 경로 하위에 bin 디렉터리에 있습니다.

```
-vm
C:\My Java\Java\jdk-13.0.2\bin\javaw.exe
```

추가한 전체 설정 파일 내용입니다.

```
-startup
plugins/org.eclipse.equinox.launcher_1.5.300.v20190213-1655.jar
--launcher.library
plugins/org.eclipse.equinox.launcher.win32.win32.x86_64_1.1.1000.v20190125-2016
-product
org.eclipse.epp.package.jee.product
-showsplash
org.eclipse.epp.package.common
--launcher.defaultAction
openFile
--launcher.defaultAction
openFile
--launcher.appendVmargs
-vm
C:\My Java\Java\jdk-13.0.2\bin\javaw.exe
-vmargs
-Dosgi.requiredJavaVersion=1.8
-Dosgi.instance.area.default=@user.home/eclipse-workspace
-XX:+UseG1GC
-XX:+UseStringDeduplication
--add-modules=ALL-SYSTEM
-Dosgi.requiredJavaVersion=1.8
-Dosgi.dataAreaRequiresExplicitInit=true
-Xms256m
-Xmx1024m
--add-modules=ALL-SYSTEM
```

위의 코드가 추가되었다면 저장 후 이클립스 실행 파일을 다시 실행합니다.

그럼 다음과 같이 이클립스의 로고가 보이면 정상 실행 중입니다.

[그림 1-10] 이클립스 정상 실행 화면

잠시 로딩이 끝나면 작업 공간 위치를 묻습니다. 여기서 OpenJDK와 이클립스를 압축 푼 똑같은 위치에 'Workspace'라는 디렉터리를 생성하여 작업 공간을 설정한 후 [Launch] 버튼을 클릭합니다.

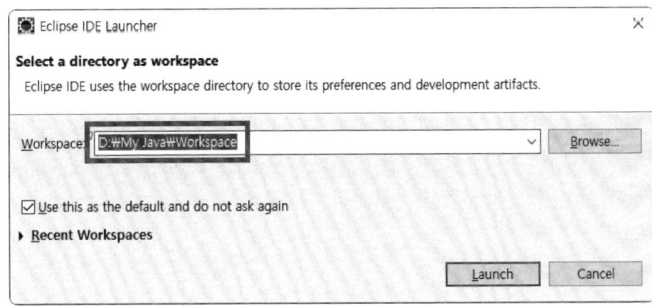

[그림 1-11] Workspace를 묻는 Launcher

다음과 같은 화면이 나왔다면 이클립스 설치와 실행이 완료되었습니다.

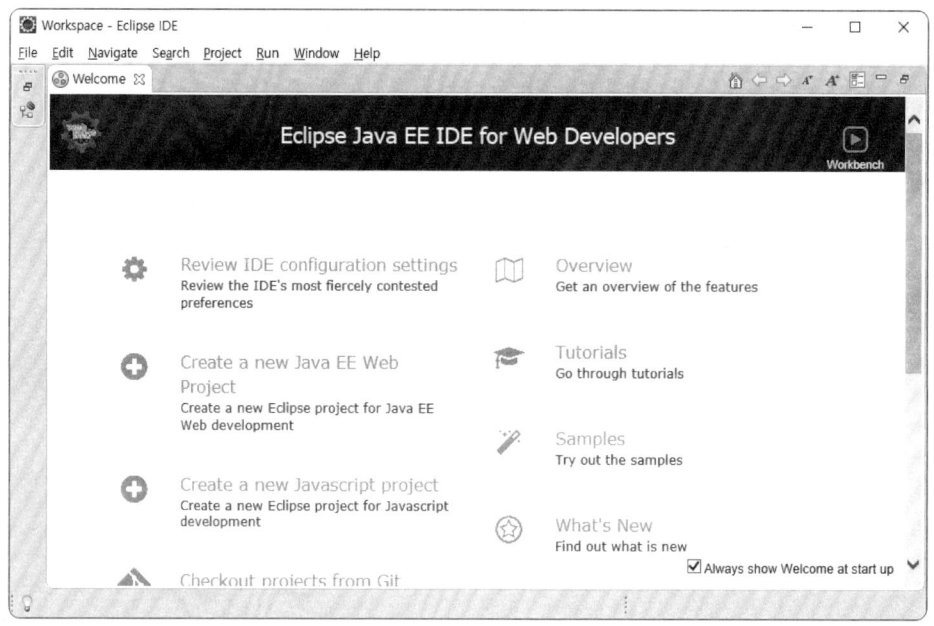

[그림 1-12] 이클립스 실행 화면

1.3.6 Encoding 처리

코딩을 하다 보면 영문이나 숫자는 아무런 문제가 없는데 유독 한글만은 깨짐 현상이 발생하는 경우가 있습니다. 이때 인코딩(Encoding)을 맞춰주면 깨진 한글이 잘 복원되어 출력됩니다. 우리는 모든 설정을 UTF-8이라는 캐릭터 셋으로 설정하여 진행합니다.

> **Tip | 인코딩(Encoding)**
>
> 문자나 기호의 집합을 컴퓨터에서 저장하거나 통신 목적으로 사용하기 위해 부호로 바꾸는 것으로, '부호화'라고도 합니다. 이 인코딩된 문자 부호(character code)는 다시 디코딩(복호화)하여 본래 문자나 기호로 표현할 수 있습니다.

이클립스는 기본적으로 'MS-949' 캐릭터 셋으로 설정되어있습니다. 그럼 하나하나 바꿔보겠습니다. 먼저 메뉴에서 Workspace는 'Window > Preferences'를 선택합니다.

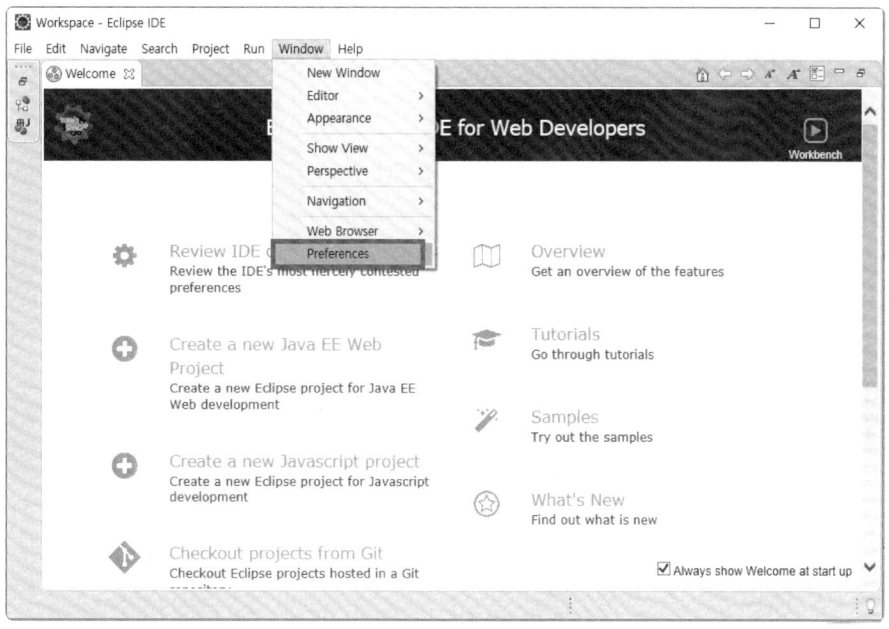

[그림 1-13] 이클립스 Preferences

Preferences에서 'General > Workspace'를 찾아서 다음 그림과 같이 'UTF-8'을 선택한 후 [Apply and Close] 버튼을 클릭합니다.

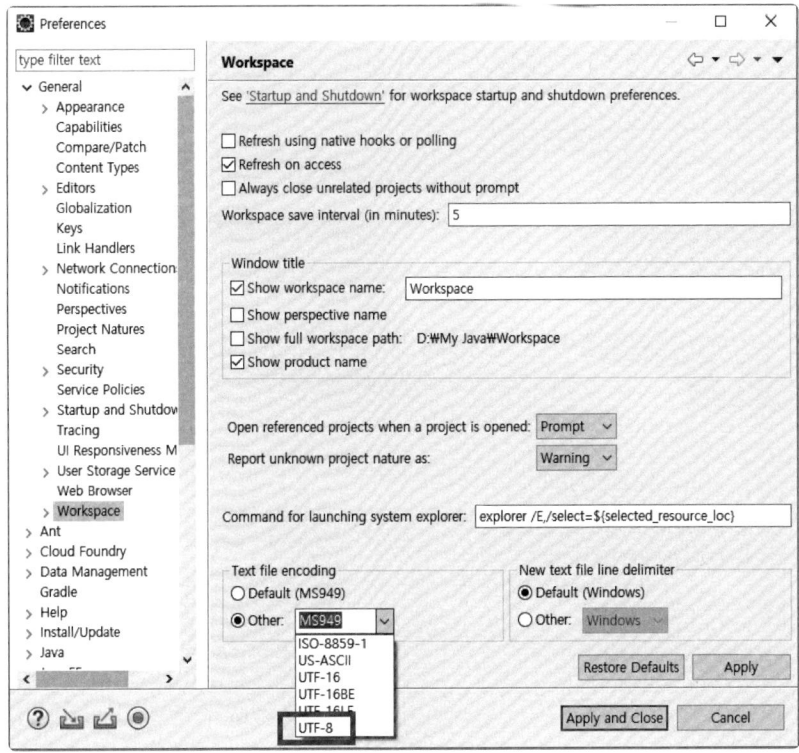

[그림 1-14] 이클립스 실행 화면

1.3.7 Project 생성하기

학습할 수 있는 프로젝트를 생성하고, Project Lombok 라이브러리를 Maven으로 관리합니다. 실제 Maven 구조로 된 프로젝트를 실무에서 많이 사용하기 때문에 단순 Create a Java project를 선택하지 않고 Create a Maven project로 진행합니다.

먼저 'Create a Maven project'를 선택합니다.

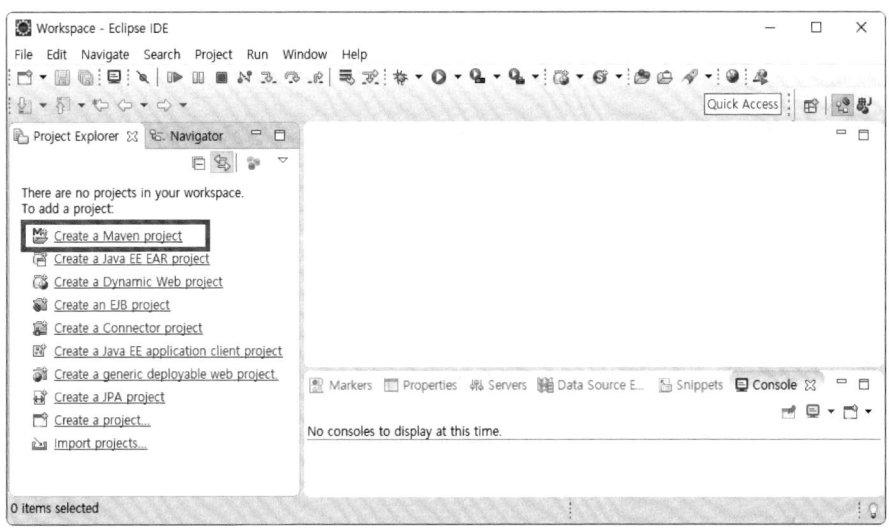

[그림 1-15] Maven project 생성

Create a simple project(skip archetype selection)을 체크한 후 [Next] 버튼을 클릭합니다.

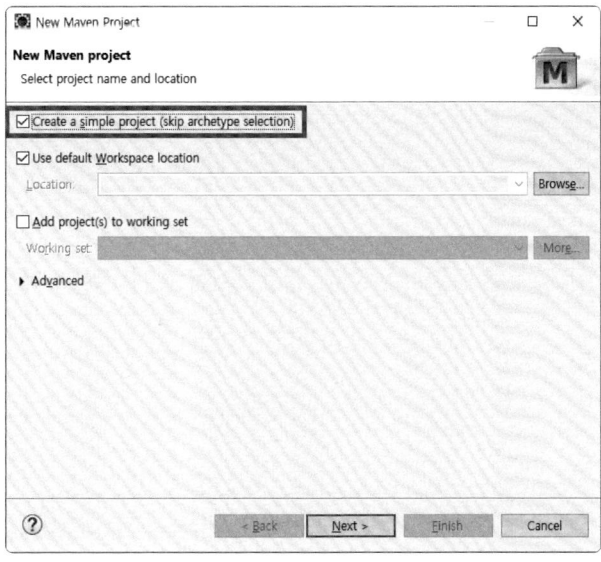

[그림 1-16] New Maven project

Maven은 Apache Maven이라고 하며 프로젝트를 관리, 빌드하는 도구입니다. 애플리케이션 개발에 있어서 빌드는 애플리케이션을 완성하기 위한 마지막 단계입니다. 여기서 Maven은 빌드 기능도 제공해주지만, 이 책에서는 라이브러리 버전 관리 정도의 기능만을 사용합니다. 지금까지 대부분 Open Source 라이브러리들을 해당 사이트에서 일일이 찾아서 다운로드한 후 직접 관리해왔지만, Maven 기능을 이용한다면 라이브러리들을 받아오고 버전 관리까지 Maven Repository를 통해서 간편하게 할 수 있습니다.

Group Id: package 명명 규칙에 따라서 작성합니다.

    예) org.arache.maven, org.apache.commons

Artifact Id: 버전 정보를 생략한 jar 파일을 이름으로, 특수문자를 사용하지 않으며 소문자로만 작성합니다.

    예) maven, commons-math

Version: 빌드 날짜가 아닌 전형적인 숫자와 점으로 표시합니다.

    예) 1.0, 1.1, 1.0.1, …

Packaging: 패키징 종류를 정의합니다. 여기에서는 'jar'를 선택합니다.

    예) jar, war, pom

Maven project 설정 정보를 입력한 후 [Finish] 버튼을 클릭합니다.

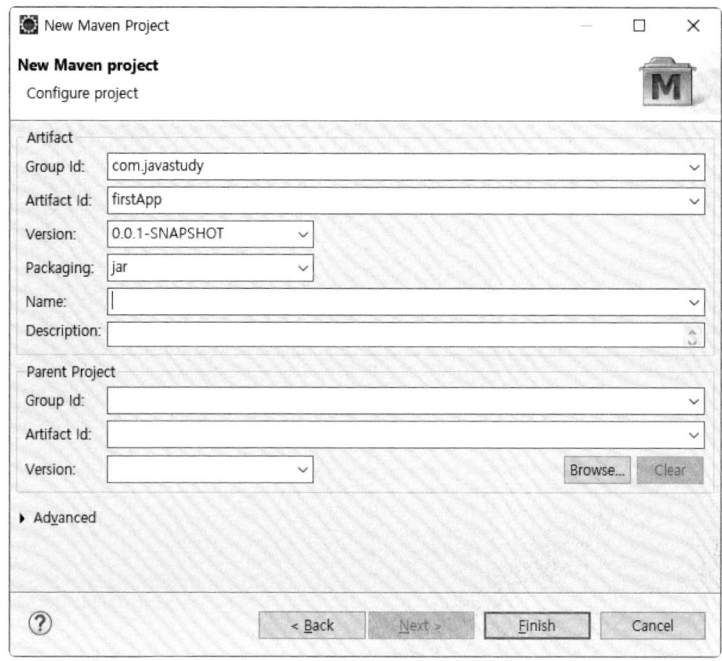

[그림 1-17] Maven project의 설정

Maven 프로젝트 생성 화면입니다.

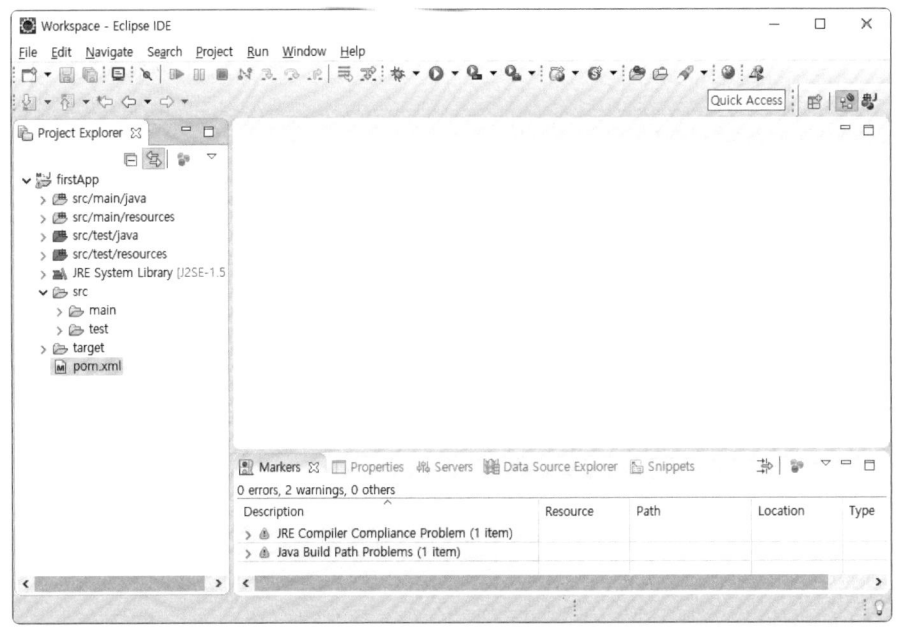

[그림 1-18] Maven project 생성 화면

왼쪽 'Project Explorer'를 보면 Package 단위로 보여주는데 처음 공부하는 사람의 입장에서는 다소 어렵거나 보기 힘들 수 있습니다. 여기에서는 'Navigator View'를 활용하여 마치 탐색기처럼 프로젝트 파일을 볼 수 있습니다.

'Window > Show View > Other'를 선택합니다.

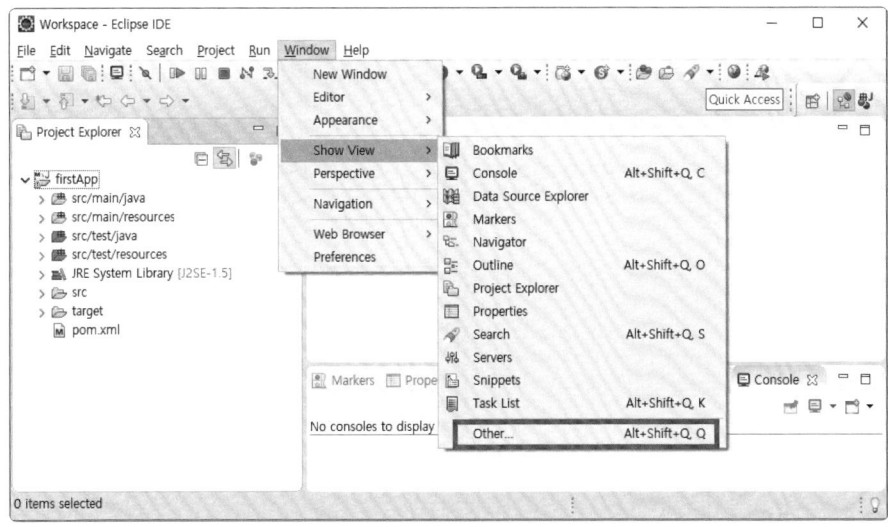

[그림 1-19] Show View > Other 선택 화면

Navigator View를 선택합니다.

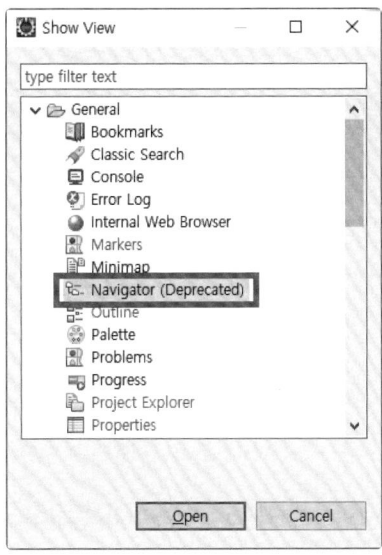

[그림 1-20] Other View 목록

Maven Project로 생성된 프로젝트 구조를 Navigator로 살펴보겠습니다.

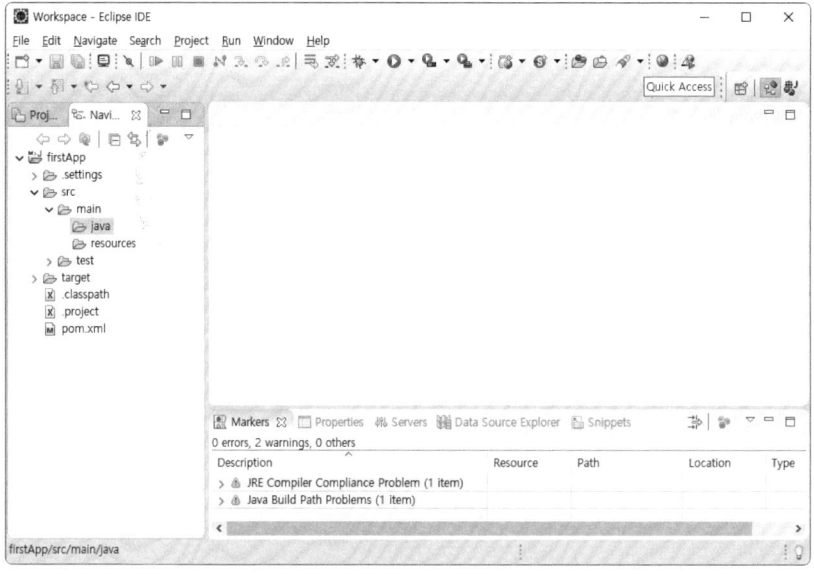

[그림 1-21] Navigator로 보는 프로젝트

이렇게 보이면 이제 코딩 준비가 다 되었습니다.

```
Maven 프로젝트 구조
/src/main/java      - 자바 파일
        /resources  - 자바 파일을 제외한 나머지 파일들(예: properties, xml 등)
pom.xml - Maven 빌드 설정 파일
```

Maven을 활용한 Java 버전을 선택합니다.

Project Explorer View에서 보면 'J2SE-1.5'라고 보입니다. 이는 현재 프로젝트에서 JDK 1.5로 컴파일 설정이 되어있다는 표시입니다. 우리는 JDK13으로 선택했으니 JDK13으로 변경해보겠습니다.

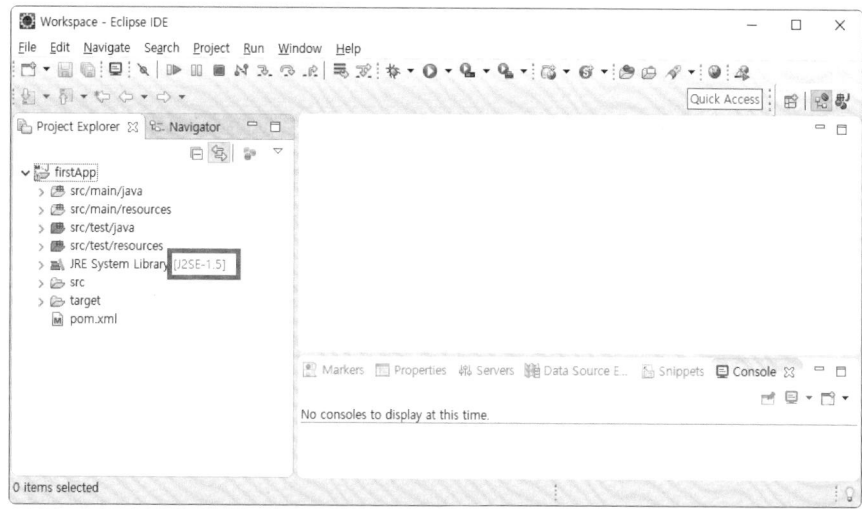

[그림 1-22] 프로젝트에 사용된 Java 버전 확인

프로젝트 최 하단에 보이는 pom.xml 파일을 열어서 다음과 같이 수정합니다.

pom.xml 파일

```
01  <project xmlns="http://maven.apache.org/POM/4.0.0"
02    xmlns:xsi="http://www.w3.org/2001/XMLSchema-instance"
03    xsi:schemaLocation="http://maven.apache.org/POM/4.0.0 http://maven.apache.org/xsd/maven-4.0.0.xsd">
04    <modelVersion>4.0.0</modelVersion>
05    <groupId>com.javastudy</groupId>
06    <artifactId>firstApp</artifactId>
07    <version>0.0.1-SNAPSHOT</version>
08    <properties>
09        <java.version>13</java.version>
10    </properties>
11    <build>
12        <plugins>
13            <plugin>
14                <artifactId>maven-compiler-plugin</artifactId>
15                <configuration>
16                    <source>${java.version}</source>
17                    <target>${java.version}</target>
18                </configuration>
19            </plugin>
20        </plugins>
21    </build>
22  </project>
```

위 박스 안의 내용을 추가합니다. 'properties'는 2상에서 소개힐 상수의 개념과 같은 익미로 지정한 키에 값을 미리 정하는 것입니다. 위의 코드는 'java.version'이라는 키에 '13'이라는 값을 선언했습니다. 그리고 하단에 '${java.version}'으로 키값에 해당하는 값을 사용한다는 의미입니다. 자바 버전을 1.5에서 13으로 변경하는 코드를 작성했으면 Maven의 내용을 정의한 pom.xml 파일의 내용을 update 해보겠습니다.

프로젝트명에서 마우스 우 클릭하여 메뉴 하단 쪽에 'Maven > Update Project'를 선택합니다.

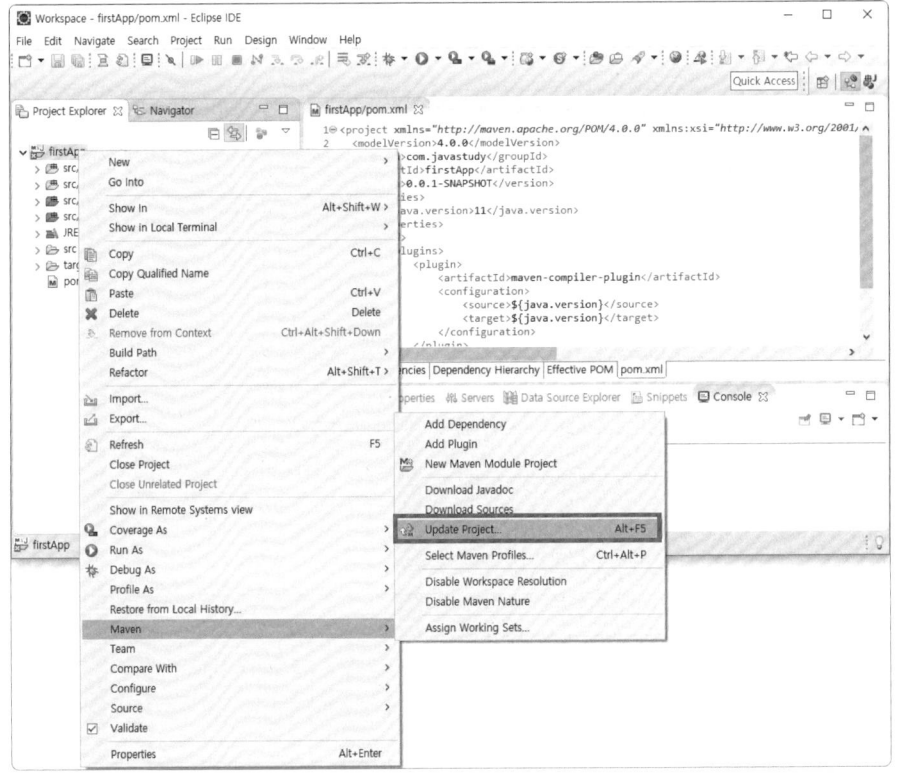

[그림 1-23] Maven Update Project

기본 선택된 상태에서 그냥 [OK] 버튼을 클릭합니다.

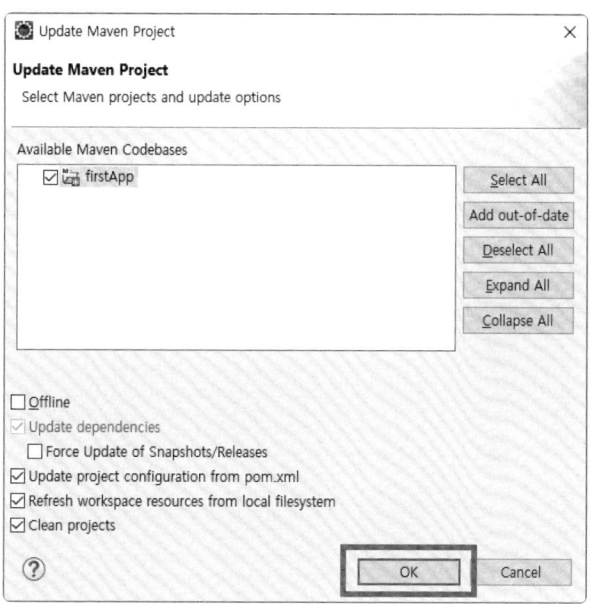

[그림 1-24] Maven Update Project 옵션

다음과 같이 Project Explorer View에서 버전을 확인합니다.

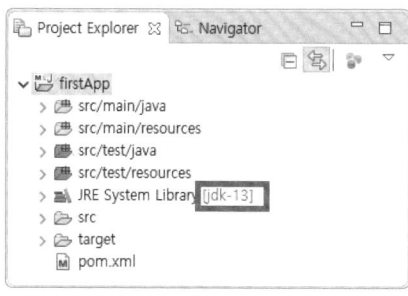

[그림 1-25] JDK 13 버전 확인

1.3.8 Lombok

이번에는 오픈 소스인 Project Lombok(이하 Lombok) Maven을 활용해서 다운로드하여 프

로젝트에 적용만 해보겠습니다. 실제 Lombok은 10장 객체지향 이후에서 사용됩니다. Maven Repository에서 Lombok 정보를 검색합니다. 브라우저에서 Maven Repository 사이트(https://mvnrepository.com)로 이동합니다.

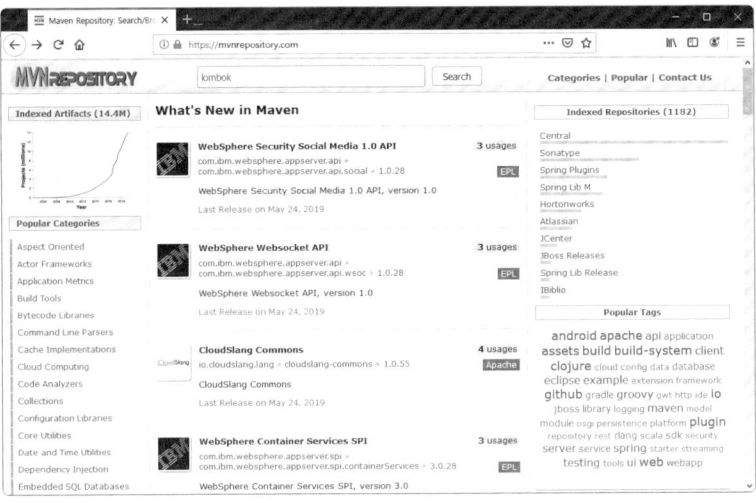

[그림 1-26] Maven Repository

검색어로 'lombok'을 검색해서 선택합니다.

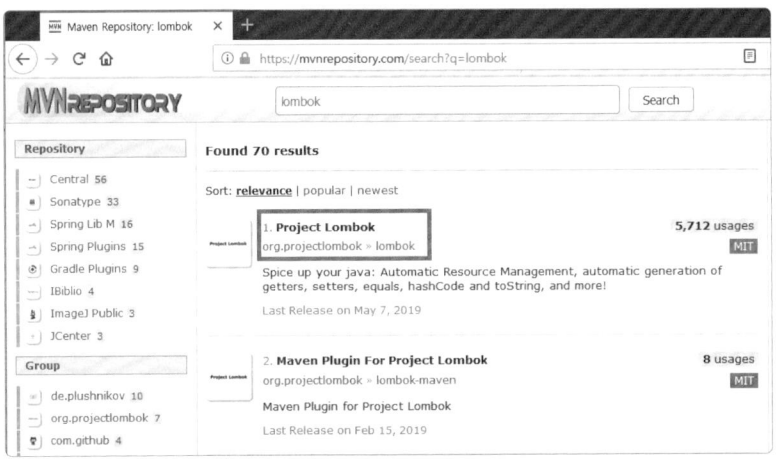

[그림 1-27] Project Lombok 선택

버전은 최신 버전으로 선택합니다.

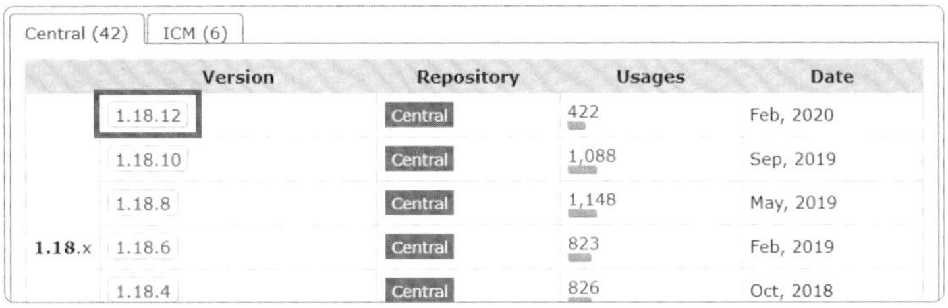

[그림 1-28] Project Lombok 버전 정보 목록

다음 그림에서 Maven 탭의 Textarea를 선택하면 하단에 붉은 글씨로 'Copied to clipboard!' 라는 문구가 출력됩니다. [Ctrl + C]키를 활용하여 복사해도 되지만 클릭하면 자동 복사가 됩니다.

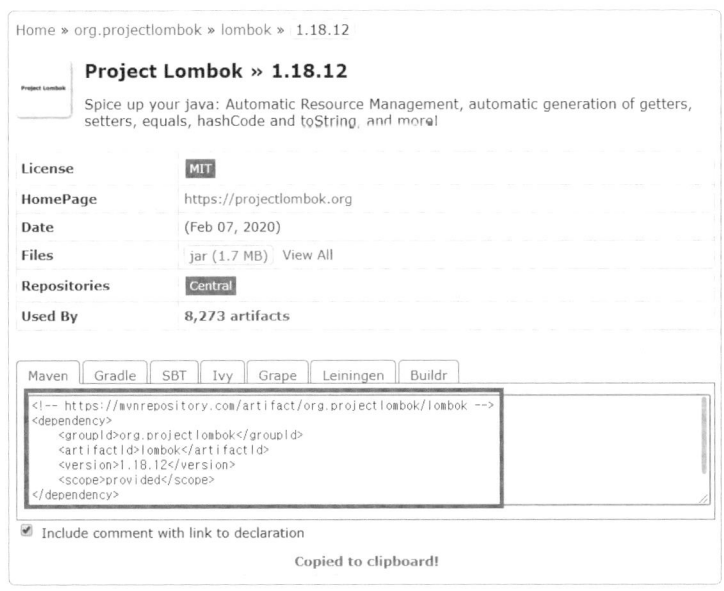

[그림 1-29] Maven의 Project Lombok dependency

복사된 내용을 이클립스에 생성된 프로젝트의 pom.xml 파일에 **properties**와 **build** 사이에 내

용을 추가합니다.

```xml
<properties>
    <java.version>13</java.version>
</properties>

<dependencies>
    <dependency>
        <groupId>org.projectlombok</groupId>
        <artifactId>lombok</artifactId>
        <version>1.18.12</version>
        <scope>provided</scope>
    </dependency>
</dependencies>

<build>
    <plugins>
        <plugin>
```

내용 추가 후 저장하면 Lombok 파일이 잘 다운로드 되었는지 Project Explorer View에서 확인합니다. Maven Dependencies 하단에 추가된 Lombok 라이브러리가 받아져서 다운로드 된 것을 확인할 수 있습니다.

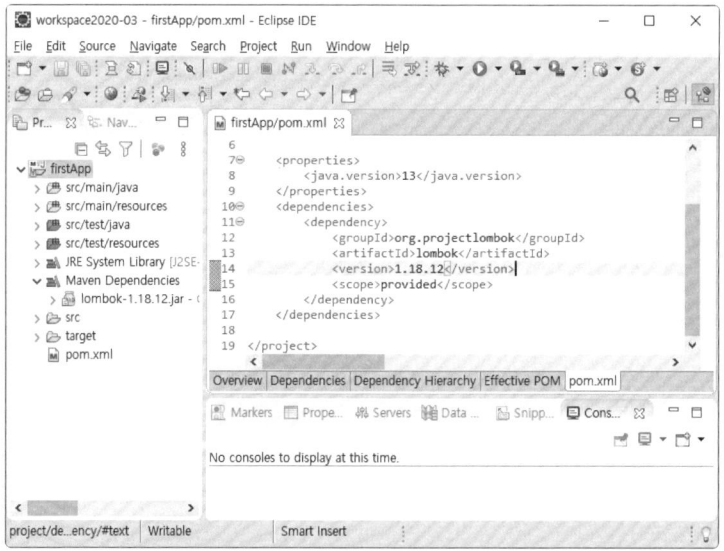

[그림 1-30] Maven Dependencies 목록

여러분은 Maven으로 라이브러리를 Maven Repository를 통해서 손쉽게 관리를 받아보았습니다. 그런데 문제가 있습니다. Lombok 라이브러리를 받았다고 해서 바로 사용할 수 있는 게 아닙니다. 이클립스는 Lombok의 기능을 바로 사용할 수 없습니다. 바로 이클립스에 Lombok의 기능을 사용할 수 있도록 다음의 작업을 진행해야만 합니다. Project Explorer에서 Maven Dependencies 아래에 있는 Lombok 파일의 경로로 DOS 창의 경로로 이동합니다.

다음 그림에서 Lombok.jar 파일의 위치를 찾습니다.

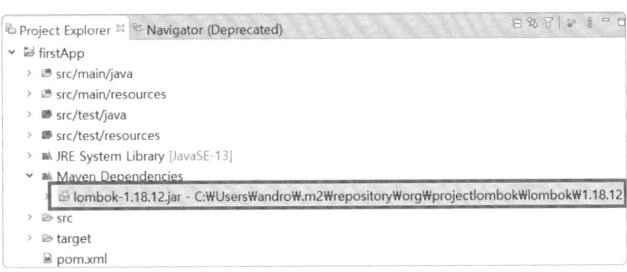

[그림 1-31] Lombok 파일 위치 찾기

시작 버튼을 눌러서 '실행(R)...'을 선택합니다.

[그림 1-32] 실행 선택

실행 프로그램에서 'cmd'라고 입력 후 [확인] 버튼을 클릭합니다.

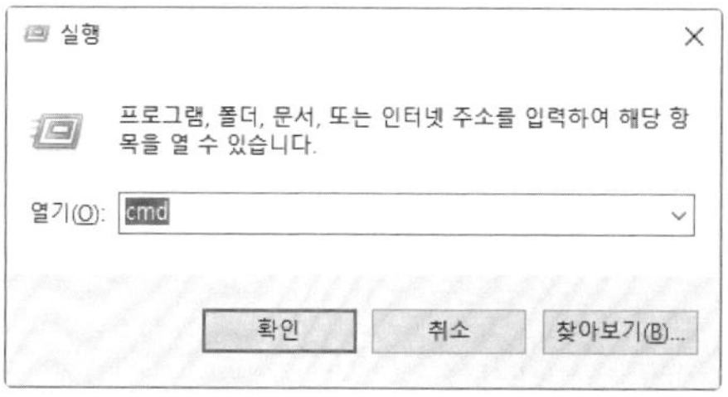

[그림 1-33] cmd 프로그램 실행

[그림 1-30]에서 확인 한 Lombok 파일 위치를 찾아갑니다.

[그림 1-34] Lombok 파일 위치 이동

Java로 실행합니다. 실행 명령어는 'java -jar lombok-1.18.12.jar'입니다. 그런데 Java 명령어가 먹질 않는다면 환경 변수의 path를 openJDK 경로를 추가하는 방법도 있지만, 우선 간단하게 lombok-1.18.12.jar 파일을 openJDK의 Java 파일이 있는 경로로 복사해서 실행합니다.

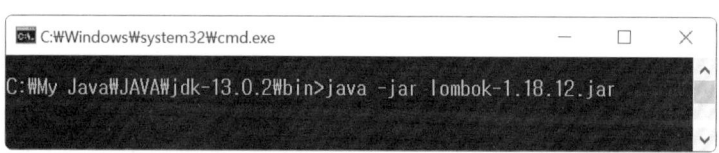

[그림 1-35] Lombok 파일 실행

Project Lombok 인스톨러가 실행되면 [Specify location...] 버튼을 클릭하여 우리가 사용하는 이클립스 실행 파일의 위치를 알려줍니다. 그리고 [Install / Update] 버튼을 클릭하면 바로 인스톨이 끝납니다. 그리고 인스톨러를 종료시키면 Lombok 설정이 완료됩니다.

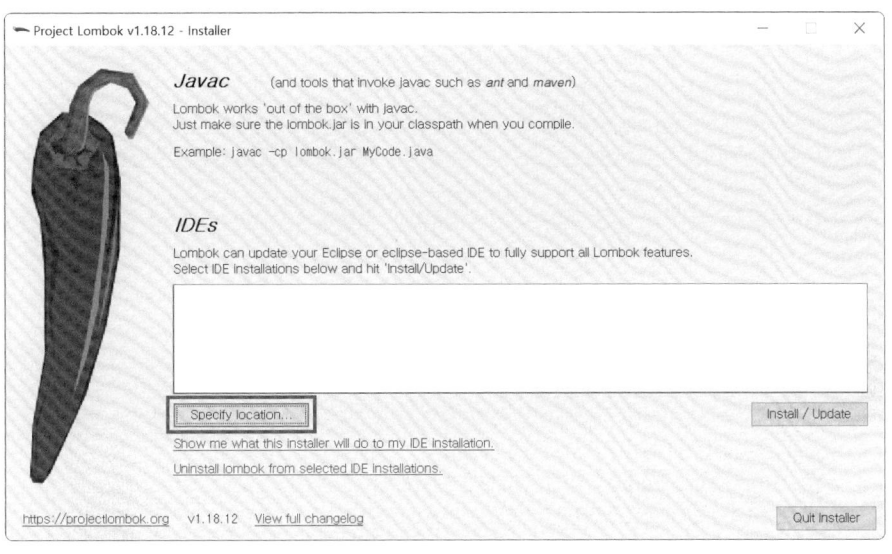

[그림 1-36] Lombok 인스톨러

1.3.9 Hello, Java!!

시중에 출간된 프로그래밍 관련 책을 보면 처음에 Hello, World 등을 관례처럼 출력해봄으로써 프로그래밍을 시작합니다. 여기에서는 'Hello, Java!!'를 출력해보겠습니다. 먼저 'chap01'이라는 폴더를 생성해서 진행합니다. 'java'라는 폴더에서 마우스 우 클릭하여 'new > Folder'를 선택합니다.

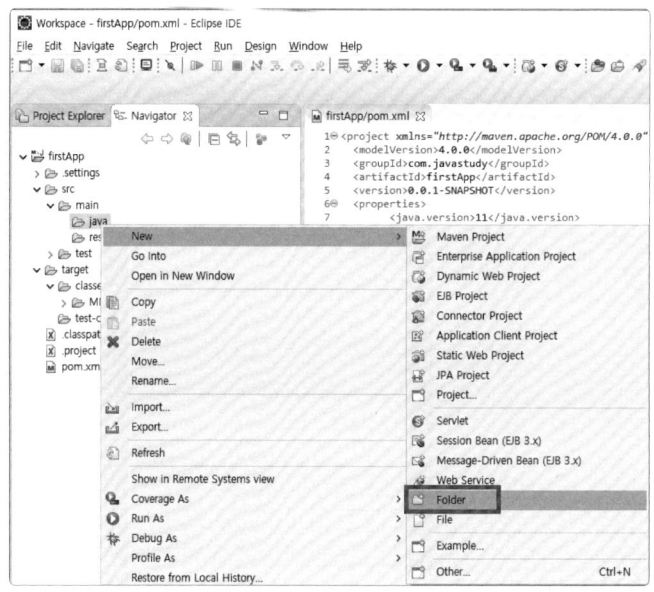

[그림 1-37] 폴더 선택

다른 방법으로는 단축키 [Ctrl + n]을 누른 뒤 'folder'를 아래와 같이 검색하여 선택합니다.

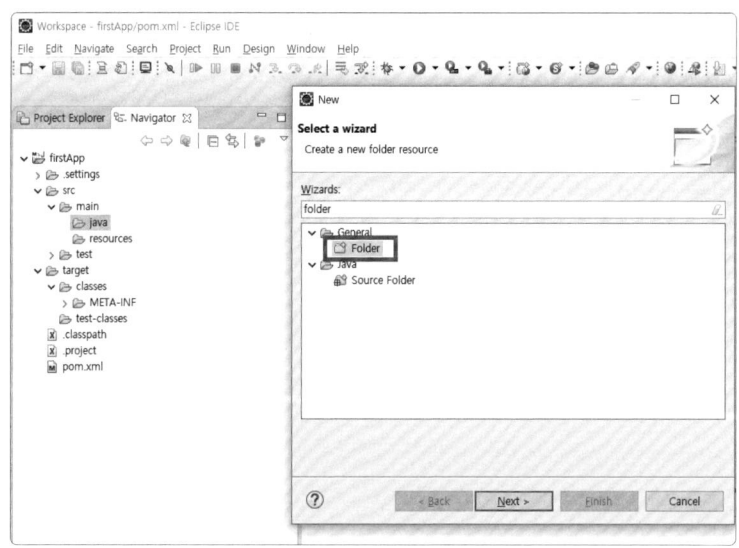

[그림 1-38] Select a wizard로 folder 생성

폴더명을 'chap01'로 생성합니다.

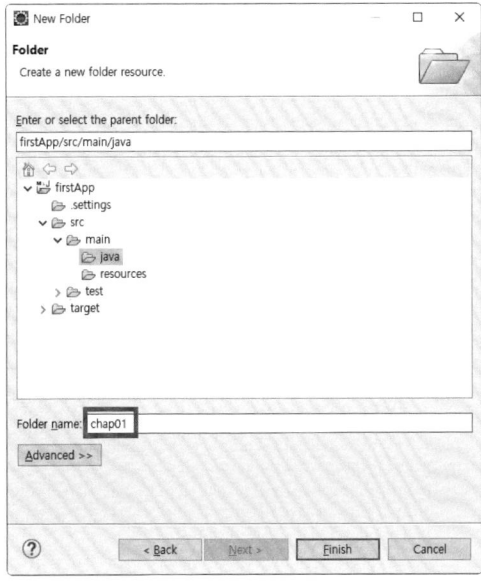

[그림 1-39] chap01 폴더를 생성합니다.

이번에는 클래스(class 혹은 Java 파일이라고 부릅니다.) 파일을 폴더 생성하는 방법으로 생성합니다. 단축키 [Ctrl + n]을 누른 후 'class'로 검색한 후 선택합니다. [그림 1-39]의 맨 위에 있는 'Class'와 Java 폴더 아래에 있는 'Class'는 동일한 Java의 'Class'입니다.

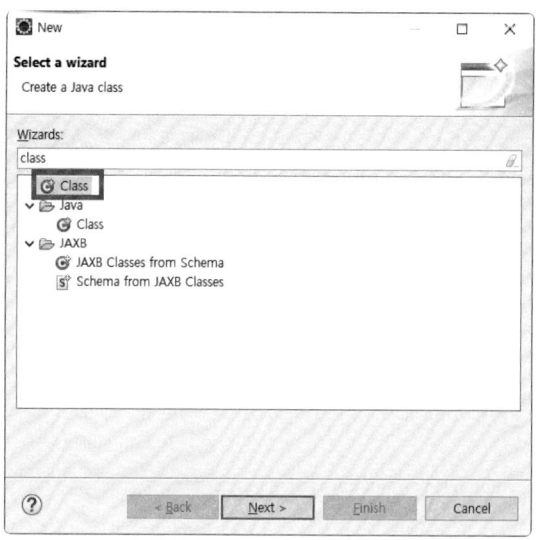

[그림 1-40] Class 선택

Java Class 명은 'Sample01'이라고 입력하고 'public static void main'을 체크한 후 [Finish] 버튼을 클릭합니다. 스스로 실행 가능한 메인 메서드(main method)가 구현된 class 파일은 앞으로도 계속 만듭니다.

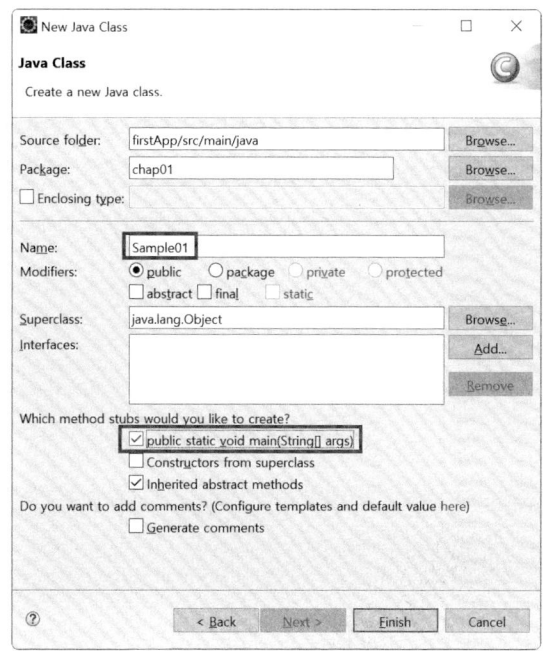

[그림 1-41] Java class 파일 생성

다음과 같이 나오면 코딩 준비가 완료되었습니다. 2장 이후로도 메인 메서드가 있는 class 파일을 만들어서 진행하니 꼭 기억하길 바랍니다.

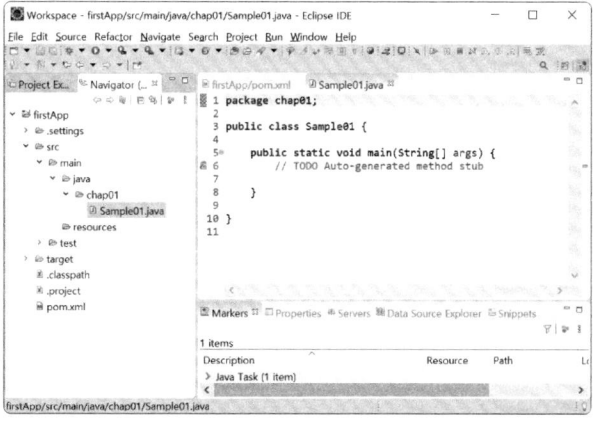

[그림 1-42] 메인 메서드가 있는 class 파일 내용

자세히 살펴보면 앞에 체크했던 'public static void main(String[ ] args)'가 보입니다. 체크하지 않으면 이 코드 부분이 자동으로 구현되어 있지 않습니다.

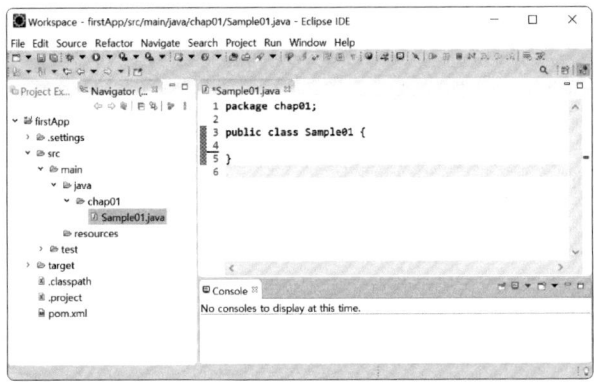

[그림 1-43] 메인 메서드가 없는 class 파일 내용

혹시나 체크하지 않았다고 당황하지 말고, 대괄호 안에 다음과 같이 따라서 코딩합니다. 'main'을 코딩한 후 [Ctrl + space]를 누릅니다. 이때 다음 그림과 같이 'main - main method'를 선택하면 됩니다. 우측에 예제 코드까지 잘 나와 있습니다.

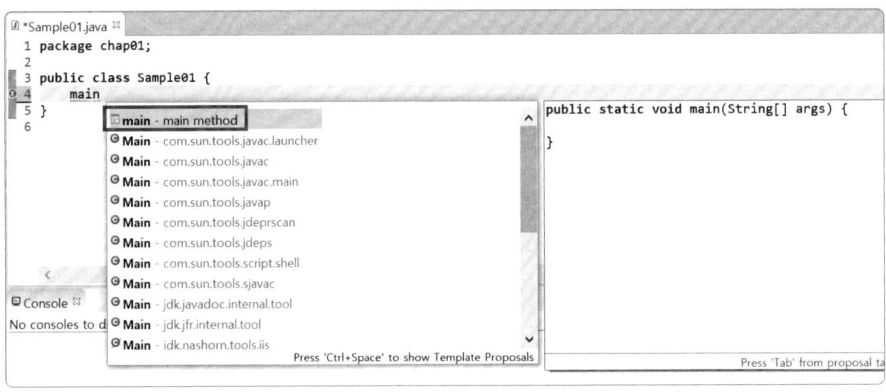

[그림 1-44] main method 생성

그럼 두 가지 문법을 출력해보겠습니다.

print

print문은 현재의 위치에서 문자열 등을 출력합니다. 먼저 설명 이전에 코딩부터 해보겠습니다.

Sample01.java
```java
01  package chap01;
02
03  public class Sample01 {
04      public static void main(String[] args) {
05          System.out.print("Hello,");
06          System.out.print(" World");
07      }
08  }
```

이 코드를 실행하면 다음과 같은 결과가 나옵니다.

실행 결과
```
Hello, World
```

print문은 커서의 위치에서부터 'Hello,'를 출력합니다. 6번째 라인에서 ' World'를 현 커서의 위치에서부터 이어서 출력합니다.

이번엔 코드 실행하는 방법에 대해서 알아보겠습니다. 먼저 이클립스 아이콘에 있는 [Run] 버튼을 실행하면 아래 그림과 같이 실행됩니다.

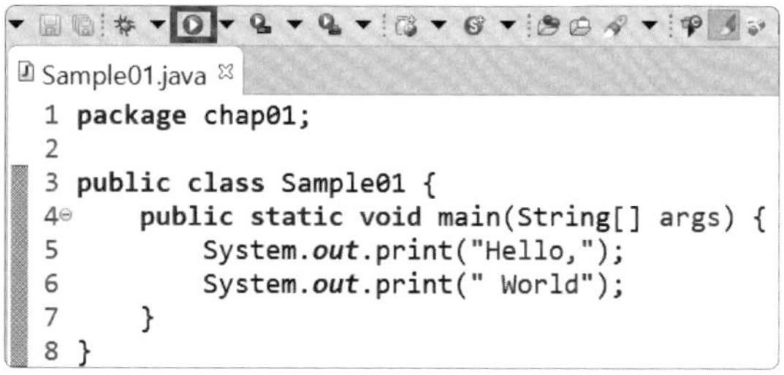

[그림 1-45] 아이콘으로 실행하기

Run 아이콘에 대한 단축키로는 [Ctrl + F11]입니다. 다른 방법으로는 소스코드 위에서 마우스 우 클릭해서 'Run As 〉 Java Application'을 선택합니다.

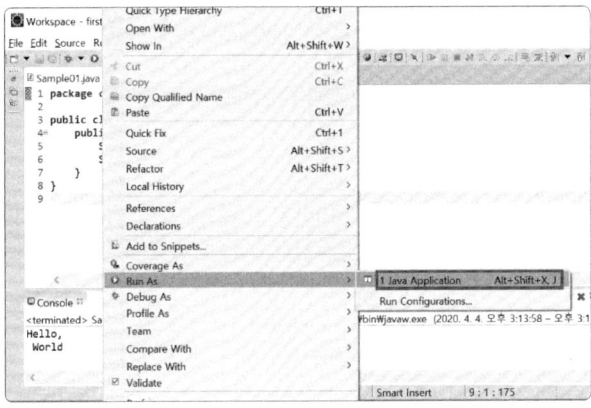

[그림 1-46] 팝업 메뉴에서 실행하기

단축키로는 [Alt + Shift + X]를 누른 뒤 손을 떼고 바로 [J]를 누르면 실행됩니다. 이 방법은 필자가 주로 사용하는 방법입니다.

print의 출력으로 괄호 안에 들어올 자료형으로는 Java에서 제공하는 기본 자료형은 모두 출력이 가능합니다. 자세한 내용은 자료형과 class에 대해서 공부한 후 다시 보면 이해가 될 것입니다. 여기서는 참고만 하세요.

PrintStream.java 파일 일부

```java
public void print(boolean b) {
    write(String.valueOf(b));
}

public void print(char c) {
    write(String.valueOf(c));
}

public void print(int i) {
    write(String.valueOf(i));
}

public void print(long l) {
    write(String.valueOf(l));
```

```
    }
    public void print(float f) {
        write(String.valueOf(f));
    }
    public void print(double d) {
        write(String.valueOf(d));
    }
    public void print(char s[]) {
        write(s);
    }
    public void print(String s) {
        write(String.valueOf(s));
    }
    public void print(Object obj) {
        write(String.valueOf(obj));
    }
```

println

앞에 구현했던 print문과 비슷하지만, 출력 후에 행이 개행되는 게 다른 점입니다. 개행이라는 말을 자주 사용하게 될 용어인데 현재 커서의 위치에서 다음 행의 처음 위치로 이동하는 것을 개행이라고 합니다. print( )를 println( )으로 바꿔서 출력해보겠습니다.

Sample02.java

```java
01  package chap01;
02
03  public class Sample02 {
04
05      public static void main(String[] args) {
06          System.out.println("Hello,");
07          System.out.println(" World");
08      }
09
10  }
```

실행 결과

```
Hello,
 World
```

06라인에서 실행된 println( )문에서 'Hello,'를 출력한 후에 개행되고 07라인의 ' World'가 출력되었습니다. 그리고 또 개행이 된 상태로 프로그램은 종료가 되었습니다. 이클립스에서 확인해보면 다음과 같습니다.

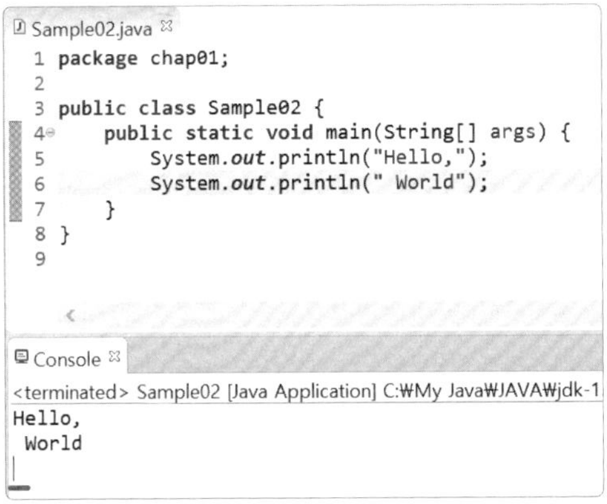

[그림 1-47] Hello, World! 출력 후에 개행 된 커서

Console 창에 'World'를 출력하고 다음 행으로 개행된 결과를 확인할 수 있습니다.

1.3.10 Decompiler

디컴파일(Decompile)은 기계어로 컴파일된 파일을 다시 사람이 읽을 수 있는 소스코드로 변경하는 작업을 디컴파일이라고 합니다. Java를 공부하면서 컴파일(Compile)도 함께 배워야 하는데, 내부적으로 Javac가 java로 구현한 소스코드를 class 파일로 컴파일시키고 java.exe 파일로 컴파일된 class 파일을 실행하게 됩니다.

이 일련의 과정을 이클립스가 자동으로 처리해주고 있습니다. 그래서 이 책에서는 따로 컴파일을 배우지는 않습니다. 하지만 Java가 발전하면서 많은 코드가 압축구현을 하고 있는데요. 컴파일 과정에서 압축된 내용을 풀어서 처리되기도 합니다. 그래서 컴파일된 class 파일을 Decompile 과정을 통해서 Java 소스코드로 변환하여 비교할 수 있도록 이클립스의 Plug-In을 설치해보겠습니다.

> Tip | 플러그 인(Plug-In)
>
> 기존 응용 소프트웨어에 특정 기능을 추가하기 위한 소프트웨어 요소를 뜻합니다. 여기에서는 이클립스라는 응용 소프트웨어에 **Decompile**이라는 특정 기능을 추가하여 이클립스의 기능을 확장하는 것을 말합니다. **Decompile** 외에도 많은 **Plug-In**들이 있으니 원하는 기능을 얼마든지 추가해서 편하게 사용할 수 있습니다.

먼저 이클립스의 'Help > Eclipse Marketplace...' 메뉴를 선택합니다.

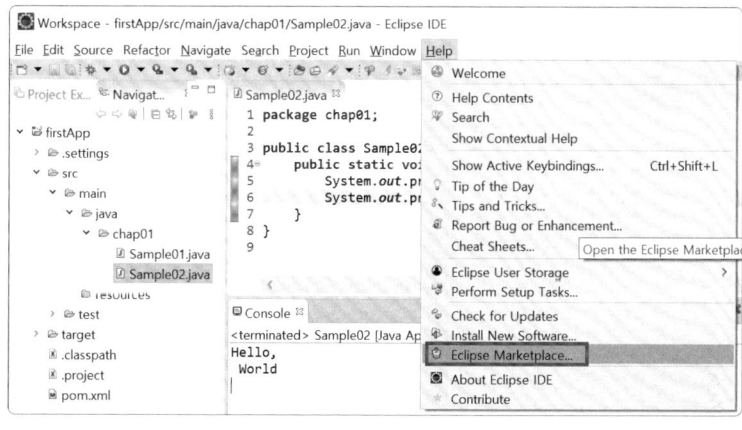

[그림 1-48] Eclipse Marketplace...

다음과 같은 창이 뜨게 되며 find 검색창에 'decompile'이라고 검색하여 [그림 1-49]과 같이 퍼즐 이미지의 'Enhanced Class Decompiler'의 [Install] 버튼을 설치합니다. 설치 후에 이클립스 재시작을 합니다.

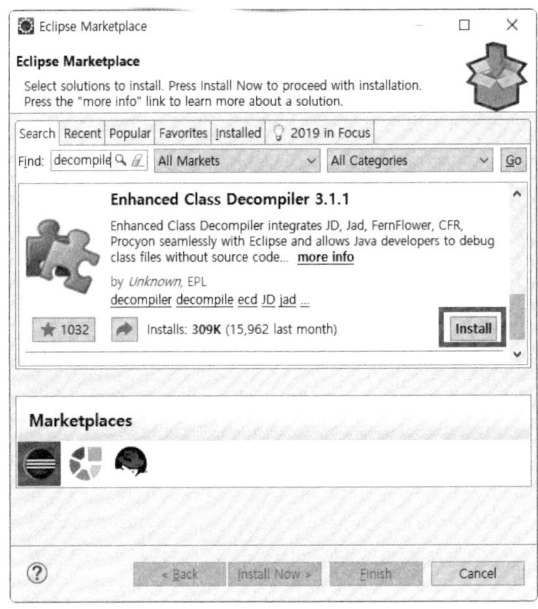

[그림 1-49] Enhanced Class Decompiler 검색

그럼, 앞서 구현한 [Sample02.class] 파일을 Decompile 해서 소스코드를 확인해보겠습니다. 컴파일 된 [Sample02.class] 경로는 [그림 1-50]처럼 'firstApp 〉 target 〉 classes 〉 chap01 〉 Sample02.class'를 찾아갑니다.

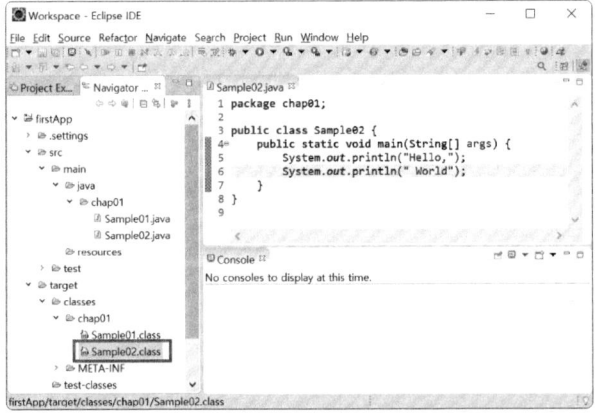

[그림 1-50] Sample02.class 파일 찾기

찾은 파일에서 마우스 우 클릭해서 Plug-In을 연결해줍니다.

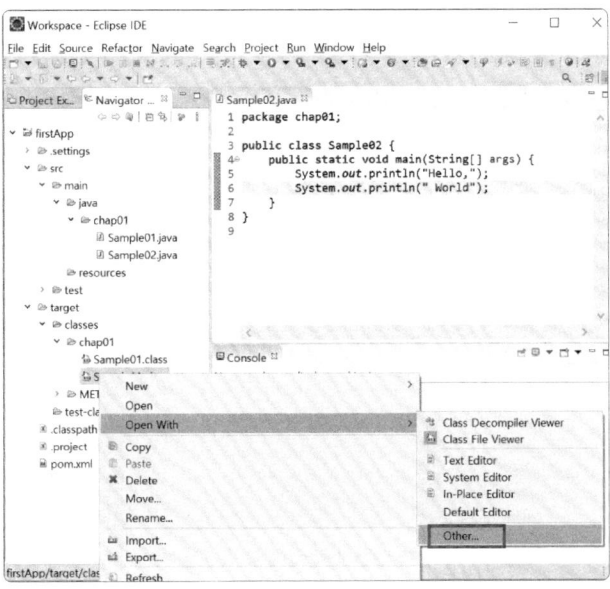

[그림 1-51] Open With를 선택 후 Other…를 선택

혹시, Class Decomplier Viewer를 바로 선택하게 되면 class 파일을 열 때마다 저렇게 선택해야 합니다. 꼭 'Other…'를 선택해서 지속적인 연결처리를 합니다.

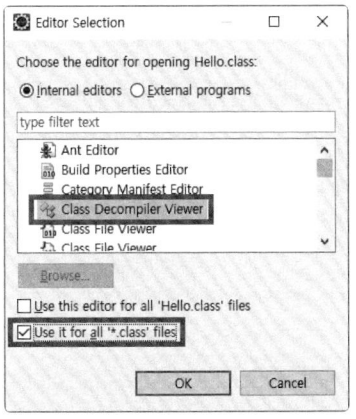

[그림 1-52] Editor Selection

'Class Decompiler Viewer'를 선택한 후 꼭 [Use it for all '*.class' files]를 체크하는 것을 잊지 않도록 하세요. 체크하지 않으면 현재 파일을 열어 볼 경우에만 'Class Decompiler Viewer'를 통해서 파일을 한 번만 열게 됩니다. [OK] 버튼을 클릭하면 다음과 같이 Decompile 되어서 보이게 됩니다.

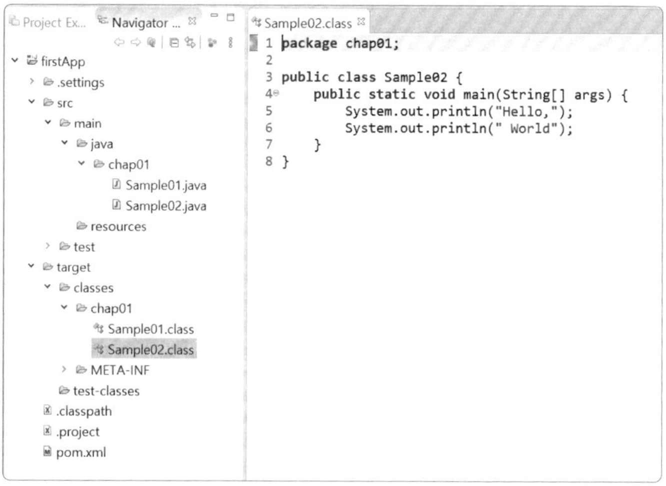

[그림 1-53] Decompile 된 class 파일

소스코드가 원래의 코드와 똑같이 보이는데 모든 소스코드가 원래의 코드로 보이는 것은 아닙니다.

여기까지 잘 따라왔다면 우리는 이제 Java를 공부할 준비가 다 되었습니다. 2장부터는 본격적인 코딩을 배워보겠습니다.

Chapter 02

02장 | 변수(Variable)와 상수(Constant)

자, 이제 본격적으로 Java 문법을 하나씩 살펴보겠습니다. 간단하면서 최대한 쉽게 설명하려고 애써보겠습니다. 차근차근 잘 따라오면 쉽게 문법을 익힐 수 있습니다. 변수와 상수는 Java 뿐만 아니라 모든 언어에서 공통으로 사용되는 용어이니 꼭 알고 가야 합니다. 우선 변수는 '변하는 수' 상수는 '변하지 않는 수'라고 쉽게 설명할 수 있습니다. 한자(漢字)로 설명하면 더 쉽게 이해할 수 있습니다. 변수의 변은 변할 변(變)으로 수가 변한다는 뜻이고, 상수의 상은 항상 상(常)으로 불변의 수를 뜻합니다.

- 변수는
- 상수는
- 난수 생성하기
- 변수 예약어
- 표기법

2.1 변수는

변수는 변하는 수입니다. 어떻게 수가 변할 수 있을까 하는 생각이 들겠지만 수에 해당하는 부분을 프로그래밍에서는 리터럴(Literal)이라고 합니다. 프로그램 언어에서 문자열 그 자체가 갖는 값을 리터럴이라 부르는데 실제로 개발자들 사이에서는 리터럴이라는 말보다는 '값' 혹은 '밸류(Value)'라는 말을 더 많이 쓰고 있습니다. 그래도 리터럴이라는 용어도 함께 사용한다는 것 정도는 알면 좋습니다.

그럼 변수는 무엇인가? 변수는 그 리터럴을 대변하는 문자열을 말합니다. 모든 문자열을 변수명으로 사용할 수는 없습니다. 바로 예약어(Reserved Keywords)라고 미리 정해놓은 키워드가 있습니다. 이를 피해서 변수명을 명명(Naming rule)해야 합니다. 예약어는 [2.4 변수 예약어]에서 학습합니다. 먼저 변수를 만들기 위해서는 '변수의 자료형'을 알아야 합니다. 변수가 숫자형인지, 문자형인지, 논리형인지를 먼저 정해야 합니다.

변수 선언의 기본형은 다음과 같습니다.

```
[변수의 자료형] [변수명] = [리터럴이나 변수명] 혹은 [다수의 변수명과 리터럴들의 연산]
```

간단한 예로

```
int score = 100;
```

변수 자료형은 int로 숫자형 중에 정수를 나타내는 자료형으로 리터럴로는 정수형 숫자가 와야 합니다. 이어서 score라는 변수명을 임의대로 정하고 '='로 리터럴 100을 대입했습니다. score라는 변수는 정수형으로 100의 값을 갖습니다.

이어서 응용을 해보겠습니다.

```
int eng = 100;
int math = 60;
int score = eng + math;
```

eng라는 정수형 변수에는 100을 대입했고, math라는 정수형 변수에는 60이라는 값을 대입했습니다. 이 둘을 더해서 score라는 정수형 변수에 대입했습니다. 당연히 score에는 160이라는 값을 갖게 됩니다.

> **Tip**
>
> 하나의 명령이 완료되면 마지막에 세미콜론(;)을 꼭 입력해야 합니다. 이것은 명령의 끝이라는 것을 알려주는 것입니다. 세미콜론을 생략하면 컴파일러는 오류를 발생시킵니다.

2.1.1 변수의 자료형

변수의 자료형에는 크게는 기본형(Primitive Type)과 비기본형(Non-Primitive Type)이 있습니다. 기본형은 일반적으로 제공하는 자료형입니다. 특징으로는 선언된 변수에 값이 직접 저장됩니다.

▍기본 자료형(Primitive Type)

메모리에 실제 값을 갖는 자료형으로 Java에서 미리 여러 형태의 자료형으로 정의해서 제공하고 있는 기본 자료형을 알아보겠습니다.

- 논리형 boolean
- 문자형 char
- 숫자형 정수형에는 byte, short, int, long이 있으며, 실수형에는 float, double이 있습니다.

기본 자료형에는 어떤 자료형이 있는지 하나하나 알아보겠습니다.

1. 논리형(boolean)

주로 논리를 묻는 조건문(if, switch)이나 반복문(for, while)에서 많이 사용합니다.

사용 예)

```
boolean isExist = true;
```

자료형으로는 'boolean'으로 사용하며, 값으로는 'true'나 'false'가 올 수 있습니다. 논리형의 변수명은 관행적으로 'is'를 주로 붙이곤 합니다. 실제 사용은 [6장 반복문], [7장 조건문]에서 학습하겠습니다.

2. 문자형(char)

Java에서는 유니코드(Unicode)를 사용하여 2바이트를 사용합니다. 1바이트의 아스키코드(ASCII Code)값으로 표현도 가능합니다. 리터럴은 한 문자만 입력이 가능하고 문자 앞뒤로 작은따옴표(' ')로 구분 짓습니다.

1장에서 생성한 폴더(혹은 패키지)인 'chap01'처럼 'chap02'를 생성하고 'Sample01'로 클래스를 생성합니다.

Sample01.java
```
01  package chap02;
02
03  public class Sample01 {
04      public static void main(String[] args) {
05          char chr = 'A';
06          System.out.println("char : " + chr);            // 문자
07          System.out.println("Encoding : " + (int)chr);   // ASCII 코드로 Encoding
08          System.out.println("Decoding : " + (char)65);   // 문자로 Decoding
09      }
10  }
```

실행 결과
```
char : A
Encoding : 65
Decoding : A
```

char의 자료형(Data type)에 'A'라는 문자를 넣어서 06라인에서 출력했습니다. 05라인에서 리터럴에 해당하는 'A' 앞뒤로 작은따옴표가 붙어있습니다. 나중에 배울 String 자료형은 여러 개의 문자로 구성된 문자열 앞뒤에 큰따옴표로 표기하는 것과는 차이가 있습니다. 여기서 중요한 부분은 07라인입니다. 뒤에 배울 형 변환(Type casting)을 해서 아스키코드로 출력했습니다. 문자 'A'를 코드값 '65'로 인코딩(Encoding)했다고 표현합니다.

반대로 08라인처럼 리터럴 '65'를 'char' 자료형으로 변환하여 출력하니 문자 'A'로 출력됩니다. 이를 디코딩(Decoding)이라고 합니다. 참고로 'B'는 '66'의 값을 갖습니다. 이후로 다음 표와 같이 순차적으로 알파벳이 코드값으로 들어가 있습니다. 이 부분을 이용해서 암호화 알고리즘 문제 등에 아스키코드값을 이용하여 데이터를 암호화와 복호화 관련하여 많은 문제가 나오고 있으니 꼭 알고 넘어가면 좋습니다.

아스키코드 표는 다음과 같습니다. 여기서 중요한 섯은 알파벳 대문자 'A'가 '65'번부터 시작하는 것과 소문자 'a'가 97번부터 시작한다는 것을 알고 이 숫자 간의 차이가 37이라는 것을 알면 아스키코드를 활용하여 대문자나 소문자를 자유롭게 출력할 수 있으며 대문자를 소문자로, 소문자를 대문자로 변환도 할 수 있습니다.

48	0	73	I	98	b
49	1	74	J	99	c
50	2	75	K	100	d
51	3	76	L	101	e
52	4	77	M	102	f
53	5	78	N	103	g
54	6	79	O	104	h
55	7	80	P	105	i
56	8	81	Q	106	j
57	9	82	R	107	k
58	:	83	S	108	l
59	;	84	T	109	m
60	<	85	U	110	n
61	=	86	V	111	o
62	>	87	W	112	p
63	?	88	X	113	q
64	@	89	Y	114	r
65	A	90	Z	115	s
66	B	91	[	116	t
67	C	92	₩	117	u
68	D	93	]	118	v
69	E	94	^	119	w
70	F	95	_	120	x
71	G	96	'	121	y
72	H	97	a	122	z

[그림 2-1] 아스키코드 표 일부분

char형에 리터럴 'A'를 대입해서 실습해봤습니다. 이번엔 아스키코드를 이용해서 Java를 표현해보겠습니다. 'J'가 대문자로 74번입니다. 'ava'는 소문자로 97, 118, 97입니다. 아스키코드를 활용한 예제 코드를 살펴보겠습니다.

Sample02.java
```
01  package chap02;
02
03  public class Sample02 {
04      public static void main(String[] args) {
05          char J = 74;
06          char a = 97;
```

```
07          char v = 118;
08
09          System.out.printf("%c%c%c%c", J, a, v, a);
10      }
11  }
```

실행 결과

```
Java
```

[Sample01.java]의 소스코드에서는 문자를 작은따옴표를 활용하여 대입했는데, [Sample02.java]에서는 똑같은 char형에서 아스키코드에 해당하는 정수를 넣었는데 똑같이 아스키코드에 대한 값을 출력했습니다.

3. 숫자형

숫자 자료형에는 정수형과 실수형으로 나눠집니다. 정수형은 소수점이 없는 수이고, 실수형은 소수점이 있는 수라고 생각하면 이해하기 쉽습니다. 숫자 자료형 표를 참고하세요.

숫자 자료형		Byte		범위
정수형	byte	1	-2 ~ 2 - 1	-128 ~ 127
	short	2	-2 ~ 2 - 1	-32,768 ~ 32,767
	int	4	-2 ~ 2 - 1	-2,147,483,648 ~ 2,147,483,648
	long	8	-2 ~ 2 - 1	생략
실수형	float	4		소수점 이하 6~7자리
	double	8		소수점 이하 15~16자리

정수형은 보통 int형을 주로 사용합니다. 위 표처럼 int형은 약 20억까지 표현이 가능하기 때문이죠. long형은 int형과 구분하기 위해서 정수형 숫자 뒤에 'L'이나 'l'을 붙여 구분합니다. 실수형은 소수점이 있는 숫자인데요, 숫자 뒤에 'F'나 'f'를 붙여서 구분합니다. double형과 구분하기 위해서입니다. 왜냐하면 f를 붙이지 않고 실수형으로 숫자를 적으면 double형으로 자동 인식하기 때문입니다.

숫자형 자료형을 실습해보기 전에 우리가 먼저 배울 것은 'printf'와 '확장특수문자(Escape sequence: 이스케이프 문자)'입니다. C언어에 익숙한 사람이라면 1장에서 배운 println문이나 print문보다 printf문이 더 익숙할 수 있습니다. printf는 JDK 1.5버전 이후로 사용할 수 있습니다. printf문에서 사용하는 지시자의 종류를 살펴보겠습니다.

지시자표

지시자	설명
%b	boolean
%d	10진수
%o	8진수
%x, %X	16진수
%f	실수형 10진수
%e, %E	지수형태표현
%c	문자
%s	문자열
%n	개행

위 지시자 중에서 %d와 %s를 주로 사용하며, 나머지 지시자는 필요할 때 참고하여 사용하면 됩니다. 그리고 개행에 대한 지시자가 있지만 개행은 지시자보다는 확장특수문자를 경험적으로 더 많이 사용합니다.

다음은 많이 사용하는 확장특수문자에 대해서 살펴보겠습니다. 확장특수문자는 인쇄할 수 없거나 키보드로 표현할 수 없는 문자들입니다. 특징으로는 '%'를 접두에 붙인 지시자와는 다르게 앞에 '₩'를 붙입니다.

> **참고**
>
> '₩'키는 경우에 따라 '\(역슬래시)'로 표시되는 경우도 있습니다.

주로 사용하는 확장특수문자들을 살펴보겠습니다.

확장특수문자표

확장특수문자	설명
\n	개행 또는 줄바꿈이라 읽으며, 다음줄의 처음으로 옮긴다.
\t	커서를 다음 Tab 위치로 이동한다.
\r	커서의 위치를 줄의 처음으로 옮긴다. 캐리지 리턴(carriage return)이라고도 불린다.
\\	'\'를 표시하기 위한 특수문자이다.
\"	큰따옴표를 출력하기 위한 특수문자이다.
\'	작은따옴표를 출력하기 위한 특수문자이다.
\b	백스페이스 기능으로 한 칸 앞으로 커서가 이동한다.
\u	4자리의 16진수로 유니코드를 출력할 때 사용한다.

확장특수문자는 printf문에서만 사용하는 특수문자가 아닙니다. 꼭 확인하고 넘어가기 바랍니다. 변숫값을 출력하기 위해서 사전 기능들을 알아보았습니다. 숫자형 변수들을 출력하는 예제를 통해서 자료형의 올바른 값들을 대입하는 요령을 배워보겠습니다.

Sample03.java

```java
01  package chap02;
02
03  public class Sample03 {
04
05      public static void main(String[] args) {
06          byte    a1 = -128;      //byte 최솟값
07          byte    a2 = 127;       //byte 최댓값
08          short   b1 = -32768;    //short 최솟값
09          short   b2 = 32767;     //short 최댓값
10          int     c  = 10000;     //int는 그냥 숫자를 적는다.
11          long    d  = 10000L;    //long 자료형은 숫자 뒤에 L이나 l을 꼭 붙입니다.
12          float   e  = 10.1f;     //float형은 뒤에 F나 f를 붙입니다.
13          double  f  = 10.1;      //소수점이 있는 숫자를 입력하면 자동으로 double로
    인식합니다.
14
15          System.out.printf("byte : %d,\t short : %d%n", a1, b1);
16          System.out.printf("int : %d,\t long : %d\n", c, d);
17          System.out.printf("float : %f,\t double : %f", e, f);
18      }
19  }
```

> 실행 결과
>
> ```
> byte : -128,        short : -32768
> int : 10000,        long : 10000
> float : 10.100000,  double : 10.100000
> ```

소스코드에서 정수형과 실수형을 printf문의 지시자와 확장특수문자를 활용하여 구현했습니다. 지시자를 사용하면 지시자에 대응되는 변수 혹은 리터럴을 2번째 인수(Argument)부터 순서대로 콤마(,)를 구분으로 넣어줍니다. 그리고 개행에 대해서는 지시자의 개행(%n)과 확장특수문자의 개행(\n) 2가지 방법을 모두 이용했습니다. 하지만 많은 개발자들은 확장특수문자의 '\n'을 많이 사용합니다. '\t'를 활용하여 콤마(,) 다음에 Tab으로 간격을 더 띄워서 다음 내용을 출력했습니다.

> 인수
>
> 매개변수(Parameter), 인자로도 불리며 메서드(Method)를 호출할 때 값을 넘겨주는 변수나 상수 등을 인수라고 합니다.

비기본 자료형(Non-Primitive Type)

참조 자료형이라고도 불리는 비기본형에 대해서 알아보겠습니다. 영어를 그대로 번역한 비기본 자료형이라는 용어보다는 참조 자료형이란 명칭을 사용하면 이해하기가 한결 수월해집니다. 이후로는 참조 자료형이라 부르겠습니다. 먼저 기본 자료형으로 안내한 자료형을 제외한 다음 세 항목이 참조 자료형에 해당하며 **new 키워드를 이용**해서 생성하며 **모든 참조 변수의 기본값은 Null**입니다. 실제 값이 아닌 객체의 주소를 가지고 있는 자료형으로 값을 객체의 주소에 의해서 참조하는 자료형입니다.

- 클래스(String, Integer 등)
- 인터페이스(Collection, Map 등)
- 배열

> **Tip | Null**
>
> Null은 값이 없음을 나타냅니다. 그럼 '0'이겠네라고 생각하면 안 됩니다. '0'은 '0'이라는 값이기 때문입니다. **Null**은 토니 호어(Tony Hoare)가 '10억불짜리 실수'(billion dollar mistake)였다고 회고한 적이 있을 정도로 Null Pointer를 체크하지 않고 사용함으로 인해서 발생하는 버그가 무수하게 많았기 때문입니다. 참고로 Kotlin이라는 프로그래밍 언어는 Null reference를 기본적으로 사용할 수는 없으나 Java와도 호환되기 때문에 Nullable을 명시적으로 사용해서 Null을 사용할 수 있습니다.

참조 자료형은 String 클래스를 통해서 알아보겠습니다. 클래스는 [8장 객체지향 프로그래밍]에서 자세히 배우므로 여기에선 이런 식으로 사용한다고 가볍게 이해하고 넘어가면 됩니다.

String 클래스는 문자열을 나타냅니다. 기본 자료형과 함께 제일 많이 사용하는 참조 자료형입니다. 보통 기본 자료형 형태로 String을 사용합니다.

Sample04.java
```java
01  package chap02;
02
03  public class Sample04 {
04      public static void main(String[] args) {
05          String fruit = "Apple";
06          System.out.println(fruit.toUpperCase());
07      }
08  }
```

실행 결과
```
APPLE
```

기본 자료형에는 String이라는 자료형이 없습니다. 그래서 Class를 fruit이라는 변수명이 아닌 인스턴스명(Instance name)이라 부르지만 String 같은 경우엔 기본 자료형처럼 사용하기 때문에 그냥 변수명이라고 부르기도 합니다. 06라인에서 fruit에 문자열을 대문자로 변경하는

'toUpperCase( )' 메서드를 호출합니다. 객체(Class)에서만 가능합니다. 그래서 String은 기본 자료형이 아닌 참조 자료형입니다.

실제 프로그래밍을 하면서 참조 자료형 중에 제일 많이 사용하는 자료형입니다. 문자열은 상수로 생성되고 생성된 후에는 변경할 수 없습니다. 변경할 수 없는 문자열은 불변이므로 공유할 수 있습니다. 여기서 불변이라는 말은 생성된 String 객체에 값을 넣은 값을 다른 값으로 못 바꾼다는 게 아니라 메모리에 등록한 값을 변경할 수 없다는 말입니다.

예를 들어 다음과 같은 코드가 있다고 할 때,

```
String str1 = "안녕하세요";
String str2 = "안녕하세요";
```

str1 변수는 메모리에 '안녕하세요'라는 리터럴을 인스턴스를 생성하여 저장합니다. 이 값은 불변의 값을 갖기 때문에 값을 변경할 수는 없으나 공유할 수는 있습니다. str2 변수에 '안녕하세요'라는 리터럴을 저장하기 전에 메모리에 '안녕하세요'라는 리터럴이 있는지 찾습니다. str1에서 사용하는 리터럴과 똑같기 때문에 앞서 메모리에 등록된 '안녕하세요' 인스턴스를 str2에서 참조하게 됩니다.

이번에는 str1의 값을 '안녕히 계세요'라고 리터럴을 바꿔보겠습니다. 이클립스의 디버그 모드로 테스트를 해봅니다. 추후에 프로그래밍할 때 오류를 찾을 일이 있으면, 디버그 모드를 활용하면 데이터의 흐름까지 함께 눈으로 확인하면서 추적할 수 있습니다. 디버깅할 때 아주 용이합니다.

> **Tip | 디버그(Debug)**
>
> 컴퓨터 프로그램의 정확성이나 논리적인 오류를 검출하여 제거하는 과정을 말합니다.

전체 소스코드는 [Sample05.java] 파일로 다음과 같이 작성합니다.

Sample05.java
```
01  package chap02;
02
03  public class Sample05 {
04
05      public static void main(String[] args) {
06          String str1 = "안녕하세요";
07          String str2 = "안녕하세요";
08          str1 = "안녕히 계세요";
09          System.out.println(str1 + " " + str2);
10      }
11
12  }
```

실행 결과

안녕히 계세요 , 안녕하세요

앞서 배운 방식대로 하면 위의 실행 결과같이 나옵니다. 우리가 확인하고 싶은 내용은 실행 결과가 아니라 메모리에 저장되는 id 값으로 위치를 확인해 볼 수 있습니다. 먼저 [그림2-2] 브레이크 포인트(Break point)에서 왼쪽 06라인에서 왼쪽 부분을 더블 클릭하면 그림과 같이 파란색 동그라미가 표시됩니다.

> **브레이크 포인트(Break point)**
> 컴퓨터를 정지시키거나 프로그램의 진행을 감시할 수 있는 감독 루틴으로써 제어를 넘기는 명령어로 개발자가 유지 보수할 때 많이 사용하며 지정된 위치에서 더 이상 실행하지 않고 멈추는 지점을 브레이크 포인트라고 합니다.

단축키로는 06라인에서 커서를 두고 단축키 [Ctrl + Shift + B]를 누르면 브레이크 포인트가 걸립니다. 디버그 모드에서 이 표시가 있을 때마다 실행하다 해당 부분이 실행되기 바로 전에 멈추게 됩니다. 다른 방법으로는 브레이크 포인트 위치에 마우스 왼쪽 버튼을 더블 클릭해도 똑같습니다.

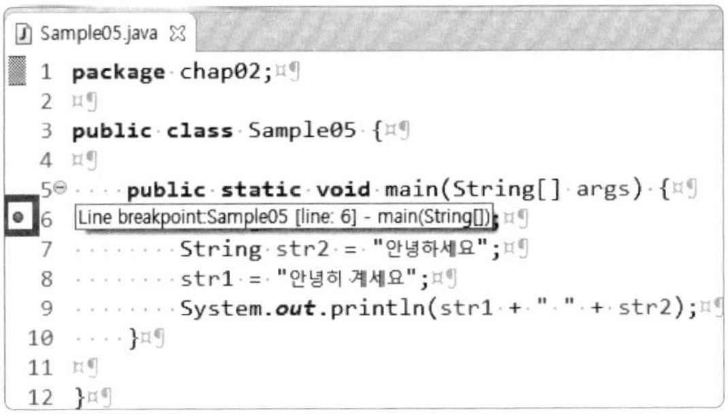

[그림 2-2] 브레이크 포인트

브레이크 포인트가 걸렸으면 디버그 모드로 실행합니다. 단축키는 [Alt + Shift + D, J]입니다. 메뉴에서는 'Run 〉 Debug as 〉 Java Application'입니다. 더 쉽게는 상단에 벌레 모양의 버튼을 클릭하면 디버깅 모드로 실행됩니다.

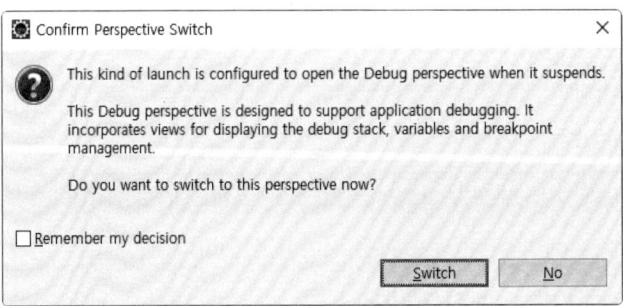

[그림 2-3] 디버그 실행하기

디버깅할 때 지금과 같은 Perspective보다는 Debug perspective에서 봐야 합니다. 친절하게도 Perspective를 변환하라고 물어보면 주저 없이 [Switch] 버튼을 클릭합니다.

[그림 2-4] Confirm Perspective Switch

이클립스 화면 구성이 디버깅에 최적화되어 실행되고, 앞서 브레이크 포인트 위치에 녹색으로 표시되며 다음 실행할 위치를 표시합니다.

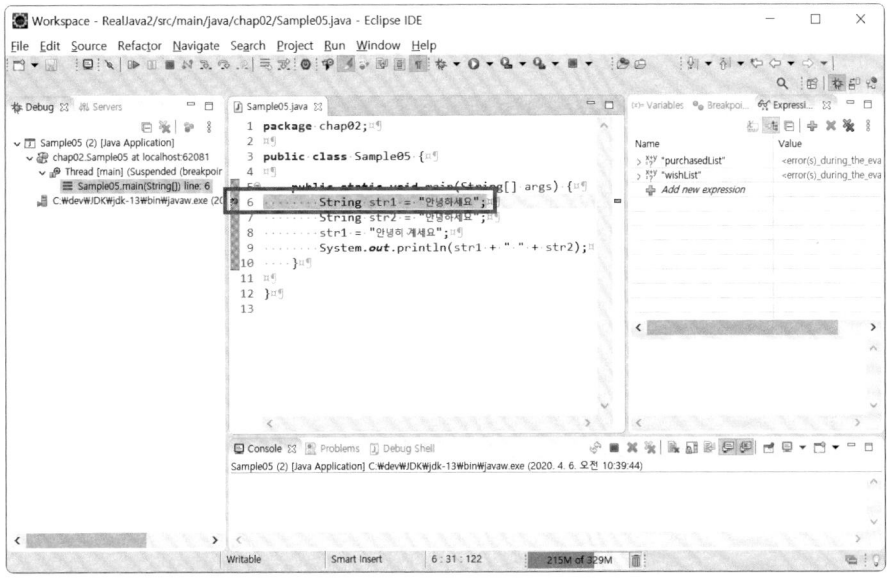

[그림 2-5] Debug perspective

이제부터 1줄씩 실행하며 변수의 메모리 주소(id)를 확인해보겠습니다. 6라인이 실행되면 str1 변숫값이 메모리에 위치하게 됩니다. 우측 창은 [Variables] 탭인지 확인하세요. 1줄씩 실행하는 기능키 [F5]를 눌러봅니다.

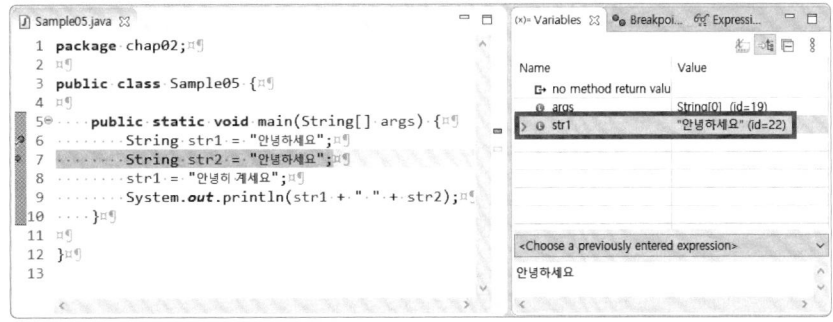

[그림 2-6] str1 메모리 위치(id) 확인

우측 창에 변수명 str1의 값은 "안녕하세요"이며 id 값은 '22'입니다. id 값은 개발 환경마다 다르게 보일 수 있습니다. 다시 6라인을 [F5] 키를 눌러 실행해보겠습니다.

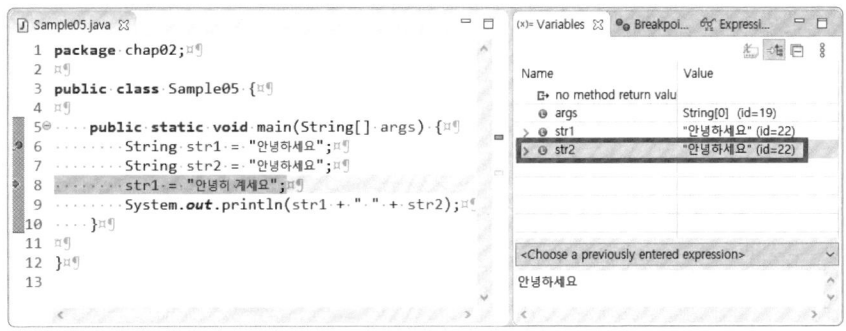

[그림 2-7] str2 메모리 주소(id) 확인

[그림 2-7]을 보면 str2의 id 값도 str1과 같은 '22'입니다. str2의 값이 str1과 같이 똑같은 메모리 주소를 참조하고 있음을 알 수 있습니다. 앞서 설명한 문자열의 불변과 공유 중의 공유를 확인했습니다. 이번엔 str1의 값을 "안녕히 계세요"로 값을 변경해보겠습니다. 바로 문자열의 불변을 확인하는 것입니다.

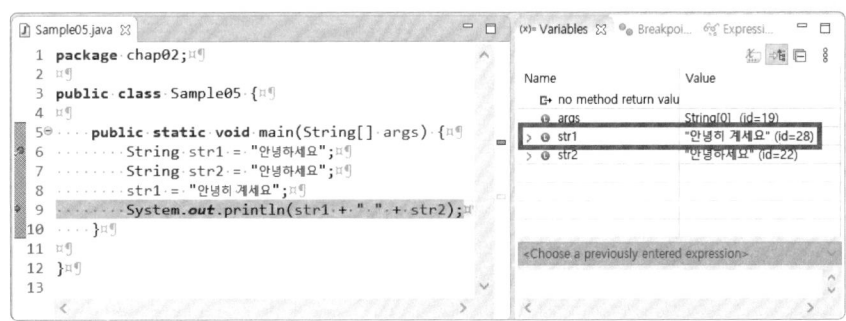

[그림 2-8] str1 메모리 위치(id) 변경

변수의 값이 변경되었다고 노란 배경색으로 표시가 되었습니다. 그리고 id 값이 '22'에서 '28'로 바뀌었습니다. 문자열이 바뀌지 않고 id 값이 '28'인 위치에 새로운 문자열이 생겼습니다. 이렇게 id가 '22'인 체로 문자열이 바뀌지 않고 새로 만들게 되어 문자열의 불변을 확인할 수 있습니다.

이렇듯이 메모리를 공유하며 참조 자료형은 데이터의 주소(id)를 참조합니다. 그럼 int로 변수를 생성해서 기본 자료형과 비교해보겠습니다.

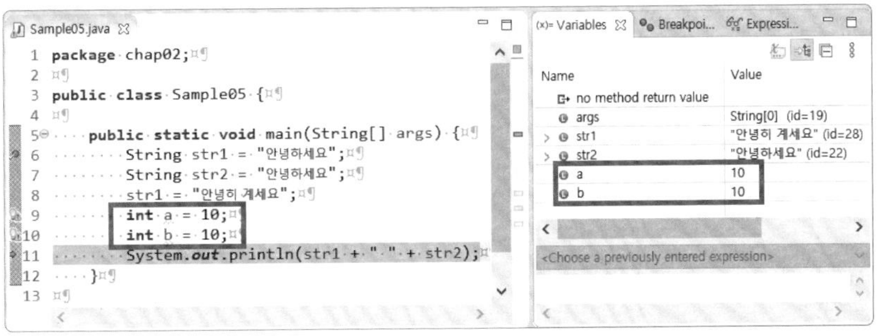

[그림 2-9] 기본형과 참조형 비교

기본형의 int형은 메모리의 id가 없이 10이라는 값이 들어갔습니다. 참조형처럼 주소(id)가 들어있지 않고 각각의 값만 들어가 있는 것을 확인할 수 있습니다.

2.1.2 형 변환(Type casting)

형 변환은 자료형 간의 변환을 말합니다. 예를 들어서 정수형을 문자열로 변환한다거나 숫자로 구성된 문자열을 정수로 바꾸는 작업을 형 변환한다고 합니다. 우리는 이미 [Sample01.java] 예제 소스코드에서 형 변환에 대해서 경험해봤습니다. char형을 int형으로 형 변환하여 값을 출력해보았습니다. 이렇게 직접 자료형을 변환하는 것을 명시적 형 변환 혹은 직접적 형 변환이라고 합니다. 작은 범위의 숫자 자료형을 더 큰 범위를 표현할 수 있는 자료형에 변수의 값을 넣으면 자동으로 형이 변환되어 대입되는 묵시적 형 변환 혹은 자동 형 변환이라고 합니다.

```
int     i = 100;
double  d = i;    // 묵시적 형 변환
```

double 자료형을 갖는 d에 int 자료형을 갖는 i를 넣었으니 두 변수는 자료형이 다르므로 대입이 될 수 없습니다. 하지만 자동으로 int 자료형이 double 자료형으로 변경되기 때문에 오류가 발생하지 않습니다. 무조건 자료형을 자동으로 변경해주는 게 아니라 double 자료형이 int 자료형과 비슷하지만, 더 큰 수를 넣을 수 있는 자료형이기 때문입니다. 반대로 double 자료형의 d를 int 자료형의 i에 대입하게 되면 오류가 발생합니다. 큰 공간을 갖는 자료형을 작은 공간을 갖는 자료형에 넣을 수 없기 때문입니다.

```
double d = 100;
int    i = d;   //Type mismatch: cannot convert from double to int
```

이런 형 변환에 대해서 예제를 통해 살펴보겠습니다.

명시적 형 변환(강제 형 변환)

숫자 자료형의 범위가 큰 변수를 작은 범위의 변수로 변환할 때 괄호 안에 자료형을 입력하여 괄호 안의 자료형으로 변수의 타입을 변환합니다. 이를 '캐스팅(Casting)한다'라고 합니다. 실수 자료형을 정수 자료형으로 바꿀 땐 소수점 이하가 버림으로 처리되어 데이터의 손실이 발생할 수 있습니다.

명시적 형 변환 형식을 살펴보겠습니다.

명시적 형 변환

(자료형) 변수명(또는 리터럴)

변수명 앞에 괄호 안에 명시적으로 변경하고 싶은 자료형을 입력하여 변경합니다. 변경하고자 하는 자료형의 크기를 넘어선 변숫값을 작은 범위의 자료형으로는 변경할 수 없습니다.

Sample06.java

```
01  package chap02;
02
03  public class Sample06 {
```

```java
04
05    public static void main(String[] args) {
06        int   a = 32767;    //short 최댓값
07        short b = 40;
08
09 //     b = a;            //묵시적 형 변환 오류 발생
10        b = (short) a;    //명시적 형 변환
11        System.out.println(b);
12
13        int   c = 32768;  //short 최댓값 + 1
14        b = (short) c;    //명시적 형 변환
15        System.out.println(b);
16    }
17
18 }
```

실행 결과

```
32767
-32768
```

09라인에서 범위가 큰 자료형이 범위가 작은 자료형으로 묵시적 형 변환을 시도하면 오류가 발생합니다. 이 경우에는 명시적 형 변환을 해야 합니다. 변수 a의 값이 short 자료형으로 표현이 가능한 범위에 있는 수이기 때문에 원래의 값이 그래도 대입이 되었습니다. 하지만 13라인에서 int 자료형의 값이 short 자료형의 최대 범위보다 1이 큰 수를 넣어서 명시적 형 변환을 했더니 전혀 다른 값이 실행 결과 2번째 줄에 출력되었습니다. 명시적으로 형 변환할 때 꼭 자료형의 범위를 확인하는 것을 잊지 말아야 합니다.

묵시적 형 변환(자동 형 변환)

묵시적 형 변환은 명시적 형 변환과는 반대로 작은 자료형을 큰 자료형으로 변환할 때 사용합니다. 변경할 자료형을 굳이 입력하지 않아도 데이터의 손실이나 훼손 없이 그대로 값이 대입됩니다. 예제를 통해서 확인해보겠습니다.

Sample07.java

```java
01  package chap02;
02
03  public class Sample07 {
04
05      public static void main(String[] args) {
06          short a = 32767;    //short 최댓값
07          int   b = 500000;
08
09          b = a;              //묵시적 형 변환
10          System.out.println(b);
11      }
12
13  }
```

실행 결과

```
32767
```

너무도 당연하게도 작은 자료형을 큰 자료형으로 변환하는데 아무런 문제가 없습니다. 마치 명시적 형 변환은 큰 집에서 작은 집으로 이사를 할 때 짐을 많이 버려야 이사를 하고 묵시적 형 변환은 작은 집의 모든 짐을 큰 집에 옮겨놓아도 전혀 문제가 되지 않는 것과 똑같습니다. 이번엔 int 자료형과 byte 자료형 간의 변환을 해보겠습니다. 명시적 형 변환과 묵시적 형 변환을 잘 확인해보세요.

Sample08.java

```java
01  package chap02;
02
03  public class CastingSample2 {
04      public static void main(String[] args) {
05          int a = 65;
06          byte b = (byte)a;    //정수를 byte로 명시적 형 변환
07          System.out.println(b);
08
09          b = (byte) (a + 1);  //a + 1 정수 연산 후 byte로 명시적 형 변환
10          System.out.println(b);
11
12          a = b;               //byte b를 더 큰 범위를 갖은 int a에 자동 형 변환
13          System.out.println(a);
14
15          b = (byte)a;         //int a를 byte b의 작은 범위인  byte로 명시적 형 변환
```

```
16          System.out.println(b);
17      }
18  }
```

실행 결과

```
65
66
66
66
```

int형을 long형으로 캐스팅할 때도 마찬가지로 진행하면 됩니다. 이렇게 비슷한 레벨에서 형 변환하는 것 외에 [8장 객체지향 프로그래밍]에서 상속 개념을 익히고 나면 상위 클래스로의 업캐스팅(Up-Casting), 하위 클래스로의 다운캐스팅(Down-Casting)이라는 형 변환도 있다는 것을 볼 수 있습니다.

문자열과 숫자 자료형 간의 형 변환

여기서 문자열은 숫자로 이루어진 문자열입니다. 예를 들어 "1234"라는 문자열을 숫자로 변환할 땐 1,234로 변환이 되며 반대로 1234 값을 갖는 숫자형이 문자열로 바꾸게 되면 "1234"로 되는 것이지요.

소스코드로 같이 확인해보겠습니다.

Sample09.java

```
01  package chap02;
02
03  public class Sample09 {
04      public static void main(String[] args) {
05          //문자열을 숫자형으로 변환
06          String a1 = "1234";
07          int    a2 = Integer.parseInt(a1);
08
09          //정수 숫자형을 문자열로 변환
10          int    b1 = 5678;
11          String b2 = Integer.toString(b1);  //방법1
12          String b3 = String.valueOf(b1);    //방법2
```

```
13          String b4 = "" + b1;                    //방법3
14
15          //실수 숫자형을 문자열로 변환
16          float  c1 = 1234.5678;
17          String c2 = Float.toString(c1);
18          String c3 = String.valueOf(c1);
19          String c4 = "" + c1;
20
21          System.out.println("String to Int    :: " + a2);
22          System.out.println("Int    to String :: " + b2);
23          System.out.println("Int    to String :: " + b3);
24          System.out.println("Int    to String :: " + b4);
25          System.out.println("Float  to String :: " + c2);
26          System.out.println("Float  to String :: " + c3);
27          System.out.println("Float  to String :: " + c4);
28      }
29  }
```

실행 결과

```
String to Int    :: 1234
Int    to String :: 5678
Int    to String :: 5678
Int    to String :: 5678
Float  to String :: 1234.5678
Float  to String :: 1234.5678
Float  to String :: 1234.5678
```

07라인에서 문자열 "1234"를 7라인에서 Integer 클래스의 parseInt 메서드를 이용해서 정수로 변환했습니다. 10라인의 정수 1234를 11라인에서 Integer 클래스의 toString 메서드를 활용하여 문자열로 변환하였고 12라인에서는 String 클래스를 활용하여 문자열로 변환합니다. 그리고 13라인에서 문자열과 정수형을 연산하여 결과를 문자열로 받았습니다.

필자가 주로 사용하는 방법은 13라인의 방법을 즐겨 사용하고 있습니다. 마지막으로 실수 숫자 자료형을 문자열로 변환하는 방법인데요. 정수형의 방법과 같습니다. 모든 기본 자료형을 문자열로 변환하고 싶을 땐 13, 19라인처럼 문자열과의 연산으로 손쉽게 변경할 수 있습니다.

문자와 문자열 간의 형 변환

문자열(String) 값을 문자(char)로 변환해보겠습니다. 다만 문자는 한 자이지만 문자열은 한 자 이상도 가능하므로 배열에 문자를 넣어서 변환됩니다. 배열은 [5장 배열]에서 배우니 미리 경험해보기 바랍니다.

Sample10.java
```java
01  package chap02;
02
03  public class Sample10 {
04      public static void main(String[] args) {
05          String a1 = "abcd";
06          char[] a2 = a1.toCharArray();   //문자열을 문자배열로 변환
07
08          char   b1 = 'a';
09          String b2 = String.valueOf(b1);
10          String b3 = "" + b1;
11      }
12  }
```

05라인의 "abcd"를 06라인에서 char 다음에 '[ ]'를 이용하여 char형 배열임을 선언했습니다. 그리고 String 클래스의 메서드에서 char형으로 배열 값을 반환하는 'toCharArray( )' 메서드를 활용하여 자료형을 변환했습니다.

08라인의 문자열 'a'를 09라인에서 String 클래스를 활용하여 char형으로 변환했고 앞서 숫자형과 마찬가지로 문자열 연산을 활용하여 문자열로 결과를 반환받아서 문자열로 변환했습니다.

2.1.3 키보드로 입력받은 값 변수에 담기

그동안 코딩하면서 출력할 때, 꼭 사용했던 명령은 'System.out'을 활용하여 출력했습니다. 이제 입력을 받고자 합니다. 출력과 반대인 'in'으로 바꿔서 사용하는 것입니다. 'System.in'과 입력받은 문자열을 처리하는 Scanner 클래스와 함께 예제를 먼저 보겠습니다. 먼저 코드를 다음과 같이 입력합니다.

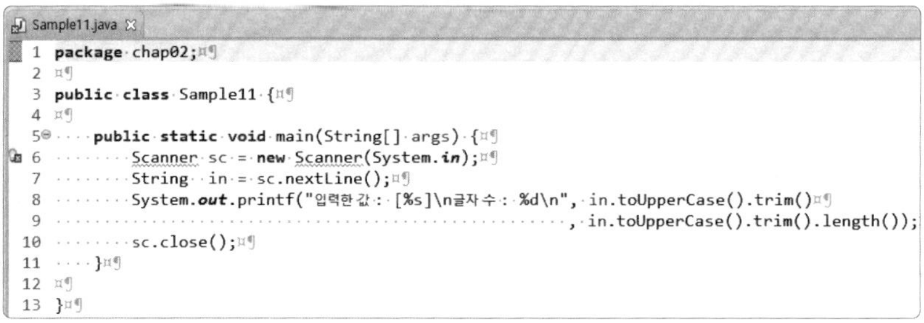

[그림 2-10] Import전의 Sample11.java

06라인에 Scanner에 빨간색으로 밑줄이 그어져 있습니다. Scanner 클래스에 대한 정의가 없어서 객체를 인식하지 못해서 난 오류입니다. 앞서 말했듯이 클래스는 [8장 객체지향 프로그래밍]에서 배우게 됩니다. 여기서는 그냥 '객체는 이렇게 사용하는 거다'라고 이해하고 넘어가도 무방합니다.

06라인에 마우스 커서를 올리던지 Scanner에 마우스를 올리면 [Import 'Scanner' (java.util)]이라고 나옵니다. 이것을 선택해도 좋고 단축키 [Ctrl + Shift + O]를 이용해서 Scanner를 선택한 후 [Finish] 버튼을 클릭해도 똑같은 결과를 얻을 수 있습니다.

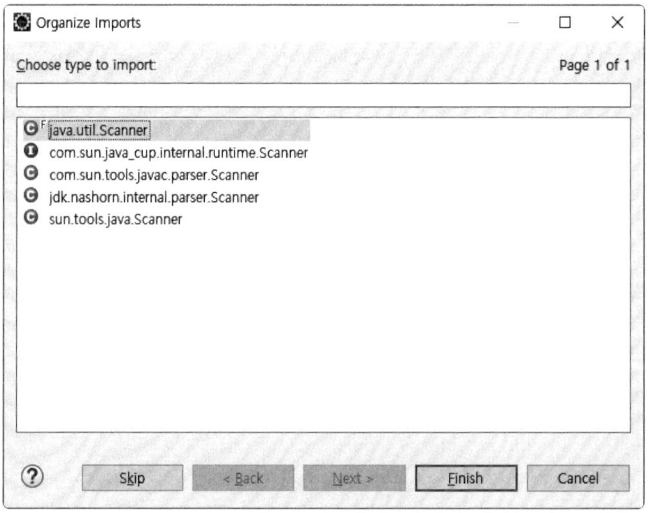

[그림 2-11] Scanner 클래스 import

완성된 Sample11.java

```
01  package chap02;
02
03  import java.util.Scanner;
04
05  public class Sample11 {
06
07      public static void main(String[] args) {
08          Scanner sc = new Scanner(System.in);
09          String in = sc.nextLine();
10          System.out.printf("입력한 값 : [%s]\n글자 수 : %d\n", in.toUpperCase().trim()
11                                                          , in.toUpperCase().trim().length());
12          sc.close();
13      }
14
15  }
```

실행 결과 1

```
apple
입력한 값 : APPLE
글자 수 : 5
```

실행 결과는 'apple'을 입력해서, 입력한 값을 String 메서드를 사용해서 **대문자로 출력**해보았습니다. 물론 입력한 문자열의 앞뒤로 **공백이 있으면 제거**하는 trim( ) 메서드를 이용했습니다. 이번에는 ' apple '로 apple 앞뒤로 공백을 넣어서 입력해도 'apple'로 입력한 결과가 똑같이 나옵니다.

실행 결과 2

```
_apple_              (_는 공백을 표시한 것입니다.)
입력한 값 : APPLE
글자 수 : 5
```

입력한 값의 자료형을 정확히 알아야 값을 가져올 수 있습니다. Scanner는 기본적으로 공백을 구분으로 데이터를 입력받고 다양한 자료형으로 값을 변환하여 받을 수 있습니다. 하지만 자료형이 틀리게 되면 오류를 발생하게 됩니다.

우선 자료형별로 값을 구해오는 메서드를 알아보고 입력된 자료형을 구해보겠습니다.

- next( ): 공백 이전까지 문자열을 반환합니다.
- nextByte( ); 공백 이전까지의 byte형을 반환합니다.
- nextShort( ): 공백 이전까지의 short형을 반환합니다.
- nextInt( ): 공백 이전까지 int형을 반환합니다.
- nextLong( ); 공백 이전까지의 long형을 반환합니다.
- nextFloat( ): 공백 이전까지의 float형을 반환합니다.
- nextDouble( ): 공백 이전까지 double형을 반환합니다.
- nextLine( ): 입력 받은 문자열 전체 입력을 반환합니다.
- hasNextInt( ): 다음 가져올 자료형이 int형인지 확인합니다. 맞으면 true를 반환하고 틀리면 false를 반환합니다.

hasNextBoolean( ), hasNextByte( ), hasNextDouble( ), hasNextFloat( ), hasNext( ) 등을 활용해서 다음에 올 자료형을 미리 확인할 수 있습니다.

Sample12.java

```java
package chap02;

import java.util.Scanner;

public class Sample12 {

    public static void main(String[] args) {
        Scanner sc = new Scanner(System.in);

        System.out.print("int 자료형을 입력하세요 : ");
        int a = sc.nextInt();

        System.out.print("char 자료형을 입력하세요 : ");
        char b = sc.next().charAt(0); //첫번째 문자만 가져온다

        System.out.print("long 자료형을 입력하세요 : ");
        long c = sc.nextLong();

        System.out.print("double 자료형을 입력하세요 : ");
        double d = sc.nextDouble();
```

```
21
22              System.out.print("String 자료형을 입력하세요 : ");
23              String e = sc.next();
24
25              System.out.println();
26
27              System.out.println("int : " + a);
28              System.out.println("char : " + b);
29              System.out.println("long : " + c);
30              System.out.println("double : " + d);
31              System.out.println("String : " + e);
32
33              sc.close();
34          }
35
36      }
```

> **실행 결과**
>
> int 자료형을 입력하세요 : 1
> char 자료형을 입력하세요 : 2
> long 자료형을 입력하세요 : 3
> double 자료형을 입력하세요 : 4
> String 자료형을 입력하세요 : 5
>
> int : 1
> char : 2
> long : 3
> double : 4.0
> String : 5

[Sample12.java]는 각 자료형별로 입력된 값을 다시 출력하는 소스코드를 확인해보았습니다. 여기에 소개되지 않은 자료형 역시 똑같은 방법으로 구현하면 키보드로부터 값을 받아들이는 데 문제없이 구현할 수 있습니다. 앞으로 소개되는 소스코드에도 Scanner 클래스를 자주 사용할 테니 꼭 익혀두고 넘어가세요.

2.1.4 지역 변수의 타입 추론(Local variable type inference)

var라는 타입 추론형은 Java 10부터 사용할 수 있으며 뒤에 배울 [17장 람다식(Lambda expression)]에서 사용되니 꼭 알고 넘어가야 합니다. Javascript에서도 사용되는 자료형으로 로컬 변수 선언을 var를 이용하여 기존의 엄격한 자료형의 선언 방식에서 탈피하여 컴파일러에 의해 타입을 추론하여 자료형이 결정되게 합니다. 여기서도 마찬가지로 똑같이 사용됩니다.

보기 1
```
var i = 365;
```

보기 2
```
int i = 365;
```

[보기1]에서는 타입 추론 변수 i에 365를 대입해서 i는 int형이라는 것을 추론할 수 있습니다. 결국 [보기 2]와 같은 결과를 얻게 됩니다. 하나 더 해볼까요?

보기 3
```
var j = 4L;
```

보기 4
```
long j = 4L;
```

이번에는 long형으로 리터럴 4 뒤에 'L'을 붙여서 long형으로 값을 넣어서 [보기 3]에서는 long형이라는 것을 추론할 수 있습니다. **[16장 람다식]에서는 매개변수마저도 var가 생략됩니다.** 이렇듯 변수를 선언할 때 var를 이용하여 변수를 쉽게 선언할 수 있습니다. 이번에는 비기본 자료형을 var를 활용하여 비교해보겠습니다.

([10장 제네릭]의 추가 학습이 필요하지만 지역 변수에 초점을 잡고 진행합니다.)

예를 들어 기존에는

보기 5

```
Map<String, String> map = new HashMap<String, String>();
```

로 선언했다면, Java 10 이후로는 [보기 6]과 같이 선언할 수 있습니다.

보기 6

```
var map = new HashMap<String, String>();
```

var 타입으로 생성했지만 참조 자료형까지 자료형을 추론할 수 있습니다.

var를 활용해서 예제로 살펴보겠습니다.

Sample13.java

```java
01  package chap02;
02
03  public class Sample13 {
04
05      public static void main(String[] args) {
06          // var name;   //자료형을 추론할 때 리터럴이 없으면 추론할 수 없어서 에러가 발생
07          var name = "나어때";
08          var age  = 28;
09          var height = 159.9f;
10
11          System.out.println("이름 : " + name);
12          System.out.println("나이 : " + age);
13          System.out.println("키 : " + height);
14      }
15
16  }
```

실행 결과

```
이름 : 나어때
나이 : 28
키 : 159.9
```

06라인에서 변수에 값을 넣지 않아서 리터럴에 의한 타입을 추론할 수 없기 때문에 [Cannot use 'var' on variable without initializer] 오류가 발생합니다. 어떻게 자료형이 추론되었는지는 모르겠지만 실행은 잘 됩니다. 그럼 1장에서 배웠던 디컴파일을 이용하여 소스코드로 확인해보겠습니다.

Sample13.class

```
01  package chap02;
02
03  public class Sample13 {
04      public static void main(String[] args) {
05          String name = "나어때";
06          int age = 28;
07          float height = 183.7F;
08          System.out.println("이름 : " + name);
09          System.out.println("나이 : " + age);
10          System.out.println("키 : " + height);
11      }
12  }
```

변수를 선언할 때 var를 이용해서 선언했는데 컴파일된 class 파일을 디컴파일하여 확인해보니 String, int, float 자료형으로 컴파일되었음을 알 수 있습니다. var를 사용하여 코딩할 때에는 Java 버전이 10 이상인지 꼭 확인하고 구현하길 바랍니다.

2.2 상수(Constant)

상수는 '값이 변하지 않는 수'를 말합니다. 프로그램이 실행되는 동안 값을 원하는 데로 바꿀 수 있는 변수와는 다르게 값을 변경할 수 없는 수를 말합니다. 한번 정해진 값을 다시 재정의할 수 없는 변수를 상수라고 합니다. 주로 값이 변하지 않고 고정되어야 할 경우에 주로 사용합니다.

예를 들어 반지름이 10cm인 원의 넓이를 구하고자 할 때 원의 넓이를 구하는 공식은 다음과 같습니다.

원의 넓이 = 반지름 * 반지름 * 원주율(3.14)

이때, 원주율의 값은 언제나 고정으로 3.14의 값을 갖습니다. 다른 값을 가질 경우가 없다고 판단될 때, 우리는 원주율에 대해서 상숫값으로 처리할 수 있습니다. 이때 사용되는 키워드가 **'final'**입니다.

우선 final은 3가지 경우에 사용됩니다.

- 변수(Variable)
  - 초기화 된 이후에는 값을 변경할 수 없습니다.
- 메서드(Method)
  - 하위 클래스에서 오버라이드 할 수 없습니다.
- 클래스(Class)
  - 계층구조의 마지막 클래스로 하위 클래스를 만들 수 없습니다.

하지만, 여기서 다룰 내용은 변수의 경우에 관해서만 이야기하겠습니다. final로 정의된 변수는 딱 한 번 값을 대입한 이후에는 더 이상 값을 변경할 수 없으며 이를 상수라고 합니다. 그리고 상수는 관례로 **대문자로 표시**합니다.

상수 만드는 법

```
final [자료형] [변수명] = [리터럴];
```

final을 선언하면서 바로 리터럴을 넣지 않고 뒤에 값을 넣어도 되며 단 한 번만 값을 입력할 수 있습니다.

그럼 원의 넓이를 구하는 예를 같이 보겠습니다.

Sample14.java

```
01  package chap02;
02
03  public class Sample14 {
04
05      public static void main(String[] args) {
06          final float PI;      // 정의하지 않고 PI를 상수로 선언했다.
07          PI = 3.14f;          // 최초 값을 선언한다. 이 후 PI값을 변경하면 오류가
```

```
          발생한다.
08          //PI = 3.14f;      // The final local variable PI may already have been assigned
09          int radius = 10;
10
11          float area = radius * radius * PI;
12
13          System.out.printf("원의 넓이 : %f", area);
14      }
15
16 }
```

실행 결과

```
원의 넓이 : 314.000000
```

06라인에서 상수 PI를 관례로 대문자로 선언한 뒤에 07라인에서 값을 최초 한번 정의를 했습니다. 꼭 바로 정의할 필요는 없습니다. 혹시나 08라인과 같이 상숫값인 'PI'를 변경하게 되면 다음과 같은 무서운 메시지를 경험하게 됩니다.

```
The final local variable PI may already have been assigned
```

'final'이란 키워드를 부여한 만큼 최초 값을 부여한 이후 절대로 값을 변경하는 일은 없어야 합니다.

그럼 final 키워드를 var과 함께 사용할 때의 주의 점을 확인해보겠습니다.

Sample15.java

```
01 package chap02;
02
03 public class Sample15 {
04
05      public static void main(String[] args) {
06          final float PI1;      // 정의하지 않고 PI를 상수로 선언했다.
07          PI1 = 3.14f;          // 최초 값을 선언한다. 이 후 PI값을 변경하면 오류가 발생한다.
08
09          final var PI2;        //Cannot use 'var' on variable without initializer
```

```
10            final var PI3 = 3.14f;
11        }
12
13 }
```

자료형을 명확히 했을 때는 06라인처럼 최초 초깃값을 넣지 않아도 문제가 되지 않습니다. 09 라인에서 var 자료형을 선언한 뒤에 초기화하지 않으면 [Cannot use 'var' on variable without initializer] 오류가 발생합니다. var은 값으로 자료형을 추론하는 값이 없기 때문에 어떤 자료형인지 판단할 수 없어서 오류가 발생합니다. 이런 오류를 피하기 위해서는 10라인처럼 꼭 리터럴을 넣어서 자료형이 정해지게 수정해야 합니다.

2.3 난수(Random number) 생성하기

난수란 특정한 순서나 규칙을 가지지 않는 수로 무작위란 말이 더 쉽게 이해될 수 있을 것 같습니다. 난수를 생성할 때 범위만 제공하고 그 범위 내에서 임의의 숫자를 생성해냅니다.

난수를 처음 배워서 1~3까지의 수를 난수로 활용해서 가위, 바위, 보 게임을 만들었던 적이 생각이 나네요. 알고리즘은 사용자와 컴퓨터 간의 가위바위보 게임으로 사용자가 1에서 3까지의 수를 입력합니다. 그리고 컴퓨터는 난수를 똑같은 범위 내에서 생성합니다. 물론 값이 같으면 비기는 것이고, 1(가위), 2(바위), 3(보)이라고 정해놓고 조건문(if ~ else)을 활용해서 만들었던 적이 있습니다. 가위바위보 게임은 조건문과 반복문을 배운 후에 알고리즘 문제로 풀어보겠습니다.

사용법은 간단합니다. 우선 Java 1.0에서부터 제공하는 **Random** 객체를 활용하는 방법과 Java 8에서부터 제공하는 **Math.random( )**을 활용하는 방법 두 가지를 살펴보겠습니다.

먼저 Random 객체를 활용하는 방법입니다.

Sample16.java

```java
01  package chap02;
02
03  import java.util.Random;
04
05  public class Sample16 {
06
07      public static void main(String[] args) {
08          Random random = new Random();
09          int num = random.nextInt(3) + 1;    // 1~3까지 출력
10          System.out.printf("난수 : %d", num);
11      }
12
13  }
```

실행 결과

```
난수 : 3
```

Random이라는 클래스를 활용하여 random이라는 인스턴스를 생성했습니다. 이때 03라인의 import로 해당 클래스 정보를 가져옵니다. 'java.util.Random'이라는 패키지 경로를 알고 있다면 직접 코딩해도 괜찮지만, 단축키 [Ctrl + Shift + O]를 눌러서 자동으로 import 하는 방법을 추천합니다. 실제로 이 방법을 실무에서 가장 많이 사용하고 있습니다.

09라인에서 random.nextInt(3)이라는 명령으로 0~2까지의 3가지 수를 임의 값을 int형으로 생성하여 num이라는 정수형 변수에 값을 담습니다. 우리가 원하는 값은 1~3이므로 임의값에 1을 더하여 값을 얻었습니다.

이번에는 JDK 1.8에서 제공하는 Math.random( )을 활용하는 방법입니다.

Sample17.java

```java
01  package chap02;
02
03  public class Sample17 {
04
05      public static void main(String[] args) {
06          int num = (int)(Math.random() * 3 + 1);   //JDK 1.8
07          System.out.printf("난수 : %d", num);
08      }
```

```
09
10   }
```

실행 결과
난수 : 2

Math 객체에서 직접 random이라는 메서드를 호출해서 임의의 값을 가져왔습니다. 역시 05 라인에서 '* 3'을 해서 0에서 2까지 값을 가져오게 한 뒤에 1을 더해서 1에서 3까지의 값으로 변경하여 num 변수에 값을 대입합니다.

2.4 변수 예약어(Reserved keywords)

변수명을 명명(Naming)하는 데 있어서 제약이 있습니다. 변수명을 정할 때, 모든 문자열을 변수명으로 사용할 수 없습니다. 클래스, 메서드, 변수명을 구분하는 이름을 식별자라고 하며 식별자를 명명할 때 사용할 수 없는 제약사항들을 알아보겠습니다.

1. 명명 규칙

Java의 변수, 메서드, 클래스명을 명명하는데 있어서 모든 문자가 올 수 있는 것은 아닙니다. 명명할 때 지켜야 할 규칙을 살펴보겠습니다.

① 첫 문자는 '_', '$' 그리고 문자로 시작되어야 하며 숫자가 올 수 없습니다.
② 두 번째 문자부터는 '_', '$', 문자, 숫자가 올 수 있습니다.
③ 식별자 중간에는 공백이 포함될 수 없습니다.
④ 대문자와 소문자를 구별합니다.
⑤ 길이 제한이 없습니다.
⑥ 예약어로 명명할 수 없습니다.

2. 예약어

다음 표는 이미 명령어로 사용하고 있는 키워드로 변수명으로 사용할 수 없습니다.

abstract	continue	for	new	switch
assert***	default	goto*	package	synchronized
boolean	do	if	private	this
break	double	implements	protected	throw
byte	else	import	public	throws
case	enum****	instanceof	return	transient
catch	extends	int	short	try
char	final	interface	static	void
class	finally	long	strictfp**	volatile
const*	float	native	super	while

* not used
** added in 1.2
*** added in 1.4
**** added in 5.0

[그림2-12] 변수 예약어

3. 리터럴(Literal)

많은 분들이 true, false 및 null을 예약어로 보는 사람도 있지만 사실은 앞서 배운 리터럴입니다. 그래서 식별자로는 사용할 수 없습니다.

4. Underscore

JDK 1.7까지는 '_'(Underscore)를 변수명으로 사용할 수 있습니다. 하지만 JDK 1.8부터는 더 이상 사용할 수 없게 되었습니다. Underscore를 사용하면서 경고로만 알리는 경우가 있고 오류로 알리는 경우가 있습니다. 어떤 경우에 경고와 오류로 처리되는지 알아보겠습니다.

먼저 JDK 1.7에서 메서드 인자로 받아서 출력해봅니다.

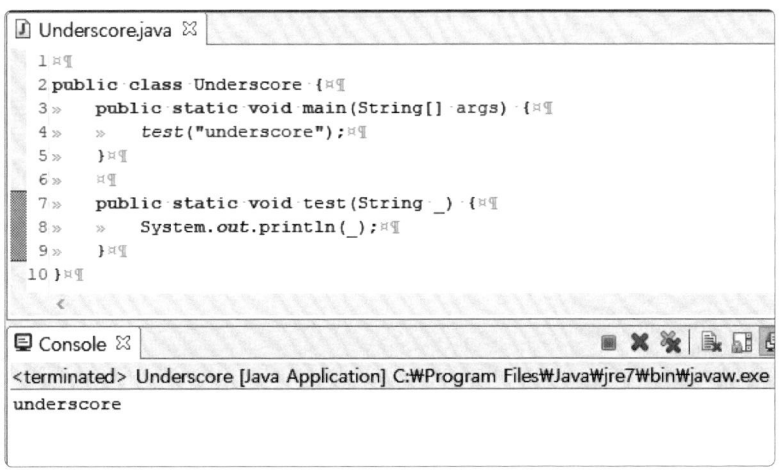

[그림 2-13] JDK 1.7에서의 Undersore

JDK 1.7에서는 아무런 경고와 오류 없이 잘 처리되어 출력되었습니다.

그럼 JDK 1.8에서 변수를 선언해서 출력해보겠습니다.

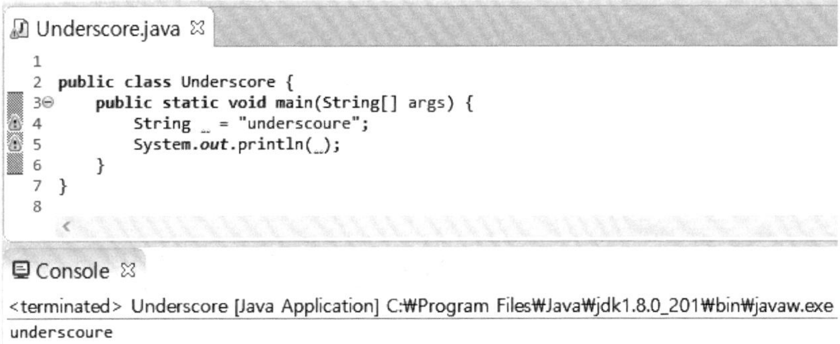

[그림 2-14] JDK 1.8에서의 Undersore

JDK 1.8의 경우에는 라인 번호 4, 5번 왼편에 노란색 느낌표가 나왔습니다. 여기에 마우스 커서를 올려보면 다음과 같은 경고 문구가 출력되지만 별문제 없이 프로그램을 실행하면 실행은 되지만 다음과 같은 경고 메시지가 출력됩니다.

```
'_' should not be used as an identifier, since it is a reserved keyword from source
level 1.8 on.
```

다음은 메서드의 인자를 Underscore로 받아서 JDK 1.8 버전에서 출력하는 프로그램을 작성하여 확인해보겠습니다.

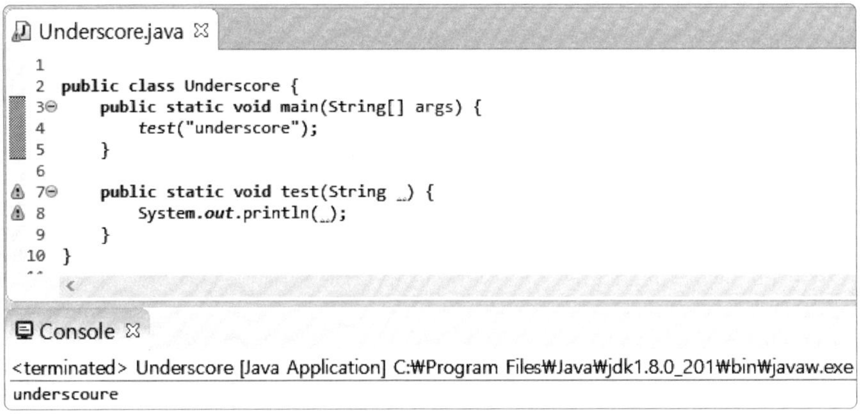

```
 Underscore.java ⊠
 1
 2  public class Underscore {
 3⊖     public static void main(String[] args) {
 4          test("underscore");
 5      }
 6
 7⊖     public static void test(String _) {
 8          System.out.println(_);
 9      }
10  }
```

```
 Console ⊠
<terminated> Underscore [Java Application] C:\Program Files\Java\jdk1.8.0_201\bin\javaw.exe
underscoure
```

[그림 2-15] JDK 1.8에서의 메서드 인자 Underscore

역시 07, 08라인에서처럼 Method의 Argument에 넣어서 프로그램을 실행해보았지만, 단순히 경고만 뜨며 실행은 잘됩니다. 경고 내용은 이전에 나온 문구와 같습니다.

자, 그럼 다음 그림을 자세히 볼까요?

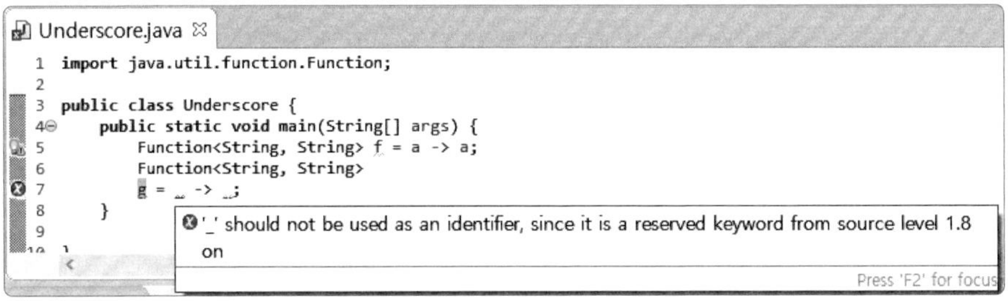

```
 Underscore.java ⊠
 1  import java.util.function.Function;
 2
 3  public class Underscore {
 4⊖     public static void main(String[] args) {
 5          Function<String, String> f = a -> a;
 6          Function<String, String>
 7          g = _ -> _;
 8      }
 9  }
```

⊗ '_' should not be used as an identifier, since it is a reserved keyword from source level 1.8 on

[그림 2-16] JDK 1.8에서의 Lambda 인자 Underscore

앞으로 배울 람다식(Lambda expression)에서 사용해 보았습니다. 람다식에서 사용할 경우 5라인에서 인자값으로 'f'를 넣었더니 문제가 없었는데 7라인에서 Underscore('_')를 넣었더니 JDK 1.8버전에서는 예약어라며 오류를 발생시키고 있습니다. JDK 1.8 이전 버전을 사용하고 있는 프로젝트에서 JDK 1.8로 버전을 올렸을 경우 이미 Underscore를 사용하고 있다면 소스 코드에서 오류가 발생하게 됩니다. 개발 당시엔 오류가 아니지만 JDK 1.8에서 오류라고 하면 소스코드에 혼선이 발생하게 됩니다. 그래서 JDK 1.8 이전에 개발된 코드에서 Underscore를 사용했다면 경고로만 알립니다. 하지만 JDK 10에서 추가된 var를 사용할 경우에는 처음 사용할 때부터 Underscore를 사용하지 못하게 오류를 발생시킵니다.

JDK 1.8 이상이 되면 '_'를 사용하면 안 된다는 것을 인지하고, 사용하지 않게 주의하세요. 사실 Underscore만을 변수로 사용하는 경우를 프로젝트 진행하면서 아직 본 적이 단 한 번도 없습니다.

2.5 표기법

변수명을 명명(Naming)할 때 여러 표기법을 활용합니다. 실제 프로젝트 내에서 코딩 스타일 가이드를 통해서 변수명 작성 방법을 다음 표기법 종류 중에서 하나를 선택하여 통일시킵니다.

2.5.1 카멜 표기법(Camel Case)

맨 첫 단어를 제외한 단어의 조합 중 띄어쓰기 대신에 각 단어의 첫 문자를 대문자로 표기하고 나머지 문자는 소문자로 표기합니다.

```
Internet of things -> internetOfThings
Text box -> textBox
find keyword -> findKeyword
```

2.5.2 파스칼 표기법(Pascal Case)

카멜 표기법과 같으나 모든 단어의 첫 문자는 대문자로 표기합니다.

```
Internet of things -> InternetOfThings
Text box -> TextBox
find keyword -> FindKeyword
```

2.5.3 스네이크 표기법(Snake Case)

단어와 단어 사이에 띄어쓰기한 공백을 _(Underscore)를 붙여서 단어와 단어를 이어 표기합니다.

```
Internet of things -> internet_of_things
Text box -> text_box
find keyword -> find_keyword
```

2.5.4 케밥 표기법(Kebab Case)

단어와 단어 사이에 띄어쓰기한 공백을 -(Hyphen)을 붙여서 단어와 단어를 이어 표기합니다.

```
Internet of things -> internet-of-things
Text Box -> text-box
find keyword -> find-keyword
```

Java에서는 케밥 표기법을 사용할 수는 없습니다. '-'을 산술 연산자로 인식해서 오류가 발생하기 때문입니다. 그래도 알아두면 좋을 것 같아서 소개했습니다. 실무에서 제일 많이 사용하는 표기법은 카멜 표기법(Camel Case)을 제일 많이 사용하며, 이 책에서도 카멜 표기법을 사용합니다.

Chapter 03

03장 | 주석

주석은 프로그램의 흐름과는 상관없이 소스코드에 대한 정보나 설명을 기록할 때 사용합니다. 프로그래밍하면서 주석의 활용을 얼마만큼 잘하느냐에 따라서 최초 개발자나 유지 보수를 한 개발자의 개발 의도를 더욱 쉽게 파악할 수 있습니다. 소스코드의 파악이 쉬워야 빠른 소스코드의 분석이 가능하며 유지 보수 또한 훨씬 빠르게 진행될 수 있습니다.

3.1 //(한 줄 주석)

주로 소스코드의 상단이나 우측에 자리합니다. 1, 2장의 소스코드 우측에 '//'하여 한 줄 주석으로 설명을 적어놓은 것을 보았을 겁니다. 주석이 있으니까 여러분들이 소스코드를 보면서 이해하기가 한결 쉽지 않았나요? 이렇게 소스코드를 보다 빨리 이해할 수 있도록 개발 의도나 생각 등을 주석으로 남겨놓으면 나중에 본인이나 다른 사람이 보았을 때 큰 도움이 됩니다.

한 줄 주석에 대해서 살펴보겠습니다.

- 상단의 경우

```
//float형은 뒤에 F나 f를 붙입니다.
float   e   = 10.1f;
```

- 우측의 경우

```
float   e   = 10.1f;    //float형은 뒤에 F나 f를 붙입니다.
```

이렇듯 한 줄 주석은 두 가지 형태로 주로 사용하고 있습니다. 실무에서는 상단이나 우측에 사용하는 주석의 경우를 미리 코딩 스타일을 정의하여 사용하기도 합니다.

3.2 /* */(여러 줄 주석)

한 줄 이상의 주석문을 작성할 때 사용합니다. 개인적으로는 한 번에 여러 줄의 소스코드를 삭제하지 않고 무력화시킬 때 많이 사용합니다. 다음 소스코드는 앞서 학습한 [2장 Sample03.java] 파일입니다.

```
Chap02.Sample03.java
01   package chap02;
02
03   public class Sample03 {
04
05       /**
06        * 자료형에 대해서 학습니다.
07        * @param args
08        */
09       public static void main(String[] args) {
10           byte    a1 = -128;      //byte 최소값
11           byte    a2 = 127;       //byte 최대값
12           short   b1 = -32768;    //short 최소값
13           short   b2 = 32767;     //short 최대값
14           int     c  = 10000;     //int는 그냥 숫자를 적는다.
15           long    d  = 10000L;    //long 자료형은 숫자 뒤에 L이나 l을 꼭 붙입니다.
16           float   e  = 10.1f;     //float형은 뒤에 F나 f를 붙입니다.
17           double  f  = 10.1;      //소수점이 있는 숫자를 입력하면 자동으로 double로 인식합니다.
18   /*
19           System.out.printf("byte : %d,\t short : %d%n", a1, b1);
20           System.out.printf("int : %d,\t long : %d\n", c, d);
21           System.out.printf("float : %f,\t double : %f", e, f);
22   */
23       }
24   }
```

[2장]의 소스코드에서 05라인부터 08라인까지는 main( ) 메서드에 대해서 여러 줄 주석을 작성했습니다. 18라인부터 22라인까지 주석처리를 하여 소스코드가 동작하지 않도록 했습니다. 상황에 따라서 많이 사용하는 주석입니다.

3.3 코드 템플릿(Code Templates)

코드 템플릿의 기능을 활용해서 메서드의 주석을 자동으로 만들어주는 방법을 배워보겠습니다. 앞서 배운 여러 줄 주석을 활용하면 이클립스를 자동으로 생성해주기 때문에 메서드를 생성할 때마다 자주 사용하는 기능입니다. 단축키는 [Alt + Shift + J]입니다. 다음은 [2장 Sample16.java] 파일을 예로 설명하겠습니다. 구현한 소스코드의 main 메서드에 커서를 아무 위치에 두어도 상관은 없습니다.

Chap02.Sample16.java Code Template주석 전

```
01  package chap02;
02
03  public class Sample16 {
04      public static void main(String[] args) {
05          int num = (int)(Math.random()*3 + 1); // 1~3까지 출력
06          System.out.printf("난수 : %d", num);
07      }
08  }
```

main 메서드 범위 안에서 커서를 두고 단축키 [Alt + Shift + J]를 누릅니다.

Chap02.Sample16.java Code Template주석 후

```
01  package chap02;
02
03  public class Sample16 {
04
05      /**
06       * @param args
07       */
08      public static void main(String[] args) {
09          int num = (int)(Math.random()*3 + 1); // 1~3까지 출력
10          System.out.printf("난수 : %d", num);
11      }
12  }
```

자동으로 주석이 생겼습니다. main 메서드에 args라는 파라미터가 있어서 '@param'이 있습니다. main 메서드의 return type이 void이기 때문에 '@return'이 자동 생성되지 않았습니다. 아직 메서드에 대해서 배우지 않았기 때문에 그런가 보다 하고 넘어가면 됩니다. [8장 객체지

향 프로그래밍]에서 클래스와 메서드 학습 이후에는 지금 내용이 무슨 내용인지 이해할 수 있습니다.

이번에는 자동으로 생성된 주석 Template을 수정해보겠습니다. [Window > Preferences > Java > Code Style > Code Templates]

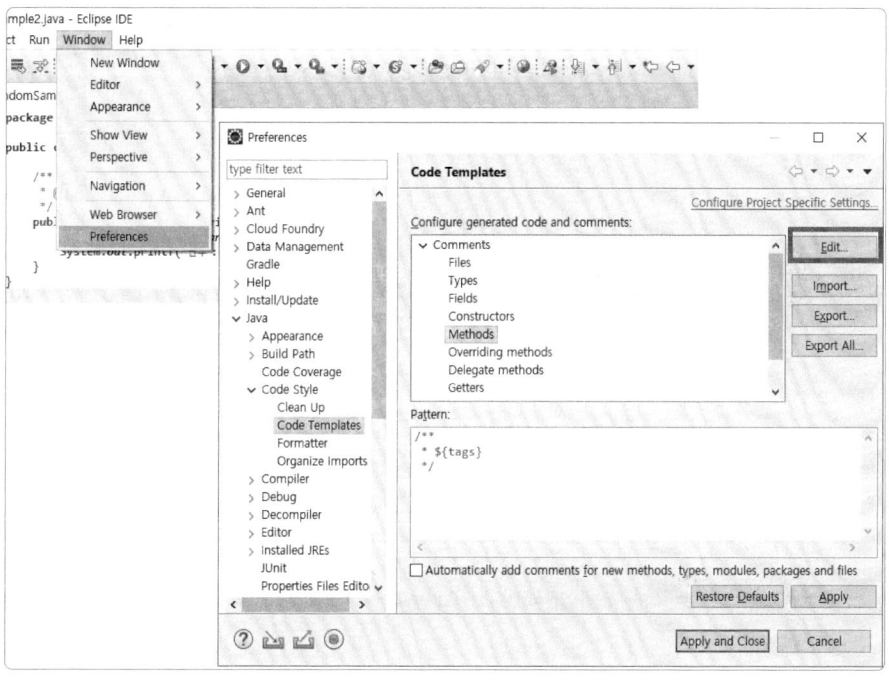

[그림 3-1] Code Templates 수정

[그림 3-1]에서 [Edit…] 버튼을 클릭해서 Pattern에 [그림 3-2]와 같이 수정해보겠습니다.

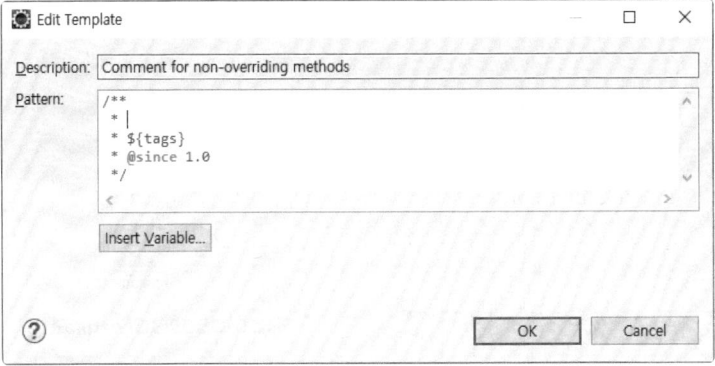

[그림 3-2] Pattern 수정

02라인은 설명을 넣을 수 있게끔 비워두고 4라인에 @since 1.0은 현재 최초로 개발되었으니 1.0이라고 고정해서 출력하도록 입력했습니다. 패턴을 수정한 뒤 [OK] 버튼과 [Apply and Close]를 누른 후 앞서 생성된 주석을 지우고 다시 단축키 [Alt + Shift + J]를 누릅니다. 똑같은 방법으로 Sample16 클래스명에도 커서를 위치한 후 단축키 [Alt + Shift + J]를 누릅니다. 그리고 필요한 정보를 입력해서 다음과 같이 작성합니다.

Chap02.Sample16.java 수정된 Template 주석 완성

```
01  package chap02;
02
03  /**
04   * @author promaster
05   * 난수를 학습합니다.
06   */
07  public class Sample16 {
08
09      /**
10       * 난수를 생성해서 출력하는 예제입니다.
11       * @param args 배열
12       * @since 1.0
13       */
14      public static void main(String[] args) {
15          int num = (int)(Math.random()*3 + 1); // 1~3까지 출력
16          System.out.printf("난수 : %d", num);
17      }
18
19  }
```

04라인에 작성자 이름은 윈도 계정명이 자동으로 들어갑니다. 패턴 수정을 할 때 [Insert Variable…] 버튼을 활용해서 여러 정보를 자동으로 바인딩할 수 있습니다.

Template에서 자주 사용하는 변수 몇 가지를 소개합니다.

Code Templates 변수

변수	설명
${date}	현재 날짜
${package_name}	패키지명
${enclosing_method}	메서드명
${enclosing_type}	클래스명
${file_name}	파일명
${project_name}	프로젝트명
${return_type}	리턴 타입
${tags}	파라미터와 리턴 타입
${time}	현재 시간
${type_name}	타입명
${user}	시스템 계정명
${year}	년도

주석을 잘 활용하면 코드의 가독성을 더 높일 수 있지만, 너무 많이 사용하면 오히려 소스 파악이 힘들 수도 있습니다.

3.4 Javadoc Tool

우리는 이번 장에서 주석에 관해서 배워보았습니다. 이번에는 Javadoc Tool에 관해서 살펴보겠습니다. 3.3절에서 학습한 Code Templates에서 배운 내용으로 Javadoc을 활용해서 API를 쉽게 만들 수 있습니다. Java를 공부할 때 Java API를 참고하여 개발하곤 합니다. Java 클래스나 메서드가 잘 정리되어 있고 설명도 잘 되어 있어서 굳이 소스코드를 분석할 필요 없이 문서만으로 우리는 필요한 메서드를 찾아서 활용할 수 있습니다. 이처럼 Javadoc Tool을 활용하여 내가 만든 프로그램을 API로 손쉽게 만드는 방법을 배워보겠습니다.

> **Tip | API(Application Programming Interface)**
>
> 응용프로그램 함수들의 집합이라고 할 수 있는데 미리 만든 함수를 모아 놓은 곳을 말합니다. 클래스에서 배우게 될 인터페이스는 미리 구현해야 할 메서드들을 미리 정의해 놓은 것입니다. 우리는 API만 보고도 필요한 함수를 찾아가며 쉽게 개발할 수 있습니다.

java.exe 파일이 위치한 곳에 javadoc.exe 파일은 API를 자동으로 생성하는 프로그램입니다. 우리가 다루고 있는 이클립스에서 사용하기 편하게 Javadoc 기능을 제공하고 있습니다. 그럼 Javadoc Tool을 활용하여 API를 함께 만들어보겠습니다.

[Project 〉 Generate Javadoc…]를 선택합니다.

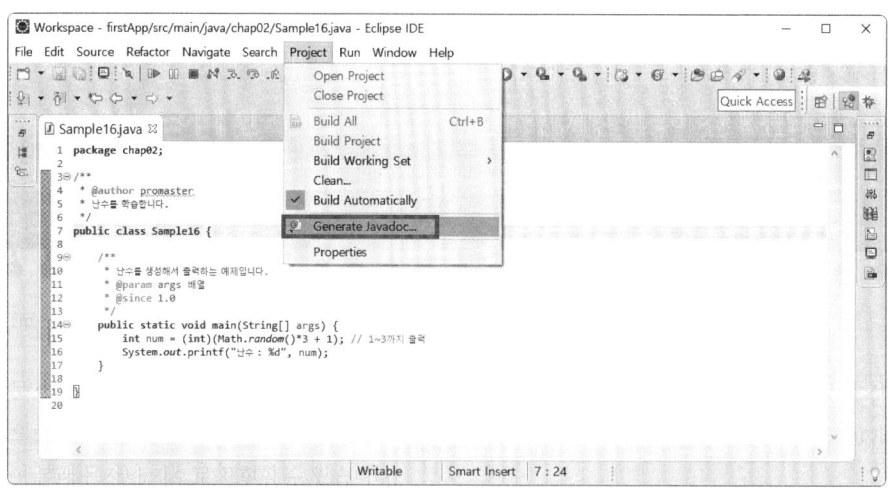

[그림 3-3] Generate Javadoc…

원하는 옵션을 선택하고 [Next] 버튼을 누릅니다. 그리고 다음 화면에서도 [Next]를 누릅니다. [그림 3-4]는 chap02만 Javadoc으로 API 문서를 생성합니다. 그리고 프로젝트 경로에 'doc'라는 폴더가 생성되어 결과물이 만들어집니다.

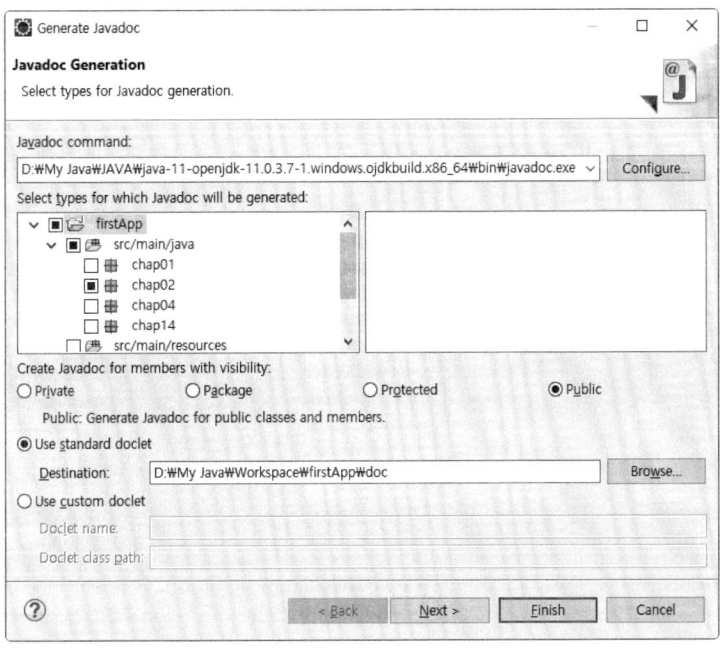

[그림 3-4] doc를 만들 옵션 선택

그냥 [Finish] 버튼을 누르면 한글 처리가 안 되어서 오류가 발생합니다. 그림과 같이 VM options에 다음과 같이 입력합니다.

```
-locale ko_KR -encoding UTF-8 -charset UTF-8 -docencoding UTF-8
```

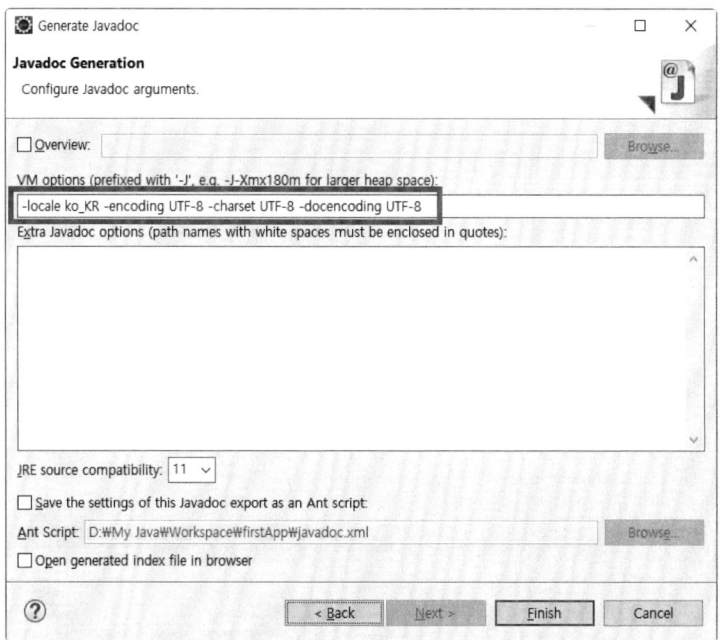

[그림 3-5] 인코딩 처리

완료가 다 되었다면 [Finish] 버튼으로 API 문서를 생성합니다.

[firstApp 〉 doc 〉 index.html] 파일을 브라우저로 실행시킵니다.

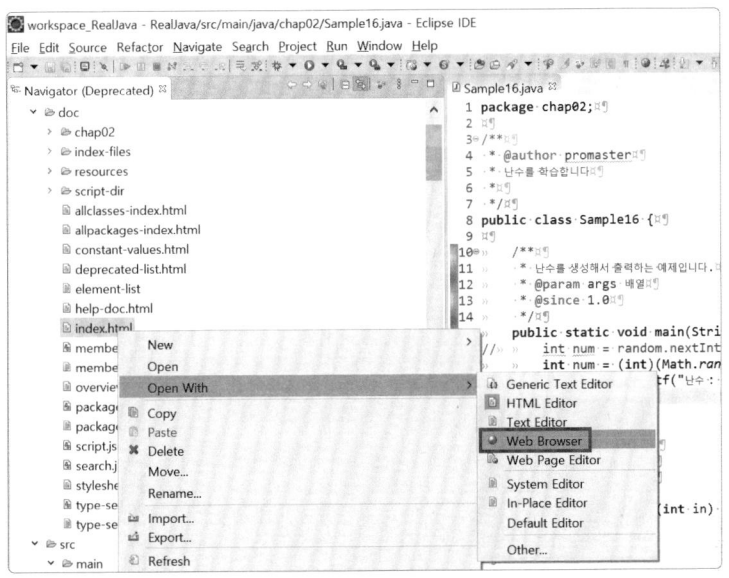

[그림 3-6] 웹브라우저로 API 열기

다음과 같이 내부 브라우저로 실행됩니다.

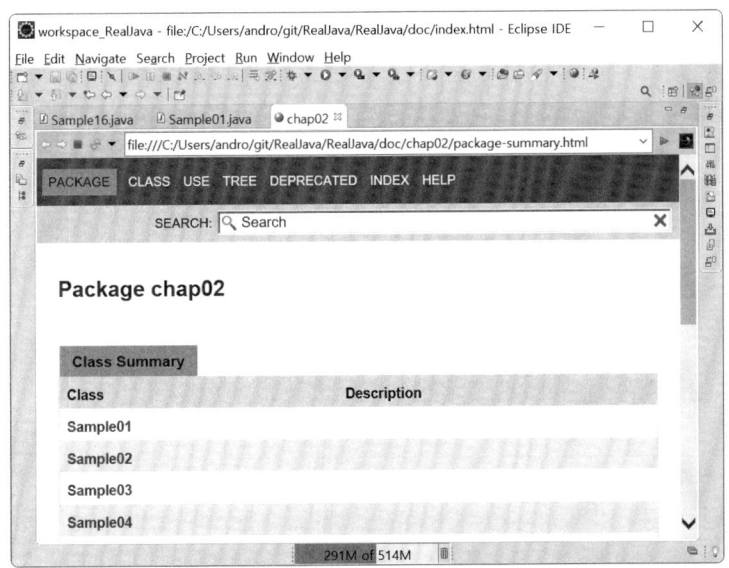

[그림 3-7] API 클래스 목록

Class Summary에서 'Sample16'을 찾아서 클릭한 후 메서드를 확인해보겠습니다.

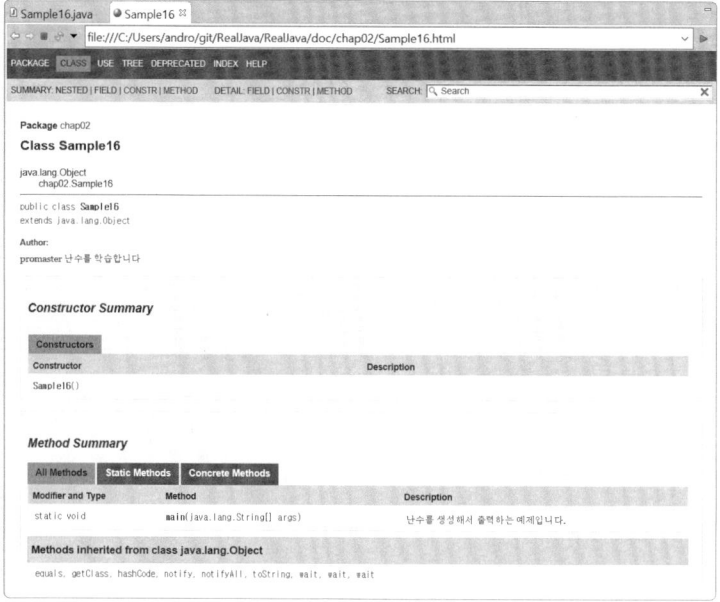

[그림 3-8] API 메서드 목록

이렇게 Javadoc을 활용하여 API를 만들어보았습니다. 주석을 만들면서 API 문서까지 만들 생각으로 작성하면 좋은 결과물까지도 나올 수 있습니다. 그런데 [7장 조건문]에서 preview 기능을 사용하게 됩니다. preview 기능은 정식으로 자리 잡은 기능이 아닌 평가 중인 기능입니다. 위 옵션만으로는 preview 기능을 사용하였을 때 다음과 같은 오류 메시지가 발생합니다.

```
error: switch expressions are a preview feature and are disabled by default.
(use --enable-preview to enable switch expressions)
```

preview 기능을 사용하고자 할 때는 다음 옵션(--enable-preview)을 추가해야 합니다.

```
-locale ko_KR -encoding UTF-8 -charset UTF-8 -docencoding UTF-8 --enable-preview
```

조금 더 상세하게 Javadoc을 활용해보겠습니다.

3.4.1 Package에 대한 정보 추가

[그림 3-7]을 살펴보면 패키지 정보 다음에 바로 'Class Summary'가 밋밋하게 결과물이 만들어졌습니다. 이 중간에 패키지에 대한 정보를 추가해보겠습니다. 현재 패키지 정보가 'chap02'에서 진행하고 있으니 chap02 폴더에 'package-info.java' 파일을 생성합니다.

```
chap02/package-info.java
01  /**
02   * 자바 파일의 패키지 위의 주석입니다.
03   * 2장에서는 변수와 상수에 대한 학습을 합니다.
04   */
05  package chap02;
```

이미 생성된 doc 폴더를 삭제하고 다시 [Generate Javadoc…]을 실행시킵니다. index.html을 다시 브라우저로 열면 다음 [그림 3-9]와 같은 결과물이 나옵니다.

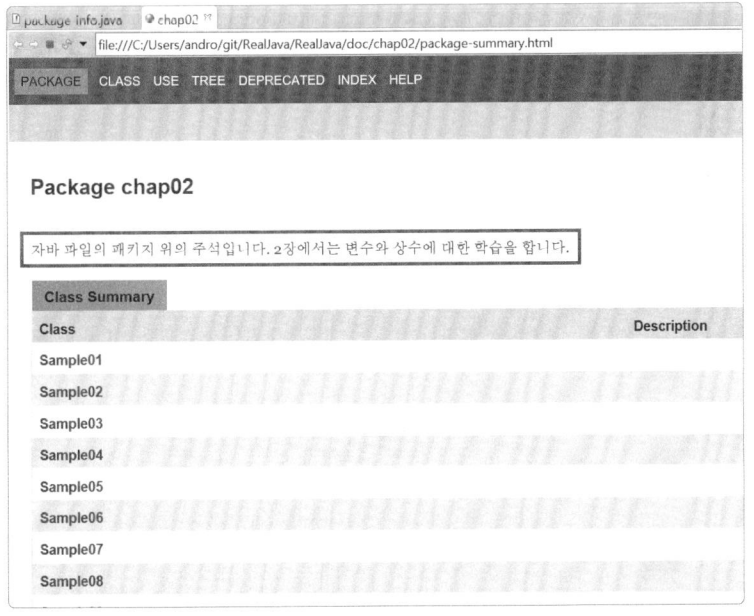

[그림 3-9] Package-info가 추가된 Javadoc

3.4.2 Class Description 정보 추가

[그림 3-9]를 보면 Class Summary 부분에 Description이 있는데 너무 허전합니다. 해당 클래스들이 뭘 하는 것인지 알 수도 없습니다. 이번에는 클래스의 Description을 추가해보겠습니다. 대표로 [Sample02.java] 파일로 Description을 넣어보겠습니다.

```
chap02/Sample02.java - Class Description 추가
01  package chap02;
02
03  /**
04   * <p>char 자료형을 printf를 이용하여 출력합니다.</p>
05   * <p>첫 번째 p tag만 discription에 보여집니다.
06   * @author promaster
07   */
08  public class Sample02 {
09
10      public static void main(String[] args) {
11          char J = 74;
12          char a = 97;
13          char v = 118;
14
15          System.out.printf("%c%c%c%c", J, a, v, a);
16      }
17
18  }
```

08라인에서 [Alt + Shift + J] 단축키를 누르면 자동으로 03라인부터 07라인처럼 주석이 생깁니다. 04라인에 <p>태그가 Class Description에 추가되며 이후의 정보는 Sample02 클래스를 선택해서 나오는 상세 페이지에서 볼 수 있습니다. 다시 [Generate Javadoc…]을 실행시켜서 결과물을 살펴보겠습니다.

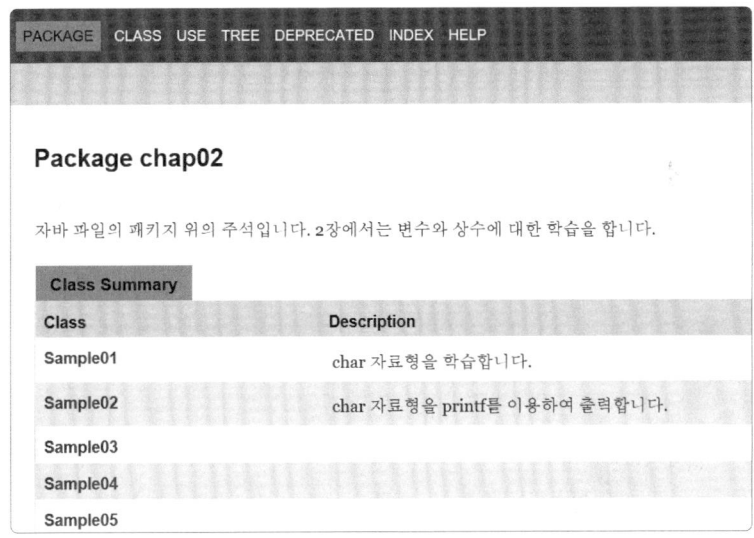

[그림 3-10] Class Description이 추가된 Javadoc

Sample02 클래스 상세 정보를 클릭하면 다음과 같이 나옵니다.

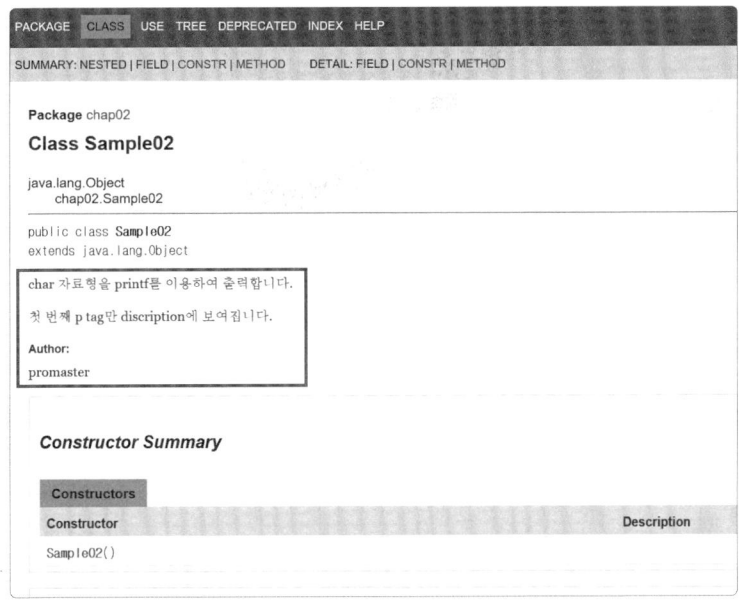

[그림 3-11] 클래스 상세 페이지

클래스 상세 페이지에서는 나머지 클래스 정보가 모두 출력되었습니다. 다음은 생성자의
'Constructor Description' 정보가 없습니다. 역시 추가해보겠습니다.

3.4.3 Constructor Description 정보 추가

아직 생성자에 대해서 배우지는 않았습니다. [8장 객체지향 프로그래밍]에서 배우게 됩니다.
일단 Javadoc에서 따라만 해보고 8장에서 학습한 후에 다시 해보세요.

chap02/Sample02.java - Constructor Description 추가

```java
01  package chap02;
02
03  /**
04   * <p>char 자료형을 printf를 이용하여 출력합니다.</p>
05   * <p>첫 번째 p tag만 discription에 보여집니다.
06   * @author promaster
07   */
08  public class Sample02 {
09
10      public static void main(String[] args) {
11          char J = 74;
12          char a = 97;
13          char v = 118;
14
15          System.out.printf("%c%c%c%c", J, a, v, a);
16      }
17      /**
18       * <p>생성자의 설명을 적습니다.</p>
19       * <p>아직 생성자를 배우지 않아서 뭔지 모릅니다.</p>
20       */
21      public Sample02() { }
22  }
```

21라인에 생성자를 작성하고 17라인부터 20라인까지 작성합니다. 이 부분이 생성자의
Description입니다. doc 폴더 이전 내용을 삭제한 후에 다시 [Generate Javadoc…]을 실행시
킵니다.

생성자의 Description이 추가되어 있습니다. 다시 Method Summary의 Description이 비어
있습니다. 마지막으로 Method의 Description을 추가해보겠습니다.

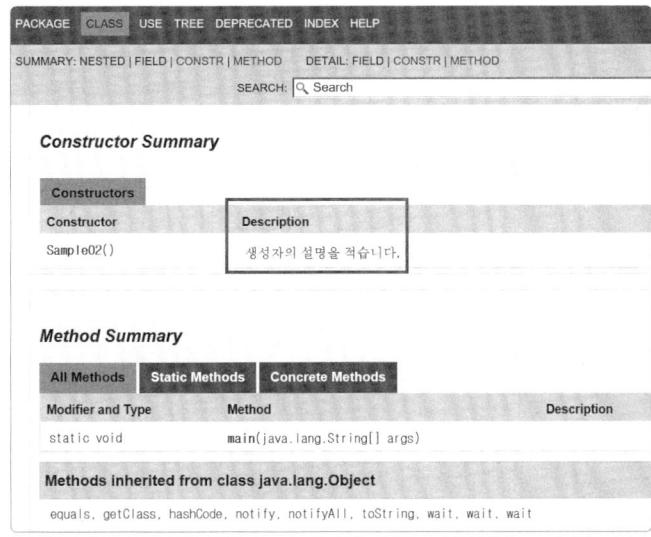

[그림 3-12] Constructor Description이 추가된 Javadoc

3.4.4 Method Description 정보 추가

메서드 역시 8장에서 학습합니다. 메서드 역시 똑같이 따라만 해보세요

chap02/Sample02.java - Method Description 추가

```
01  package chap02;
02
03  /**
04   * <p>char 자료형을 printf를 이용하여 출력합니다.</p>
05   * <p>첫 번째 p tag만 discription에 보여집니다.
06   * @author promaster
07   */
08  public class Sample02 {
09
10      public static void main(String[] args) {
11          char J = 74;
12          char a = 97;
13          char v = 118;
14
15          System.out.printf("%c%c%c%c", J, a, v, a);
16      }
17      /**
18       * <p>생성자의 설명을 적습니다.</p>
19       * <p>아직 생성자를 배우지 않아서 뭔지 모릅니다.</p>
20       */
```

```
21    public Sample02() { }
22
23    /**
24     * <p>뭔가를 처리합니다.</p>
25     * <p>반환값은 없습니다.</p>
26     * @since 1.0
27     */
28    public void doSomething() {
29
30    }
31  }
```

28라인에 doSomething( ) 메서드에서 단축키 [Alt + Shift + J]를 누르면 기본 주석이 달립니다. 그때 23~27라인과 같이 작성합니다. 그리고 [Generate Javadoc…]을 실행시킵니다.

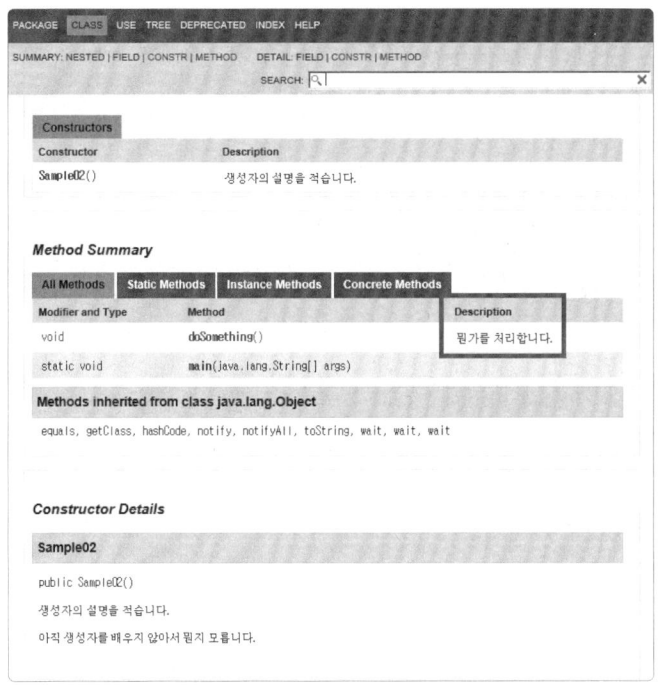

[그림 3-13] Method Description이 추가된 Javadoc

[그림 3-13]에서 doSomething( ) 메서드에 대한 Description이 출력된 내용을 확인할 수 있습니다. 계속해서 학습하면서 주석을 잘 활용하여 자신만의 API도 만들어 보세요.

04장 | 연산자

문자나 수치 데이터를 처리하기 위해서는 앞서 배운 리터럴에 산술적이고 논리적인 지시를 하여 새로운 정보나 결과를 얻어내기 위한 일련의 과정이 필요합니다. 이러한 과정을 연산이라고 합니다. 연산자는 어떤 연산을 할지를 나타내는 가감승제 등을 말하며, 피연산자는 연산의 대상을 말합니다. 프로그래밍에서 이번에 배우게 되는 연산자를 자주 사용하게 되며 여러 연산자에 대해서 잘 알아두면 아주 간편하게 프로그래밍할 수 있습니다. 이번 장에서 각종 연산자에 대해서 알아보겠습니다.

- 산술 연산자
- 증감 연산자
- 비교 연산자
- 논리 연산자
- 비트 연산자
- 복합대입 연산자
- 삼항 연산자

4.1 산술 연산자

산술 연산자는 수치 계산할 때 필요한 연산자를 말합니다. 그 종류로는 우리가 이미 알고 있는 가(+), 감(-), 승(*), 제(/) 외에 나머지(%)까지 해서 총 5가지가 있습니다. 대부분의 프로그래밍 언어에도 동일한 산술 연산자가 있으니 참고하면 좋습니다.

산술 연산자

연산자	명칭	사용예
+	더하기	A + B
-	빼기	A - B
*	곱하기	A * B
/	나누기	A / B
%	나머지	A % B

위 연산자 중에 '%'는 생소할 수 있는데 '나누기'와 비슷하지만, 몫이 나오는 게 아니라 나머지 값이 나온다는 것을 잘 판단해서 사용해야 합니다. 소수를 구할 때나 딱 떨어지지 않을 경우를 판단할 때 주로 사용합니다. 은근히 유용하게 사용되는 연산자이니 꼭 알고 넘어가세요.

다음 예제로 나머지 연산자를 활용해보겠습니다.

Sample01.java
```java
01  package chap03;
02
03  public class Sample01 {
04      public static void main(String[] args) {
05          // 사과 10개가 있습니다.
06          int apples = 10;
07
08          // 2명의 친구가 있습니다.(본인도 있으니 총 3명이겠죠)
09          int people = 2 + 1;
10
11          // 사과를 나눠먹으면
12          int remainder = apples % people;
13
14          // 몇개의 사과가 남을까요?
15          System.out.println("나머지 :: " + remainder);
16      }
17  }
```

실행 결과
```
나머지 :: 1
```

09라인처럼 더하기를 사용하듯이 나머지 연산자도 똑같은 방식으로 사용하면 됩니다. 그리고 12라인은 나누기와 비슷하지만, 나머지를 구하는 연산입니다. 나누기는 몫을 반환하지만, 나머지 연산자는 나머지를 반환합니다. 그리고 **연산자나 대입(=) 문자 앞뒤로 한 칸씩 공백을 두는 것**이 보기에 편합니다.

4.2 증감 연산자

증감 연산자는 피연산자로부터 1을 더하거나 빼는 연산자를 말합니다. 변수의 앞에 붙으면 **전치 연산자**라 부르고 변수의 뒤에 붙으면 **후치 연산자**라고 부릅니다. 전치와 후치 연산자에 대해서 자세히 알아보겠습니다.

4.2.1 전치 증감 연산자

먼저 전치 증가 연산자를 예로 들어보겠습니다. 전치 증가 연산자는 변수 앞에 증가 연산자(++)를 붙이며 변수의 값을 먼저 증가시킨 후에 명령을 실행합니다. 다음 예제를 통해서 자세히 알아보겠습니다.

Sample02.java
```
01  package chap04;
02
03  public class Sample02 {
04      public static void main(String[] args) {
05          int inc = 1;
06          System.out.println( ++inc );
07      }
08  }
```

실행 결과
```
2
```

05라인에서 일반적인 정수 inc에 1을 대입합니다. 06라인에서 증가 연산자로 1을 증가시켜서 inc의 리터럴이 2가 되어서 출력되었습니다. 이렇듯 변수의 값을 먼저 1을 증가시킨 후 해당 명령을 실행합니다. 여기서 명령은 출력입니다.

전치 증가 연산자(++)를 전치 감소 연산자(--)로 바꿔서 실습해 보겠습니다.

Sample03.java

```
01  package chap04;
02
03  public class Sample03 {
04      public static void main(String[] args) {
05          int dec = 1;
06          System.out.println( --dec );
07      }
08  }
```

실행 결과

```
0
```

전치 증가 연산자와 마찬가지로 06라인에서 dec 변수명 앞에 전치 감소 연산자를 사용하여 먼저 감소시킨 후에 출력되었습니다.

4.2.2 후치 증감 연산자

후치 증가 연산자는 변수 뒤에 증가 연산자(++)를 붙이며 명령을 실행한 후에 변수의 값을 증가시킵니다.

다음 예제를 통해서 자세히 알아보겠습니다.

Sample04.java

```
01  package chap04;
02
03  public class Sample04 {
04      public static void main(String[] args) {
05          int inc = 1;
06          System.out.println( inc++ );
07          System.out.println( inc );
08      }
09  }
```

실행 결과
1 2

05라인에서 일반적인 정수 inc에 1을 대입합니다. 06라인에서 우선 println 명령을 실행하여 1을 출력한 후에 후치 증가 연산자로 1을 더한 값을 inc에 대입합니다. inc의 값은 1이 증가하였으므로 2가 됩니다. 그리고 07라인에서 다시 inc의 값을 출력하여 증가한 값을 확인할 수 있습니다.

전치 증가를 했을 땐 먼저 증가시킨 후에 증가한 값을 출력하고 끝나지만, 후치 증가(혹은 후치 감소)는 증감 연산자를 실행하기 전에 먼저 명령을 실행한 뒤에 증감 연산자가 수행됩니다.

잘 이해가 되지 않는다면 디컴파일(Decompile)된 [Sample04.class]를 보겠습니다. 위치는 소스코드가 [src/main/java/chap04/Sample04.java]의 경로를 갖고 있으니 최상위 프로젝트에서 target을 시작해서 컴파일된 파일들이 있는 'classes' 하위를 코딩한 패키지 경로를 따라서 찾아보면 [target/classes/chap04/Sample04.class]의 파일을 찾을 수 있습니다.

[그림 4-1] Sample04.class 파일 위치

Sample04.class

```
01  package chap04;
02
03  public class Sample04 {
04      public static void main(String[] args) {
05          int inc = 1;
06          byte var10001 = inc;
07          int inc = inc + 1;
08          System.out.println(var10001);
09          System.out.println(inc);
10      }
11  }
```

[Sample04.class]에서 후치 증가는 내부적으로 inc 현재의 값을 var10001에 대입하고 inc에 1 증가한 값을 대입하여 inc 변수 한 개로 두 번 출력했지만 컴파일된 코드는 2개의 변수를 만들어서 출력합니다.

똑같은 방법으로 후치 감소 연산자로 실습해보겠습니다.

Sample05.java

```
01  package chap04;
02
03  public class Sample05 {
04
05      public static void main(String[] args) {
06          int dec = 1;
07          System.out.println( dec-- );
08          System.out.println( dec );
09      }
10
11  }
```

실행 결과

```
1
0
```

마찬가지로 07라인에서 현재의 값을 먼저 출력하고 난 뒤에 명령이 끝나면 dec 값을 1 감소시킨 후, 07라인의 명령을 모두 종료하고 08라인으로 가서 dec 값을 출력시킵니다.

4.3 비교 연산자

비교 연산자는 두 개의 변수나 리터럴을 비교하는 연산자를 말합니다. 말 그대로 값을 비교하는 연산자입니다. 비교 조건이 맞으면 true, 틀리면 false를 반환합니다. 비교할 때 사용되는 연산자를 알아보겠습니다.

비교 연산자

연산자	사용예	설명
<	x < y	x는 y보다 작다.
>	x > y	x는 y보다 크다.
<=	x <= y	x는 y보다 작거나 같다.
>=	x >= y	x는 y보다 크거나 같다.
==	x == y	x와 y는 같다.
!=	x != y	x와 y는 같지 않다.

학교에서 수학 시간에 배운 내용이라 다들 쉽게 이해하리라 생각합니다. 다만 등가 비교 연산자(==, !=)는 잘 봐야 합니다. 수학에서 부정 비교 연산자(≠)는 프로그래밍에서는 앞에 느낌표를 붙여서 '!=' 이렇게 표현합니다. 그리고 '같다'를 표현할 때 '='가 아닌 '=='를 사용합니다. '='는 프로그래밍에서 대입으로 인식합니다. 예를 들어 'a = 10'이라고 하면 a라는 변수에 리터럴 10을 대입합니다. 그리고 'a == 10'이라고 하면 a가 10이면 참(true), 아니면 거짓(false)이라고 판별합니다.

프로그래밍 실습으로 확인해보겠습니다.

Sample06.java

```
01  package chap04;
02
03  public class Sample06 {
04      public static void main(String[] args) {
05          int x = 1;
06          float y = 2.0f;
07
08          System.out.println(x < y);
```

```
09          System.out.println(x > y);
10          System.out.println(x <= y);
11          System.out.println(x >= y);
12          System.out.println(x == y);
13          System.out.println(x != y);
14      }
15  }
```

실행 결과

```
true
false
true
false
false
true
```

05라인의 x는 정수형 1이고 06라인의 y는 실수형 2입니다. 이 값에 의해서 비교 연산자가 맞게 되어있으면 true가 출력되고 틀리면 false가 출력됩니다.

boolean 자료형으로 받아서 사용할 수도 있습니다.

```
boolean trueFalse = (x==y);
```

x는 1이고 y는 2니까 결과는 당연히 boolean 자료형을 갖고 있는 trueFalse 변수에는 'false' 값이 대입됩니다.

4.4 논리 연산자

논리 연산자는 두 개의 피연산자를 대상으로 연산을 수행하여 참과 거짓을 결정할 때 사용하며 흔히 조건식이라고 말합니다. 둘 다 만족해야 하는지 혹은 하나만 만족해야 하는지, 조건이 만족하면 불만족 혹은 불만족하면 만족으로 할 것인지 판별하는 연산자입니다. 논리회로를 공부했다면 매우 유사해서 공부하기엔 훨씬 쉽습니다. 그럼 논리 연산자의 종류를 알아보겠습니다.

논리 연산자

연산자	연산자명	예	설명
&	논리곱(AND)	A & B	A와 B 모두가 참이면 참 아니면 거짓
|	논리합(OR)	A|B	A와 B 둘 중 하나 이상 참이면 참 둘 다 거짓이면 거짓
^	배타적 논리합(XOR)	A^B	A와 B가 다르면 참, 같으면 거짓
!	논리부정(NOT)	!A	A가 참이면 거짓, A가 거짓이면 참

논리 연산자는 주로 조건문에서 많이 사용하는 연산자입니다. 아직 조건문을 배우지 않았으니 출력문에서 true와 false로 출력하는 소스코드를 작성해보겠습니다.

Sample07.java
```
01  package chap04;
02  public class Sample07 {
03      public static void main(String[] args) {
04          /* 논리곱 */
05          System.out.println("* 논리곱 &");
06          System.out.println( 1 == 1 & 2 == 3 ); //하나만 맞을 경우
07          System.out.println( 1 > 2  & 4 <  2);  //둘 다 틀릴 경우
08          System.out.println( 1 < 2  & 4 >  2);  //둘 다 맞을 경우
09
10          /* 논리합 */
11          System.out.println("* 논리합 |");
12          System.out.println( 1 == 1 | 2 == 3);  //하나만 맞을 경우
13          System.out.println( 1 > 2  | 4 <  2);  //둘 다 틀릴 경우
14          System.out.println( 1 < 2  | 4 >  2);  //둘 다 맞을 경우
15
16          /* 배타논리합 */
17          System.out.println("* 배타논리합 ^");
18          System.out.println( 1 == 1 ^ 2 == 3 ); //하나만 맞을 경우
19          System.out.println( 1 > 2  ^ 4 <  2);  //둘 다 틀릴 경우
20          System.out.println( 1 < 2  ^ 4 >  2);  //둘 다 맞을 경우
21
22          /* 논리부정 */
23          System.out.println("* 논리부정 !");
24          System.out.println( !(1 == 1));   //참일   경우의 부정
25          System.out.println( !(1 > 2) );   //거짓일 경우의 부정
26      }
27  }
```

```
실행 결과

* 논리곱 &
false
false
true
* 논리합 |
true
false
true
* 배타논리합 ^
true
false
false
* 논리부정 !
false
true
```

위 결과 중에 논리곱인 [A & B]를 살펴보겠습니다. 논리곱의 경우에는 두 조건이 모두 참이어야만 참이 됩니다. 하지만, A가 거짓이면 B가 참이든 거짓이든 확인할 필요 없이 이 식은 거짓입니다. 이때 논리곱을 다음과 같이 수정해보겠습니다.

```
A && B
```

실행 결과는 같으나 A식이 거짓이면 B식은 확인도 하지 않고 false 값을 반환하며 A식이 참이면 B식도 참인지를 확인하게 됩니다. 논리합도 마찬가지입니다. 둘 중 하나가 참이면 참이 되므로 A가 참이면 B는 볼 필요도 없이 true를 반환하게 됩니다.

논리곱과 논리합에만 있는 기능입니다. 다음에 배울 비트 연산자에서도 사용되어서 중복되므로 가독성을 고려하여 앞으로도 논리곱과 논리합은 연산자를 2개씩 넣어서 &&와 ||로 구현하겠습니다. 실무 프로젝트에서도 논리 연산자를 사용할 때 &와 |보다는 &&와 ||를 주로 사용합니다.

정리하면 두 조건이 모두 만족해야 참이 되는 논리곱 연산자(&)와 두 조건 중에 적어도 하나만 만족해도 참이 되는 논리합(|) 그리고 두 조건이 서로 달라야만 참이 되는 배타 논리합 연산자(^)에 대해서 알아보았습니다.

다음은 참을 거짓으로 거짓을 참으로 바꾸는 부정 연산자에 대해서 조금 더 살펴보겠습니다.

단순 비교 연산

```
2 > 1
```

비교 연산을 할 때 비교 연산식이 참이 나옵니다. 그럼 '2 > 1'의 결과가 참일 때 거짓으로 나오게 하려고 할 때 부정 논리 연산자를 사용해야 하는데 다음의 예를 살펴보고 주의하여 코딩해야 합니다.

잘못된 부정 논리 연산자 사용

```
!2 > 1
```

[2 > 1]이라는 비교 연산식을 부정해야 하는데 위 예는 숫자 2에 부정 논리 연산자를 사용하여 잘못된 사용입니다. 연산식에 대해서 부정 논리 연산을 사용할 땐 다음과 같이 기술합니다.

비교 연산자에 부정 논리 연산자의 올바른 사용

```
!(2 > 1)
```

연산식을 괄호로 감싼 후 괄호 앞에 느낌표를 기술해야만 올바른 부정 논리 연산자의 사용입니다.

4.5 비트 연산자

비트 연산자는 웹 프로그래밍을 할 때는 사용할 일이 거의 없으나 알고리즘에서는 제법 많이 다루고 있습니다. 데이터가 컴퓨터에 저장될 때는 비트 단위로 저장되며 비트 연산자는 메모리에 저장된 데이터를 비트 단위로 연산합니다. 비트 연산자에는 어떠한 연산자가 있는지 확인해보고 앞서 배운 논리 연산자와 구분하여 보기 바랍니다.

비트 연산자

연산자	명칭	설명
&	AND	두 비트 모두 1일때 1일 반환
|	OR	두 비트 중 적어도 하나가 1이면 1을 반환
^	XOR	두 비트가 다르면 1을 반환
~	NOT	0인 비트는 1로, 1인 비트는 0으로 반전
<<	Signed left shift	비트를 왼쪽으로 이동
>>	Signed right shift	비트를 오른쪽으로 이동
>>>	Unsigned right shift	왼쪽의 남는 비트를 부호화는 무관하게 0으로 채움

> **Tip**
> &, | 는 논리 연산자에서 배웠지만 비트 연산자에서도 사용합니다. 그래서 논리 연산자에서는 &&와 ||로 구분하여 사용하세요.

int 자료형을 2진수로 표시하는 방법으로 Integer.toBinaryString( ) 메서드를 활용합니다. 이 메서드는 정숫값을 2진수로 출력하는 메서드입니다. Integer.toBinaryString( ) 메서드로 2진수를 확인하면서 비트 연산자를 하나하나 살펴보겠습니다.

4.5.1 AND

두 값이 모두 1일 때만 결과가 1이고 나머지는 결과가 모두 0입니다.

Sample08.java

```java
package chap04;

public class Sample08 {
    public static void main(String[] args) {
        int a = 60; // 0000 0000 0000 0000 0000 0000 0011 1100
        int b = -10;// 1111 1111 1111 1111 1111 1111 1111 0110
        System.out.println("* AND");
        System.out.printf("[%32s] %d\n", Integer.toBinaryString(a), a);
        System.out.printf("[%32s] %d\n", Integer.toBinaryString(b), b);
        System.out.println("====================================");
        System.out.printf("[%32s] %d\n", Integer.toBinaryString(a & b), a & b);
    }
}
```

실행 결과

```
* AND
[                          111100] 60
[11111111111111111111111111110110] -10
====================================
[                          110100] 52
```

AND 연산 과정을 살펴보겠습니다.

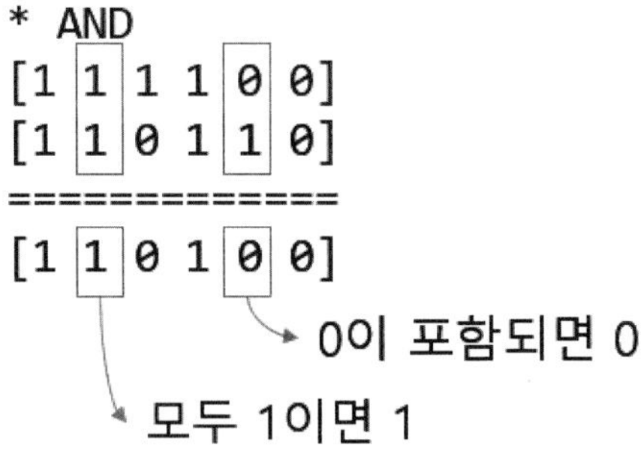

```
* AND
[1 1 1 1 0 0]
[1 1 0 1 1 0]
============
[1 1 0 1 0 0]
        ↘ 0이 포함되면 0
    ↘ 모두 1이면 1
```

[그림 4-2] AND 비트 연산

AND 연산은 [그림 4-2]처럼 비트 자릿수끼리 연산을 하는데 0이 포함되어 있으면 0이 됩니다. AND 비트 연산으로 60 & -10 = 52가 됩니다. 산술 연산과 비트 연산의 결과는 다음을 알 수 있습니다.

toBinaryString( ) 메서드를 사용하게 되었을 때 앞자리가 '0'일 경우 공백으로 처리됩니다. 실행 결과를 보면서도 많이 아쉬운데 [6장 반복문]과 [7장 조건문] 그리고 [8장 객체지향 프로그래밍]을 학습하게 되면 공백을 '0'으로 채워 줄 수 있습니다.

반복문과 조건문을 활용한 소스코드와 실행 결과를 참고만 하고 반복문과 조건문을 학습한 후에 다시 확인해보면 좋습니다. [Sample08.java] 파일을 다시 수정해보겠습니다.

Sample08.java 수정 후

```java
01  package chap04;
02
03  public class Sample08 {
04
05      public static void main(String[] args) {
06          int a = 60; // 0000 0000 0000 0000 0000 0000 0011 1100
07          int b = -10;// 1111 1111 1111 1111 1111 1111 1111 0110
08          System.out.println("* AND");
09          System.out.printf("[%32s] %d\n", lpad(Integer.toBinaryString(a), 32, "0"), a);
10          System.out.printf("[%32s] %d\n", lpad(Integer.toBinaryString(b), 32, "0"), b);
11          System.out.println("======================================");
12          System.out.printf("[%32s] %d\n", lpad(Integer.toBinaryString(a & b), 32, "0"), a & b);
13
14      }
15
16      //왼쪽 문자열 0으로 채움
17      public static String lpad(String context, int len, String ch) {
18          String str = context;
19          if(context.length() < len) {
20              for(int i = 0; i < len - context.length(); i++) {
21                  str = ch + str;
22              }
23          }
24          return str;
25      }
26
27  }
```

실행 결과

```
* AND
[00000000000000000000000000111100] 60
[11111111111111111111111111110110] -10
======================================
[00000000000000000000000000110100] 52
```

17라인은 lpad( ) 메서드를 만들었습니다. lpad(String context, int len, String ch)를 호출하여 왼쪽에 패딩 문자를 채워줍니다. 원문자 context가 총 자릿수 len 보다 적으면 부족한 만큼 ch 문자로 채워줍니다. 여기에서는 32자리에 맞춰서 패딩 문자 '0'으로 채웠습니다. 32자리인 이유는 int 자료형은 4 Byte이기 때문입니다.

> **Tip | 패딩 문자(padding character)**
>
> 패딩에 사용되는 의미 없는 문자로 보통 '0'이나 공백을 의미합니다.

4.5.2 OR

두 값이 모두 0일 때만 0이고 나머지는 1입니다.

Sample09.java

```java
01  package chap04;
02
03  public class Sample09 {
04      public static void main(String[] args) {
05          int a = 60; // 0000 0000 0000 0000 0000 0000 0011 1100
06          int b = -10;// 1111 1111 1111 1111 1111 1111 1111 0110
07          System.out.println("* OR");
08          System.out.printf("[%32s] %d\n", Integer.toBinaryString(a), a);
09          System.out.printf("[%32s] %d\n", Integer.toBinaryString(b), b);
10          System.out.println("======================================");
11          System.out.printf("[%32s] %d\n", Integer.toBinaryString(a | b), a | b);
12          System.out.println("");
13      }
14  }
```

> 실행 결과
>
> ```
> * OR
> [                          111100] 60
> [11111111111111111111111111110110] -10
> ======================================
> [11111111111111111111111111111110] -2
> ```

OR 연산 과정을 살펴보겠습니다.

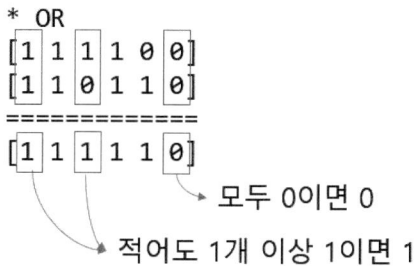

[그림 4-3] OR 비트 연산

OR 연산은 [그림 4-3]처럼 연산하는데 1이 포함되어 있으면 1이 됩니다. OR 비트 연산으로 60 | -10 = -2가 됩니다.

4.5.3 XOR(Exclusive OR)

두 피연산자의 형태가 다르면 1이고 같으면 0입니다.

Sample10.java

```
01  package chap04;
02
03  public class Sample10 {
04      public static void main(String[] args) {
05          int a = 60; // 0000 0000 0000 0000 0000 0000 0011 1100
06          int b = -10;// 1111 1111 1111 1111 1111 1111 1111 0110
07          System.out.println("* XOR");
08          System.out.printf("[%32s] %d\n", Integer.toBinaryString(a), a);
```

```
09        System.out.printf("[%32s] %d\n", Integer.toBinaryString(b), b);
10        System.out.println("====================================");
11        System.out.printf("[%32s] %d\n", Integer.toBinaryString(a ^ b), a ^ b);
12    }
13 }
```

실행 결과

```
* XOR
[                          111100] 60
[11111111111111111111111111110110] -10
====================================
[11111111111111111111111111001010] -54
```

실행 결과를 잘 보면 두 피연산자가 다를 경우에만 '1'로 바뀌어 있습니다.

XOR 연산 과정을 살펴보겠습니다.

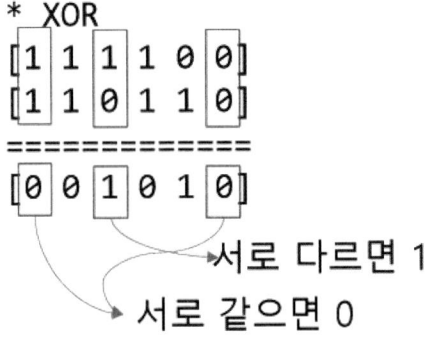

[그림 4-4] XOR 비트 연산

1과 1을 XOR 하면 0이 되고, 0과 0을 XOR 해도 0이 됩니다. 서로 같은 비트여서 결괏값이 0으로 나옵니다. 1과 0일 때와 0과 1일 때는 결괏값이 1로 나옵니다.

4.5.4 NOT

단항 연산자로 피연산자의 보수를 구하는 연산자입니다. 1은 0으로, 0은 1로 서로 반대되는 값을 구합니다.

Sample11.java

```java
01  package chap04;
02
03  public class Sample11 {
04      public static void main(String[] args) {
05          int a = 60; // 0000 0000 0000 0000 0000 0000 0011 1100
06          int b = -10;// 1111 1111 1111 1111 1111 1111 1111 0110
07          System.out.println("* NOT");
08          System.out.printf("[%32s] ~ [%32s] = %d ~ %d \n"
09                  , Integer.toBinaryString(a)
10                  , Integer.toBinaryString(~a)
11                  , a
12                  , ~a);
13          System.out.printf("[%32s] ~ [%32s] = %d ~ %d \n"
14                  , Integer.toBinaryString(b)
15                  , Integer.toBinaryString(~b)
16                  , b
17                  , ~b);
18      }
19  }
```

실행 결과

```
* NOT
[                          111100] ~ [11111111111111111111111111000011] = 60 ~ -61
[11111111111111111111111111110110] ~ [                            1001] = -10 ~ 9
```

주의

1의 NOT이 -1이 아닙니다.

양의 정수는 0부터 시작합니다. 음의 정수는 모두 1인 상태로 시작해서 -1 값으로 시작되기 때문에 음수는 값 하나가 더 큽니다. 예를 들어 양수 60의 NOT은 60보다 1 큰 수의 음수인 -61이 되고 음수 10의 NOT일 경우는 반대로 1 작은 수의 정수인 양수 9가 됩니다.

4.5.5 Signed left shift(왼쪽 시프트 연산자)

변위 값만큼 왼쪽으로 이동합니다.

예

```
a << n
```

a의 값을 왼쪽으로 n 비트만큼 이동합니다.

Sample12.java

```java
01  package chap04;
02
03  public class Sample12 {
04      public static void main(String[] args) {
05          int a = 60; // 0000 0000 0000 0000 0000 0000 0011 1100
06          int b = -10;// 1111 1111 1111 1111 1111 1111 1111 0110
07          System.out.println("* <<");
08          System.out.printf("[%32s] << 4 [%32s] = %d\n", Integer.toBinaryString(a), Integer.toBinaryString(a << 4), a << 4);
09          System.out.printf("[%32s] << 4 [%32s] = %d\n", Integer.toBinaryString(b), Integer.toBinaryString(b << 4), b << 4);
10      }
11  }
```

실행 결과

```
* <<
[                          111100] << 4 [                      1111000000] = 960
[11111111111111111111111111110110] << 4 [11111111111111111111111101100000] = -160
```

실행 결과를 살펴보면 [111100]에서 왼쪽으로 이동되면서 빈 공간이 '0'으로 채워져서 [1111000000]로 출력되었습니다.

4.5.6 Signed right shift(오른쪽 시프트 연산자)

변위 값만큼 오른쪽으로 이동합니다.

> **예**
>
> ```
> a >> n
> ```

a의 값을 오른쪽으로 n 비트만큼 이동합니다.

Sample13.java

```java
01  package chap04;
02
03  public class Sample13 {
04      public static void main(String[] args) {
05          int a = 60; // 0000 0000 0000 0000 0000 0000 0011 1100
06          int b = -10;// 1111 1111 1111 1111 1111 1111 1111 0110
07          System.out.println("* >>");
08          System.out.printf("[%32s] >> 4 [%32s] = %d\n", Integer.toBinaryString(a), Integer.toBinaryString(a >> 4), a >> 4);
09          System.out.printf("[%32s] >> 4 [%32s] = %d\n", Integer.toBinaryString(b), Integer.toBinaryString(b >> 4), b >> 4);
10      }
11  }
```

실행 결과

```
* >>
[                          111100] >> 4 [                              11] = 3
[11111111111111111111111111110110] >> 4 [11111111111111111111111111111111] = -1
```

실행 결과를 살펴보면 [111100]에서 오른쪽으로 4번 이동해서 왼쪽으로는 '0'이 채워지고 오른쪽으로는 4개수 bit가 사라졌습니다. 음수의 경우는 음수를 유지하기 위해서 '1'이 채워진다는 점을 주의하기 바랍니다.

4.5.7 Unsigned right shift

>> 연산자와 비슷한데 오른쪽으로 변위 비트만큼 이동하고 왼쪽의 빈 공간을 모두 0으로 채웁니다. Unsigned right shift인 만큼 맨 왼쪽 비트가 음수를 나타내는 비트인데 그 비트마저도 0으로 채우게 되어서 음수가 양수로 되어버립니다. 그래서 음수에서 사용할 때는 >> 연산자를 사용해야 합니다.

Sample14.java

```
01  package chap04;
02
03  public class Sample14 {
04
05      public static void main(String[] args) {
06          int a = 60; //0000 0000 0000 0000 0000 0000 0011 1100
07          int b = -10;//1111 1111 1111 1111 1111 1111 1111 0110
08
09          System.out.println("* >>>");
10          System.out.printf("[%32s] >>> 4 [%32s] %d\n"
11                  , lpad(Integer.toBinaryString(a), 32, "0")
12                  , lpad(Integer.toBinaryString(a >>> 4), 32, "0"), a >>> 4);
13          System.out.printf("[%32s] >>> 4 [%32s] %d\n"
14                  , lpad(Integer.toBinaryString(b), 32, "0")
15                  , lpad(Integer.toBinaryString(b >>> 4), 32, "0"), b >>> 4);
16      }
17
18      //왼쪽 문자열 0으로 채움
19      public static String lpad(String context, int len, String ch) {
20          String str = context;
21          if(context.length() < len) {
22              for(int i = 0; i < len - context.length(); i++) {
23                  str = ch + str;
24              }
25          }
26          return str;
27      }
28
29  }
```

실행 결과

```
* >>>
[00000000000000000000000000111100] >>> 4 [00000000000000000000000000000011] 3
[11111111111111111111111111110110] >>> 4 [00001111111111111111111111111111] 268435455
```

부호가 유지되지 않고 양수, 음수 모두 다 '0'으로 채워집니다.

4.6 복합대입 연산자(Assignment Operators)

복합대입 연산자를 설명하기 전에 변수 스스로의 값이 증가할 때 우리는 다음과 같이 합니다.

```
int num = 1;
num = num + 1;
num = num - 5;
num = num * 3;
num = num / 2;
```

연산식을 보면 공통으로 'num = num'은 모두 같습니다. 이 부분을 간결하게 처리하는 방법으로 복합대입 연산자를 사용합니다. 복합대입 연산자는 대입 연산자(=)와 산술 연산자를 대입 연산자 앞에 붙여넣음으로써 코드를 간결하게 표현합니다.

다음은 복합대입 연산자의 예입니다. 변수 스스로의 값을 증가(혹은 감소)시킬 때 num = num + (증가값 혹은 감소값)처럼 변수명을 반복해서 사용합니다. 굳이 반복할 필요 없이 num = num + 1의 경우에는 ++num으로 바꾸어 구현할 수 있습니다. 하지만 num = num - 5의 경우는 증감 연산자를 한번 사용해서는 바꾸어 사용하기가 어렵습니다. 이때 사용하는 방법이 복합대입 연산자입니다.

복합대입 연산자

연산자	예	설명
+=	A += 3	변수 A에 3을 더한 후, 결괏값을 변수 A에 대입
-=	A -= 3	변수 A에 3을 뺀 후, 결괏값을 변수 A에 대입
*=	A *= 3	변수 A에 3을 곱한 후, 결괏값을 변수 A에 대입
/=	A /= 3	변수 A를 3으로 나눈 후, 결괏값을 변수 A에 대입
%=	A %= 3	변수 A를 3으로 나눈 후, 나머지 값을 변수 A에 대입

연산자	예	설명
&=	A &= 3	변수 A를 3과 AND 연산한 후, 결괏값을 변수 A에 대입
|=	A |= 3	변수 A를 3과 OR 연산한 후, 결괏값을 변수 A에 대입
^=	A ^= 3	변수 A를 3과 XOR 연산한 후, 결괏값을 변수 A에 대입
<<=	A <<= 3	변수 A를 왼쪽으로 3 비트만큼 이동한 후, 결괏값을 변수 A에 대입
>>=	A >>= 3	변수 A를 오른쪽으로 3 비트만큼 이동한 후, 결괏값을 변수 A에 대입
>>>=	A >>>= 3	변수 A를 오른쪽으로 3 비트만큼 이동하고 왼쪽의 빈 공간을 모두 0으로 채워서 A에 대입

복합대입 연산자표를 살펴보면 앞서 배운 산술 연산자와 비트 연산자를 활용하여 변숫값을 연산한 후 그 변수에 결괏값을 대입합니다. 실제로 필자가 주로 사용하는 복합대입 연산자는 += 과 -= 로 이 두 가지를 주로 사용합니다.

그럼, 표에서 +, -, *, /에 대한 복합대입 연산자를 구현해보겠습니다.

Sample15.java

```
01   package chap04;
02
03   public class Sample15 {
04       public static void main(String[] args) {
05           //복합대입연산자
06           int num1 = 3;
07           int num2 = 3;
08           System.out.println("num1 : " + num1);
09           System.out.println("num2 : " + num2);
10
11           num1 = num1 + 3;
12           num2 += 3;
13           System.out.println("=== + 3");
14           System.out.println("num1 : " + num1);
15           System.out.println("num2 : " + num2);
16
17           num1 = num1 - 3;
18           num2 -= 3;
19           System.out.println("=== - 3");
20           System.out.println("num1 : " + num1);
21           System.out.println("num2 : " + num2);
22
23           num1 = num1 * 3;
24           num2 *= 3;
25           System.out.println("=== * 3");
```

```
26            System.out.println("num1 : " + num1);
27            System.out.println("num2 : " + num2);
28
29            num1 = num1 / 3;
30            num2 /= 3;
31            System.out.println("=== / 3");
32            System.out.println("num1 : " + num1);
33            System.out.println("num2 : " + num2);
34        }
35    }
```

실행 결과

```
num1 : 3
num2 : 3
=== + 3
num1 : 6
num2 : 6
=== - 3
num1 : 3
num2 : 3
=== * 3
num1 : 9
num2 : 9
=== / 3
num1 : 3
num2 : 3
```

변수 num1은 산술 연산자만 사용해서 연산했으며 num2는 num1과 같은 산술 연산자에 대한 복합대입 연산자로 구현되었습니다. 변수 스스로의 값에 변화를 줄 때 복합대입 연산자를 사용하면 간단하게 구현할 수 있음을 확인했습니다.

4.7 삼항 연산자

삼항 연산자는 말 그대로 3개의 항을 두고 연산하는 거라고 이해하면 됩니다. 여기서 3개의 항이라는 것은 첫 번째 항에는 조건식이 들어가며 첫 번째 항의 값이 참이면 두 번째 항의 값이 반환되고 첫 번째 항의 값이 거짓이면 세 번째 항의 값이 반환됩니다.

삼항 연산자는 물음표(?)와 콜론(:)으로 구분됩니다. 첫 번째 항과 두 번째 항의 구분은 물음표(?)로 하며 두 번째 항과 세 번째 항의 구분은 콜론(:)으로 합니다. 필자는 조건문을 사용하다가 삼항 연산자를 알게 되었을 때, 조건문을 가볍게 사용할 수 있는 점 때문에 종종 사용하게 되었습니다. 뒤에 학습할 조건문은 삼항 연산자를 통해서 먼저 경험할 수 있습니다. 삼항 연산자를 삼항 조건식, 삼항식이라고 부르기도 합니다.

삼항 연산자의 공식은 다음과 같습니다.

```
( 조건식 ) ? 처리식1(참일 때 처리) : 처리식2(거짓일 때 처리)    // 1항 ? 2항 : 3항
```

1항인 조건식에는 boolean 자료형이 오거나 비교 연산자가 들어와서 참(true)이나 거짓(false)이냐에 따라 물음표 이후의 처리식이 실행됩니다. 먼저 조건식에서 참인지 거짓인지의 결과에 따라서 2항인 처리식1이 실행될지 3항인 처리식2가 실행될지가 결정됩니다. 조건식이 참일 때 처리식1이 실행되며 거짓일 때는 처리식2가 실행됩니다.

바로 코드로 살펴보겠습니다.

Sample16.java
```java
01  package chap04;
02
03  public class Sample16 {
04      public static void main(String[] args) {
05          //3항 연산자
06          int number = 6;
07          String result = ((number % 2) == 0) ? "even" : "odd";
08          System.out.println(result + " number");
09      }
10  }
```

실행 결과

```
even number
```

변수 number에 담겨있는 리터럴이 짝수인지 홀수인지 판별하는 소스코드입니다. 07라인에서 변수 number를 2로 나눠서 나머지가 0이면 참이 되어 2항이 실행되어 짝수이고 0이 아니면 거짓으로 3항이 실행되어 홀수로 result 변수에 리터럴이 대입됩니다. 그리고 08라인에서 출력합니다. 이렇게 가볍게 조건문을 처리할 때 3항 연산자를 활용하여 간단히 구현합니다.

연습 문제

1. 두 개의 값을 입력받아서 큰 수를 출력하세요. (단, 같으면 0으로 출력)

예1

```
답 입력> 30 20
출력   > 30
```

예2

```
답 입력> 4 4
출력   > 0
```

정답)

Test1.java

```java
01  package chap04;
02
03  import java.util.Scanner;
04
05  public class Test1 {
06      public static void main(String[] args) {
07          System.out.print("두개의 수를 띄어쓰기하여 입력해주세요 : ");
08          Scanner sc = new Scanner(System.in);
09
10          int in1 = sc.nextInt();
11          int in2 = sc.nextInt();
12          int result = (in1 > in2) ? in1 : (in1 == in2) ? 0 : in2;
13          System.out.printf("입력한 값 중 큰 수는 %d 입니다.", result);
14      }
15  }
```

실행 결과 1

```
두개의 수를 띄어쓰기하여 입력해주세요 : 30 20
입력한 값 중 큰 수는 30 입니다.
```

실행 결과 2

```
두개의 수를 띄어쓰기하여 입력해주세요 : 4 4
입력한 값 중 큰 수는 0 입니다.
```

2. 100점 만점의 학점을 입력받아서 90점 이상이면 A, 80점 이상이면 B, 70점 이상이면 C, 60점 이상이면 D, 60점 미만이면 F를 구하는 프로그램을 작성하세요. (입력받는 점수는 0점에서 100점 사이의 값만 넣어야 함)

정답)

Test2.java

```java
01  package chap04;
02
03  import java.util.Scanner;
04
05  public class Test2 {
06      public static void main(String[] args) {
07          System.out.print("0~100 사이의 학점을 입력하세요 : ");
08          Scanner sc = new Scanner(System.in);
09
10          int in = sc.nextInt(); //입력받은 값을 가져온다.
11
12          String score = "";      //변환할 학점을 담을 변수 생성
13
14          score = (in >= 90) ? "A" :
15                  (in >= 80) ? "B" :
16                  (in >= 70) ? "C" :
17                  (in >= 60) ? "D" : "F";
18
19          System.out.printf("학점 (%d)은 %s입니다.", in, score );
20      }
21  }
22
```

실행 결과 1

```
0~100 사이의 학점을 입력하세요 : 55
학점 (55)은 F입니다.
```

> **실행 결과2**
>
> 0~100 사이의 학점을 입력하세요 : 99
> 학점 (99)은 A입니다.

3. 다음 소스코드만 보고 값을 예측해서 실행된 값과 비교해보세요.

Test3.java

```java
01  package chap04;
02
03  public class Test3 {
04
05      public static void main(String[] args) {
06          int a = 10;
07          int b = 20;
08
09          int r1 = ++a + ++b;
10          int r2 = a++ + b++;
11          int r3 = b++ - --a;
12          int r4 = --a + a--;
13          int r5 = b+=++a;
14
15          System.out.println(r1);
16          System.out.println(r2);
17          System.out.println(r3);
18          System.out.println(r4);
19          System.out.println(r5);
20      }
21
22  }
```

정답)

> **실행 결과**
>
> 32
> 32
> 11
> 20
> 33

4. 정수의 값을 입력받고 입력받은 값이 양의 정수이면 그냥 출력하고 음의 정수이면 양의 정수로 변환하여 출력하세요.

예

정수값을 입력하세요 : 4
출력값 : 4

정수값을 입력하세요 : -4
출력값 : 4

정답)

Test4.java

```java
package chap04;

import java.util.Scanner;

public class Test4 {

    public static void main(String[] args) {
        Scanner sc = new Scanner(System.in);

        System.out.print("정수값을 입력하세요 : ");
        int in = sc.nextInt(); //입력받은 값을 가져온다.

        System.out.printf("출력값 : %d%n%n", (in > 0)? in : in * -1 );

        System.out.print("정수값을 입력하세요 : ");
        in = sc.nextInt(); //입력받은 값을 가져온다.

        System.out.printf("출력값 : %d%n", (in > 0)? in : in * -1 );
    }

}
```

실행 결과 - (4, -4를 순차적으로 입력)

정수값을 입력하세요 : 4
출력값 : 4

정수값을 입력하세요 : -4
출력값 : 4

Chapter 05

05장 | 배열

지금까지 데이터는 변수 하나하나만을 갖고 연산을 해봤습니다. 이번 5장에서 배열을 학습하면 단일 처리하던 데이터를 다량의 데이터도 처리할 수 있게 됩니다. 실제로 대부분 프로그램에 배열을 사용하지 않는 프로그램은 없습니다. 여기서는 앞서 학습했던 자료형들을 활용하여 여러 건의 데이터를 처리해보겠습니다.

- 각 자료형의 배열
- 다차원 배열

5.1 각 자료형의 배열

배열이라고 하면 특정 자료형을 연속으로 공간이 확보된 자료형의 집합을 말합니다. 이를 1차원 배열이라고 합니다. 배열을 사용하지 않았을 때 국어, 영어, 수학을 저장할 경우 kor_score, eng_score, mat_score라고 점수에 대한 변수를 저장하여 사용할 겁니다.

```
int kor_score = 0;   //국어 점수
int eng_score = 0;   //영어 점수
int mat_score = 0;   //수학 점수
```

이 상황에서 과학 점수가 추가될 경우 다시 과학 점수에 대한 sci_score 변수를 추가합니다.

```
int kor_score = 0;   //국어 점수
int eng_score = 0;   //영어 점수
int mat_score = 0;   //수학 점수
int sci_score = 0;   //과학 점수 추가
```

이런 식으로 개발 중에 과목이 추가되면 다시 처음으로 돌아가서 변수를 추가해줘야 합니다. 이 상황에서 학생은 1명이 아니라 2명이 되어 버렸습니다. 그럼 점수도 두 사람만큼의 변수를 만들어야 합니다.

이런 식으로 말이죠.

```
int stu1_kor_score = 0;   //1번 학생 국어 점수
int stu1_eng_score = 0;   //1번 학생 영어 점수
int stu1_mat_score = 0;   //1번 학생 수학 점수
int stu1_sci_score = 0;   //1번 학생 과학 점수

int stu2_kor_score = 0;   //2번 학생 국어 점수
int stu2_eng_score = 0;   //2번 학생 영어 점수
int stu2_mat_score = 0;   //2번 학생 수학 점수
int stu2_sci_score = 0;   //2번 학생 과학 점수
```

점수에 대한 과목이 늘어날 때마다 그리고 학생 수가 늘어날 때마다 변수 선언의 수가 늘어나게 됩니다. 결론부터 말하면 배열을 배우게 되면 한 줄로 선언을 할 수 있습니다. 그 방법을 함께 배워보겠습니다.

2장에서 배운 자료형을 한 가지의 형태로 배열에 담는 방법은 다음과 같습니다.

```
(자료형)[] 배열명 = new 자료형[배열의 개수];
```

int 자료형을 배열로 만들 경우 해당 자료형으로 배열의 공간을 확보하는 것과 같습니다. int 자료형은 4바이트 자료형입니다. 다음과 같이 배열을 선언했을 경우

```
int[] score = new int[3];
```

4바이트의 공간이 3개가 확보됩니다.

int[] score = new int[3];		
4byte	4byte	4byte
score[0]	score[1]	score[2]

[그림 5-1] 배열 score의 메모리 할당

해당 배열명에 순차적인 인덱스를 부여받아서 0부터 2까지의 수로 메모리에 공간을 할당받게 됩니다. 그림 3개의 정수형을 배열로 선언하고 값을 넣는 예제를 보겠습니다.

Sample01.java
```java
01  package chap05;
02
03  public class Sample01 {
04      public static void main(String[] args) {
05          int[] number = new int[3];
06          number[0] = 10;
07          number[1] = 20;
08          number[2] = 30;
09      }
10  }
```

05라인에서 new 키워드를 사용했습니다. new 키워드는 예약어로 변수명으로 사용할 수 없다는 것을 2장에서 배웠습니다. new 연산자는 메모리에 데이터를 저장할 공간을 할당받고 그 공간의 참조값을 반환합니다. int 자료형 3개를 할당하여 number에 공간을 반환합니다. new 키워드는 객체지향에서 클래스를 생성할 때 new 키워드를 사용하여 인스턴스를 생성합니다. 여기에서는 자료형을 배열로 생성할 때 new 키워드를 사용한다고 알아두면 편합니다.

06라인부터는 대괄호([ ]) 안에 0부터 08라인에 2까지 사용했습니다. int 자료형이 3개인 배열을 생성하면 0번부터 2번까지 총 3개의 공간이 생성됩니다. 배열 순서가 0번부터 시작한다는 것을 잊지 않아야 하며 배열 순번을 인덱스라고 합니다. 0번째 배열엔 10이 들어가고 1번째 배열엔 20이 들어가고 2번째 배열엔 30이 들어갔습니다.

아직 객체에 대해서 배우지도 않았는데 new 키워드를 소개해서 조금은 어렵게 다가올 겁니다. 그럼 new 키워드를 사용하지 않고 배열을 정의해보겠습니다.

```
(자료형)[] 배열명 = {10, 20, 30};
```

앞서 배운 배열 생성 방법과는 다르게 new 키워드가 보이지 않습니다. 그리고 하나하나 배열 공간에 리터럴을 넣었는데 3개를 한 번에 다 배열에 담았습니다. 소스코드로 자세히 보겠습니다.

Sample02.java
```
01  package chap05;
02
03  public class Sample02 {
04      public static void main(String[] args) {
05          int[] number = {10, 20, 30};
06      }
07  }
```

자세히 보니 정수 자료형의 공간이 3개라고 할당을 하지도 않았습니다. 중괄호({ })에 정수형 데이터 3개가 있어서 내부적으로 3개의 공간이 자동으로 할당됩니다.

4byte	4byte	4byte
number[0]	number[1]	number[2]
10	20	30

[그림 5-2] 배열 number의 메모리 할당된 값

우리가 구현한 [Sample02.java] 파일을 디컴파일하여 살펴보겠습니다. 어떻게 컴파일러가 처리했는지 살펴보겠습니다.

Sample02.class
```
01  package chap05;
02
03  public class Sample02 {
04      public static void main(String[] args) {
05          int[] var10000 = new int[]{10, 20, 30};
06      }
07  }
```

05라인에 'new int[ ]'를 작성하지 않았지만, 내부적으로는 자동으로 입력되어 컴파일되었습니다. 굳이 new 키워드를 사용하여 배열을 생성하지 않아도 자동으로 그 개수를 파악해서 메모리의 공간이 할당되는 것을 확인할 수 있었습니다.

다음은 배열을 출력하고자 할 때 배열의 개수가 몇 개인지 확인하고 배열의 순차적인 순번을 부여해서 출력하게 됩니다. 이때 배열의 개수를 확인하고 배열의 값을 출력하는 방법을 배워보겠습니다.

Sample03.java

```
01  package chap05;
02
03  public class Sample03 {
04      public static void main(String[] args) {
05          int[] number1 = new int[3];
06          number1[0] = 10;
07          number1[1] = 20;
08          number1[2] = 30;
09          System.out.printf("배열의 개수는 %d개 입니다.", number1.length);
10
11          int[] number2 = {10, 20, 30};
12          System.out.printf("\n\n배열의 개수는 %d개 입니다.", number2.length);
13      }
14  }
```

실행 결과

```
배열의 개수는 3개 입니다.

배열의 개수는 3개 입니다.
```

length라는 메서드로 배열의 개수를 확인할 수 있습니다. 다른 기본 자료형 역시 같은 방법으로 확인할 수 있습니다. 이번엔 비기본 자료형인 String으로 배열을 생성하고 String 배열의 길이를 구해보겠습니다.

배열의 길이 구하기

```
배열명.length
```

배열의 길이가 몇 개인지 알고 싶을 때 사용하는 방법으로 주로 다음에 배울 반복문에서 특히 많이 사용합니다. 사용방법은 배열명 뒤에 '.length'를 붙이면 됩니다. 배열의 길이도 알게 되었으니 배열의 값을 가져오는 방법을 배워보겠습니다.

배열의 값을 가져온다면 배열이 몇 개인지를 먼저 알아야 합니다. 앞서 length를 통해서 배열의 길이를 얻게 되었습니다. 배열이 길이가 3일 때 배열의 순차적인 번호를 부여하여 가져올 수 있습니다. 이 순차적인 번호를 배열의 인덱스(index)라고 합니다. 배열의 인덱스는 0번부터 시작하여 배열의 길이만큼 1씩 증가합니다.

배열의 길이가 10이면 인덱스의 범위는 0~9가 됩니다. 예컨대, 배열의 길이가 10이면 배열의 인덱스는 0번부터 9번까지 총 10개가 됩니다. 배열 한 요소의 값을 가져오는 방법은 배열명 뒤에 붙여서 대괄호([ ])에 인덱스값을 넣어주면 됩니다.

```
int[] score = new Score[10] {10, 20, 30, 40, 50, 60, 70, 80, 90, 100}; //10개의 배열 길이 생성
System.out.println(score[5]); //6번째 배열 요소의 값을 가져와서 출력
```

배열의 인덱스가 0부터 시작한다는 것을 깜빡 잊어버리는 순간 5번째 값을 출력하려고 했을 때 6번째 인덱스의 정보 값이 출력되게 됩니다. 인덱스는 0번부터 시작합니다. 잊지 마세요.

그럼 예제로 확인해보겠습니다.

Sample04.java

```
01  package chap05;
02
03  public class Sample04 {
04      public static void main(String[] args) {
05          String[] str1 = new String[3];
06          str1[0] = "자바";
07          str1[1] = "코틀린";
08          str1[2] = "씨";
09          System.out.printf("str1 배열의 개수는 %d개 입니다.", str1.length);
10
11          String[] str2 = {"자바", "코틀린", "씨"};
12          System.out.printf("\n\nstr2 배열의 개수는 %d개 입니다.\n\n", str2.length);
13
```

```
14          String[] str3 = str2.clone();
15          System.out.println(str3[0]);
16          System.out.println(str3[1]);
17          System.out.println(str3[2]);
18      }
19  }
```

실행 결과

str1 배열의 개수는 3개 입니다.

str2 배열의 개수는 3개 입니다.

자바
코틀린
씨

참조 자료형인 String 역시 기본 자료형과 마찬가지로 배열 선언하는 방법이 같습니다. 14라인에서 str3 배열에 str2를 clone( ) 메서드를 활용하여 **복사**해서 str3에 똑같은 값을 넣어서 출력해보았습니다.

지금까지 배운 내용을 2장에서 배운 자료형들을 참고하여 배열을 생성해보세요.

5.2 다차원 배열

앞서 배운 배열은 한 줄로 똑같은 자료형을 열거해 놓은 1차원 배열입니다. 1차원 배열을 또 배열로 구성한 것을 2차원 배열이라고 합니다. 2차원 배열을 또 배열로 구성하면 3차원 배열이라 합니다. 실제로 흔히 사용하는 배열은 2차원 배열이지만, 3차원 배열까지도 사용합니다. 그보다 더 큰 차원의 배열은 실무에서 다뤄본 적이 단 한 차례도 없었습니다.

5.2.1 2차원 배열(가로 * 세로)

아파트 1층에 3세대가 있습니다.

변수로 만든다면,

```
int Household1;
int Household2;
int Household3;
```

배열로 만든다면,

```
int[] household = new int[3];
```

그런데 1층만 있는 게 아니라 5층까지 있습니다. 앞서 배운 배열은 1차원 배열로 한 개의 자료형을 나열했습니다. 이제 한 개의 자료형을 3개씩 5개를 배열로 만들어야 합니다. 이때 다차원 배열을 사용하는데 2차원 배열로 표현해보겠습니다.

```
int[][] household = new int[5][3];
```

5개 층에 대한 5개의 배열을 만들고 세대수에 대한 3개 세대를 배열 3개를 이어서 작성합니다.

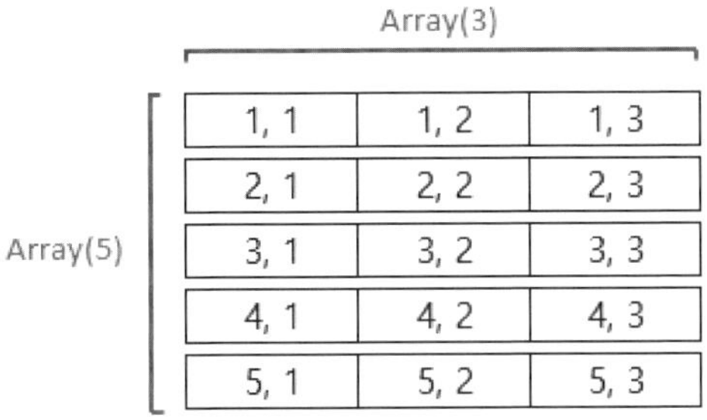

	Array(3)	
1, 1	1, 2	1, 3
2, 1	2, 2	2, 3
3, 1	3, 2	3, 3
4, 1	4, 2	4, 3
5, 1	5, 2	5, 3

Array(5)

[그림 5-3] 5 x 3으로 구성된 2차원 배열

3개의 배열 안에 5개의 공간을 각각 할당합니다. 5개의 공간을 할당받은 배열이 3개의 배열로 다시 할당받게 됩니다. 3개씩 5개의 공간이 생성됩니다. 그런데 2층은 3개의 세대가 있는 게 아니라 1세대가 있으며 나머지는 공용 공간이었습니다.

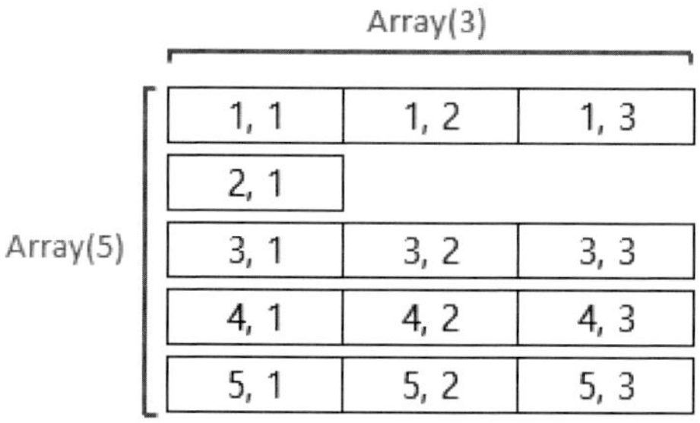

	Array(3)		
	1, 1	1, 2	1, 3
	2, 1		
Array(5)	3, 1	3, 2	3, 3
	4, 1	4, 2	4, 3
	5, 1	5, 2	5, 3

[그림 5-4] 일정하지 않는 5 x 3배열

2층만 1세대가 살고 있으니 다음과 같이 재정의를 합니다.

```
int[][] household = new int[5][3];
household[1] = new int[1];
```

0부터 시작하기 때문에 2가 아닌 1이라고 명시했습니다. new int[1];이 실행되면서 household[1]은 3개의 공간에서 1개의 배열 공간이 재정의 되었습니다.

완성된 소스코드로 각 층별로 몇 개의 세대 공간이 할당되었는지 확인해보겠습니다.

Sample05.java

```
01  package chap05;
02
03  public class Sample05 {
04      public static void main(String[] args) {
05          int[][] household = new int[5][3]; //5층 각 3개 세대를 배열로 할당합니다. (5 x 3)
06
07          household[1] = new int[1];        //2층은 1개 세대로 다시 1개의 배열 공간을 재할당합니다.
08
09          System.out.printf("1층 %d세대\n" , household[0].length);
10          System.out.printf("2층 %d세대\n" , household[1].length);
11          System.out.printf("3층 %d세대\n" , household[2].length);
12          System.out.printf("4층 %d세대\n" , household[3].length);
13          System.out.printf("5층 %d세대\n" , household[4].length);
```

```
14    }
15 }
```

실행 결과

```
1층  3세대
2층  1세대
3층  3세대
4층  3세대
5층  3세대
```

05라인에서 5 x 3 형태의 배열을 만들었으나 07라인에서 3개의 공간을 1개의 공간으로 재정의하였습니다. 09라인부터는 5개의 배열 안에 있는 배열의 수를 확인해보았습니다. 이렇게 배열의 수가 꼭 일정하게만 사용할 필요는 없음으로 상황에 따라서 배열의 깊이를 조절하여 사용할 수 있습니다.

처음부터 배열로 선언해서 배열 요소에 값을 넣고 출력해보았습니다. 특정한 구분자를 갖는 문자열을 2차원 배열로 변환할 경우가 실제로 많이 있습니다. 예를 들면 다음과 같은 이름을 문자열로 변수에 담겨있다고 한다면,

```
String names = "빵형|상도|타노스|인호|학건";
```

배열로 처리하는 경우가 실제로 많이 있습니다. 이때 String 객체에서 제공하는 메서드로 splite( )가 있습니다.

```
String[] split(String regex)
```

반환 자료형은 String 배열로 매개변수에 regex는 구분자입니다. 위의 names의 구분자는 |(pipe 파이프)로 되어있어서 Split("|")를 하면 파이프를 기준으로 문자열을 잘라서 배열로 반환하게 됩니다. 참고로 [15장 정규 표현식(Regular expression)]에서 정규식을 활용한 자르기도 가능합니다.

예제 코드로 자세히 살펴보겠습니다.

Sample06.java

```java
01  package chap05;
02
03  import java.util.Arrays;
04
05  public class Sample06 {
06
07      public static void main(String[] args) {
08          String names = "빵형|상도|타노스|인호|학건";
09          String[] arr = names.split("\\|");
10          System.out.println("|" + Arrays.toString(arr));
11
12          String names1 = "빵형&상도&타노스&인호&학건";
13          String[] arr1 = names1.split("\\&");
14          System.out.println("&" + Arrays.toString(arr1));
15
16          String names2 = "빵형*상도*타노스*인호*학건";
17          String[] arr2 = names2.split("\\*");
18          System.out.println("*" + Arrays.toString(arr2));
19
20          String names3 = "빵형=상도=타노스=인호=학건";
21          String[] arr3 = names3.split("=");
22          System.out.println("=" + Arrays.toString(arr3));
23
24          String names4 = "빵형+상도+타노스+인호+학건";
25          String[] arr4 = names4.split("\\+");
26          System.out.println("+" + Arrays.toString(arr4));
27
28          String names5 = "빵형^상도^타노스^인호^학건";
29          String[] arr5 = names5.split("\\^");
30          System.out.println("^" + Arrays.toString(arr5));
31
32          String names6 = "빵형-상도-타노스-인호-학건";
33          String[] arr6 = names6.split("-");
34          System.out.println("-" + Arrays.toString(arr6));
35      }
36  }
```

실행 결과

```
|[빵형, 상도, 타노스, 인호, 학건]
&[빵형, 상도, 타노스, 인호, 학건]
*[빵형, 상도, 타노스, 인호, 학건]
=[빵형, 상도, 타노스, 인호, 학건]
+[빵형, 상도, 타노스, 인호, 학건]
```

```
^[빵형, 상도, 타노스, 인호, 학건]
-[빵형, 상도, 타노스, 인호, 학건]
```

08라인에 파이프(|)를 구분자로 구성된 이름 문자열이 있습니다. 09라인에서 파이프를 이용하여 문자열을 자릅니다. 그리고 10라인에서 배열을 출력합니다. 그런데 09라인에 파이프 문자 앞에 역슬래시(/)가 2개 보입니다. 역슬래시 한 개를 문자열로 출력하기 위해서는 연속 2개를 입력해야 한 개의 역슬래시가 출력됩니다. 역슬래시는 이스케이프 문자를 표현하기 위한 특수문자로 활용하기 때문입니다.

여기에서는 Dangling meta-characters라고 해서 일부 문자열을 구분자로 바로 활용할 수 없는 문자열이 있습니다. 이때 역슬래시를 앞에 붙여서 일반 문자화해서 보여주면 구분자로 활용할 수 있습니다. [Sample06.java]에서 어떤 구분자는 그냥 구분자만 사용했고 어떤 구분자는 앞에 역슬래시를 2개 붙인 구분자도 있습니다. 바로 메타 문자이기 때문입니다. 이렇게 구분자로 문자열을 잘라서 배열로 변환해 보았습니다. 실제로도 많이 사용하는 기능이니까 꼭 알아두면 좋습니다.

지금까지 int 자료형을 배열로 학습했지만, int 자료형뿐만 아니라 float이나 char 자료형 등 여러 자료형으로도 꼭 활용해 보세요. 이제 2차원 배열에 대해서 이해가 가시나요? 다음은 한 차원을 더해서 3차원 배열로 넘어가겠습니다.

5.2.2 3차원 배열(가로 * 세로 * 반복)

우리는 앞서 2차원 배열에서 층수와 세대수를 배열로 표현해보았습니다. 이번에는 3차원으로 표현해보겠습니다. 제목에서와같이 반복입니다. 책으로 따지면 가로와 세로에 글로 꽉 채워지고 뒤로 여러 페이지가 더 있는 것과 같은 구조입니다. 앞서 소개한 예제를 이어서 표현해보면 5층 건물의 층당 3세대 이하인 2차원 배열이 있는데 이러한 건물이 2채가 더 있습니다. 이를 소스코드로 표현하면 다음과 같습니다.

```
int[][][] household = new int[2][5][3]; //2채 5층 건물에 각 층마다 3개 세대를 배열로 할당합니다.
```

이번에는 각 세대에 숫자를 넣어서 데이터 기준으로 배열을 생성해보겠습니다.

Sample07.java

```java
01  package chap05;
02
03  public class Sample07 {
04      public static void main(String[] args) {
05          int[][][] household = {
06              {{1, 2, 3}, {4, 5, 6}, {7},{8, 9, 10},{11, 12, 13}},
07              {{14, 15, 16}, {17, 18, 19}, {20},{21, 22, 23},{24, 25, 26}}
08          };
09
10          System.out.printf("1동 1층 1세대 : %d\t", household[0][0][0]);
11          System.out.printf("1동 1층 2세대 : %d\t", household[0][0][1]);
12          System.out.printf("1동 1층 3세대 : %d\n", household[0][0][2]);
13
14          System.out.printf("1동 2층 1세대 : %d\t", household[0][1][0]);
15          System.out.printf("1동 2층 2세대 : %d\t", household[0][1][1]);
16          System.out.printf("1동 2층 3세대 : %d\n", household[0][1][2]);
17
18          System.out.printf("1동 3층 1세대 : %d\n", household[0][2][0]);
19
20          System.out.printf("1동 4층 1세대 : %d\t", household[0][3][0]);
21          System.out.printf("1동 4층 2세대 : %d\t", household[0][3][1]);
22          System.out.printf("1동 4층 3세대 : %d\n", household[0][3][2]);
23
24          System.out.printf("1동 5층 1세대 : %d\t", household[0][4][0]);
25          System.out.printf("1동 5층 2세대 : %d\t", household[0][4][1]);
26          System.out.printf("1동 5층 3세대 : %d\n\n", household[0][4][2]);
27
28          System.out.printf("2동 1층 1세대 : %d\t", household[1][0][0]);
29          System.out.printf("2동 1층 2세대 : %d\t", household[1][0][1]);
30          System.out.printf("2동 1층 3세대 : %d\n", household[1][0][2]);
31
32          System.out.printf("2동 2층 1세대 : %d\t", household[1][1][0]);
33          System.out.printf("2동 2층 2세대 : %d\t", household[1][1][1]);
34          System.out.printf("2동 2층 3세대 : %d\n", household[1][1][2]);
35
36          System.out.printf("2동 3층 1세대 : %d\n", household[1][2][0]);
37
38          System.out.printf("2동 4층 1세대 : %d\t", household[1][3][0]);
39          System.out.printf("2동 4층 2세대 : %d\t", household[1][3][1]);
40          System.out.printf("2동 4층 3세대 : %d\n", household[1][3][2]);
41
42          System.out.printf("2동 5층 1세대 : %d\t", household[1][4][0]);
43          System.out.printf("2동 5층 2세대 : %d\t", household[1][4][1]);
44          System.out.printf("2동 5층 3세대 : %d\n", household[1][4][2]);
45      }
46  }
```

실행 결과

```
1동 1층 1세대 : 1      1동 1층 2세대 : 2      1동 1층 3세대 : 3
1동 2층 1세대 : 4      1동 2층 2세대 : 5      1동 2층 3세대 : 6
1동 3층 1세대 : 7
1동 4층 1세대 : 8      1동 4층 2세대 : 9      1동 4층 3세대 : 10
1동 5층 1세대 : 11     1동 5층 2세대 : 12     1동 5층 3세대 : 13

2동 1층 1세대 : 14     2동 1층 2세대 : 15     2동 1층 3세대 : 16
2동 2층 1세대 : 17     2동 2층 2세대 : 18     2동 2층 3세대 : 19
2동 3층 1세대 : 20
2동 4층 1세대 : 21     2동 4층 2세대 : 22     2동 4층 3세대 : 23
2동 5층 1세대 : 24     2동 5층 2세대 : 25     2동 5층 3세대 : 26
```

05라인에서 'int[ ][ ][ ] = { 배열 데이터 }' 이렇게 소스코드를 작성했지만 디컴파일을 해서 보면,

```
int[][][] household = new int[][][]{{{1, 2, 3}, {4, 5, 6}, {7}, {8, 9, 10}, {11, 12, 13}},
{{14, 15, 16}, {17, 18, 19}, {20}, {21, 22, 23}, {24, 25, 26}}};
```

이렇게 new int[ ][ ][ ]가 들어갑니다. 써줘도 되고 생략해도 상관없습니다. 이런 식으로 배열은 계속해서 추가해나갈 수 있습니다. 미리 들어갈 배열의 수를 다 알고 있는 상태에서 데이터를 넣어야 하며 이미 공간이 할당되고 데이터도 들어가 있는 상태에서는 데이터가 100% 유지된 상태에서 배열의 수를 더 늘리거나 줄일 수는 없습니다.

예컨대, 학교에서 한 반에 새로운 학생이 전학을 오거나 가게 되면 해당 반에 대한 배열을 모두 삭제하고 new 키워드를 활용해서 다시 배열을 생성하고 데이터를 넣어야 하는 경우가 생깁니다. 이러한 문제를 해결하기 위한 배열을 자유롭게 추가, 삭제, 수정할 수 있는 ArrayList를 활용한 배열이 있습니다. 이는 **[11장 컬렉션 프레임워크]**에서 배울 예정입니다.

배열의 내용을 정확히 알고 [Sample07.java]에서는 일일이 배열 정보를 출력했습니다. 다음 장에서 [6장 반복문]을 배우게 되면 다음과 같이 쉽게 구현할 수 있으며 배열에 데이터가 추가되고 삭제되어 모두 알아서 출력할 수 있습니다. 아직 배우질 않았으니 참고만 하세요.

Sample08.java

```
01  package chap05;
02
03  public class Sample08 {
04      public static void main(String[] args) {
05          int[][][] household = {
06              {{1, 2, 3}, {4, 5, 6}, {7},{8, 9, 10},{11, 12, 13}},
07              {{14, 15, 16}, {17, 18, 19}, {20},{21, 22, 23},{24, 25, 26}}
08          };
09
10          int dongNo = 0;
11          for(int[][] dong : household) {
12              dongNo++;
13              int floorNo = 0;
14              for(int[] floor : dong) {
15                  floorNo++;
16                  int idx = 0;
17                  for(int seadae : floor) {
18                      System.out.printf("%d동 %d층 %d세대 : %d\t", dongNo, floorNo, ++idx, seadae);
19                  }
20                  System.out.println();
21              }
22              System.out.println();
23          }
24      }
25  }
```

실행 결과

```
1동 1층 1세대 : 1      1동 1층 2세대 : 2      1동 1층 3세대 : 3
1동 2층 1세대 : 4      1동 2층 2세대 : 5      1동 2층 3세대 : 6
1동 3층 1세대 : 7
1동 4층 1세대 : 8      1동 4층 2세대 : 9      1동 4층 3세대 : 10
1동 5층 1세대 : 11     1동 5층 2세대 : 12     1동 5층 3세대 : 13

2동 1층 1세대 : 14     2동 1층 2세대 : 15     2동 1층 3세대 : 16
2동 2층 1세대 : 17     2동 2층 2세대 : 18     2동 2층 3세대 : 19
```

```
2동 3층 1세대 : 20
2동 4층 1세대 : 21    2동 4층 2세대 : 22    2동 4층 3세대 : 23
2동 5층 1세대 : 24    2동 5층 2세대 : 25    2동 5층 3세대 : 26
```

실행 결과는 [Sample07.java]와 같습니다. 다만 데이터의 변경이 발생했을 때 출력할 때도 일일이 수정 및 추가를 해야 하지만 [Sample08.java]의 경우는 데이터의 수가 얼마인지를 확인하고 그 수만큼 출력하기 때문에 [Sample07.java]보다는 [Sample08.java]가 훨씬 더 개선된 코드임을 알 수 있습니다.

이렇게 반복문을 이용해서 전체를 출력해보지 않고 간단하게 Arrays 객체를 이용해서 쉽게 배열 정보를 확인하는 방법을 소개합니다.

Arrays.deepToString( ) API

반환자료형	메서드	설명
static String	deepToString(Object[ ] a)	지정된 배열의 내용을 문자열로 자세히 표현하여 반환합니다.

배열의 내용을 Arrays.deepToString( )를 이용해서 확인해보겠습니다.

```
Sample09.java
01  package chap05;
02
03  import java.util.Arrays;
04
05  public class Sample09 {
06      public static void main(String[] args) {
07          int[][][] household = {
08              {{1, 2, 3}, {4, 5, 6}, {7},{8, 9, 10},{11, 12, 13}},
09              {{14, 15, 16}, {17, 18, 19}, {20},{21, 22, 23},{24, 25, 26}}
10          };
11
12          System.out.println(Arrays.deepToString(household));
13      }
14  }
```

실행 결과

```
[[[1, 2, 3], [4, 5, 6], [7], [8, 9, 10], [11, 12, 13]], [[14, 15, 16], [17, 18,
19], [20], [21, 22, 23], [24, 25, 26]]]
```

아직 반복문을 배우지 않은 상태에서 배열의 내용을 확인할 때, 가장 간편하게 확인할 수 있는 방법입니다. 지금까지 int형으로 진행했는데, 기본 자료형이나 참조 자료형까지도 마찬가지로 다 사용할 수 있습니다.

5.3 Arrays 클래스

Arrays 클래스에는 배열을 조작하고 검색 및 정렬을 활용하여 다양한 사용을 학습하겠습니다. Arrays 클래스는 Java 1.2에서부터 제공되는 클래스로 [11장 컬렉션 프레임워크]에서 배울 Java Collections Framework의 멤버입니다.

Arrays에서 제공하는 메서드 API가 파라미터 자료형에 따라서 동일한 것이 너무 많아서 메서드명별로 자주 사용하는 것을 중심으로 살펴보겠습니다.

> 알림
>
> 클래스와 메서드의 개념은 [8장 객체지향 프로그래밍]에서 다룹니다. 여기에서는 그냥 따라만 하세요.

5.3.1 Arrays.toString( )

toString( ) 메서드는 인자로 넘어온 배열의 내용을 문자열로 배열의 내용을 출력합니다. 다만 1차원 배열에 한하여 문자열로 내용을 출력할 수 있습니다. 2차원 이상의 배열을 출력하는 방법은 [5.2.2 3차원 배열]에서 이미 배웠습니다. 1차원 배열까지는 toString( ) 메서드로 배열의 내용을 문자열로 출력이 가능하지만 2차원 이상의 배열은 toString( ) 메서드로는 출력이 안됩니다. 이때 deepToString( ) 메서드를 이용하면 자세히 출력됩니다.

Arrays.toString( ) 메서드

static String toString(Object[] a)
- 배열의 내용을 문자열로 반환

Arrays.deepToString( ) 메서드

static String deepToString(Object[ ] a)
- 다중 배열의 내용을 문자열로 반환

1차원 배열과 2차원 이상의 배열의 내용을 문자열로 출력하는 예제를 통해서 다시 확인해보겠습니다.

Sample10.java

```
01  package chap05;
02
03  import java.util.Arrays;
04
05  public class Sample10 {
06      public static void main(String[] args) {
07
08          int[] num1 = {1, 2, 3};
09
10          int[][] num2 = {
11              {1, 2, 3}, {4, 5, 6}, {7},{8, 9, 10},{11, 12, 13}
12          };
13
14          System.out.println(num1 + " - 배열 자체는 내용을 확인 할 수 없다.");
15          System.out.println(Arrays.toString(num1) + " - Arrays.toString()");
    //1차원 배열
16          System.out.println(Arrays.toString(num2) + " - 다차원 배열을 출력할 수 없다"); //2차원 배열
17          System.out.println(Arrays.deepToString(num2)); //다차원 배열의 출력
18      }
19  }
```

05장 배열

> **실행 결과**
>
> ```
> [I@5caf905d - 배열 자체는 내용을 확인 할 수 없다.
> [1, 2, 3] - Arrays.toString()
> [[I@27716f4, [I@8efb846, [I@2a84aee7, [I@a09ee92, [I@30f39991] - 다차원 배열을 출력할
> 수 없다
> [[1, 2, 3], [4, 5, 6], [7], [8, 9, 10], [11, 12, 13]]
> ```

배열의 내용이 잘 출력된 결과를 확인 할 수 있습니다. Arrays.toString( ) 메서드는 1차원 배열의 내용만 출력이 가능하며 Arrays.deepToString( ) 메서드는 다차원 배열의 내용만 출력합니다. Arrays.deepToString( )에 1차원 배열을 넣게 되면 오류가 발생하게 됩니다. 상황에 맞게 2개의 메서드를 잘 활용하여 사용하세요.

5.3.2 Arrays.equals( )

배열간의 내용이 같은지를 비교하여 같으면 true, 다르면 false 값을 반환하는 메서드입니다.

> **Arrays.equals( ) 메서드**
>
> ```
> static boolean equals(Object[ ] a, Object[ ] a2)
> ```
> - 두 개의 배열의 내용이 같으면 true를 다르면 false를 반환

마찬가지로 다차원 배열의 경우는 deepEquals( ) 메서드를 사용합니다.

> **Arrays.deepEquals( ) 메서드**
>
> ```
> static boolean deepEquals(Object[ ] a, Object[ ] a2)
> ```
> - 두 개의 다차원 배열의 내용을 비교하여 같으면 true를 다르면 false를 반환

예제로 시험 답안 정보를 갖는 배열과 학생이 답을 입력한 답안과 비교하여 만점자를 찾는 소스코드를 작성해 보겠습니다.

Sample11.java

```java
package chap05;

import java.util.Arrays;

public class Sample11 {
    public static void main(String[] args) {

        int[] correct = {1, 2, 3, 4, 1, 4, 3, 2, 1, 3};

        int[][] answers = {
            {2, 2, 2, 2, 2, 2, 2, 2, 2, 2},
            {3, 2, 3, 1, 2, 3, 1, 2, 1, 2},
            {1, 2, 3, 4, 1, 4, 3, 2, 1, 3},   //만점자
            {4, 2, 3, 4, 1, 4, 3, 2, 1, 3},
            {1, 2, 4, 4, 2, 1, 2, 2, 4, 3}
        };

        //만점자 찾기
        int no = 0; //학생 번호
        for(int[] answer : answers) {
            no++;
            if(Arrays.equals(correct, answer) ) {
                System.out.printf("%d번 학생은 만점자입니다.\n", no);
            }
            else {
                System.out.printf("%d번 학생은 만점자가 아닙니다.\n", no);
            }
        }
    }
}
```

실행 결과

```
1번 학생은 만점자가 아닙니다.
2번 학생은 만점자가 아닙니다.
3번 학생은 만점자입니다.
4번 학생은 만점자가 아닙니다.
5번 학생은 만점자가 아닙니다.
```

08라인의 정답과 13라인의 3번째 학생의 답안을 만점으로 맞춰놓고 실행한 결과입니다. 20라인에서 배열의 수를 기준으로 반복문을 실행한 게 아니라 향상된 for문으로 반복문을 처리해서 19라인에 순번 값을 갖는 변수 no를 선언하고 반복문이 실행될 때마다 21라인에서 증가를

우선하고 시작하기 때문에 실제로 시작은 1번부터 시작합니다.

22라인에서 Arrays.equals( ) 메서드로 첫 번째는 정답, 두 번째는 학생의 답안을 넣어서 2개의 배열을 비교하여 같으면 '만점자입니다'를 출력하고 다르면 '만점자가 아닙니다'를 출력합니다.

5.3.3 Arrays.copyOf( )

배열을 똑같이 복사를 하되 지정한 길이까지만 정해서 복사할 수 있습니다.

> Arrays.copyOf(Object[ ] original, int newLength) 메서드
>
> static Object[] copyOf(Object[] original, int newLength)
> - 배열의 길이만큼만 배열을 복사하여 반환

Arrays.copyOf( ) 메서드를 활용하면 무조건 처음부터 입력한 배열의 길이까지 배열을 복사하게 됩니다. 시작의 위치도 정해서 배열을 복사하고자 한다면 Arrays.copyOfRange( ) 메서드를 활용하여 복사하면 됩니다.

> Arrays.copyOfRange(Object[ ] original, int from, int to) 메서드
>
> static Object[ ] copyOfRange(Object[] original, int from, int to)
> - 지정된 배열의 범위만 복사하여 반환

시작 요소는 0번부터 시작하니까 잘 따져서 값을 from과 to에 넣어서 보내면 범위 안의 배열 요소만 복사하여 반환하게 됩니다.

다음은 copyOf( )와 copyOfRange( ) 메서드의 사용 예제입니다.

Sample12.java

```
01  package chap05;
02
03  import java.util.Arrays;
04
```

```java
05  public class Sample12 {
06
07      public static void main(String[] args) {
08          String[] han1 = new String[]
09              { "라면", "미역국", "떡볶이", "수제비", "갈비탕", "순대국"};
10
11          String[] han2 = Arrays.copyOf(han1, han1.length - 1);
12          String[] han3 = Arrays.copyOf(han1, han1.length - 2);
13          String[] han4 = Arrays.copyOf(han1, han1.length - 3);
14          String[] han5 = Arrays.copyOf(han1, han1.length - 4);
15          String[] han6 = Arrays.copyOf(han1, han1.length - 5);
16
17          System.out.println(Arrays.toString(han1));
18          System.out.println(Arrays.toString(han2));
19          System.out.println(Arrays.toString(han3));
20          System.out.println(Arrays.toString(han4));
21          System.out.println(Arrays.toString(han5));
22          System.out.println(Arrays.toString(han6));
23
24          System.out.println("\n첫 번째와 마지막 요소를 제거하고 복사하여 출력 ==");
25          String[] cp = Arrays.copyOfRange(han1, 1, han1.length - 1);
26          System.out.println(Arrays.toString(cp));
27      }
28
29  }
```

실행 결과

[라면, 미역국, 떡볶이, 수제비, 갈비탕, 순대국]
[라면, 미역국, 떡볶이, 수제비, 갈비탕]
[라면, 미역국, 떡볶이, 수제비]
[라면, 미역국, 떡볶이]
[라면, 미역국]
[라면]
첫 번째와 마지막 요소를 제거하고 복사하여 출력 ==
[미역국, 떡볶이, 수제비, 갈비탕]

6개의 문자열을 배열에 등록해서 한 개씩 줄여가며 배열을 복사하여 출력해본 소스코드입니다. 마지막엔 첫 요소와 마지막 요소를 빼고 copyOfRange( ) 메서드를 사용하여 지정된 범위만 복사하여 출력했습니다.

5.3.4 Arrays.sort( )

배열의 내용을 오름차순으로 정렬하는 메서드입니다.

Arrays.sort(Object[ ] a) 메서드

Static void sort(Object[] a)
- 배열의 내용을 오름차순으로 정렬

Static void sort(Object[] a, int formIdenx, int toIndex)
- 배열의 지정된 범위의 내용만 오름차순으로 정렬

배열에 요소들을 순서에 상관없이 등록한 후에 정렬해서 출력해보겠습니다.

Sample13.java

```java
package chap05;

import java.util.Arrays;

public class Sample13 {

    public static void main(String[] args) {
        String[] han = new String[]
                { "라면", "미역국", "떡볶이", "수제비", "갈비탕", "순대국"};

        System.out.println("정렬 전 : " + Arrays.toString(han));

        //정렬할 배열을 복사합니다.
        String[] han2 = Arrays.copyOf(han, han.length); //전체정렬 배열
        String[] han3 = Arrays.copyOf(han, han.length); //범위정렬 배열

        Arrays.sort(han2);
        Arrays.sort(han3, 2, 5);
        System.out.println("전체정렬 후 : " + Arrays.toString(han2));
        System.out.println("범위정렬 후 : " + Arrays.toString(han3)); //1,
2번은 고정, 3번째부터 정렬
    }

}
```

> **실행 결과**
>
> 정렬 전 : [라면, 미역국, 떡볶이, 수제비, 갈비탕, 순대국]
> 전체정렬 후 : [갈비탕, 떡볶이, 라면, 미역국, 수제비, 순대국]
> 범위정렬 후 : [라면, 미역국, 갈비탕, 떡볶이, 수제비, 순대국]

대상 배열 han을 08라인에서 정의해서 14~15라인에서 똑같이 배열을 복사하여 17라인에서 전체 오름차순 정렬과 18라인에서 범위 오름차순 정렬을 한 후 출력했습니다. 20라인에서 첫 번째, 두 번째 요소인 라면과 미역국은 정렬되지 않은 채 그 이후의 요소만 정렬되어 지정된 범위만 정렬되었음을 확인할 수 있습니다.

5.3.5 Arrays.binarySearch( )

이진 검색(BinarySearch)은 배열에서 데이터를 탐색하는 알고리즘 중의 하나로 [11장 컬렉션 프레임워크]에서도 잠깐 소개됩니다. 이진 검색은 데이터가 정렬되어야만 적용할 수 있으며 배열의 가운데 있는 데이터와 대상 데이터를 비교해서 크면 오른쪽, 작으면 왼쪽에 위치하며 다시 배열의 가운데 있는 데이터와 비교하며 값을 찾을 때까지 반복합니다. 반복하면서 비교할 때마다 비교 대상이 반으로 줄어들어 검색 속도를 높이는 것입니다.

> **Arrays.binarySearch(Object[ ] a, Object key) 메서드**
>
> ```
> Static int binarySearch(Object[] a, Object key)
> ```
> - 이진 검색 알고리즘을 사용하여 지정된 값을 배열에서 찾아서 인덱스를 반환
>
> ```
> Static int binarySearch(Object[] a, int fromIndex, int toIndex, Object key)
> ```
> - 이진 검색 알고리즘을 사용하여 지정된 값을 배열의 지정된 범위 내에서 찾아서 인덱스를 반환

이진 검색은 기본적으로 정렬되어야 합니다. 정렬되어 있지 않으면 검색되지 않을 수 있습니다. 이점을 고려하여 Arrays.binarySearch( )를 활용해 보겠습니다.

Sample14.java

```java
01  package chap05;
02
03  import java.util.Arrays;
04
05  public class Sample14 {
06
07      public static void main(String[] args) {
08          var students = new String[] {
09              "스노우 화이트", "멀린", "레지나", "애버러지", "잭", "아더", "한스"
10          };
11
12          // 레드슈즈 주인공 '스노우 화이트'를 검색
13          var sortedStudents = Arrays.copyOf(students, students.length);
14          Arrays.sort(sortedStudents); // 이진 탐색은 기본적으로 정렬이 되어야 한다.
15
16          int idx = Arrays.binarySearch(sortedStudents, "스노우 화이트");
17          System.out.println(Arrays.toString(sortedStudents));
18          System.out.printf("%d 번째에 [%s]가 위치합니다.", (idx + 1), sortedStudents[idx]);
19      }
20
21  }
```

실행 결과

```
[레지나, 멀린, 스노우 화이트, 아더, 애버러지, 잭, 한스]
3 번째에 [스노우 화이트]가 위치합니다.
```

08라인에 이름들을 배열에 넣습니다.

13라인에서 원본은 놔두고 복사본을 만듭니다.

14라인에서는 이진 검색을 위해서 배열의 요소들을 오름차순 정렬합니다.

16라인에서 '스노우 화이트'를 검색합니다.

18라인에서 정렬된 배열에서 몇 번째에 있고 어떤 이름이 검색되었는지 출력합니다.

5.3.6 Arrays.asList( )

[11장 컬렉션 프레임워크(Collecitons framework)]에서 배울 List 자료형에 배열을 쉽게 추가하는 메서드입니다. 11장에서 asList( ) 메서드를 종종 사용할 것이기 때문에 소개합니다. 가볍게 살펴보면 좋습니다.

Arrays.asList(T... a) 메서드

Static <T> List<T> asList(T... a)
- 입력한 인자를 배열로 반환하여 등록

List에서 대표적으로 ArrayList 클래스를 배열로 제일 많이 사용하게 되는데 ArrayList 자료형에 데이터를 삽입하는 방법은 add( ) 메서드를 활용해서 한 번에 한 개씩밖에 넣을 수 없는 점 때문에 asList( )를 활용하여 쉽게 데이터를 삽입하는 방법을 알아보겠습니다.

Sample15.java

```java
01  package chap05;
02
03  import java.util.ArrayList;
04  import java.util.Arrays;
05  import java.util.List;
06
07  public class Sample15 {
08
09      public static void main(String[] args) {
10          //배열에서 데이터 추가하는 방법 1
11          var students1 = new String[7];
12          students1[0] = "스노우 화이트";
13          students1[1] = "멀린";
14          students1[2] = "레지나";
15          students1[3] = "애버러지";
16          students1[4] = "잭";
17          students1[5] = "아더";
18          students1[6] = "한스";
19
20          //배열에서 데이터 추가하는 방법 2
21          var students2 = new String[] {
22              "스노우 화이트", "멀린", "레지나", "애버러지", "잭", "아더", "한스"
23          };
24
25          //List에서 데이터 추가하는 방법 1
26          List<String> students3 = new ArrayList<>();
27          students3.add("스노우 화이트");
```

```
28          students3.add("멀린");
29          students3.add("레지나");
30          students3.add("애버러지");
31          students3.add("잭");
32          students3.add("아더");
33          students3.add("한스");
34
35          //List에서 데이터 추가하는 방법 2
36          List<String> students4 = Arrays.asList(
37              "스노우 화이트", "멀린", "레지나", "애버러지", "잭", "아더", "한스"
38          );
39          System.out.println(Arrays.toString(students1) + " - Array 1");
40          System.out.println(Arrays.toString(students2) + " - Array 2");
41          System.out.println(students3 + " - List 1");
42          System.out.println(students4 + " - List 2");
43      }
44
45  }
```

실행 결과

```
[스노우 화이트, 멀린, 레지나, 애버러지, 잭, 아더, 한스] - Array 1
[스노우 화이트, 멀린, 레지나, 애버러지, 잭, 아더, 한스] - Array 2
[스노우 화이트, 멀린, 레지나, 애버러지, 잭, 아더, 한스] - List 1
[스노우 화이트, 멀린, 레지나, 애버러지, 잭, 아더, 한스] - List 2
```

11라인에서는 7개의 길이를 갖는 배열을 생성해서 12라인부터 18라인까지 하나하나 데이터를 배열에 담습니다. 21라인에서는 편하게 배열을 생성과 동시에 데이터를 콤마(,)로 구분하여 배열에 담습니다. 이때 배열의 길이는 데이터의 수를 읽어서 7이라는 값을 추론하여 자동으로 생성합니다. 여기까지가 우리가 배운 배열이고 11장에서 배울 컬렉션 프레임워크의 List에 배열을 쉽게 담을 수 있는 기능 Arrays 클래스에서 asList( ) 메서드로 제공하고 있습니다.

26라인을 보면 List 배열을 생성합니다. 그리고 하나하나 add( ) 메서드를 통해서 데이터를 삽입합니다. 하지만 우리가 배운 배열처럼 한 번에 배열에 삽입하는 방법을 List에서는 제공하지 않고 있습니다. 이때 36라인의 Arrays.asList( ) 메서드를 활용하여 List에도 배열처럼 쉽게 등록합니다.

연습 문제

1. 어느 고등학교의 학생 수만큼의 정수 자료형으로 배열을 만들어 보세요.

> 1학년은 1반부터 3반까지 있습니다. 1반은 12명, 2반 12명, 3반은 12명이 있습니다.
> 2학년은 1반부터 3반까지 있습니다. 1반은 9명, 2반 12명, 3반은 10명이 있습니다.
> 3학년은 1반부터 3반까지 있습니다. 1반은 7명, 2반 12명, 3반은 11명이 있습니다.

정답)

Test1.java

```java
package chap05;

public class Test1 {
    public static void main(String[] args) {
        // 1학년은 1반부터 3반까지 있습니다. 1반은 12명, 2반 12명, 3반은 12명이 있습니다.
        // 2학년은 1반부터 3반까지 있습니다. 1반은 9명, 2반 12명, 3반은 10명이 있습니다.
        // 3학년은 1반부터 3반까지 있습니다. 1반은 7명, 2반 12명, 3반은 11명이 있습니다.

        int[][][] students = new int[3][3][12]; //제일 큰 배열로 할당한다.

        students[1][0] = new int[9];  //2학년 1반은 9명
        students[1][2] = new int[10]; //2학년 3반은 9명
        students[2][0] = new int[7];  //3학년 1반은 7명
        students[2][2] = new int[11]; //3학년 3반은 11명

        System.out.printf("1학년 1반 %d명\n", students[0][0].length);
        System.out.printf("1학년 2반 %d명\n", students[0][1].length);
        System.out.printf("1학년 3반 %d명\n", students[0][2].length);
        System.out.printf("2학년 1반 %d명\n", students[1][0].length);
        System.out.printf("2학년 2반 %d명\n", students[1][1].length);
        System.out.printf("2학년 3반 %d명\n", students[1][2].length);
        System.out.printf("3학년 1반 %d명\n", students[2][0].length);
        System.out.printf("3학년 2반 %d명\n", students[2][1].length);
        System.out.printf("3학년 3반 %d명\n", students[2][2].length);
    }
}
```

실행 결과

```
1학년 1반 12명
1학년 2반 12명
1학년 3반 12명
2학년 1반 9명
2학년 2반 12명
2학년 3반 10명
3학년 1반 7명
3학년 2반 12명
3학년 3반 11명
```

2. 5행과 5열로 이루어진 2차원 배열을 [그림 5-5]와 같이 배열에 데이터를 넣고 출력하세요. (빈 공간은 null입니다. 숫자 자료형인 경우는 0이 됩니다.)

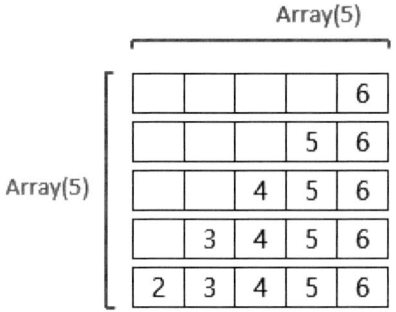

[그림 5-5] 5 x 5로 구성된 2차원 배열

정답)

Test2.java

```
01  package chap05;
02
03  import java.util.Arrays;
04
05  public class Test2 {
```

```
06      public static void main(String[] args) {
07          int[][] box = new int[5][5];
08
09          box[0][4] = 6;
10
11          box[1][3] = 5;
12          box[1][4] = 6;
13
14          box[2][2] = 4;
15          box[2][3] = 5;
16          box[2][4] = 6;
17
18          box[3][1] = 3;
19          box[3][2] = 4;
20          box[3][3] = 5;
21          box[3][4] = 6;
22
23          box[4][0] = 2;
24          box[4][1] = 3;
25          box[4][2] = 4;
26          box[4][3] = 5;
27          box[4][4] = 6;
28
29          System.out.println(Arrays.toString(box[0]));
30          System.out.println(Arrays.toString(box[1]));
31          System.out.println(Arrays.toString(box[2]));
32          System.out.println(Arrays.toString(box[3]));
33          System.out.println(Arrays.toString(box[4]));
34      }
35  }
```

실행 결과

```
[0, 0, 0, 0, 6]
[0, 0, 0, 5, 6]
[0, 0, 4, 5, 6]
[0, 3, 4, 5, 6]
[2, 3, 4, 5, 6]
```

3. 구입할 물건의 목록과 구입한 물건의 목록이 보기와 같이 있을 때 구입하지 않는 물건을 출력하세요.

보기

구입할 물건 ["냉장고", "선풍기", "TV", "노트북", "세탁기", "에어컨"]
구입한 물건 ["노트북", "TV", "에어컨"]

정답)

Test3.java

```java
01  package chap05;
02
03  import java.util.Arrays;
04
05  public class Test3 {
06      public static void main(String[] args) {
07          var wishList = new String[] {
08              "냉장고", "선풍기", "TV", "노트북", "세탁기", "에어컨"
09          };
10
11          var purchasedList = new String[] {
12              "에어컨", "노트북", "TV"
13          };
14
15          System.out.println("== 구입하지 못한 물건 ==");
16          Arrays.sort(purchasedList);   //이진 검색을 위해서 정렬
17
18          System.out.printf("%s", Arrays.binarySearch(purchasedList, wishList[0]) < 0 ? wishList[0]+"\n" : "");
19          System.out.printf("%s", Arrays.binarySearch(purchasedList, wishList[1]) < 0 ? wishList[1]+"\n" : "");
20          System.out.printf("%s", Arrays.binarySearch(purchasedList, wishList[2]) < 0 ? wishList[2]+"\n" : "");
21          System.out.printf("%s", Arrays.binarySearch(purchasedList, wishList[3]) < 0 ? wishList[3]+"\n" : "");
22          System.out.printf("%s", Arrays.binarySearch(purchasedList, wishList[4]) < 0 ? wishList[4]+"\n" : "");
23      }
24  }
```

실행 결과

```
== 구입하지 못한 물건 ==
냉장고
선풍기
세탁기
```

Chapter

06

06장 | 반복문

반복문은 똑같은 패턴을 찾아서 같은 작업을 반복할 때, 정말 유용하게 사용할 수 있습니다. 많은 양의 데이터를 처리할 때 반복문을 활용하여 똑같은 패턴의 처리를 효율적으로 처리할 수 있는 코딩이 가능합니다. 모든 프로그래밍에서 반복문 없는 코딩은 없을 정도로 많이 쓰이기도 하는 필수 명령어입니다. 6장을 배우고 나서부터는 코딩의 수가 눈에 보이게 확연히 줄어들게 됩니다. 자바에서 제공하는 반복문을 하나하나 학습해 보겠습니다.

- for문
- 다중 for문
- Break
- Continue
- 향상된 for문
- While문
- do ~ while문

6.1 for문

지정된 횟수만큼 반복 실행하는 for문은 반복문 중에 제일 많이 사용하는 명령어입니다.

for문 사용법

```
for( ①초기식; ②조건식; ④증감식 ) {
    ③실행문
}
```

for문의 괄호 안에 초기식, 조건식, 증감식, 실행문이 있으며 이 구문 앞에 원문자로 숫자를 실행 순서대로 적어놓았습니다. 먼저 ①초기식을 실행합니다. 변수명으로는 index를 뜻하는 i를 사용하여 'i = 0'이라고 많이들 작성합니다. 코딩할 때 순번은 대부분 1번부터가 아니라 0번부터 시작하기 때문에 0을 많이 대입합니다. 그래서 관행적으로 for문을 처음 사용할 때는 i라고 많이 사용합니다.

그리고 초기식의 값이 ②조건식에서 true인지 false인지 확인하게 되는데, 조건식이 참이면 ③실행문이 수행됩니다. 실행문 처리가 모두 완료되었다면 다시 ④증감식을 실행합니다. 보통 증감식은 초기식의 값을 증가하거나 감소시킵니다. 그리고 다시 ②조건식에서 false가 나올 때까지 반복합니다.

실행문이 1개의 실행문밖에 없다면 괄호를 생략할 수 있습니다. 하지만 유지 보수할 때 괄호 없이 2개 이상의 실행문으로 추가될 때 괄호를 깜빡 잊을 수 있어 괄호를 생략하는 것보다는 무조건 넣어주는 것을 추천합니다.

1개의 실행문만 존재하는 for문 사용법

```
for( ①초기식; ②조건식; ④증감식 )
    ③실행문

혹은

for( ①초기식; ②조건식; ④증감식 ) ③실행문
```

그리고 ①, ②, ④번의 경우는 생략도 가능합니다. 모두 생략하게 되면 무한 반복이 되며 필요에 의해서 입력하고 빼고는 선택입니다.

for문을 활용한 무한 반복

```
for(;;) {
    ③실행문
}
```

무한 반복을 하는 경우가 실제로 많지 않기 때문에 여기서는 다루지 않고 소개만 하겠습니다. 가끔 for문 관련하여 문제를 낼 때 아주 가끔씩 나오기도 합니다. 무한 반복을 빠져나오기 위해서는 [6.3 break]를 참조하세요. for문으로 무한 반복을 사용하기보다는 [6.6 WHILE문]을 사용하는 것을 적극 권장합니다.

그럼 0번부터가 아닌 1번부터 10번까지 출력하는 소스코드를 반복문을 사용하지 않고 작성해 보겠습니다.

Sample01.java

```java
package chap06;

public class Sample01 {
    public static void main(String[] args) {
        System.out.println(1);
        System.out.println(2);
        System.out.println(3);
        System.out.println(4);
        System.out.println(5);
        System.out.println(6);
        System.out.println(7);
        System.out.println(8);
        System.out.println(9);
        System.out.println(10);
    }
}
```

실행 결과

```
1
2
3
4
5
6
7
8
9
10
```

앞서 반복문은 똑같은 패턴을 찾아서 같은 작업을 반복할 때, 정말 유용하게 사용할 수 있다고 했습니다. 여기에서 똑같은 패턴은 출력하는 것입니다. 그럼 반복문을 사용하여 똑같은 패턴을 출력하는 프로그램을 작성해보겠습니다.

Sample02.java

```java
package chap06;

public class Sample02 {
    public static void main(String[] args) {
        for(int i = 1; i <= 10; i++) {   //초깃값 1부터 10보다 작거나 같다. 증감은 1씩 증가
            System.out.println(i);
        }
    }
}
```

출력 결과

```
1
2
3
4
5
6
7
8
9
10
```

05라인에 초기식으로 i값에 1을 넣었고 조건식에서 i는 10보다 작거나 같다고 했습니다. i값의 범위는 1부터 10이 됩니다. 여기에서 증감식을 살펴보면 i값을 1씩 증가하라고 했습니다. 처음에 i값을 1로 실행문을 실행하고 모든 실행문이 끝나면 3번 증감식을 통해서 i값을 1 증가시킵니다. 그러면 i값은 2가 되고 2번 조건식에서 유효한 값인지 판단합니다. 유효한 값을 갖게 되면 다시 3번 실행문을 실행하게 됩니다. 계속해서 조건식에 부합할 때까지 반복합니다.

반복문을 사용하지 않은 소스코드와 결과는 똑같습니다. 하지만 코드의 양은 확 줄었죠? 모르겠다고요? 그럼 1부터 10이 아니라 1부터 100까지의 숫자를 반복하여 출력한다면 코드의 양이 확 차이가 나겠죠? 이처럼 반복 처리할 때 사용하면 소스코드가 간결해지고 가독성도 훨씬 좋습니다.

다음은 String 자료형을 char 자료형의 배열로 받아서 for문을 이용해서 한 줄로 출력해보겠습니다.

Sample03.java

```java
package chap06;

public class Sample03 {

    public static void main(String[] args) {
        String str = "Hello, Java";

        char[] chr = str.toCharArray();

        for(int idx = 0; idx < chr.length; idx++) {
            System.out.println(chr[idx]);
        }
    }
}
```

실행 결과

```
H
e
l
l
o
,

J
A
V
A
```

08라인을 보면 문자열 String 자료형에서 toCharArray( ) 메서드를 통해서 char 자료형인 배열로 변환해줍니다. 메서드에 대한 설명은 [8.2.2 메서드]에서 확인할 수 있습니다. 10라인에 chr.length는 char 자료형의 배열 길이 값을 반환하게 됩니다. 총 배열의 길이는 11이므로 idx가 11보다 작을 동안 반복문이 반복하게 됩니다.

6.2 다중 for문

참 쉽죠? 이번에도 말로는 쉬운 구구단을 출력하는 프로그램을 작성해보겠습니다. 1단부터 9단까지 있고요. 각 단은 1부터 9까지 각각 곱하는 식을 출력합니다.

소스코드를 먼저 보겠습니다.

Sample04.java

```java
01  package chap06;
02
03  public class Sample04 {
04      public static void main(String[] args) {
05          //1단부터 9단까지
06          for(int i = 1; i < 10; i++) {        // i는 1부터 10보다 작은 정수
07              //1부터 9까지 곱할 수
08              for(int j = 1; j <= 9; j++) { //j는 1부터 9보다 작거나 같은 정수
09                  System.out.printf("%d * %d = %d\n", i, j, i*j);
10              }
11              System.out.println();//단이 끝날 때마다 개행 처리
12          }
13      }
14  }
```

실행 결과

```
1 * 1 = 1
1 * 2 = 2
1 * 3 = 3
1 * 4 = 4
1 * 5 = 5
1 * 6 = 6
```

```
1 * 7 = 7
1 * 8 = 8
1 * 9 = 9
(중간생략)
8 * 9 = 72

9 * 1 = 9
9 * 2 = 18
9 * 3 = 27
9 * 4 = 36
9 * 5 = 45
9 * 6 = 54
9 * 7 = 63
9 * 8 = 72
9 * 9 = 81
```

06라인에서 구구단의 대상이 되는 단의 값이 반복문에 정의되어 있습니다. 08라인에서 구구단의 대상에 1부터 9까지 차례대로 곱하기 위한 수를 반복문을 이용하여 준비합니다. 우리가 쉽게 생각할 수 있는 구구단은 반복문 안에서 반복문이 또 들어갑니다. 이를 **다중 for문**이라고 말합니다.

실제로 for문 안에 for문이 들어가는 경우가 제법 많습니다. 예컨대, 달력을 출력할 때도 1월부터 12월까지 반복이 필요하며 각 달은 1일부터 31일 이하의 일수가 존재하죠. 이때는 여러 조건문으로 제어하면서 조건식을 결정하게 됩니다.

지금까지 for문과 다중 for문을 학습했습니다. 학습 내용 중에 초기식과 증감식 부분이 있었는데 꼭 한 개씩의 식만이 존재했습니다. 실제로도 한 개씩 사용하는 경우가 많은데 꼭 한 개만 사용하는 게 아니라는 점을 학습하고자 합니다.

2개의 값을 한 개의 for문으로 처리할 경우를 생각해봤는데요. 거꾸로 된 삼각형 모양으로 '#'을 출력해보겠습니다. 쉽게 말해서 역 피라미드형인데요. 소스코드를 보고 2개 이상의 초기식과 증감식의 활용을 살펴보겠습니다.

Sample05.java

```java
package chap06;

public class Sample05 {

    public static void main(String[] args) {
        // 초기식과 증감식이 1개만 오는게 아니다.
        for(int i = 0, j = 9; i < 5; i++, j-=2) {
            for(int k = 0; k < i; k++) {
                System.out.print(" ");
            }
            for(int h = 0; h < j; h++) {
                System.out.print("#");
            }
            System.out.println();
        }
    }
}
```

실행 결과

```
#########
 #######
  #####
   ###
    #
```

07라인을 보면 초기식으로 i 값을 0으로 j 값을 9로 초깃값을 주었습니다. 증감식으로는 i 값을 1 증가하고 j 값을 2씩 감소하게 구현했습니다. 이 두 변수를 for문 내부에서 각각 for문으로 i의 값만큼 공백을 출력하고 j의 값만큼 '#'을 출력하여 역피라미드 모양을 출력해 보았습니다. 2개 이상의 초기식을 줄 수도 있고 2개 이상의 증감식도 사용할 수 있으니 꼭 1개만 써야 한다는 규칙은 없다는 점을 알고 넘어가면 좋겠습니다.

6.3 break문

이번에는 앞서 출력한 구구단 소스를 활용하여 수정해보겠습니다. 구구단에서 9까지 곱을 출력하는데 1까지만 곱한 후 출력하고 중단하게 구현하고 싶습니다. 이때 필요한 명령어가

break입니다. break문을 활용한 간단한 예를 [Sample06.java]에서 살펴보겠습니다.

Sample06.java

```java
01  package chap06;
02
03  public class Sample06 {
04      public static void main(String[] args) {
05          //1단부터 9단까지
06          for(int i = 1; i < 10; i++) {       // i는 1부터 10보다 작은 정수
07              //1부터 9까지 곱할 수
08              for(int j = 1; j <= 9; j++) { //j는 1부터 9보다 작거나 같은 정수
09                  System.out.printf("%d * %d = %d\n", i, j, i*j);
10                  break;
11              }
12              System.out.println();//단이 끝날 때마다 개행 처리
13          }
14      }
15  }
```

실행 결과

```
1 * 1 = 1

2 * 1 = 2

3 * 1 = 3

4 * 1 = 4

5 * 1 = 5

6 * 1 = 6

7 * 1 = 7

8 * 1 = 8

9 * 1 = 9
```

06라인에서 첫 번째 반복문이 시작하고 08라인에서 두 번째 반복문이 시작합니다. 그런데 09 라인을 살펴보면 j 값이 1일 때 정상적으로 출력하게 되는데 두 번째 반복문의 실행문이 끝나

면 증감식을 실행할 텐데 10라인에서 break문을 만나게 됩니다. break문을 만나게 되면 반복문은 종료됩니다.

이렇게 되면 j 값은 1만 갖게 되고 종료되니 반복문이 필요 없어집니다. 보통 [7장 조건문]과 함께 쓰여서 특정 조건에 만족하게 되면 break문을 사용하여 강제로 종료하게 구현하는 경우가 많습니다. 두 번째 반복문이 강제 종료된 후 12라인의 첫 번째 반복문의 마지막 실행문이 실행되고 6라인에서 증감식을 통해서 i 값을 1 증가시키게 됩니다.

6.4 continue문

반복문이 수행 중에 continue 키워드를 만나게 되면 이후의 코드는 실행하지 않고 현재의 실행문을 종료하고 조건문으로 다시 돌아가서 반복문의 증감식을 이어 나갑니다. 이것은 for문을 아예 빠져나가는 break문과의 차이점입니다.

이번에는 [Sample06.java] 코드에서 반복문의 실행문에서 실행하는 중간에 continue 키워드를 넣어서 어떻게 처리되는지 확인해 보겠습니다.

Sample07.java

```
01  package chap06;
02
03  public class Sample07 {
04      public static void main(String[] args) {
05          //1단부터 9단까지
06          for(int i = 1; i < 10; i++) {       // i는 1부터 10보다 작은 정수
07              //1부터 9까지 곱할 수
08              for(int j = 1; j <= 9; j++) { //j는 1부터 9보다 작거나 같은 정수
09                  System.out.printf("%d * %d = %d\n", i, j, i*j);
10                  break;
11              }
12              if(true) continue;
13              System.out.println();//단이 끝날 때마다 개행 처리
14          }
15      }
16  }
```

실행 결과

```
1 * 1 = 1
2 * 1 = 2
3 * 1 = 3
4 * 1 = 4
5 * 1 = 5
6 * 1 = 6
7 * 1 = 7
8 * 1 = 8
9 * 1 = 9
```

12라인에 7장에 배울 조건문(if)문을 사용했습니다. 무조건 continue를 넣게 되면 그 이후로는 코드가 실행되질 않아서 continue 이후의 모든 코드는 remove 하라는 오류가 발생합니다. 이 오류는 이후에 구현된 실행문은 의미가 없기 때문에 발생된 것입니다. 그래서 if문을 넣어서 처리했습니다. 12라인에서 조건문이 무조건 true여서 continue가 실행됩니다. continue를 만나게 되면 06라인의 증감식을 실행한 뒤 조건식으로 이동해서 참이면 반복 실행하게 됩니다.

6.5 향상된 for문

JDK 1.5부터 향상된 for문이 추가되었습니다. 우리는 앞서 배열을 배웠습니다. 배열에는 한 가지 자료형의 반복으로 이루어져 있습니다. 이때 for문을 이용하여 초기식, 조건식, 증감식을 사용하지 않고 배열의 자료수만큼 배열을 0번째 데이터부터 마지막 데이터까지 하나하나 꺼내어 반복 실행합니다.

향상된 for문

```
for(자료형 변수명 : 배열명) {
    실행문
}
```

배열을 우측에 작성하고 가운데는 콜론(:)을 구분자로 좌측에 배열의 자료형을 넣어주면 실행문에서 자료형의 요소를 하나하나 변수에 담아서 값을 사용할 수 있습니다. 향상된 for문을 사용하지 않고 일반 for문을 사용하여 배열의 내용을 출력하려면 다음과 같이 작성할 수 있습니다.

```java
for(int i; i < array.length; i++) {
    String data = (String) array[i];
    System.out.println(data);
}
```

이런 식으로 데이터를 배열로부터 순번 값으로 조회해서 출력해야 하지만 향상된 for문을 이용하면 다음과 같이 간단하게 작성할 수 있습니다.

```java
for(String data : array) {
    System.out.println(data);
}
```

이렇게 간단하게 코딩을 할 수 있습니다.

그럼 문자열 자료형을 배열로 해서 향상된 for문을 살펴보겠습니다.

Sample08.java
```java
01  package chap06;
02
03  public class Sample08 {
04      public static void main(String[] args) {
05          String[] friends = {"Dooly", "ChulSoo", "David"};
06
07          for(String friend : friends) {
08              System.out.println(friend);
09          }
10      }
11  }
```

실행 결과

```
Dooly
ChulSoo
David
```

String 배열을 향상된 for문을 통해서 하나하나 꺼내어 출력하는 소스코드입니다. 07라인에서처럼 콜론으로 구분하여 쉽게 출력할 수 있습니다. 다음은 [Sample03.java]에서 구현했던 String 문자열을 char로 출력했던 단순 for문을 향상된 for문으로 바꾸어 구현해보겠습니다.

Sample09.java

```java
01  package chap06;
02
03  public class Sample09 {
04
05      public static void main(String[] args) {
06          String str = "Hello, Java";
07
08          char[] chr = str.toCharArray();
09
10          for(char c : chr) {
11              System.out.println(c);
12          }
13      }
14
15  }
```

실행 결과

```
H
e
l
l
o
,
 
J
A
V
A
```

08라인에서 String 문자열을 char[ ] 배열로 변환했습니다.

10라인에서 향상된 for문으로 반복하여 출력하였습니다.

입력된 자료형을 하나하나 꺼내어 출력하는 소스코드를 살펴보았습니다. 향상된 for문으로 사용할 수 있는 변수로는 배열과 [11장 컬렉션 프레임워크(Collections framework)]에서 배우게 될 배열 자료형들이 올 수 있습니다. 향상된 for문을 꼭 몰라도 되지만 일반 for문으로 구현하는 것은 내가 아닌 다른 개발자가 개발한 소스코드를 분석할 때 그 코드를 읽을 줄 알아야 하기 때문에 꼭 학습하고 넘어가세요.

6.6 while문

for문에서는 초기식, 조건식, 증감식이 있지만 while문은 조건식만 있습니다. 내가 필요하면 while문 이전에 초기식을 만들고 증감식은 반복되는 실행문 안에 얼마든지 원하는 곳에 넣으면 됩니다.

```
while문

초기식
while(조건식) {
    실행문
}
```

for문과 비슷하지만, 형식이 좀 더 자유로워졌습니다. 조건식이 true인 동안 실행문이 계속해서 반복되며 실행문 중에 증감식을 넣어서 조건식이 false가 되면 while문에서 빠져나가게 됩니다.

while문을 활용해서 1부터 10까지 출력해보겠습니다.

Sample10.java

```java
01  package chap06;
02
03  public class Sample10 {
04      public static void main(String[] args) {
05          int i = 1;                          //초기식으로 1부터 출력해야 하니 1을 넣는다
06
07          while(i <= 10) {                    //출력될 값이 10이 넘어가면 반복문을 종료한다.
08              System.out.println(i);          //실행문
09              i++;                            //증감식
10          }
11      }
12  }
```

실행 결과

```
1
2
3
4
5
6
7
8
9
10
```

07라인에서 처음부터 조건에 맞지 않는다면 for문과 마찬가지로 아무것도 실행되지 않고 다음으로 넘어갑니다. i 값이 10보다 작거나 같은 참일 동안 계속해서 실행됩니다. 반복문으로 i 값을 계속해서 출력하게 됩니다.

참고로 08, 09라인을 다음과 같이 한 줄로 줄일 수 있습니다.

```
System.out.println(i);  //실행문
i++;                    //증감식
```

증감 연산자를 활용하여 다음과 같이 한 줄로 작성할 수 있습니다.

```
System.out.println(i++); //출력후 i값 1증가
```

6.7 do ~ while문

do~ while문은 while문과 비슷하지만 다른 점은 먼저 한 번은 실행하고 뒤에 조건식이 맞는지 확인하고 조건이 true면 실행문을 다시 실행합니다. 조건식이 false가 될 때까지 반복하게 됩니다.

do ~ while문

```
do {
실행문
} while(조건식) //조건식이 true이면 반복, false이면 반복 종료
```

do ~ while문을 이용하여 아래 보기와 같이 실행되게 코드를 작성해보겠습니다.

보기

```
*
**
***
****
*****
```

보기는 총 5행을 출력하며 첫 번째는 1개의 '*'를 출력하고 두 번째는 2개의 '*'를 출력합니다. 마지막 다섯 번째 행은 5개의 '*'를 출력합니다.

Sample11.java

```java
01  package chap06;
02
03  public class Sample11 {
04      public static void main(String[] args) {
05          int i = 1;                       //초기식으로 1부터 출력해야 하니 1을 넣는다
06
07          do {
08              for(int j = 0; j < i; j++) {
09                  System.out.print("*");   //실행문
10              }
11              System.out.println();
12              i++;                         //증감식
13          }
14          while(i <= 5);                   //출력될 값이 5를 넘어가면 반복문을 종료한다.
15      }
16  }
```

실행 결과

```
*
**
***
****
*****
```

05라인에서 초기식으로 i 값에 1을 넣고 07라인의 do ~ while문을 실행합니다. 08라인에서 for문에서 i 값만큼 반복하게 하여 반복되는 수만큼 '*'를 출력합니다. 모든 실행문이 끝나고 i 값을 12라인에서 증가시킨 후 14라인에서 i 값의 조건식으로 확인합니다. 조건식이 참이면 07라인부터 다시 실행하고 조건식이 거짓이면 15라인이 실행됩니다.

연습 문제

1. 키보드로부터 숫자를 입력받아서 1부터 입력받은 수만큼의 배열에 담아서 배열의 내용을 반복문 for를 사용하여 출력하세요. (10을 입력하면 배열[0] = 1, 배열[1] = 2, … 배열[9] = 10 이런 식으로 값을 넣어서 출력)

예)

```
숫자를 입력하세요 : 5
1
2
3
4
5
```

정답)

Test1.java

```java
package chap06;

import java.util.Scanner;

public class Test1 {
    public static void main(String[] args) {
        System.out.print("숫자를 입력하세요 : ");
        Scanner sc = new Scanner(System.in);
        int cnt = sc.nextInt();
        int[] data = new int[cnt];

        // 배열에 데이터를 담는다.
        for(int i = 0; i < data.length; i++) {
            data[i] = (i+1);
        }

        //배열을 출력한다.
        for(int i = 0; i < data.length; i++) {
            System.out.println(data[i]);
        }
    }
}
```

2. 비트 연산을 활용하여 5문제의 답이 맞으면 1, 틀리면 0으로 연속해서 입력받습니다. 그리고 정답을 2진수로 갖고 있으며 비교하여 맞으면 O, 틀리면 X로 연속으로 출력하는 프로그램을 작성하시오. (OX 문제 답안 맞추기)

```
답 입력  > 10110
정답     > 11001
결과     > 0XXXX
```

정답)

Test2.java

```java
01  package chap06;
02
03  import java.util.Scanner;
04
05  public class Test2 {
06      public static void main(String[] args) {
07          int[] dap = {1, 1, 0, 0, 1};
08          System.out.print("답 입력 > ");
09          Scanner sc = new Scanner(System.in);
10          String in = sc.nextLine(); // 키보드로부터 값을 입력받는다
11
12          //정답 출력
13          System.out.print("정답    > ");
14          for(int n : dap) {
15              System.out.print(n);
16          }
17
18          System.out.print("\n결과    > ");
19          int targetLoc = 0;
20          for(char c : in.toCharArray()) {
21              System.out.print( (c & dap[targetLoc++]) == 1 ? "O" : "X" );
22          }
23      }
24  }
```

실행 결과

```
답 입력  > 10010
정답     > 11001
결과     > OXXXX
```

3. 반복문을 이용해서 다음과 같은 결과를 출력하세요.

```
    *
   ***
  *****
 *******
*********
```

정답)

Test3.java

```java
01  package chap06;
02
03  public class Test3 {
04      public static void main(String[] args) {
05          final int line = 5;   // 라인 수
06
07          for(int i = 0; i < line; i++) {
08              //공백 출력
09              for(int j = 0; j < line-(i+1); j++) {
10                  System.out.print(" ");
11              }
12
13              //별 출력
14              for(int k = 0; k < (i+(i+1)); k++) {
15                  System.out.print("*");
16              }
17
18              //행 개행
19              System.out.println();
20          }
21      }
22  }
```

4. 1부터 100까지의 수 중에서 소수만 출력하세요.

> **Tip | 소수**
> 1과 자기 자신 이외의 자연수로는 나누어 떨어지지 않는 자연수이다.

정답)

Test4.java

```java
package chap06;

public class Test4 {
    public static void main(String[] args) {
        // 2부터 100인 자연수
        for(int i = 2; i <= 100; i++) {
            boolean f = true;

            //1보다 크고 자신보다 작은 자연수
            for(int j = 2; j < i; j++) {
                // 자신보다 작은 수로 나눠지는 수는 자연수가 아님
                if((i % j) == 0) {
                    f = false;
                }
            }
            if(f) System.out.printf("%d\t", i);
        }
    }
}
```

실행 결과

2 3 5 7 11 13 17 19 23 29 31 37 41 43 47 53 59 61 67 71 73 79 83 89 97

5. 키보드로부터 문자열을 입력받아서 아스키코드표를 활용하여 암호화를 하고 다시 암호화 된 문자열을 복호화하는 프로그램을 작성하세요.

보기

'A'를 입력하면 '>'로 출력. 아스키 코드값 '65'에서 3을 뺀 62번을 출력
'apple' ☞ '^mmib'

예

```
단어를 입력하세요 : apple
암호화 된 단어 : ^mmib
복호화 된 단어 : apple
```

정답)

Test5.java

```java
01  package chap06;
02
03  import java.util.Scanner;
04
05  public class Test5 {
06      public static void main(String[] args) {
07          Scanner sc = new Scanner(System.in);
08          System.out.print("단어를 입력하세요 : ");
09          String word = sc.next();
10          String passworld1 = ""; //암호화 할 변수
11          String passworld2 = ""; //복호화 할 변수
12          for(char c : word.toCharArray()) {
13              passworld1 += "" + (char) (c-3);
14          }
15          System.out.printf("암호화 된 단어 : %s", passworld1);
16          for(char c : passworld1.toCharArray()) {
17              passworld2 += "" + (char) (c+3);
18          }
19          System.out.printf("\n복호화 된 단어 : %s\n", passworld2);
20      }
21  }
```

6. 보기와 같이 배열에 입력된 값을 입력받아서 몇 번 검색하여 찾았는지 선형 검색을 통한 소스코드를 작성하세요.

보기

4, 6, 9, 2

예

검색할 값이 존재하는 경우)
검색할 값을 입력하세요 : 2
4번 검색하여 값을 찾았습니다.

검색할 값이 존재하지 않는 경우)
검색할 값을 입력하세요 : 5
찾을 수 없는 값입니다.

정답)

Test6.java

```java
01  package chap06;
02
03  import java.util.Scanner;
04
05  public class Test6 {
06      public static void main(String[] args) {
07          String result = ""; //검색 내용 출력
08
09          int[] num = { 4, 6, 9, 2 };
10          System.out.print("검색할 값을 입력하세요 : ");
11          var sc = new Scanner(System.in);
12
13          int no = sc.nextInt();
14          for(int i = 0; i < num.length; i++) {
15              if(num[i] == no) {
16                  result = (i+1) + "번 검색하여 값을 찾았습니다.";
17                  break;
18              }
19          }
20
21          if("".equals(result)) {
```

```
22                    System.out.println("찾을 수 없는 값입니다.");
23              }
24              else {
25                    System.out.println(result);
26              }
27        }
28  }
```

실행 결과

검색할 값을 입력하세요 : 2
4번 검색하여 값을 찾았습니다.

검색할 값을 입력하세요 : 5
찾을 수 없는 값입니다.

7. 구구단을 배열에 넣고 반복문을 통해서 배열을 출력하는 프로그램을 작성하세요.

예)

- 2차원 배열로 구구단의 결과 값을 배열에 담는다.
[2 x 1] [2 x 2] [2 x 3] ... [2 x 9]
[3 x 1] [3 x 2] [3 x 3] ... [3 x 9]
(중간생략)
[9 x 1] [9 x 2] [9 x 3] ... [9 x 9]

- 출력 결과(배열 요소 출력값 앞에 Tab으로 간격 조정 - System.out.print("\t" + y[j]);)
2   4   6   8   10 12 14 16 18
3   6   9   12 15 18 21 24 27
4   8   12 16 20 24 28 32 36
5   10 15 20 25 30 35 40 45
6   12 18 24 30 36 42 48 54
7   14 21 28 35 42 49 56 63
8   16 24 32 40 48 56 64 72
9   18 27 36 45 54 63 72 81

정답)

Test7.java

```java
01  package chap06;
02
03  public class Test7 {
04      public static void main(String[] args) {
05          int[][] x = new int[8][9];
06
07          // 배열에 구구단 결과값 넣기
08          for(int a = 0; a < 8; a++) {
09              for(int b = 0; b < 9; b++) {
10                  x[a][b] = (a + 2) * (b + 1);
11              }
12          }
13
14          // 배열값 출력하기
15          for(int i = 0; i < x.length; i++) {
16              int[] y = x[i];
17              for(int j = 0; j < y.length; j++) {
18                  System.out.print("\t" + y[j]);
19              }
20              System.out.println();
21          }
22      }
23  }
```

Chapter 07

07장 | 조건문

조건문을 배우기 전에는 절차적인 흐름으로 처리되는 한 가지 일만 처리하는 프로그램만을 개발했습니다. 그러나 조건문을 알고 나면, 조건문을 사용하여 여러 가지 일을 때에 따라 선택하여 처리할 수 있게 되어 좀 더 범용적인 프로그램을 개발할 수 있습니다.

- If
- if ~ else
- if ~ else if ~ else
- switch~case
- 향상된 switch ~ case

7.1 조건문의 이해

프로그래밍을 하다 보면 경우의 수가 발생하곤 합니다. 이때 해결할 수 있는 구현 방법으로 조건문을 활용하는 것입니다. 예컨대, 'A이면 AA를 처리하고, B이면 BB를 처리하고 A도 B도 아니면 CC를 처리해라'라고 구현할 수 있습니다. 조금 더 이해하기 쉽게 상황으로 예를 들어 보겠습니다.

> **예**
>
> 놀이동산에서 독수리 열차를 타고자 한다. 입장객의 키가 120cm이 안 되면 탑승할 수 없다.
> 120cm 이상이면 탑승이 가능하다.
> 탑승이 가능한 입장의 요금은
> 어린이는 5,000원
> 어른은 8,000원이다.

위 상황을 순서도로 그려보면 다음과 같습니다.

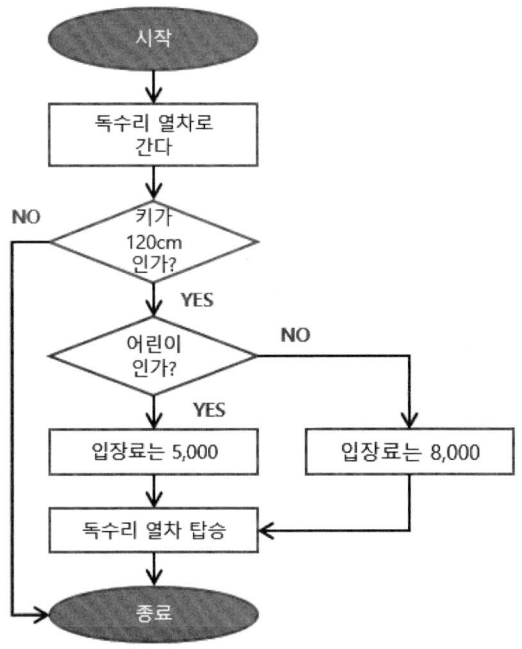

[그림 7-1] 조건문이 있는 순서도

마름모꼴에 해당하는 부분이 조건문이 처리되는 부분입니다. 총 2개의 조건문이 들어가게 될 1개의 프로그램입니다. 그러나 만약에 조건문을 사용하지 않는다면 여러 조건별로 하나하나 프로그램을 구현하게 됩니다. 예를 들면 다음과 같은 프로그램을 만들어야 합니다.

- 키가 120cm 이하의 탑승객 대응 프로그램
- 키가 120cm 이상이며 어린이 탑승객 대응 프로그램
- 키가 120cm 이상이며 어른 탑승객 대응 프로그램

조건문을 활용하여 3개의 프로그램을 하나로 만들어서 범용적인 프로그램을 개발할 수 있게 됩니다. 그럼, 여러 조건문과 Java 12에서 새로 추가된 기능을 함께 알아보겠습니다.

7.2 if

if문은 프로그래밍에서 가장 많이 사용하는 문법 중에 하나로 4장에서 배운 [3항 연산자]에서 이미 경험했기 때문에 쉽게 이해할 수 있습니다. 먼저 문법부터 살펴보겠습니다.

if문 사용법

```
if(조건식) {
   실행문      //참(true) 경우에만 실행
}
```

프로그램이 실행되다가 if문을 만나게 되면 조건식이 true이면 실행문을 실행시키고 false이면 if문의 실행문을 실행하지 않고 다음 코드로 넘어가게 됩니다. 조건식이 무조건 true가 되는 예제로 if문을 가볍게 살펴보겠습니다.

Sample01.java

```java
01  package chap07;
02
03  public class Sample01 {
04      public static void main(String[] args) {
05
06          if(true) {
07              System.out.println("조건식이 참이어서 항상 실행이 됩니다.");
08          }
09
10          if(false) {
11              System.out.println("조건식이 거짓이어서 실행되지 않습니다.");
12          }
13
14      }
15  }
```

실행 결과

조건식이 참이어서 항상 실행이 됩니다.

06라인과 10라인에서 조건식 부분에 boolean 값을 넣어봤습니다. 조건식의 결과도 결국 true 나 false로 나오게 됩니다. 조건식의 위치에 true가 되면 if문의 실행문이 실행되어 '조건식이 참이어서 항상 실행됩니다.'라고 출력되었지만 조건식이 false가 된 if문의 실행문은 실행되지 않았습니다. 이렇게 if문의 특성을 확인해 보았습니다.

이번엔 [4장 연산자]에서 배운 **비교 연산자와 논리 연산자**를 활용하여 if문으로 구현해보겠습니다.

Sample02.java

```
01  package chap07;
02
03  public class Sample02 {
04
05      public static void main(String[] args) {
06
07          int a = 3;
08          if(a < 10 || a % 2 == 0) {
09              System.out.println("10보다 작은 수이거나 짝수입니다.");
10          }
11
12          if(a < 5 && a % 2 == 1) {
13              System.out.println("5보다 작은 수이며 홀수입니다.");
14          }
15
16      }
17  }
```

실행 결과

```
10보다 작은 수이거나 짝수입니다.
5보다 작은 수이며 홀수입니다.
```

08라인에서 if문에 조건식이 'a < 10'이므로 a는 3으로 10보다 작기 때문에 true 값을 갖습니다. 그리고 OR 연산인 ||가 왔습니다. 앞 조건식이 이미 true이기 때문에 뒤는 볼 것도 없이 이 조건식은 true입니다. 뒤에 온 조건식은 'a % 2'로 3을 2로 나누고 남은 나머지가 0이면 짝수이고 0이 아니면 홀수인데 3은 홀수여서 false가 나옵니다.

12라인에서는 AND 연산자로 '&&'가 나왔습니다. 두 조건이 모두 true일 때 참이 됩니다. 먼저 'a < 5'는 5가 3보다 크기 때문에 true이고, 'a % 2'는 나머지가 1이 나오기 때문에 true가 됩니다. 모두 true가 되어 결과도 true가 나오게 되었습니다.

참고로 OR 연산은 '||'로 표시하며 [A OR B]는 A와 B 둘 중 적어도 하나가 참이면 모두 참이되며, AND 연산은 '&&'로 표시하며 [A AND B]는 A와 B 모두 참이어야만 참이 됩니다.

7.3 if ~ else

if문만을 이용하면 항상 조건에 맞을 경우에만 실행됩니다. 이젠 조건이 틀릴 경우에도 특정 실행문들을 실행하는 방법을 소개합니다.

if ~ else문 사용법

```
if(조건식) {
    실행문1         //참일 경우에만 실행
}
else {
    실행문2         //거짓일 경우에만 실행
}
```

if~else문을 살펴보면 조건식이 true 값을 갖게 되면 실행문1이 실행되고 if문 전체를 빠져나가게 됩니다. 하지만 조건식이 false가 될 경우 if문만 있을 경우엔 if문 전체를 아무런 실행을 시키지 않고 빠져나가게 되지만 if~else 구문에서는 else 구문 다음에 나온 중괄호({}) 안의 실행문2가 실행됩니다.

if ~ else문을 활용하여 홀짝을 구분하는 소스코드를 살펴보겠습니다.

Sample03.java

```java
01  package chap07;
02
03  import java.util.Scanner;
04
05  public class Sample03 {
06
07      public static void main(String[] args) {
08          Scanner sc = new Scanner(System.in);
09          int in;
10          System.out.print("숫자를 입력하세요 : ");
11          while(sc.hasNext()) { // 키보드로부터 값을 입력받는다
12
13              in = sc.nextInt();
14
15              if(in % 2 == 0) {
16                  System.out.println("짝수입니다.");
17              }
18              else {
19                  System.out.println("홀수입니다.");
20              }
21              System.out.print("\n숫자를 입력하세요 : ");
22          }
23      }
24  }
```

실행 결과

```
숫자를 입력하세요 : 1
홀수입니다.

숫자를 입력하세요 : 2
짝수입니다.

숫자를 입력하세요 : 3
홀수입니다.

숫자를 입력하세요 : 4
짝수입니다.

숫자를 입력하세요 :
```

11라인에서 키보드로부터 while문을 이용해서 반복적으로 입력받은 숫자 리터럴이 홀수인지 짝수인지 계속해서 판단하여 출력하는 프로그램입니다. 15라인에서 if문의 조건문인 'in % 2 == 0'이 true이면 바로 중괄호({}) 안의 16라인에 있는 실행문을 실행하고 false이면 18라인에 있는 else 구문의 중괄호 안에 있는 19라인 실행문을 실행합니다.

7.4 if ~ else if ~ else

if ~ else는 알겠는데, else if는 뭘까요? 실제로는 이런 패턴을 더 많이 사용하곤 합니다. 지금까지는 true 아니면 false를 조건식 하나인 경우로 처리하는 프로그래밍을 했습니다. 이제부터는 조건이 많은 경우도 처리할 수 있는 else if문을 이용해서 조건을 더욱 다양화하여 처리하는 프로그래밍 방법을 알아보겠습니다.

If ~ else if ~ else문 사용법

```
if(조건식1) {
    실행문1            //첫 번째 조건식이 참이면 실행
}
else if(조건식2){
    실행문2            //첫 번째 조건식이 거짓이고 두 번째 조건식이 참이면 실행
}
…
(경우에 따라서 else if문이 몇 개가 와도 상관이 없습니다.)
…
else {
    실행문3
}
```

1개의 if문 조건식만으로는 부족할 때 else if문을 활용해서 다양한 조건식으로 구분해서 처리할 수 있습니다. 소스코드 예제 [Sample03.java]를 보면 if ~ else문으로 홀수인지 짝수인지 판별해주는 프로그램을 개발했지만, 종료를 할 수 없고 무한 반복으로 키보드로부터 값을 입

력받게 되어 있습니다. 숫자 0을 입력해서 프로그램을 종료하는 조건을 추가하여 좀 더 깔끔한 프로그램을 작성해보겠습니다.

Sample04.java

```java
package chap07;

import java.util.Scanner;

public class Sample04 {

    public static void main(String[] args) {
        Scanner sc = new Scanner(System.in);
        int in;
        System.out.print("숫자를 입력하세요 : ");
        while(sc.hasNext()) { // 키보드로부터 값을 입력받는다

            in = sc.nextInt();

            if(in == 0) {
                System.out.println("프로그램을 종료합니다.");
                break;
            }
            else if(in % 2 == 0) {
                System.out.println("짝수입니다.");
            }
            else {
                System.out.println("홀수입니다.");
            }
            System.out.print("\n숫자를 입력하세요 : ");
        }
    }
}
```

실행 결과

```
숫자를 입력하세요 : 1
홀수입니다.

숫자를 입력하세요 : 2
짝수입니다.

숫자를 입력하세요 : 0
프로그램을 종료합니다.
```

15라인에서 제일 먼저 값이 0이 입력되었는지 판단하게 됩니다. 입력값이 0이면 '프로그램을 종료합니다.'라고 출력하고 break문을 만나서 반복문인 while문을 빠져나가게 되어 프로그램을 종료하게 됩니다. 입력값이 0이 아니면 다음 조건식인 19라인에 있는 else if문을 만나서 다음 조건식인 'in % 2 == 0'으로 참인지 거짓인지 판단하게 됩니다. 19라인에서도 입력값이 짝수이면 20라인의 실행문이 실행되고 짝수가 아니면 false이므로 22라인 else문을 무조건 실행하게 됩니다. break문은 [6장 6.3 break]에서 배웠습니다. 기억이 잘 나지 않으면 돌아가서 잠깐 살펴보세요.

7.5 switch ~ case

if문은 조건식으로 결과가 true인지 false인지를 따져서 조건에 맞게 정해진 구간을 실행하지만, switch ~ case문은 변수의 값이나 연산식이 비교값과 정확하게 일치하면 break문을 만나기 전까지는 계속해서 실행문을 처리하게 됩니다.

그럼 switch ~ case문 사용법부터 확인하고 예제 코드를 살펴보겠습니다.

switch ~ case문 사용법

```
switch(변수 or 연산식) {
    case 비교값1 : (실행문1)
                break;
    case 비교값2 : (실행문2)
                break;
    case 비교값3 : (실행문3)
                break;
    default : (실행문4)
}
```

switch문에 변수나 연산식이 들어오면 그 값과 case문의 비교값과 같으면 실행문이 실행됩니다. 다만, 주의해야 하는 것은 어떤 조건의 결과와 case문의 비교값이 일치하여 실행문이 실행

되면 break문을 만나기 전까지는 끝까지 실행됩니다. 그래서 case문 끝에는 꼭 break문을 적어줘야 합니다. switch문 case의 경우, 값이 없다면 default문의 실행문이 실행됩니다.

먼저 switch문을 보고 계속해서 설명해 나가겠습니다.

Sample05.java
```java
01  package chap07;
02
03  public class Sample05 {
04
05      public static void main(String[] args) {
06          int in = 5;
07
08          switch(in) {
09              case 10: System.out.println(10);
10              case 9: System.out.println(9);
11              case 8: System.out.println(8);
12              case 7: System.out.println(7);
13              case 6: System.out.println(6);
14              case 5: System.out.println(5);
15              case 4: System.out.println(4);
16              case 3: System.out.println(3);
17              case 2: System.out.println(2);
18              case 1: System.out.println(1);
19                  break;
20              default:System.out.println("1부터 10까지의 수가 아닙니다.");
21          }
22      }
23  }
```

실행 결과
```
5
4
3
2
1
```

06라인의 in 변수의 값이 5입니다. switch문에서 in의 값이 5인 case문을 만나서 14라인에서 5를 출력했지만 break문을 만나지 못해서 그 이후로 모든 실행문이 실행됩니다. 그래서 실행 결과와 같이 찍혔으며 default 바로 전에 break문을 만나서 default의 실행문은 실행되지 않았습니다. 만약에 in의 값이 0이거나 10보다 큰 수가 들어있었다면 '1부터 10까지의 수가 아닙니다.'라는 문구가 출력되고 끝났을 겁니다.

case문의 비교값이 다르지만 똑같은 실행문을 실행할 경우가 있습니다. 이때 break문을 이용하는 방법과 case문에 값을 2개 이상을 넣는 방법을 살펴보겠습니다.

Sample06.java

```java
package chap07;

public class Sample06 {

    public static void main(String[] args) {
        int in = 5;

        switch(in) {
            case 1:
            case 3:
            case 5:
            case 7:
            case 9:
                    System.out.println("홀수입니다.");
                    break;
            case 2:
            case 4:
            case 6:
            case 8:
            case 10:
                System.out.println(10);
                break;
            default:System.out.println("1부터 10까지의 수가 아닙니다.");
        }
    }
}
```

실행 결과

홀수입니다.

break문을 적절히 활용한 예입니다. break문을 만나기 전까지는 실행문이 다음 case문의 실행문까지도 계속 실행된다는 점을 이용한 구현입니다. 그래도 여러 case문이 아무런 실행문이 없이 구현된 문법이 보기에 부담스러웠는지 Java 12버전에서는 multi-label case문 기능이 **미리보기 언어 기능**으로 추가되어 여러 개의 비교값을 넣을 수 있게 되었습니다. 그리고 **Java 14에서 정식 명령어로 자리 잡게 되었습니다.**

Java 12버전으로 multi-label case문을 활용하여 구현했을 때의 소스코드를 살펴보겠습니다.

Sample07.java

```java
package chap07;

public class Sample07 {
    public static void main(String[] args) {
        int in = 6;

        switch(in) {
            case 1, 3, 5, 7, 9:
                System.out.println("홀수입니다.");
                break;
            case 2, 4, 6, 8, 10:
                System.out.println("짝수입니다.");
                break;
            default:
                System.out.println("1부터 10까지의 수가 아닙니다.");
        }
    }
}
```

실행 결과

```
짝수입니다.
```

break문을 잘 활용하면 좋은데 경험적으로 대부분의 case에는 break가 들어가게 됩니다. 실행문이 너무 긴데 break를 넣지 않으면 소스코드 가독성에 문제가 있을 수 있습니다. 대부분이 case문 끝에는 당연히 break문이 있겠지 하고 생각하는 경우가 많습니다. 혹시나 break문을 빠트려서 실행하지 말아야 할 실행문을 실행하게 되는 경우도 제법 있어서 주의해서 구현하세요.

> **Tip | 미리보기 언어 기능(A preview language feature)**
>
> JDK 12에서 CASE문이 미리보기 기능으로 여러 가지 문법이 확장되어 추가되었습니다. 미리보기 언어 기능은 현 버전에 소개가 되지만 확실히 자리 잡은 기능은 아닙니다. 다음 JDK에 기능이 Release 되기 전에 이 기능에 대한 장점과 단점이 평가되어 이 기능이 Java SE 플랫폼에서 안정적인 역할을 수행하는지 등의 여부를 결정하고 다음 Release 버전에 최종 및 영구 상태로 유지될 수도 있지만 더 이상 영구 기능으로 확인되지 않고 삭제될 가능성도 있음을 의미합니다.

> **미리보기 언어 실행하기**
>
> 미리보기 언어 기능은 최종 및 영구 상태를 달성하지 못했으므로 컴파일할 때나 런타임 시에 사용할 수 없습니다. 프로그램에서 미리보기를 사용하려는 개발자는 컴파일러와 런타임 시스템에서 이를 명시적으로 활성화해야 합니다. 개발자는 컴파일 타임에 한 번, Java 소스코드가 미리보기 언어 기능을 사용할 때, 런타임에 다시 해당 클래스 파일이 실행될 때에 총 두 번 사전 동의가 필요합니다.
>
> 이클립스에서 [미리보기 언어 기능]을 사용하게 되면 바로 실행되지 않고 에러가 발생합니다.

에러가 발생하는 소스코드 위에 마우스를 올려놓으면 다음과 같은 툴팁(Tooltip)이 나옵니다.

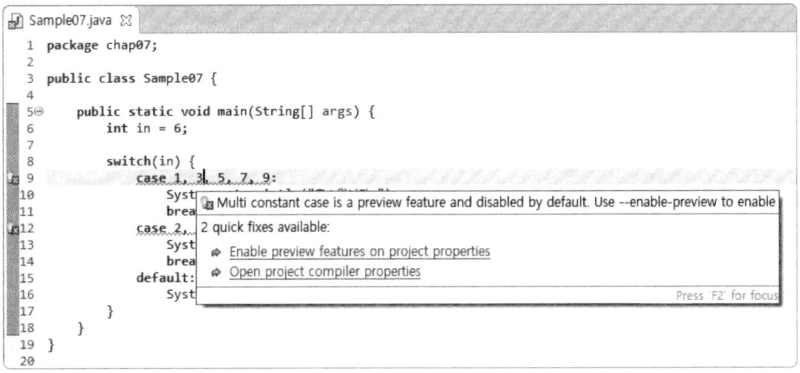

[그림 7-2] 미리보기 언어 기능 사용 전

'Enable preview features on project properties'를 선택하여 프로젝트 속성에서 미리보기 기능 사용을 허락합니다.

Sample07.java

```java
package chap07;

public class Sample07 {

    public static void main(String[] args) {
        int in = 6;

        switch(in) {
            case 1, 3, 5, 7, 9:
                System.out.println("홀수입니다.");
                break;
            case 2, 4, 6, 8, 10:
                System.out.println("짝수입니다.");
                break;
            default:
                System.out.println("1부터 10까지의 수가 아닙니다.");
        }
    }
}
```

[그림 7-3] 미리보기 언어 기능 사용 후

미리보기 언어 기능 사용이 가능해지면서 오류 표시가 모두 사라졌습니다. 런타임 시에 미리보기 언어 사용의 문제가 해결되었습니다. 그럼 다시 실행해보면 정상적으로 실행됩니다.

우리는 프로젝트를 최초 생성할 때 Maven 기반으로 생성했습니다. 그때 jar로 Packaging 한다고 옵션을 선택했습니다. 아직 배우진 않았지만 현재 파일들을 jar 파일로 만들어보겠습니다.

> JAR(Java ARchiver)
>
> 클래스 파일의 효율적인 배포를 위해 여러 클래스 파일들을 하나로 묶어 단일의 파일로 만드는 포맷

프로젝트명에서 마우스 우 클릭을 한 뒤에 [Run as > 8 Maven install]을 선택합니다.

[그림 7-4] Maven Install로 jar 파일 만들기

Maven Install을 하게 되면 컴파일 시에는 미리보기 기능을 사용한다고 허락한 적이 없기 때문에 다음과 같은 오류가 발생합니다.

```
[INFO] ------------------------------------------------------------
[ERROR] COMPILATION ERROR :
[INFO] ------------------------------------------------------------
[ERROR] /D:/My Java/Workspace/firstApp/src/main/java/chap07/Sample07.java:[9,21]
multiple case labels are a preview feature and are disabled by default.
  (use --enable-preview to enable multiple case labels)
[ERROR] /D:/My Java/Workspace/firstApp/src/main/java/chap07/Sample08.java:[9,21]
multiple case labels are a preview feature and are disabled by default.
  (use --enable-preview to enable multiple case labels)
```

```
[ERROR]  /D:/My Java/Workspace/firstApp/src/main/java/chap07/Sample08.java:[9,33]
switch rules are a preview feature and are disabled by default.
  (use --enable-preview to enable switch rules)
[ERROR]  /D:/My Java/Workspace/firstApp/src/main/java/chap07/Sample09.java:[8,25]
switch expressions are a preview feature and are disabled by default.
  (use --enable-preview to enable switch expressions)
[ERROR]  /D:/My Java/Workspace/firstApp/src/main/java/chap07/Sample09.java:[9,20]
multiple case labels are a preview feature and are disabled by default.
  (use --enable-preview to enable multiple case labels)
[ERROR]  /D:/My Java/Workspace/firstApp/src/main/java/chap07/Sample09.java:[9,28]
switch rules are a preview feature and are disabled by default.
  (use --enable-preview to enable switch rules)
[INFO] 6 errors
```

Multiple case labels, switch rules의 미리보기 기능을 사용할 수 없다는 오류 메시지가 나옵니다. 이제 Maven으로 컴파일할 때도 미리보기 기능을 사용할 수 있게 처리해보겠습니다. Maven 세팅은 pom.xml 파일에서 하니까 이전에 편집했던 pom.xml 파일을 열어서 build 태그를 아래 파일처럼 찾아서 추가해줍니다.

pom.xml파일의 일부

```
01  <build>
02      <plugins>
03          <plugin>
04              <artifactId>maven-compiler-plugin</artifactId>
05              <configuration>
06                  <source>${java.version}</source>
07                  <target>${java.version}</target>
08                  <compilerArgs>--enable-preview</compilerArgs>
09              </configuration>
10          </plugin>
11      </plugins>
12  </build>
```

08라인에 '<compilerArgs>--enable-preview</compilerArgs>' 내용을 추가해줍니다. 그리고 다시 Maven Install을 다시 합니다.

[그림 7-5] 완성된 jar 파일

컴파일할 때 미리보기 기능이 오류 없이 처리된 것을 확인할 수 있습니다. firstApp-0.0.1-SNAPSHOT.jar 파일로 만들어졌습니다. 왜 파일명이 이렇게 되는지 기억하시나요? 우리가 Maven으로 프로젝트를 생성할 때 [그림 1-17]의 일부를 다시 확인해보겠습니다.

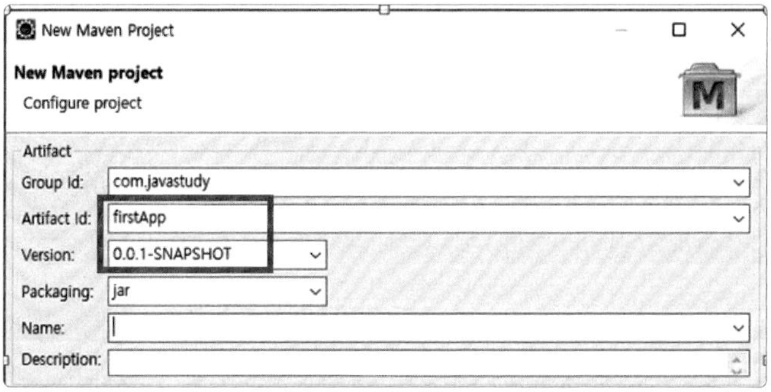

[그림 7-6] Maven 프로젝트 생성 화면

파일명은 [Artifact Id + '-' + Version.jar]로 생성됩니다. Artifact Id는 'firstApp'이고 Version은 '0.0.1-SNAPSHOT'이니까 중간에 '-'를 넣어서 'firstApp-0.0.1-SNAPSHOT.jar'로 만들어졌습니다. 이렇게 미리보기 언어 기능을 사용할 수 있게 세팅이 끝났습니다. 본격적으로 향상된 switch ~ case문인 미리보기 언어 기능을 계속해서 배워보겠습니다.

7.6 향상된 switch ~ case

이번에 Java 12에서는 새로운 switch ~ case문이 미리보기 언어 기능으로 처음 소개되었습니다. Java 13에서까지 정식 버전의 릴리즈로 편입되지 못하고 문법이 변경되어 여전히 미리보기 언어 기능으로 이어지고 있었으며 2020년 3월에 Java 14에서 정식으로 Java API에 편입하게 됩니다. 향상된 switch문은 case별로 처리할 수도 있으며 case별로 값을 반환받을 수도 있습니다. 그럼 Java 12와 Java 13에서의 향상된 switch문의 문법을 살펴보겠습니다.

향상된 switch문 사용법 1

```
switch(변수 or 연산식) {
    case 비교값1 -> (실행문1)
    case 비교값2, 비교값3 -> (실행문2)
    default -> (실행문3)
}
```

위 문법에서 눈에 띄는 것은 콜론이 없어지고 화살표 연산자(->)로 변경된 부분과 더 이상 break문이 필요하지 않다는 것입니다. 다음 예제를 통해서 자세히 알아보겠습니다.

Sample08.java

```
01  package chap07;
02
03  public class Sample08 {
04
05      public static void main(String[] args) {
06          int in = 71;
07
08          switch(in) {
09              case 1, 3, 5, 7, 9  -> System.out.println("홀수입니다.");
10              case 2, 4, 6, 8, 10 -> System.out.println("짝수입니다.");
11              default             -> {
12                  System.out.println("1부터 10까지의 수가 아닙니다.");
13                  System.out.println("정확한 수를 입력하세요");
14              }
15          }
16      }
17  }
```

> **실행 결과**
>
> 1부터 10까지의 수가 아닙니다.
> 정확한 수를 입력하세요

09, 10라인에 case문 다음에 화살표 연산자(->)를 입력하면 한 개의 실행문만 실행이 가능합니다. 여러 개의 실행문을 실행하고자 한다면 11라인 default case처럼 중괄호({ })로 묶어서 구현하면 여러 줄의 실행문을 모두 실행할 수 있습니다.

향상된 switch문 사용법 2

```
[변수] = switch(변수 or 연산식) {
    case 비교값1 -> 반환값1
    case 비교값2, 비교값3 -> 반환값2
    default -> 반환값3
};
```

기본적으로 [향상된 switch문 사용법 1]과 동일하지만 switch문을 사용해서 변수에 값을 반환합니다. 마지막에 세미콜론(;)을 넣는 것도 잊지 말아야 합니다. 향상된 switch ~ case문을 활용한 [Sample09.java] 예제를 함께 살펴보겠습니다.

Sample09.java

```java
01  package chap07;
02
03  public class Sample09 {
04
05      public static void main(String[] args) {
06          int in = 1;   //입력 월
07
08          String season = switch(in) {
09              case 12, 1, 2  -> "겨울";
10              case 3, 4, 5   -> "봄";
11              case 6, 7, 8   -> "여름";
12              case 9, 10, 11 -> "가을";
13              default        -> "기후온난화";
14          };
15
16          System.out.println(season);
```

```
17      }
18  }
```

실행 결과

겨울

14라인을 보면 세미콜론(;)을 중괄호 끝에 붙여넣었습니다. 단순히 switch문만 있었을 땐 넣지 않았지만 switch문의 결과를 8라인의 season이라는 문자열 변수에 대입하기 때문에 수식으로 보고 끝에 세미콜론을 넣어야 합니다. 예제에서는 String 자료형으로 값을 받았지만, int형이나 다른 자료형으로도 가능합니다.

이번에는 이전 문법과 비슷하지만 Java 12에서 break문을 활용한 결괏값을 반환하는 switch문을 살펴보겠습니다.

향상된 switch문 사용법 3

```
[변수] = switch(변수 or 연산식) {
    case 비교값1 :
    case 비교값2 :
break 반환값1;
case 비교값3 :
    case 비교값4 :
break 반환값2;

    default :
break 반환값3;
};
```

Java 12 이전에는 switch문에서는 반환할 수가 없었습니다. case문 마지막에 break문으로 종료했었는데 이 break문을 이용해서 값을 반환하는 기능입니다. 새로운 문법을 모르더라도 break문 뒤에 반환할 값만 입력하면 되니 기억하기 쉬울 것 같습니다.

추가로 이클립스 버전이 2019-12 버전부터는 향상된 switch문에서 break문으로 값을 반환할 수 없습니다.

[Sample09.java]의 내용을 [향상된 switch문 사용법 3]으로 변경해보겠습니다.

Sample10.java

```java
package chap07;

public class Sample10 {

    public static void main(String[] args) {
        int in = 6;   //입력 월

        String season = switch(in) {
            case 12, 1, 2  : break "겨울";
            case 3, 4, 5   : break "봄";
            case 6, 7, 8   : break "여름";
            case 9, 10, 11 : break "가을";
            default        : break "기후온난화";
        };

        System.out.println(season);
    }
}
```

실행 결과

```
여름
```

단지 break문을 써서 리턴할 값을 넘겨주면 됩니다. 그럼 Sample10.class 파일을 디컴파일해서 어떻게 처리되는지 확인하고 넘어가겠습니다.

Sample10.class

```java
package chap07;

public class Sample10 {
    public static void main(String[] args) {
        int in = 6;
        String var10000;
        switch (in) {
            case 1 :
```

```
09                  case 2 :
10                  case 12 :
11                      var10000 = "겨울";
12                      break;
13                  case 3 :
14                  case 4 :
15                  case 5 :
16                      var10000 = "봄";
17                      break;
18                  case 6 :
19                  case 7 :
20                  case 8 :
21                      var10000 = "여름";
22                      break;
23                  case 9 :
24                  case 10 :
25                  case 11 :
26                      var10000 = "가을";
27                      break;
28                  default :
29                      var10000 = "기후온난화";
30              }
31
32              String season = var10000;
33              System.out.println(season);
34          }
35  }
```

우리는 향상된 switch문을 사용하여 구현했지만, class 파일로 컴파일되면서 원래의 switch ~ case문 형태로 컴파일된 것을 확인할 수 있습니다. 앞서 배운 배열, 반복문, 조건문을 조합하여 여러분들은 기본적인 프로그램을 개발하는 데는 문제가 없을 겁니다. 다만 Java 12 버전인지 아닌지를 확인하고 향상된 switch ~ case문 쓸 수 있는 프로젝트인지 잘 확인하고 사용하세요.

Java 12에서는 switch ~ case문을 통해서 결괏값을 반환하기 위해서 break문을 사용했지만, Java 13에서는 더 이상 break문으로 결괏값을 반환하지 않습니다. 컴파일 기준이 JDK가 12일 경우에는 break문으로 결괏값을 반환해야 하며 JDK 13 이후에서는 yield문으로 결괏값을 반환해야 합니다. 사용 방법은 break문을 그대로 yield문으로 변경하면 됩니다.

[Sample10.java] 파일을 JDK 13 버전으로 변경해보겠습니다.

Sample11.java

```java
package chap07;

public class Sample11 {

    public static void main(String[] args) {
        int in = 6;  //입력 월

        String season = switch(in) {
            case 12, 1, 2  : yield "겨울";
            case 3, 4, 5   : yield "봄";
            case 6, 7, 8   : yield "여름";
            case 9, 10, 11 : yield "가을";
            default        : yield "기후온난화";
        };

        System.out.println(season);
    }
}
```

결과는 [Sample10.java]와 같습니다. Maven을 이용하여 컴파일할 경우와 Javadoc을 만들 때 JDK 버전에 따라 break문과 yield문을 통일하여 사용해야 함을 주의해야 합니다.

연습 문제

1. 입력받은 수가 양수인지 음수인지 판단하는 프로그램을 작성하세요.

출력 예

```
정수를 입력하세요 : 7
7은 양수입니다.

정수를 입력하세요 : -7
-7은 음수입니다.
```

정답)

Test1.java

```java
01  package chap07;
02
03  import java.util.Scanner;
04
05  public class Test1 {
06
07      public static void main(String[] args) {
08          Scanner in = new Scanner(System.in);
09          System.out.print("정수를 입력하세요 : ");
10          int num = in.nextInt();
11          if(num > 0) {
12              System.out.printf("%d는 양수입니다.", num);
13          }
14          else {
15              System.out.printf("%d는 음수입니다.", num);
16          }
17
18      }
19
20  }
```

2. [가위 바위 보 게임]으로 키보드로부터 값을 입력받아서 랜덤값과 비교하여 승리 여부를 출력합니다. 입력받는 값은 1자리 숫자로 가위는 1을 바위는 2를 보는 3을 입력받습니다. 0을 입력하기 전까지 무한 반복 처리하며 0을 입력할 경우 프로그램을 종료합니다. [가위(1), 바위(2), 보(3), 종료(0)]

결과는 승/패/비김으로 출력합니다.

예)

```
숫자를 입력하세요 : 1
컴퓨터 : 2
결과 : 패
숫자를 입력하세요 : 0
프로그램을 종료합니다.
```

정답)

Test2.java

```java
01  package chap06;
02
03  import java.util.Random;
04  import java.util.Scanner;
05
06  public class Test2 {
07      public static void main(String[] args) {
08          Random random = new Random();
09          Scanner sc = new Scanner(System.in);
10          System.out.print("숫자를 입력하세요 : ");
11          while(sc.hasNextInt()) {
12              int you = sc.nextInt();
13              if(you == 0) {
14                  System.out.println("프로그램을 종료합니다.");
15                  break;
16              }
17
18              int com = random.nextInt(3) + 1;  //1~3까지 출력
19
20              System.out.printf("컴퓨터 : %d\n", com);
21              String result = (you - com) == 0 ? "비김" : (you - com) == -1 ? "패" : "승";
22              System.out.printf("결과 : %s\n", result);
23              System.out.print("숫자를 입력하세요 : ");
```

```
24        }
25     }
26  }
```

3. 로또 추첨 번호를 예상하는 프로그램을 작성하세요.

> 임의의 숫자를 1에서 45까지의 수를 총 6개 추첨하여 당첨번호를 구한다.
> 중복된 숫자는 있으면 안 된다.

정답)

Test3.java

```
01  package chap07;
02
03  public class Test3 {
04
05      public static void main(String[] args) {
06          //6개의 난수를 발생시킨다.
07          int[] target = new int[6];
08          for(int i = 0; i < target.length; i++) {
09              target[i] = (int)(Math.random() * 45 + 1);
10              if(i > 0) {
11                  //중복된 번호가 있는지 확인
12                  for(int j = 0; j < i; j++) {
13                      if(target[i] == target[j]) {
14                          i--;     //중복일 경우 배열번호를 이전으로 되돌려서 다시 번호를 선택하도록 처리
15                          break;
16                      }
17                  }
18              }
19          }
20
21          //추첨번호 출력
22          System.out.printf("%d %d %d %d %d %d", target[0], target[1], target[2], target[3], target[4], target[5]);
23      }
24
25  }
```

> **실행 결과**
>
> ```
> 43 11 26 16 21 23
> ```

4. 전기세를 계산하는 프로그램을 작성하세요.

> **보기**
>
> 전력 사용량은 201 ~ 400kWh 이하구간이다.
>
> 기본요금 : 1,600원
>
> 1단계 : 200kWh * 93.3원(1~200kWh까지는 93.3원이다)
>
> 2단계 : 200kWh * 187.9원(201~400kWh까지는 187.9원이다)
>
> 사용량은 키보드로부터 입력 받아서 계산한다.
>
> - 소수점 이하 절사방법(Math.floor(n)로 절사 예> Math.floor(93.3);)
> - 소수점 이하 반올림방법(Math.round(n)로 반올림 예> Math.round(93.3);)
>
> 사용량 201kWh는 1,600 + 18,847원 = 20,447원
>
> 부가가치세(원미만 4사5입) : 20,447원 * 0.1 = 2,045원
>
> 전력산업기반기금(10원미만 절사) : 20,447 * 0.037 = 750원
>
> 청구금액(전기요금계 + 부가가치세 + 전력산업기반기금)
>
> : 20,447원 + 2,045 + 750 = 23,240원(10원미만 절사)
>
> * 참고사이트 : http://cyber.kepco.co.kr/ckepco/front/jsp/CY/J/A/CYJAPP000NFL.jsp#

정답)

Test4.java

```java
01  package chap07;
02
03  public class Test4 {
04
05      public static void main(String[] args) {
06          int     target = 201;   //전력 사용량
07          int     basic  = 1600;  //기본요금
08          float   cost   = 0;     //전력 단가
```

```
09          int    vat     = 0;
10          double total   = 0;      //총 누적 사용요금
11          int amt = 0;             //최종 청구금액
12          for(int i = 1; i <= target; i++) {
13              if(i > 0 && i <= 200) {
14                  cost = 93.3f;
15              }
16              else {
17                  cost = 187.9f;
18              }
19              total += cost;
20          }
21          //기본요금 + 총 누적 사용요금
22          total = basic + Math.floor(total);
23          vat   = (int)Math.round(total / 10);
24          amt = (int)total + vat + (int)(Math.floor((total * 0.037)/10)*10);
25          amt = (int) (Math.floor(amt / 10)*10);   //10원 미만 절사
26          System.out.println("청구금액 : " + amt );
27      }
28
29  }
```

실행 결과

```
청구금액 : 23240
```

5. ASCII 표를 보고 'Internet of things'를 카멜 표기법(Camel Case)으로 출력하는 코드를 작성하세요.

보기

모든 단어는 소문자이지만 공백 다음에 오는 알파벳은 공백을 제거하고 알파벳을 대문자로 변환한다.
입력값 : Internet of things
출력값 : internetOfThing

정답)

Test5.java

```java
01  package chap07;
02
03  public class Test5 {
04
05      public static void main(String[] args) {
06          String word = "Internet of things";
07          String result = "";
08
09          //1. 모두 소문자로 바꾼다
10          word = word.toLowerCase();
11
12          //2. chatAt으로 공백인지 확인한다
13          boolean changeFlag = false;
14          for(var c : word.toCharArray()) {
15              //3. 공백이면 제거하고 다음 문자를 대문자로 바꾼다.
16              if(changeFlag) {
17                  changeFlag = false;
18                  c = (char)((int)c-32);
19              }
20              if(c == ' ') {
21                  changeFlag = true;
22                  continue;
23              }
24              result += c;
25
26          } //4. 반복한다.
27
28          System.out.println("input : " + word);
29          System.out.println("ouput : " + result); }
30
31  }
```

실행 결과

```
input : internet of things
ouput : internetOfThings
```

6. 1~5사이에 있는 임의의 수를 키보드로부터 입력해서 몇 번 만에 맞추는지 알아보는 프로그램을 작성하세요.

보기

컴퓨터가 생각하는 수를 입력하세요 : 1
컴퓨터가 생각하는 수를 입력하세요 : 2
컴퓨터가 생각하는 수를 입력하세요 : 3
축하합니다 3번만에 맞췄습니다.

정답)

Test6.java

```java
package chap07;

import java.util.Scanner;

public class Test6 {

    public static void main(String[] args) {
        int goal    = (int)(Math.random() * 5 + 1);   //컴퓨터가 생각하는 수
        Scanner sc = new Scanner(System.in);
        int cnt = 0;                                   //입력한 횟수
        int target = 0;                                //입력한 값
        boolean loopFlag = true;                       //반복여부
        do {
            cnt++;
            System.out.print("컴퓨터가 생각하는 수를 입력하세요 : ");
            target = sc.nextInt();
            if(target == goal) loopFlag = false;
        }
        while(loopFlag);

        System.out.printf("축하합니다. %d번만에 맞췄습니다.", cnt);
    }
}
```

7. 키보드로부터 문장을 입력받고 오른손으로 입력한 값과 왼손으로 입력한 값을 각각 구하는 프로그램을 작성하세요. (단, 입력 값은 영문 대소문자와 숫자로 제한합니다.)

```
오른손
A, B, C, D, E, F, G, Q, R, S, T, V, W, X, Z, 1, 2, 3, 4, 5
왼손
H, I, J, K, L, M, N, O, P, U, Y, 6, 7, 8, 9, 0
```

```
출력 예
입력값 : I am a boy
왼손 : 3    오른손 : 4
```

정답)

Test7.java

```java
package chap07;

import java.util.Scanner;

public class Test7 {

    public static void main(String[] args) {
        Scanner in = new Scanner(System.in);
        System.out.print("입력값 : ");
        int left = 0;
        int right = 0;
        String str = in.nextLine().toUpperCase();
        for(char c : str.toCharArray()) {
            switch(c) {
                case 'A', 'B', 'C', 'D', 'E', 'F'
                    , 'G', 'Q', 'R', 'S', 'T', 'V'
                    , 'W', 'X', 'Z', '1', '2', '3'
                    , '4', '5' -> left++;
                case 'H', 'I', 'J', 'K', 'L', 'M'
                    , 'N', 'O', 'P', 'U', 'Y', '6'
                    , '7', '8', '9', '0' -> right++;
            }
        }
        System.out.printf("왼손 : %d\t오른손 : %d\n", left, right);
    }

}
```

Chapter

08

08장 | 객체지향 프로그래밍

누구나 잘 알고 있듯이 자바에서 가장 중요한 부분은 객체지향입니다. 객체지향에 대해서는 알아야 할 게 많습니다. 다음과 같은 내용을 하나하나 학습하면서 객체지향에 대해 좀 더 쉽게 이해해 보겠습니다.

- 패키지(Package)
- 클래스(Class)
- 객체(Object)
- 접근 제어자(Access Modifier)
- Lombok project

필자가 프로그래밍을 처음 공부할 때는 **절차지향 프로그래밍(Procedural Programming) 방식**으로 공부했습니다. 당시엔 BASIC이라는 언어를 제일 먼저 배웠습니다. 미리 컴파일하여 컴퓨터가 알 수 있는 코드로 변환한 후 실행하는 **컴파일(Compile) 언어**와는 다른 방식으로 컴파일 작업이 없이 명령어를 바로바로 컴퓨터가 이해할 수 있는 코드로 변환하여 실행하는 방식이라 속도가 매우 느렸습니다.

전체를 한 번에 컴파일해서 실행하는 방식이 아닌 명령어 하나하나를 컴퓨터가 알 수 있는 코드로 그 즉시 변환하여 실행하는 방식을 **인터프리터(Interpreter) 방식**의 언어라고 합니다. 지금 학습하고 있는 자바처럼 컴파일한 후 실행하는 방식과는 차이가 있습니다. 그래서 개발하기 전에 개발하고자 하는 내용을 순서도로 먼저 도식화하고 논리적으로 문제가 없으면 그때 구현에 들어갔습니다. 이런 언어들은 차례대로 처음부터 마지막 코드까지 짜임새 있게 체계적으로 구현되어 있어서 중간에 수정하게 되면 수정한 부분 이후의 모든 코드가 잘 동작하는지 다시 검토 후 짜임새 있게 돌아갈 수 있게 수정해야 해서 유지 보수가 힘들었습니다.

그리고 **객체지향(Object-Oriented Programming, OOP) 프로그래밍**을 사용하면서 지금까지 Java를 사용하고 있습니다. 객체지향 프로그래밍은 현실 세계를 모델링하여 소프트웨어를 개발하는 방법입니다. 컴퓨터 프로그램을 더 이상 명령어의 체계적인 나열로 처리되는 게 아닌 여러 개의 독립된 객체들을 만들고 객체 단위로 개발합니다. 개체 간의 특성에 따라 처리하고자 하는 특정 업무를 처리하고 결과를 데이터 객체로 넘겨주며 객체 간의 소통이 가능해졌습니다.

소프트웨어를 개발할 때 시스템에 대한 요구사항이 계속해서 추가되고 변하게 됩니다. 이를 위해 객체마다 유연하게 프로그래밍하여 시스템의 확장이나 변경이 쉽게 대응할 수 있어 안정적인 유지 보수가 가능한 개발 방법입니다. 직관적인 분석이 가능하고 코드의 재사용이 쉬운 장점을 가진 반면에 처리 속도가 상대적으로 느리며 설계할 때 많은 시간과 노력이 필요합니다. 이후엔 컴파일된 파일들을 **빌드(Build) 과정**을 통하여 실행 가능한 파일로 만드는 작업을 진행하게 됩니다.

> **Tip | 빌드(소프트웨어 빌드 - Build):**
> 소스코드 파일을 컴퓨터에서 실행할 수 있는 독립 소프트웨어 가공물로 변환하는 과정을 말하거나 그에 대한 결과물을 일컫는다. 소프트웨어 빌드에 있어 가장 중요한 단계 중 하나는 소스 코드 파일이 실행 가능한 코드로 변환되는 컴파일 과정이다.

8.1 패키지(Package)

패키지는 Java 파일의 최상단에 위치하며 Java 파일이 위치할 수 있는 경로로부터 시작해서 하위 폴더와의 구분을 마침표(.)로 표기합니다. 현재 위치하는 Java 파일의 디렉터리 경로를 표시하는 방법입니다. 패키지는 객체 간의 접근 시에 기준이 되는 정보이기도 합니다. 때문에 프로그래밍하면서 패키지 단위로 잘 관리하여 프로그래밍하는 방법 역시 매우 중요합니다. 지금까지 구현해 온 Java 파일의 상단에 이클립스가 자동으로 작성해준 소스코드라서 그냥 넘어갔던 부분부터 하나하나 풀어 가보겠습니다. 먼저 패키지를 입력하는 방법부터 알아보겠습니다.

Package 선언 방법

> package 패키지명(현재 파일이 있는 경로이며 경로 구분은 마침표로 함)

package는 2장에서 배운 변수 예약어에서 이미 확인했습니다. 변수명으로 작성하지 않게 주의하세요. package는 소스코드 최상단에 위치하며 실제로 실무 프로젝트에서는 Java 파일을 작성한 개발자, 개발 일자, 처리하는 업무 구분, 몇 번째 소스코드가 수정되었는지 등의 주석 정보가 상단에 오며 다음으로 package명이 위치합니다. 이런 주석 외에 그 어떤 코드도 먼저 작성될 수 없습니다.

이클립스에 패키지 생성하는 방법을 확인해 보겠습니다. [Ctrl + N]을 눌러서 Package를 선택합니다.

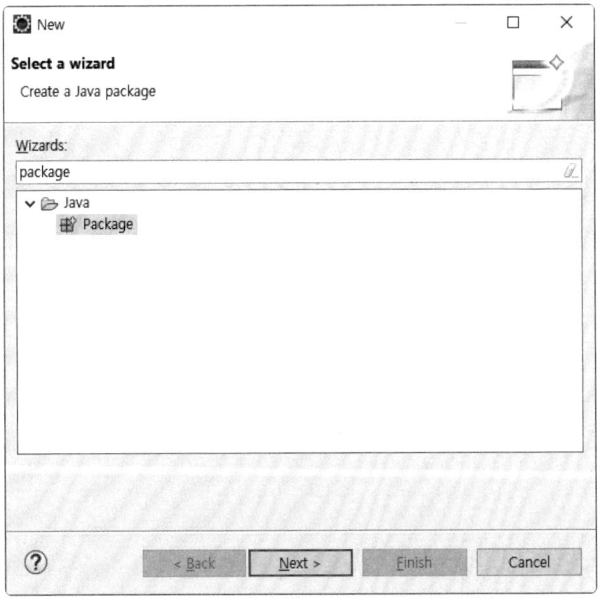

[그림 8-1] Package 선택 wizard

'package'라고 입력한 후에 검색된 Package를 선택하고 [Next] 버튼을 클릭합니다.

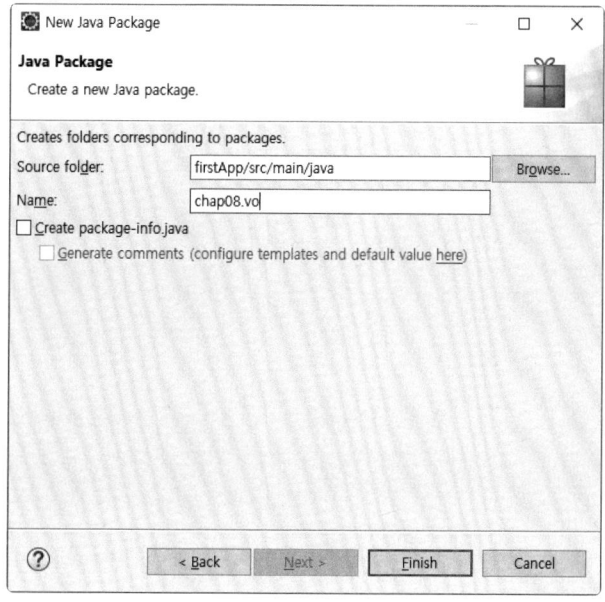

[그림 8-2] Package 경로 입력 창

패키지명(Name)에는 chap08을 입력하려고 했지만, 구분을 더 하기 위해서 'vo'를 추가했습니다. 패키지의 경로 구분은 마침표로 표기하여 'chap08.vo'라고 입력합니다. vo는 'Value Object'라고 해서 데이터를 담게 되는 기본 자료형이 아닌 비기본 자료형을 다른 말로 참조 자료형이라 부르는 자료형을 말합니다.

입력했다면 [Finish] 버튼을 클릭합니다.

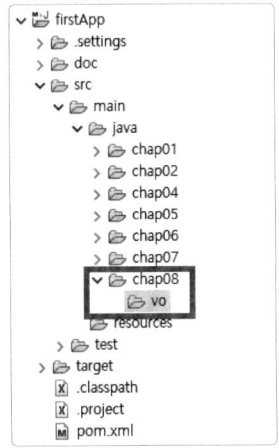

[그림 8-3] Package 경로로 생성된 폴더

입력한 패키지 경로가 폴더 생성 방법과 똑같게 만들어졌습니다. 그럼 이번엔 그동안 만들어 왔던 폴더로 패키지 경로를 만들어보겠습니다.

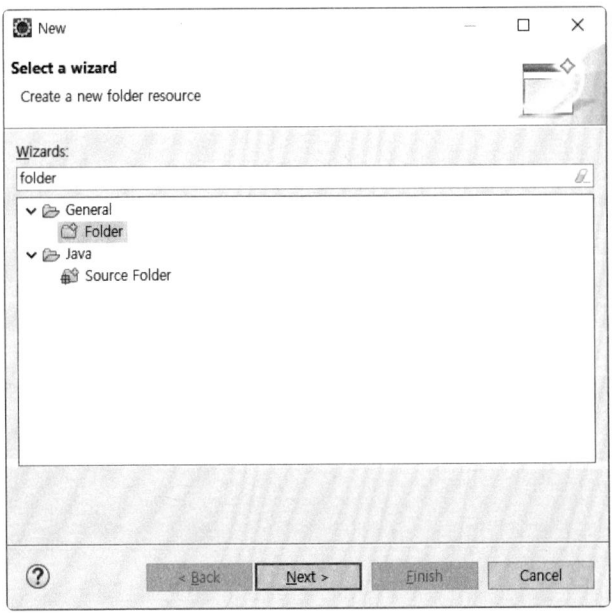

[그림 8-4] Folder 선택 Wizard

'Folder'를 선택한 후 [Next]를 클릭합니다.

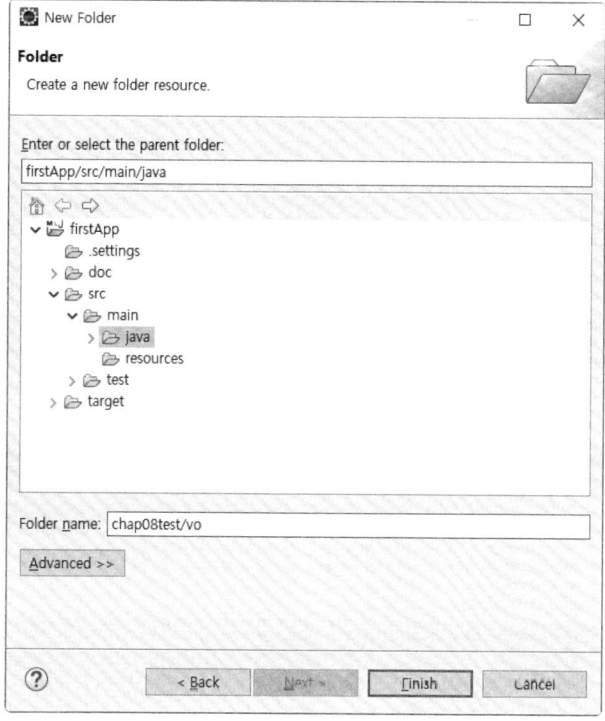

[그림 8-5] 폴더 경로 입력 창

이번엔 폴더명을 'chap08test/vo'라고 입력합니다. 패키지는 경로를 마침표로 구분했다면 폴더는 슬래시(/)로 경로를 구분합니다. 입력을 다 했으면 [Finish]를 클릭합니다.

[그림 8-6] 폴더 경로 입력 창

폴더로 생성해도 패키지 경로를 생성하는 효과는 똑같습니다. 필요에 따라 자신이 원하는 방법과 손이 먼저 닿는 방법을 선택해서 경로를 구분합니다. 이렇듯 잘 구분한 후 입력에 주의해서 패키지 경로를 폴더로 잘 생성하세요.

8.2 클래스(Class)

클래스를 설명할 때 붕어빵틀과 붕어빵으로 많이 설명합니다. 여기서 붕어빵틀을 클래스라고 합니다. 붕어빵틀만 있다고 해서 우리가 붕어빵을 먹을 수 있는 것은 아닙니다. 붕어빵틀을 이용해서 붕어빵을 만드는 데 이를 인스턴스(Instance)라고 합니다.

클래스로부터 생성된 인스턴스를 객체라고도 부릅니다. 앞서 String 문자열을 사용했습니다. 문자열 객체를 생성할 때 String 변수를 인스턴스라고 부르며 변수명을 인스턴스명이라고 부릅니다. 다른 기본 자료형의 생성자를 변수라고 하지만 참조 자료형은 클래스로부터 생성되어서 인스턴스라고 합니다.

쉽게 구분하자면 new 키워드를 활용하느냐 하지 않느냐로 구분할 수 있습니다. 다만 String 자료형의 경우는 예외적으로 인스턴스가 아닌 변수라고 많이 이야기합니다. String 변수라고 이야기를 하더라도 String 객체의 참조 자료형이라고 확실히 알고 있어야 합니다. 그리고 클래스에는 연관된 **변수나 메서드**들로 이루어져 있습니다.

그럼 클래스를 활용한 인스턴스 생성 방법에 대해서 알아보겠습니다.

```
[자료형] [인스턴스명] = new [생성자];
```

자료형에는 클래스명이 올 수 있습니다. 인스턴스명은 변수명처럼 명명해서 넣어주면 됩니다. 다음으로 '='이 왔습니다. 우측의 값을 인스턴스에 대입하게 될 텐데요. 좌변과 우변이 같은 자료형으로 되어야 가능합니다. 다음으로 생성자라고 되어 있는데 **자료형의 생성자**나 **자료형을 상속받은 클래스의 생성자**를 사용합니다. 말이 어려울 수 있는데 상속의 개념은 9장에서 다시 다루겠습니다.

인스턴스 생성 방법은 우리가 지금까지 공부했던 String 문자열 생성 방법과 같습니다. 다시 String 생성 방법을 살펴보겠습니다.

```
String str = new String("문자열입니다.");
```

클래스를 활용한 인스턴스 생성 방법과 같다는 것을 알 수 있습니다. 2장에서 [비기본 자료형]에 대해서 배웠습니다. 비기본 자료형에는 클래스가 있다고 했습니다. 비기본 자료형을 알아보기 위해서 클래스의 구조를 먼저 살펴보겠습니다.

Sample01.java
```
01  package chap08;
02
03  public class Sample01 {
04
05      /* 필드 영역 시작 */
06      String name = "멤버 변수";      //접근제어자가 생략된 멤버 변수
07
08      private int age;                //접근제어자가 있는 멤버 변수
```

```
09
10    //  var age = 10;                    //지역 변수인 타입추론변수는 사용할 수 없음.
11        /* 필드 영역 끝 */
12
13        /* 메서드 영역 시작 */
14        public void sayHello() {
15            var friend = "친구야";   //메서드 내의 변수를 지역변수라고 함.
16            System.out.printf("%s 안녕?\n", friend);
17        }
18
19        public void sayHello(String friend) {
20            System.out.printf("%s 안녕?\n", friend);
21        }
22
23        public String getName() {
24            return name;
25        }
26
27        public void setName(String name) {
28            this.name = name;      //필드와 매개변수가 동일할 때 this로 구분
29        }
30
31        public int getAge() {
32            return age;
33        }
34
35        public void setAge(int age) {
36            this.age = age;
37        }
38        /* 메서드 영역 끝 */
39
40        /* 생성자 영역 시작 */
41        public Sample01(){
42        }
43        /* 생성자 영역 끝 */
44   }
```

[Sample01.java] 파일의 내용으로 획일화할 수는 없지만, **필드 영역**과 **메서드 영역** 그리고 **생성자 영역**으로 굳이 나누어서 코드를 구성했습니다. 이 세 영역을 이 소스코드를 바탕으로 다음에 대해서 알아보겠습니다.

- 멤버 변수(Field)
- 메서드(Method)
- 생성자(Constructor)

8.2.1 멤버 변수(Field)

필드는 클래스 내에 위치하며 [Sample01.java] 파일의 필드 영역 부분에 위치한 기본 자료형 변수나 비기본 자료형 변수가 멤버 변수가 됩니다. 클래스를 생성하지 않고 바로 사용할 수 있는 변수를 **클래스 변수**라고 하고 new 키워드를 사용해서 인스턴스를 생성한 뒤에 사용할 수 있는 변수를 **인스턴스 변수**라고 합니다. 그럼 기본 자료형으로 구성된 멤버 변수에 대해서 살펴보겠습니다.

그동안 변수를 생성할 때 main 메서드 내에서 생성하여 사용해 왔습니다. 지금부터는 main 메서드와 같은 레벨에서 변수를 인스턴스 변수와 클래스 변수로 구분하여 사용해보겠습니다.

VO.java
```
01  package chap08.Sample02;
02
03  public class VO {
04      String  name;
05      int     age;
06
07      static final int ONE    = 1;
08      static final int TWO    = 2;
09      static final int THREE  = 3;
10  }
```

[VO.java]는 값을 담는 참조 자료형으로 Value Object를 줄여서 VO라고 명명했습니다. VO 클래스에는 값을 담게 되는 name과 age 변수, 인스턴스 변수로 선언되어 있습니다. 그리고 7 라인 이후로 final 키워드가 보입니다. 2장에서 배웠던 상수입니다. final 앞에 **static**이라는 키워드가 보입니다. '고정된'이라는 뜻을 갖고 있는데요. 변수 앞에 static을 붙이면 클래스 변수라고 해서 클래스를 생성하지 않고 바로 사용할 수 있는 멤버 변수입니다.

> **static 사용법**
>
> [접근제어자] (static) (자료형) 변수 or 메서드

접근 제어자는 [8.4 접근 제어자(Access Modifier)]에서 다루며 생략할 수 있습니다. 예를 들면 다음과 같이 사용할 수 있습니다.

```
static int value = 10;    //변수
static void main() {}     //메서드
```

그럼, 인스턴스 변수와 클래스 변수를 사용하여 알아보겠습니다.

Sample02.java
```
01  package chap08.Sample02;
02
03  public class Sample02 {
04
05      public static void main(String[] args) {
06          //인스턴스 변수를 사용하기 전에는 꼭 new 키워드로 인스턴스를 생성해야 합니다.
07          VO vo = new VO();
08          vo.name = "빵형";
09          vo.age  = 21;
10
11          System.out.printf("%s은 %d살\n", vo.name, vo.age);
12
13          System.out.printf("%d + %d = %d", VO.ONE, VO.TWO, VO.THREE);
14      }
15
16  }
```

실행 결과
```
빵형은 21살
1 + 2 = 3
```

05라인을 보면 'public static void main(String[ ] args)'라는 소스코드가 있습니다. 지금까지는 당연하게 보았지만 앞서 설명한 'static'은 클래스를 생성하지 않고 사용할 수 있다고 했습니다. main 메서드 역시 static으로 선언되어 있어서 new 키워드로 인스턴스를 생성하지 않고 메서드는 실행할 수 있습니다. 07라인에서 VO 클래스를 vo로 인스턴스를 생성합니다.

08, 09라인에서 vo의 멤버 변수에 값을 넣습니다. 그 내용을 11라인에서 **인스턴스 변수**의 값들

을 출력합니다. 그리고 13라인을 자세히 보면 vo가 아닌 VO 클래스에서 바로 ONE, TWO, THREE인 멤버 변수를 인스턴스 생성 없이 사용합니다. static 키워드를 사용한 변수는 인스턴스 생성 없이 바로 클래스에서 사용할 수 있습니다. 그래서 **클래스 변수**라고 합니다.

static 변수의 값을 넣지 않고 뒤에서 초기화할 수 있는 static block을 소개하겠습니다. [VO.java]에서 다음과 같이 static 변수에 값을 정의했습니다.

```
static final int ONE   = 1;
static final int TWO   = 2;
static final int THREE = 3;
```

static 변수의 값을 정의하지 않고 static block을 사용하여 초깃값을 정의할 수도 있습니다.

```
static final int ONE;
static final int TWO;
static final int THREE;

static {
    System.out.println("static block 호출");
    ONE   = 1;
    TWO   = 2;
    THREE = 3;
}
```

static block 클래스가 메모리에 올라가면서 호출되기 때문에 생성자보다 먼저 실행됩니다. 변경된 [VO.java]를 이용하여 실행하면 다음과 같습니다.

실행 결과 - VO.java 수정 반영

```
static block 호출
빵형은 21살
1 + 2 = 3
```

static block이 먼저 호출되어 출력된 결과를 확인할 수 있습니다. 인스턴스 변수와 클래스 변수에 대해서 잘 알아보았습니다.

8.2.2 메서드(Method)

자바에서 메서드는 다른 언어에서는 함수(Fucnction)로 표현되며 메서드는 함수의 작은 개념입니다. 함수는 독립적으로 사용할 수 있지만 메서드는 클래스에 종속되어 사용된다는 점에서 함수보다 작은 개념으로 사용됩니다. 어떠한 문제를 처리하기 위한 단위를 메서드의 형태로 구현합니다. 메서드의 첫 번째 문자는 보통 소문자로 시작하며 주로 동사형으로 작성합니다.

메서드 구조

자바에서 사용되는 메서드 구조를 먼저 살펴보겠습니다.

```
메서드 구조

[접근 제어자] [반환될 자료형] [메서드명] ([매개변수..]) {
    처리 명령
    return 반환될 자료형의 리터럴;
}
```

제일 먼저 **접근 제어자**가 나옵니다. 접근 제어자는 다음과 같습니다.

- private
- default
- protected
- public

접근 제어자는 클래스에도 해당하고 멤버 변수, 메서드에서도 모두 사용할 수 있습니다. 그래서 [8.4 접근 제어자]에서 깊이 있게 다루고 여기에서는 public과 default 정도만 가볍게 설명하겠습니다. public은 접근을 모두 허용한다는 것이고 default는 생략하며 같은 클래스, 같은 패키지이면 접근을 허용한다는 것입니다.

다음으로 나오는 **반환될 자료형**은 참조 자료형이나 기본 자료형이 올 수 있으며 반환될 자료형이 없을 때는 void로 반환될 자료형이 없음을 알립니다. 만약에 반환될 자료형이 있다면 자료형에 대한 값은 return을 통해서 넘겨주면 됩니다.

> **반환 값이 없는 메서드**
>
> ```
> public void myMethod(int param) {   //반환 자료형이 void로 없음을 선언
>     ...                             //명령문을 처리한 후 종료
> }
> ```

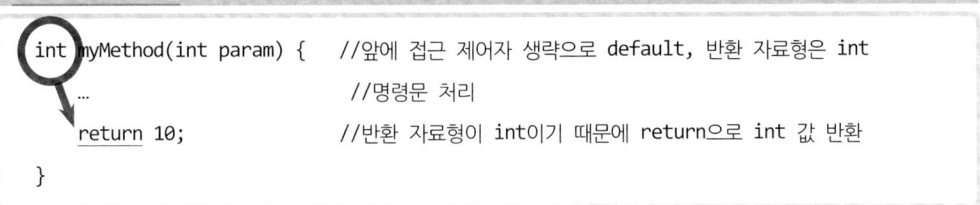

> **반환 값이 있는 메서드**
>
> ```
> int myMethod(int param) {   //앞에 접근 제어자 생략으로 default, 반환 자료형은 int
>     ...                     //명령문 처리
>     return 10;              //반환 자료형이 int이기 때문에 return으로 int 값 반환
> }
> ```

반환 값의 여부에 따른 메서드 구조를 예를 들어 살펴보았습니다. 메서드는 멤버 변수들에 대한 행위나 처리를 담당합니다. 멤버 변수들과 마찬가지로 클래스 안에 선언됩니다. 그리고 메서드 내의 변수를 **지역 변수(Local variable)**라고 합니다. 메서드에서 전달받은 변수를 **매개변수(Parameter)**라 하기도 하고 파라미터라고 부르기도 합니다. 메서드를 호출할 때 전달하는 변수를 **인자(Argument)**라 하기도 하고 아규먼트라고도 합니다. 그럼 변수와 인자에 대한 이해를 돕기 위한 소스를 확인해보겠습니다.

2개의 파일이 필요한데 추가로 Sample03이라는 폴더를 더 만들어서 진행합니다. 패키지명으로는 'chap08.Sample03'이 됩니다.

Sample03.java

```java
package chap08.Sample03;

public class Sample03 {

    public static void main(String[] args) {
    Data data = new Data();
    data.setValue(10);   //인자로 10을 넘김

    System.out.println(data.getValue());
    }
}
```

Data.java

```java
package chap08.Sample03;

public class Data {

    int value;

    void setValue(int value) {
        value = value;   //매개변수 value을 멤버 변수 value에 대입..
        //The assignment to variable value has no effect
    }

    int getValue() {
        return value;
    }
}
```

실행 결과

```
0
```

[Sample03.java]에서 06라인을 보면 Data라는 클래스는 인스턴스를 생성하여 data라는 객체를 만들어서 07라인에서 인자(Argument) 값으로 정수 10을 넘겼습니다. 이후에 09라인에서 getValue( ) 메서드를 호출하여 값을 반환받아서 System.out.println( )으로 출력시킵니다. 하지만 넣은 값 10이 출력할 때는 0으로 나왔습니다. 어떻게 처리되었는지 Data.java 클래스

를 확인해보겠습니다.

05라인에서 value라는 int형 멤버 변수 value를 선언했습니다. 그리고 07, 12라인에는 메서드가 있습니다. 07라인에는 멤버 변수에 값을 넣는 메서드를 세터(Setter)라고 하고 12라인처럼 값을 얻는 메서드를 게터(Getter)라고 합니다.

게터와 세터는 소프트웨어 공학에서 얘기하는 정보의 은닉에 관한 내용을 다룰 때 사용하는 기술입니다. 멤버 변수의 직접적인 접근으로 값을 마음먹은 데로 바꾸는 행위를 막고 메서드를 통해서 메서드 내에 구현된 규칙에 따라서 값을 처리하는 것이죠. 접근에 관한 내용은 [8.4 접근 제어자]에서 보다 자세하게 다루겠습니다.

Data 클래스는 변수에서 배운 참조 변수 자료형에 해당하는 Class입니다. 07라인의 메서드를 보면 메서드명 다음에 매개변수가 오는데 setValue 메서드에는 int 자료형 value라는 매개변수를 받게 되어있습니다. 05라인의 멤버 변수와 이름이 같습니다. 기본적으로 14라인처럼 value를 넣어주면 05라인의 멤버 변수를 가리키게 됩니다. 하지만 08라인처럼 매개변수와 멤버 변수명이 동일하게 될 경우 메서드 내에서는 매개변수가 우선순위가 됩니다. 결국, 매개변수 값에 매개변수 값을 넣기 때문에 변숫값에 대한 할당은 영향을 미치지 않게 됩니다. (The assignment to variable value has no effect)

그럼 멤버변수 value에 매개변수 value의 값을 넣으려면 서로를 구분해줘야 하는데 이를 구분해주는 키워드는 this입니다.

> **this**
>
> 인스턴스 자신을 가리키는 참조 변수이며 생성자나 메서드에서 사용되고 멤버 변수를 선택할 때 주로 사용합니다. 특히 매개변수와 변수명이 동일할 경우 구별할 목적으로 사용됨
> this와 멤버 변수의 구분은 마침표로 합니다.
> 예) this.(멤버 변수)

this 키워드에 대해서 살펴보았습니다. this 키워드를 사용해서 소스코드가 잘 돌아가게 고쳐보겠습니다.

Data.java 수정 후

```
01  package chap08.Sample03;
02
03  public class Data {
04
05      int value;
06
07      void setValue(int value) {
08          this.value = value;   //매개변수 value를 멤버 변수 value에 대입
09      }
10
11      int getValue() {
12          return value;
13      }
14
15  }
```

08라인에 value를 'this.value'로 수정하였습니다. 이렇게 Data 클래스를 지칭하는 this를 이용해서 인스턴스 멤버 변수명을 마침표로 구분해서 입력해주면 됩니다. 이제 실행이 잘 되겠죠?

실행 결과

```
10
```

인자값으로 넣은 10이 잘 나왔습니다. 굳이 똑같은 멤버 변수명과 파라미터명을 써야 할 이유는 없습니다. 멤버 변수명이 먼저 선언되었으니 파라미터명을 변경하여 같은 이름을 사용해서 멤버 변수가 아닌 매개변수 자신에게 값을 대입하게 되는 혼돈이 발생하는 일이 없게 하는 것이 더 좋은 소스코드라고 생각합니다. 그래서 다음과 같이 최종적으로 바꾸어보겠습니다.

Data.java 최종 수정

```
01  package chap08.Sample03;
02
03  public class Data {
04
05      int value;
06
07      void setValue(int val) {
08          value = val;   //매개변수 val를 멤버 변수 value에 대입, this를 사용안해도 됨
09      }
10
11      int getValue() {
```

```
12          return value;
13      }
14
15  }
```

파라미터명을 'val'로 수정하여 멤버 변수명과 다르게 명명했습니다. 굳이 this 키워드를 사용하지 않고서도 파라미터의 값이 멤버 변수의 value에 대입이 잘됩니다.

이번에는 setValue 메서드에 매개변수 수에 따른 처리를 해보겠습니다. 단순하게 매개변수가 1개라면 멤버 변수 value에 값을 대입하고 매개변수가 2개라면 두 매개변수를 더하기 연산한 후 value에 값을 대입해 보겠습니다. 이때 메서드명은 동일하나 매개변수 수만 다릅니다. 이를 **오버로딩(Overloading)**이라고 합니다.

> **Tip | 오버로딩(Overloading)**
>
> 메서드명은 같으나 매개변수의 자료형이나 그 수를 다르게 구성하여 다양한 유형을 처리하기 위한 기술

Compute.java

```java
01  package chap08.Sample03;
02
03  public class Compute {
04      int result;
05
06      void setValue(int val) {
07          result += val;
08      }
09
10      void setValue(int val1, int val2) {
11          result += val1 + val2;
12      }
13
14      int getValue() {
15          return result;
16      }
17
18  }
```

08장 객체지향 프로그래밍　　257

메서드명이 setValue(int val)과 setValue(int val1, int val2)로 똑같습니다. 다만 매개변수가 다릅니다. 매개변수 수에 따라서 다른 메서드가 실행됩니다.

- 매개변수가 1개일 때, 멤버 변수에 매개변수의 값을 더한다. (result += val)
- 매개변수가 2개일 때, 멤버 변수에 매개변수들의 값을 더한다. (result += val1 + val2)

Sample03.java 수정

```
01  package chap08.Sample03;
02
03  public class Sample03 {
04
05      public static void main(String[] args) {
06          Data data = new Data();
07          data.setValue(10);   //인자로 10을 넘김
08          System.out.println(data.getValue());
09
10          Compute cmpt = new Compute();
11          cmpt.setValue(4);
12          cmpt.setValue(10, 2);
13          System.out.println(cmpt.getValue());
14      }
15
16  }
```

실행 결과

```
10
16
```

실행 결과에서 16이라는 값은 11라인에서의 '4'와 12라인에서의 '10+2'를 더한 값으로 '4+10+2'의 결과입니다. 이렇게 메서드의 오버로딩까지 해보았습니다. 그런데 우리는 이미 오버로딩된 메서드를 계속해서 사용해왔습니다. 잘 모르겠다고요? 그동안 'System.out.println( )'이라는 출력 명령을 사용했는데 println( ) 메서드 안에 어떤 기본 자료형들이 다 들어와도 출력됩니다. 당연히 출력되는 줄 알고 있었을 텐데, 파라미터의 자료형에 따라 출력되고 있었습니다.

Java API를 살펴보겠습니다.

- public void println( )
- public void println(boolean x)
- public void println(char x)
- public void println(int x)
- public void println(long x)
- public void println(float x)
- public void println(double x)
- public void println(char[] x)
- public void println(String x)
- public void println(Object x)

이렇게 println의 메서드에 모든 자료형을 다 만들어놨기 때문에 우리는 무심코 사용해도 모든 자료형에 대해 처리했기 때문에 오류 없이 잘 사용할 수 있었습니다. 정말 유용하죠?

가변 인자(Variable arguments)

메서드의 인자를 직접 하나하나 입력해서 다양한 인자를 갖는 메서드를 만들어보기도 하고 오버 로딩도 구현해봤습니다. 하지만 똑같은 자료형이 계속해서 반복된다면 여러 개의 자료형을 계속해서 만들어야 할 것입니다. 다음 코드를 살펴보겠습니다.

Sample06.java

```java
01 package package chap08;
02 public class Sample06 {
03
04     public static int total = 0;
05     public static void main(String[] args) {
06         System.out.printf("결과 : %d", sum(1, 2, 3));
07     }
08
09     public static int sum(int a) {
10         total += a;
11         return total;
12     }
13
14     public static int sum(int a, int b) {
15         total += (a + b);
```

```
16          return total;
17      }
18
19      public static int sum(int a, int b, int c) {
20          total += (a + b + c);
21          return total;
22      }
23  }
```

실행 결과

결과 : 6

sum( ) 메서드에 인자가 몇 개 올지 알 수 없는 상황이라고 가정할 때, [Sample04.java]처럼 메서드를 계속해서 만들어야 합니다. 4개가 올 수도 있고 10개가 올 수도 있기 때문이죠. 이러한 상황에 대응할 방법이 가변 인자를 이용하는 방법입니다. 가변 인자는 현재의 자료형이 계속해서 반복된다는 의미로 마침표 3개를 연속으로 입력하면 됩니다. '...'

가변 인자

```
(접근제어자) 메서드명(자료형... 변수명) {
    명령어
}
```

그럼 [Sample04.java]를 가변 인자로 바꿔보겠습니다.

Sample05.java

```
01  package chap08;
02
03  public class Sample05 {
04
05      public static int total = 0;
06      public static void main(String[] args) {
07          System.out.printf("결과 : %d%n", sum(1, 2, 3));
08          System.out.printf("결과 : %d", sum(1, 2, 3, 4, 5, 6, 7, 8, 9, 10));
09      }
10
11      public static int sum(int... a) {
12          for(int i : a) {
```

```
13              total += i;
14          }
15          return total;
16      }
17  }
```

실행 결과

```
결과 : 6
결과 : 61
```

가변 인자로 바꿔봤습니다. 08라인에 10개의 인자를 추가로 더 넣어봤습니다. 결과는 total에 누적되어 정상적으로 출력되고 있습니다. 디컴파일해서 확인해보면 좀 더 이해하기 쉽습니다.

Sample05.class

```
01  package chap08;
02
03  public class Sample05 {
04      public static int total = 0;
05
06      public static void main(String[] args) {
07          System.out.printf("결과 : %d%n", sum(1, 2, 3));
08          System.out.printf("결과 : %d", sum(1, 2, 3, 4, 5, 6, 7, 8, 9, 10));
09      }
10
11      public static int sum(int... a) {
12          int[] var4 = a;
13          int var3 = a.length;
14
15          for (int var2 = 0; var2 < var3; ++var2) {
16              int i = var4[var2];
17              total += i;
18          }
19
20          return total;
21      }
22  }
```

11라인에서 가변 인자로 넘어온 변수 a는 12라인에 배열로 저장되는 것을 확인할 수 있습니다. 가변 인자는 배열로 값을 받아온다는 것입니다. 16라인에서 배열의 순번으로 값을 가져와서 멤버 변수 total에 값을 더하게 됩니다. 이렇듯이 몇 개인지 알 수 없을 경우에 사용하면 간단하게 구현할 수 있습니다.

다만 주의해야 하는 부분이 있습니다. 일반 인자들과 함께 가변 인자를 사용하는 때도 있습니다. 이때는 무조건 가변 인자가 맨 마지막에 들어가야 하며 가변 인자는 무조건 한 개만 들어갈 수 있습니다. 그 이유는 가변 인자의 끝을 알 수 없기 때문입니다. 다음 경우의 예를 보겠습니다.

```
일반 인자와 가변 인자
public void run(int a, int... b) { }    올바른 구현
public void run(int... a, int b) { }    잘못된 구현

가변 인자가 2개
public void run(int... a, int... b) { } 잘못된 구현
```

이 점만 주의해서 구현하면 가변 인자를 잘 사용할 수 있습니다.

재귀함수(Recursive Function)

메서드 내에서 스스로를 반복적으로 호출하여 처리하는 방식을 재귀함수라고 합니다. 무한으로 반복되는 형태가 아닌 반복의 끝이 반드시 존재한다는 조건이 있어야 합니다. 일정한 패턴의 형태로 처리되는 구조일 때 주로 사용합니다.

가장 기본적인 재귀함수의 예를 소스코드로 살펴보겠습니다.

Sample06.java
```
01  package chap08;
02
03  public class Sample06 {
04      static int sum;
05
```

```
06      public static void main(String[] args) {
07          //메서드의 인자값보다 적은 모든 정수의 합
08          System.out.println(sum(10));
09      }
10
11      public static int sum(int a) {
12          sum += a;
13          if(a == 0) {
14              return sum;
15          }
16          else {
17              a--;
18              return sum(a);
19          }
20      }
21  }
```

> **실행 결과**
>
> 55

'메서드의 인자값보다 적은 모든 정수의 합'을 구하는 소스코드입니다. 소스코드에서는 10을 인자로 넘겼으며 10을 sum이라는 멤버 변수에 값을 담고 인자값이 0이면 종료시키고 0이 아니면 값을 하나씩 감소시켜서 현재 실행 중인 메서드를 0이 될 때까지 계속해서 호출합니다. 스스로를 호출하지만, 끝이 있는 호출입니다. 이를 재귀호출이라고 합니다. 이런 식으로 곱셈도 할 수 있으며 많은 응용을 할 수 있습니다. 알고리즘을 공부할 때 종종 나오기도 합니다.

여기까지는 뒤에 배울 [8.4 접근 제어자(Access Modifier)]를 제외한 기본적인 메서드를 살펴 보았습니다. 이 정도로도 기본적인 클래스를 생성해서 프로그래밍을 마음대로 해볼 수 있는 실력이 충분히 쌓였다고 생각합니다.

8.2.3 생성자(Constructor)

생성자는 클래스로부터 new 키워드와 함께 사용하여 객체를 생성했습니다. 앞서 배운 메서 드와 비슷하게 생겼지만, 자세히 보면 무엇인가가 다르긴 다릅니다. 무엇이 다른지 살펴보겠 습니다. 먼저 메서드의 구조는 이렇다고 배웠습니다.

메서드 구조

```
[접근 제어자] [반환될 자료형] [메서드명] ([매개변수..]) {
    처리 명령
    return 반환될 자료형의 리터럴;
}
```

이미 잘 알고 있다고 생각합니다. 이번에는 생성자의 구조를 살펴보겠습니다.

생성자의 구조

```
[접근 제어자] 클래스명([매개변수..]) {
    처리 명령
}
```

먼저 반환될 자료형이 없습니다. 그래서 마지막에 return문도 없습니다. 그리고 메서드에서는 메서드명 명명을 해야 하지만 생성자는 클래스명과 같아야 합니다. 선택의 여지가 없습니다. 그리고 생성자의 구조로는 확인할 수 없지만, 한 개 이상의 생성자가 존재할 수 있습니다. 정리하면 다음과 같습니다.

- 반환값(return)이 없다.
- 생성자명은 클래스명과 같다.
- 1개의 클래스는 1개 이상의 생성자를 갖을 수 있다.

Sample05 폴더를 생성한 후에 Data.java 파일을 매개변수가 없는 생성자를 만들어보겠습니다. class 파일을 [Select a wizard]에서 선택한 후 다음 그림과 같이 클래스명은 'Data'로 하고 'Constructors from superclass'를 선택합니다.

[그림 8-7] 생성자를 포함한 클래스 생성

클래스 마법사를 통한 소스코드는 다음과 같습니다.

Data.java
```
01  package chap08.Sample07;
02
03  public class Data {
04
05      public Data() {
06          // TODO Auto-generated constructor stub
07      }
08
09  }
```

아직 배우지 않은 접근 제어자 public과 클래스명과 같은 Data인 생성자 그리고 매개변수는 아무것도 없습니다. 이 생성자는 클래스를 생성할 때 최초 초기화를 해주는 작업을 합니다. 굳이 초기화를 하지 않을 때는 매개변수가 없는 생성자를 만들 필요도 없습니다. 이때 'public 클래스명( ) { }' 형태의 생성자가 구현하지 않아도 내부적으로 존재하게 됩니다.

Data.java를 만들어서 인스턴스를 생성하는 소스코드를 살펴보겠습니다.

Data.java
```
01  package chap08.Sample07;
02
03  public class Data {
04      String name;
05      int     age;
06
07      public Data() {
08          System.out.println("Data 초기화합니다");
09          this.name = "빵형";
10          this.age  = 21;
11      }
12
13      /**
14       * 초기화된 내용을 출력하기 위한 메서드
15       */
16      public String toString() {
17          return "Data [name=" + name + ", age=" + age + "]";
18      }
19
20  }
```

멤버 변수 name과 age를 선언한 뒤에 07라인 생성자에서 생성자가 실행되었다는 내용을 알리기 위해서 08라인에서 'Data 초기화합니다'라고 출력합니다. 그리고 멤버 변수에 초깃값을 세팅합니다. 16라인에서는 toString( )이라는 메서드를 생성해서 멤버 변수를 출력하는 내용을 String 형태로 반환합니다.

Sample07.java
```
01  package chap08.Sample07;
02
03  public class Sample07 {
04
05      public static void main(String[] args) {
06          Data data = new Data();
07          System.out.println(data.toString());
08      }
09
10  }
```

실행 결과

Data 초기화합니다
Data [name=빵형, age=21]

Data 생성자에서 초기화한 내용을 출력했습니다. [Sample07.java]의 06라인에서 Data 자료형은 data라는 객체를 생성합니다. new 키워드를 이용해서 힙메모리에 생성하며 Data( ) 생성자를 호출합니다. 여기까지 이해가 되었나요? 완전히 이해할 수 있게 Sample08로 폴더를 다시 생성해서 하나 더 해보겠습니다.

Data.java

```java
01  package chap08.Sample08;
02
03  public class Data {
04      String name;
05      int     age;
06
07      public Data() {
08          System.out.println("Data 초기화합니다");
09          this.name = "빵형";
10          this.age  = 21;
11      }
12
13      /**
14       * 생성자는 1개 이상 만들 수 있습니다.
15       * @param name
16       * @param age
17       */
18      public Data(String name, int age) {
19          System.out.println("Data 초기화합니다");
20          this.name = name;
21          this.age  = age;
22      }
23
24      /**
25       * 초기화된 내용을 출력하기 위한 메서드
26       */
27      public String toString() {
28          return "Data [name=" + name + ", age=" + age + "]";
29      }
30
31  }
```

생성자를 하나 이상 만들 수 있으며 초기화할 내용이 없으면 생략도 가능하다고 했습니다. 여기에서는 Data(String name, int age)로 앞서 얘기한 멤버 변수와 파라미터명이 같습니다. 메서드와 정말 똑같아 보이는 부분입니다. 생성자에 매개변수가 없는 것과는 달리 매개변수가 있는 생성자를 어떻게 호출하는지 살펴보겠습니다.

Sample08.java

```java
01  package chap08.Sample08;
02
03  public class Sample08 {
04
05      public static void main(String[] args) {
06          Data data = new Data("빵형", 22);
07          System.out.println(data.toString());
08      }
09
10  }
```

실행 결과

```
Data 초기화합니다
Data [name=빵형, age=22]
```

new 키워드 다음에 생성자를 호출할 때 생성자를 정의한 내용대로 name과 age를 매개변수로 넣어서 객체를 초기화했습니다. 생성자가 2개이니까 둘 중에 아무거나 생성자를 호출해도 객체가 생성됩니다. 앞서 메서드에서 멤버 변수를 구분할 때 this 키워드를 사용한다고 배웠습니다. 생성자에서는 조금 다르게 this( )를 사용할 수 있습니다.

this( )

클래스 내에 있는 생성자를 가르킨다.

this( )는 생성자가 2개 이상일 때, 다른 생성자를 호출할 때 사용합니다. 예제를 통해서 쉽게 알아보겠습니다. [Sample09] 폴더를 생성해서 진행하겠습니다.

Data.java

```java
01  package chap08.Sample09;
02
03  public class Data {
04      String name;
05      int     age;
06
07      public Data() {
08          //매개변수의 값이 없을 경우 이름은 무명 나이는 0살로 처리한다
09          this("무명", 0);
10      }
11
12      public Data(String name, int age) {
13          System.out.println("Data 초기화합니다");
14          this.name = name;
15          this.age  = age;
16      }
17
18      /**
19       * 초기화된 내용을 출력하기 위한 메서드
20       */
21      public String toString() {
22          return "Data [name=" + name + ", age=" + age + "]";
23      }
24
25  }
```

09라인에서 12라인의 매개변수가 있는 생성자를 호출하여 초깃값을 선언합니다. 앞서 호출된 생성자가 다른 생성자로 호출할 때 this( )를 활용하여 호출할 수 있습니다.

Sample09.java

```java
01  package chap08.Sample09;
02
03  public class Sample09 {
04
05      public static void main(String[] args) {
06          Data data1 = new Data();
07          System.out.println(data1.toString());
08          Data data2 = new Data("빵형",23);
09          System.out.println(data2.toString());
10      }
11
12  }
```

생성자의 매개변수가 없을 경우에 매개변수가 있는 생성자를 호출하는 방법과 처음부터 매개변수가 있는 생성자를 호출하는 소스코드입니다.

> **출력 결과**
>
> ```
> Data 초기화합니다
> Data [name=무명, age=0]
> Data 초기화합니다
> Data [name=빵형, age=23]
> ```

자바의 생성자에 대해서 알아보았습니다. 생성자는 꼭 작성하는 것이 아니라 필요할 때 작성하는 것이기 때문에 의미 없는 생성자는 굳이 만들 필요는 없습니다.

8.2.4 중첩 클래스(Nested Class)

지금까지 코딩할 때, 클래스 내에 멤버 변수와 메서드 그리고 생성자를 만들어봤습니다. 그런데 클래스 내부에 또 클래스를 만들 수 있습니다. 멤버 클래스가 되는데요. 클래스 내부에 클래스가 있다고 해서 중첩 클래스라고 부르며 밖에 있는 클래스를 외부 클래스라고 하고 안쪽에 있는 클래스를 내부 클래스라고 합니다.

중첩 클래스의 특징으로는 **코드의 재사용이 어렵습니다**. 재사용할 수 없는 게 아니라 '어렵다'라는 것입니다. 두 번째로 **내부 클래스는 외부 클래스의 접근이 쉽습니다**. 외부 클래스의 자원을 쉽게 접근하여 프로그래밍할 수 있다는 말입니다. 내부 클래스는 클래스나 인터페이스 안에 선언합니다. 인터페이스에 대해서는 9장에서 다룹니다. 중첩 클래스의 분류로는 다음과 같습니다.

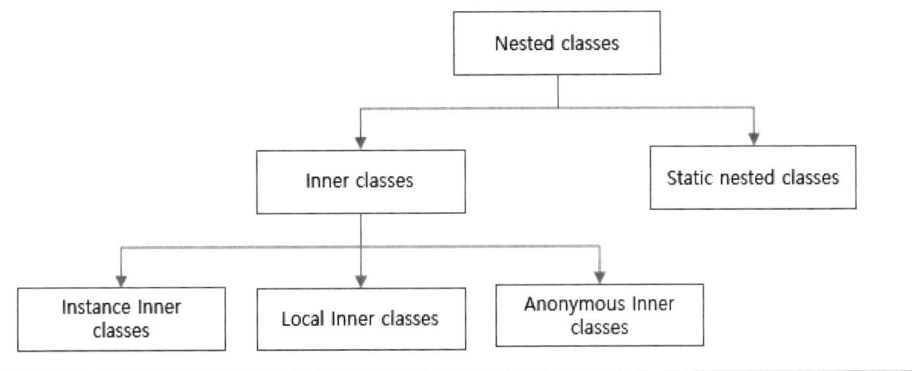

[그림 8-8] 중첩 클래스의 분류

중첩 클래스에 대해서 하나하나 실습해보겠습니다.

- 인스턴스 내부 클래스(Instance Inner classes)
- 지역 내부 클래스(Local Inner classes)
- 익명 내부 클래스(Anonymouse Inner classes)
- 정적 중첩 클래스(Static Nested classes)

먼저, 내부 클래스의 기본 형태는 다음과 같습니다.

```
public class OuterClass {

    class InnerClass {

    }
}
```

OuterClass 안에 멤버 변수나 생성자 그리고 메서드는 생략했습니다. OuterClass 클래스 안에 또 InnerClass가 존재합니다. 클래스 안에 클래스가 들어가 있는 형태를 내부 클래스라고 하는데, 어떤 방식으로 클래스 안에 클래스가 들어가냐에 따라 종류가 나뉩니다. 내부 클래스의 종류를 하나하나 살펴보겠습니다.

인스턴스 내부 클래스(Instance Inner classes)

앞서 소개한 내부 클래스의 기본 형태를 살펴보았는데, 이 형태가 인스턴스 클래스의 형태입니다. 외부 클래스의 멤버 클래스로 멤버 변수와 같은 레벨에 위치합니다. 하지만 클래스이기 때문에 new 키워드를 사용하여 클래스의 객체를 생성해 줘야 합니다.

Student.java

```java
package chap08.Sample10;

public class Student {
    String name;

    public Student(String name) {
        this.name = name;
    }

    public class Score {
        int eng;
        int mat;

        public void showInfo() {
            System.out.println("이름 : " + name);   //외부클래스의 자원에 쉽게 접근합니다.
            System.out.println("영어 : " + eng);
            System.out.println("수학 : " + mat);
        }
    }
}
```

내부 클래스의 Score에서 showInfo 메서드를 살펴보면 15라인에서 name 변수를 출력합니다. name은 내부 클래스에 있는 변수가 아니라 외부 클래스에 있는 멤버 변수로 내부 클래스에서는 외부 클래스의 자원을 쉽게 접근할 수 있습니다.

Sample10.java

```java
package chap08.Sample10;

public class Sample10 {

    public static void main(String[] args) {
        Student student = new Student("빵형");
        Student.Score studentScore = student.new Score();
        studentScore.eng = 23;
```

```
09              studentScore.mat = 21;
10
11              studentScore.showInfo();
12      }
13
14 }
```

> **실행 결과**
>
> 이름 : 빵형
> 영어 : 23
> 수학 : 21

멤버 변수, 메서드, 생성자, 멤버 클래스를 모두 사용한 예제 소스코드입니다. 06라인에서 Student 객체를 생성할 때 생성자를 통해서 name 변수에 값을 넣고 07라인에서 점수 정보를 갖는 Score 내부 클래스를 갖고 있습니다. [Sample10.java] 파일에서 06라인과 07라인을 잘 살펴보면 외부 클래스의 객체를 생성한 뒤에 자료형은 [외부 클래스.내부 클래스]의 형태로 선언하고 외부 클래스에서 생성한 객체에 new 키워드를 입력한 뒤에 내부 클래스의 생성자로 인스턴스를 생성합니다. 어떻게 외부 클래스 객체를 생성하고 그 내부 클래스는 어떻게 생성했는지 자세히 살펴보고 코딩해보기 바랍니다.

끝으로 컴파일된 class 파일을 확인해보겠습니다. 우리가 코딩한 소스코드는 총 2개입니다. 하지만 컴파일된 파일은 다음과 같습니다.

```
Sample08.class
Student.class
Student$Score.class
```

자세히 보면 Student$Score.class 파일이 낯설게 보입니다. 바로 내부 클래스 파일로 Student.class 파일에서 내부 클래스만 따로 컴파일된 형태로 저장되었습니다. 컴파일된 내부 클래스 파일은 다음의 형태를 띱니다.

[외부 클래스명$내부클래스명.class]

그럼 Student 클래스와 함께 내부 클래스 파일을 디컴파일 하여 확인해보겠습니다.

Student.class

```
01  package chap08.Sample10;
02
03  public class Student {
04      String name;
05
06      public Student(String name) {
07          this.name = name;
08      }
09  }
```

내부 클래스의 코드를 제외한 Student 클래스의 코드만 남아있는 것을 확인할 수 있습니다.

Student$Score.class

```
01  package chap08.Sample10;
02
03  public class Student$Score {
04      int eng;
05      int mat;
06
07      public Student$Score(Student var1) {
08          this.this$0 = var1;
09      }
10
11      public void showInfo() {
12          System.out.println("이름 : " + this.this$0.name);
13          System.out.println("영어 : " + this.eng);
14          System.out.println("수학 : " + this.mat);
15      }
16  }
```

Student 클래스에서 Score 클래스의 내용만 따로 옮겨져 있는 코드를 확인할 수 있습니다. 이렇게 내부 클래스를 사용하면 컴파일하게 되었을 때 따로 분리되어 컴파일됩니다.

지역 클래스(Local Inner classes)

외부 클래스 안에 내부 클래스가 있는 형태를 중첩 클래스라고 하는데 꼭 클래스 안에 바로 클래스가 있으란 법은 없습니다. 클래스 안에 메서드가 있고 그 메서드 내에 내부 클래스가 들어가 있는 형태를 지역 클래스라고 합니다.

메서드 안의 변수를 로컬 변수라고 하는데 메서드 안의 클래스도 로컬 변수와 마찬가지로 메서드 안에서 사용 범위로 제한됩니다. 다시 말해서 메서드 안에서 내부 클래스를 정의하고 같은 메서드 안에서만 내부 클래스를 인스턴스화할 수 있다는 말입니다. 소스코드로 보면 쉽게 이해가 될 것입니다.

Sample11.java

```java
package chap08;

public class Sample11 {

    void localMethod() {
        int age = 23;

        class LocalClass {
            public void howOldAreYou() {
                System.out.printf("빵형은 %d살", age);
            }
        }

        LocalClass innerClass = new LocalClass();
        innerClass.howOldAreYou();
    }

    public static void main(String args[]) {
        Sample11 outer = new Sample11();
        outer.localMethod();
    }
}
```

실행 결과

빵형은 23살

클래스 안에 있는 localMethod 메서드를 살펴보면 메서드 안에 LocalClass라는 내부 클래스가 존재합니다. 메서드라는 지역(Local) 범위 내에 있는 지역 자원인 지역 변수 age 값을 내부 클래스에서도 쉽게 접근하여 출력하는 코드를 10라인에서 확인할 수 있습니다. 외부 클래스의 멤버 변수에 접근하듯이 쉽게 접근할 수 있습니다. 메서드의 범위를 지역이라 하며 지역 클래스는 지역 범위 내에서만 사용할 수 있습니다. 지역 클래스의 클래스 파일도 디컴파일하여 확인해보겠습니다.

Sample11.class

```
01  package chap08;
02
03  import chap08.Sample11.1LocalClass;
04
05  public class Sample11 {
06      void localMethod() {
07          int age = 23;
08          1LocalClass innerClass = new 1LocalClass(this, age);
09          innerClass.howOldAreYou();
10      }
11
12      public static void main(String[] args) {
13          Sample11 outer = new Sample11();
14          outer.localMethod();
15      }
16  }
```

메서드 내에 있던 내부 클래스인 LocalClass가 없고 08라인에서 1LocalClass 클래스를 생성합니다. 우리가 배운 클래스명은 숫자로 시작할 수가 없습니다. 하지만 지역 클래스의 경우에는 2개 이상의 메서드가 존재할 때 메서드 내의 클래스명이 같을 수 있기 때문에 제일 앞에 차례대로 번호를 부여받게 됩니다. 첫 번째 메서드에서는 모두 '1'이 붙어서 컴파일되고 두 번째 메서드에서 내부 클래스를 생성하면 '2'가 맨 앞에 붙어서 컴파일하게 됩니다. 메서드명이 다르더라도 각 메서드마다 똑같은 지역 클래스를 생성한다면 이름이 같게 되므로 숫자가 붙습니다.

Sample11$1LocalClass.class

```
01  package chap08;
02
```

```
03  class Sample11$1LocalClass {
04      Sample11$1LocalClass(Sample11 var1, int var2) {
05          this.this$0 = var1;
06          this.val$age = var2;
07      }
08
09      public void howOldAreYou() {
10          System.out.printf("빵형은 %d살", this.val$age);
11      }
12  }
```

외부 클래스명인 'Sample11'과 구분자 '$' 그리고 내부 클래스명이지만 첫 번째 메서드이기 때문에 '1'+'LocalClass'가 붙어서 'Sample11$1LocalClass.class'가 되었습니다.

익명 내부 클래스(Anonymous Inner classes)

익명 클래스는 다른 내부 클래스와는 다르게 즉석에서 클래스를 만들어 사용하는 클래스입니다. 아직 알려진 클래스가 없기 때문에 익명 클래스입니다. 그만큼 응용하는 데 있어서 제약이 많습니다. 클래스가 따로 존재하지 않고 객체를 생성해서 바로 사용하기 때문에 만들어진 지역(Local)에서만 사용할 수 있습니다. 일반적으로 추상 클래스나 인터페이스의 메서드를 대체해야 할 때 사용합니다.

9장에서 다룰 추상 클래스와 인터페이스를 먼저 학습하고 난 다음에 다시 복습하면 이해하기 쉽습니다.

익명 내부 클래스 구문

```
[추상 클래스명이나 인터페이스명] 객체명 = new [생성자]() {
    대체할 내용 구현
};
```

익명 내부 클래스의 객체명은 자바 컴파일러에 의해서 결정됩니다. 보통 [메인 클래스명$숫자.class]로 지역 클래스처럼 생성됩니다. 여기에서는 Java에서 기본으로 제공하고 있는 Runnable 객체를 이용해서 익명 내부 클래스를 진행해 보고 인터페이스를 직접 만들어서 익명 내부 클래스를 구현해 보겠습니다. 인터페이스에 대한 자세한 내용은 [9장 인터페이스와 추상 클래스]에서 다루게 됩니다. 9장을 배우고 직접 인터페이스를 구현해서 연습해도 좋습니다.

Runnable 인터페이스의 소스코드는 다음과 같습니다.

Runnable.class

```
01  package java.lang;
02  @FunctionalInterface
03  public interface Runnable {
04      public abstract void run();
05  }
```

인터페이스는 클래스의 설계도라고 많이들 설명합니다. 클래스를 만들 때 꼭 구현해야 할 메서드 정의를 미리 하는 것이며 자료형으로는 사용할 수 있으나 클래스처럼 구현체가 들어가지 않습니다.

Runnable 객체를 활용하여 익명 내부 클래스를 구현하려고 하는데 인터페이스에 정의된 04 라인의 run( )이라는 메서드를 꼭 구현해야 합니다. 이 정도만 알고 계속해서 진행하겠습니다. 앞서 말했듯이 9장에서 자세히 다룹니다. 익명 내부 클래스를 학습하기 전에 9장 인터페이스를 먼저 학습하고 오는 것을 추천합니다.

Sample12.java

```
01  package chap08;
02
03  public class Sample12 {
04
05      public static void main(String[] args) {
06
07          Runnable r = new Runnable() {
08              @Override
09              public void run() {
10                  System.out.println("익명 내부 클래스 실행");
11              }
12          };
13          r.run();
14      }
15
16  }
```

> **실행 결과**
>
> 익명 내부 클래스 실행

Runnable이라는 인터페이스를 자료형으로 'r'이라는 인스턴스 객체를 생성합니다. Runnable에서 정의된 메서드는 run 메서드 하나밖에 없습니다. 이를 09라인에서 재정의해서 생성된 r의 run 메서드를 호출하여 출력하는 예제 코드입니다. 만약에 내부 클래스에서 재정의한 run 메서드에서 구현한 소스코드가 무척 길다면 소스코드를 보기에 가독성이 많이 떨어질 수 있습니다. 내부 클래스를 사용하면서 꼭 필요한지 생각해보고 구현하는 게 좋습니다. 소속된 메서드 내에서만 사용할 수 있기 때문에 재사용이 불가능합니다. [Sample12.java]의 컴파일된 파일은 다음과 같습니다.

```
Sample12.class
Sample12$1.class
```

메서드 내에서 사용된 클래스는 익명이라서 숫자로만 클래스명으로 정해져 있습니다. 이번에는 인터페이스를 직접 만들어서 진행해보겠습니다.

Sample13.java

```java
01  package chap08;
02
03  interface Greeting {
04      public String sayHello(String name);
05  }
06
07  public class Sample13 {
08
09      public static void main(String[] args) {
10          Greeting greeting = new Greeting() {
11              @Override
12              public String sayHello(String name) {
13                  return name + " 안녕!";
14              }
15          };
16
17          System.out.println( greeting.sayHello("빵형") );
18      }
19
20  }
```

> **실행 결과**
>
> 빵형 안녕!

Sample13.java에서는 클래스가 구현되어 있지만 03라인을 보면 인터페이스도 함께 구현되어있습니다. 클래스도 1개 이상 작성해도 되는데 파일을 분리하지 않고 하나로 진행합니다. 앞서 Runnable 인터페이스에서는 매개변수도 없고 반환값도 없었는데 Greeting 인터페이스에서는 매개변수도 하나를 받게 구현했고 String으로 반환도 하게 구현되었습니다. 자신에게 필요함에 따라 매개변수와 반환 정보를 얼마든지 자유로이 만들 수 있습니다.

10라인에서 Greeting 객체를 직접 선언하여 객체를 만들어서 인터페이스의 내용을 다 구현했습니다. 하지만 클래스의 이름이 없기에 생성자도 없으며 오직 하나의 인터페이스로 구현하거나 추상 클래스로부터 상속을 받아서 구현할 수밖에 없습니다. 이용 빈도수가 적은 클래스를 만드는 것보다 일회용으로 사용할 경우 익명 클래스를 많이 사용합니다.

이번에는 내부 클래스 내에서 this를 사용해보겠습니다. this는 객체 자신을 가리키는 참조 변수라고 했는데 내부 클래스에서는 어떻게 작동하는지 확인해보겠습니다.

Sample14.java

```java
package chap08;

interface Bow {

    public String sayHello();

    public String sayBye();
}

public class Sample14 {

    public static void main(String[] args) {

        String name = "빵형";
        Bow bow = new Bow() {
            @Override
            public String sayHello() {
                return name + " 안녕!";
            }
```

```
21              @Override
22              public String sayBye() {
23                  System.out.println(this.sayHello());
24                  return name + " 잘가!";
25              }
26          };
27
28          System.out.println( bow.sayBye() );
29      }
30
31  }
```

> **실행 결과**
>
> 빵형 안녕!
> 빵형 잘가!

이번에는 인터페이스에 2개의 메서드를 정의해놓았습니다. 13라인에서 Bow 객체에 내부 클래스로 2개의 메서드를 구현하면서 sayHello에서는 그냥 문구를 리턴합니다. 그런데 sayBay 메서드를 호출하면 this가 메인 클래스인 Sample14 객체가 아닌 Bow를 지칭하는 this가 되어 sayHello 메서드를 호출하게 됩니다.

내부 클래스에서 외부 클래스의 자원에 접근하기가 쉽다고 했습니다. 그래서 메인 메서드에 name이라는 멤버 변수에 접근해서 내부 클래스를 참조해서 값을 반환하게 처리했습니다. 내부 클래스에서 this를 사용하게 되면 내부 클래스 객체를 가리키는 this가 된다는 것을 꼭 알아야 합니다.

정적 중첩 클래스(Static Nested classes)

중첩 클래스는 다른 클래스 안에 정의된 클래스를 말합니다. 그냥 정의하면 인스턴스 클래스가 되는 것이고 클래스를 선언할 때 static을 붙이면 정적 멤버 클래스가 됩니다. 이를 중첩 클래스라고 합니다. 인스턴스 내부 클래스에서는 내부 클래스를 사용하기 위해서는 외부 클래스의 인스턴스를 생성한 뒤에 다시 내부 클래스의 인스턴스를 생성해야지만 사용할 수 있었습니다.

[Sample10.java]의 소스코드에서 다음과 같이 외부 클래스의 Student 객체를 먼저 인스턴스화하고 내부 클래스인 Score를 인스턴스화하여 사용했습니다.

```
Student student = new Student("빵형");
    Student.Score studentScore = student.new Score();
```

하지만 정적 중첩 클래스에서는 외부 클래스를 인스턴스화하지도 않고서 내부 클래스의 객체를 생성할 수 있습니다. [Sample10.java]의 내용을 정적 중첩 클래스로 재구성해 보겠습니다.

Student.java

```
01  package chap08.Sample15;
02
03
04  class Student {
05      static String name;       //정적 내부 클래스는 static 멤버 변수만 접근이 가능
06
07      public Student(String name) {
08          this.name = name;
09      }
10
11      public static class Score {
12          int eng;
13          int mat;
14
15          public Score(String name) {
16              Student.name = name;   //내부 클래스의 this는 내부 클래스를 참조하기 때문에 Student를 직접 참조
17          }
18
19          public void showInfo() {
20              System.out.println("이름 : " + name);   //외부클래스의 자원에 쉽게 접근합니다.
21              System.out.println("영어 : " + eng);
22              System.out.println("수학 : " + mat);
23          }
24      }
25
26  }
```

Student 외부 클래스에 Score 내부 클래스 형태로 구현되었으나 Score는 static으로 구현되어 있어서 인스턴스화를 하지 않아도 직접 접근할 수 있습니다. 내부 클래스에서 외부 클래스의 멤버 변수로의 접근이 쉬운데 static으로 접근한 내부 클래스에서 생성도 되지 않은 외부 클래스의 접근은 불가능합니다. 그래서 name의 멤버 변수도 static으로 생성 없이 접근이 가능하게 구현했습니다.

static 키워드가 없는 멤버 변수나 메서드는 사용할 수 없습니다. 16라인에서 멤버 변수에 접근하려면 this를 써야 하는데 내부 클래스에서 this를 사용하면 내부 클래스의 멤버 변수를 찾기 때문에 외부 클래스명으로부터 직접 static 멤버 변수인 name을 선택하여 매개변수 name의 값을 대입시킨 점을 주의해서 코딩해야 합니다.

Sample15.java

```
01  package chap08.Sample15;
02
03  public class Sample15 {
04
05      public static void main(String[] args) {
06          Student.Score score = new Student.Score("빵형");
07          score.eng = 23;
08          score.mat = 21;
09
10          score.showInfo();
11      }
12
13  }
```

실행 결과

```
이름 : 빵형
영어 : 23
수학 : 21
```

06라인에서 정적 중첩 클래스의 내부 클래스를 인스턴스로 한 번에 생성하여 구현하였습니다. 인스턴스 내부 클래스와 비교하여 분석해보면 더 좋습니다.

8.3 객체(Object)

공용 클래스 Object는 모든 클래스의 최상위 클래스로 배열을 포함한 모든 객체는 이 Object 클래스의 메서드를 구현합니다. 여기서 말하는 모든 클래스라는 말은 지금까지 우리가 만든 Java 파일을 말합니다. 우리가 작성하는 클래스는 Object 클래스를 상속받지 않아도 자동으로 상속받게 되며 따로 구현하지 않아도 Object 클래스의 모든 메서드를 사용할 수 있습니다.

앞서 코딩한 Student 클래스를 구현했습니다.

```java
class Student {
    static String name;

    public Student(String name) {
        this.name = name;
    }

}
```

하지만 아래와 같이 구현한 것과 같습니다.

```java
class Student extends Object{
    static String name;

    public Student(String name) {
        this.name = name;
    }

}
```

Object 객체를 상속받아서 구현한 것과 같습니다. 따로 구현하지 않아도 Object에 구현된 메서드들을 사용할 수 있습니다. Object 클래스의 주요 메서드는 다음과 같습니다.

Method Summary		
All Methods **Instance Methods** **Concrete Methods** **Deprecated Methods**		
Modifier and Type	Method	Description
protected Object	clone()	Creates and returns a copy of this object.
boolean	equals(Object obj)	Indicates whether some other object is "equal to" this one.
protected void	finalize()	**Deprecated.** The finalization mechanism is inherently problematic.
Class<?>	getClass()	Returns the runtime class of this Object.
int	hashCode()	Returns a hash code value for the object.
void	notify()	Wakes up a single thread that is waiting on this object's monitor.
void	notifyAll()	Wakes up all threads that are waiting on this object's monitor.
String	toString()	Returns a string representation of the object.
void	wait()	Causes the current thread to wait until it is awakened, typically by being *notified* or *interrupted*.
void	wait(long timeoutMillis)	Causes the current thread to wait until it is awakened, typically by being *notified* or *interrupted*, or until a certain amount of real time has elapsed.
void	wait(long timeoutMillis, int nanos)	Causes the current thread to wait until it is awakened, typically by being *notified* or *interrupted*, or until a certain amount of real time has elapsed.

[그림 8-9] Object Method Summary

여기에서 자주 사용하게 될 메서드를 같이 알아보겠습니다.

메서드	설명
equals()	두 객체 간에 같은지 비교하여 같으면 true, 같지 않으면 false를 반환한다.
toString()	객체의 문자열을 반환한다.

8.3.1 equals() 메서드

먼저 equals()를 살펴보겠습니다. equals()를 이용하면 이 객체가 다른 객체와 같은지에 따라 true와 false 값을 반환합니다. Object 클래스의 equals() 메서드를 확인해보겠습니다.

```
public boolean equals(Object obj) {
    return (this == obj);
}
```

08장 객체지향 프로그래밍

여기에서는 객체만을 비교하는데 추가로 값도 함께 비교하곤 합니다. 필자는 equals( ) 메서드를 String 자료형의 값을 비교할 때 주로 사용합니다. 다시 말해서 '='은 객체가 같은지를 비교하고 equals( ) 메서드는 객체의 값을 비교합니다. 다음 그림을 같이 보며 이해해보겠습니다.

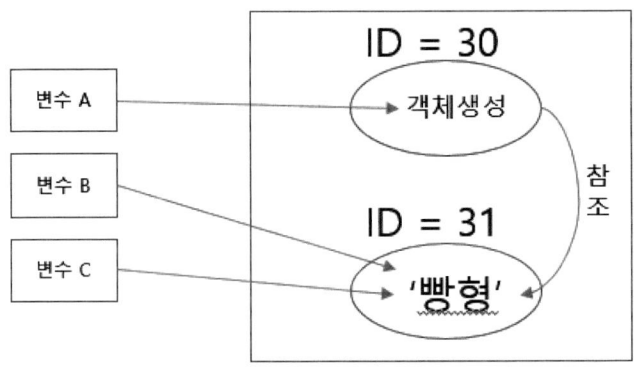

[그림 8-10] 객체와 값의 비교

변수 A는 메모리의 주소값이 30인 ID를 갖는 객체를 생성했습니다. 주소는 임의의 숫자이니 의미를 두지 마세요. 이 객체는 ID가 31인 메모리에 '빵형'이라는 값을 저장하여 참조합니다. ID 31은 불변의 값을 갖으나 공유할 수 있다고 [2장 변수]에서 배웠습니다. 그래서 변수 B는 메모리에서 '빵형'이라는 값을 찾습니다. ID가 31인 메모리에 '빵형'이라는 값이 이미 존재하고 있어서 ID가 31인 값을 직접 참조하여 값을 공유받았습니다.

변수 C 역시 '빵형'이라는 값을 대입합니다. 방법은 변수 B와 같습니다. 변수 A는 메모리 주소 30을 참조하고 30은 다시 31을 참조합니다. 변수 B와 C는 메모리 31을 참조하여 메모리 주소도 같고 값도 같습니다. B와 C는 '=='로 비교해도 값이 같고, equals( ) 메서드로 비교해도 true가 반환됩니다. 하지만 값은 같지만, 메모리 주소가 다른 변수 A와는 객체를 비교하는 '=='을 사용하면 메모리를 참조하는 주소가 30과 31로 다르기 때문에 false가 반환됩니다. 하지만 값만 비교하는 equals( ) 메서드의 결과는 true가 반환됩니다. 그럼 소스코드로 확인해보겠습니다.

Sample16.java

```java
01  package chap08;
02
03  public class Sample16 {
04
05      public static void main(String[] args) {
06          String A = new String("빵형");
07          String B = "빵형";
08          String C = "빵형";
09
10          if(A == B) {
11              System.out.println("A와 B는 주소가 같습니다.");
12          }
13          else {
14              System.out.println("A와 B는 서로 다른 주소입니다.");
15          }
16
17          if(A.equals(B)) {
18              System.out.println("A와 B는 같은 값입니다.");
19          }
20          else {
21              System.out.println("A와 B는 서로 다른 값입니다.");
22          }
23
24          if(B == C) {
25              System.out.println("B와 C는 주소가 같습니다.");
26          }
27          else {
28              System.out.println("B와 C는 서로 다른 주소입니다.");
29          }
30
31          if(B.equals(C)) {
32              System.out.println("B와 C는 같은 값입니다.");
33          }
34          else {
35              System.out.println("B와 C는 서로 다른 값입니다.");
36          }
37      }
38
39  }
```

실행 결과

```
A와 B는 서로 다른 주소입니다.
A와 B는 같은 값입니다.
B와 C는 주소가 같습니다.
B와 C는 같은 값입니다.
```

변수 A는 참조형 변수로 값의 주소를 참조하고, 변수 B, C는 값을 직접 할당받게 된다는 차이점이 있습니다. 기본 자료형은 '=='로 값을 비교하고 참조 자료형은 equals( ) 메서드로 비교해야 한다고 기억을 하면, 자료형 비교로 실수하는 일이 없을 겁니다.

8.3.2 toString( ) 메서드

객체의 문자열 표현을 반환하는 메서드로 override를 해서 재정의도 할 수 있습니다. 이미 정의된 내용을 재정의하는 것을 **오버라이딩(overriding)**이라고 합니다. 우선 Object 클래스에서 제공하는 toString( ) 메서드를 살펴보겠습니다.

```java
public String toString() {
    return getClass().getName() + "@" + Integer.toHexString(hashCode());
}
```

toString( ) 메서드를 호출하면 클래스명과 객체 해시 코드의 부호 없는 16진수 값과 함께 '@'로 구분하여 문자열을 반환합니다. 그래서 상속받은 toString( ) 메서드를 재정의하여 객체의 내용을 출력해서 확인하는 용도로 많이 사용합니다.

Sample17.java
```java
01  package chap08;
02
03  public class Sample17 {
04
05      public static void main(String[] args) {
06          Student st = new Student("빵형", 21, 1);
07          System.out.println(st.toString());
08      }
09
10  }
11
12  class Student {
13      String name;   //이름
14      int    age;    //나이
15      int    grade;  //학년
16
17      public Student(String name, int age, int grade) {
18          this.name = name;
19          this.age = age;
20          this.grade = grade;
```

```
21    }
22
23 }
```

실행 결과

```
chap08.Student@27716f4
```

객체의 값은 생성자를 통해서 입력할 수 있게 만들었으며 실행 결과는 클래스명과 해시 코드가 출력되었습니다. 이제 똑같은 코드를 toString( ) 메서드로 오버라이딩해서 진행해보겠습니다. 먼저 마우스 커서를 12라인 이후에 클릭합니다. 가능하면 22라인이 좋습니다. toString( ) 메서드를 오버라이딩하는 코드를 단축키로 자동으로 생성합니다. 마우스 우클릭하여 메뉴에서 [Source 〉 Generate toString( )]를 선택합니다.

[그림 8-11] 메뉴를 활용한 Generate toString( ) 선택

단축키로 [Alt + Shift + S, S]를 누릅니다. 그럼 다음 그림과 같은 창이 나옵니다.

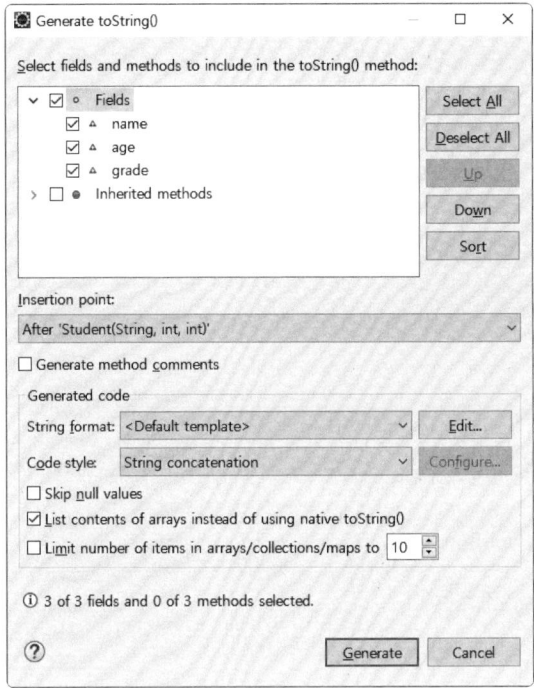

[그림 8-12] Generate toString( )

기본적으로 'Fields' 항목의 멤버 변수들이 다 선택되어있습니다. 출력하고자 하는 변수만 선택하면 됩니다. 만약에 password 같은 민감한 변수는 체크하지 않는 게 바람직합니다. 다 되었다면 [Generate] 버튼을 클릭합니다. 그럼 다음과 같은 소스코드가 자동으로 생성됩니다.

```
@Override
public String toString() {
return "Student [name=" + name + ", age=" + age + ", grade=" + grade + "]";
}
```

수정된 소스코드를 다시 확인해보겠습니다.

Sample17.java 수정 후

```java
01  package chap08;
02
03  public class Sample17 {
04
05      public static void main(String[] args) {
06          Student st = new Student("빵형", 21, 1);
07          System.out.println(st.toString());
08      }
09
10  }
11
12  class Student {
13      String  name;   //이름
14      int     age;    //나이
15      int     grade;  //학년
16
17      public Student(String name, int age, int grade) {
18          this.name = name;
19          this.age = age;
20          this.grade = grade;
21      }
22
23      @Override
24      public String toString() {
25          return "Student [name=" + name + ", age=" + age + ", grade=" + grade + "]";
26      }
27
28  }
```

실행 결과

```
Student [name=빵형, age=21, grade=1]
```

객체의 해시 코드를 보다가 알아볼 수 있는 데이터의 내용을 출력했습니다. 훨씬 보기가 편한 것을 알 수 있습니다. 자동으로 생성되는 코드 말고 자신이 원하는 형태로도 얼마든지 변형하여 만들어볼 수 있습니다.

8.3.3 객체 배열

객체 배열은 이미 String이라는 객체를 이용해서 배열을 만들어봤습니다. 하지만 기본 자료형처럼 사용했기 때문에 객체에서 따로 다루게 되었습니다. 실제로 많이 사용하는 형태이기 때문에 내가 만든 클래스도 배열로 사용할 수 있다는 것쯤은 알고 넘어가야 합니다. [Sample17.java]에서 이미 만들어진 Student 클래스를 배열로 생성해서 Sample18.java로 구현해서 반복문으로 출력하는 코드를 살펴보겠습니다.

Sample18.java

```java
package chap08;

public class Sample18 {

    public static void main(String[] args) {
        Student[] students = new Student[3];
        students[0] = new Student("빵형", 21, 1);
        students[1] = new Student("빵동생", 20, 3);
        students[2] = new Student("빵친구", 21, 1);

        for(Student student : students) {
            System.out.println(student.toString());
        }
    }
}
```

실행 결과

```
Student [name=빵형, age=21, grade=1]
Student [name=빵동생, age=20, grade=3]
Student [name=빵친구, age=21, grade=1]
```

06라인에서 배열을 3개 생성한다고 선언했으며 07~09라인을 보면 0부터 2까지 3개의 배열 값을 넣었습니다. 배열의 순번은 0부터 시작한다는 것을 잊지 마세요. 출력을 위해서 향상된 for문을 이용했습니다. 만약 일반적인 for문을 이용하고자 한다면 다음과 같이 합니다.

```
for(int i = 0; i < students.length; i++) {
    System.out.println(students[i].toString());
}
```

초기식으로 변수 i에 0의 값을 넣었고 조건식으로 배열의 수보다 작은 수를 범위로 정의했습니다. 물론 증감식엔 1씩 증가하게 단항식을 이용했습니다. 그리고 출력할 때는 배열에 순번인 i를 넣어서 0번부터 2번까지 출력되게 했습니다. 이렇게 참조 자료형인 클래스를 만들어서 배열로 선언하여 배열의 내용을 출력하는 소스코드까지 작성해보았습니다.

8.4 접근 제어자(Access Modifier)

지금까지 예제 소스코드를 작성하면서 접근 제어자를 마음대로 사용하지 못해서 답답했습니다. 이 과정을 학습한 이후에는 접근 제어자를 적극 활용하여 소스코드를 소개할 수 있을 것 같습니다. 그만큼 중요하고 모든 클래스나 메서드 그리고 변수에 꼭 사용되기 때문에 중요한 부분입니다. 그래서 public과 default 정도만 가볍게 설명하고 사용해왔습니다. 이제 접근을 제어하기 위한 접근 제어자에는 어떤 것들이 있는지 하나하나 알아보겠습니다.

객체의 멤버(변수, 메서드)에 접근할 수 있는 범위를 제한하는 명령어

- public: 아무런 제약 없이 모든 접근이 허용된다.
- protected: 같은 패키지의 객체와 상속 관계에 있는 객체까지만 접근이 허용된다.
- default: 해당 패키지 내에서만 접근이 허용된다. (제한자를 생략하면 default로 처리되며 입력하지 않는다.)
- private: 해당 class 내에서만 접근이 허용된다.

다음의 소스코드를 먼저 확인해보겠습니다.

Sample19.java

```java
01  package chap08;
02
03  public class Sample19 {
04
05      public static void main(String[] args) {
06          // 1. 내 지갑에 10,000원 있음
07          Wallet myWallet = new Wallet(10000);
08
09          // 2. 2,000원짜리 물품을 구매했으며 세금 10% 더해서 2,200원 지불함
10          myWallet.myMoney -= 2200;
11
12          // 3. 내 지갑의 남은 돈을 확인
13          myWallet.checkMyMoney();
14      }
15
16  }
17
18  class Wallet {
19      int myMoney;
20
21      public Wallet(int myMoney) {
22          this.myMoney = myMoney;
23      }
24
25      public void pay(int payMoney) {
26          this.myMoney -= (int)(payMoney *1.1);
27      }
28
29      public void checkMyMoney() {
30          System.out.println("남은 돈 : " + this.myMoney);
31      }
32
33  }
```

실행 결과

```
남은 돈 : 7800
```

18라인을 보면 Wallet이라는 객체가 있습니다. myMoney라는 정수 자료형으로 현재 지갑에 남아있는 돈의 값이 저장됩니다. 25라인에 'pay(int payMoney)'라는 메서드를 통해서 지갑의 돈을 지출하는 메서드를 만들어놨습니다. 하지만 10라인에서 메서드를 활용하지 않고 직접 객체의 myMoney에 접근하여 지불 금액을 시스템에 의한 지불이 아닌 임의의 지불금을 처리

했습니다. 처리되는 값은 맞지만, 시스템에 의한 지불 금액이 처리된 게 아니기 때문에 지갑에 있는 금액을 나타내는 myMoney의 정보를 신뢰할 수가 없습니다.

그럼 해결책은 pay 메서드를 통해서 처리되게 하는 방법이 있습니다. 물론 Wallet의 멤버 변수 myMoney에는 접근을 제한해야 합니다. 이때 접근 제어자를 사용합니다. myMoney는 클래스 내부에서만 접근할 수 있어야 합니다. 그래서 접근 제어자로 'private'을 사용하여 해당 클래스 내에서만 접근할 수 있게 합니다. 생성자나 'pay( )', 'checkMyMoney( )'는 외부에서 접근할 수 있게 하여 이 메서드를 통해서만 처리되게 외부에서의 접근을 허용해야 하니 'public'으로 합니다.

다시 소스코드를 수정해보겠습니다.

Sample19.java 수정 후

```
01  package chap08;
02
03  public class Sample19 {
04
05      public static void main(String[] args) {
06          // 1. 내 지갑에 10,000원 있음
07          Wallet myWallet = new Wallet(10000);
08
09          // 2. 2,000원짜리 물품을 구매했으며 세금 10% 더해서 2,200원 지불함
10          //myWallet.myMoney -= 2200;
11          myWallet.pay(2000);
12
13          // 3. 내 지갑의 남은 돈을 확인
14          myWallet.checkMyMoney();
15      }
16
17  }
18
19  class Wallet {
20      private int myMoney;
21
22      public Wallet(int myMoney) {
23          this.myMoney = myMoney;
24      }
25
26      public void pay(int payMoney) {
27          this.myMoney -= (int)(payMoney *1.1);
28      }
29
30      public void checkMyMoney() {
```

```
31          System.out.println("남은 돈 : " + this.myMoney);
32      }
33
34  }
```

실행 결과

```
남은 돈 : 7800
```

제품 원가를 입력하면 세금까지 더해서 자동으로 지급하게 시스템화되어 처리되었습니다. 이렇게 외부에서 내부의 내용을 숨겨 데이터를 보호하고 다른 객체의 접근을 제한하는 것을 객체지향 프로그래밍에서 볼 수 있는데, 이것을 캡슐화(Encapsulation)라고 합니다. 캡슐화를 통해서 정보의 은닉이 가능하여 중요한 정보를 가볍게 접근하는 것을 막아 데이터의 조작이 일어날 수 없습니다. 따라서, 데이터의 값들을 신뢰할 수 있게 되기 때문에 접근 제어자 활용은 매우 중요합니다.

멤버 변수를 'private'로 만들고 메서드를 통해서만 값을 넣거나 가져오게 되는데 이를 getter와 setter라고 부르며 이 메서드는 'public' 접근 제어자를 통해서만 데이터의 값을 처리하게 합니다. 다음의 필드를 만들고 단축키 [Alt + Shift + S, R]을 통해서 자동으로 getter와 setter를 생성할 수 있습니다.

객체의 캡슐화를 같이 구현해보겠습니다. 먼저 다음과 같이 작성합니다.

```
package chap08;

public class Sample20 {
    private int id;
    private String name;
    private String password;
}
```

단축키[Alt + Shift + S, R]이나 Sample20 클래스 안에 커서를 두고 마우스 우클릭을 합니다. 그럼 다음과 같은 팝업 메뉴가 나옵니다. 여기서 [Generate Getters and Setters…]을 선택합니다.

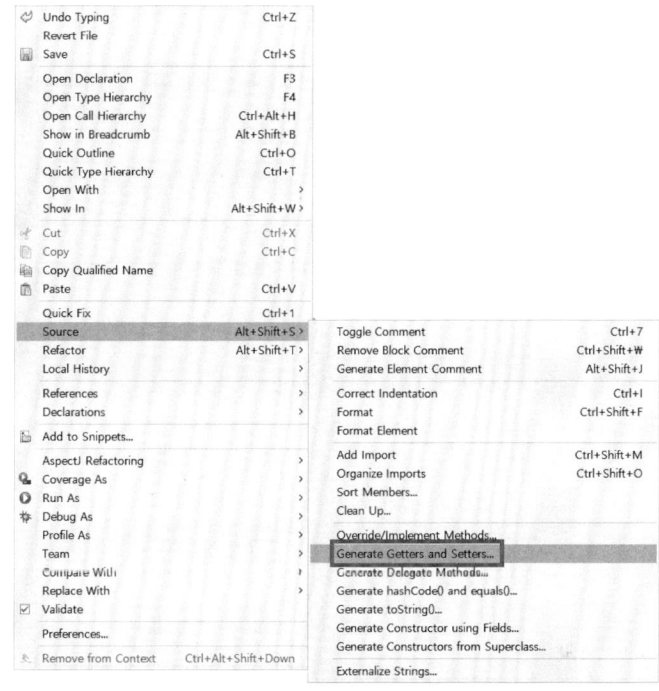

[그림 8-13] Generate Getters and Setters… 선택

getter와 setter를 만들 필드를 선택한 뒤에 [Generate]를 선택합니다.

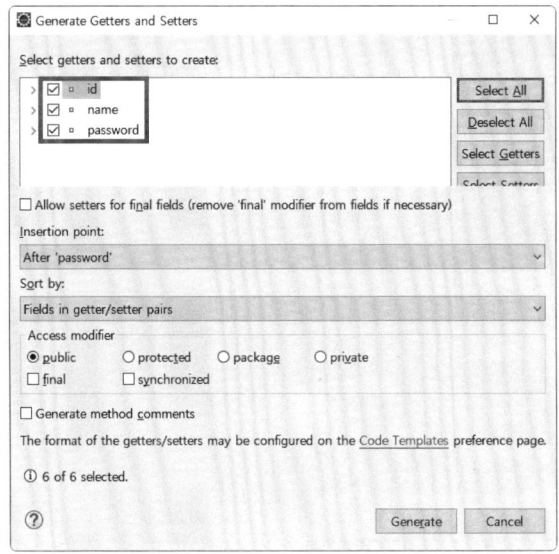

[그림 8-14] Generate Getters and Setters

추가로 toString( ) 메서드까지 만들어봅니다. 출력할 때 password 필드는 출력되면 안되겠죠? 그럼 다음과 같은 Sample20.java 파일이 완성됩니다.

Sample20.java
```java
01  package chap08;
02
03  public class Sample20 {
04      private int id;
05      private String name;
06      private String password;
07
08      public int getId() {
09          return id;
10      }
11
12      public void setId(int id) {
13          this.id = id;
14      }
15
16      public String getName() {
17          return name;
18      }
19
```

```
20      public void setName(String name) {
21          this.name = name;
22      }
23
24      public String getPassword() {
25          return password;
26      }
27
28      public void setPassword(String password) {
29          this.password = password;
30      }
31
32      @Override
33      public String toString() {
34          return "Sample20 [id=" + id + ", name=" + name + "]";
35      }
36
37  }
```

실제로 이렇게 캡슐화를 통한 객체를 많이 만들어서 사용합니다. 이번에는 패키지 경로를 다르게 하여 public으로 쉽게 접근해보고 default를 이용해서 패키지가 다른 경우에는 해당 클래스의 접근을 못 하게 제한을 걸어보는 실습을 해보겠습니다. 패키지 경로를 추가해야 하니까 다음과 같은 경로로 3개의 파일을 구현하겠습니다.

```
chap08/Sample21/Sample21.java
chap08/Sample21/service/DataServiceImpl.java
chap08/Sample21/service/PrintServiceImpl.java
```

DataServiceImpl.java

```
01  package chap08.Sample21.service;
02
03  public class DataServiceImpl {
04      public String getName() {
05          return "Java";
06      }
07  }
```

getName( ) 메서드를 호출하면 'Java'라는 문구를 반환합니다. public class에 public method이기 때문에 아무런 제약 없이 모든 접근이 허용됩니다.

PrintServiceImpl.java

```
01  package chap08.Sample21.service;
02
03  public class PrintServiceImpl {
04      public void pringMessage(String name) {
05          System.out.printf("Hello!! %s", name);
06      }
07  }
```

printMessage( ) 메서드를 호출하면 넘겨받은 파라미터 값과 함께 콘솔에 'Hello!!' 문구를 출력합니다. 역시 public class에 public method이기 때문에 아무런 제약 없이 모든 접근이 허용됩니다.

Sample21.java

```
01  package chap08.Sample21;
02
03  import chap08.Sample21.service.DataServiceImpl;
04  import chap08.Sample21.service.PrintServiceImpl;
05
06  public class Sample21 {
07
08      public static DataServiceImpl data = new DataServiceImpl();
09      public static PrintServiceImpl print = new PrintServiceImpl();
10
11      public static void main(String[] args) {
12          String name;
13          //이름을 가져온다
14          name = data.getName();
15
16          //출력한다.
17          print.pringMessage(name);
18      }
19
20  }
```

실행 결과

```
Hello!! Java
```

DataServiceImpl 클래스에 접근하여 getName( ) 메서드를 통해서 'Java'라는 이름을 가져옵니다. 그런 후 PrintServiceImpl 클래스에 접근하여 printMessage( )를 호출해서 이름을 넘김으로써 'Hello!! Java'를 출력하게 했습니다. main 메서드에서 이름을 직접 가져오고 출력도 직접 했습니다.

이번엔 DataServiceImple 클래스를 같은 클래스에서만 접근하여 PrintServiceImpl 클래스에서만 접근할 수 있게 처리해보겠습니다.

DataServiceImpl.java - class 접근제한자를 default로 수정

```java
01  package chap08.Sample21.service;
02
03  class DataServiceImpl {   //접근 제어자 생략으로 default로 처리
04      public String getName() {
05          return "Java";
06      }
07  }
```

접근 제어자를 생략함으로 인해서 default로 처리됩니다. 같은 클래스가 아니면 접근을 제한합니다. 그래서 [Sample21.java] 파일에서 DataServiceImpl 클래스의 접근이 public에서 default로 바뀌면서 오류가 발생합니다. PrintServiceImpl 클래스에서 DataServiceImpl를 호출하여 출력하게 바꿔보겠습니다.

PrintServiceImpl.java 수정 후

```java
01  package chap08.Sample21.service;
02
03  public class PrintServiceImpl {
04      public static DataServiceImpl data = new DataServiceImpl();
05
06      public void pringMessage() {
07          System.out.printf("Hello!! %s", data.getName());
08      }
09  }
```

같은 클래스인 PrintServiceImpl 클래스에서는 DataServiceImpl 클래스에 직접 접근하여 이름 정보를 가져와서 출력합니다.

Sample21.java 수정 후

```
01  package chap08.Sample21;
02
03  import chap08.Sample21.service.PrintServiceImpl;
04
05  public class Sample21 {
06
07      public static PrintServiceImpl print = new PrintServiceImpl();
08
09      public static void main(String[] args) {
10
11          //출력한다.
12          print.pringMessage();
13
14      }
15
16  }
```

실행 결과

```
Hello!! Java
```

접근 가능한 PrintServiceImpl 클래스의 printMessage( ) 메서드만 호출하게 처리하여 결과는 동일하게 나옵니다. 이렇게 접근 허용 여부를 잘 판단하여 접근 제어자를 잘 활용하면 처리하는 특정 패턴만을 만들어서 프로그래밍할 수 있습니다.

8.5 LOMBOK PROJECT

우리는 앞서 1장에서 Lombok이 뭔지도 잘 모르면서 세팅했고 지금까지도 정확히 모르고 있습니다. 이제부터 Lombok을 사용함으로써 조금 더 간편하게 코딩을 해보겠습니다. 여기서 간편한 코딩이라는 것은 반복적으로 하는 뻔한 코딩을 말합니다. 당연시하게 구현했던 코드를 Lombok을 활용하여 생략할 수 있습니다. 앞에 붙은 '@'(at)은 애너테이션을 가리키는 문자로 [14장 애너테이션(Annotation)]에서 자세히 다룹니다.

- @Getter/@Setter
- @ToString
- @NoArgsConstructor, @RequiredArgsConstructor and @AllargsConstructor
- @Data
- @Builder

Car라는 클래스를 만들어서 여기에서 소개한 Lombok 기능을 모두 적용하여 배워보겠습니다.

8.5.1 @Getter/@Setter

앞서 객체에서 캡슐화를 구현했습니다. 정보의 은닉을 통해서 데이터의 조작이 일어날 수 없게 하여 숨겨진 정보의 값은 정해진 규칙에 따라서만 값을 넣고 뺄 수 있도록 합니다. 그런데 단순하게 값을 넣고 빼는 메서드를 작성할 때는 Lombok에서 제공하는 애너테이션을 활용하면 쉽게 자동으로 구현됩니다.

```java
// Car.java
01  package chap08.Sample22;
02
03  public class Car {
04      private String color;         //차량색상
05      private int    doors;         //문 수
06      private String manufacturer;  //제조사
07
08      public String getColor() {
09          return color;
10      }
11
12      public void setColor(String color) {
13          this.color = color;
14      }
15
16      public int getDoors() {
17          return doors;
18      }
19
20      public void setDoors(int doors) {
21          this.doors = doors;
22      }
23
```

```
24      public String getManufacturer() {
25          return manufacturer;
26      }
27
28      public void setManufacturer(String manufacturer) {
29          this.manufacturer = manufacturer;
30      }
31
32  }
```

접근 제어자가 'private'인 3개의 멤버 변수가 있고 이 멤버 변수에 접근이 가능한 메서드 getter와 setter가 있습니다. 멤버 변수에 값을 넣는 메서드를 setter라고 부르고 멤버 변수의 값을 얻는 메서드를 getter라고 합니다.

Getter와 Setter 메서드

- getter( ) 메서드

접두사 get을 사용

멤버 변수의 첫 글자만 대문자로 작성

멤버 변수의 리턴값이 있다.

매개변수가 없다.

- setter( ) 메서드

접두사 set을 사용

멤버 변수의 첫 글자만 대문자로 작성

리턴값이 없다.

매개변수가 있다.

---

getter( )와 setter( ) 메서드의 코드 길이가 너무 깁니다. 당연히 필요하지만 중간에 다른 메서드가 있을 때 깜빡하고 놓치기 쉽습니다. 이때 Lombok을 @Getter과 @Setter을 활용하여 코드를 줄여보겠습니다.

Car.java - Lombok적용후

```java
01 package chap08.Sample20;
02
03 import lombok.Getter;
04 import lombok.Setter;
05
06 @Getter
07 @Setter
08 public class Car {
09     private String color;         //차량색상
10     private int    doors;         //문 수
11     private String manufacturer;  //제조사
12 }
```

코드가 눈에 띄게 줄어든 것을 확인할 수 있습니다. 그럼 컴파일되었을 때 어떻게 되는지 디컴파일된 코드를 확인해보겠습니다.

Car.class

```java
01 package chap08.Sample20;
02
03 public class Car {
04     private String color;
05     private int doors;
06     private String manufacturer;
07
08     public String getColor() {
09         return this.color;
10     }
11
12     public int getDoors() {
13         return this.doors;
14     }
15
16     public String getManufacturer() {
17         return this.manufacturer;
18     }
19
20     public void setColor(String color) {
21         this.color = color;
22     }
23
24     public void setDoors(int doors) {
25         this.doors = doors;
26     }
27
28     public void setManufacturer(String manufacturer) {
```

```
29            this.manufacturer = manufacturer;
30        }
31    }
```

우리가 앞서 구현한 소스코드의 내용과 같은 규칙으로 코드가 완성되어 있는 결과를 확인할 수 있습니다.

8.5.2 @ToString

앞서 toString( ) 메서드에 대해서 배웠습니다. 클래스명과 해시 코드로 출력되는 내용을 우리가 알아볼 수 있는 데이터를 출력해주는 용도로 많이 사용했습니다. 이 역시 정형화된 코드입니다. 이 코드 역시 Lombok을 활용하여 배워보겠습니다. Sample22에서 했던 내용을 Sample23 폴더를 생성한 후 다음과 같이 구현합니다.

Car.java - toString() 메서드 구현

```
01  package chap08.Sample23;
02
03  import lombok.Getter;
04  import lombok.Setter;
05
06  @Getter
07  @Setter
08  public class Car {
09      private String color;          //차량색상
10      private int    doors;          //문 수
11      private String manufacturer;   //제조사
12
13      @Override
14      public String toString() {
15          return "Car [color=" + color + ", doors=" + doors + ", manufacturer=" + manufacturer + "]";
16      }
17
18  }
```

이렇게 구현된 코드를 Lombok을 적용하여 구현하겠습니다.

Car.java - toString() Lombok 구현

```java
01  package chap08.Sample23;
02
03  import lombok.Getter;
04  import lombok.Setter;
05  import lombok.ToString;
06
07  @Getter
08  @Setter
09  @ToString
10  public class Car {
11      private String color;       //차량색상
12      private int    doors;       //문 수
13      private String manufacturer; //제조사
14  }
```

toString( ) 메서드를 삭제하고 09라인에 @ToString을 작성하여 자동으로 toString( ) 메서드가 생성되어 코드가 역시 간단해졌습니다. [Car.class] 파일을 디컴파일하여 살펴보겠습니다.

Car.class - @ToString

```java
01  package chap08.Sample23;
02
03  public class Car {
04      private String color;
05      private int doors;
06      private String manufacturer;
07
08      … Getter / Setter 생략
09
10      public String toString() {
11          return "Car(color=" + this.getColor() + ", doors=" + this.getDoors() + ", manufacturer="
12                  + this.getManufacturer() + ")";
13      }
14  }
```

10라인에 toString( ) 메서드까지 자동으로 생성되는 것을 확인할 수 있습니다. Lombok을 사용한 애너테이션들이 삭제되고 자동으로 코드가 구현되어 있는 것을 확인할 수 있습니다.

8.5.3 @NoArgsConstructor, @RequiredArgsConstructor and @AllArgsConstructor

애너테이션을 봐도 예측이 가능합니다. @NoArgsConstructor은 멤버 필드가 없는 기본 생성자를 자동으로 구현해주는 것이고 @RequiredArgsConstructor은 꼭 필요한 멤버 필드를 매개변수로 하는 생성자를 자동으로 생성해줍니다. 필요한 멤버 변수에는 final이나 @NonNull이 있는 멤버 필드가 적어도 하나 이상은 있어야 합니다. 마지막으로 @AllArgsConstructor은 모든 멤버 필드를 매개변수로 생성자를 만들어 줍니다.

여기에서 중요한 것은 @RequiredArgsConstructor입니다. @NoArgsConstructor과 @AllArgsConstructor은 멤버 필드를 매개변수로 아무것도 없거나 모두를 매개변수로 사용하는 것인데 @RequiredArgsConstructor은 어떤 특징이 있는지 살펴보겠습니다. Sample24 폴더를 생성한 후 다음과 같이 코드를 작성해보세요.

Car.java

```
01  package chap08.Sample24;
02
03  import lombok.AllArgsConstructor;
04  import lombok.NoArgsConstructor;
05  import lombok.NonNull;
06  import lombok.RequiredArgsConstructor;
07
08  @NoArgsConstructor
09  @AllArgsConstructor
10  @RequiredArgsConstructor
11  public class Car {
12
13      @NonNull
14      private String color;        //차량색상
15      private int    doors;        //문 수
16      private String manufacturer; //제조사
17
18  }
```

@NoArgsConstructor을 활용하여 매개변수가 없는 생성자를 만들고 @AllArgsConstructor을 활용하여 모든 멤버 필드를 매개변수로 사용하는 생성자를 만들었습니다. 끝으로 final이나 @NonNull으로 정의된 필드만 생성자에 매개변수로 포함하는 생성자를 만드는 @RequiredArgsConstructor으로 만들었습니다.

Car.class

```java
01  package chap08.Sample24;
02
03  import lombok.NonNull;
04
05  public class Car {
06      @NonNull
07      private String color;
08      private int doors;
09      private String manufacturer;
10
11      public Car() { }
12
13      public Car(@NonNull String color, int doors, String manufacturer) {
14          if (color == null) {
15              throw new NullPointerException("color is marked non-null but is null");
16          } else {
17              this.color = color;
18              this.doors = doors;
19              this.manufacturer = manufacturer;
20          }
21      }
22
23      public Car(@NonNull String color) {
24          if (color == null) {
25              throw new NullPointerException("color is marked non-null but is null");
26          } else {
27              this.color = color;
28          }
29      }
30  }
```

컴파일된 코드를 디컴파일하면 이렇습니다. 여기에서 설명하지 않은 Lombok 애너테이션이 있습니다. 바로 @NonNull입니다. 아직 예외 처리를 배우지 않아서 다루지 않았으며 여기에서는 @NonNull이라고 하면 해당 멤버 필드의 리터럴로는 null이 올 수 없다는 정도로 알면 됩니다. 위 14라인과 24라인을 보면 null인지 확인해서 예외 처리하는 코드가 그 이유입니다.

11라인에서 매개변수 없는 생성자가 생성되었고 13라인에서 모든 멤버 필드를 매개변수로 사용하는 생성자가 생성되었으며 23라인에서는 @NonNull으로 정의된 멤버 필드만 생성자에 포함되어 자동으로 구현되었습니다.

8.5.4 @Data

지금까지 getter, setter, toString 메서드를 생성하기 위해서 3개의 애너테이션이 필요했습니다. 물론 몇 가지 더 있지만, 사용 빈도가 낮아서 소개하지 않은 것도 있습니다. 앞서 소개한 @ToString, @Getter, @Setter, @RequiredArgsConstructor이 자주 사용하는 Lombok의 애너테이션입니다. 기본적으로 이 4가지를 입력하는 것도 귀찮을 때가 참 많습니다. 이럴 때 Lombok의 애너테이션이 바로 @Data입니다.

@Data을 적용하게 되면 다음과 같은 애너테이션의 효과가 적용됩니다.

- @ToString
- @EqualsAndHashCode
- @Getter
- @Setter
- @RequiredArgsConstructor

@EqualsAndHashCode을 제외하고는 모두 확인했는데 객체를 비교하기 위한 메서드로 내용이 같은지를 비교하는 equals는 앞서 배웠습니다. 나머지 hashCode는 두 객체가 같은 객체인지 동일성을 비교하는 연산자입니다. 그럼 @Data을 적용한 소스코드와 디컴파일된 코드를 Sample25 폴더를 생성한 후 소스코드를 작성하여 확인해보겠습니다.

Car.java - @Data
```java
package chap08.Sample25;

import lombok.Data;

@Data
public class Car {
    private String color;
    private int doors;
    private String manufacturer;

}
```

갑자기 확 간단해졌습니다. 이 소스코드가 어떻게 자동으로 구현되었는지 디컴파일된 코드를 보겠습니다.

Car.class - @Data

```java
01  package chap08.Sample25;
02
03  public class Car {
04      private String color;
05      private int doors;
06      private String manufacturer;
07
08      public String getColor() {
09          return this.color;
10      }
11
12      public int getDoors() {
13          return this.doors;
14      }
15
16      public String getManufacturer() {
17          return this.manufacturer;
18      }
19
20      public void setColor(String color) {
21          this.color = color;
22      }
23
24      public void setDoors(int doors) {
25          this.doors = doors;
26      }
27
28      public void setManufacturer(String manufacturer) {
29          this.manufacturer = manufacturer;
30      }
31
32      public boolean equals(Object o) {
33          if (o == this) {
34              return true;
35          } else if (!(o instanceof Car)) {
36              return false;
37          } else {
38              Car other = (Car) o;
39              if (!other.canEqual(this)) {
40                  return false;
41              } else {
42                  label39 : {
43                      Object this$color = this.getColor();
44                      Object other$color = other.getColor();
45                      if (this$color == null) {
46                          if (other$color == null) {
```

```
47                            break label39;
48                        }
49                    } else if (this$color.equals(other$color)) {
50                        break label39;
51                    }
52
53                    return false;
54                }
55
56                if (this.getDoors() != other.getDoors()) {
57                    return false;
58                } else {
59                    Object this$manufacturer = this.getManufacturer();
60                    Object other$manufacturer = other.getManufacturer();
61                    if (this$manufacturer == null) {
62                        if (other$manufacturer != null) {
63                            return false;
64                        }
65                    } else if (!this$manufacturer.equals(other$manufacturer)) {
66                        return false;
67                    }
68
69                    return true;
70                }
71            }
72        }
73    }
74
75    protected boolean canEqual(Object other) {
76        return other instanceof Car;
77    }
78
79    public int hashCode() {
80        int PRIME = true;
81        int result = 1;
82        Object $color = this.getColor();
83        int result = result * 59 + ($color == null ? 43 : $color.hashCode());
84        result = result * 59 + this.getDoors();
85        Object $manufacturer = this.getManufacturer();
86        result = result * 59 + ($manufacturer == null ? 43 : $manufacturer.hashCode());
87        return result;
88    }
89
90    public String toString() {
91        return "Car(color=" + this.getColor() + ", doors=" + this.getDoors() + ", manufacturer="
92                + this.getManufacturer() + ")";
93    }
94 }
```

코드를 보면 @Data 한 줄을 작성했을 뿐인데 많은 메서드가 추가된 것을 볼 수 있습니다. 이
렇게 자주 사용하는 정형화된 코드를 자동으로 생성해주기 때문에 꼭 필요한 메서드만 만들
지 모두 만들지를 먼저 생각해봐야 합니다. Lombok의 기능을 활용하면 가독성도 훨씬 좋아
지게 됩니다.

8.5.5 @Builder

생성자와 관련해서 불편한 점이 있습니다. 생성자는 앞서 1개 이상의 생성자를 만들 수 있다
고 배웠습니다. 매개변수 수에 의해서 여러 개의 생성자를 만들게 됩니다. 객체를 생성할 때
생성자에 의해서 생성하게 되는데 매개변수 수의 변경에 대한 대응이 불편합니다.

다음은 생성자를 활용한 객체 생성 코드를 살펴보겠습니다.

```
Sample26.java
01  package chap08;
02
03  import lombok.RequiredArgsConstructor;
04
05  public class Sample26 {
06
07      public static void main(String[] args) {
08          Person per1 = new Person(1);
09          Person per2 = new Person(2, "Mary");
10          Person per3 = new Person(3, "Peter", "010-1234-5678"); //생성자를 또
    추가해야 함
11      }
12
13  }
14
15  @RequiredArgsConstructor
16  class Person {
17      private final int no;
18      private String name;
19      private String phone;
20
21      public Person(int no, String name) {
22          this.no = no;
23          this.name = name;
24      }
25  }
```

생성자가 @RequiredArgsConstructor을 활용한 매개변수가 no가 1개인 생성자와 21라인의 no와 name을 갖는 생성자 2개가 있습니다. 하지만 10라인에서 3개의 매개변수를 등록하려고 할 때 또 추가로 생성자를 만들어야 합니다.

이때 @AllArgsConstructor을 만들어서 추가해도 되지만 클래스의 멤버 변수가 훨씬 많다고 가정하면 생성자의 수가 더 늘어날 수가 있습니다. 이때 빌더 패턴을 활용하면 쉽게 이러한 상황에 대응할 수 있습니다. Lombok에서 제공하는 @Builder을 활용한 빌더 패턴을 활용해보겠습니다.

Sample27.java

```java
package chap08;

import lombok.Builder;
import lombok.RequiredArgsConstructor;

public class Sample27 {

    public static void main(String[] args) {
        //Person2 per1 = new Person(1);
        Person2 per1 = Person2.builder()
                            .no(1)
                            .build();

        //Person2 per2 = new Person(2, "Mary");
        Person2 per2 = Person2.builder()
                            .no(2)
                            .name("Mary")
                            .build();

        //      Person2 per3 = new Person(3, "Peter", "010-1234-5678");
        Person2 per3 = Person2.builder()
                            .no(3)
                            .name("Peter")
                            .phone("010-1234-5678")
                            .build();
    }
}

@RequiredArgsConstructor
class Person2 {
    private final int no;
    private String name;
    private String phone;
}
```

```
36      @Builder
37      public Person2(int no, String name, String phone) {
38          this.no = no;
39          this.name = name;
40          this.phone = phone;
41      }
42  }
```

생성자에 추가할 멤버 필드를 모두 넣은 생성자를 37라인과 같이 하나 만든 후, 생성자 위에 36라인과 같이 '@Builder'이라고 입력하면 빌더 패턴이 완성됩니다. 빌더 패턴의 시작은 객체의 builder( )로 시작해서 인자를 모두 넣고 맨 마지막에 build( )로 끝내면 됩니다.

빌더 패턴이 완성되면 생성자에 정의된 매개변수의 범위 내에서 순서에 상관없이 마음껏 초깃값을 넣을 수 있습니다. per1, per2, per3 모두 생성자의 수가 다른 형태의 초깃값을 넣어서 생성했습니다. 멤버 필드가 더 많더라도 필요한 값을 더 넣기만 하면 문제없이 객체가 생성됩니다.

연습 문제

1. 100 이하의 정수를 입력받아서 for문을 사용하지 않고 메서드만을 활용하여 1부터 입력받은 수까지의 합을 구하는 코드를 작성하세요. (단 '0(영)'을 입력하면 프로그램을 종료합니다.)

정답)

Test1.java

```
01  package chap08;
02
03  import java.util.Scanner;
04
05  public class Test1 {
06
07      public static void main(String[] args) {
08          Scanner sc = new Scanner(System.in);
09          do {
10              System.out.print("100이하의 정수를 입력해주세요 : ");
11              int in = sc.nextInt();
12
13              if(in > 100) {
14                  System.out.println("큰 값을 입력했습니다.");
15              }
16              else if(in == 0) {
17                  System.out.println("종료합니다.");
18                  break;
19              }
20              else {
21                  System.out.println(sum(in));
22              }
23          } while(true);
24      }
25
26      public static int sum(int in) {
27          int ret;
28          if(in > 0) {
29              ret = in + sum((in-1));
30          }
31          else {
32              ret = 0;
33          }
34          return ret;
35      }
36  }
```

> **실행 결과**
>
> **100**이하의 정수를 입력해주세요 : **200**
> 큰 값을 입력했습니다.
> **100**이하의 정수를 입력해주세요 : **10**
> 55
> **100**이하의 정수를 입력해주세요 : **0**
> 종료합니다.

2. 이름, 나이, 연락처 정보를 담는 객체를 만들어서 여러 명의 정보를 등록한 뒤에 이름을 검색하는 기능을 구현하여 검색된 정보를 출력하는 코드를 작성하세요. (단, 이름은 키보드로부터 입력받은 값으로 검색하고 이름에 '0(영)'을 입력하면 프로그램을 종료합니다.)

정답)

Test2.java

```java
01  package chap08;
02
03  import java.util.Scanner;
04
05  import lombok.AllArgsConstructor;
06  import lombok.Data;
07
08  public class Test2 {
09
10      public static void main(String[] args) {
11
12          Scanner sc = new Scanner(System.in);
13
14          int idx = 0;
15          Friend[] friends = new Friend[5];
16          friends[idx++] = new Friend("Dooli", 60, "010-0001-0001");
17          friends[idx++] = new Friend("Heedong", 52, "010-0002-0002");
18          friends[idx++] = new Friend("Douner", 61, "010-0003-0003");
19          friends[idx++] = new Friend("Ddochi", 62, "010-0004-0004");
20          friends[idx++] = new Friend("Michol", 70, "010-0005-005");
21
22          System.out.println("== List ==");
23          for(Friend friend : friends) {
24              System.out.println(friend.getName());
25          }
26          System.out.println();
```

```java
27          do {
28              System.out.print("신상을 알고싶은 사람의 이름을 입력해주세요 : ");
29              String in = sc.next();
30
31              if("0".equals(in)) {
32                  System.out.println("종료합니다.");
33                  break;
34              }
35              else {
36                  for(Friend friend : friends) {
37                      if(friend.getName().equals(in)) {
38                          System.out.println(friend.toString() + "\n");
39                      }
40                  }
41              }
42          } while(true);
43      }
44
45  }
46
47  @Data
48  @AllArgsConstructor
49  class Friend {
50      private String  name;
51      private int     age;
52      private String  phone;
53  }
```

실행 결과

```
== List ==
Dooli
Heedong
Douner
Ddochi
Michol


신상을 알고싶은 사람의 이름을 입력해주세요 : Dooli
Friend(name=Dooli, age=60, phone=010-0001-0001)


신상을 알고싶은 사람의 이름을 입력해주세요 : 0
종료합니다.
```

3. concat( ) 메서드에 문자열로 넘어오는 다수의 인자를 붙여서 한 줄로 출력하는 메서드를 완성하세요.

```
예)
concat("학교종이", "땡땡땡");
출력
학교종이땡땡땡


concat("객체지향", "패키지", "클래스", "객체", "접근제어자", "롬복");
출력
객체지향패키지클래스객체접근제어자롬복
```

정답)

오버로딩을 이용한 구현

단점으로는 인자의 개수에 따라 메서드를 계속해서 만들어야 함.

Test3_1.java

```java
package chap08;

public class Test3_1 {

    public static void main(String[] args) {
        System.out.println(concat("학교종이", "땡땡땡"));
        System.out.println(concat("객체지향", "패키지", "클래스", "객체", "접근제어자", "롬복"));
    }

    public static String concat(String words1, String words2) {
        return words1 + words2;
    }

    public static String concat(String words1, String words2, String words3, String words4, String words5, String words6) {
        return words1 + words2 + words3 + words4 + words5 + words6;
    }
}
```

실행 결과

학교종이땡땡땡

객체지향패키지클래스객체접근제어자롬복

가변 인자를 이용한 구현

Test3_2.java

```java
package chap08;

public class Test3_2 {

    public static void main(String[] args) {
        System.out.println(concat("학교종이", "땡땡땡"));
        System.out.println(concat("객체지향", "패키지", "클래스", "객체", "접근제어자", "롬복"));
    }

    public static String concat(String... words) {
        String result = "";

        for(String w : words) {
            result += w;
        }

        return result;
    }
}
```

실행 결과

학교종이땡땡땡

객체지향패키지클래스객체접근제어자롬복

4. 이름(String name)과 나이(int age)를 멤버 필드로 갖는 Member 클래스를 작성하고 빌더 패턴의 형태로 3명의 정보를 Member 배열에 등록하고 출력하는 프로그램을 작성하세요.

정답)

Test4.java

```java
01  package chap08;
02
03  import java.util.Arrays;
04
05  import lombok.Builder;
06  import lombok.ToString;
07
08  public class Test4 {
09
10      public static void main(String[] args) {
11          Member[] members = new Member[3];
12          members[0] = Member.builder()
13                          .name("빵형")
14                          .age(10)
15                          .build();
16
17          members[1] = Member.builder()
18                          .name("타노스")
19                          .age(8)
20                          .build();
21          members[2] = Member.builder()
22                          .name("상도")
23                          .age(9)
24                          .build();
25
26          System.out.println(Arrays.deepToString(members));
27      }
28  }
29
30  @ToString
31  class Member {
32      String name;
33      int age;
34
35      @Builder
36      public Member(String name, int age) {
37          this.name = name;
38          this.age = age;
39      }
40  }
```

실행 결과

```
[Member(name=빵형, age=10), Member(name=타노스, age=8), Member(name=상도, age=9)]
```

Chapter

09

09장 | 추상 클래스와 인터페이스

프로그램을 여러 명이 함께 개발할 때 꼭 구현해야 하는 메서드들을 미리 정해놓고 개발하는 경우가 있습니다. 미리 정해진 내용대로 구현해야 할 때는 구현하고자 하는 객체가 다 똑같습니다. 하지만, 일부 기능에서 차이가 있으면 일일이 다 구현하지 않고 한 번만 대표로 구현하고 나머지 차이가 있는 것은 그 부분만 다시 구현합니다. 이렇듯 코드를 재사용할 때는 추상 클래스나 인터페이스를 활용하여 구현합니다.

- 추상 클래스(Abstract Class)
- 인터페이스(Interface)

9.1 추상 클래스(Abstract Class)

구현하고자 하는 비슷한 속성을 갖고 있는 클래스를 만들 때 즉, 표준이 되는 클래스를 만들 때 바로 클래스를 만드는 것이 아니라 공통적인 멤버 변수와 멤버 메서드를 미리 구현해 놓습니다. 하지만, 특정 상태나 때에 따라 다른 내용을 구현해놓을 경우 구현체가 없는 메서드만 선언해 놓은 메서드를 추상 메서드라고 합니다. 추상 메서드를 포함하는 클래스를 추상 클래스라고 합니다.

추상 메서드를 만들게 되면 메서드명 선언부 앞에 'abstract'를 붙여야 하며 이를 추상 메서드라 부릅니다. 추상 메서드가 포함된 클래스가 있다면 클래스에도 클래스명 선언부 앞에 'abstract'를 붙여야 합니다. 이렇듯 클래스나 메서드에 똑같이 'abstract'인 예약어 키워드를 사용하여 선언합니다.

그리고 실제로 구현하고자 하는 클래스는 추상 클래스를 상속받아서 추상 메서드를 **메서드 오버라이딩(Method Overriding)**하여 재구현해야 합니다. 추상 메서드라서 구현체가 없기 때문입니다. 코드를 재사용하기 위해서 추상 클래스의 상속이라는 방법을 사용합니다. 메서드 오버라이딩은 상위 클래스가 가지고 있는 메서드를 상속받는 하위 클래스에서 재정의하여 구현하는 것을 말합니다.

9.1.1 추상 클래스의 이해

추상 클래스를 이해하기 전에 추상 클래스를 사용하지 않고 구현된 코드를 먼저 봅니다. 그런 후, 추상 클래스를 활용한 코드로 변경하여 비교해보면 이해하기가 쉽습니다. 다음과 같은 2개의 클래스를 먼저 살펴보겠습니다.

ElectricCar.java
```java
01  package chap09;
02
03  import lombok.AllArgsConstructor;
04
05  @AllArgsConstructor
06  public class ElectricCar {
07      private String color;              //색
08      private String manufacturer;       //제조사
09
10      public void printInfo() {
11          System.out.println("이 차의 색 : " + this.color);
12          System.out.println("이 차는 " + fillUp());
13          System.out.println("이 차는 " + this.manufacturer + "에서 생산합니다.");
14      }
15
16      public String fillUp() {
17          return "전기를 충전합니다.";
18      }
19  }
```

Lombok의 @AllArgsConstructor을 사용하여 모든 멤버 변수를 인자로 하는 생성자를 자동 생성합니다. 메서드로는 printInfo( )와 fillUp( )이 있습니다.

GasolineCar.java
```java
01  package chap09;
02
03  import lombok.AllArgsConstructor;
04
05  @AllArgsConstructor
```

```
06  public class GasolineCar {
07      private String color;              //색
08      private String manufacturer;       //제조사
09
10      public void printInfo() {
11          System.out.println("이 차의 색 : " + this.color);
12          System.out.println("이 차는 " + fillUp());
13          System.out.println("이 차는 " + this.manufacturer + "에서 생산합니다.");
14      }
15
16      public String fillUp() {
17          return "휘발유를 주유합니다.";
18      }
19  }
```

CasolineCar 클래스 역시 ElectricCar와 마찬가지로 동일한 생성자와 printInfo( )와 fillUp( ) 메서드를 구현했습니다. 간단하게 구현한 2개의 코드는 공통점이 참 많습니다. 다만 fillUp( ) 메서드의 내용만 다를 뿐이지 모두 같습니다. 이때 같은 내용을 부모 클래스로 만들고 자식 클래스에서 다른 부분만 구현하고 부모 클래스로부터 상속받으면 각각 코드로 구현한 것과 같은 결과를 얻을 수 있습니다.

단지 코드를 재사용함으로써 코드가 간결해지게 됩니다. 그럼 부모 클래스에 해당하는 추상 클래스의 형태를 살펴보겠습니다.

추상 클래스의 형태

```
[접근 제어자] (abstract) class [클래스명] {

    멤버필드들...

    일반 메서드...

    [접근 제어자] abstract [리턴타입] [메서드명]();

}
```

일반 클래스와 그 형태가 비슷하며 구현체가 없는 메서드는 'abstract' 키워드를 넣고 메서드명 뒤에 중괄호({ })를 넣지 않고 세미콜론(;)을 넣습니다. 부모 클래스를 상속받게 되는 자식 클래스에서는 'abstract'가 붙은 추상 메서드는 오버라이딩(Overriding)하여 꼭 재구현해야

합니다. 물론 일반 클래스도 추상 클래스처럼 부모 클래스가 될 수 있으며 내용을 달리할 때는 역시 오버라이드해서 구현부를 재구현하면 됩니다.

앞서 구현된 두 클래스인 ElectricCar.java와 Gasoline.java 클래스의 공통부분을 추상 클래스인 부모 클래스 Car.java로 만들고 이를 상속받게 되는 자식 클래스인 ElectricCar.java와 Gasoline.java로 다시 구현해보겠습니다.

Car.java
```java
01  package chap09;
02
03  import lombok.AllArgsConstructor;
04
05  @AllArgsConstructor
06  public abstract class Car {
07      protected String color;            //색
08      protected String manufacturer;     //제조사
09
10      public abstract String fillUp(); //휘발류|등유|전기를 넣습니다.
11
12      public void printInfo() {
13          System.out.println("이 차의 색 : " + this.color);
14          System.out.println("이 차는 " + fillUp());
15          System.out.println("이 차는 " + this.manufacturer + "에서 생산합니다.");
16      }
17
18      public String getColor() {
19          return color;
20      }
21
22      public String getManufacturer() {
23          return manufacturer;
24      }
25
26  }
```

멤버 변수로 색과 제조사 정보를 넣게 했는데 멤버 변수 앞에 접근 제어자로 'protected'로 정의했습니다. 기존에는 'private'를 이용해서 해당 클래스에서만 접근할 수 있었는데 'protected'를 적용하여 상속받는 자식 클래스에서도 접근할 수 있게 했습니다.

그리고 어떤 연료를 넣을지는 상속받은 클래스에서 메서드를 재정의하여 문자열로 반환하게 처리했습니다. printInfo( ) 메서드는 일반 메서드로 그대로 상속받아서 출력하게 구현했습니

다. 추상 클래스를 조상 클래스 혹은 부모 클래스라고도 부르며 이를 상속받는 클래스를 자손 클래스 혹은 자식 클래스라고도 부릅니다. 자식 클래스는 상속받을 때 다음과 같은 형태로 구현합니다.

```
class 자식 클래스 extends 부모 클래스 {
    구현체
}
```

자식 클래스는 부모 클래스로부터 상속받을 때는 'extends'라는 키워드로 상속받게 됩니다. 구현체에는 부모 클래스 혹은 조상 클래스에서 abstract를 정의한 메서드를 구현하고 생성자도 정의되어 있는 경우에도 자식 클래스 혹은 자손 클래스에서 꼭 구현해줘야 합니다. 다음으로 추상 클래스를 상속받는 전기차 클래스를 구현해보겠습니다.

ElectricCar.java

```java
01  package chap09;
02
03  public class ElectricCar extends Car {
04
05      public ElectricCar(String color, String manufacturer) {
06          super(color, manufacturer);
07      }
08
09      @Override
10      public String fillUp() {
11          return "전기를 충전합니다.";
12      }
13
14  }
```

부모 클래스인 [Car.java] 클래스의 내부가 어떠한 구조로 구현되어 있는지 잘 알고 있어야만 [ElectricCar.java] 클래스를 구현할 수 있습니다. 대신 공통 코드는 부모 클래스에 구현되어 있어서 이를 상속받은 자식 클래스인 [ElectricCar.java] 클래스에는 공통적이지 않은 코드만 구현했기 때문에 코드가 간결해졌습니다. 하지만, 전반적인 코드를 확인하기 위해서는 **부모 클래스를 꼭 같이 확인해야 하는 번거로움**이 발생하게 됩니다. [GasolineCar.java] 파일도 수정해 보겠습니다.

GasolineCar.java

```java
01  package chap09;
02
03  public class GasolineCar extends Car{
04
05      public GasolineCar(String color, String manufacturer) {
06          super(color, manufacturer);
07      }
08
09      public String fillUp() {
10          return "휘발유를 주유합니다.";
11      }
12
13  }
```

역시 상속받게 되는 자식 클래스는 코드가 간결해졌습니다. ElectricCar 클래스에는 메서드 명 위에 @Override이 있지만 GasolineCar 클래스에는 없습니다. 메서드 위에 @Override이 있으면 '아~ 이 메서드는 오버라이드된 거구나'라고 직관적으로 알 수 있습니다. 그리고 오버라이드 된 메서드가 오버라이드 대상인지 확인할 수 있습니다.

오버라이드 대상으로는 일반 메서드와 추상 메서드 그리고 다음에 배울 인터페이스에 정의된 메서드가 그 대상입니다. 하지만 신규로 작성하는 메서드는 그 대상이 될 수 없습니다. 그리고 기존 메서드를 오버라이드 하려고 했는데 오타가 나게 되면 당연히 신규 메서드가 될 테니까 철자 검사 기능까지 하게 됩니다. 이제 상속받은 클래스의 객체를 생성해서 내용을 출력하는 main() 메서드를 구현해보겠습니다.

Sample01.java

```java
01  package chap09;
02
03  public class Sample01 {
04
05      public static void main(String[] args) {
06          ElectricCar car1 = new ElectricCar("red", "Hyundai");
07          car1.printInfo();
08          System.out.println("==================");
09          GasolineCar car2 = new GasolineCar("black", "Kia");
10          car2.printInfo();
11      }
12
13  }
```

실행 결과

```
이 차의 색 : red
이 차는 전기를 충전합니다.
이 차는 Hyundai에서 생산합니다.
==================
이 차의 색 : black
이 차는 휘발유를 주유합니다.
이 차는 Kia에서 생산합니다.
```

똑같은 구조로 되어있는 두 클래스를 상속이라는 방법으로 구현해 보았습니다. 그리 어렵지 않게 따라왔을 거라 생각합니다. 이번에는 추상 클래스를 참조 자료형으로 지정하여 다음과 같이 객체를 생성해 보겠습니다.

```java
Car car1 = new ElectricCar("red", "Hyundai");
```

추상 클래스 역시 참조 자료형으로도 사용할 수 있습니다. 대신에 자료형으로 사용된 Car에서 정의된 메서드에 한정적으로만 그 기능을 사용하는데 제약이 있습니다. 예를 들어, [ElectricCar.java] 클래스에 메서드를 추가로 만들어도 car1에서는 그 메서드를 사용할 수 없습니다. 그럼 코드로 확인해보겠습니다.

ElectricCar.java - 메서드 추가

```java
01  package chap09;
02
03  public class ElectricCar extends Car{
04
05      public ElectricCar(String color, String manufacturer) {
06          super(color, manufacturer);
07      }
08
09      public String fillUp() {
10          return "전기를 충전합니다.";
11      }
12
13      public void setColor(String color) {
14          this.color = color;
15      }
16  }
```

13라인에 setColor( ) 메서드를 추가했습니다. 14라인에서의 this.color 멤버 변수는 ElectricCar 에 있는 변수가 아니라 부모 클래스인 Car에 있는 멤버 변수로 접근 제어자가 'protected'로 상속 관계에 있는 클래스에서도 접근할 수 있는 변수이기 때문에 에러 없이 사용할 수 있습니다. 이 메서드가 추상 클래스를 자료형으로 선언했을 때와 직접 ElectricCar 자료형으로 선언했을 때 호출이 되는지를 확인해보겠습니다.

Sample02.java - 추상클래스 자료형

```
01  package chap09;
02
03  public class Sample02 {
04      public static void main(String[] args) {
05          Car car = new ElectricCar("red", "Hyundai"); //추상클래스 자료형
06          car.printInfo();
07          car.setColor("Gray");        //자손 클래스에 정의된 메서드는 사용할 수 없다
08          car.printInfo();
09      }
10
11  }
```

car 객체에서는 setColor( ) 메서드를 호출할 수 없다고 다음과 같이 오류 메시지를 발생시킵니다.

```
The method setColor(String) is undefined for the type Car
```

추상 클래스에서 정의한 범위 내에서 사용할지 자식 클래스에 정의한 대로 사용할지 잘 확인하고 생성해서 사용합니다. 그럼 자료형을 자손 클래스를 그대로 사용하여 실행해보겠습니다.

Sample03.java

```
01  package chap09;
02
03  public class Sample03 {
04      public static void main(String[] args) {
05          ElectricCar car = new ElectricCar("red", "Hyundai");
06          car.printInfo();
```

09장 추상 클래스와 인터페이스

```
07          car.setColor("gray");     //자손 클래스를 자료형으로 사용해서 정의된 모든
   메서드를 사용할 수 있다
08          car.printInfo();
09      }
10
11 }
```

> **실행 결과**
>
> 이 차의 색 : red
> 이 차는 전기를 충전합니다.
> 이 차는 Hyundai에서 생산합니다.
> 이 차의 색 : gray
> 이 차는 전기를 충전합니다.
> 이 차는 Hyundai에서 생산합니다.

자손 클래스의 setColor(String) 메서드를 이용해서 'red'에서 'gray'로 바꾸어 출력해봤는데 정상적으로 출력되었습니다. 그럼 무조건 자손 클래스로 자료형을 만들면 되지 않겠느냐고 생각할 수도 있습니다. 무조건 자손 클래스로 사용할 경우와 부모 클래스를 상속받아서 사용할 때도 있는데 클래스를 상속받아서 구현하는 방법을 다형성이라고 합니다. 다형성의 장점을 자세히 들여다보겠습니다.

9.1.2 추상 클래스의 다형성

부모 클래스를 자료형으로 사용할 때의 장점으로는 **다형성(Polymorphism)**이 있습니다. 동일한 참조 자료형을 여러 참조 자료형의 객체를 참조할 수 있도록 하는 기능을 다형성이라고 합니다. 앞서 [Sample02.java] 클래스에서 이미 다형성을 보았습니다.

자료형으로는 'Car'를 사용했지만 실제로 객체의 내용으로는 EletricCar 클래스와 GasolineCar 클래스를 객체로 생성했습니다. 하지만 Car 클래스에 정의된 내용의 범위를 벗어난 메서드는 사용할 수 없다는 것도 함께 배웠습니다. 실제로 다형성을 적용하여 다음 그림을 보며 학습해보겠습니다.

[그림 9-1] 다형성의 예

애완동물이라는 클래스는 부모 클래스이며 자손 클래스로 개, 고양이, 앵무새, 토끼, 햄스터가 있습니다. 다음으로 이들에게 필요한 멤버 변수와 메서드가 필요합니다. 멤버 변수로는 날개 여부와 다리 개수를 넣고 메서드로는 날개 개수와 애완동물의 다리 개수를 구하게 할 겁니다.

Pet.java
```
01  package chap09.Sample04;
02
03  public abstract class Pet {
04      private boolean wing;
05      private int legCount;
06
07      public String isWing() {
08          String str;
09          if(this.wing) {
10              str = "날 수 있다";
11          }
12          else {
13              str = "날 수 없다";
14          }
15
16          return str;
17      }
18
19      public int getLegCount() {
20          return legCount;
21      }
22
23      public Pet(boolean wing, int legCount) {    //생성자.. 이 클래스를 상속받으면 꼭 구현해야 함
```

09장 추상 클래스와 인터페이스

```
24              this.wing = wing;
25              this.legCount = legCount;
26          }
27
28          public abstract void run(String name);
29      }
```

한 개 이상의 abstract 메서드가 있으면 클래스 앞에 꼭 'abstract'를 넣어서 추상 클래스로 만들어야 합니다. 여기에서는 28라인에 abstract 메서드가 있기 때문에 03라인에 'abstract'를 클래스 앞에 적어줬습니다. 추상 클래스에 생성자가 없으면 자식 클래스에서는 암시적으로 'super( )'를 호출하여 부모 클래스의 생성자를 호출합니다.

그런데 추상 클래스의 생성자에 매개변수가 있다면 자식 클래스에서는 부모 클래스의 생성자인 super(매개변수)를 이용해서 호출하여 객체를 생성할 수 있게 합니다. 따라서 추상 클래스는 객체를 직접 생성할 수가 없기 때문에 실제로 추상 클래스의 생성자를 호출하는 것은 자식 클래스에 의해서만 호출됩니다.

Cat.java
```
01  package chap09.Sample04;
02
03  public class Cat extends Pet{
04
05      public Cat(boolean wing, int legCount) { //생성자의 내용을 부모클래스로 값을 넘겨서 객체 생성한다
06          super(wing, legCount);
07      }
08
09      @Override
10      public void run(String name) {
11          System.out.printf("%s는 소리없이 조용하게 뜁니다.%n", name);
12      }
13
14  }
```

03라인에서 Pet 클래스를 상속받았습니다. 05라인에서 생성자를 구현하여 부모 클래스는 super(boolean, int)를 통해서 부모 클래스의 생성자를 호출합니다. 10라인에서는 추상 메서드의 내용을 구현합니다. 이것은 꼭 해야 하는 구현입니다.

Parrot.java

```java
01  package chap09.Sample04;
02
03  public class Parrot extends Pet{
04
05      public Parrot(boolean wing, int legCount) { //생성자의 내용을 부모클래스로
            값을 넘겨서 객체 생성한다
06          super(wing, legCount);
07      }
08
09      @Override
10      public void run(String name) {
11          System.out.printf("%s는 두발로 뜁니다.%n", name);
12      }
13
14      public void fly(String name) {
15          System.out.printf("%s는 뛰지 않고 날라갑니다.%n", name);
16      }
17  }
```

Parrot 클래스는 Cat 클래스와 같지만 fly(String) 메서드가 추가되었습니다. 나머지 자식 클래스인 개와 토끼 클래스는 생략합니다.

Sample04.java

```java
01  package chap09.Sample04;
02
03  public class Sample04 {
04
05      public static void main(String[] args) {
06          Pet cat = new Cat(false, 4);
07          cat.run(getPetName(cat));
08
09          Pet parrot = new Parrot(true, 2);
10          parrot.run(getPetName(parrot));
11
12          Parrot pr = (Parrot)parrot; //다운 케스팅
13          pr.fly(getPetName(parrot));
14      }
15
16      public static String getPetName(Pet pet) {
17          String str = "";
18          if(pet instanceof Cat) {
19              str = "고양이";
20          }
21          else if(pet instanceof Parrot) {
22              str = "앵무새";
23          }
```

```
24
25              return str;
26      }
27
28 }
```

실행 결과

고양이는 소리없이 조용하게 됩니다.
앵무새는 두발로 됩니다.
앵무새는 뛰지 않고 날라갑니다.

Pet이라는 참조 자료형으로 cat과 parrot 객체를 생성했지만 똑같은 자료형으로 서로 다른 객체를 만들었습니다. 하지만 Parrot 클래스는 부모 클래스인 Pet 클래스에는 없는 'fly(String)' 메서드가 있어서 12라인에서 **다운 캐스팅**을 진행하여 'fly(String)' 메서드를 호출하여 실행했습니다. 반대로 **업 캐스팅**할 때는 아래와 같이 **자료형을 생략해도 가능**합니다.

```
Pet upPet = pr;
```

업 캐스팅(Upcasting)
자식 클래스의 객체가 부모 클래스의 타입으로 형 변환하는 것을 말합니다.

다운 캐스팅(Downcasting)
업 캐스팅과는 반대로 부모 클래스 타입인 객체가 자식 클래스의 타입으로 형 변환하는 것을 말합니다.

18라인을 보면 instanceof 키워드를 사용하여 참조 클래스가 참조하고 있는 객체의 실제 타입인지의 여부를 boolean으로 결과를 반환합니다. 결과가 true라면 해당 자료형으로 형 변환이 가능하게 됩니다. 이때 업 캐스팅이나 다운 캐스팅을 할 수 있습니다. 여기에서는 단순하게 자료형을 알아내서 문자열을 반환하게 처리했습니다.

9.2 인터페이스(Interface)

Java에서의 인터페이스는 반드시 구현해야 하는 약속입니다. 개발자들 사이에서 개발할 메서드들을 미리 인터페이스로 정의해 놓고 개발하게 되면 참으로 편리합니다. 앞서 말했듯이 반드시 구현해야 하는 약속이기 때문이지요. 인터페이스에서 정의하는 메서드는 구현체는 없고 메서드 정의와 파라미터 정도만 있습니다.

앞서 추상 클래스에서 추상 메서드를 정의하는 방식과 같습니다. 다만 추상 클래스와의 차이점은 구현체가 있는 메서드는 상속받게 되는 객체에서 모두 사용할 수 있고 추상 메서드만 새로 재정의해서 사용하면 됩니다. 반면에 인터페이스는 추상 메서드만 존재하게 됩니다. 그래서 'abstract'라는 키워드를 생략할 수 있습니다.

그런데 JDK 1.8에서부터 **디폴트 메서드(Default Method)**라고 해서 추상 클래스에서 공통으로 사용하는 일반 메서드를 만들 수 있게 되었습니다. 인터페이스를 만들어 놓고 수많은 클래스에서 이 인터페이스를 참조하여 메서드를 재정의하는데 메서드를 추가해야 하는 경우가 발생했습니다. 이때 인터페이스에 추가된 메서드는 이를 참조하는 클래스 모두에서 추가된 메서드를 재정의해야 하는데 그 클래스의 수가 많을 때는 엄청난 작업시간이 필요하게 됩니다. 이때 사용하는 방법이 디폴트 메서드입니다.

9.2.1 인터페이스 사용법

인터페이스 사용법은 기본적으로 추상 클래스와 비슷합니다.

> **인터페이스 사용법**
>
> ```
> (abstract) interface 인터페이스명 {    //앞에 'abstract'는 생략 가능하다.
>     float pyung = 3.3f;    //인터페이스의 멤버 변수는 'static final'로 컴파일 된다.
>     int excute(int area); //abstract int excute(int area);  추상 메서드로 처리된다.
> }
> ```

인터페이스에서 정의한 멤버 변수는 기본적으로 'static final'로 처리됩니다. 다음 소스코드는 평수를 제곱미터로 구하는 프로그램입니다. 같이 확인해보겠습니다.

Sample05.java

```
01  package chap09;
02
03  public class Sample05 {
04
05      public static void main(String[] args) {
06          ICompute a = new Apartment();
07          float area = a.compute(30);   //30평
08          System.out.printf("아파트의 면적은 %f 제곱미터입니다.", area);
09      }
10
11  }
12
13  class Apartment implements ICompute{
14
15      @Override
16      public float compute(int area) {
17          // 평을 제곱미터로 환산
18          pyung++;                //에러!! The final field ICompute.pyung cannot be assigned
19          return area * pyung;
20      }
21
22  }
23
24  abstract interface ICompute {    //인터페이스임을 구분하기 위해 앞에 'I'를 붙였고 'abstract'는 생략 가능
25      float pyung = 3.3f;          //인터페이스의 멤버 변수는 'static final'로 컴파일 된다.
26      float compute(int area);     //abstract int compute(int area);  추상 메서드로 처리된다.
27  }
```

실행 결과 - 18라인 주석처리 후 실행

```
아파트의 면적은 99.000000 제곱미터입니다.
```

18라인에서는 25라인에 정의된 인터페이스 멤버 변수인 pyung은 final로 컴파일된 상숫값을 강제로 1을 증가시키려고 해서 오류가 발생하게 됩니다. 묵시적으로 상숫값으로 처리된다는 점을 기억하세요.

24라인에 인터페이스가 있고 13라인을 보면 클래스에서 인터페이스를 받아서 메서드를 구현합니다. 이때 새로운 메서드가 추가되게 됩니다. 이 소스코드에서는 한 개의 클래스 파일에서만 인터페이스를 받아서 구현했지만 여러 개의 클래스 파일에서 인터페이스를 받아서 구현되었다고 가정하겠습니다. 인터페이스에서 인터페이스명을 보면 앞에 'I'가 붙은 것을 확인할 수 있습니다.

이번에는 제곱미터를 평수로 계산하는 메서드를 인터페이스에 추가하겠습니다. 추가할 메서드는 'float toPyung(int area)'입니다.

```
abstract interface ICompute {
    float pyung = 3.3f;
    float compute(int area);
    float toPyung(int area);    // 새로운 메서드 추가
}
```

그런데 인터페이스를 추가하자마자 인터페이스를 implements 받아서 구현된 모든 클래스는 오류가 발생합니다.

오류 메시지

```
The type Apartment must implement the inherited abstract method ICompute.toPyung()
```

수많은 클래스가 인터페이스를 implements 하게 되면 모두 해당 메서드를 추가해야 하는 번거로움이 발생하게 됩니다.

9.2.2 디폴트 메서드(Default Method)

이미 잘 사용하고 있는 인터페이스에 새로운 메서드가 추가될 때, 인터페이스를 받아서 구현된 클래스에 해당 메서드를 일일이 추가하여 구현해줘야 하는 데 여간 까다로운 일이 아닙니다. 그래서 나온 것이 앞서 얘기한 default method입니다. 추가된 메서드를 다음과 같이 수정해보겠습니다. 인터페이스명을 ICompute에서 IExcute로 변경합니다. 똑같은 패키지에 같은

클래스명이 존재할 수는 없기 때문입니다. Apartment 클래스는 Villa로 변경합니다.

Sample06.java(Sample05.java를 수정 후)

```java
package chap09;

public class Sample06 {

    public static void main(String[] args) {
        Villa a = new Villa();
        float area = a.compute(30);    //30평
        System.out.printf("빌라의 면적은 %f 제곱미터입니다.", area);

        area = a.toPyung(area);
        System.out.printf("%n%n빌라의 면적은 %f 평입니다.", area);
    }
}

class Villa implements IExcute{

    @Override
    public float compute(int area) {
        // 평을 제곱미터로 환산
        // pyung++;
        return area * pyung;
    }
}

abstract interface IExcute {
    float pyung = 3.3f;                //인터페이스의 멤버 변수는 'static final'로 컴파일 된다.
    float compute(int area);           //abstract int compute(int area); 추상 메서드로 처리된다.
    default float toPyung(float area) { // 디폴트 메서드
        return area / pyung;
    }
}
```

30라인에 디폴트 메서드를 추가했습니다. 많은 클래스에서 인터페이스를 implements 하고 있을 때 디폴트 메서드를 추가했고 클래스에서는 이 디폴트 메서드를 재구현하지 않아도 문제가 되지 않습니다. 마치 추상 클래스에서 정의한 일반 메서드와 똑같은 결과를 얻을 수 있습니다.

> **Default Method 사용법**
>
> (접근제어자) default [반환될 자료형] [메서드명]([매개변수]) {
> 구현체
> }

디폴트 메서드에서 default float toPyung(float area) {…}이라고 했다고 해서 맨 앞에 있는 'default'는 접근 제어자가 아닙니다. 접근 제어자는 생략되었고 메서드가 디폴트 메서드임을 알리는 키워드인 'default'입니다. 다시 고쳐 써보겠습니다.

> (default) default float toPyung(float area) {…}

default가 두 번 들어갔습니다. 물론 맨 앞의 접근 제어자가 default일 경우에는 생략해야 합니다. 접근 제어자와 디폴트 메서드의 구분을 이해할 수 있습니다.

9.2.3 다수의 인터페이스 활용한 클래스 구현

인터페이스를 활용하여 이를 implements 받아서 구현하는 클래스는 인터페이스에서 정의한 메서드를 꼭 구현해야 합니다. 이때 클래스 역할이 다양할 경우 인터페이스를 2개 이상 implements를 받을 수 있습니다. 이번에는 2개 이상의 인터페이스를 implements 하는 경우를 보겠습니다.

> **다수의 인터페이스 사용법**
>
> (접근제어자) class [클래스명] implements 인터페이스1, 인터페이스2 {
> 구현체
> }

사람 1, 사람 2, 사람 3 이라는 객체가 있습니다. 사람 1은 학생이고, 사람 2는 선생님이고, 사람 3은 학생이자 선생님입니다. 이를 학생과 선생님이라는 인터페이스를 활용하여 구현해보겠습니다.

Sample07.java

```java
01  package chap09;
02
03  public class Sample07 {
04
05      public static void main(String[] args) {
06          Person1 p1 = new Person1();
07          p1.study();
08          Person2 p2 = new Person2();
09          p2.teach();
10          Person3 p3 = new Person3();
11          p3.study();
12          p3.teach();
13      }
14
15  }
16
17  interface Student {
18      void study();
19  }
20
21  interface Teacher {
22      void teach();
23  }
24
25  //학생
26  class Person1 implements Student{
27
28      @Override
29      public void study() {
30          System.out.println("Person1이 공부한다");
31      }
32
33  }
34
35  //선생님
36  class Person2 implements Teacher {
37
38      @Override
39      public void teach() {
40          System.out.println("Person2가 가르친다");
41      }
42
43  }
44
45  //학생, 선생님
46  class Person3 implements Student, Teacher {
47
48      @Override
49      public void teach() {
50          System.out.println("Person3이 가르친다");
51      }
```

```
52
53        @Override
54        public void study() {
55            System.out.println("Person3이 공부한다");
56        }
57
58  }
```

실행 결과

```
Person1이 공부한다
Person2가 가르친다
Person3이 공부한다
Person3이 가르친다
```

우리는 앞서 추상 클래스를 활용하여 다형성에 대해서 배웠습니다. 똑같은 사용법으로 인터페이스에서도 사용할 수 있습니다. 추상 클래스를 자료형이나 코드의 재사용 용도로 사용했으며 인터페이스에서도 자료형으로 사용합니다. JDK 1.8부터 디폴트 메서드가 나오면서 추상 클래스의 코드 재사용과는 비슷하지만, 유지 보수의 용이함이 더 맞는 말인 것 같습니다. 인터페이스를 활용한 다형성에 대해서 [11장 컬렉션 프레임워크]의 List를 예로 살펴보겠습니다.

List는 인터페이스입니다. List를 implements 받아서 구현된 대표적인 클래스로는 ArrayList와 LinkedList가 있습니다. 둘 다 똑같은 배열을 처리할 때 사용하는 클래스로 메서드가 똑같습니다. 그래서 자료형을 List로 정의하고 ArrayList나 LinkedList 등의 클래스 중 편리한 클래스로 객체를 생성합니다. 단순히 배열로 정의할 때는 ArrayList를 이용해서 다음과 같이 객체를 생성하고

```
List list1 = new ArrayList();
```

순서가 필요한 배열은

```
List list2 = new LinkedList();
```

LinkedList를 활용하여 객체를 생성합니다. 이 두 클래스는 똑같은 메서드를 정의하기 때문에 똑같은 사용법으로 다양하게 구현할 수 있게 됩니다.

```
list1.add("apple");    //ArrayList에 apple배열 등록
list2.add("apple");    //LinkedList에 apple배열 등록
```

두 배열은 사용법은 똑같지만, 내부적으로 처리되는 방식은 다릅니다. 인터페이스만 알면 두 객체의 사용법은 똑같습니다. 코드 재사용의 용도가 아니라면 다형성처럼 똑같은 자료형의 메서드를 정의해서 구현할 때는 추상 클래스보다는 인터페이스를 더 권장합니다.

9.2.4 인터페이스를 활용한 다형성

이전에 추상 클래스의 다형성에서는 참조 자료형을 new 연산자로 생성하여 다양한 클래스를 추상 클래스 자료형으로 해서 인스턴스를 생성하여 다양한 형태를 하나의 참조 자료형으로 생성하고 코딩했습니다. 물론 인터페이스를 추상 클래스 사용하듯이 똑같이 구현하면 되니까 그리 어렵지는 않습니다. 추상 클래스와 인터페이스의 차이점을 잘 확인해보세요.

다음은 데이터베이스에 접속하는 코드를 구현합니다. 데이터베이스에는 Oracle도 있고 MS-SQL도 있으며 기타 여러 데이터베이스가 있지만, 여기에서는 Oracle과 MS-SQL을 만들어서 접속하는 코드를 흉내 내서 다형성을 구성해보겠습니다.

Sample08.java

```
01  package chap09;
02
03  public class Sample08 {
04
05      public static void main(String[] args) {
06          // Oracle에 접속합니다.
07          Database db1 = new OracleDatabase();
08          db1.getConnection();        //DB에 접속한다
09          System.out.println(db1.getDbInfo());
10
```

```java
11            // MS-SQL에 접속합니다.
12            Database db2 = new MsDatabase();
13            System.out.println(db2.getDbInfo());
14        }
15
16    }
17
18    interface Database {
19        public void getConnection();
20
21        public String getDbInfo();
22    }
23
24    class OracleDatabase implements Database {
25
26        boolean conn = false;
27
28        @Override
29        public void getConnection() {
30            this.conn = true;
31        }
32
33        @Override
34        public String getDbInfo() {
35            String ret = "";
36            if(conn) ret = "Oracle에 접속되었습니다.";
37            else     ret = "Oracle에 접속되지 않았습니다.";
38            return ret;
39        }
40
41    }
42
43    class MsDatabase implements Database {
44
45        boolean conn = false;
46
47        @Override
48        public void getConnection() {
49            this.conn = true;
50        }
51
52        @Override
53        public String getDbInfo() {
54            String ret = "";
55            if(conn) ret = "MS-SQL에 접속되었습니다.";
56            else     ret = "MS-SQL에 접속되지 않았습니다.";
57            return ret;
58        }
59
60    }
```

> **실행 결과**
>
> ```
> Oracle에 접속되었습니다.
> MS-SQL에 접속되지 않았습니다.
> ```

데이터베이스를 연결하는 클래스에 공통적으로 갖춰야 할 메서드를 Database 인터페이스에 정의합니다. 데이터베이스가 구현될 2개의 클래스는 Database 인터페이스로부터 implements합니다. 각 데이터베이스 클래스는 Database 인터페이스에 정의된 메서드를 override 하여 내용을 구현합니다. 데이터베이스라는 자료형을 인터페이스로 만들고 Oracle이나 MS-SQL을 접속하는 클래스를 각각 만들어서 똑같은 메서드로 다양한 기능을 구현하여 인터페이스를 활용한 다형성을 구현했습니다.

구현체의 스펙을 정의해놓고 다양한 객체를 구현할 때 인터페이스를 활용하면 참으로 편리하다는 것을 알 수 있습니다. 소스코드에서는 Oracle은 연결하고 MS-SQL은 연결하지 않았다는 내용으로 구현되었습니다.

9.2.5 상속의 활용

우리는 지금까지 추상 클래스의 상속을 배웠고 인터페이스 활용법도 배웠습니다. 상속이 추상 클래스와 인터페이스를 통해서만 override 하여 재구현하는 것은 아닙니다. 일반 클래스의 메서드도 상속받아서 재구현할 수 있습니다.

이 방법은 필자가 SI 프로젝트를 할 때 레거시 시스템(Legacy System - 기존의 모든 시스템)에서 추가로 개발하는 프로젝트를 기존의 프로젝트보다 더욱 개선된 요구사항을 만족시키기 위해서는 기존에 사용하던 클래스는 가만히 내버려 두고 새로 추가된 클래스에서는 수정된 메서드가 필요했습니다. 이때 사용한 기술이 일반 메서드를 override 해서 재구현했습니다. 그 경험을 매우 간단한 소스코드로 소개하겠습니다.

다음의 소스코드는 id 값을 구해와서 처리하는 프로그램입니다.

Sample09.java

```java
01  package chap09;
02
03  public class Sample09 {
04      public static void main(String[] args) {
05          String legacyKey = Util.getRandom();
06          System.out.printf("레거시 시스템에서 처리될 키값은 %s입니다. \n\n", legacyKey);
07
08          //5개의 임의의 키값을 가져와서 데이터를 처리한다.
09          for(int i=0; i < 5; i++) {
10              String key = Util.getRandom();
11              System.out.printf("새로운 시스템에서 처리될 키값은 %s입니다.%n", key);
12          }
13      }
14  }
15
16  class Util {
17      public static String getRandom() {
18          return "" + (int)(Math.random() * 10 + 1); // 1~10까지 출력
19      }
20  }
```

실행 결과

```
레거시 시스템에서 처리될 키값은 3입니다.

새로운 시스템에서 처리될 키값은 10입니다.
새로운 시스템에서 처리될 키값은 3입니다.
새로운 시스템에서 처리될 키값은 8입니다.
새로운 시스템에서 처리될 키값은 8입니다.
새로운 시스템에서 처리될 키값은 6입니다.
```

이 레거시 시스템의 소스코드에서는 당시에 1개의 id인 키값을 가져오기 때문에 문제가 되질 않았습니다. 하지만 추가로 개발되는 프로젝트에서는 id를 1건 이상의 키값을 구해와야 하는데 실행 결과에서와 같이 중복되는 값을 가져오는 문제점이 발생했습니다.

id는 유일한 값을 가져와야 하므로 중복된 값을 구해오면 안 됩니다. 그래서 기존의 시스템은 그대로 놔두고 신규 프로젝트 코드는 5개씩 처리되도록 새로운 클래스를 만들어서 기존의 클래스에서 상속을 이용해서 처리해 보겠습니다.

Sample10.java

```java
01  package chap09;
02
03  import java.util.UUID;
04
05  public class Sample10 {
06      public static void main(String[] args) {
07          String legacyKey = LagacyUtil.getRandom();
08          System.out.printf("레거시 시스템에서 처리될 키값은 %s입니다. \n\n", legacyKey);
09
10          //5개의 임의 키값을 가져와서 데이터를 처리한다.
11          for(int i=0; i < 5; i++) {
12              String key = NewUtil.getRandom();
13              System.out.printf("새로운 시스템에서 처리될 키값은 %s입니다.%n", key);
14          }
15      }
16  }
17
18  class LagacyUtil {
19      public static String getRandom() {
20          return "" + (int)(Math.random() * 10 + 1); // 1~10까지 출력
21      }
22  }
23
24  class NewUtil extends Util {
25      public static String getRandom() {
26          return "" + UUID.randomUUID();
27      }
28  }
```

실행 결과

레거시 시스템에서 처리될 키값은 5입니다.

새로운 시스템에서 처리될 키값은 2c53b751-3443-4230-b9d2-bcf8a1d10286입니다.
새로운 시스템에서 처리될 키값은 4190683c-122f-4abe-81c9-1c7194760f28입니다.
새로운 시스템에서 처리될 키값은 ffe22df3-1476-4a23-8541-fa4388397741입니다.
새로운 시스템에서 처리될 키값은 a26d6edb-c47f-41d3-9e9a-97b0db5a107d입니다.
새로운 시스템에서 처리될 키값은 fd23c6c8-0dd2-41d5-b5c4-ca47b0cfe0f9입니다.

NewUtil 클래스를 새로 만들어서 LagacyUtil 클래스로부터 상속받고 getRandom( ) 메서드를 재구현했습니다. 기존에 Math.random( ) 메서드를 이용해서 난수를 구해서 처리했던 방

식을 JDK 1.5에서부터 추가된 UUID 클래스에서 제공된 randomUUID( ) 메서드를 활용하여 유일한 ID 값을 구해서 반환하여 재구현했습니다.

> **UUID(범용 고유 식별자: universally unique identifier)**
>
> 16옥텟(128비트)의 수이다. 표준 형식에서 UUID는 32개의 16진수로 표현되며 총 36개 문자(32개 문자와 4개의 하이픈)로 된 8-4-4-4-12라는 5개의 그룹을 하이픈으로 구분한다.

기존에 처리된 클래스와 메서드는 건드리지 않고 새로운 클래스를 만듭니다. 기존 클래스를 상속받아서 변경된 부분만 override 하여 재구현하고 나머지는 추상 클래스를 상속받은 것처럼 재사용하여 진행하면 됩니다.

연습 문제

1. Data라는 자료형을 만들고 특정 값이 들어왔을 때 오름차순과 내림차순을 처리하는 클래스를 각각 만들고 처리하는 메서드는 sort( ) 메서드로 처리하게 구현하세요. (다형성 활용)

입력 값 예

```
1 2 6 9 4
```

출력 값 예

```
오름차순 : [1, 2, 4, 6, 9]
내림차순 : [9, 6, 4, 2, 1]
```

정답)

Test1.java

```
01  package chap09;
02
03  import java.util.Arrays;
04  import java.util.Comparator;
05
06  public class Test1 {
07
08      public static void main(String[] args) {
09          Data asc = new AscData();
10          asc.setData(1, 2, 6, 9, 4);
11          asc.sort();
12          System.out.println("오름차순 : " + asc.toString());
13          Data des = new DesData();
14          des.setData(1, 2, 6, 9, 4);
15          des.sort();
16          System.out.println("내림차순 : " + des.toString());
17      }
18
19  }
20
21  abstract class Data {
22      Integer[] data;
23
```

```
24      public void setData(Integer... data) {
25          this.data = data;
26      }
27
28      public abstract void sort();
29
30      @Override
31      public String toString() {
32          return Arrays.toString(data);
33      }
34
35  }
36
37  class AscData extends Data {
38
39      @Override
40      public void sort() {
41          //Ascending
42          Arrays.sort(data);
43      }
44
45  }
46
47  class DesData extends Data {
48
49      @Override
50      public void sort() {
51          //Descending
52          Arrays.sort(data, Comparator.reverseOrder());
53      }
54
55  }
```

실행 결과

```
오름차순 : [1, 2, 4, 6, 9]
내림차순 : [9, 6, 4, 2, 1]
```

Arrays.sort(배열)로 배열의 자료를 오름차순 정렬을 할 수 있고, Arrays.sort(배열, Collections.reverseOrder( ))로 배열의 자료를 내림차순으로 정렬처리할 수 있습니다. 이 책에서 정렬을 다루지 않았기 때문에 여러분들은 다음과 같이 구현했을 겁니다.

Test1.java의 일부

```java
01  class AscData extends Data {
02
03      @Override
04      public void sort() {
05          //Ascending
06          Integer tmp;
07          for(int i = 0; i < data.length - 1; i++) {
08              for(int idx = i + 1; idx < data.length; idx++) {
09                  if(data[i] > data[idx]) {
10                      tmp = data[i];
11                      data[i] = data[idx];
12                      data[idx] = tmp;
13                  }
14              }
15          }
16      }
17
18  }
19
20  class DesData extends Data {
21
22      @Override
23      public void sort() {
24          //Descending
25          Integer tmp;
26          for(int i = 0; i < data.length - 1; i++) {
27              for(int idx = i + 1; idx < data.length; idx++) {
28                  if(data[i] < data[idx]) {
29                      tmp = data[i];
30                      data[i] = data[idx];
31                      data[idx] = tmp;
32                  }
33              }
34          }
35      }
36
37  }
```

Chapter 10

10장 제네릭(Generic)

제네릭은 [11장 컬렉션 프레임워크(Collection Framework)]에서 자주 사용하며 JDK 1.5에 추가된 기능입니다. 클래스나 메서드 내에서 사용할 자료형을 클래스를 생성하면서 지정하여 사용할 수 있습니다. 제네릭은 다이아몬드 연산자(Diamond operator)라 읽으며 '〈 〉'로 표기합니다. 자료형을 미리 지정함으로써 다양한 자료형에 대한 재사용 프로그래밍이 가능합니다. 여기까지 읽었을 때 무슨 말인지 잘 이해가 안 될 텐데요. 다음 내용으로 제네릭을 사용할 때와 사용하지 않을 때의 차이를 비교해보겠습니다.

- 제네릭 클래스(Generic Class)
- 제네릭 메서드(Generic Method)

10.1 제네릭 클래스(Generic Class)

클래스 내에서 사용되는 자료형을 외부에서 지정해서 사용하는 방법으로 여러 가지 자료형으로 변환하여 처리할 수 있습니다. 그래서 재사용이 가능하다는 겁니다. 자료형을 다이아몬드 연산자를 이용해서 '〈T〉'라고 대신 표기하면 됩니다. 여기서 'T'는 Type을 뜻하며 꼭 T가 올 필요는 없습니다. 그리고 특정 자료형으로 제한도 할 수 있습니다. 먼저 여러 자료형으로 처리되는 코드를 배워보겠습니다.

> **Tip** | 보편적인 제네릭 타입 매개변수(Type parameter) 명명
>
> E – Element
> K – Key
> N – Number
> T – Type
> V – Value

10.1.1 제네릭 클래스 활용

제네릭을 사용하기 전에 먼저 일반적인 소스코드를 먼저 살펴보고 제네릭을 사용하여 비교해 보겠습니다. 다음 코드는 제네릭을 사용하지 않고 Value Object를 구현했습니다.

Sample01.java

```
01  package chap10;
02
03  public class Sample01 {
04      private int a;
05
06      public int getA() {
07          return a;
08      }
09
10      public void setA(int a) {
11          this.a = a;
12      }
13
14  }
```

[Sample01.java] 코드를 살펴보면 int 자료형 a에 값을 넣고 가져오는 클래스입니다. 숫자를 넣고 가져오는 참조 자료형을 만들었는데 추가로 String 자료형으로도 값을 넣고 가져오는 클래스가 필요해서 또 하나의 Value Object를 구현합니다. String을 처리하는 클래스는 [Sample02.java]로 진행합니다.

Sample02.java

```java
package chap10;

public class Sample02 {
    private String a;

    public String getA() {
        return a;
    }

    public void setA(String a) {
        this.a = a;
    }
}
```

[Sample02.java]를 추가로 만들어서 String 자료형도 사용할 수 있게 되었습니다. 이렇게 기존의 자료형과 다른 자료형이 추가될 때마다 우리는 클래스를 추가하며 똑같은 코드를 자료형만 바꾸어서 만들게 됩니다. 이렇게 만들어진 코드를 활용해서 데이터를 처리해보겠습니다.

Sample03.java

```java
package chap10;

public class Sample03 {
    public static void main(String[] args) {
        Sample01 age = new Sample01();
        Sample02 name = new Sample02();

        age.setA(18);
        name.setA("빵형");

        int    PersonAge  = age.getA();
        String PersonName = name.getA();

        System.out.printf("%s은 %d살", PersonName, PersonAge);
    }
}
```

실행 결과

```
빵형은 18살
```

자료형이 다르면 자료형별로 클래스를 만들어서 처리했습니다. 물론 자료형이 String으로 같았다면 굳이 여러 개를 만들 필요는 없습니다. 여기에서 또 다른 자료형이 추가된다면 또다시 클래스를 추가해야겠지요? '그럼 Object로 처리하면 된다'라고 생각할 수도 있습니다. Object로 처리하는 클래스를 만들어보겠습니다.

Sample04.java

```java
package chap10;

public class Sample04 {
    private Object a;

    public Object getA() {
        return a;
    }

    public void setA(Object a) {
        this.a = a;
    }
}
```

이렇게 만들고 나니 모든 객체의 상위 객체인 Object로 처리해서 형 변환만 해주면 간단히 처리됩니다. [Sample03.java]를 변형해서 [Sample05.java]로 구현한 뒤에 실행해보겠습니다.

Sample05.java

```java
package chap10;

public class Sample05 {
    public static void main(String[] args) {
        Sample04 age = new Sample04();
        Sample04 name = new Sample04();

        age.setA(18);
        name.setA("빵형");

        int    PersonAge  = (int)age.getA();
        String PersonName = (String)name.getA();

        System.out.printf("%s는 %d살", PersonName, PersonAge );
    }
}
```

10장 제네릭(Generic)

> **실행 결과**
>
> 빵형는 18살

Object 자료형으로 여러 자료형을 만들지 않고도 하나의 Object 자료형으로 다 처리할 수가 있습니다. 이 역시 재사용하는 것이지만 11라인과 12라인을 보면 Object 자료형을 int와 String 자료형으로 각각 명시적 형 변환하는 것을 볼 수 있습니다. 객체에 어떠한 자료형이 들어오더라도 꺼내어 사용할 때는 상황에 맞는 자료형으로 형 변환하여 사용해야 하는 번거로움이 생깁니다. Object 자료형을 사용할 때마다 명시적 형 변환이 틀리지 않게 주의해야 합니다. 만약 틀리게 되면 오류가 발생하게 되는 문제점이 있습니다. 이 부분이 불안 요소로 늘 존재하게 됩니다.

이제 제네릭을 배우게 되었으니 제네릭으로 자료형을 만들어 본 후 어떻게 재사용되고 기존에 사용되었던 기본 자료형과는 어떤 차이가 있는지 확인해보겠습니다. 제네릭 클래스의 사용법은 일반 클래스를 생성하는 방법과 비슷합니다.

> **제네릭 클래스 생성 방법**
>
> ```
> (접근 제어자) class 클래스명<참조 자료형> {
>     명령어
> }
> ```

앞서 배운 객체지향의 클래스 생성 방법과 비슷하지만, 차이점은 다이아몬드 연산자 부분입니다. 다이아몬드 연산자에 들어 있는 참조 자료형을 인자로 받아서 처리하게 됩니다. 주의할 것은 기본 자료형(예-int, float, double 등)은 제네릭의 참조 자료형으로 올 수 없습니다. 기본 자료형에 대응되는 참조 자료형으로는 Integer, Float, Double 등이 있습니다. 참조 자료형이 제네릭 자료형으로 다음은 제네릭 클래스의 인스턴스 생성 방법을 알아보겠습니다.

> **제네릭 클래스의 인스턴스 생성 방법**
>
> ```
> 클래스명<참조 자료형> 인스턴스명 = new 생성자<참조 자료형>();
> ```

객체지향에서의 클래스를 생성하는 방법과 비슷하지만 클래스명에 제네릭과 생성자의 제네릭인 다이아몬드 연산자가 추가되어 있습니다. 추론하지 않았다는 전제하에 이는 똑같은 자료형이 들어와야 합니다. 왜냐하면 앞서 추론에 대한 이야기를 많이 했습니다. 제네릭 역시 추론이 가능하기 때문에 미리 이야기했습니다. 참고로 Java 7 이전 버전에서는 추론이 되질 않습니다. 추론에 대한 부분은 다음 예제를 마치고 이어서 하겠습니다.

제네릭 클래스의 사용방법을 익혔으니 일반 클래스로 구현된 소스코드를 제네릭 클래스로 구현해서 비교해보겠습니다.

Sample06.java

```
01  package chap10;
02
03  public class Sample06<T> {
04      private T t;
05
06      public T getT() {
07          return t;
08      }
09
10      public void setT(T t) {
11          this.t = t;
12      }
13
14  }
```

기존 자료형 클래스인 [Sample04.java]와 너무도 흡사합니다. 다만 클래스명에 다이아몬드 연산자에 T가 추가되어 있습니다. 이를 **제네릭 클래스**라고 합니다. Sample06 클래스에서는 T라는 제네릭 타입을 사용한다는 의미입니다. 어떠한 자료형을 사용하는지는 아직 알 수는 없습니다. 이 자료형을 사용할 때 먼저 자료형을 정의하고 사용해야 합니다. 그리고 04라인에 있는 T라는 자료형의 인스턴스명 't'를 getter와 setter를 만들었습니다. 이제 이 제네릭 클래스 타입을 사용해보겠습니다.

Sample07.java

```
01  package chap10;
02
03  public class Sample07 {
```

```
04      public static void main(String[] args) {
05          Sample06<Integer> age = new Sample06<Integer>();
06          Sample06<String> name = new Sample06<String>();
07
08          age.setT(18);
09          name.setT("빵형");
10
11          int    PersonAge  = age.getT();
12          String PersonName = name.getT();
13
14          System.out.printf("%s은(는) %d살", PersonName, PersonAge );
15      }
16
17  }
```

실행 결과

빵형은(는) 18살

참조 자료형은 [Sample06.java] 파일을 하나 만들어 놓고 두 개의 Integer와 String 자료형을 생성할 때 어떠한 자료형을 사용한다고 명시한 뒤에 처리하는 프로그램을 구현해보았습니다. 이렇게 제네릭을 사용하면 코드를 여러 자료형 형태로 재사용할 수 있습니다. Object 클래스를 자료형으로 이용하는 것과 차이는 생성할 때 자료형을 정의하느냐와 사용할 때 자료형을 변환하느냐의 차이가 있습니다.

Object 자료형을 사용했다면 사용할 때마다 형 변환을 해줘야 하고 잘못 형 변환을 하여 오류가 발생하는 것보다 미리 자료형을 정의하여 사용할 때는 그냥 사용해도 자료형 변환으로 인한 오류가 발생할 염려가 없어지게 됩니다. 그래서 오류 발생의 염려가 존재하는 기본 자료형보다는 안정적인 제네릭 타입 사용을 적극적으로 권장합니다.

06라인에서 다음과 같이 구현했을 때

```
Sample06<String> name = new Sample06<String>();
```

Sample06 클래스에서는 다이아몬드 연산자 안에 'T'라는 자료형으로 되어 있지만 생성할 때 String으로 객체를 생성하면서 Sample06 클래스는 내부적으로 다음과 같이 처리됩니다.

Sample06.java - 내부적으로 선언된 자료형으로 재구성

```java
01  package chap10;
02
03  public class Sample06<String> {    //  T가 String 으로 처리
04      private String t;               //  T가 String 으로 처리
05
06      public String getT() {          // 반환 될 자료형이 String으로 처리
07          return t;
08      }
09
10      public void setT(String t) {    // 인자 T가 String으로 처리
11          this.t = t;
12      }
13  }
```

여기서 자바 버전별로 변경된 내용도 함께 살펴보겠습니다. 제네릭은 Java 5에서 추가되었으며 Java 7부터는 사용방법에서 살짝 추가된 기능이 있습니다. 몰라도 큰 차이는 없으나 귀찮은 부분들이 사라지니 알아두면 좋습니다.

Java 7 이전 버전에서는

```
Map<String, String> map = new HashMap<String, String>();
```

자료형을 정의할 때 정의한 제네릭 타입을 생성자에서도 똑같이 입력해야 하는 번거로움이 있었습니다. 하지만 Java 7부터는 이러한 번거로움이 다음과 같이 변경되었습니다.

Java 7에서는

```
Map<String, String> map = new HashMap<>();
```

그래도 제네릭 표시인 다이아몬드 연산자 표시만 해줘도 오류 없이 코딩할 수 있습니다. Java 7에서부터는 생성자도 타입을 추론하여 타입을 인식하게 됩니다. 다만 var를 활용한 타입 추론 변수의 경우는 값에 의해서 변수의 자료형을 추론하기 때문에 당연히 생성자에서 자료형에 대한 정보를 정확하게 입력해야만 변수의 자료형을 추론할 수 있습니다.

var를 사용할 경우

```
var map = new HashMap<String, String>();
```

여기에서는 Java 13을 사용하기 때문에 Java 7 이후 버전 표기 방식으로 진행합니다.

10.1.2 제한된 자료형의 제네릭

[Sample07.java]의 내용을 살펴보면 인스턴스를 생성할 때 필요한 자료형을 다이아몬드 연산자 안에 적어주면 얼마든지 여러 자료형으로 Sample06 클래스를 재사용할 수 있었습니다. 참조 자료형을 이용해서 자료를 받게 될 때도 마찬가지로 다이아몬드 연산자 안에 아무거나 써주면 모두 사용할 수 있게 됩니다. 처리할 수 없는 자료형까지도 다이아몬드 연산자로 넘어오게 되면 문제가 발생할 수 있습니다.

하지만, 꼭 처리할 자료형만 들어올 수 있는 경우도 생각해볼 수 있습니다. 이때 제네릭으로 들어올 수 있는 자료형을 제한하는 방법이 있습니다. 컴퓨터 객체를 만들고 내장 부품들만 들어올 수 있게 하고 컴퓨터 본체에 들어올 수 없는 외장 부품들에 대해서는 제한을 두는 프로그램을 통해서 제한된 자료형을 사용하는 제네릭을 배워보겠습니다.

컴퓨터 본체 안에 들어가는 내장 부품으로는 그래픽 카드와 메모리가 있고 컴퓨터 본체 안에 들어갈 수 없는 외장 부품으로는 모니터가 있습니다. 이 내용을 코드로 구현해보겠습니다.

Sample08.java
```java
01  package chap10;
02
03  class Computer<T extends ComputerPart> {
04      private T component;
05
06      public void toInfo() {
07          System.out.println(component.getClass().getName());
08      }
09
10      public Computer() {}
11
12      public Computer(T component) {
13          this.component = component;
14      }
15
16      public void setComponent(T component) {
17          this.component = component;
18      }
19  }
20
```

```
21  //컴퓨터 내장 부품 대상 객체
22  class ComputerPart {}
23
24  //그래픽카드
25  class Graphics extends ComputerPart {}
26
27  //메모리
28  class Memory extends ComputerPart {}
29
30  //모니터
31  class Monitor {}
32
33  public class Sample08 {
34      public static void main(String[] args) {
35          Computer<ComputerPart> vga = new Computer<ComputerPart>();
36          vga.setComponent(new Graphics());
37          //ComputerPart를 상속받지 않는 객체는 제한됨
38          //vga.setComponent(new Monitor());
39          vga.toInfo();
40
41          //생성자를 통한 객체 생성
42          Computer<ComputerPart> mem = new Computer<>(new Memory());
43          //ComputerPart를 상속받는 객체로 제한됨
44          //Computer<ComputerPart> mem = new Computer<>(new Monitor());
45          mem.toInfo();
46      }
47  }
```

실행 결과

```
chap10.Graphics
chap10.Memory
```

Computer 객체에는 ComputerPart 객체를 상속받은 객체만을 자료형으로 받겠다고 03라인에 〈T extends ComputerPart〉로 정의되어 있습니다. toInfo( ) 메서드로 인자로 넘어온 객체의 클래스명을 출력합니다.

10라인에 Computer( )로 인자가 없는 생성자를 활용하여 객체를 35라인 방식으로 객체를 생성한 후에 setter( )를 통해서 객체를 파라미터로 넘기거나 12라인처럼 생성자에 인자를 넣어서 42라인과 같이 생성자에 인자를 직접 생성하여 넘겼습니다. 38라인과 44라인처럼 컴퓨터 내장 부품으로 ComputerPart 클래스를 상속받지 않은 객체는 제한되어 인자로 넘길 수가 없습니다. 상속에 의한 매개변수를 잘 확인하고 구현하기 바랍니다.

추가로 [Sample08.java]에서 Computer 클래스에서 class에 제네릭 타입이 선언되어 클래스 내에서 제네릭 타입을 사용할 수 있었습니다. 클래스에 선언하는 제네릭도 있지만, 생성자에서도 사용할 수 있습니다. 다만 생성자 내에서만 제네릭 타입을 사용하고 생성자를 제외한 클래스 내에서는 제네릭 타입을 사용할 수 없게 됩니다. 그래서 생성자에서 정확하게 타입이 정해져 있는 경우가 아니라면 생성자에서 사용하는데 많은 제약이 있게 됩니다. Sample08에서는 제네릭 타입으로 넘어온 클래스의 클래스명을 출력하는 프로그램이므로 String이라는 출력값이 정해져 있어서 생성자에서의 제네릭으로 변경하여 구현해보겠습니다.

Sample09.java

```java
01  package chap10;
02
03  class Computer1 {
04      //클래스에서 제네릭을 사용하지 않아서 제네릭 타입을 사용할 수 없음
05      private String componentClassName;
06
07      public void toInfo() {
08          System.out.println(componentClassName);
09      }
10
11      //생성자에 제네릭 타입을 선언
12      public <T extends ComputerPart>Computer1(T component) {
13          this.componentClassName = component.getClass().getName();
14      }
15  }
16
17  //컴퓨터 내장 부품 대상 객체
18  class ComputerPart1 {}
19
20  //메모리
21  class Memory1 extends ComputerPart {}
22
23  public class Sample09 {
24      public static void main(String[] args) {
25          //생성자를 통한 객체 생성(입력되는 타입이 제한됨)
26          Computer1 mem = new Computer1(new Memory1());
27          mem.toInfo();
28      }
29  }
```

실행 결과

```
chap10.Memory1
```

클래스에서 제네릭 타입을 선언하게 되면 인스턴스 생성 시에 제네릭 타입을 선언하게 됩니다. 생성자에 제네릭 타입을 제한할 때는 따로 제네릭 타입을 선언할 필요 없이 바로 적용되어 제한된 자료형의 제네릭 타입이 적용하게 됩니다. 결국, 수정된 소스코드에는 없지만, Monitor 클래스가 생성자의 인자로 들어가게 되면 오류가 발생하게 됩니다. 자료형의 제한으로 사용할 경우에 생성자에 제네릭을 사용하면 효율적이고, 객체의 재사용이 목적이라면 클래스에서 제네릭 타입을 선언해서 사용하는 것이 더 효율적입니다.

10.1.3 복수의 제네릭

지금까지는 한 개의 다이아몬드 연산자에 제네릭 타입을 넣어서 처리했습니다. 꼭 한 개만 제네릭 타입을 사용해야 하는 것이 아닙니다. 이번에는 두 개의 제네릭 타입을 사용하여 프로그래밍해보겠습니다. 두 개의 제네릭에는 Integer로 학생의 학년 반을 저장하고 그 내용을 출력해보겠습니다.

Sample10.java

```java
01  package chap10;
02
03  import lombok.AllArgsConstructor;
04  import lombok.Getter;
05
06  public class Sample10 {
07      public static void main(String[] args) {
08          Student<Integer, Integer> younghee = new Student<>(1, 4);
09          younghee.printInfo("영희");
10      }
11  }
12
13  @Getter
14  @AllArgsConstructor
15  class Student<G, C> {
16      G g;
17      C c;
18
19      public void printInfo(String name) {
20          System.out.println(name + "은(는) " + g + " 학년 " + c + "반 ");
21      }
22  }
```

실행 결과

영희은(는) 1 학년 4반

앞서 제네릭에 대해서 배웠기 때문에 Sample10 클래스의 Student 클래스에서는 Lombok을 사용하여 소스코드를 간결하게 구현했습니다. [Student.class] 파일을 디컴파일 해보면 다음과 같습니다.

Student.class - Decompiled

```java
package chap10;

class Student<G, C> {
    G g;
    C c;

    public void printInfo(String name) {
        System.out.println(name + "은(는) " + this.g + " 학년 " + this.c + "반 ");
    }

    public G getG() {
        return this.g;
    }

    public C getC() {
        return this.c;
    }

    public Student(G g, C c) {
        this.g = g;
        this.c = c;
    }
}
```

Student 클래스에서 두 개의 제네릭 타입을 사용했는데 한 개의 제네릭 타입만 사용한 것과 크게 다르지 않습니다. 여기에서는 생성자에 G와 C에 대해서 생성자를 생성할 때 @AllArgsConstructor에 의해서 같이 입력해주게 되어있습니다. 두 개의 제네릭 타입을 입력하고자 할 때 객체 생성 시에 생성자에 정보는 2개씩 값을 입력하면 됩니다. Sample10에서는 학년과 반을 입력하게도 했지만, main 메서드에서 제네릭 타입을 바꿔서 키와 몸무게를 입력하여 클래스를 다음과 같이 재사용할 수도 있습니다.

```
Student<Double, Double> younghee = new Student<>(160.1 , 55.5);
```

이때 학년 반과 같이 정수만 입력하게 하려면 어떻게 해야 할까요? 바로, Student 클래스의 제네릭 타입에 정수만 들어오게 제한하는 것입니다. 먼저 어떻게 해야 할지 생각해보고 다음의 소스코드를 보고 확인해보세요.

Sample11.java - 제네릭 타입 제한

```java
01  package chap10;
02
03  import lombok.AllArgsConstructor;
04  import lombok.Getter;
05
06  public class Sample11 {
07      public static void main(String[] args) {
08          Student1<Integer, Integer> younghee = new Student1<>(1, 4);
09          //Student1<Double, Double> younghee = new Student1<>(160.1 , 55.5);
    // 타입 제한으로 오류발생
10          younghee.printInfo("영희");
11      }
12  }
13
14  @Getter
15  @AllArgsConstructor
16  class Student1<G extends Integer, C extends Integer> {
17      G g;
18      C c;
19
20      public void printInfo(String name) {
21          System.out.println(name + "은(는) " + g + " 학년 " + c + "반 ");
22      }
23  }
```

Integer뿐만 아니라 숫자를 사용하는 자료형으로 Integer, Double, Float, Long, Byte, Short는 Number 클래스를 상속받고 있기 때문에 숫자를 사용하는 자료형으로 한정하고 싶을 때는 다음과 같이 Number 클래스로 제한하면 됩니다.

```
@Getter
@AllArgsConstructor
class Student<G extends Number, C extends Number> {    //숫자 자료형으로 제한한다
    G g;
```

```
    C c;

    public void printInfo(String name) {
        System.out.println(name + "은(는) " + g + " 학년 " + c + "반 ");
    }
}
```

10.2 제네릭 메서드(Generic Method)

제네릭 클래스에서는 클래스에 제네릭 타입을 정의하여 클래스 내에서 전역적으로 제네릭 타입을 사용할 수 있었습니다. 이번 경우는 전역에서 사용하는 것이 아닌 메서드라는 제한적인 범위에서만 사용하는 경우입니다.

10.2.1 제네릭 메서드 활용

클래스에서 제네릭 타입을 선언하지 않고 메서드의 반환될 자료형 앞에 다이아몬드 연산자를 넣어서 제네릭 타입을 선언하는 것을 제네릭 메서드라고 합니다.

제네릭 메서드 구조

```
[접근 제어자] (static) <E> [반환될 자료형] [메서드명] (E e) {
    구현체
    return 반환될 자료형의 리터럴;
}
```

인자에 들어가는 자료형에 제네릭 타입이 들어갈 경우 꼭 반환될 자료형 앞에 제네릭 타입을 선언해줘야 합니다. 간단한 코드로 확인해보겠습니다.

Sample12.java

```
01  package chap10;
02
03  public class Sample12 {
```

```
04
05      public static void main(String[] args) {
06          Data data = new Data();
07          data.setValue(3);
08          System.out.println(data.getValue());
09      }
10
11  }
12
13  class Data {
14      String value;
15      public <T> void setValue(T t) {
16          this.value = t.toString();
17      }
18
19      public String getValue() {
20          return this.value;
21      }
22  }
```

실행 결과
3

프로그램은 제네릭 타입에 숫자 3을 입력한 후 문자열로 출력하는 간단한 프로그램입니다. 15라인에 파라미터로 제네릭 타입 T를 사용할 때 반환될 자료형 앞에 제네릭 타입을 정의합니다. 클래스에서 제네릭 타입을 정의하면 객체를 생성할 때 어떠한 자료형이 들어간다고 정의하지만 클래스가 아닌 메서드나 생성자에 제네릭 타입을 정의하면 따로 정의하지 않고 내부에서 처리하게 됩니다.

여기에서는 07라인에 setValue( ) 메서드의 인자로 3이라는 숫자가 들어갔습니다. 3.3의 double 형태도 괜찮고 true로 boolean 형태로 넣어도 상관없습니다. 어떠한 자료형이 들어와도 16라인에서 toString( ) 메서드로 String 자료형으로 반환받기 때문에 String으로 변환됩니다. 그리고 toString( ) 메서드는 모든 class는 Object를 상속받기 때문에 모든 class에서 Object의 toString( ) 메서드를 사용할 수 있습니다.

10.2.2 제한된 자료형의 제네릭 메서드

앞서 제네릭 클래스에서 제한된 자료형의 제네릭을 배웠습니다. 메서드에서도 제한된 자료형으로 제네릭을 설정할 수 있습니다. 사용방법은 클래스에 하듯이 사용할 수 있습니다. 이번에는 숫자 자료형의 상위 클래스인 Number 클래스를 이용해서 숫자 자료형만 메서드에 넣을 수 있게 제한해보겠습니다.

Sample13.java

```java
package chap10;

public class Sample13 {

    public static void main(String[] args) {
        NumberBox nb = new NumberBox();
        nb.setNumber(20002);
        nb.setNumber(43567.1);
        //nb.setNumber("11234"); //오류발생
    }
}

class NumberBox {
    public <E extends Number> void setNumber(E e) {
        System.out.printf("입력된 값은 [%s] 입니다. %n", e.toString());
    }
}
```

실행 결과

```
입력된 값은 [20002] 입니다.
입력된 값은 [43567.1] 입니다.
```

NumberBox 클래스에서 14라인에서 인자로 넘어오는 E에 Number라는 상위 클래스로 이를 상속받는 참조 자료형으로 제한했습니다. Byte, Short, Long, Integer, Float, Double 클래스가 Number 클래스로부터 상속받는 참조 자료형입니다. 07라인과 08라인에서 정수와 실수를 넣어도 잘 들어가지만 09라인에서 문자열을 넣었더니 오류가 발생하여 주석으로 처리했습니다. String은 Number로부터 상속받지 않기 때문에 오류가 발생합니다.

10.2.3 와일드카드 제네릭 타입(Generic Unbounded wildcard)

제네릭에서의 와일드카드는 메서드의 인자 중에 제네릭 타입으로 넘어올 때 어떤 제네릭 타입이 들어올지 알 수 없을 때 사용하는 타입을 '?'를 통해서 작성합니다.

> **와일드카드 제네릭 타입**
>
> <?> 모든 객체의 자료형이 제네릭 타입으로 들어갈 수 있음

모든 자료형이 들어갈 수 있다고 설명했지만 어떤 자료형인지 알 수 없기도 합니다. 어떤 경우에 와일드카드를 이용하여 제네릭을 처리하는지 확인해보겠습니다.

Sample14.java

```java
package chap10;

public class Sample14 {

    public static void main(String[] args) {
        //내지갑
        Wallet myWallet = new Wallet();

        //Pocket money
        Money<Integer> m1 = new Money<>();
        m1.getMoney(10000);

        //Part time job
        Money<Integer> m2 = new Money<>();
        m1.getMoney(600000);

        myWallet.insertMoney(m1);    //용돈을 넣는다
        myWallet.insertMoney(m2);    //알바비를 넣는다

        //지갑을 확인한다
        System.out.println(myWallet.checkWalletMoney());
    }
}

class Wallet {
    double totalMoney = 0;

    public void insertMoney(Money<?> myMoney) {
        totalMoney += myMoney.getMyMoney();
    }
}
```

```java
33      public double checkWalletMoney() {
34          return totalMoney;
35      }
36  }
37
38  class Money<E extends Number> {
39      double myMoney;
40
41      public void getMoney(E info) {
42          this.myMoney += info.doubleValue();
43      }
44
45      public double getMyMoney() {
46          return myMoney;
47      }
48  }
```

> **실행 결과**
>
> ```
> 610000.0
> ```

돈을 보관하는 지갑인 Wallet 클래스가 있고 지갑에 넣을 돈의 집합인 Money 클래스가 있습니다. 수익으로 발생한 Money 객체는 용돈과 아르바이트 월급이 있습니다. 돈은 Number 객체를 상속받는 숫자 자료형만 들어올 수 있습니다. Wallet에서는 Money의 자료형이 Integer인지 Float인지 알 수가 없기 때문에 와일드카드(?)를 29라인에 사용하였습니다.

여기에 들어오는 자료형은 38라인에 정의된 Number 클래스를 상속받는 상위 제한 타입이 들어옵니다. 끝으로 용돈과 아르바이트 월급을 지갑에 넣고 33라인에서 지갑에 들어있는 총금액을 확인하는 프로그램입니다.

10.2.4 와일드카드를 활용한 제한된 자료형

와일드카드를 활용하여 제네릭 메서드에서 사용하여 extends 키워드를 통해서 부모 또는 조상 클래스로부터 상속받은 자료형을 제네릭 타입으로 들어오는 상위 클래스 제한 형까지 학습했습니다. 이번에는 와일드카드를 활용해서 상위 클래스 제한뿐만 아니라 하위 클래스 제한까지 하는 와일드카드를 활용한 제한된 자료형을 학습해보겠습니다.

> **와일드 카드를 활용한 제한된 자료형**
>
> <? extends 상위 클래스>: 상위 클래스를 상속 받은 자료형으로 제한(Upper bounded wildcards)
> <? super 하위 클래스> : 하위 클래스가 상속 받고 있는 상위 클래스 자료형으로 제한(Lower bounded wildcards)

와일드카드를 통해서 제네릭 타입을 제한하는 방법으로 extends와 super가 있습니다. extends는 이미 배운 대로 상위 클래스를 상속받은 자료형만으로 제한하는 상위 클래스 제한과 super로 제네릭 타입에 의해 상속하고 있는 자료형만으로 제한하는 하위 클래스 제한 두 가지를 모두 사용하여 예제를 통해서 살펴보겠습니다.

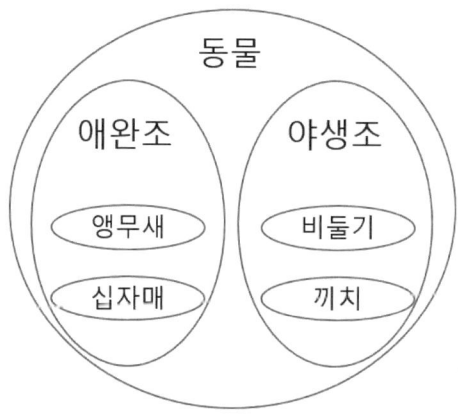

[그림 10-1] 동물 상속 관계 집합

Sample15.java

```java
package chap10;

import java.util.Arrays;

import lombok.AllArgsConstructor;
import lombok.Getter;

public class Sample15 {
    public static void main(String[] args) {
        Group<Pet> petGroup = new Group<>();
        petGroup.add(new Pet("앵무새"));
        petGroup.add(new Pet("십자매"));
```

```java
            Group<Wild> wildGroup = new Group<>();
            wildGroup.add(new Wild("까치"));
            wildGroup.add(new Wild("비둘기"));

            System.out.println("애완조 ===");
            getAnimalList(petGroup);
            System.out.println("--");
            getPetList(petGroup);
            System.out.println("야생조 ===");
            getAnimalList(wildGroup);
        }

        /**
         * 상위 클래스 제한
         * @param group
         */
        public static void getAnimalList(Group<? extends Animal> group) {
            Object[] g = group.getGroup();
            for(int i = 0; i < g.length; i++) {
                Animal animal = (Animal) g[i];
                System.out.println(animal.getName());
            }
        }

        /**
         * 하위 클래스 제한
         * @param group
         */
        public static void getPetList(Group<? super Pet> group) {
            Object[] g = group.getGroup();
            for(int i = 0; i < g.length; i++) {
                Pet pet = (Pet) g[i];
                System.out.println(pet.getName());
            }
        }
    }

    class Group<G> {
        private int listCount = 0;

        private G[] group = (G[]) new Object[listCount];

        public void add(G g) {
            group = Arrays.copyOf(group, ++listCount);
            group[listCount-1] = g;
        }

        public G[] getGroup() {
            return group;
        }
    }
```

```
66  @AllArgsConstructor
67  @Getter
68  class Animal {
69      private String name;
70  }
71
72  class Pet extends Animal{
73      public Pet(String name) {
74          super(name);
75      }
76  }
77
78  class Wild extends Animal{
79      public Wild(String name) {
80          super(name);
81      }
82  }
```

실행 결과

```
애완조 ===
앵무새
십자매
--
냉부새
십자매
야생조 ===
까치
비둘기
```

상속 관계를 소개하기 위해서 클래스가 많은데 중요한 것은 Sample13 클래스에 있는 2개의 메서드가 중요합니다. 먼저 30라인의 상위 클래스 제한은 앞서 학습했던 제한된 자료형의 형태와 같습니다. 상위 클래스로부터 상속받는 자료형만 인자로 사용할 수 있습니다. 여기에서는 'Group<? Extends Animal>'로 정의하여 Animal을 상속받는 자료형인 Pet과 Wild 클래스가 여기에 해당합니다. 그래서 애완조와 야생조의 집합을 모두 출력했습니다.

42라인에서는 하위 클래스 제한으로 Pet을 상속하고 있는 자료형을 갖는 자료형만 인자로 들어올 수 있습니다. 상속은 하나만 받을 수 있어서 여기에 들어올 수 있는 자료형은 한 가지만 존재합니다. 여기에서는 'Group<? super Pet>'으로 정의하여 Pet 클래스를 상속하고 있는 부모 클래스를 super를 통해서 제한하고 있으니 Pet 자료형을 상속하고 있는 자료형만 파라미터로 들어갈 수 있습니다.

연습 문제

1. 이름, 나이, 키, 몸무게, 연락처 정보를 담는 객체를 만듭니다. 제네릭을 활용하여 이름과 연락처는 문자열을 입력하게 제한하고 나이, 키, 몸무게는 숫자(실수 포함)만 입력하게 제한하여 데이터를 넣고 toString( ) 메서드를 만들어서 내용을 출력하세요.

정답)

Test1.java

```java
package chap10;

import lombok.Builder;

public class Test1 {

    public static void main(String[] args) {
        Person superman = Person.builder()
                            .name("슈퍼맨")
                            .age(32)
                            .hight(190)
                            .weight(100)
                            .phone("1511-1151")
                            .build();

        System.out.println(superman.toString());
    }
}

class Person {
    private String name;      //이름
    private int age;          //나이
    private float hight;      //키
    private float weight;     //몸무게
    private String phone;     //연락처

    @Builder
    public Person(String name, int age, float hight, float weight, String phone) {
        this.name = name;
        this.age = age;
        this.hight = hight;
        this.weight = weight;
        this.phone = phone;
```

```
35        }
36
37        @Override
38        public String toString() {
39            return "Person [name=" + name + ", age=" + age + ", hight=" + hight
    + ", weight=" + weight + ", phone=" + phone + "]";
40        }
41    }
```

실행 결과

```
Person [name=슈퍼맨, age=32, hight=190.0, weight=100.0, phone=1511-1151]
```

2. 기존의 배열에서는 String[ ]이나 Integer[ ]를 이용해서 특정 클래스에 대한 객체 배열을 만들었습니다. 이번에는 CustomList라는 클래스를 제네릭 타입을 이용하여 String이나 Integer 등을 담는 배열로 사용할 수 있게 구현하고 각 클래스별로 배열로 담아서 출력하는 프로그램을 작성하세요.

main( ) 메서드 사용 예)
```
public static void main(String[] args) {

CustomList<String> CustomList = new CustomList<>();
CustomList.add("Iron man");
CustomList.add("Captain America");
CustomList.add("Thor");
System.out.println(CustomList.toString());

CustomList<Integer> numberlist = new CustomList<>();
numberlist.add(1);
numberlist.add(2);
System.out.println(numberlist.toString());
}
```

출력)
```
CustomList =[Iron man, Captain America, Thor]
CustomList =[1, 2]
```

정답)

Test2.java

```java
package chap10;

import java.util.ArrayList;

public class Test2 {

    public static void main(String[] args) {
        CustomList<String> CustomList = new CustomList<>();
        CustomList.add("Iron man");
        CustomList.add("Captain America");
        CustomList.add("Thor");
        System.out.println(CustomList.toString());

        CustomList<Integer> numberlist = new CustomList<>();
        numberlist.add(1);
        numberlist.add(2);
        System.out.println(numberlist.toString());
    }
}

class CustomList<E> {
    private int listCount = 0;

    Object[] customList = new Object[0];

    public boolean add(E e) {
        listCount++;
        customList = Arrays.copyOf(customList, listCount);
        customList[listCount-1] = e;
        return true;
    }

    @Override
    public String toString() {
        return "CustomList =" + Arrays.toString(customList);
    }
}
```

실행 결과

```
CustomList =[Iron man, Captain America, Thor]
CustomList =[1, 2]
```

Chapter 11

11장 | 컬렉션 프레임워크(Collections framework)

컬렉션 프레임워크라고 하니까 뭔가 거대하게 느껴질 수 있습니다. 사전적인 의미로 컬렉션은 수집품을 나타내고 프레임워크는 뼈대를 나타내죠. 합쳐서 '수집품 구조' 정도로 직역할 수 있습니다. 이 의미를 자바에서 쉽게 설명하자면 '값들을 담는 형태' 정도로 얘기할 수 있을 것 같습니다.

컬렉션 프레임워크에는 크게 Collection과 Map으로 나뉘어 있습니다. 각각의 특징에 대해서 배워보겠습니다.

- Collection
- Map

Collection과 Map은 Interface(인터페이스)로 되어 있으며 이들은 각 자료형에서 다양한 형태의 배열로 받게 됩니다. 우선, 이름의 특징으로 살펴보겠습니다. 먼저 'Hash'라는 이름이 붙은 배열의 특징을 보겠습니다. Hash는 값이 중복될 수 없다는 유니크(Unique)한 특징이 있습니다. 그리고 'Tree'는 이진 트리 순회 방법 중에 중위 순회(In-order traversal) 방식으로 처리됩니다. 여기에서 이진 트리에 관한 자세한 설명은 생략하지만, 간단히 설명하면 정렬된 배열이라고 알고 있으면 됩니다. Hash와 Tree에 대한 의미를 알고 컬렉션 프레임워크의 자료구조를 학습하면 쉽게 이해할 수 있습니다.

11.1 Collection

여기에서 말하는 Collection은 Interface입니다. Collection을 상속받는 배열은 기본 자료형이나 자료형의 그룹 형태로 저장 및 관리가 되는 집합입니다. Collection Interface를 상속받는 인터페이스나 클래스는 다음 그림과 같습니다.

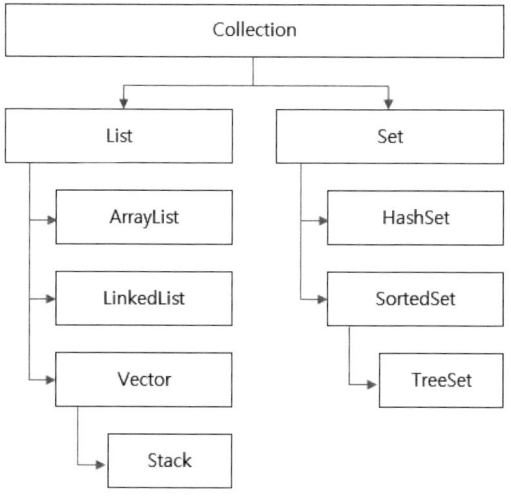

[그림 11-1] Collection 인터페이스를 상속받는 클래스

Collection은 크게 List와 Set으로 나뉩니다.

11.1.1 List

List 인터페이스를 상속받게 되는 집합은 Index가 있어 순서가 있는 데이터의 집합으로 데이터의 중복도 허용합니다. List에 대한 클래스를 알아보겠습니다.

- ArrayList
- LinkedList
- Stack
- Iterator

List 인터페이스의 API는 다음 URL을 참고하세요. (Java 13 기준)

```
https://docs.oracle.com/en/java/javase/13/docs/api/java.base/java/util/List.html
```

ArrayList

우리는 앞서 각 자료형을 배열로 학습했습니다. 배열은 데이터를 추가하거나 삭제하는 방법이 따로 없습니다. 항상 사전에 배열의 크기를 미리 지정하고 사용해야 했습니다. 하지만 ArrayList는 필요하면 언제든지 추가하고 삭제하는 등 변경할 수 있어 편리하므로 실제로도 ArrayList를 제일 많이 사용합니다.

ArrayList의 API는 다음 URL을 참고하세요.

```
https://docs.oracle.com/en/java/javase/13/docs/api/java.base/java/util/ArrayList.html
```

ArrayList API에서 주로 사용하는 메서드만 추려서 학습해보겠습니다.

ArrayList 객체 생성

이전에 배운 배열에서는 사용하고자 하는 자료형에 배열을 뜻하는 대괄호([ ])를 넣어주어 배열을 작성했습니다. 5장에서 배운 내용을 다시 확인해보겠습니다.

```
(자료형)[ ] 배열명 = new 자료형[배열의 길이];
```

기억이 나죠? 배열의 길이를 꼭 넣어줘야 하는데 배열의 길이가 명확하지 않을 때 배열의 길이를 크게 잡아줘야 하는 경우가 있곤 했습니다. ArrayList는 배열의 길이 없이 클래스를 생성하듯이 똑같이 생성합니다.

```
List 배열명 = new ArrayList();
```

우리는 앞서 제네릭에서 자료형을 미리 정의하고 해당 자료형으로 바로 꺼내어 쓰거나 넣을 때 Object 형으로 넣고 꺼낼 때 해당 자료형으로 형 변환하여 사용하는 것을 배웠습니다. Object 자료형으로 배열의 요소를 꺼내어 쓰는 경우에는 자료형이 다르게 되면 오류도 발생할 수 있는 위험요소가 존재하기 때문에 한 가지 자료형으로만 사용할 수 있는 제네릭으로 먼저 자료형을 정의하는 것을 추천하였습니다.

소스코드를 예로 들면 다음과 같습니다.

```
List list = new ArrayList();        //제네릭으로 타입을 정의하지 않음
list.add("자바");                    //문자열 자료형이 들어갔음
list.add(1);                        //정수 자료형이 들어갔음
String data = (String) list.get(0);  //데이터를 가져올 때 해당 자료형으로 가져와야 함
String data1 = (String) list.get(1); //숫자 자료형을 문자자료형으로 반환하여 오류 발생
```

ArrayList뿐만 아니라 Collection Framework에서도 마찬가지입니다. Java 5부터 제네릭 문법이 추가되면서 Collection Framework도 제네릭이 추가되었습니다. 제네릭을 사용하지 않으면 내부에서는 Object 자료형으로 처리됩니다.

제네릭을 이용하여 ArrayList를 생성한다면 다음과 같습니다.

```
List<자료형> 배열명 = new ArrayList<>();
```

Java 7에서부터 생성자에서는 제네릭의 내용을 생략할 수 있어 생략했습니다. 지역 변수의 타입 추론을 이용하면 다음과 같이 작성할 수 있습니다.

```
var 배열명 = new ArrayList<자료형>();
```

생성했다면 계속해서 자료를 넣어보겠습니다.

ArrayList 자료 추가

ArrayList를 이용한 자료 추가는 간단합니다. API를 확인해보면 다음과 같습니다.

ArrayList의 add( ) 메서드 API

반환 자료형	메서드	설명
void	add(int index, E element)	지정된 요소를 이 목록의 지정된 위치에 삽입합니다.
boolean	add(E e)	지정된 요소를 이 목록의 끝에 추가합니다.

add( ) 메서드 사용방법을 보면 파라미터에 E 자료형을 볼 수 있습니다. 제네릭 타입을 뜻합니다. 자료를 추가할 때 자료만 넘기면 목록의 끝에 추가되고 목록의 위치 정보를 함께 보내면 해당 위치에 삽입됩니다. 그 위치에 있던 자료들은 한 칸씩 물러나게 됩니다. 이때 목록의 위치는 0번부터 시작합니다.

다음 예제로 add( ) 메서드를 확인해보겠습니다.

Sample01.java

```
01  package chap11;
02
03  import java.util.ArrayList;
04  import java.util.HashSet;
05  import java.util.LinkedList;
06  import java.util.List;
07  import java.util.Set;
08  import java.util.Stack;
09
10  public class Sample01 {
11      public static void main(String[] args) {
12          List<String> arr = new ArrayList();
13
14          //5개의 문자열을 추가한다
15          arr.add("하나");
16          arr.add("둘");
17          arr.add("셋");
18          arr.add("넷");
19          arr.add("다섯");
20
21          //3번째 위치에 '둘 쩜 오'를 삽입
22          arr.add(2, "둘 쩜 오");
23
24          for(String a : arr) {
25              System.out.println(a);
26          }
27
28      }
29  }
```

> **실행 결과**
>
> 하나
> 둘
> 둘 쩜 오
> 셋
> 넷
> 다섯

15라인부터 19라인까지 5개의 배열을 추가하고 22라인에서 add(int index, E element) 메서드를 활용하여 중간에 삽입하였습니다. 24라인의 향상된 for문을 통해서 중간에 삽입된 '둘 쩜 오'를 확인할 수 있습니다.

ArrayList 자료 수정

add( ) 메서드로 자료를 추가하고 index를 추가하여 특정 위치에 삽입도 했습니다. 이제 '둘 쩜 오'를 '이 쩜 오'로 바꾸고자 할 때 필요한 메서드는 set( ) 메서드입니다.

ArrayList의 set( ) 메서드 API

반환 자료형	메서드	설명
E	set(int index, E element)	목록에서 지정된 위치의 요소를 지정된 요소로 대체합니다.

set( ) 메서드를 활용하여 소스코드를 수정해보겠습니다.

Sample02.java

```java
01  package chap11;
02
03  import java.util.ArrayList;
04  import java.util.List;
05
06  public class Sample02 {
07      public static void main(String[] args) {
08          List<String> arr = new ArrayList<String>();
09
10          //5개의 문자열을 추가한다
11          arr.add("하나");
```

```
12              arr.add("둘");
13              arr.add("둘 쩜 오");
14              arr.add("셋");
15              arr.add("넷");
16              arr.add("다섯");
17
18              //3번째 위치에 '둘 쩜 오'를 '이 쩜 오'로 수정
19              arr.set(2, "이 쩜 오");
20
21              for(String a : arr) {
22                  System.out.println(a);
23              }
24
25         }
26     }
```

실행 결과

```
하나
둘
이 쩜 오
셋
넷
다섯
```

11라인부터 16라인까지 배열을 추가한 후에 13라인의 '둘 쩜 오'를 19라인에서 set( ) 메서드를 활용하여 '둘 쩜 오'가 '이 쩜 오'로 수정되었습니다.

ArrayList 자료 삭제

'이 쩜 오'라는 값을 삭제하고자 합니다. 이때 필요한 메서드는 remove( )입니다.

ArrayList의 자료 삭제 메서드 API

반환 자료형	메서드	설명
E	remove(int index)	목록에서 지정된 위치의 요소를 제거합니다.
boolean	removeAll(Collection<?> c)	지정된 컬렉션에 포함된 모든 요소를 목록에서 제거합니다.

remove( ) 메서드와 removeAll( ) 메서드를 학습해보겠습니다.

Sample03.java

```java
package chap11;

import java.util.ArrayList;
import java.util.List;

public class Sample03 {
    public static void main(String[] args) {
        List<String> arr = new ArrayList<>();

        //5개의 문자열을 추가한다
        arr.add("하나");
        arr.add("둘");
        arr.add("이 쩜 오");
        arr.add("셋");
        arr.add("넷");
        arr.add("다섯");

        //3번째 위치에 '이 쩜 오'를 삭제
        System.out.println("* 3번째 위치에 '이 쩜 오'를 삭제");
        arr.remove(2);
        for(String a : arr) {
            System.out.println(a);
        }

        //둘, 셋 삭제
        System.out.println("\n* 둘, 셋 삭제");
        List<String> delArr = new ArrayList<>();
        delArr.add("둘");    //삭제할 배열을 추가한다
        delArr.add("셋");
        arr.removeAll(delArr);
        for(String a : arr) {
            System.out.println(a);
        }

        //모두 삭제한다.
        System.out.println("\n*모두 삭제한다.");
        arr.removeAll(arr);
        for(String a : arr) {
            System.out.println(a);
        }

    }
}
```

> **실행 결과**
>
> ```
> * 3번째 위치에 '이 쩜 오'를 삭제
> 하나
> 둘
> 셋
> 넷
> 다섯
>
> * 둘, 셋 삭제
> 하나
> 넷
> 다섯
>
> *모두 삭제한다.
> ```

20라인에서 3번째 배열을 삭제합니다. 0번부터 시작하니까 index 값은 2가 됩니다. 27라인에서 삭제하고자 하는 내용의 배열을 만들어서 30라인에서 배열을 비교하여 같은 내용은 삭제합니다. 삭제하고자 하는 목록을 배열로 만들어서 한 번에 삭제합니다. 37라인에서는 arr 배열에서 똑같은 arr 배열과 비교하여 같으면 제거합니다. 따라서 똑같은 배열로 모두 같기 때문에 배열의 내용이 모두 삭제됩니다.

ArrayList 자료 가져오기

ArrayList에서 내용을 출력할 때 향상된 for문을 사용해서 출력했습니다. 향상된 for문은 배열을 알아서 반복적으로 요소들을 한 개씩 꺼내어 해당 자료형으로 반환합니다. 하지만 향상된 for문이 아닌 단순 for문을 사용할 때는 ArrayList 객체로부터 직접 꺼내어 사용해야 하는데 이때 사용하는 메서드는 get( ) 메서드입니다.

ArrayList의 get( ) 메서드 API

반환 자료형	메서드	설명
abstract E	get(int index)	리스트 내의 지정된 위치에 있는 요소를 반환합니다.
int	size( )	리스트 내의 요소 수를 반환합니다.

get( ) 메서드에 순번 값을 보내면 해당 순번에 대한 자료를 반환합니다. 순번은 0번부터 시작하며 ArrayList의 요소 수는 size( ) 메서드를 통해서 ArrayList에 몇 개의 자료가 있는지 그 수를 반환합니다. 그럼 단순 for문을 사용하여 직접 ArrayList에서 값을 꺼내어 출력해보겠습니다.

Sample04.java

```java
package chap11;

import java.util.ArrayList;
import java.util.List;

public class Sample04 {
    public static void main(String[] args) {
        List<String> arr = new ArrayList<>();

        //5개의 문자열을 추가한다
        arr.add("하나");
        arr.add("둘");
        arr.add("이 쩜 오");
        arr.add("셋");
        arr.add("넷");
        arr.add("다섯");

        for(int i=0; i < arr.size(); i++) {
            System.out.printf("%d번 - %s%n",(i + 1), arr.get(i));
        }

    }
}
```

실행 결과

```
1번 - 하나
2번 - 둘
3번 - 이 쩜 오
4번 - 셋
5번 - 넷
6번 - 다섯
```

18라인에서 arr.size( ) 메서드로 5라는 데이터 건수를 조회하여 for문을 0부터 4까지 반복하여 그 수를 get( ) 메서드로 자료를 가져옵니다. 그런 후 println( ) 메서드로 출력하는 소스코드입니다. 자료의 수를 활용하여 번호를 부여해서 내용을 출력해 보았습니다. 이렇게 자료의 번호를 활용하여 출력할 경우가 아니라면 향상된 for문을 이용하면 간단하게 구현할 수 있습니다.

ArrayList에 대해서 가볍게 분석해보겠습니다. 꼭 알 필요는 없으니 이 내용은 가볍게 보고 넘어가도 좋습니다.

ArrayList.class - 일부 소개

```java
01  public class ArrayList<E> extends AbstractList<E>
02          implements List<E>, RandomAccess, Cloneable, java.io.Serializable
03  {
04      private static final int DEFAULT_CAPACITY = 10;
05      private static final Object[] EMPTY_ELEMENTDATA = {};
06      private static final Object[] DEFAULTCAPACITY_EMPTY_ELEMENTDATA = {};
07      transient Object[] elementData; // non-private to simplify nested class access
08      private void add(E e, Object[] elementData, int s) {
09          if (s == elementData.length)
10              elementData = grow();
11          elementData[s] = e;
12          size = s + 1;
13      }
14
15      public boolean add(E e) {
16          modCount++;
17          add(e, elementData, size);
18          return true;
19      }
20
21      public void add(int index, E element) {
22          rangeCheckForAdd(index);
23          modCount++;
24          final int s;
25          Object[] elementData;
26          if ((s = size) == (elementData = this.elementData).length)
27              elementData = grow();
28          System.arraycopy(elementData, index,
29                           elementData, index + 1,
30                           s - index);
31          elementData[index] = element;
32          size = s + 1;
33      }
34
```

```
35      private Object[] grow(int minCapacity) {
36          return elementData = Arrays.copyOf(elementData,
37                                              newCapacity(minCapacity));
38      }
39
40      private Object[] grow() {
41          return grow(size + 1);
42      }
43  }
```

07라인에 Object로 배열을 만들어 놓고 진행합니다.

```
transient Object[ ] elementData;
```

제네릭으로 타입을 정의하여 사용할 수 있도록 01라인에서 제네릭 <E> 타입을 선언하였습니다.

```
public class ArrayList<E> extends AbstractList<E>
```

ArrayList에서 add( ) 메서드를 실행할 때마다 grow( ) 메서드로 Arrays.copyOf( ) 메서드를 호출하여 배열을 복사하고 배열을 증가시킨 후에 31라인에서 내용을 추가합니다.

```
elementData = Arrays.copyOf(elementData, newCapacity(minCapacity));
```

내부적으로 자료가 추가될 때마다 새로운 배열을 만들어서 공간을 늘린 후에 늘린 공간에 자료를 넣고 기존 배열의 변수로 그 배열의 내용을 반환합니다. 이렇게 ArrayList 내부적으로 Object가 배열로 구성되어 있어서 데이터의 중복이 허용되며, 차례대로 데이터가 들어가기 때문에 공간을 확보하고 자료를 추가하는 방식으로 순차적인 진행이 됩니다.

remove( ) 메서드도 마찬가지로 자료를 제거하고 배열을 복사해서 공간을 삭제하는 방식으로 진행됩니다. 추가 삭제가 일어날 때마다 전체 자료가 움직이게 되는 것입니다. 단순하게 자료를 추가만 하고 차례대로 조회만 한다면 내부적으로 처리가 빠르게 일어날 수 있습니다. [10장 연습문제 2번]에서 이 내용을 이미 이해했다면 잘 풀었을 겁니다.

LinkedList

ArrayList는 확보된 공간을 할당하고 순서대로 자료를 넣어서 차례대로 빠르게 조회를 했습니다. 이와는 다르게 LinkedList는 '연결 리스트'라고도 부르며, ArrayList에서 자료의 추가와 삭제가 불편했던 단점이 보완된 List입니다. 데이터는 순차적이지 않으며 데이터와 링크의 구조를 가지고 있습니다. 이 단위를 노드(Node)라고 합니다. 선형 리스트인 ArrayList와 연결 리스트인 LinkedList의 저장하는 구조를 그림으로 보면 다음과 같습니다.

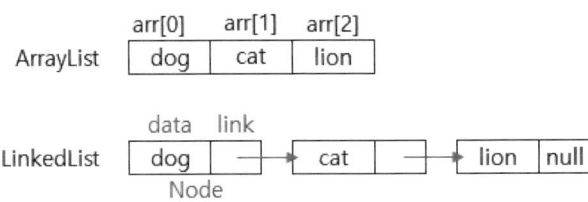

[그림 11-2] 선형 리스트와 연결 리스트의 저장 방식 비교

LinkedList는 저장 공간을 미리 확보하는 게 아니라 데이터가 있는 곳을 data와 link로 이루어진 노드에 데이터와 다음 데이터의 노드 정보를 link에 값을 저장하여 자유롭게 데이터를 추가, 삭제를 할 수 있습니다. 중간에 데이터가 추가되거나 삭제할 경우 ArrayList는 데이터를 전부 이동해가며 추가나 삭제를 하지만 LinkedList는 다음 데이터의 노드 정보를 link에서 수정해주면 됩니다. [그림 11-2]는 각 배열에 dog, cat, lion을 순서대로 삽입한 경우입니다.

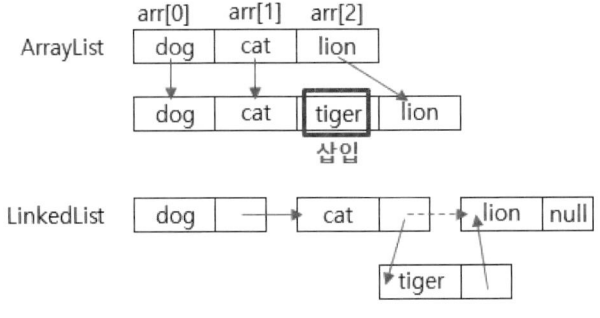

[그림 11-3] 선형 리스트와 연결 리스트의 추가 방식 비교

[그림 11-3]에서 추가의 경우 ArrayList는 하나하나 옮겨 넣고 추가되는 데이터를 추가하고 나머지도 순서대로 옮겨서 새로운 배열을 완성해서 반환합니다. LinkedList는 cat의 link에 lion인 노드를 가리키다가 tiger의 노드로 link 정보를 수정함으로써 ArrayList 경우와는 다르게 데이터의 이동 없이 손쉽게 데이터의 삽입이 완성되었습니다. 그럼 삭제도 살펴보겠습니다.

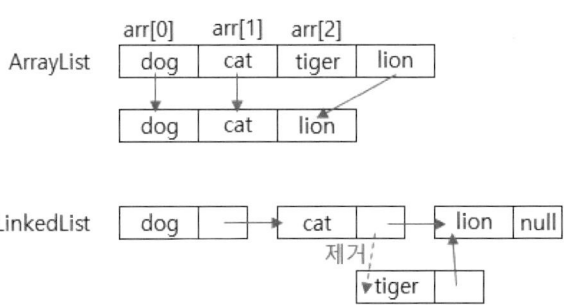

[그림 11-4] 선형 리스트와 연결 리스트의 삭제 방식 비교

ArrayList에서 삭제는 삭제할 데이터를 빼고 다시 새로운 배열로 이동해서 최종 배열 정보를 반환합니다. [그림 11-4]의 LinkedList는 dog 노드가 cat 노드를 가리키며 cat 노드는 tiger 노드를 타이거는 lion 노드를 가리키고 있습니다. 이때 tiger 노드를 제거하고자 합니다. 제거할 tiger 노드를 가리키고 있는 cat 노드의 링크 정보를 lion 노드를 가리키는 링크 정보로 수정합니다.

tiger 노드는 남아있긴 하지만 tiger 노드를 가리키는 링크 정보가 없기 때문에 LinkedList에서 이탈하여 사용하지 않는 노드로 삭제되었다고 간주합니다. 내부적으로 이렇게 처리되지만 LinkedList 사용방법은 ArrayList와 다르지 않습니다. ArrayList와 LinkedList로 똑같은 데이터를 넣어서 출력하고 삭제하는 코드를 살펴보겠습니다.

Sample05.java
```
01  package chap11;
02
03  import java.util.ArrayList;
```

```java
04  import java.util.LinkedList;
05  import java.util.List;
06
07  public class Sample05 {
08
09      static List<String> list1 = new ArrayList<>();
10      static List<String> list2 = new LinkedList<>();
11
12      public static void main(String[] args) {
13
14          //1. 순차입력
15          list1.add("dog");
16          list1.add("cat");
17          list1.add("lion");
18
19          list2.add("dog");
20          list2.add("cat");
21          list2.add("lion");
22          toString("1. 순차입력");
23
24          //2. 삽입
25          list1.add(2, "tiger");
26          list2.add(2, "tiger");
27          toString("2. 중간삽입");
28
29          //3. 중간삭제
30          list1.remove(2);
31          list2.remove(2);
32          toString("3. 중간삭제");
33
34      }
35
36      public static void toString(String title) {
37          System.out.printf("%n== %s ==%n", title);
38          System.out.println("ArrayList  : " + list1);
39          System.out.println("LinkedList : " + list2);
40      }
41  }
```

실행 결과

```
== 1. 순차입력 ==
ArrayList  : [dog, cat, lion]
LinkedList : [dog, cat, lion]

== 2. 중간삽입 ==
ArrayList  : [dog, cat, tiger, lion]
```

```
LinkedList : [dog, cat, tiger, lion]

== 3. 중간삭제 ==
ArrayList  : [dog, cat, lion]
LinkedList : [dog, cat, lion]
```

[그림 11-2, 3, 4]의 그림을 소스코드로 표현해보았습니다. 선언 방식이 ArrayList인지 아니면 LinkedList인지의 차이와 같이 내부적으로 처리하는 방식만 다를 뿐이지 구현 방식은 서로 똑같습니다. 단순 추가가 많은지 중간에 삽입과 삭제가 빈번한지에 따라서 어떤 List를 사용해야 하는지 확인하고 사용하면 좋습니다. DBMS(DataBase Management System)를 사용하게 되면서부터 DB에서 모든 추가, 삭제, 수정과 정렬까지 이루어지기 때문에 추가, 삭제, 수정과 정렬 등이 거의 필요 없기 때문에 ArrayList를 더 많이 사용합니다.

Stack

자료구조를 공부하면서 FIFO나 LIFO를 들어보았을 겁니다. FIFO는 선입선출법(First-In First-Out)으로 '먼저 들어간 데이터가 먼저 나온다'라는 뜻입니다. 택시 승차장에 먼저 대기한 택시부터 손님을 태우고 이동하는 것과 같은 의미로 보면 됩니다. 즉, 쉽게 말해 선착순 개념입니다. LIFO는 후입선출법(Last-In First-Out)으로 '마지막에 들어온 데이터가 먼저 나온다'라는 뜻입니다. 과자 중에 프링글스라는 과자가 있습니다. 뚜껑을 열었을 때 제일 먼저 보이는 과자가 누가 봐도 맨 마지막에 들어갔고, 제일 마지막에 들어간 과자부터 꺼내어 먹게 됩니다. 이게 후입선출법입니다.

Java에서 제공하는 클래스로 Java.util.Stack은 후입선출법(LIFO)으로 처리하는 자료구조입니다. 이는 Java 1.0에서부터 지원하는 클래스입니다. 앞서 배운 ArrayList와 같이 사용하여 차례대로 데이터를 넣지만 제일 마지막에 넣은 데이터부터 꺼내어 사용할 수 있습니다. 데이터를 추가하는 행위를 'push'라 하며 데이터를 꺼내는 행위를 'pop'이라고 합니다.

Stack에서 자주 사용하는 메서드를 소개합니다.

- Object pop

이 스택의 맨 위에 있는 객체를 제거하고 해당 객체를 함수의 값으로 반환합니다.

- void push

항목을 스택의 맨 위에 넣습니다.

- boolean isEmpty

스택이 비어 있으면 true를 반환하고 그렇지 않으면 false를 반환합니다.

- void clear

스택에 있는 모든 요소를 제거합니다.

- Object peek

이 스택의 맨 위에 있는 객체를 반환하며 그 객체를 제거하지 않습니다.

- int size

스택의 모든 요소의 수를 반환합니다.

데이터를 'dog', 'cat', 'lion'을 차례대로 push 한 뒤에 차례대로 pop하는 처리순서를 살펴보겠습니다. 먼저 push에 대한 내용은 [그림 11-5]와 같습니다.

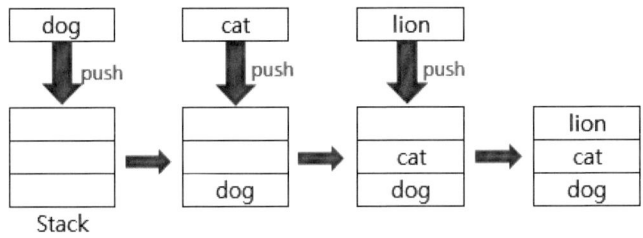

[그림 11-5] Stack의 LIFO의 push 처리 순서

빈 Stack에 'dog'를 push 하여 데이터를 넣으면 맨 밑에서부터 차례대로 저장됩니다. 마지막에 저장된 데이터의 위치를 top이라고 하며 push 할 때마다 top은 top+1을 하여 그 위치의 값을 증가시킵니다. 반대로 pop 하게 되면 제일 마지막에 들어간 데이터부터 나오게 되며 top은 top-1을 하여 그 위칫값을 감소시킵니다.

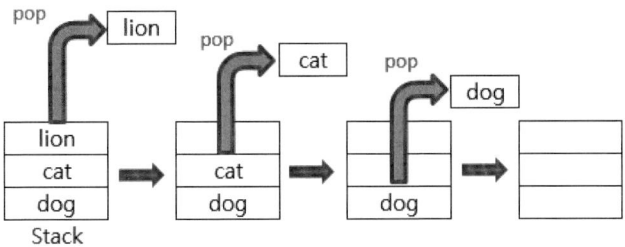

[그림 11-6] Stack의 LIFO의 pop 처리 순서

이렇게 Stack 클래스의 후입선출법에 대해서 알아보았습니다. 후입선출법을 Stack 클래스로 처리하는 코드를 살펴보겠습니다.

Sample06.java

```java
package chap11;

import java.util.Stack;

public class Sample06 {

    public static void main(String[] args) {
        var stack = new Stack<String>();

        // 1. dog, cat, lion 순으로 push
        stack.push("dog");
        stack.push("cat");
        stack.push("lion");
        System.out.printf("총 %d의 자료가 있습니다.%n%n", stack.size());

        // 2. pop
        while(!stack.isEmpty()) {
            System.out.println(stack.pop());
        }
        System.out.printf("총 %d의 자료가 있습니다.%n%n", stack.size());
    }
}
```

> **실행 결과**
>
> 총 3의 자료가 있습니다.
>
> lion
> cat
> dog
> 총 0의 자료가 있습니다.

11라인부터 13라인까지는 데이터를 Stack에 넣습니다. 17라인에서 while 반복문을 사용하여 '!stack.isEmpty( )'를 통해서 스택 공간이 비어 있지 않다면 pop( ) 메서드로 18라인에서 스택에 있는 자료를 top에서부터 하나하나 꺼내어 출력하는 코드입니다.

pop을 함과 동시에 Stack에서는 데이터가 사라지게 됩니다. 여기에서 isEmpty( ) 메서드는 스택이 비어있다면 true 값을 반환하며 비어있지 않다면 false 값을 반환합니다. 비어있지 않는 동안 계속해서 출력해야 하기 때문에 !(not) 연산자를 붙여서 조건식을 true로 만들어서 반복 처리하였습니다.

Iterator

Collection에 대한 반복자로 JDK 1.2부터 Java API로 제공되고 있습니다. for문을 이용하여 차례대로 조회할 때 index 정보로 해당 데이터를 조회했습니다. 이것을 Iterator를 이용하면 처음부터 끝까지 데이터를 쉽게 조회할 수 있습니다. Iterator는 인터페이스로 다음과 같은 메서드를 제공합니다.

Iterator의 주요 메서드 API

반환 자료형	메서드	설명
default void	forEachRemaining(Consumer〈? Super E〉 action)	모든 요소가 처리되거나 작업에서 예외가 발생할 때까지 나머지 각 요소에 대해 지정된 작업을 수행합니다.
boolean	hasNext( )	다음 요소가 있으면 true를 반환합니다.
E	next( )	다음 요소를 반환합니다.
default void	remove( )	이 반복자가 반환한 마지막 요소를 기본 컬렉션에서 제거합니다.

Iterator의 메서드 중에 forEachRemaining( ) 메서드는 JDK 1.8에 추가된 메서드로 나중에 공부하게 될 람다식(Lambda expression)과 함께 사용합니다. 여기에서는 가볍게 소개만 하고 넘어가겠습니다. Stack과 같이 next( ) 메서드를 호출하면 데이터를 반환하고 다음 위치로 커서가 이동합니다. Stack에서는 pop( ) 메서드를 호출하고 데이터를 반환하면서 반환된 데이터를 삭제하지만, Iterator에서는 삭제하지 않고 커서가 다음 데이터 위치로 이동한다는 점을 기억하면 됩니다.

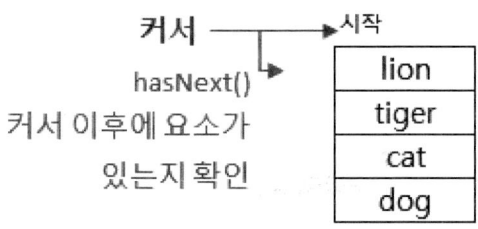

[그림 11-7] Iterator 최초 커서 위치 및 hasNext( ) 사용 예

[그림 11-7]과 같이 배열에 ['lion', 'tiger', 'cat', 'dog'] 순으로 들어갔을 때 커서의 위치는 첫 요소인 lion 위에 있습니다. next( ) 메서드를 이용해서 다음 요소를 가져오게 됩니다. 하나도 가져오질 않았기 때문에 첫 번째 요소인 lion을 가져오게 됩니다. 그런데 배열의 값이 아무것도 없을 때 next( ) 메서드를 이용해서 가져오려고 하면 오류가 발생합니다. 이때 다음 요소가 있는지 확인하는 메서드가 hasNext( ) 메서드입니다. 다음에 가져올 메서드가 있다면 그때 next( ) 메서드로 다음 요소를 안전하게 가져올 수 있습니다. [그림 11-7]과 같이 hasNext( ) 메서드를 실행하게 되면 lion 요소가 있기 때문에 true 값을 반환받게 됩니다. 그럼 next( ) 메서드로 첫 번째 요소를 가져옵니다.

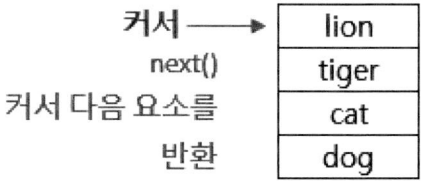

[그림 11-8] Iterator 최초 커서 위치에서 next( ) 사용 예

[그림 11-8]은 Iterator에서 next( ) 메서드를 사용하여 처음 요소인 'lion' 값을 반환한 뒤 'lion' 요소 위치로 커서가 이동하였습니다. Iterator 변수에 Collection을 대입한 후에 Iterator 변수에서 remove( ) 메서드를 호출하게 되면 Collection에서도 함께 해당 데이터가 삭제됩니다.

이 점에 유의하여 remove( ) 메서드를 사용하면 됩니다. 이번에 실습해 볼 코드는 ArrayList의 내용을 for문으로 출력해보고 향상된 for문도 출력해봅니다. 그리고 끝으로 Iterator를 활용하여 다양하게 출력해보겠습니다.

Sample07.java

```java
package chap11;

import java.util.ArrayList;
import java.util.Collections;
import java.util.Iterator;
import java.util.List;

public class Sample07 {

    public static void main(String[] args) {

        List<String> list = new ArrayList<>();

        list.add("dog");
        list.add("cat");
        list.add("lion");

        System.out.println("1. forEach");
        list.forEach((String x) -> System.out.println(x));

        System.out.println("\n2. for문을 활용한 출력");
        for(int i = 0; i < list.size(); i++ ) {
         System.out.println(list.get(i));
        }

        System.out.println("\n3. 향상된 for문");
        for(String item : list) {
         System.out.println(item);
        }

        System.out.println("\n4. Iterator를 활용한 출력");
        Iterator<String> it1 = list.iterator();
        while(it1.hasNext()) {
         System.out.println(it1.next());
        }

        System.out.println("\n5. Iterator를 활용한 출력(람다식 활용)");
```

```
38          Iterator<String> it2 = list.iterator();
39          it2.forEachRemaining((n) -> System.out.println(n));
40
41          System.out.println("\n6. Iterator를 활용한 출력(참조 메서드 활용)");
42          Iterator<String> it3 = list.iterator();
43          it3.forEachRemaining(System.out::println);
44
45          System.out.println("\n7. Collection 정렬");
46          System.out.println("정렬 전 - " + list.toString());
47          Collections.sort(list);
48          System.out.println("정렬 후1 - " + list.toString());
49          Collections.sort(list, Collections.reverseOrder());
50          System.out.println("정렬 후2 - " + list.toString());
51      }
52  }
```

실행 결과

1. forEach

dog

cat

lion

2. for문을 활용한 출력

dog

cat

lion

3. 향상된 for문

dog

cat

lion

4. Iterator를 활용한 출력

dog

cat

lion

5. Iterator를 활용한 출력(람다식 활용)

dog

```
cat
lion

6. Iterator를 활용한 출력(참조 메서드 활용)
dog
cat
lion

7. Collection 정렬
정렬 전 - [dog, cat, lion]
정렬 후1 - [cat, dog, lion]
정렬 후2 - [lion, dog, cat]
```

1번은 Java 8에 추가된 'forEach문'으로 메서드 참조를 이용해서 간단하게 출력해보았습니다. 5번처럼 람다식으로 구현할 수 있습니다. 2번 for문과 3번 향상된 for문은 이미 학습한 내용입니다. 여기서 배울 내용은 4번 Iterator입니다. Iterator 인터페이스는 JDK 1.2에서 처음 소개되었으며 3번의 '향상된 for문'은 JDK 1.5에서 소개되었습니다. '향상된 for문'을 활용하면 굳이 Iterator를 사용할 필요가 없습니다.

하지만 JDK 1.8에서 처음 소개된 람다식과 메서드 참조가 나오면서 Iterator에서도 forEachRemaning( ) 메서드가 추가되어 Iterator문의 기능이 더욱 향상되었습니다. 5번에서 람다식을 활용하였고 6번에서는 메서드 참조를 활용하여 구현했습니다. [16장 람다식]에서 람다식과 메서드 참조를 학습하고 나면 Iterator를 더욱 잘 활용할 수 있겠지만 아직 배우지 않았으니 Iterator의 hasNext( ), next( ), remove( ) 메서드에 대해서 자세히 배워보겠습니다.

7번은 Collections를 이용하여 Collection의 하위 배열들을 정렬과 역정렬하는 방법을 간단히 구현해보았습니다. 먼저 Collection을 상속받는 객체는 기본적으로 Iterator를 활용하여 객체에 들어 있는 요소들을 하나하나 꺼내어 사용할 수 있습니다. hasNext( ) 메서드는 반환할 요소가 있는지 확인합니다. 반환할 요소가 있다면 true를 반환하고 없다면 false가 반환됩니다. 조건문에서 사용하기 위한 메서드입니다. next( ) 메서드는 현재 커서 위치에서 다음 요소가 있으면 그 요소를 반환하고 그 요소로 커서의 위치를 이동합니다. 끝으로 remove( ) 메서드는 현재 커서 다음에 있는 요소를 삭제합니다. 이 세 가지의 메서드를 이용해서 실습해보겠습니다.

Sample08.java

```java
package chap11;

import java.util.ArrayList;
import java.util.Iterator;

public class Sample08 {

    public static void main(String[] args) {
        var list = new ArrayList<String>();
        list.add("dog");
        list.add("cat");
        list.add("lion");
        System.out.println(list);
        System.out.printf("총 %d의 자료가 있습니다.%n%n", list.size());

        Iterator<String> it = list.iterator();
        while(it.hasNext()) { // hasNext()를 통해서 요소가 있으면 반복문 실행
            String item = it.next();
            System.out.println(item);
            if("cat".equals(item)) {   //cat은 배열에서 제거
                it.remove();
            }
        }

        System.out.println("\n" + list);
        System.out.printf("총 %d의 자료가 있습니다.%n%n", list.size());
    }
}
```

출력 결과

```
[dog, cat, lion]
총 3의 자료가 있습니다.

dog
cat
lion

[dog, lion]
총 2의 자료가 있습니다.
```

16라인에서 list.iterator( )로 반복할 수 있도록 Iterator 형태로 변경합니다. 17라인에서 hasNext( ) 메서드로 요소가 있는지 확인하고 있다면 출력합니다. 출력한 후에 그 요소가 'cat' 이면 21라인에서 그 요소를 삭제합니다. 이때 25라인에서 원래의 배열 내용을 출력합니다. Iterator 객체에서 삭제했는데 ArrayList에서도 삭제가 되었습니다. Iterator 객체는 ArrayList 객체를 참조하기 때문에 Iterator에서 삭제하면 ArrayList에서도 삭제됩니다. 다시 한번 언급하지만, 이점 유의해서 사용해야 합니다.

다시, [Sample07.java]의 실행 결과 7번 Collection 정렬에 대해서 계속 알아보겠습니다. 예제 코드에서는 정렬 대상이 되는 자료형이 1개밖에 없기 때문에 문제없이 정렬할 수가 있습니다. 그런데 class 객체가 배열에 들어오게 되면 class의 멤버 변수가 여러 개일 경우 어떤 자료형을 기준으로 정렬해야 할지 알 수가 없습니다. 이때 Comparable 인터페이스를 받아서 compareTo( ) 메서드를 구현하여 정렬해주면 됩니다. 예를 들어 다음과 같은 class가 있습니다.

```
@Data
@AllArgsConstructor
class Employee {
    private int sabun;
    private String name;
}
```

이 class를 정렬하기 위해서 Comparable 인터페이스를 받아와서 compareTo( ) 메서드를 구현합니다.

```
@Data
@AllArgsConstructor
class Employee implements Comparable<Employee> {
    private int sabun;
    private String name;
```

```
        @Override
        public int compareTo(Employee e) {
            // ** name을 기준으로 정렬
            //    return this.name.compareTo(e.name); //순정렬
            //    return e.name.compareTo(this.name); //역정렬
            // ** sabun을 기준으로 정렬
            //    return this.sabun - e.sabun;   //순정렬
            return e.sabun - this.sabun;   //역정렬
        }
    }
```

위 코드는 sabun을 기준으로 역정렬하였지만 int 자료형은 – 연산으로 정렬하고 String 자료형은 compareTo( ) 메서드를 통해서 정렬합니다. 전체 소스코드 [Sample09.java]를 통해서 살펴보겠습니다.

Sample09.java

```
01  package chap11;
02
03  import java.util.ArrayList;
04  import java.util.Collections;
05
06  import lombok.AllArgsConstructor;
07  import lombok.Data;
08
09  public class Sample09 {
10      public static void main(String[] args) {
11          var list = new ArrayList<Employee>();
12          list.add(new Employee(1, "학건"));
13          list.add(new Employee(3, "상도"));
14          list.add(new Employee(4, "빵형"));
15          list.add(new Employee(2, "인호"));
16
17          System.out.println(list.toString());
18          Collections.sort(list);
19          System.out.println(list.toString());
20      }
21  }
22
23  @Data
24  @AllArgsConstructor
25  class Employee implements Comparable<Employee> {
26      private int sabun;
```

```
27        private String name;
28
29        @Override
30        public int compareTo(Employee e) {
31            // ** name을 기준으로 정렬
32            //    return this.name.compareTo(e.name); //순정렬
33            //    return e.name.compareTo(this.name); //역정렬
34            // ** sabun을 기준으로 정렬
35            //    return this.sabun - e.sabun;   //순정렬
36            return e.sabun - this.sabun;   //역정렬
37        }
38    }
```

> **실행 결과**
>
> [Employee(sabun=1, name=학건), Employee(sabun=3, name=상도), Employee(sabun=4, name=빵형), Employee(sabun=2, name=인호)]
>
> [Employee(sabun=4, name=빵형), Employee(sabun=3, name=상도), Employee(sabun=2, name=인호), Employee(sabun=1, name=학건)]

11라인에서 ArrayList 배열을 생성합니다. 12라인부터는 Employee 객체를 생성하여 sabun과 name 정보를 넣어서 생성합니다. 25라인의 Employee 객체는 인터페이스 Comparable을 받아서 compareTo( ) 메서드를 구현하여 정렬하고자 합니다. 30라인에서 compareTo( ) 메서드를 구현하는데 정렬 기준을 int 자료형인 sabun을 기준으로 합니다. 매개변수인 Empleyee의 e.sabun과 인스턴스 객체의 this.sabun으로 값의 차이를 이용하여 순정렬과 역정렬을 하게 됩니다.

11.1.2 Set

List 인터페이스의 특징은 순서가 있는 자료와 중복이 허용되었다면, Set 인터페이스의 특징은 **순차적이지 않은 자료와 중복을 허용하지 않는 점이 특징**입니다. Set 인터페이스를 받아서 구현된 클래스로 HashSet과 TreeSet이 있습니다. 앞서 설명했던 Hash와 Tree가 들어가는 Set입니다. 다시 말해서 Hash는 중복될 수 없으며 Tree는 중위 순회 방식으로 처리된다고 했습니다. Set의 특성에 맞는 상황에 사용하면 됩니다.

HashSet

HashSet은 JDK 1.2에서부터 제공하고 있습니다. 사용방법은 ArrayList와 거의 비슷합니다.

HashSet의 주요 메서드 API

반환 자료형	메서드	설명
boolean	**add**(E e)	똑같은 요소가 없으면 세트에 추가
void	clear( )	세트에서 모든 요소를 제거
Object	clone( )	HashSet 인스턴스의 단순 복사본을 반환
boolean	**contains**(Object o)	지정된 요소가 존재하면 true, 없으면 false
boolean	isEmpty( )	세트에 요소가 없는 경우 true를 반환
Iterator\<E\>	iterator( )	Iterator 객체로 반환
boolean	**remove**(Object o)	인자로 들어온 요소와 일치하는 요소가 있다면 제거
int	size( )	세트의 요소 수 반환
Spliterator\<E\>	spliterator( )	Iterator( )와 비슷하며 병렬 작업에 특화됨 (JDK 1.8 추가)

ArrayList에 담은 요소들을 addAll(Collection c) 메서드를 통해서 HashSet의 특징을 살펴보겠습니다.

Sample10.java

```java
package chap11;

import java.util.ArrayList;
import java.util.HashSet;
import java.util.Spliterator;

public class Sample10 {

    public static void main(String[] args) {
        var list = new ArrayList<String>();
        list.add("dog");
        list.add("dog");
        list.add("cat");
        list.add("cat");
        list.add("lion");
        list.add("lion");
        System.out.println("<<ArrayList >>");
        System.out.println(list);
```

```java
19
20          var hs = new HashSet<String>();
21          hs.addAll(list);
22          System.out.println("\n<<HashSet>>");
23          System.out.println(hs);
24
25          System.out.println("\n<<'lion'을 추가한 후에 출력합니다.>>");
26          hs.add("lion");       //이미 들어있는 'lion'을 추가합니다.
27          hs.forEach(System.out::println);    //앞서 소개한 메서드 참조 기능으로 출력
28
29          System.out.println("\n'dog'가 존재하나요? " + hs.contains("dog"));
30
31          //Spliterator
32          System.out.println("\n<<Spliterator>>");
33          Spliterator<String> namesSpliterator = hs.spliterator();
34          namesSpliterator.forEachRemaining(System.out::println);
35      }
36  }
```

실행 결과

```
<<ArrayList>>
[dog, dog, cat, cat, lion, lion]

<<HashSet>>
[cat, dog, lion]

<<'lion'을 추가한 후에 출력합니다.>>
cat
dog
lion

'dog'가 존재하나요? true

<<Spliterator>>
cat
dog
lion
```

17라인에서 ArrayList로 데이터를 넣어서 21라인에서 addAll( ) 메서드를 이용해서 HashSet으로 변환했습니다. 이때 ArrayList는 중복을 허용하기 때문에 각 데이터를 2개씩 넣어서 HashSet으로 넣었습니다. HashSet은 중복이 허용되지 않기 때문에 중복된 데이터는 추가되지 않아서 23라인에서 출력한 내용을 보면 [cat, dog, lion]으로 3개의 데이터만 출력됩니다.

26라인에서 ArrayList와 같은 방법으로 add( ) 메서드로 데이터를 추가했습니다. 물론 중복되는 데이터이기 때문에 27라인의 출력 결과처럼 추가되질 않았습니다. 이때 앞서 소개한 람다식의 메서드 참조 기능으로 출력해보았습니다. 29라인에서는 contains( ) 메서드로 HashSet 내에 같은 데이터가 존재하는지를 확인합니다. 'dog'는 이미 있기 때문에 true 값을 반환합니다. 없다면 false를 반환하게 됩니다.

이 책에서 Spliterator를 다루지는 않지만 Iterator를 사용하듯이 33라인에서 똑같이 사용해보았습니다. ArrayList와 비슷하지만 중복 허용이 안 된다는 특징을 확인할 수 있는 소스코드였습니다.

TreeSet

TreeSet을 학습하기 전에 트리에 대해서 먼저 알아보겠습니다. 트리라고 하면 하나의 노드(Node)에 여러 자식 노드가 있습니다. 여기에서는 이진 트리(Binary tree)를 사용합니다. 이진 트리는 각 노드의 자식 노드가 최대 두 개로 왼쪽 한 개 오른쪽 한 개를 갖습니다.

이진 트리의 모든 노드를 방문하는 방법을 순회라고 하며, 이진 트리 순회 방법으로는 일반적으로 4가지 방법이 있습니다.

- in-order(중위 순회): 왼쪽 자식 노드, 부모 노드, 오른쪽 자식 노드 순서로 방문
- pre-order(전위 순회): 부모 노드, 왼쪽 자식 노드, 오른쪽 자식 노드 순서로 방문
- post-order(후위 순회): 왼쪽 자식 노드, 오른쪽 자식 노드, 부모 노드 순서로 방문
- level-order(레벨 순회): 부모 노드, 부모 노드로부터 깊이 1인 노드들, 부모 노드로부터 깊이 2인 노드들, … , 부모 노드로부터 깊이 N인 노드들

TreeSet은 이진 트리의 형태로 데이터를 저장하며 여러 분야에서 가장 많이 사용하는 자료구조입니다. 특징으로는 모든 노드는 최대 두 개의 서브 노드를 가질 수 있으며 자식 노드는 부모 노드보다 각각 작고 커야 합니다. 두 자식 노드 모두 부모 노드보다 작거나 클 수는 없습니다. 결국, 각 노드의 값들은 정렬되어 저장됩니다. 단점으로는 추가, 삭제 시에 TreeSet의 특징을 유지하기 위해서는 노드의 이동으로 인해서 많은 시간이 걸리지만, 장점으로는 검색 시간이 빠릅니다.

예를 들어서 [1, 2, 3, 4, 5] 5개의 숫자가 있을 때 맨 위의 Root 노드가 '4' 일 경우에는

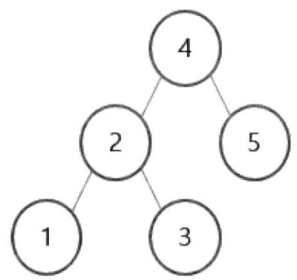

[그림 11-9] 크기가 5이고 깊이가 3인 이진 트리

[그림 11-9]를 살펴보면 각 노드는 최대 2개의 노드를 갖고 있으며 부모 노드는 부모 노드보다 작은 자식 노드와 큰 자식 노드를 각각 갖고 있을 수 있습니다. TreeSet은 검색 시에 '중위 순회 탐색' 방법으로 검색합니다. 중위 순위 탐색 방법은 현재 노드의 왼쪽에 있는 자식 노드를 다 검색한 후에 현재 노드를 검색하고 오른쪽의 자식 노드를 검색합니다. 참고로 최상위에 있는 노드를 Root 노드라고 부릅니다.

[그림 11-9]를 기준으로 노드를 검색하게 되면 Root 노드는 '4'이고 왼쪽 자식 노드인 '2'를 먼저 읽어야 합니다. 그런데 '2'의 왼쪽에 자식 노드가 있기 때문에 '1'을 먼저 읽고 '2'를 읽은 후 오른쪽 자식 노드인 '3'을 읽습니다. Root 노드인 '4'를 기준으로 왼쪽 자식 노드가 모두 검색되었으니 중간에 있는 '4'를 읽고 우측에 있는 자식 노드를 읽습니다. 이렇게 해서 '1', '2', '3', '4', '5' 순으로 정렬된 TreeSet 자료구조를 읽을 수 있습니다.

이 트리의 크기는 총 노드의 수가 다섯 개로 5가 되며 깊이는 2로 최상단의 노드인 '4'는 Root 노드로 깊이의 값이 0이 됩니다. 깊이 1은 '2', '5'가 있으며 깊이 2는 '1'과 '3'입니다. 이 트리에서 최대 검색 횟수는 3으로 세 번 이내로 모든 값을 검색해 낼 수 있습니다. 예를 들어서 1을 검색할 때 [4 -> 2 -> 1] 순으로 세 번 만에 검색되며 5는 [4 -> 5]로 두 번 만에 검색됩니다. 이렇게 내부적으로 처리되며 실제 사용했을 때 HashSet처럼 동일하게 사용하게 됩니다.

TreeSet의 기본 메서드를 살펴보겠습니다.

TreeSet의 주요 메서드 API

반환자료형	메서드	설명
boolean	**add**(E e)	중복된 요소가 없으면 세트에 추가
boolean	**addAll**(**Collection**<? extends **E**> c)	지정된 컬렉션의 모든 요소를 세트에 추가
E	**ceiling**(E e)	지정된 요소보다 크거나 같은 것 중 제일 가까운 값 반환
void	clear( )	세트의 모든 요소를 제거
boolean	**contains**(**Object** o)	지정된 요소가 세트에 있으면 true, 없으면 false를 반환
Iterator<E>	descendingIterator( )	요소들을 Iterator 내림차순으로 반환
E	first( )	세트에 있는 첫 번째 요소를 반환
E	**floor**(E e)	지정된 요소보다 작거나 같은 것 중 제일 가까운 값 반환
E	**higher**(E e)	지정된 요소보다 큰 가장 가까운 값 반환
boolean	isEmpty( )	요소가 없는 경우에 true 반환
Iterator<E>	iterator( )	요소들을 Iterator 오름차순으로 반환
E	last( )	마지막 요소를 반환
E	**lower**(E e)	지정된 요소보다 작은 가장 가까운 값 반환
E	pollFirst( )	첫 번째 요소를 반환 후 삭제
E	pollLast( )	마지막 요소를 반환 후 삭제
boolean	**remove**(**Object** o)	지정된 요소를 제거
int	size( )	요소의 수를 반환

TreeSet의 메서드를 활용하여 간단한 코드로 확인해보겠습니다.

Sample11.java

```java
01  package chap11;
02
03  import java.util.ArrayList;
04  import java.util.Iterator;
05  import java.util.TreeSet;
06
07  public class Sample11 {
08
09      public static void main(String[] args) {
10          var arr = new ArrayList<String>();
11          arr.add("사자");
12          arr.add("호랑이");
13          arr.add("원숭이");
14
15          System.out.println("1 > ArrayList를 TreeSet으로 가져옵니다.[addAll()]");
16          var trs = new TreeSet<String>();
17          trs.addAll(arr);
18          System.out.println("TreeSet :: " + trs);
19
20          System.out.println("\n2 > TreeSet에 타이거를 추가합니다.[add()]");
21          trs.add("타이거");
22          System.out.println("TreeSet :: " + trs);
23
24          String addString = "토끼";
25          System.out.printf("\n3 > TreeSet에 %s가 없으면 추가합니다.[contains()]\n", addString);
26          if(trs.contains(addString))
27              System.out.printf("TreeSet에 %s가 있습니다.\n", addString);
28          else {
29              System.out.printf("TreeSet에 %s가 없습니다. 그래서 추가합니다.\n", addString);
30              trs.add(addString);
31          }
32          System.out.println("TreeSet :: " + trs);
33
34          System.out.printf("\n4 > TreeSet에 %s보다 크거나 같은 값 중에 제일 가까운 값을 출력합니다.[ceiling()]\n", "'자'");
35          System.out.printf("%s\n", trs.ceiling("자"));
36
37          System.out.printf("\n5 > TreeSet에 %s보다 작거나 같은 값 중에 제일 가까운 값을 출력합니다.[floor()]\n", "'자'");
38          System.out.printf("%s\n", trs.floor("자"));
39
40          System.out.printf("\n6 > TreeSet에 %s보다 큰 값을 출력합니다.[higher()]\n", "'토끼'");
41          System.out.printf("%s\n", trs.higher("토끼"));
42
43          System.out.printf("\n7 > TreeSet에 %s보다 큰 값을 출력합니다.[lower()]\n", "'토끼'");
44          System.out.printf("%s\n", trs.lower("토끼"));
```

```java
45
46          System.out.printf("\n8 > TreeSet에서 첫 번째 값을 출력합니다.[last()]\n");
47          System.out.printf("%s\n", trs.first());
48
49          System.out.printf("\n9 > TreeSet에서 마지막 번째 값을 출력합니다.[first()]\n");
50          System.out.printf("%s\n", trs.last());
51
52          System.out.printf("\n10 > Iterator로 내림차순으로 출력합니다.[descendingIterator()]\n");
53          Iterator<String> it = trs.descendingIterator();
54          while(it.hasNext()) {
55              System.out.println(it.next());
56          }
57
58          System.out.printf("\n11 > 첫 번째 요소를 반환 후 삭제합니다.[pollFirst()]\n");
59          System.out.println("반환값 :: " + trs.pollFirst());
60          System.out.println("TreeSet :: " + trs);
61
62          System.out.printf("\n12 > 마지막 요소를 반환 후 삭제합니다.[pollLast()]\n");
63          System.out.println("반환값 :: " + trs.pollLast());
64          System.out.println("TreeSet :: " + trs);
65      }
66
67  }
```

실행 결과

```
1 > ArrayList를 TreeSet으로 가져옵니다.[addAll()]
TreeSet :: [사자, 원숭이, 호랑이]

2 > TreeSet에 타이거를 추가합니다.[add()]
TreeSet :: [사자, 원숭이, 타이거, 호랑이]

3 > TreeSet에 토끼가 없으면 추가합니다.[contains()]
TreeSet에 토끼가 없습니다. 그래서 추가합니다.
TreeSet :: [사자, 원숭이, 타이거, 토끼, 호랑이]

4 > TreeSet에 '자'보다 크거나 같은 값 중에 제일 가까운 값을 출력합니다.[ceiling()]
타이거

5 > TreeSet에 '자'보다 작거나 같은 값 중에 제일 가까운 값을 출력합니다.[floor()]
```

원숭이

6 > TreeSet에 '토끼'보다 큰 값을 출력합니다.[higher()]
호랑이

7 > TreeSet에 '토끼'보다 큰 값을 출력합니다.[lower()]
타이거

8 > TreeSet에서 첫 번째 값을 출력합니다.[last()]
사자

9 > TreeSet에서 마지막 번째 값을 출력합니다.[first()]
호랑이

10 > Iterator로 내림차순으로 출력합니다.[descendingIterator()]
호랑이
토끼
타이거
원숭이
사자

11 > 첫 번째 요소를 반환 후 삭제합니다.[pollFirst()]
반환값 :: 사자
TreeSet :: [원숭이, 타이거, 토끼, 호랑이]

12 > 마지막 요소를 반환 후 삭제합니다.[pollLast()]
반환값 :: 호랑이
TreeSet :: [원숭이, 타이거, 토끼]

자동으로 정렬되고 현재의 값을 기준으로 크거나 작은 근삿값을 반환하는 등 ArrayList와는 다르게 많은 검색 기능이 제공되는 것을 확인했습니다.

11.2 Map

Collection에서는 특정 자료형이 반복적으로 들어가서 정렬하여 저장하거나 차례대로 데이터를 저장한 후 순차적으로 꺼내어 사용했다면, Map은 Key와 Value의 단위로 저장되어 Key 값으로 검색하여 Value 값을 얻어낼 수 있습니다.

예를 들면 어느 학교 수업에서 '3번 발표해'라고 한다면 학급에서 번호가 3번인 아무개 학생이 일어나서 발표하게 됩니다. 굳이 아무개 학생의 이름을 몰라도 Key 값인 번호를 불러서 학생을 찾을 수 있게 됩니다. 실제로 실무에서는 데이터베이스에서 데이터를 조회하여 Map의 Key와 Value 형태로 저장하여 List에 반복적으로 저장하여 화면에 보여주게 됩니다.

예를 들어서 게시판의 경우 '글 번호', '제목', '작성자', '작성일' 정도로 데이터를 조회한다면 각각 Key 값으로 'no', 'subject', 'writer', 'regdate'라고 할 때 글의 번호를 뜻하는 'no'를 검색하면 글 번호 '1' 값이 검색됩니다.

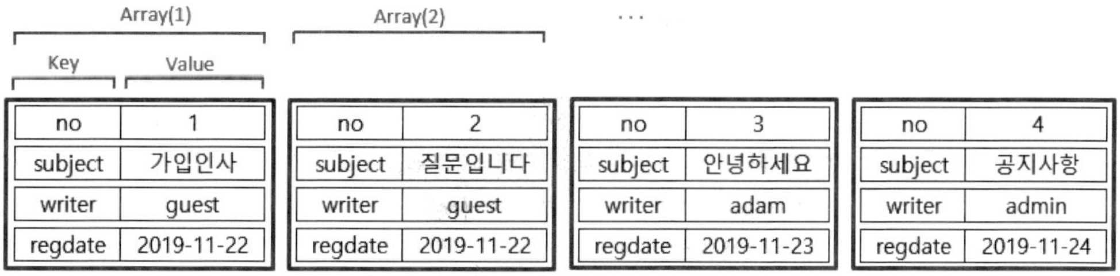

[그림 11-10] Map과 Array

이런 형태의 데이터를 배열로 구성하면 [그림11-10]과 같은 구성이 됩니다. Array(배열)에 Map이 들어간 형태인데 반대로 Map에 Array가 들어갈 수도 있습니다. 이때 사용되는 3가지의 Map 인터페이스를 받아서 구현되는 HashMap, Hashtable, TreeMap을 학습하겠습니다.

11.2.1 HashMap

ArrayList와 함께 많이 사용하는 HashMap은 이름에 Hash가 포함되어 있습니다. Key가 중복되지 않는 데이터를 저장하는 방법이며 실제로도 개발할 때 가장 많이 사용합니다.

> **HashMap 생성**
>
> ```
> HashMap<참조 자료형, 참조 자료형> 변수명 = new HashMap<>();
> ```

HashMap 객체를 생성하는 방법은 [10장 제네릭]에서 다양한 버전별 생성법을 배웠습니다. 위의 객체 생성 방법은 Java 7 이후 버전에서 생성하는 방법입니다.

HashMap의 기본 API는 다음과 같습니다.

HashMap의 주요 메서드 API

메서드	설명
clear( )	모든 매핑을 제거
clone( )	HashMap인스턴스의 단순 복사본을 반환
compute(K key, BiFunction<? super K, ? super V, ? extends V> remappingFunction)	지정된 키에 매핑된 정보를 처리. 없을 경우 예외 발생
computeIfAbsent(K key, Function<? super K,? extends V> mappingFunction)	지정된 키가 Map에 존재하지 않다면 키를 추가하고 매핑 함수의 결과가 값에 반영됨
computeIfPresent(K key, BiFunction<? super K,? super V,? extends V> remappingFunction)	지정된 키가 존재할 경우에 매핑된 정보를 처리
containsKey(Object key)	맵에 지정된 키가 포함되어 있는지 여부를 반환
containsValue(Object value)	맵에 지정된 값이 포함되어 있는지 여부를 반환
entrySet( )	Map의 key=value 형태의 Set으로 반환
get(Object key)	지정된 키에 매핑된 값을 리턴
isEmpty( )	맵에 매핑 정보가 있는지 여부를 반환
keySet( )	Map의 키를 Se의 형태로 반환

메서드	설명
merge(**K** key, **V** value, **BiFunction**<? super **V**,? super **V**,? extends **V**> remappingFunction)	키값이 존재하면 이전 값과 지정한 값을 인자로 함수 결과를 반환
put(**K** key, **V** value)	키와 값을 맵에 추가
putAll(**Map**<? extends **K**,? extends **V**> m)	지정된 맵에서 맵으로 모든 매핑을 복사
remove(**Object** key)	키에 대한 매핑 정보를 제거
size( )	매핑 수를 반환
values( )	맵의 모든 값을 Collection으로 반환

HashMap API에서 주로 사용하는 것들 위주로 알아보겠습니다. 주로 HashMap을 생성하는 방법은 제네릭을 사용하는 방법과 제네릭을 사용하지 않는 방법입니다. 제네릭을 사용하지 않고 사용하면 이것저것 통일되지 않는 자료형을 넣을 수 있지만 꺼내어 사용할 경우 해당 자료형을 정확히 알고 형 변환 과정을 알아야 합니다. 내부적으로 Object 타입으로 처리되어 진행하며 Java 5 이전 버전에서 주로 사용하던 방법입니다.

```
Map map = new HashMap();
```

제네릭이 Java 5에 처음 소개되었기 때문입니다. 이제는 지역 추론 변수도 배웠고 제네릭도 배웠습니다. 버전별 사용방법을 확인해 보자면 Java 5, 6에서는 다음과 같이 사용해왔습니다.

```
Map<String, String> map = new HashMap<String, String>();
```

Java 7에서는 제네릭을 자료형과 생성자에 똑같은 내용을 반복하지 않도록 생성자는 다음과 같이 생략이 가능했습니다.

```
Map<String, String> map = new HashMap<>();
```

Java 10에서는 var가 소개되면서 더욱 간편해졌죠.

```java
var map = new HashMap<String, String>();
```

생성 후에 put(K key, V value) 메서드를 통해서 키와 값을 넣습니다. 읽어 들일 때는 get(Object key) 메서드를 통해서 읽게 됩니다.

```java
map.put("name", "홍길동"); // Map에 데이터를 넣는다.
String name = map.get("name"); //name 변수에 맵의 키인 'name'으로 '홍길동'을 읽어서 반환
```

이렇게 put( )과 get( ) 메서드를 사용하여 여러 API를 응용하여 HashMap을 활용해보겠습니다.

Sample12.java
```java
01  package chap11;
02
03  import java.util.HashMap;
04  import java.util.Map;
05  import java.util.Set;
06
07  public class Sample12 {
08
09      public static void main(String[] args) {
10          var map = new HashMap<String, Integer>(); //키:언어, 값:순위
11          map.put("Java"             , 1);
12          map.put("C"                , 2);
13          map.put("C++"              , 3);
14          map.put("C#"               , 4);
15          map.put("Python"           , 5);
16          map.put("JavaScript"       , 6);
17          map.put("PHP"              , 7);
18          map.put("Visual Basic .NET", 8);
19          map.put("Perl"             , 9);
20          map.put("Delphi"           , 10);
21
22          Map beforeMap = (Map) map.clone();
23          Set<String> keys = map.keySet();
24
25          //향상된 for문
26          System.out.println("==Enhanced for Loop");
27          for(String key : keys) {
28              System.out.println(key);
29          }
30
```

```java
31          //람다식
32          System.out.println("==Lambda expression[16장]");
33          keys.forEach( (s) -> System.out.println(s) );
34
35          //메서드 참조
36          System.out.println("==Method references[16장]");
37          map.keySet().forEach(System.out::println);
38
39          System.out.println(map.toString());
40
41          //총 맵의 매핑 수
42          System.out.println("맵의 매핑 수 : " + map.size());
43
44          // Ruby가 10위로 들어오고 Delphi가 10권 밖으로 사라짐
45          System.out.println("\n==Ruby가 10위로 들어오고 Delphi가 10권 밖으로 사라짐");
46          if(map.containsKey("Delphi")) { //Delphi가 있으면 제거
47              map.remove("Delphi");
48          }
49          else {
50              System.out.println("Delphi가 없습니다.");
51          }
52          map.put("Ruby"       , 10);
53          System.out.println(map.toString());
54
55          //Java가 순위에서 1계단 내려오고 C가 한계단 올라감(16장 학습 내용)
56          map.computeIfPresent("Java", (String key, Integer value)-> ++value);
57          map.computeIfPresent("C", (String key, Integer value)-> --value);
58          System.out.println("After :: " + map.toString());
59          System.out.println("Before :: " + beforeMap);
60      }
61 }
```

실행 결과

```
==Enhanced for Loop
C#
Java
C++
C
JavaScript
PHP
Visual Basic .NET
Perl
```

```
Delphi
Python
==Lambda expression[16장]
C#
Java
C++
C
JavaScript
PHP
Visual Basic .NET
Perl
Delphi
Python
==Method references[16장]
C#
Java
C++
C
JavaScript
PHP
Visual Basic .NET
Perl
Delphi
Python
{C#=4, Java=1, C++=3, C=2, JavaScript=6, PHP=7, Visual Basic .NET=8, Perl=9, Delphi=10, Python=5}
맵의 매핑 수 : 10

==Ruby가 10위로 들어오고 Delphi가 10권 밖으로 사라짐
{C#=4, Java=1, C++=3, C=2, JavaScript=6, PHP=7, Visual Basic .NET=8, Perl=9, Ruby=10, Python=5}
After :: {C#=4, Java=2, C++=3, C=1, JavaScript=6, PHP=7, Visual Basic .NET=8, Perl=9, Ruby=10, Python=5}
Before :: {C#=4, Java=1, C++=3, C=2, JavaScript=6, PHP=7, Visual Basic .NET=8, Perl=9, Delphi=10, Python=5}
```

22라인에서 clone( ) 메서드로 똑같은 Map을 복제하여 밑에 58라인에서 Before와 After로 비교합니다. 23라인에서 등록된 키들을 구할 때 keySet( ) 메서드로 받아와서 27라인에서 향상된 for문으로 출력합니다. [16장 람다식]에서 배울 람다식과 메서드 참조 방법으로 32, 36라인에서 각각 참고로 구현했고 Iterator를 이용해서 구현할 수도 있습니다.

42라인에서 size( ) 메서드로 맵에 들어있는 매핑 수를 조회하고 46라인의 containsKey( ) 메서드로 키값이 존재하는지 확인해서 47라인에서 remove( ) 메서드로 매핑 정보를 제거합니다. computeIfPresent( ) 메서드는 키가 존재하면 조회된 키와 값을 인자로 함수의 결과를 값에 반영합니다. compute( ) 메서드를 사용하면 computeIfPresent( ) 메서드와 사용방법은 똑같으나 지정한 키가 존재하지 않으면 오류가 발생합니다. 그래서 compute( )보다는 computeIfPresent( ) 메서드를 추천합니다.

HashMap의 메서드를 살펴봤습니다. 값을 넣고 얻는 put( )과 get( ) 그리고 키 목록을 얻어오는 keySet( ) 메서드를 가장 많이 사용하니까 이 3가지 메서드는 꼭 기억하면 좋습니다.

11.2.2 TreeMap

앞서 소개한 TreeSet과 비슷하지만 키를 기준으로 이진 트리 형태로 되어 있는 HashMap과도 비슷하지만 키를 기준으로 정렬되어 Key, Value 형태인 Entry로 저장된 Map입니다.

TreeMap 클래스의 메서드 일부를 소개합니다.

TreeMap의 주요 메서드 API

반환자료형	메서드	설명
Map.Entry<K, V>	ceilingEntry(K key)	지정된 키보다 크거나 같은 키를 반환
K	ceilingKey(K key)	지정된 키보다 크거나 같은 최소 키를 반환
void	clear( )	모든 요소를 제거
Object	clone( )	TreeMap을 똑같이 복사하여 반환
boolean	containsKey(Object key)	지정된 키가 있다면 true, 없다면 false
boolean	containsValue(Object value)	지정된 값이 있다면 true, 없다면 false
NavigableSet<K>	descendingKeySet( )	키의 역순으로 NavigableSet으로 반환

반환자료형	메서드	설명
NavigableMap<K, V>	descendingMap()	키의 역순으로 NavigableMap으로 반환
Set<Map.Entry<K, V>>	entrySet()	키와 값을 Set으로 반환
Map.Entry<K, V>	firstEntry()	첫 번째 Entry 반환
K	firstKey()	첫 번째 Key 반환
V	get(Object key)	지정한 키에 대한 값을 반환
Set<K>	keySet()	모든 키를 Set으로 반환
Map.Entry<K, V>	lastEntry()	가장 큰 키와 연결된 Entry를 반환
K	lastKey()	마지막(가장 높은)키를 반환
V	put(K key, V value)	map의 요소를 추가
Void	putAll(Map<? extends K, ? extends V> map)	지정된 맵의 모든 요소를 추가
V	remove(Object key)	지정된 키에 대한 매핑을 제거
int	size()	이 맵의 요소 수를 반환
Collection<V>	values()	이 맵에 포함된 값을 Collection으로 반환

TreeMap 메서드 API를 참고하여 예제를 살펴보겠습니다.

Sample13.java

```java
01  package chap11;
02
03  import java.util.HashMap;
04  import java.util.TreeMap;
05
06  public class Sample13 {
07
08      public static void main(String[] args) {
09          //학번 정보
10          System.out.println("HashMap은 정렬되지 않은 Key, Value 형태로 저장됩니다.");
11          var hashmap = new HashMap<String, String>();
12          hashmap.put("1902893","선풍기");
13          hashmap.put("1801438","신문지");
14          hashmap.put("1803962","고무신");
15          hashmap.put("1722761","강속구");
16          hashmap.put("1913449","동백꽃");
17          hashmap.put("1804367","솔까말");
18
```

```
19              System.out.println(hashmap);
20
21              //정렬해서 출력
22              System.out.println("\nTreeMap은 정렬하며 Key, Value 형태로 저장됩니다.");
23              var map = new TreeMap<String, String>();
24              map.putAll(hashmap);
25
26              System.out.println(map);
27
28              System.out.println();
29
30              //학번이 1803959 이거나 더 큰 값을 갖는 가장 가까운 학번 정보
31              System.out.println("학번이 1803959 이거나 더 큰 값을 갖는 가장 가까운 학번 정보");
32              System.out.println(map.ceilingEntry("1803959")); //entry 형태로 반환
33              System.out.print(map.ceilingKey("1803959"));     //key    반환
34              //key로 value 찾기
35              System.out.println(" , " + map.get(map.ceilingKey("1803959")));
36
37              //'1803962' 이라는 학번의 학생이 재학생인지 확인
38              String no = "1803962";
39              if(map.containsKey(no)) {
40                  System.out.printf("\n학번 %s인 학생의 이름은 %s\n", no, map.get(no));
41              }
42              else {
43                  System.out.printf("\n학번 %s인 학생은 재학생이 아닙니다.\n", no);
44              }
45          }
46
47      }
```

실행 결과

HashMap은 정렬되지 않은 Key, Value 형태로 저장됩니다.

{1804367=솔까말, 1803962=고무신, 1722761=강속구, 1902893=선풍기, 1801438=신문지, 1913449=동백꽃}

TreeMap은 정렬하며 Key, Value 형태로 저장됩니다.

{1722761=강속구, 1801438=신문지, 1803962=고무신, 1804367=솔까말, 1902893=선풍기, 1913449=동백꽃}

학번이 1803959 이거나 더 큰 값을 갖는 가장 가까운 학번 정보

1803962=고무신

1803962 , 고무신

학번 1803962인 학생의 이름은 고무신

11라인에서는 앞에 배운 HashMap으로 자료를 추가합니다. 23라인에서 TreeMap을 생성하여 24라인에서 HashMap의 모든 매핑 정보를 TreeMap으로 모두 복제합니다. 여기에 사용된 메서드는 putAll( )입니다.

32라인에서 ceilingEntry( ) 메서드로 키가 '1803959'인 매핑 정보 중에 해당 키값과 같거나 제일 근접한 큰 키를 찾아서 Entry로 반환합니다. Entry는 Map에서 Key와 Value의 형태를 띠는 한 쌍의 단위를 말합니다.

33라인은 ceilingEntry( ) 메서드와 비슷하지만 ceilingKey( ) 메서드로 Entry가 아닌 Key를 반환합니다. ceilingKey( ) 메서드로 반환받은 키값으로 value를 35라인에서 검색하여 출력합니다.

Collection 프레임워크에서 자주 사용되는 단어 중에 contains가 들어가 있으면 해당 자료구조에서 지정한 값을 기준으로 해당 자료구조에 포함하는지를 찾습니다. 여기에서는 containsKey( ) 메서드로 Key 값을 기준으로 지정된 키가 존재하는지를 묻고 존재한다면 40라인에서 해당 Key에 대한 Value를 출력하고 없으면 43라인에서 없다고 출력합니다.

HashMap과 TreeMap의 내용을 19라인과 26라인에서 출력해보았습니다. 출력 내용의 차이는 정렬 여부입니다. 실제로 사용할 때 TreeMap보다는 HashMap을 더 많이 사용하며 HashMap은 ArrayList와 함께 사용되는 경우가 더 많습니다.

연습 문제

1. 버블 정렬(Bubble sort) 방법을 이용해서 배열에 있는 [1, 3, 8, 2, 9, 7, 6, 5, 4]를 정렬하세요.

> 서로 이웃한 데이터들을 비교하며 가장 큰 데이터를 가장 뒤로 보내며 정렬하는 방식이다.
> [1, 3, 8, 2, 9, 7, 6, 5, 4] 에서 제일 앞에 있는 1과 3을 비교하여 큰 수를 오른쪽으로 이동한다.
> 3이 크기 때문에 변화 없다. [1, 3, 8, 2, 9, 7, 6, 5, 4]
> 다음 3과 8을 비교하고 역시 이동이 없다. [1, 3, 8, 2, 9, 7, 6, 5, 4]
> 다음 8과 2를 비교하고 8이 크기 때문에 둘은 서로 자리가 바뀐다. [1, 3, 2, 8, 9, 7, 6, 5, 4]
> 다음 8과 9를 비교하고 역시 이동이 없다. [1, 3, 2, 8, 9, 7, 6, 5, 4]
> 다음 9과 7을 비교하고 9가 크기 때문에 둘은 서로 자리가 바뀐다. [1, 3, 2, 8, 7, 9, 6, 5, 4]
> 이렇게 첫 번째부터 아홉 번째까지 비교를 마쳤다면 아홉 번째에 자리한 수는 9로 제일 큰 수가 된다.
> 다시 처음부터 첫 번째부터 여덟 번째까지 모두 비교한다.
> 다 끝났다면 첫 번째부터 다섯 번째까지 모두 비교하며 더 이상 비교할 수 없을 때까지
> 마지막 번째를 하나씩 감소하며 비교한다.

정답)

Test1.java

```
01  package chap11;
02
03  import java.util.ArrayList;
04
05  public class Test1 {
06
07      public static void main(String[] args) {
08          var list = new ArrayList<Integer>();
09          list.add(1);
10          list.add(3);
11          list.add(8);
12          list.add(2);
13          list.add(9);
14          list.add(7);
15          list.add(6);
16          list.add(5);
17          list.add(4);
18
```

```
19          System.out.println("시작 배열 : " + list);
20          for(int times = 0; times < list.size() - 1; times++) {
21              for(int i = 0; i < list.size() - (times+1); i++) {
22                  var target1 = list.get(i);
23                  var target2 = list.get(i+1);
24                  if(target1 > target2) {
25                      list.set(i, target2);
26                      list.set(i+1, target1);
27                  }
28                  System.out.println(target1 + " , " + target2 + " = " + list);
29              }
30          }
31          System.out.println("최종 배열 : " + list);
32      }
33  }
```

실행 결과

```
시작 배열 : [1, 3, 8, 2, 9, 7, 6, 5, 4]
1 , 3 = [1, 3, 8, 2, 9, 7, 6, 5, 4]
3 , 8 = [1, 3, 8, 2, 9, 7, 6, 5, 4]
8 , 2 = [1, 3, 2, 8, 9, 7, 6, 5, 4]
8 , 9 = [1, 3, 2, 8, 9, 7, 6, 5, 4]
9 , 7 = [1, 3, 2, 8, 7, 9, 6, 5, 4]
9 , 6 = [1, 3, 2, 8, 7, 6, 9, 5, 4]
9 , 5 = [1, 3, 2, 8, 7, 6, 5, 9, 4]
9 , 4 = [1, 3, 2, 8, 7, 6, 5, 4, 9]
1 , 3 = [1, 3, 2, 8, 7, 6, 5, 4, 9]
3 , 2 = [1, 2, 3, 8, 7, 6, 5, 4, 9]
3 , 8 = [1, 2, 3, 8, 7, 6, 5, 4, 9]
8 , 7 = [1, 2, 3, 7, 8, 6, 5, 4, 9]
8 , 6 = [1, 2, 3, 7, 6, 8, 5, 4, 9]
8 , 5 = [1, 2, 3, 7, 6, 5, 8, 4, 9]
8 , 4 = [1, 2, 3, 7, 6, 5, 4, 8, 9]
1 , 2 = [1, 2, 3, 7, 6, 5, 4, 8, 9]
2 , 3 = [1, 2, 3, 7, 6, 5, 4, 8, 9]
3 , 7 = [1, 2, 3, 7, 6, 5, 4, 8, 9]
7 , 6 = [1, 2, 3, 6, 7, 5, 4, 8, 9]
7 , 5 = [1, 2, 3, 6, 5, 7, 4, 8, 9]
```

```
7 , 4 = [1, 2, 3, 6, 5, 4, 7, 8, 9]
1 , 2 = [1, 2, 3, 6, 5, 4, 7, 8, 9]
2 , 3 = [1, 2, 3, 6, 5, 4, 7, 8, 9]
3 , 6 = [1, 2, 3, 6, 5, 4, 7, 8, 9]
6 , 5 = [1, 2, 3, 5, 6, 4, 7, 8, 9]
6 , 4 = [1, 2, 3, 5, 4, 6, 7, 8, 9]
1 , 2 = [1, 2, 3, 5, 4, 6, 7, 8, 9]
2 , 3 = [1, 2, 3, 5, 4, 6, 7, 8, 9]
3 , 5 = [1, 2, 3, 5, 4, 6, 7, 8, 9]
5 , 4 = [1, 2, 3, 4, 5, 6, 7, 8, 9]
1 , 2 = [1, 2, 3, 4, 5, 6, 7, 8, 9]
2 , 3 = [1, 2, 3, 4, 5, 6, 7, 8, 9]
3 , 4 = [1, 2, 3, 4, 5, 6, 7, 8, 9]
1 , 2 = [1, 2, 3, 4, 5, 6, 7, 8, 9]
2 , 3 = [1, 2, 3, 4, 5, 6, 7, 8, 9]
1 , 2 = [1, 2, 3, 4, 5, 6, 7, 8, 9]
최종 배열 : [1, 2, 3, 4, 5, 6, 7, 8, 9]
```

2. 삽입 정렬(Insert sort) 방법을 이용해서 배열에 있는 [1, 3, 8, 2, 9, 7, 6, 5, 4]를 정렬하세요.

> 삽입 정렬은 아직 정렬되지 않은 임의의 데이터를 이미 정렬된 부분의 적절한 위치에 삽입해 가며 정렬하는 방식이다.
> 왼쪽은 정렬이 완료된 데이터가 자리하고 오른쪽은 정렬이 되지 않은 데이터가 자리한다.
> 왼쪽 첫 번째는 비교대상이 없으므로 정렬된 자리로 시작한다. [1] [3, 8, 2, 9, 7, 6, 5, 4]
> 두 번째 데이터와 정렬이 완료된 데이터와 비교를 합니다. [1, 3] [8, 2, 9, 7, 6, 5, 4]
> 세 번째 데이터 8과 정렬이 완료된 1, 3을 비교하여 정렬합니다. [1, 3, 8] [2, 9, 7, 6, 5, 4]

정답)

Test2.java

```java
01  package chap11;
02
03  import java.util.ArrayList;
```

```java
04
05  public class Test2 {
06
07      public static void main(String[] args) {
08          var list = new ArrayList<Integer>();
09          list.add(1);
10          list.add(3);
11          list.add(8);
12          list.add(2);
13          list.add(9);
14          list.add(7);
15          list.add(6);
16          list.add(5);
17          list.add(4);
18
19          System.out.println("시작 배열 : " + list);
20          for(int times = 1; times < list.size(); times++) {
21              var targetPos = times;
22              var target1   = list.get(targetPos);    //기준
23              var pos       = times - 1;    //정렬된 가장 큰 값 순번
24
25              System.out.print(target1 + " ");   //기준값 출력
26              //정렬된 왼쪽 배열과 비교
27              for(int idx = pos; idx >= 0; idx--) {
28                  var target2 = list.get(idx);
29                  if(target1 < target2) {
30                      list.set(targetPos, target2);
31                      list.set(idx, target1);
32                      targetPos = idx;
33                  }
34              }
35              System.out.println(list);
36          }
37          System.out.println("최종 배열 : " + list);
38      }
39  }
```

실행 결과

```
시작 배열 : [1, 3, 8, 2, 9, 7, 6, 5, 4]
3 [1, 3, 8, 2, 9, 7, 6, 5, 4]
8 [1, 3, 8, 2, 9, 7, 6, 5, 4]
2 [1, 2, 3, 8, 9, 7, 6, 5, 4]
9 [1, 2, 3, 8, 9, 7, 6, 5, 4]
7 [1, 2, 3, 7, 8, 9, 6, 5, 4]
6 [1, 2, 3, 6, 7, 8, 9, 5, 4]
```

```
5 [1, 2, 3, 5, 6, 7, 8, 9, 4]
4 [1, 2, 3, 4, 5, 6, 7, 8, 9]
최종 배열 : [1, 2, 3, 4, 5, 6, 7, 8, 9]
```

3. 선택 정렬(Selection sort) 방법을 이용해서 배열에 있는 [1, 3, 8, 2, 9, 7, 6, 5, 4]를 정렬하세요.

> 정렬되지 않은 데이터들에 대해 가장 작은 데이터를 찾아 가장 앞의 데이터와 교환해나가는 방식이다.

정답)

Test3.java

```java
01  package chap11;
02
03  import java.util.ArrayList;
04
05  public class Test3 {
06
07      public static void main(String[] args) {
08          var list = new ArrayList<Integer>();
09          list.add(1);
10          list.add(3);
11          list.add(8);
12          list.add(2);
13          list.add(9);
14          list.add(7);
15          list.add(6);
16          list.add(5);
17          list.add(4);
18
19          System.out.println("시작 배열 : " + list);
20
21          int startPos = 0;
22          for(int count = 0; count < list.size(); count++) {
23              int minValue = 0;    //최소값
24              int minPos   = 0;    //최소값 배열 위치
25              for(int idx = count; idx < list.size(); idx++) {
26                  if(minValue == 0 || minValue > list.get(idx)) {
27                      minValue = list.get(idx);
28                      minPos   = idx;
29                  }
30              }
31
```

```
32                  //최소값을 좌측으로 이동한다.
33                  if(minPos > 0) {
34                      list.set(minPos, list.get(startPos));
35                      list.set(startPos, minValue);
36                  }
37                  System.out.println((count + 1) + " 회전 " + list);
38                  startPos++;
39              }
40              System.out.println("최종 배열 : " + list);
41          }
42      }
```

실행 결과

```
시작 배열 : [1, 3, 8, 2, 9, 7, 6, 5, 4]
1 회전 [1, 3, 8, 2, 9, 7, 6, 5, 4]
2 회전 [1, 2, 8, 3, 9, 7, 6, 5, 4]
3 회전 [1, 2, 3, 8, 9, 7, 6, 5, 4]
4 회전 [1, 2, 3, 4, 9, 7, 6, 5, 8]
5 회전 [1, 2, 3, 4, 5, 7, 6, 9, 8]
6 회전 [1, 2, 3, 4, 5, 6, 7, 9, 8]
7 회전 [1, 2, 3, 4, 5, 6, 7, 9, 8]
8 회전 [1, 2, 3, 4, 5, 6, 7, 8, 9]
9 회전 [1, 2, 3, 4, 5, 6, 7, 8, 9]
최종 배열 : [1, 2, 3, 4, 5, 6, 7, 8, 9]
```

4. 로또 예상 번호를 몇 개 생성할지를 키보드로 입력받아서 그 수만큼 로또 예측 번호 6개를 정렬한 뒤 출력하고 맨 뒤에 7번째 예측 번호는 '보너스'를 붙여서 다음 실행 결과 예와 같이 출력하세요.

실행 결과 예)

```
몇 개의 예상 번호를 출력하시겠습니까? 2
40. 43. 21. 39. 35. 14. + 보너스 36.
31. 44. 6. 12. 8. 11. + 보너스 2.
```

정답)

Test4.java

```java
01  package chap11;
02
03  import java.util.Random;
04  import java.util.Scanner;
05  import java.util.TreeSet;
06
07  public class Test4 {
08
09      public static void main(String[] args) {
10
11          int times = 0; //로또 예상 번호 수
12
13          Scanner sc = new Scanner(System.in);
14          System.out.print("몇 개의 예상 번호를 출력하시겠습니까? ");
15          times = sc.nextInt();
16          Random random = new Random();
17          for (int i = 0; i < times; i++){
18              var list = new TreeSet<Integer>();
19              for (int j = 0; j < 7; j++ ){
20                  //로또 번호 입력
21                  int number = random.nextInt(45) + 1;
22                  //이미 값이 있는지 확인한다.
23                  if(!list.contains(number)) {
24                      if(j == 6) {
25                          //로또 번호와 보너스 번호 출력
26                          for(int no : list) {
27                              System.out.printf("%d. ", no);
28                          }
29                          System.out.println("+ 보너스 " + number);
30                      }
31                      else {
32                          //로또 번호 6개가 모두 모일때까지 Set에 추가
33                          list.add(number);
34                      }
35                  }
36                  else {
37                      j--; //이미 값이 존재하여 반복문을 다시 돌린다
38                  }
39              }
40          }
41      }
42  }
```

실행 결과

```
몇 개의 예상 번호를 출력하시겠습니까? 2
18. 21. 26. 27. 29. 39. + 보너스 40
5. 7. 22. 28. 33. 40. + 보너스 20
```

5. 개미 수열의 법칙을 이용해서 총 10번의 결과를 출력하세요.

개미수열의 법칙

- 시작은 1이다
- 대상숫자와 대상이되는 숫자가 연속으로 몇 개인지를 작성한다.

  예) 1-> 11(1이 1개) -> 12 -> 1121(1이 1개, 2가 1개) -> 122111(1이 2개, 2가 1개, 1이 1개) …

정답)

Test5.java

```java
01  package chap11;
02
03  public class Test5 {
04
05      public static void main(String[] args) {
06
07          String result = "";
08          int times = 10;   //반복 수
09
10          for(int idx = 0; idx < times; idx++) {
11              if("".equals(result)) {
12                  //시작은 1이다.
13                  result = "1";
14              }
15              else {
16                  char[] input = result.toCharArray(); //결과정보를 char 배열로 받음
17                  result = "";
18
19                  String target = "";
20                  for(int i = 0; i < input.length; i++) {
21                      if("".equals(target)) {
22                          //첫 문자 출력
23                          target = "" + input[i];
```

```
24                        result = result + target;
25                    }
26                    else if(target.charAt(0) == input[i]) {
27                        //똑같은 문자가 들어왔을 때 append
28                        target += "" + input[i];
29                    }
30                    else {
31                        //새로운 문자가 왔을 때 - 갯수 append, 새로운 문자 append
32                        result += ((target).length() + ("" + input[i]));
33                        target = "" + input[i];
34                    }
35
36                    //마지막이거나 다음 값이 바뀌면 갯수 출력
37                    if(i == (input.length - 1)) {
38                        result += target.length();
39                        target = "";
40                    }
41                }
42            } // if문 끝
43            System.out.printf("%2d 회전 :: %s\n", (idx+1), result);
44        } // for문 끝
45    }
46 }
```

실행 결과

```
 1 회전 :: 1
 2 회전 :: 11
 3 회전 :: 12
 4 회전 :: 1121
 5 회전 :: 122111
 6 회전 :: 112213
 7 회전 :: 12221131
 8 회전 :: 1123123111
 9 회전 :: 12213111213113
10 회전 :: 11221131132111311231
```

Chapter 12

12장 열거형(enum)

앞서 final을 사용하는 상수에 대해서 배웠습니다. 변수와는 다르게 변하지 않는 값을 갖게 되는 상수인데요, 비슷한 정보를 갖는 집합을 상수를 활용하여 구현했습니다. 상수의 값이 동일하여 지정된 집합에서만 사용해야 하는데 다른 집합에서도 사용하게 되는 경우도 발생합니다. 이번 장에서는 JDK 1.5에서 제공한 상수의 집합을 열거형으로 정의하는 방법에 대해서 알아보겠습니다.

- 단순한 열거형
- 값을 갖는 열거형
- 2개 이상의 값을 갖는 열거형

enum 열거형 상수를 학습하기 전에 먼저 일반 상수를 활용하여 구현한 후에 하나하나 enum에 대해서 학습해보겠습니다. 먼저, 상수를 사용하여 3가지 색상의 이름을 정의하는 집합을 다음과 같이 작성합니다.

```
final int RED    = 1;
final int BLUE   = 2;
final int ORANGE = 3;
```

3가지 색상의 값을 순서대로 1, 2, 3이라고 정했습니다. 다음은 크기를 또 다른 집단으로 구성해보겠습니다.

```
final int SMALL  = 1;
final int MIDIUM = 2;
final int LARGE  = 3;
```

2개의 집합을 만들었습니다. 각각 사용할 수 있는 용도로 코드를 작성해보겠습니다.

Sample01.java

```java
01  package chap12;
02
03  public class Sample01 {
04
05      public static void main(String[] args) {
06          // 색 집합
07          final int RED    = 1;
08          final int BLUE   = 2;
09          final int ORANGE = 3;
10
11          // 크기 집합
12          final int SMALL  = 1;
13          final int MIDIUM = 2;
14          final int LARGE  = 3;
15
16          int inputColor = RED;
17
18          System.out.println(inputColor == RED ? "Red" : "Not red");
19          System.out.println(inputColor == SMALL ? "Red" : "Not red");
20      }
21
22  }
```

실행 결과

```
Red
Red
```

07라인부터 14라인까지 2개의 상수 집합을 만들었고, 18라인에서 입력된 값이 RED인지 확인하는 3항식의 결과를 출력하는데 아무런 문제가 없어 보입니다. 하지만 19라인은 입력받은 색과 비교하는 대상을 크기의 집단인 'SMALL'과 비교했는데 상숫값이 같아서 true의 결과를 반환받아서 출력되었습니다.

논리적으로는 결과가 맞게 나왔지만, 많이 어색한 결과가 나왔습니다. 이러한 이유로 [Sample02.java]와 같이 클래스를 만들어서 각각의 집단을 구분하여 진행하기도 합니다.

Sample02.java

```java
01  package chap12;
02
03  public class Sample02 {
04
05      public static void main(String[] args) {
06          Color inputColor = Color.RED;
07
08          System.out.println(inputColor.equals(Color.RED) ? "Red" : "Not red");
09          System.out.println(inputColor.equals(Size.SMALL) ? "Red" : "Not red");
10      }
11
12  }
13
14  // 색 집합
15  class Color {
16      final static Color RED    = new Color();
17      final static Color BLUE   = new Color();
18      final static Color ORANGE = new Color();
19  }
20
21  // 크기 집합
22  class Size {
23      final static Size SMALL  = new Size();
24      final static Size MIDIUM = new Size();
25      final static Size LARGE  = new Size();
26  }
```

실행 결과

```
Red
Not red
```

클래스로 두 개의 집합을 각각 만들어서 값이 아닌 객체를 비교하여 색과 크기를 구별하여 출력하였습니다. 객체지향에서 배웠던 static과 final, new 키워드까지 사용하여 처리했습니다. 이제부터 학습하게 될 enum은 지금보다 간결하고 강력하게 데이터의 신뢰성까지 보장된 열거형 상수를 사용할 수 있습니다.

12.1 단순한 열거형

단순하게 직관적으로 상수명만을 사용하여 문자열 값도 똑같이 사용할 수 있게 됩니다. 상수명만 있는 경우의 사용방법을 살펴보겠습니다.

> **enum 사용법1 - 상수명만 있는 경우**
>
> ```
> enum [enum 명] {
>     상수명1, 상수명2, 상수명3 … (상수명만 있을 경우 마지막에 세미콜론 생략 가능)
> }
> ```

상수명만 있는 경우에는 마지막에 세미콜론(;)을 꼭 쓸 필요는 없습니다. 세미콜론을 사용해도 문제는 없어서 세미콜론을 사용하는 게 좋을 것 같습니다. 꼭 써야 하는 예도 있기 때문에 습관적으로 사용하면 세미콜론을 생략해서 생기는 문제는 없어지기 때문이죠. 상수명을 열거하여 신뢰할 수 있는 값을 넣을 수 있는 소스코드를 작성해보겠습니다.

Sample03.java
```
01  package chap12;
02
03  public class Sample03 {
04
05      public static void main(String[] args) {
06          Color1 inputColor = Color1.RED;
07
08          System.out.println(inputColor.equals(Color1.RED) ? "Red" : "Not red");
09          System.out.println(inputColor.equals(Size1.SMALL) ? "Red" : "Not red");
10      }
11
12  }
13
14  // 색 집합
15  enum Color1 {
16      RED, BLUE, ORANGE
17  }
18
19  // 크기 집합
20  enum Size1 {
21      SMALL, MIDIUM, LARGE;
22  }
```

> **실행 결과**
>
> Red
> Not red

15라인과 20라인을 보면 class를 사용하듯이 enum을 사용했습니다. 사용법이 비슷합니다. 대신 2개의 enum에서 차이는 열거형 상수 끝에 세미콜론(;)의 유무입니다. 꼭 넣을 필요는 없지만 앞서 말했듯이 습관적으로 넣어도 문제는 없습니다. 06라인에서 참조 변수형인 클래스처럼 자료형에서 enum을 그대로 넣어서 사용한 점을 확인하세요. 사용법이 비슷하죠?

그리고 static을 사용하듯이 new 키워드로 생성하지 않고 enum 클래스를 바로 사용하였습니다. Color1이나 Size1의 enum 클래스에 들어있는 열거형 상숫값 외에 다른 값을 넣을 수 없어서 단순하게 final을 사용한 상수형의 데이터를 사용하는 것보다는 열거형 상수가 훨씬 신뢰가 갑니다. 열거형 상수에 등록하지 않은 상수와 비교하게 되면 당연히 같지 않기 때문에 등록된 열거형 상수 중에서만 입력할 수 있도록 유도됩니다.

그리고 컴파일된 파일을 확인해보겠습니다.

```
Sample03.class
Color1.class
Size1.class
```

enum형은 class처럼 사용법이 비슷했는데 컴파일되어도 class로 컴파일되며 클래스 단위로 파일이 각각 만들어집니다. enum 클래스 요소인 열거 상수를 출력하게 되면 그대로 상수명이 출력됩니다.

```
System.out.println(Color1.BLUE);

실행 결과
BLUE
```

열거 상수를 'BLUE'라고 했을 때 출력은 '파란색'으로 출력되도록 toString( ) 메서드를 재정의하여 출력 결과를 마음대로 변경할 수 있습니다. 재정의할 메서드는 toString( ) 메서드입니다.

> **Enum - toString() 메서드**
>
> toString()
>
> 선언에 포함된 열거형 상수의 이름을 반환합니다.

단순하게 toString( ) 메서드 사용법은 다음과 같이 하면 됩니다.

```java
* 기존에 열거형 상수 등록
enum Color2 {
    RED, BLUE;
}

* 반환 값을 변경하는 상수 등록
enum Color2 {
    RED {
        @Override
        public String toString() {
            return "빨간색";
        }
    },
    BLUE {
        @Override
        public String toString() {
            return "파란색";
        }
    };
}
```

단순하게 enum에 열거 상수만 나열했을 때는 마지막에 세미콜론(;)을 생략해도 되지만 중괄호({ })를 사용하여 메서드를 사용할 때는 맨 마지막 상수가 끝났을 때 세미콜론으로 끝을 마무리해야 합니다. 기본적으로 toString( ) 메서드는 열거 상수명을 문자열로 반환하는데 재정의하여 원하는 내용으로 변경할 수 있습니다.

이클립스 기준으로 중괄호를 입력한 후 '컨트롤+스페이스(Ctrl + space)' 키를 누르면 'Template Proposals' 팝업 메뉴가 나오게 됩니다. 여기에서 두 번째 위치해 있는 toString( ) 메서드를 선택합니다.

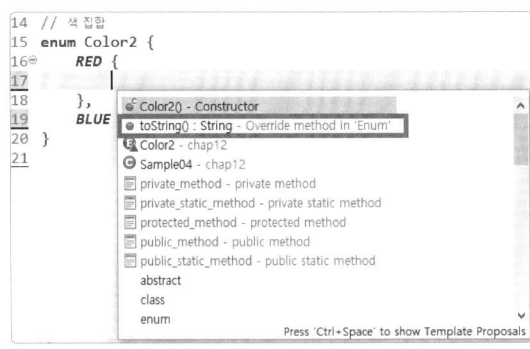

[그림 12-1] 단축키를 통한 toString( ) 재정의

이번에는 메서드를 재정의하여 대문자로 출력되는 어색한 상수명을 한글로 출력되게 해보겠습니다.

Sample04.java

```
01  package chap12;
02
03  public class Sample04 {
04
05      public static void main(String[] args) {
06          System.out.printf("허수아비가 %s의 %s 티를 입고 있습니다.", Size2.LARGE, Color2.RED);
07      }
08
09  }
10
11  // 색 집합
12  enum Color2 {
13      RED {
14          @Override
15          public String toString() {
16              return "빨간색";
17          }
```

```
18          },
19          BLUE {
20              @Override
21              public String toString() {
22                  return "파란색";
23              }
24          },
25          ORANGE {
26              @Override
27              public String toString() {
28                  return "귤색";
29              }
30          }; //세미콜론을 붙였음
31      }
32
33      // 크기 집합
34      enum Size2 {
35          SMALL{
36              @Override
37              public String toString() {
38                  return "작은 사이즈";
39              }
40          },
41          MIDIUM {
42              @Override
43              public String toString() {
44                  return "중간 사이즈";
45              }
46          },
47          LARGE {
48              @Override
49              public String toString() {
50                  return "큰 사이즈";
51              }
52          }; //세미콜론을 붙였음
53      }
```

실행 결과

허수아비가 큰 사이즈의 빨간색 티를 입고 있습니다.

Override 해서 toString( ) 메서드를 단축키를 사용해서 재정의했습니다. 단축키가 기억나지 않을 때는 13라인에서 'RED{ }'를 입력한 후에 중괄호 안에서 단축키 [Alt + Shift + S, V]를 누르거나, 마우스 우클릭해서 다음 그림과 같이 [Override/Implement Methods…]를 선택할 수도 있습니다.

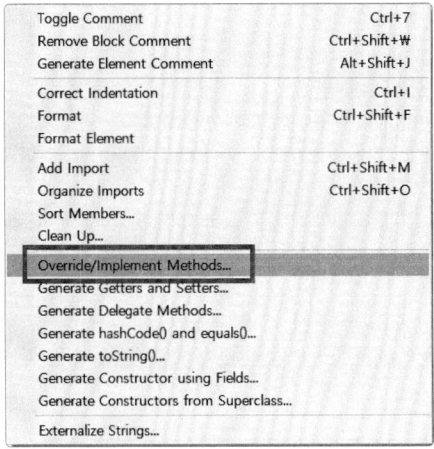

[그림 12-2] Override/Implement Methods…

[Override/Implement Methods…]를 선택한 후에 재정의할 메서드를 선택합니다. 여기에서는 'toString( )'입니다.

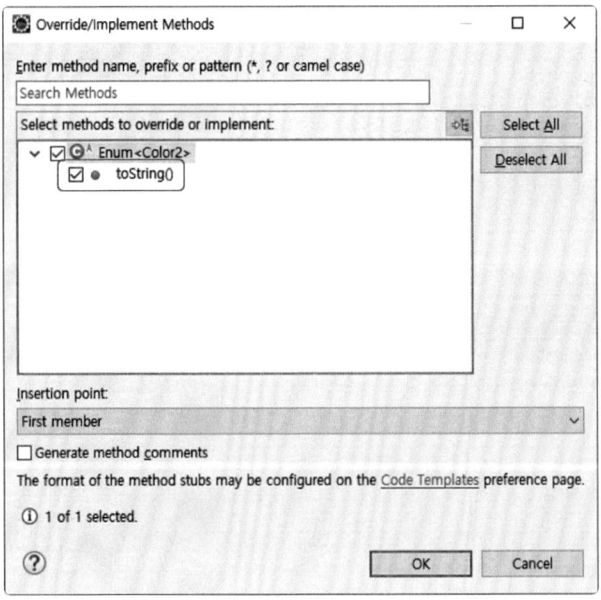

[그림 12-3] 재정의할 toString( ) 메서드 선택

[OK] 버튼을 클릭하면 다음과 같이 자동으로 구현됩니다.

```
RED {
@Override
public String toString() {
// TODO Auto-generated method stub
return super.toString();
}
},
```

toString( ) 메서드 내의 내용을 제거하고 원하는 내용을 넣어서 반환하게 만들면 됩니다.

12.2 값을 갖는 열거형

단순한 열거형에서는 상수명을 갖고 상수명을 값으로 사용했습니다. 이번엔 상수명을 선택하면 지정된 값을 출력하게 구현해보겠습니다. 열거형에 값을 넣는 방법은 다음과 같습니다.

enum 사용법2 - 상수명과 상숫값이 있을 경우

```
enum [enum 명] {
    상수명1(상수값1), 상수명2(상수값2), 상수명3(상수값3)...; (마지막에 세미콜론 생략 불가)
    //상수값을 반환할 변수, private 접근 제어자를 통해 멤버변수를 은닉한다.
    private final [자료형] value;

    private enum 명([자료형] value) {
        this.value = value;
    }

    public [자료형] getValue() {
        return value;          //public 접근 제어자를 통해서 상수값을 반환 받는다.
    }
}
```

상수명 다음 괄호 안에 값을 넣을 수 있습니다. 값을 반환할 변수 하나를 만들고 생성자를 만들어서 해당 상숫값에 해당하는 변수를 파라미터로 넣습니다. 그런 후 값을 반환할 변수에 값을 넣어서 getter( ) 메서드(여기에서는 변수명이 value이기 때문에 getValue( )입니다. 변수명 앞에 get을 붙여서 카멜 표기법으로 입력합니다.)를 사용해서 해당 값을 반환받습니다. 상숫값이 1개이기 때문에 1개의 상숫값을 대신할 자료형이 꼭 있어야 합니다.

열거형 상수는 기본적으로 생성자를 통해서 값이 결정된 이후 변경되지 않기 때문에 반환할 변수에 'final' 키워드를 붙여서 불변임을 표시합니다. 꼭 넣지 않아도 되지만 별다른 이유가 없다면 여기에서는 'final' 키워드를 넣겠습니다.

Sample05.java

```java
package chap12;

public class Sample05 {

    public static void main(String[] args) {
        FLOWER flower = FLOWER.ROSE;
        System.out.printf("I have a %s", flower.getName());
    }

}

enum FLOWER {
    SUNFLOWER("sunflower"), ROSE("rose");        // 세미콜론 필수

    private final String name;

    private FLOWER(String flowerName) {
        this.name = flowerName;
    }

    public String getName() {
        return name;
    }
}
```

실행 결과

```
I have a rose
```

Sample04 클래스에서는 오직 SUNFLOWER와 ROSE인 2가지만 꽃의 열거 정보를 갖는 FLOWER형이 있습니다. 06라인에서 FLOWER 객체를 통해서 내가 갖고 있는 꽃을 선택하는데 2종류에서만 고를 수 있으며 이를 선택하면 해당 열거형마다 갖고 있는 값을 출력 반환할 수 있습니다.

상수명은 대문자이고 상숫값은 소문자로 처리해서 앞서 구현한 코드는 상수명으로 똑같이 출력되어서 대문자로만 출력거나 toString( ) 메서드를 재정의하여 구현했습니다. 여기에서는 내가 출력하고 싶은 값을 넣어서 원하는 값을 반환받아서 출력했습니다. enum 클래스에 Lombok을 적용하여 구현해보면 다음과 같이 더 간단해집니다.

```java
@RequiredArgsConstructor
@Getter
enum FLOWER {
    SUNFLOWER("sunflower"), ROSE("rose");        // 세미콜론 필수

    private final String name;
}
```

Lombok으로 더 간단하게 enum을 구현했습니다. 아직은 코드를 줄이지 말고 하나하나 작성하면서 충분히 익힌 후에 Lombok을 사용하기 바랍니다.

12.3 2개 이상의 값을 갖는 열거형

하나의 상수명에 2개 이상의 값을 가질 수도 있습니다. List 자료형에서 유용하게 사용할 수 있습니다. 여기에서는 상숫값이 2개인 경우를 예로 설명하겠습니다.

enum 사용법3 - 상숫값이 2개 이상인 열거형일 경우

```
enum [enum 명] {
    상수명1(상수값1, 상수값2), 상수명2(상수값1, 상수값2), 상수명3(상수값1, 상수값2)…;
```

```
    private final [자료형] value1;    //상수값1을 반환할 변수
    private final [자료형] value2;    //상수값2를 반환할 변수

    private enum 명([자료형] value1, [자료형] value2) {
        this.value1 = value1;
        this.value2 = value2;
    }

    public [자료형] getValue1() {
        return value1;           //public 접근 제어자를 통해서 상수값1을 반환 받는다.
    }

    public [자료형] getValue2() {
        return value1;           //public 접근 제어자를 통해서 상수값2를 반환 받는다.
    }
}
```

3개 이상의 경우도 2개인 경우와 같습니다. 상숫값을 추가하고 추가한 상숫값을 반환할 멤버 변수를 추가하고 생성자에도 자료형을 순서에 따라서 추가해주면 됩니다. 그럼 2개 이상의 상숫값을 갖는 예제를 살펴보겠습니다.

Sample06.java

```
01  package chap12;
02
03  public class Sample06 {
04      public static void main(String[] args) {
05          System.out.println("=== 우리 동물원에 있는 조류의 수 ===");
06          System.out.printf("%s, %d 마리\n", BIRD.SPARROW.getName(), BIRD.SPARROW.getCount());
07          System.out.printf("%s, %d 마리\n", BIRD.PARROT.getName(), BIRD.PARROT.getCount());
08          System.out.printf("%s, %d 마리\n", BIRD.EAGLE.getName(), BIRD.EAGLE.getCount());
09          System.out.printf("%s, %d 마리\n", BIRD.FALCON.getName(), BIRD.FALCON.getCount());
10      }
11  }
12
13  enum BIRD {
```

```
14          SPARROW("참새", 33), PARROT("앵무새", 27), EAGLE("독수리", 2), FALCON("매",
    8);
15
16      private final String name;    //한글이름
17      private final int    count;   //마리수
18
19      private BIRD(String name, int count) {
20          this.name = name;
21          this.count = count;
22      }
23
24      public String getName() {
25          return name;
26      }
27
28      public int getCount() {
29          return count;
30      }
31
32  }
```

실행 결과

```
=== 우리 동물원에 있는 조류의 수 ===
참새, 33 마리
앵무새, 27 마리
독수리, 2 마리
매, 8 마리
```

코드를 넣으면 코드명인 품종과 동물원에 있는 마릿수가 조회되는 소스코드입니다. 코드는 영문 대문자를 enum 상수명으로 넣어서 처리했습니다. 상수명, 상숫값1, 상숫값2에 대해서 상숫값에 해당하는 멤버 변수 2개를 추가하고 생성자에 이 멤버 변수를 넣어서 getter( ) 메서드까지 구현했습니다.

그런데 05에서 09라인을 보면 일일이 모든 값을 넣어서 출력했습니다. 그 수가 1,000개 이상일 경우를 생각해보면 엄청난 반복 작업이 필요하게 됩니다. 앞서 배운 for문을 이용해서 한 번에 출력하는 방법을 배워보겠습니다.

먼저 enum에 열거된 데이터를 모두 가져와야 하는데 이때 사용하는 객체는 컬렉션 프레임워크에서 학습했던 Set이 있는데 enum에는 EnumSet이 있습니다.

EnumSet - allOf( ) 메서드

```
static <E extends Enum<E>> EnumSet<E>.allOf(class<E> elementType)

EnumSet.allOf( [enum클래스]);   //enum클래스의 요소를 EnumSet에 반환한다

사용 예)
EnumSet<[열거형]> [열거형 인스턴스명] = EnumSet.allOf([Enum].class);
```

EnumSet API : https://docs.oracle.com/en/java/javase/13/docs/api/java.base/java/util/EnumSet.html

컬렉션 프레임워크에서 배운 Set의 Enum 버전으로 이해하면 됩니다. EnumSet 사용법을 살펴봤습니다. 다음은 예제 코드로 살펴보겠습니다.

Sample06.java - 수정 후

```
01  package chap12;
02
03  import java.util.ArrayList;
04  import java.util.Arrays;
05  import java.util.EnumSet;
06  import java.util.List;
07
08  public class Sample06 {
09      public static void main(String[] args) {
10          System.out.println("=== 우리 동물원에 있는 조류의 수 ===");
11          EnumSet<BIRD> birds = EnumSet.allOf( BIRD.class );
// 모든 열거셋을 가져옴
12
13          for(BIRD bird : birds) {
14              System.out.printf("%s, %d 마리\n", bird.getName(), bird.getCount()); //bird 정보를 하나하나 출력
15          }
16      }
17  }
18
19  enum BIRD {
20      SPARROW("참새", 33), PARROT("앵무새", 27), EAGLE("독수리", 2), FALCON("매", 8);
```

```
21
22      private String name;      //한글이름
23      private int    count;     //개체수
24
25      private BIRD(String name, int count) {
26          this.name = name;
27          this.count = count;
28      }
29
30      public String getName() {
31          return name;
32      }
33
34      public int getCount() {
35          return count;
36      }
37
38  }
```

실행 결과

```
=== 우리 동물원에 있는 조류의 수 ===
참새, 33 마리
앵무새, 27 마리
독수리, 2 마리
매, 8 마리
```

실행 결과는 같지만 enum의 모든 내용을 출력하는 코드를 작성했습니다. enum을 사용하게 되면 EnumSet도 덩달아 사용할 경우가 생기게 됩니다. EnumSet을 활용하면 enum에 등록된 상수 각각의 데이터에 한해서 추가할 때는 add( ) 메서드를 활용하고, 삭제할 때는 remove( ) 메서드를 활용해서 열거형 자료는 추가 삭제를 자유롭게 통제할 수 있습니다. 위 소스코드에서 독수리를 뺀 다음 출력하고 다시 독수리를 추가하여 출력해보겠습니다.

SSample06.java - 수정 후2

```
01  package chap12;
02
03  import java.util.EnumSet;
04
05  public class Sample06 {
06      public static void main(String[] args) {
```

```java
07          System.out.println("=== 우리 동물원에 있는 조류의 수 ===");
08          for(BIRD bird : BIRD.values()) {
09              //bird 정보를 하나하나 출력
10              System.out.printf("%s, %d 마리\n",bird.getName(),bird.getCount());
11          }
12
13          System.out.println("\n=== remove an eagle");
14          //모든 열거셋을 가져옴
15          EnumSet<BIRD> birds = EnumSet.allOf( BIRD.class );
16          birds.remove(BIRD.EAGLE);        //독수리 제거
17          for(BIRD bird : birds) {
18              //bird 정보를 하나하나 출력
19              System.out.printf("%s, %d 마리\n",bird.getName(),bird.getCount());
20          }
21
22          System.out.println("\n=== add an eagle");
23          birds.add(BIRD.EAGLE);           //독수리 추가
24          for(BIRD bird : birds) {
25              //bird 정보를 하나하나 출력
26              System.out.printf("%s, %d 마리\n", bird.getName(),bird.getCount());
27          }
28
29      }
30  }
31
32  enum BIRD {
33      SPARROW("참새",33), PARROT("앵무새",27), EAGLE("독수리",2), FALCON("매",8);
34
35      private final String name;     //한글이름
36      private final int    count;    //마리수
37
38      private BIRD(String name, int count) {
39          this.name = name;
40          this.count = count;
41      }
42
43      public String getName() {
44          return name;
45      }
46
47      public int getCount() {
48          return count;
49      }
50  }
```

> **실행 결과**
>
> ```
> === 우리 동물원에 있는 조류의 수 ===
> 참새, 33 마리
> 앵무새, 27 마리
> 독수리, 2 마리
> 매, 8 마리
>
> === remove an eagle
> 참새, 33 마리
> 앵무새, 27 마리
> 매, 8 마리
>
> === add an eagle
> 참새, 33 마리
> 앵무새, 27 마리
> 독수리, 2 마리
> 매, 8 마리
> ```

08라인에서 EnumSet을 사용하지 않고 enum에서 제공하는 메서드 중에 열거형 상수 정보를 배열로 반환하는 values( ) 메서드를 활용하여 출력했습니다. 그리고 이후에 EnumSet을 활용하여 상수 정보를 제거한 후 출력하고 다시 추가해서 출력해 보았습니다. 주의해야 할 부분은 enum을 EnumSet으로 생성한 뒤에 EnumSet의 요소들을 통제했기 때문에 enum의 요소가 제거되거나 추가되지는 않습니다.

12.4 메서드를 갖는 열거형

enum 클래스 안에서도 메서드를 만들어서 사용할 수 있습니다. 값을 갖는 열거형을 학습할 때 값에 대한 멤버 필드를 만들고 생성자를 이용해서 멤버 필드의 값이 들어갈 수 있도록 구현했습니다. 이때 멤버 필드에 대한 getter( ) 메서드를 직접 만들어서 사용했습니다. 당연히 getter( ) 메서드만 사용할 수 있는 게 아니라 내가 원하는 메서드를 enum 클래스 안에서 만들

수 있습니다. 그리고 ordinal( ) 메서드와 name( ) 메서드를 enum 클래스에서 제공하는데 enum의 순번을 0부터 차례대로 반환해줍니다.

Enum 메서드 API

반환자료형	메서드	설명
String	name( )	열거 선언에 선언된 대로 이 열거 상수의 이름을 반환합니다.
int	ordinal( )	이 열거 상수의 ordinal(열거 선언의 해당 위치, 초기 상수에 0의 ordinal이 할당됨)을 반환합니다.

다음 [Sample07.java]에서는 추가로 메서드를 더 만들고 ordinal( ) 메서드를 호출하여 enum의 순번을 출력해 보겠습니다.

Sample07.java

```
01  package chap12;
02
03  import java.util.Scanner;
04
05  public class Sample07 {
06
07      public static void main(String[] args) {
08          Scanner sc = new Scanner(System.in);
09
10          System.out.println(" == 목적지 정보 ==");
11
12          for(CITY city : CITY.values()) {
13              System.out.printf("%d\t%s(%s)%n", city.ordinal(), city.getDestination(),city.name());
14          }
15
16          System.out.print("목적지 번호를 선택하세요 ");
17          int selectNum = sc.nextInt();
18
19          CITY retCity = CITY.valueOf(selectNum);
20          if(retCity == null) {
21              System.out.println("목적지를 확인하세요");
22          }
23          else {
24              switch (retCity) {
25                  case SEOUL   -> System.out.printf("\n%s로 출발합니다", CITY.SEOUL.getDestination());
26                  case DAEJEON -> System.out.printf("\n%s로 출발합니다", CITY.DAEJEON.getDestination());
```

```
27                    case DAEGU   -> System.out.printf("\n%s로 출발합니다", CITY.DAEGU.getDestination());
28                    case PUSAN   -> System.out.printf("\n%s로 출발합니다", CITY.PUSAN.getDestination());
29                    case GWANGJU -> System.out.printf("\n%s로 출발합니다", CITY.GWANGJU.getDestination());
30                    default      -> System.out.println("도착지를 다시 확인하세요.");
31                }
32            }
33        }
34
35  }
36
37  enum CITY {
38      SEOUL("서울"), DAEJEON("대전"), DAEGU("대구"), PUSAN("부산"), GWANGJU("광주");
39
40      private final String destination;
41
42      private CITY(String destination) {
43          this.destination = destination;
44      }
45
46      public String getDestination() {
47          return destination;
48      }
49
50      /**
51       * 입력받은 index로 enum 요소 반환 메서드
52       * @param selectNum
53       * @return
54       */
55      public static CITY valueOf(int selectNum) {
56          CITY returnCity = null;
57          for(CITY city : CITY.values()) {
58              if(selectNum == city.ordinal()) {
59                  returnCity = city;
60              }
61          }
62          return returnCity;
63      }
64  }
```

실행 결과

```
== 목적지 정보 ==
0    서울
1    대전
2    대구
```

```
    3    부산
    4    광주
목적지 번호를 선택하세요 3

부산로 출발합니다
```

기존의 enum을 사용하는 요령은 같으며, enum 안에서 class처럼 얼마든지 메서드를 만들어서 사용할 수 있습니다. 여기에서는 55라인에서 valueOf( ) 메서드를 만들었으며 19라인에서 valueOf( ) 메서드를 활용하여 입력받은 값으로 enum의 요소를 반환받았습니다.

13라인을 보면 ordinal( ) 메서드로 순번을 출력하고 name( ) 메서드로 enum 요소명을 그대로 출력했습니다. 하지만 목적지 정보가 더 늘어나게 되고 enum 요소들 중간에 추가되면 순번은 바뀌게 됩니다. 결국, 열거형의 값에 순번을 넣어서 관리해야 데이터에 대한 신뢰가 유지될 수 있습니다. ordinal( ) 메서드는 단순한 순번 값이 필요할 때만 사용하는 게 좋습니다. 이 메서드의 내용을 보면 다음과 같이 설명하고 있습니다.

> **Tip | ordinal( ) 메서드**
>
> 이 열거 상수의 ordinal(열거 선언의 해당 위치, 초기 상수에 0의 ordinal이 할당됨)을 반환합니다. 대부분의 프로그래머들은 이 방법을 사용할 필요가 없습니다. EnumSet 및 EnumMap과 같은 정교한 Endpoint 기반 데이터 구조에서 사용하도록 설계되었습니다.

다음과 같이 수정하고 main( ) 메서드의 내용도 ordinal( )을 getOrder( )로 변경하면 문제가 해결됩니다.

```
enum CITY {
    SEOUL(0, "서울"), DAEJEON(1, "대전"), DAEGU(2, "대구"), PUSAN(3, "부산"),
    GWANGJU(4, "광주");
```

```
    private final int order;              //순번
    private final String destination;

    private CITY(int order, String destination) {
        this.order = order;
        this.destination = destination;
    }

    public int getOrder() {
        return order;
    }

    public String getDestination() {
        return destination;
    }
```

[Sample07.java]의 소스코드인 enum 클래스에서 메서드를 구현하는 내용보다는 enum의 각 요소마다 메서드를 만들어서 사용하는 방법을 배워보겠습니다. 구현할 내용은 게임 플레이어의 좌표를 지정한 뒤에 LEFT, RIGHT, UP, DOWN을 enum으로 지정합니다. 각 요소에 excute( )라는 메서드를 만들어서 excute( ) 메서드의 인자로 이동할 거리를 정수로 입력하면 LEFT는 X 좌표로 감소, RIGHT는 X 좌표로 증가, UP은 Y 좌표로 증가, DOWN은 Y 좌표로 감소 처리됩니다.

시작 좌표는 X=0, Y=0으로 시작하여 RIGHT로 10만큼 이동, UP으로 20만큼 이동, DOWN으로 15만큼 이동, LEFT로 2만큼 이동하는 예제입니다.

Sample08.java

```
01  package chap12;
02
03  import lombok.AllArgsConstructor;
04  import lombok.Getter;
05  import lombok.Setter;
06  import lombok.ToString;
07
08  public class Sample08 {
09
```

```java
    public static void main(String[] args) {
        Location loc = new Location(0,0);
        System.out.println(loc);
        Player.RIGHT.excute(loc, 10);
        Player.UP.excute(loc, 20);
        Player.DOWN.excute(loc, 15);
        Player.LEFT.excute(loc, 2);
    }

}

@Setter
@Getter
@AllArgsConstructor
@ToString
class Location {
    private int X = 0;
    private int Y = 0;
}

@AllArgsConstructor
@Getter
enum Player {
    LEFT{
        @Override
        public void excute(Location loc, int distance) {
            loc.setX(loc.getX() - distance);
            System.out.printf("LEFT  %2d - %s\n", distance, loc.toString());
        }
    },
    RIGHT{
        @Override
        public void excute(Location loc, int distance) {
            loc.setX(loc.getX() + distance);
            System.out.printf("RIGHT %2d - %s\n", distance, loc.toString());
        }
    },
    UP{
        @Override
        public void excute(Location loc, int distance) {
            loc.setY(loc.getY() + distance);
            System.out.printf("UP    %2d - %s\n", distance, loc.toString());
        }
    },
    DOWN{
        @Override
        public void excute(Location loc, int distance) {
            loc.setY(loc.getY() - distance);
            System.out.printf("DOWN  %2d - %s\n", distance, loc.toString());
```

```
59          }
60      };
61
62      public abstract void excute(Location loc, int distance);
63  }
```

실행 결과

```
Location(X=0, Y=0)
RIGHT 10 - Location(X=10, Y=0)
UP    20 - Location(X=10, Y=20)
DOWN  15 - Location(X=10, Y=5)
LEFT   2 - Location(X=8, Y=5)
```

25라인에서 Player의 좌푯값을 유지하기 위해서 Location이라는 클래스를 만들어 값을 참조하도록 했습니다. 좌표 정보를 X와 Y로 유지할 수 있는 멤버 변수를 만들고 값을 변경할 수 있도록 setter( )와 초기 좌푯값을 가질 수 있는 생성자를 만들었습니다. 생성자에는 좌푯값을 출력하는 toString( ) 메서드를 Lombok으로 간단히 구현했습니다.

32라인의 enum에서 생성자와 getter( ) 메서드는 enum 요소마다 추가 정보가 있으면 꼭 만들어줘야 합니다. 이를 Lombok의 @Getter으로 쉽게 만들었습니다. final인 상수로 처리되기 때문에 setter( ) 메서드는 만들 수가 없습니다.

62라인처럼 enum 안에서 abstract 메서드를 만들게 되면, 각 enum 요소마다 추상 메서드를 상속받게 되어 요소마다 추상 메서드를 재구현(override)한 것을 알 수 있습니다. main 메서드에서 주어진 조건에 맞게 시작 좌표를 11라인에서 Location(0, 0)으로 X값과 Y값을 0으로 설정하는 생성자를 호출했습니다. 그리고 각 오른쪽으로 10, 위로 20, 아래로 15, 왼쪽으로 2만큼 이동하면서 좌표를 출력했고 최종 좌표로 X 좌표는 8이고 Y 좌표는 5입니다.

혹시, 오류가 발생했다면!!

java.lang.UnsupportedClassVersionError: chap12/Sample07 (class file version 56.65535) was compiled with preview features that are unsupported. This version of the Java Runtime only recognizes preview features for class file version 57.65535

위와 같은 오류 메시지가 발생했다면,

Java에서 사용된 Preview 버전을 인식하지 못해서 발생합니다. 이클립스 버전이 [2019-09]라면 JDK 13을 인식하지 못합니다. 이클립스 [2019-12] 버전으로 다운로드 받으면 JDK 13을 인식하게 됩니다.

연습 문제

1. 영문으로 된 요일을 요소로 갖고 있는 enum을 만들고 switch ~ case문을 활용하여 한글로 출력하는 프로그램을 작성하세요. (switch문에 비교할 변숫값으로는 'SUNDAY'로 하고 출력은 '오늘은 일요일입니다'로 출력)

정답)

Test1.java
```
01  package chap12;
02
03  public class Test1 {
04      public static void main(String[] args) {
05          Days toDay = Days.SUNDAY;
06
07          switch(toDay) {
08              case SUNDAY    -> System.out.println("오늘은 일요일입니다.");
09              case MONDAY    -> System.out.println("오늘은 월요일입니다.");
10              case TUESDAY   -> System.out.println("오늘은 화요일입니다.");
11              case WEDNESDAY -> System.out.println("오늘은 수요일입니다.");
12              case THURSDAY  -> System.out.println("오늘은 목요일입니다.");
13              case FRIDAY    -> System.out.println("오늘은 금요일입니다.");
14              case SATURDAY  -> System.out.println("오늘은 토요일입니다.");
15              default -> throw new IllegalArgumentException("Unexpected value: " + toDay);
16          }
17      }
18  }
19
20  enum Days {
21      SUNDAY, MONDAY, TUESDAY, WEDNESDAY, THURSDAY, FRIDAY, SATURDAY;
22  }
```

혹은 switch ~ case문을 다음과 같이 작성할 수 있습니다.

```
Days toDay = Days.SUNDAY;

switch(toDay) {
```

```java
        case SUNDAY :
            System.out.println("오늘은 일요일입니다.");
            break;
        case MONDAY :
        System.out.println("오늘은 월요일입니다.");
        break;
        case TUESDAY :
          System.out.println("오늘은 화요일입니다.");
             break;
        case WEDNESDAY :
        System.out.println("오늘은 수요일입니다.");
        break;
        case THURSDAY :
        System.out.println("오늘은 목요일입니다.");
        break;
        case FRIDAY :
             System.out.println("오늘은 금요일입니다.");
             break;
        case SATURDAY :
        System.out.println("오늘은 토요일입니다.");
        break;
        default :
        throw new IllegalArgumentException("Unexpected value: " + toDay);
    }
```

실행 결과

오늘은 일요일입니다.

2. 사계절을 enum 클래스에 입력한 후에 반복문을 통해서 사계절의 내용을 다음과 같이 출력하세요.

```
SPRING
봄(Spring)
SUMMER
여름(Summer)
FALL
가을(Fall)
WINTER
겨울(Winter)
```

정답)

Test2.java

```
01  package chap12;
02
03  import java.util.EnumSet;
04
05  import lombok.AllArgsConstructor;
06  import lombok.Getter;
07
08  public class Test2 {
09      public static void main(String[] args) {
10          EnumSet<Season> seasonSet = EnumSet.allOf(Season.class);
11          for(Season season : seasonSet) {
12              System.out.printf("%s\n%s%s\n"
13                      , season.name()
14                      , season.getHan()
15                      , season.getEng() );
16          }
17      }
18  }
19
20  @AllArgsConstructor
21  @Getter
22  enum Season {
23      SPRING("봄", "(Spring)"),
24      SUMMER("여름", "(Summer)"),
25      FALL("가을", "(Fall)"),
26      WINTER("겨울", "(Winter)");
27
28      private final String han;
29      private final String eng;
30  }
```

> **실행 결과**
>
> ```
> SPRING
> 봄(Spring)
> SUMMER
> 여름(Summer)
> FALL
> 가을(Fall)
> WINTER
> 겨울(Winter)
> ```

enum의 요소를 Set으로 가져올 수도 있고 배열로 가져올 수도 있습니다.

> ```
> Set 형태로 요소들을 가져온다
> EnumSet<Season> seasonSet = EnumSet.allOf(Season.class);
>
> 배열의 형태로 요소들을 가져온다.
> Season[] seasonSet = Season.values();
> ```

둘 중에 편한 방법으로 요소들을 가져오면 됩니다.

3. enum을 활용하여 두 정수를 정해진 연산자로 계산하는 프로그램을 작성하세요.

> ```
> enum 클래스명 : Compute
> enum 요소 : PLUS, MINUS, TIMES, DIVIDE
> 구현 예 : Compute.PLUS.getResult(3, 4);
> 출력 예 : 3 + 4 = 7
> ```

정답)

Test3_1.java - enum 요소별 메서드를 갖는 열거형

```java
01  package chap12;
02
03  public class Test3_1 {
04      public static void main(String[] args) {
05          Compute.PLUS.getResult(3, 4);
06      }
07  }
08
09  enum Compute {
10      PLUS {
11          @Override
12          void getResult(int a, int b) {
13              System.out.printf("%d + %d = %d", a, b, a + b);
14          }
15      },
16      MINUS {
17          @Override
18          void getResult(int a, int b) {
19              System.out.printf("%d - %d = %d", a, b, a - b);
20          }
21      },
22      TIMES {
23          @Override
24          void getResult(int a, int b) {
25              System.out.printf("%d * %d = %d", a, b, a * b);
26          }
27      },
28      DIVIDE {
29          @Override
30          void getResult(int a, int b) {
31              System.out.printf("%d / %d = %d", a, b, a / b);
32          }
33      };
34
35      abstract void getResult(int a, int b);
36  }
```

실행 결과

```
3 + 4 = 7
```

Test3_2.java - enum 클래스가 메서드를 갖는 열거형

```java
01  package chap12;
02
03  public class Test3_2 {
04      public static void main(String[] args) {
05          Compute.PLUS.getResult(3, 4);
06      }
07  }
08
09  enum Compute1 {
10      PLUS,
11      MINUS,
12      TIMES,
13      DIVIDE;
14
15      public void getResult(int a, int b) {
16          switch(this) {
17              case PLUS -> System.out.printf("%d + %d = %d", a, b, a + b);
18              case MINUS -> System.out.printf("%d + %d = %d", a, b, a + b);
19              case TIMES -> System.out.printf("%d + %d = %d", a, b, a + b);
20              case DIVIDE -> System.out.printf("%d + %d = %d", a, b, a + b);
21          }
22      }
23  }
```

실행 결과

```
3 + 4 = 7
```

향상된 switch문을 활용했습니다. Java 13까지는 preview로 제공되었으며 Java 14에서 정식으로 제공되는 메서드입니다. 버전을 잘 확인하여 구현하면 됩니다. enum 클래스 안에서의 this는 해당 요소가 됩니다.

Chapter 13

13장 날짜와 시간 그리고 숫자 처리

프로그래밍하면서 날짜와 시간을 이용하여 구현할 때가 정말 많이 있습니다. 이 외에도 숫자를 어떻게 보여줄지에 대한 고민도 많이 하게 됩니다. 13장에서는 날짜와 시간을 처리하기 위한 프로그래밍과 숫자를 효과적으로 표현하는 방법을 학습하겠습니다.

날짜와 시간 관련 핵심 키워드는 다음과 같습니다.

- Calendar
- DecimalFormat
- CompactNumberFormat
- SimpleDateFormat
- DateFormat
- LocalDate
- LocalTime
- LocalDateTime

13.1 Calendar

날짜 형태의 값을 얻어오는 방법이 몇 가지 있습니다. 먼저 JDK 1.1 때부터 Java API로 제공되고 있는 Calendar를 먼저 살펴보겠습니다.

Calendar 클래스의 getInstance( ) 메서드 API

반환자료형	메서드	설명
static Calendar	getInstance( )	기본 표준 시간대 및 로캘을 사용하는 달력을 가져옵니다.
static Calendar	getInstance(**Locale** aLocale)	기본 표준 시간대와 지정된 로캘을 사용하는 달력을 가져옵니다.
static Calendar	getInstance(**TimeZone** zone)	지정된 표준 시간대 및 기본 로캘을 사용하는 일정을 가져옵니다.
static Calendar	getInstance(**TimeZone** zone, **Locale** aLocale)	지정된 표준 시간대 및 로캘이 있는 달력을 가져옵니다.

Calendar 클래스는 추상 클래스로 제공되어서 생성자를 사용하여 인스턴스를 생성할 수 없습니다. Calendar 클래스에서 static 메서드로 제공하고 있는 getInstance( ) 메서드를 통해서 인스턴스를 생성합니다. 다음은 Calendar 클래스 기본 활용 예제를 살펴보겠습니다.

Sample01.java

```java
package chap13;

import java.util.Calendar;
import java.util.Date;

public class Sample01 {

    public static void main(String[] args) {
        //추상 클래스이므로 생성자를 사용하여 인스턴스를 생성할 수 없어서 static 메서드를 호출하여 생성
        Calendar cal = Calendar.getInstance();
        Date date = cal.getTime();
        System.out.println(date);
    }
}
```

실행 결과

```
Mon Dec 23 18:36:33 KST 2019
```

09라인의 주석에 적힌 내용대로 추상 클래스이기 때문에 Calendar 클래스에서 제공하는 메서드로 10라인에서 인스턴스를 생성합니다. 11라인에서 getTime( ) 메서드로 Date 클래스를 통해서 날짜와 시간 정보를 얻을 수 있습니다.

Calendar 클래스의 getTime( ) 메서드 API

반환자료형	메서드	설명
Date	getTime( )	Calendar의 시간을 반환합니다.

[Sample01.java]의 12라인에서 date 인스턴스를 통해서 날짜와 시간을 출력했습니다. 하지만 우리가 실제로 표기하는 방법과는 다르게 많이 낯선 표기 방식입니다. 중간에 'KST'는 한국 표준시(Korea Standard Time)로 세계 협정시에 9시간을 더한 시간을 말합니다.

Calendar를 통해서 얻은 시간을 출력하기 위해서 Date 객체에 있는 정보를 우리가 원하는 패턴으로 출력하기 전에 Date 객체를 통해서 정보를 가져오는 방법은 더 이상 권장하지 않습니다. 하지만 이미 사용하고 있는 레거시(Legacy) 프로젝트가 있기 때문에 Date 객체의 메서드와 Calendar 객체에서 제공하는 방법을 함께 살펴보겠습니다.

Date 클래스에서 더 이상 권장하지 않는 메서드 API

반환 자료형	메서드	설명
int	getDate( )	JDK버전 1.1 Calendar.get(Calendar.DAY_OF_MONTH)로 교체됨
int	getDay( )	JDK버전 1.1 Calendar.get(Calendar.DAY_OF_WEEK)로 교체됨
int	getHours( )	JDK버전 1.1 Calendar.get(Calendar.HOUR_OF_DAY)로 교체됨
int	getMinutes( )	JDK버전 1.1 Calendar.get(Calendar.MINUTE)로 교체됨
int	getMonth( )	JDK버전 1.1 Calendar.get(Calendar.MONTH)로 교체됨
int	getSeconds( )	JDK버전 1.1 Calendar.get(Calendar.SECOND)로 교체됨
int	getYear( )	JDK버전 1.1 Calendar.get(Calendar.YEAR) - 1900으로 교체됨
void	setDate(int date)	JDK버전 1.1 Calendar.get(Calendar.DAY_OF_MONTH, int date)로 교체됨
void	setHours(int hours)	JDK버전 1.1 Calendar.get(Calendar.HOUR_OF_DAY, int hours)로 교체됨

반환 자료형	메서드	설명
void	setMinutes(int minutes)	JDK버전 1.1 Calendar.get(Calendar.MINUTE, int minutes)로 교체됨
void	setMonth(int month)	JDK버전 1.1 Calendar.get(Calendar.MONTH, int month)로 교체됨
void	setSeconds(int seconds)	JDK버전 1.1 Calendar.get(Calendar.SECOND, int seconds)로 교체됨
void	setYear(int year)	JDK버전 1.1 Calendar.get(Calendar.YEAR, year + 1900)으로 교체됨

참고로 Date 클래스의 getDay( ) 메서드로 반환받는 요일에 대한 값은 int형으로 다음과 같습니다.

```
0 = Sunday, 1 = Monday, 2 = Tuesday, 3 = Wednesday, 4 = Thursday, 5 = Friday, 6 = Saturday
```

하지만 Calendar.get( ) 메서드를 통해서 반환받는 요일에 대한 값은 Calendar 클래스에서 다음과 같이 정의하고 있습니다.

```
public static final int SUNDAY = 1;

    /**
     * Value of the {@link #DAY_OF_WEEK} field indicating
     * Monday.
     */
    public static final int MONDAY = 2;

    /**
     * Value of the {@link #DAY_OF_WEEK} field indicating
     * Tuesday.
     */
    public static final int TUESDAY = 3;

    /**
     * Value of the {@link #DAY_OF_WEEK} field indicating
     * Wednesday.
     */
    public static final int WEDNESDAY = 4;
```

```
/**
 * Value of the {@link #DAY_OF_WEEK} field indicating
 * Thursday.
 */
public static final int THURSDAY = 5;

/**
 * Value of the {@link #DAY_OF_WEEK} field indicating
 * Friday.
 */
public static final int FRIDAY = 6;

/**
 * Value of the {@link #DAY_OF_WEEK} field indicating
 * Saturday.
 */
public static final int SATURDAY = 7;
```

Date 객체의 요일 값보다 Calendar 객체의 요일 값이 1씩 큽니다. 그래서 이점 주의해서 살펴 봐야 합니다. Date 객체의 getMonth( ) 메서드는 몇 월인지를 반환하는 메서드입니다. 1월을 '0'으로 반환하며 12월은 '11'로 반환합니다. Calendar 객체도 Calendar.get( ) 메서드를 통해 서 반환받는 월에 대한 값은 Calendar 클래스에서 다음과 같이 정의하고 있습니다.

```
    /**
     * Value of the {@link #MONTH} field indicating the
     * first month of the year in the Gregorian and Julian calendars.
     */
    public static final int JANUARY = 0;

    /**
     * Value of the {@link #MONTH} field indicating the
     * second month of the year in the Gregorian and Julian calendars.
     */
    public static final int FEBRUARY = 1;

    /**
     * Value of the {@link #MONTH} field indicating the
     * third month of the year in the Gregorian and Julian calendars.
     */
```

```java
    public static final int MARCH = 2;

    /**
     * Value of the {@link #MONTH} field indicating the
     * fourth month of the year in the Gregorian and Julian calendars.
     */
    public static final int APRIL = 3;

    /**
     * Value of the {@link #MONTH} field indicating the
     * fifth month of the year in the Gregorian and Julian calendars.
     */
    public static final int MAY = 4;

    /**
     * Value of the {@link #MONTH} field indicating the
     * sixth month of the year in the Gregorian and Julian calendars.
     */
    public static final int JUNE = 5;

    /**
     * Value of the {@link #MONTH} field indicating the
     * seventh month of the year in the Gregorian and Julian calendars.
     */
    public static final int JULY = 6;

    /**
     * Value of the {@link #MONTH} field indicating the
     * eighth month of the year in the Gregorian and Julian calendars.
     */
    public static final int AUGUST = 7;

    /**
     * Value of the {@link #MONTH} field indicating the
     * ninth month of the year in the Gregorian and Julian calendars.
     */
    public static final int SEPTEMBER = 8;

    /**
     * Value of the {@link #MONTH} field indicating the
     * tenth month of the year in the Gregorian and Julian calendars.
     */
    public static final int OCTOBER = 9;
```

```java
/**
 * Value of the {@link #MONTH} field indicating the
 * eleventh month of the year in the Gregorian and Julian calendars.
 */
public static final int NOVEMBER = 10;

/**
 * Value of the {@link #MONTH} field indicating the
 * twelfth month of the year in the Gregorian and Julian calendars.
 */
public static final int DECEMBER = 11;
```

요일과는 다르게 Date 객체와 Calendar 객체의 월에 대한 정보는 똑같은 값을 반환합니다. 그럼, Date 객체의 메서드에 대응하는 Calendar 객체의 get( ) 메서드를 통한 코드를 살펴보겠습니다.

Sample02.java

```java
01  package chap13;
02
03  import java.util.Calendar;
04  import java.util.Date;
05
06  public class Sample02 {
07
08      public static void main(String[] args) {
09          //추상클래스이므로 생성자를 사용하여 인스턴스를 생성할 수 없어서 정적 메서드를 호출하여 생성
10          Calendar cal = Calendar.getInstance();
11          Date date = cal.getTime();
12          System.out.println("== Date Info ==");
13          System.out.println(date);
14
15          System.out.println("\n== Date ==");
16          System.out.printf("%s %s %02d %02d:%02d:%02d KST %d\n"
17              , getWeekName(date.getDay() + 1) //0부터 시작하기 때문에 1 더해줌
18              , getMonthName(date.getMonth())
19              , date.getDate()
20              , date.getHours()
21              , date.getMinutes()
22              , date.getSeconds()
23              , date.getYear() + 1900
24          );
25
26          System.out.println("\n== Calendar ==");
27          System.out.printf("%s %s %02d %02d:%02d:%02d KST %d"
```

```java
28              , getWeekName(cal.get(Calendar.DAY_OF_WEEK))
29              , getMonthName(cal.get(Calendar.MONTH))
30              , cal.get(Calendar.DAY_OF_MONTH)
31              , cal.get(Calendar.HOUR_OF_DAY)
32              , cal.get(Calendar.MINUTE)
33              , cal.get(Calendar.SECOND)
34              , cal.get(Calendar.YEAR)
35          );
36      }
37
38      public static String getWeekName(int WeekNumber) {
39          var returnVal = switch(WeekNumber) {
40              case Calendar.SUNDAY     -> "Sun";
41              case Calendar.MONDAY     -> "Mon";
42              case Calendar.TUESDAY    -> "Tue";
43              case Calendar.WEDNESDAY  -> "Wed";
44              case Calendar.THURSDAY   -> "Thu";
45              case Calendar.FRIDAY     -> "Fri";
46              case Calendar.SATURDAY   -> "Sat";
47              default -> throw new IllegalArgumentException("Unexpected value: " + WeekNumber);
48          };
49          return returnVal;
50      }
51
52      public static String getMonthName(int MonthNumber) {
53          var returnVal = switch(MonthNumber) {
54              case Calendar.JANUARY    -> "Jan";
55              case Calendar.FEBRUARY   -> "Feb";
56              case Calendar.MARCH      -> "Mar";
57              case Calendar.APRIL      -> "Apr";
58              case Calendar.MAY        -> "May";
59              case Calendar.JUNE       -> "Jun";
60              case Calendar.JULY       -> "Jul";
61              case Calendar.AUGUST     -> "Aug";
62              case Calendar.SEPTEMBER  -> "Sep";
63              case Calendar.OCTOBER    -> "Oct";
64              case Calendar.NOVEMBER   -> "Nov";
65              case Calendar.DECEMBER   -> "Dec";
66              default -> throw new IllegalArgumentException("Unexpected value: " + MonthNumber);
67          };
68          return returnVal;
69      }
70  }
```

실행 결과

```
== Date Info ==
Tue Dec 24 16:06:38 KST 2019
```

```
== Date ==
Tue Dec 24 16:06:38 KST 2019

== Calendar ==
Tue Dec 24 16:06:38 KST 2019
```

10라인에서 Calendar 객체를 getInstance( ) 메서드를 통해서 생성합니다. 13라인에서 Date 객체의 내용을 출력한 후에 16라인에서는 Date 객체를 통해서 값을 하나하나 가져와서 Date 객체의 toString( ) 출력 결과를 동일하게 구현하였습니다.

그리고 27라인에서는 Calendar 객체를 통해서 Date 객체의 toString( )을 구현했습니다. Date 객체에서 제공하는 많은 메서드들이 Deprecate로 더 이상 권장하지는 않지만, 사용은 할 수 있습니다. 그래서 Calendar 객체로 변경할 것을 API에서 적시하고 있어서 같은 결과가 나오도록 구현해보았습니다.

13.2 DecimalFormat

Date 객체나 Calendar 객체를 통해서 원하는 정보들을 조합해서 내가 원하는 패턴들을 얼마든지 구현하는 데 문제는 없습니다. 하지만 각각의 메서드를 통해서 조합하는 것도 아주 번거로운데 간단한 패턴으로 번거로움이 해결된다면 계속해서 메서드를 통해서 조합하는 행위는 더 이상 하지 않을 겁니다. 그럼 그 패턴에 대해서 학습해보겠습니다.

DecimalFormat 클래스는 NumberFormat으로부터 상속받아서 구현된 클래스로 Locale로 여러 나라의 숫자에 대한 포맷도 지원하지만, 여기에서는 Locale은 다루지 않고 사용자가 원하는 패턴에 대한 부분만 다루겠습니다. DecimalFormat을 사용하여 사용자가 원하는 패턴을 숫자 형식으로 표현합니다. 아마 Microsoft 사의 Excel을 사용하여 숫자 자릿수나 단위를 포함하는 등의 수식을 설정해봤다면 쉽게 이해할 수 있을 겁니다.

DecimalFormat 숫자 형식 패턴 구문

기호	설명
0	자릿수-항상 표시(숫자의 자릿수가 작은 경우에도 0이 표시됨)
#	숫자, 선행 0이 생략되었습니다.
.	소수점 구분 기호 표시
,	표시 그룹 구분 기호(예: 천 개의 구분 기호)
E	지수 형식에 대한 mantissa와 지수의 분리를 표시합니다.
;	구분 형식
-	음수 접두어를 표시합니다.
%	100을 곱하고 숫자를 백분율로 표시합니다.
₩u2030	1,000씩 곱하고 밀리 미터 단위로 숫자를 표시합니다.
¤(₩u00A4)	숫자 접두사 또는 접미사에 사용할 문자를 표시합니다.
'	특수문자 주위에 숫자의 접두사 또는 접미사로 따옴표를 묶습니다.

위 표를 보고 참고하여 소스코드로 살펴보겠습니다. '#'을 활용한 숫자 패턴 출력입니다.

Sample03.java

```
01  package chap13;
02
03  import java.text.DecimalFormat;
04
05  public class Sample03 {
06      public static void main(String[] args) {
07          int myMoney = -5000;
08          System.out.println(myMoney);
09          DecimalFormat df = new DecimalFormat("#,###.##");
10          System.out.println(df.format(myMoney));
11      }
12  }
```

실행 결과

```
-5000
-5,000
```

09라인에서 DecimalFormat 객체를 'df'로 생성한 후 생성자의 인자로 패턴을 넣습니다. 천 단위 기준으로 콤마를 넣고 소수점 2자리까지 패턴을 넣었습니다. 대상 숫자는 int 자료형으로 '-5000'입니다. 단순하게 println( )으로 출력했더니 입력한 값이 그대로 출력되어, 이어서 자릿수 패턴을 넣어서 출력했는데 잘 나왔습니다.

출력할 숫자에 '#'으로 구분해서 패턴을 표시했는데 소수점 이하 2자리는 출력되질 않았습니다. '#'은 존재하는 숫자만 출력하고 없으면 출력하질 않습니다. 소수점 이하의 값이 없더라도 '0'으로 출력하고 싶다면 해당 위치에 '#'이 아닌 '0'으로 대신하면 간단하게 해결됩니다.

Sample04.java

```java
01  package chap13;
02
03  import java.text.DecimalFormat;
04
05  public class Sample04 {
06      public static void main(String[] args) {
07          float myMoney = -5000f;
08          System.out.println(myMoney);
09          DecimalFormat df = new DecimalFormat("##,###,###.00");
10          System.out.println(df.format(myMoney));
11      }
12  }
```

실행 결과

```
-5000.0
-5,000.00
```

소수점을 찍기 위해서 자료형을 float로 바꿨습니다. 08라인에서 println( ) 메서드로 출력했더니 오히려 소수점 첫째 자리까지는 '0'으로 출력되고 이후에 나오는 '0'은 생략했습니다. 하지만 09라인에 생성자의 인자에 소수점 이하 자리의 패턴을 '00'으로 했더니 값이 없더라도 '0'을 출력한 것을 확인할 수 있습니다.

다음은 지수 표시에 대해서 알아보겠습니다. '50000000'(오천만)이라는 숫자를 println( )으로 출력하면 '5.0E7'인 지수 형태로 출력됩니다. DecimalFormat을 활용하면 지수 형태가 아닌 일반 숫자 형태로 확인할 수 있으며 DecimalFormat의 패턴을 이용해서 지수 형태로 출력할 수도 있습니다.

Sample05.java

```
01  package chap13;
02
03  import java.text.DecimalFormat;
04
05  public class Sample05 {
06
07      public static void main(String[] args) {
08          double myMoney = 50000000;
09          System.out.println(myMoney);
10          DecimalFormat df1 = new DecimalFormat("##,###,##0");
11          DecimalFormat df2 = new DecimalFormat("0.0#E0");
12          System.out.println(df1.format(myMoney));
13          System.out.println(df2.format(myMoney));
14      }
15
16  }
```

실행 결과

```
5.0E7
50,000,000
5.0E7
```

실행 결과 첫 번째 줄은 '50000000'을 그대로 출력한 결과이고 두 번째 줄은 패턴을 이용해서 지수로 표시되지 않게 출력했습니다. 세 번째 줄은 지수를 출력하는 패턴으로 println( ) 메서드의 실행 결과와 똑같이 나오도록 패턴을 넣어서 출력했습니다.

다음으로는 주식 투자를 했는데 수익이 날 경우도 있고 반대로 손실이 날 수도 있습니다. 수익과 손실에 대한 2개의 값을 수익일 때는 앞에 '(수익)'이라고 붙이고 손실일 때는 앞에 '(손실)'이라고 붙여 보겠습니다.

';'을 활용한 숫자 패턴 출력입니다.

Sample06.java

```java
01  package chap13;
02
03  import java.text.DecimalFormat;
04
05  public class Sample06 {
06      public static void main(String[] args) {
07          double myMoney1 =   2000000;
08          double myMoney2 = -50000000;
09          DecimalFormat df = new DecimalFormat("(수익)##,###,##0;(손실)##,###,##0");
10          System.out.println(df.format(myMoney1));
11          System.out.println(df.format(myMoney2));
12      }
13  }
```

실행 결과

```
(수익)2,000,000
(손실)50,000,000
```

세미콜론(;)을 기준으로 양수는 왼쪽, 음수는 오른쪽에 패턴을 넣으면 됩니다. '%'를 활용한 숫자 패턴 출력입니다.

Sample07.java

```java
01  package chap13;
02
03  import java.text.DecimalFormat;
04
05  public class Sample07 {
06
07      public static void main(String[] args) {
08          double myMoney   = 5000000; //원금
09          double lossMoney = 3000000; //손실
10          double amount    = lossMoney/myMoney;
11
12          DecimalFormat df1 = new DecimalFormat("##,###,##0");
13          DecimalFormat df2 = new DecimalFormat("##0%");
14          System.out.println("원금   : " + df1.format(myMoney));
15          System.out.println("손실   : " + df1.format(lossMoney));
16          System.out.println("손실률 : " + df2.format(amount));
17      }
18
19  }
```

```
실행 결과
원금    : 5,000,000
손실    : 3,000,000
손실률  : 60%
```

13라인에 DecimalFormat("##0%")로 구현되어 있습니다. 앞 2자리는 값이 있을 때 찍히는 자리이고 1의 자리는 값이 없어도 0이 무조건 찍힙니다. 마지막에 '%'는 100을 곱한 뒤에 '%'를 붙여서 출력하게 됩니다. 09라인의 amount는 0.6이 나오는데 '%' 패턴으로 100을 곱하게 되어서 출력 결과는 '60%'로 출력되었습니다.

13.3 CompactNumberFormat

Java 12에서 새로 제공하는 Java API 중에 추상 클래스 NumberFormat을 확장하여 CompactNumberFormat 클래스가 제공되었습니다. 숫자를 모두 표시하지 않고 반올림하거나 소수점을 이용해서 짧은 숫자 형태로 보여줍니다.

예를 들어, '10,000'이라는 숫자는 '1만'이라고 표현됩니다. 유튜브 조회수나 구독자 수를 표현하는데 모든 자릿수를 표현하는 게 아니라 간단하게 줄여서 표현할 경우 편리합니다. 우선 다음 예제로 CompactNumberFormat을 살펴보겠습니다.

Sample08.java
```
01  package chap13;
02
03  import java.text.CompactNumberFormat;
04  import java.text.NumberFormat;
05
06  public class Sample08 {
07
08      public static void main(String[] args) {
09          int users = 14638;
10          int views = 1500;
11          NumberFormat nf = CompactNumberFormat.getCompactNumberInstance();
12          System.out.printf("Youtube 구독자 %s\n", nf.format(users));
13          System.out.printf("Java 영상 조회수 %s\n", nf.format(views));
```

```
14      }
15
16  }
```

> **실행 결과**
>
> Youtube 구독자 1만
>
> Java 영상 조회수 2천

11라인에서 매개변수 없이 getCompactNumberInstance( ) 메서드를 호출하게 되면 default Locale과 SHORT 스타일이 적용됩니다. 다음은 CompactNumberFormat 클래스의 getCompactNumberInstance( ) 메서드 API입니다.

CompactNumberFormat 클래스의 getCompactNumberInstance( ) 메서드 API

반환자료형	메서드	설명
static NumberFormat	getCompactNumberInstance( )	기본 Locale과 SHORT 스타일의 압축 번호 형식을 반환합니다.
static NumberFormat	getCompactNumberInstance(**Locale** locale, **NumberFormat.Style** formatStyle)	지정된 Locale 및 형식 스타일의 콤팩트 번호 형식을 반환합니다.

Locale의 경우 JVM에 적용된 기본 설정값이 적용됩니다. 만약에 Locale 정보를 바꾸고자 한다면 생성자나 상수 정보를 이용해서 바꿀 수 있습니다. Locale 생성자 API를 통해서 언어를 바꿀 수 있습니다.

Locale 생성자 API

생성자	설명
Locale(**String** language)	언어 코드를 사용하여 Locale을 구성합니다.
Locale(**String** language, **String** country)	언어 코드와 국가코드를 사용하여 Locale을 구성합니다.
Locale(**String** language, **String** country, **String** variant)	언어, 국가, 변형 코드를 사용하여 Locale을 구성합니다.

Locale의 생성자에 첫 번째 인자로는 언어가 들어가게 되는데 한글은 "ko"이고 영어는 "en"입니다. 다음으로는 국가가 들어가게 되는데 대한민국은 "KR"이고 미국은 "US"입니다. 다음에 들어가는 인자 variant는 Locale을 식별할 때 변형을 주기 위해서 사용하는데, 표준 이외의 경우에 사용합니다. 예를 들면, 특정 사용자마다 다르게 처리하고 싶을 때 추가 정보 용도로 사용할 수 있습니다.

Locale 필드 API를 활용하면 쉽게 Locale을 설정할 수 있습니다.

Locale 필드 API

반환자료형	필드
static Locale	CANADA
static Locale	CANADA_FRENCH
static Locale	CHINA
static Locale	CHINESE
static Locale	ENGLISH
static Locale	FRANCE
static Locale	FRENCH
static Locale	GERMAN
static Locale	GERMANY
static Locale	ITALIAN
static Locale	ITALY
static Locale	JAPAN

반환자료형	필드
static Locale	JAPANESE
static Locale	KOREA
static Locale	KOREAN
static Locale	PRC
static Locale	PRIVATE_USE_EXTENSION
static Locale	ROOT
static Locale	SIMPLIFIED_CHINESE
static Locale	TAIWAN
static Locale	TRADITIONAL_CHINESE
static Locale	UK
static Locale	UNICODE_LOCALE_EXTENSION
static Locale	US

Locale 생성자와 Locale 필드를 활용하여 작성된 코드를 보고 Locale과 CompactNumber Format에 대해서 알 수 있습니다.

Sample09.java

```
01  package chap13;
02
03  import java.text.CompactNumberFormat;
04  import java.text.NumberFormat;
```

```java
05  import java.util.Locale;
06
07  public class Sample09 {
08      public static void main(String[] args) {
09          int users = 14638;
10          int views = 1500;
11          System.out.println("\n== Language : ko, Country : KR");
12          Locale lo = new Locale("ko", "KR"); // Language : ko, Country : KR
13          NumberFormat nf = CompactNumberFormat.getCompactNumberInstance(lo, NumberFormat.Style.SHORT);
14          System.out.printf("Youtube 구독자 %s\n", nf.format(users));
15          System.out.printf("Java 영상 조회수 %s\n", nf.format(views));
16
17          System.out.println("\n== Locale.KOREA");
18          lo = Locale.KOREA; // Language : ko, Country : KR
19          nf = CompactNumberFormat.getCompactNumberInstance(lo, NumberFormat.Style.SHORT);
20          System.out.printf("Youtube 구독자 %s\n", nf.format(users));
21          System.out.printf("Java 영상 조회수 %s\n", nf.format(views));
22
23          System.out.println("\n== Language : en, Country : US");
24          lo = new Locale("en", "US"); // Language : ko, Country : KR
25          nf = CompactNumberFormat.getCompactNumberInstance(lo, NumberFormat.Style.SHORT);
26          System.out.printf("Youtube 구독자 %s\n", nf.format(users));
27          System.out.printf("Java 영상 조회수 %s\n", nf.format(views));
28
29          System.out.println("\n== Locale.US");
30          lo = Locale.US; // Language : en, Country : US
31          nf = CompactNumberFormat.getCompactNumberInstance(lo, NumberFormat.Style.SHORT);
32          System.out.printf("Youtube 구독자 %s\n", nf.format(users));
33          System.out.printf("Java 영상 조회수 %s\n", nf.format(views));
34      }
35  }
```

실행 결과

== Language : ko, Country : KR
Youtube 구독자 1만
Java 영상 조회수 2천

== Locale.KOREA
Youtube 구독자 1만
Java 영상 조회수 2천

== Language : en, Country : US

```
Youtube 구독자 15K
Java 영상 조회수 2K

== Locale.US
Youtube 구독자 15K
Java 영상 조회수 2K
```

언어와 국가 코드로 Locale을 생성자로 생성하는 방법과 똑같은 방법으로 Locale을 상수 정보를 통해서 언어와 국가 코드를 쉽게 넣는 2가지 방법으로 구현하여 테스트했습니다. 여기에서는 예로 언어와 국가 정보를 넣어서 처리했지만, 단순히 언어만 다룬다면 굳이 국가 코드까지 넣을 필요는 없습니다. 국가를 구분하여 처리할 때 국가 정보를 활용하면 좋습니다.

생성자를 통해서 Locale 객체를 생성하는 방법과 상수 정보를 통해서 생성하는 방법 이외에도 8장에서 배운 Builder 패턴을 활용하는 방법이 있어서 소개합니다.

Sample10.java

```java
01  package chap13;
02
03  import java.util.Locale;
04
05  public class Sample10 {
06      public static void main(String[] args) {
07          System.out.println("\n== Language : ko, Country : KR, Variant : WIN");
08          Locale lo = new Locale("ko", "KR", "WIN");
09          System.out.println(lo);
10
11          System.out.println("\n== Using Builder1");
12          Locale loBuilder1 = new Locale.Builder()
13                  .setLocale(new Locale("ko", "KR")) // new Locale("ko", "KR", "WIN") --Error
14                  .setLanguage("en")
15                  .build();
16          System.out.println(loBuilder1);
17
18          System.out.println("\n== Using Builder2");
19          Locale loBuilder2 = new Locale.Builder()
20                  .setLanguage("en")
21                  .setRegion("KR")
22                  .build();
23          System.out.println(loBuilder2);
24      }
25  }
```

> **실행 결과**
>
> ```
> == Language : ko, Country : KR, Variant : WIN
> ko_KR_WIN
>
> == Using Builder1
> en_KR
>
> == Using Builder2
> en_KR
> ```

08라인에서 Locale 객체를 생성할 때 Language, Country, Variant를 모두 넣어서 객체를 출력할 경우 밑줄을 구분으로 순서대로 정보가 있으면 2장에서 배웠던 스네이크 표기법으로 출력됩니다. 12라인에서는 Builder 패턴을 이용해서 Locale 정보를 보내고 Language 정보를 변경하여 설정했습니다.

다만 13라인에서처럼 Variant 정보를 넣게 되면 표준에서 변형된 것으로 보고 오류가 발생합니다. 19라인은 Builder 패턴을 이용해서 Language 정보와 Country 정보를 하나하나 넣어서 구현했습니다. 여기에서 Country는 setRegion( ) 메서드로 값을 넣어야 한다는 것에 주의해야 합니다.

13.4 SimpleDateFormat

JDK 1.1에서 제공하기 시작한 SimpleDateFormat을 이용하면 Date 객체의 날짜와 시간에 대한 포맷 패턴을 쉽게 선택하여 출력하게 해주는 편리한 클래스입니다. 먼저 날짜와 시간에 대한 패턴을 살펴보겠습니다.

날짜와 시간 패턴

문자	설명	타입	예
G	Era designator	Text	AD
y	Year	Year	1996; 96
Y	Week year	Year	2009; 09
M	Month in year (context sensitive)	Month	July; Jul; 07
L	Month in year (standalone form)	Month	July; Jul; 07
w	Week in year	Number	27
W	Week in month	Number	2
D	Day in year	Number	189
d	Day in month	Number	10
F	Day of week in month	Number	2
E	Day name in week	Text	Tuesday; Tue
u	Day number of week (1 = Monday, …, 7 = Sunday)	Number	1
a	Am/pm marker	Text	PM
H	Hour in day (0-23)	Number	0
k	Hour in day (1-24)	Number	24
K	Hour in am/pm (0-11)	Number	0
h	Hour in am/pm (1-12)	Number	12
m	Minute in hour	Number	30
s	Second in minute	Number	55
S	Millisecond	Number	978
z	Time zone	General time zone	Pacific Standard Time; PST; GMT-08:00
Z	Time zone	RFC 822 time zone	-800
X	Time zone	ISO 8601 time zone	-08; -0800; -08:00

Java뿐만 아니라 다른 언어나 DB에서도 약간의 차이만 있을 뿐 비슷한 문자로 구성된 패턴이어서 익혀두면 유용하게 쓰일 수 있습니다.

Sample11.java

```java
01  package chap13;
02
03  import java.text.SimpleDateFormat;
04  import java.util.Date;
05  import java.util.Locale;
06
07  public class Sample11 {
08
09      public static void main(String[] args) {
10          Date today = new Date();
11          System.out.printf("오늘은 %s입니다.\n", today);
12
13          SimpleDateFormat format1 = new SimpleDateFormat("YYYY년 MM월 dd일 E HH시 mm분 ss초");
14          SimpleDateFormat format2 = new SimpleDateFormat("YYYY년 MM월 dd일 EEEE a hh시 mm분 ss초");
15          SimpleDateFormat format3 = new SimpleDateFormat("EEEE dd MMMMM yyyy HH:mm:ss", new Locale("en", "US"));
16          SimpleDateFormat format4 = new SimpleDateFormat("E dd MMMMM yyyy HH:mm:ss", Locale.ENGLISH);
17
18          System.out.println(format1.format(today));
19          System.out.println(format2.format(today));
20
21          System.out.println("\nLocale 정보를 활용");
22          System.out.println(format3.format(today) + " - new Locale(\"en\", \"US\")");
23          System.out.println(format4.format(today) + " - Locale.ENGLISH");
24      }
25
26  }
```

실행 결과

```
오늘은 Thu Jan 02 15:35:11 KST 2020입니다.
2020년 01월 02일 목 15시 35분 11초
2020년 01월 02일 목요일 오후 03시 35분 11초

Locale 정보를 활용
Thursday 02 January 2020 15:35:11 - new Locale("en", "US")
Thu 02 January 2020 15:35:11 - Locale.ENGLISH
```

13라인에서 주의 깊게 살펴볼 패턴은 'E'입니다. 요일을 나타내는데 16라인과 함께 'E'만 넣으면 한글은 '목'으로 출력되고 영어는 'Thu'라고 출력됩니다. 13라인과 14라인처럼 'E'를 5번 연속 입

력하게 되면 한글은 '목요일', 영어는 'Thursday'로 출력된 것을 확인할 수 있습니다. 나머지는 날짜와 시간 패턴 표를 보고 패턴을 넣으면 원하는 출력 결과를 간단하게 얻을 수 있습니다.

13.5 LocalDate

JDK 1.8에서 새롭게 소개된 LocalDate는 날짜 정보만이 자유롭게 연산할 수 있어 원하는 날짜 정보를 다룰 수 있습니다. LocalDate의 주요 API를 살펴보겠습니다.

LocalDate 객체의 주요 메서드 API

반환자료형	메서드	설명
static LocalDate	now( )	시스템 시계에서 현재 날짜를 반환합니다.
static LocalDate	parse(CharSequence text)	문자열을 LocalDate로 변환합니다.
boolean	isLeapYear( )	윤년인지 확인합니다.
int	getDayOfMonth( )	월, 일 값을 반환합니다.
DayOfWeek	getDayOfWeek( )	요일 필드를 반환합니다.
int	getDayOfYear( )	1월 1일부터 현재일이 며칠째인지를 반환합니다.
long	getLong(TemporalField field)	지정된 날짜의 필드의 값을 반환합니다.
Month	getMonth( )	월 정보를 객체로 반환합니다.
int	getMonthValue( )	월을 1-12로 가져옵니다.
int	getYear( )	연도를 반환합니다.
LocalDate	minusDays(long daysToSubtract)	지정된 일 수를 뺀 날짜를 반환합니다.
LocalDate	minusMonths(long monthsToSubtract)	지정된 월 수를 뺀 날짜를 반환합니다.
LocalDate	minusWeeks(long weeksToSubtract)	지정된 수의 주를 뺀 날짜를 반환합니다.
LocalDate	minusYears(long yearsToSubtract)	지정된 년 수를 뺀 날짜를 반환합니다.
LocalDate	plusDays(long daysToAdd)	지정된 일 수를 더한 날짜를 반환합니다.
LocalDate	plusMonths(long monthsToAdd)	지정된 월 수를 더한 날짜를 반환합니다.
LocalDate	plusWeeks(long weeksToAdd)	지정된 수의 주를 더한 날짜를 반환합니다.
LocalDate	plusYears(long yearsToAdd)	지정된 년 수를 더한 날짜를 반환합니다.

이전 날짜부터 미래의 날짜까지 쉽게 연산하여 구할 수 있습니다. 다음 예제로 LocalDate 객체의 주요 메서드를 이용하여 학습하겠습니다.

Sample12.java

```java
package chap13;

import java.time.LocalDate;

public class Sample12 {

    public static void main(String[] args) {
        LocalDate date1 = LocalDate.now();   //현재 일자를 반환합니다.
        System.out.println(date1);

        LocalDate date2 = LocalDate.parse("1945-08-15");
        System.out.println(date2);

        System.out.printf("2020년은 %s입니다.\n",(date1.isLeapYear() ? "윤년" : "평년"));
        System.out.printf("1945년은 %s입니다.\n",(date2.isLeapYear() ? "윤년" : "평년"));
        System.out.printf("%s 에서 오늘은 %d일 입니다.\n", date1, date1.getDayOfMonth());
        System.out.printf("%s 에서 오늘은 %s 입니다.\n", date1, date1.getDayOfWeek());
        System.out.printf("%s 에서 오늘은 %s 입니다.\n", date1, date1.getMonth());
        System.out.printf("%s 에서 오늘은 %s월 입니다.\n", date1, date1.getMonthValue());
        System.out.printf("%s 에서 오늘은 %s년 입니다.\n", date1, date1.getYear());
        System.out.printf("%s은 1945-01-01로 부터 총 %d일이 지났습니다.\n\n", date2, date2.getDayOfYear());

        System.out.printf("1년 전의 날짜는 %s\n", date1.minusYears(1).getYear());
        System.out.printf("6개월 전 날짜는 %s\n", date1.minusMonths(6));
        System.out.printf("3일 전 날짜는 %s\n", date1.minusDays(3));
        System.out.printf("3주 전의 날짜는 %s\n\n", date1.minusWeeks(3));

        System.out.printf("1년 후의 날짜는 %s\n", date1.plusYears(1));
        System.out.printf("6개월 후의 날짜는 %s\n", date1.plusMonths(6));
        System.out.printf("3일 후의 날짜는 %s\n", date1.plusDays(3));
        System.out.printf("3주 후의 날짜는 %s \n", date1.minusWeeks(3));
    }
}
```

> **실행 결과**
>
> 2020-01-04
> 1945-08-15
> 2020년은 윤년입니다.
> 1945년은 평년입니다.
> 2020-01-04 에서 오늘은 4일 입니다.
> 2020-01-04 에서 오늘은 SATURDAY 입니다.
> 2020-01-04 에서 오늘은 JANUARY 입니다.
> 2020-01-04 에서 오늘은 1월 입니다.
> 2020-01-04 에서 오늘은 2020년 입니다.
> 1945-08-15은 1945-01-01로 부터 총 227일이 지났습니다.
>
> 1년 전의 날짜는 2019
> 6개월 전 날짜는 2019-07-04
> 3일 전 날짜는 2020-01-01
> 3주 전의 날짜는 2019-12-14
>
> 1년 후의 날짜는 2021-01-04
> 6개월 후의 날짜는 2020-07-04
> 3일 후의 날짜는 2020-01-07
> 3주 후의 날짜는 2019-12-14

메서드명이 직관적이라서 따로 설명이 필요 없을 만큼 사용하기 편리한 API로 만들어져 있습니다. 꼭 직접 구현해보고 기능들을 학습하세요.

13.6 LocalTime

LocalDate와 동일하게 JDK 1.8에서부터 제공하는 API이며 LocalDate가 날짜 연산에 특화되어 있다면 LocalTime은 시간 연산에 특화되어 있습니다. LocalTime에서 제공하는 많은 메서드 중에 주요 메서드를 살펴보겠습니다.

LocalTime 객체의 주요 메서드 API

반환자료형	메서드	설명
static LocalTime	now()	기본 시간대의 시스템 시계에서 현재 시간을 가져옵니다.
static LocalTime	now(ZoneId zone)	지정된 시간대의 시스템 시계에서 현재 시간을 가져옵니다.
static LocalTime	of(int hour, int minute, int second)	시, 분, 초를 매개변수로 시간을 입력합니다.
LocalTime	minusHours(long hoursToSubtract)	LocalTime지정된 시간을 뺀 시간을 반환합니다.
LocalTime	minusMinutes(long minutesToSubtract)	LocalTime지정된 시간(분)을 뺀 시간을 반환합니다.
LocalTime	minusSeconds(long secondsToSubtract)	LocalTime지정된 시간(초)을 뺀 시간을 반환합니다.
LocalTime	plusHours(long hoursToAdd)	LocalTime지정된 시간을 더한 시간을 반환합니다.
LocalTime	plusMinutes(long minutesToAdd)	LocalTime지정된 시간(분)을 더한 시간을 반환합니다.
LocalTime	plusSeconds(long secondstoAdd)	LocalTime지정된 시간(초)을 더한 시간을 반환합니다.
int	getHour()	시간(시간) 정보를 반환합니다.
int	getMinute()	시간(분) 정보를 반환합니다.
int	getSecond()	시간(초) 정보를 반환합니다.
int	getNano()	시간(나노 초) 정보를 반환합니다.

LocalTime에서 제공하는 주요 메서드를 활용한 코드를 살펴보겠습니다.

Sample13.java

```
01  package chap13;
02
03  import java.time.LocalTime;
04  import java.time.ZoneId;
05
06  public class Sample13 {
07
```

```java
08    public static void main(String[] args) {
09        LocalTime time1 = LocalTime.now();
10        System.out.println(time1);
11
12        System.out.printf("현재 시간은 %s\n",time1.getHour());
13        System.out.printf("현재 분은 %s\n",time1.getMinute());
14        System.out.printf("현재 초는 %s\n",time1.getSecond());
15
16        LocalTime time2 = LocalTime.of(13,59,10);
17        System.out.println(time2);
18
19        LocalTime time3 = LocalTime.now(ZoneId.of("Asia/Colombo"));
   //쓰리랑카의 콜롬보
20        System.out.println(time3 + " - Asia/Colombo \n ");
21
22        System.out.printf("1시간 전 [%s]\n",time2.minusHours(1));
23        System.out.printf("12분 전 [%s]\n",time2.minusMinutes(12));
24        System.out.printf("130초 전 [%s]\n\n",time2.minusSeconds(130)); //
   00초는 생략이 됩니다.
25
26        System.out.printf("1시간 후 [%s]\n",time2.plusHours(1));
27        System.out.printf("12분 후 [%s]\n",time2.plusMinutes(12));
28        System.out.printf("110초 후 [%s]\n",time2.plusSeconds(110)); //
   00초는 생략이 됩니다.
29    }
30
31 }
```

실행 결과

```
17:15:01.605514400
현재 시간은 17
현재 분은 15
현재 초는 1
13:59:10
13:45:01.624515100 - Asia/Colombo

1시간 전 [12:59:10]
12분 전 [13:47:10]
130초 전 [13:57]

1시간 후 [14:59:10]
12분 후 [14:11:10]
110초 후 [14:01]
```

SimpleDateFormat에서 Locale 객체를 이용해서 다른 나라와 언어를 선택했다면 LocalDate 나 LocalTime에서는 ZoneId를 이용해서 지리적 기준으로 날짜와 시간 정보를 얻어올 수 있습니다.

19라인에서 아시아의 스리랑카에 있는 콜롬보라는 도시의 지역 정보를 활용하여 그 나라의 시간을 출력합니다. 동일하게 LocalDate에서도 사용할 수 있습니다. 나머지 메서드는 메서드 명을 통해서 어떤 기능을 하는지 직관적으로 알 수 있습니다.

ZoneId를 이용한 지리적 기준은 다음 코드를 통해서 확인할 수 있습니다.

Sample14.java

```
01  package chap13;
02
03  import java.time.ZoneId;
04
05  public class Sample14 {
06
07      public static void main(String[] args) {
08          ZoneId.getAvailableZoneIds()
09              .stream()
10              .forEach(System.out::println);
11      }
12
13  }
```

실행 결과

```
Asia/Aden
America/Cuiaba
Etc/GMT+9
Etc/GMT+8
Africa/Nairobi
America/Marigot
...(생략)
```

16장에서 배울 Lambda 식과 메서드 참조, 17장에서 배울 스트림을 활용한 코드입니다. 참고로 내용 확인 용도로만 조회해 보세요.

13.7 LocalDateTime

날짜와 시간을 동시에 사용하고자 할 때 유용하게 사용할 수 있는 LocalDateTime 객체는 앞서 배운 LocalDate 클래스와 LocalTime 클래스를 학습했다면 둘을 섞어놓았다고 생각하면 됩니다. 역시 JDK 1.8에서부터 제공하고 있는 API입니다. LocalDateTime에서 제공하는 주요 메서드 API를 살펴보겠습니다.

LocalDateTime의 주요 메서드 API

반환자료형	메서드	설명
ZonedDateTime	atZone(ZoneId zone)	날짜 시간을 시간 범위와 결합하여 생성합니다.
int	getDayOfMonth()	월, 일 값을 반환합니다.
DayOfWeek	getDayOfWeek()	요일 필드를 반환합니다.
int	getDayOfYear()	1월 1일부터 현재일이 며칠째인지를 반환합니다.
int	getHour()	시간 필드를 가져옵니다.
int	getMinute()	시간(분) 필드를 가져옵니다.
Month	getMonth()	날짜(월명) 필드를 가져옵니다.
int	getMonthValue()	일년 중 월 필드를 1-12로 가져옵니다.
int	getSecond()	시간(초) 필드를 가져옵니다.
int	getYear()	날짜(연도) 필드를 가져옵니다.
LocalDateTime	minusDays(long days)	지정된 일 수를 뺀 LocalDateTime을 반환합니다.
LocalDateTime	minusHours(long hours)	지정된 시간을 뺀 LocalDateTime을 반환합니다.
LocalDateTime	minusMinutes(long minutes)	지정된 시간(분)을 뺀 LocalDateTime을 반환합니다.
LocalDateTime	minusMonths(long months)	지정된 월 수를 뺀 날짜를 반환합니다.
LocalDateTime	minusSeconds(long seconds)	지정된 시간(초)을 뺀 LocalDateTime을 반환합니다.
LocalDateTime	minusWeeks(long weeks)	지정된 수의 주를 뺀 날짜를 반환합니다.
LocalDateTime	minusYears(long years)	지정된 년 수를 뺀 날짜를 반환합니다.
static LocalDateTime	now()	기본 시간대의 시스템 시계에서 현재 날짜 시간을 가져옵니다.
static LocalDateTime	now(ZoneId zone)	지정된 시간대의 시스템 시계에서 현재 날짜 시간을 가져옵니다.

반환자료형	메서드	설명
static LocalDateTime	of(…)	년,월,일,시,분,초,나노초 순으로 매개변수로 DateTime 설정
static LocalDateTime	parse(CharSequence text)	Text로 LocalDateTime을 설정합니다. (예: 2007-12-03T10:15:30)
LocalDate	toLocalDate( )	LocalDate를 반환합니다.
LocalTime	toLocalTime( )	LocalTime을 반환합니다.
LocalDateTime	plusDays(long days)	지정된 일 수를 더한 LocalDateTime을 반환합니다.
LocalDateTime	plusHours(long hours)	지정된 시간을 더한 LocalDateTime을 반환합니다.
LocalDateTime	plusMinutes(long minutes)	지정된 시간(분)을 더한 LocalDateTime을 반환합니다.
LocalDateTime	plusMonths(long months)	지정된 월 수를 더한 LocalDateTime을 반환합니다.
LocalDateTime	plusSeconds(long seconds)	지정된 시간(초)을 더한 LocalDateTime을 반환합니다.
LocalDateTime	plusWeeks(long weeks)	지정된 수의 주를 더한 LocalDateTime을 반환합니다.
LocalDateTime	plusYears(long years)	지정된 년 수를 더한 LocalDateTime을 반환합니다.

LocalDateTime 객체의 메서드는 LocalDate와 LocalTime의 메서드가 합쳐진 형태입니다. 이들 중에 일부 메서드를 활용하여 예제로 확인해보겠습니다.

Sample15.java

```java
01  package chap13;
02
03  import java.time.LocalDateTime;
04  import java.time.ZoneId;
05
06  public class Sample15 {
07      public static void main(String[] args) {
08          printInfo(ZoneId.systemDefault());
09          printInfo(ZoneId.of("America/Los_Angeles"));
10      }
11
12      public static void printInfo(ZoneId zone) {
13          System.out.println("\nZone Info : " + zone);
14          LocalDateTime ldt = LocalDateTime.now(zone);
```

```
15        System.out.printf("현재 일시 : %s\n",ldt);
16        System.out.printf("현재 일자 : %s\n",ldt.toLocalDate());
17        System.out.printf("현재 시간 : %s\n",ldt.toLocalTime());
18        System.out.printf("10년 뒤 : %s\n", ldt.plusYears(10));
19    }
20 }
```

실행 결과

```
Zone Info : Asia/Seoul
현재 일시 : 2020-01-05T16:42:38.197008200
현재 일자 : 2020-01-05
현재 시간 : 16:42:38.197008200
10년 뒤 : 2030-01-05T16:42:38.197008200

Zone Info : America/Los_Angeles
현재 일시 : 2020-01-04T23:42:38.219007300
현재 일자 : 2020-01-04
현재 시간 : 23:42:38.219007300
10년 뒤 : 2030-01-04T23:42:38.219007300
```

ZoneId를 통해서 현재 일시와 일자, 시간을 출력해봤습니다. 날짜만 사용할지 시간만 사용할지 모두를 사용할지 여부를 결정하여 LocalDate, LocalTime, LocalDateTime를 사용하면 편리하게 사용할 수 있습니다.

13.8 ZonedDateTime

JDK 1.8에서 제공하고 있는 ZonedDateTime 클래스는 LocalDateTime 클래스에 UTC(세계 협정시 또는 협정 세계시 - Coordinated Universal Time) 기준으로 각 나라의 도시에서 사용하는 표준 시간이 얼마나 차이 나는지까지 표시하는 정보도 포함하고 있습니다.

예를 들어 대한민국은 '2020-01-06T15:03:59.370092500+09:00[Asia/Seoul]'로 표시되며 뒤에 '+09:00' 부분은 UTC 기준으로 9시간이 더 빠르고 도시는 '[Asia/Seoul]'로 아시아에 있

는 서울입니다. 이는 앞서 ZoneId 클래스로 지역을 정의해봄으로써 학습했습니다. 다음은 ZonedDateTime을 활용한 예제 코드입니다.

Sample16.java

```java
package chap13;

import java.time.LocalDateTime;
import java.time.Year;
import java.time.ZoneId;
import java.time.ZoneOffset;
import java.time.ZonedDateTime;
import java.time.format.DateTimeFormatter;

public class Sample16 {

    public static void main(String[] args) {
        // 시스템 기본 시간
        LocalDateTime ldt1 = LocalDateTime.now();
        System.out.println("*. 시스템 기본 시간                : " + ldt1);

        ZoneId seoulZone   = ZoneId.of("Asia/Seoul");
        ZoneId bangkokZone = ZoneId.of("Asia/Bangkok");
        ZoneId sydneyZone  = ZoneId.of("Australia/Sydney");

        LocalDateTime ldt2 = LocalDateTime.now(seoulZone);
        System.out.println("\n1. LocalDateTime 서울 : " + ldt2);
        LocalDateTime ldt3 = LocalDateTime.now(bangkokZone);
        System.out.println("2. LocalDateTime 방콕 : " + ldt3);
        LocalDateTime ldt4 = LocalDateTime.now(sydneyZone);
        System.out.println("3. LocalDateTime 시드니 : " + ldt4);

        ZonedDateTime zdt1 = ZonedDateTime.now(seoulZone);
        System.out.println("\n1. ZonedDateTime 서울   : " + zdt1);
        ZonedDateTime zdt2 = ZonedDateTime.now(bangkokZone);
        System.out.println("2. ZonedDateTime 방콕   : " + zdt2);
        ZonedDateTime zdt3 = ZonedDateTime.now(sydneyZone);
        System.out.println("3. ZonedDateTime 시드니 : " + zdt3);

        ZonedDateTime nationalLiberationDay = Year.of(1945)
                                    .atMonth(8)
                                    .atDay(15)
                                    .atTime(10, 30)
                                    .atZone(ZoneId.of("Asia/Seoul"));
        System.out.printf("\nnationalLiberationDay : %s\n", nationalLiberationDay);

        ZonedDateTime zdt4 = zdt1.plusHours(10).withZoneSameInstant(sydneyZone);
```

```
43            System.out.println("\n서울 출발 : " + zdt1 + "\n10시간 후 호주에 도착 : 
   " + zdt4);
44         }
45
46  }
```

실행 결과

```
*. 시스템 기본 시간              : 2020-01-06T16:53:35.754128800

1. LocalDateTime 서울 : 2020-01-06T16:53:35.756126500
2. LocalDateTime 방콕 : 2020-01-06T14:53:35.756126500
3. LocalDateTime 시드니 : 2020-01-06T18:53:35.756126500

1. ZonedDateTime 서울    : 2020-01-06T16:53:35.758128400+09:00[Asia/Seoul]
2. ZonedDateTime 방콕    : 2020-01-06T14:53:35.758128400+07:00[Asia/Bangkok]
3. ZonedDateTime 시드니  : 2020-01-06T18:53:35.758128400+11:00[Australia/Sydney]

nationalLiberationDay : 1945-08-15T10:30+09:00[Asia/Seoul]

서울 출발 : 2020-01-06T16:58:16.946908500+09:00[Asia/Seoul]
10시간 후 호주에 도착 : 2020-01-07T04:58:16.946908500+11:00[Australia/Sydney]
```

17, 18, 19라인에 서울, 방콕, 시드니 ZoneId를 변수로 지정하여 세 지역의 시간을 비교합니다. 21라인부터는 LocalDateTime를 이용한 ZoneId에 대한 정보를 출력합니다. 출력된 정보는 지역 정보는 포함되어 있지 않습니다.

28라인부터는 ZoneId를 통해서 ZonedDateTime 객체를 생성한 후 출력해보면 도시별 현재 시간이 찍혀있으며 UTC 기준으로 얼마나 차이 나는지까지 표시되며 도시 정보도 출력됩니다. 35라인은 날짜를 Builder 형태로 년, 월, 일 등을 입력하여 출력하는 코드입니다. 42라인은 서울에서 출발하여 10시간 뒤에 시드니에 도착했을 때 현재 시간에 10시간을 더한 시간을 시드니 시간으로 변환하여 출력합니다.

13.9 DateTimeFormatter

DateTimeFormatter 클래스는 JDK 1.1에서 제공하기 시작한 SimpleDateFormat 클래스보다는 최신 버전인 JDK 1.8에서 제공하기 시작한 날짜와 시간을 패턴화해서 정보를 출력하는 부분은 SimpleDateFormat과 상당히 비슷합니다. LocalDate, LocalTime, LocalDateTime를 사용하는데 원하는 형식으로 출력하기가 불편했습니다. DateTimeFormatter를 활용하면 출력 패턴을 원하는 대로 정해서 손쉽게 출력하는 데 도움을 줍니다.

DateTimeFormatter의 패턴 문자

문자	의미	타입	예
G	era	text	AD; Anno Domini; A
u	year	year	2004; 04
y	year-of-era	year	2004; 04
D	day-of-year	number	189
M/L	month-of-year	number/text	7; 07; Jul; July; J
d	day-of-month	number	10
g	modified-julian-day	number	2451334
Q/q	quarter-of-year	number/text	3; 03; Q3; 3rd quarter
Y	week-based-year	year	1996; 96
w	week-of-week-based-year	number	27
W	week-of-month	number	4
E	day-of-week	text	Tue; Tuesday; T
e/c	localized day-of-week	number/text	2; 02; Tue; Tuesday; T
F	day-of-week-in-month	number	3
a	am-pm-of-day	text	PM
h	clock-hour-of-am-pm (1-12)	number	12
K	hour-of-am-pm (0-11)	number	0
k	clock-hour-of-day (1-24)	number	24
H	hour-of-day (0-23)	number	0
m	minute-of-hour	number	30

문자	의미	타입	예
s	second-of-minute	number	55
S	fraction-of-second	fraction	978
A	milli-of-day	number	1234
n	nano-of-second	number	987654321
N	nano-of-day	number	1234000000
V	time-zone ID	zone-id	America/Los_Angeles; Z; -08:30
v	generic time-zone name	zone-name	Pacific Time; PT
z	time-zone name	zone-name	Pacific Standard Time; PST
O	localized zone-offset	offset-O	GMT+8; GMT+08:00; UTC-08:00
X	zone-offset 'Z' for zero	offset-X	Z; -08; -0830; -08:30; -083015; -08:30:15
x	zone-offset	offset-x	+0000; -08; -0830; -08:30; -083015; -08:30:15
Z	zone-offset	offset-Z	+0000; -0800; -08:00
p	pad next	pad modifier	1
'	escape for text	delimiter	
''	single quote	literal	'
[	optional section start		
]	optional section end		
#	reserved for future use		
{	reserved for future use		
}	reserved for future use		

DateTimeFormatter에서는 표준 날짜 형식에 대해서 미리 필드 API를 통해서 상숫값으로 형식을 정의해 놓았습니다. DateTimeFormatter 클래스에서 제공하는 필드 API를 살펴보겠습니다.

DateTimeFormatter 필드

필드	출력 예
BASIC_ISO_DATE	'20111203'
ISO_DATE	'2011-12-03' or '2011-12-03+01:00'.
ISO_DATE_TIME	'2011-12-03T10:15:30', '2011-12-03T10:15:30+01:00' or '2011-12-03T10:15:30+01:00[Europe/Paris]'.
ISO_INSTANT	'2011-12-03T10:15:30Z'.
ISO_LOCAL_DATE	'2011-12-03'.
ISO_LOCAL_DATE_TIME	'2011-12-03T10:15:30'.
ISO_LOCAL_TIME	'10:15' or '10:15:30'.
ISO_OFFSET_DATE	'2011-12-03+01:00'.
ISO_OFFSET_DATE_TIME	'2011-12-03T10:15:30+01:00'.
ISO_OFFSET_TIME	'10:15+01:00' or '10:15:30+01:00'.
ISO_ORDINAL_DATE	'2012-337'.
ISO_TIME	'10:15', '10:15:30' or '10:15:30+01:00'.
ISO_WEEK_DATE	'2012-W48-6'.
ISO_ZONED_DATE_TIME	'2011-12-03T10:15:30+01:00[Europe/Paris]'.
RFC_1123_DATE_TIME	'Tue, 3 Jun 2008 11:05:30 GMT'.

DateTimeFormatter의 필드를 활용한 예제를 살펴보겠습니다.

Sample17.java

```
01  package chap13;
02
03  import java.time.LocalDate;
04  import java.time.LocalDateTime;
05  import java.time.LocalTime;
06  import java.time.format.DateTimeFormatter;
07
08  public class Sample17 {
09      public static void main(String[] args) {
10          System.out.println("BASIC_ISO_DATE - "
11              + DateTimeFormatter.BASIC_ISO_DATE.format(LocalDate.of(2020, 5, 5)));
12          System.out.println("ISO_DATE - "
```

```
13              + DateTimeFormatter.ISO_DATE.format(LocalDate.of(2020, 5, 5)));
14          System.out.println("ISO_LOCAL_DATE - "
15              + DateTimeFormatter.ISO_LOCAL_DATE.format(LocalDate.of(2020, 5,
    5)));
16          System.out.println("ISO_DATE_TIME - "
17              + DateTimeFormatter.ISO_DATE_TIME.format(LocalDateTime.of(2020,
    5, 5, 10,5,12)));
18          System.out.println("ISO_LOCAL_DATE_TIME - "
19              + DateTimeFormatter.ISO_LOCAL_DATE_TIME.format(LocalDateTime.
    of(2020, 5, 5, 10,5,12)));
20          System.out.println("ISO_TIME - "
21              + DateTimeFormatter.ISO_TIME.format(LocalTime.of(10,5,12)));
22      }
23  }
```

실행 결과

```
BASIC_ISO_DATE - 20200505
ISO_DATE - 2020-05-05
ISO_LOCAL_DATE - 2020-05-05
ISO_DATE_TIME - 2020-05-05T10:05:12
ISO_LOCAL_DATE_TIME - 2020-05-05T10:05:12
ISO_TIME - 10:05:12
```

DateTimeFormatter 필드 API 표에 표시된 출력 예와 동일하게 출력됩니다. DateTimeFormatter 필드의 경우 BASIC_ISO_DATE, ISO_DATE, ISO_TIME 세 가지를 주로 사용할 것 같습니다. 다음은 FormatStyle 열거형 클래스를 활용한 DateTimeFormatter를 살펴보겠습니다. 먼저 FormatStyle.java 파일을 살펴보겠습니다.

FormatStyle.java

```
01  package java.time.format;
02  public enum FormatStyle {
03      // ordered from large to small
04      /**
05       * Full text style, with the most detail.
06       * For example, the format might be 'Tuesday, April 12, 1952 AD' or
    '3:30:42pm PST'.
07       */
08      FULL,
09      /**
10       * Long text style, with lots of detail.
```

```
11        * For example, the format might be 'January 12, 1952'.
12        */
13       LONG,
14       /**
15        * Medium text style, with some detail.
16        * For example, the format might be 'Jan 12, 1952'.
17        */
18       MEDIUM,
19       /**
20        * Short text style, typically numeric.
21        * For example, the format might be '12.13.52' or '3:30pm'.
22        */
23       SHORT;
24   }
```

앞서 배운 enum 형태의 클래스 파일로 단순한 열거 값으로 구성되어 있습니다. 주석을 살펴보면 출력 예가 있습니다.

DateTimeFormatter 메서드 API

메서드	설명	출력 예
ofLocalizedDate(dateStyle)	날짜 스타일 포맷	'2011-12-03'
ofLocalizedTime(timeStyle)	시간 스타일 포맷	'10:15:30'
ofLocalizedDateTime(dateTimeStyle)	날짜 시간 스타일 포맷	2008년 6월 3일 11시 5분 30분
ofLocalizedDateTime(dateStyle,timeStyle)	날짜 스타일, 시간 스타일 포맷	2008년 6월 3일 11시 5분

FormatStyle를 활용한 DateTimeFormatter 메서드로 구현해보겠습니다.

Sample18.java
```
01   package chap13;
02
03   import java.time.LocalDate;
04   import java.time.ZonedDateTime;
05   import java.time.format.DateTimeFormatter;
06   import java.time.format.FormatStyle;
07
08   public class Sample18 {
09       public static void main(String[] args) {
10           ZonedDateTime yesterday = ZonedDateTime.now().minusHours(25); //24 + 1
```

```
11          System.out.println(DateTimeFormatter.ofLocalizedTime(FormatStyle.FULL).format(yesterday));
12          System.out.println(DateTimeFormatter.ofLocalizedTime(FormatStyle.LONG).format(yesterday));
13          System.out.println(DateTimeFormatter.ofLocalizedTime(FormatStyle.MEDIUM).format(yesterday));
14          System.out.println(DateTimeFormatter.ofLocalizedTime(FormatStyle.SHORT).format(yesterday));
15          System.out.println();
16
17          LocalDate today = LocalDate.now();
18          System.out.println(DateTimeFormatter.ofLocalizedDate(FormatStyle.FULL).format(today));
19          System.out.println(DateTimeFormatter.ofLocalizedDate(FormatStyle.LONG).format(today));
20          System.out.println(DateTimeFormatter.ofLocalizedDate(FormatStyle.MEDIUM).format(today));
21          System.out.println(DateTimeFormatter.ofLocalizedDate(FormatStyle.SHORT).format(today));
22          System.out.println();
23
24          ZonedDateTime tomorrow = ZonedDateTime.now().plusDays(1);
25          System.out.println(DateTimeFormatter.ofLocalizedDateTime(FormatStyle.FULL).format(tomorrow));
26          System.out.println(DateTimeFormatter.ofLocalizedDateTime(FormatStyle.LONG).format(tomorrow));
27          System.out.println(DateTimeFormatter.ofLocalizedDateTime(FormatStyle.MEDIUM).format(tomorrow));
20          System.out.println(DateTimeFormatter.ofLocalizedDateTime(FormatStyle.SHORT).format(tomorrow));
29      }
30 }
```

실행 결과

```
오후 5시 33분 7초 대한민국 표준시
오후 5시 33분 7초 KST
오후 5:33:07
오후 5:33

2020년 1월 6일 월요일
2020년 1월 6일
2020. 1. 6.
20. 1. 6.
```

```
2020년 1월 7일 화요일 오후 6시 33분 7초 대한민국 표준시
2020년 1월 7일 오후 6시 33분 7초 KST
2020. 1. 7. 오후 6:33:07
20. 1. 7. 오후 6:33
```

시간, 날짜, 날짜 시간 형태를 이미 API에서 여러 가지 형태의 포맷을 확인했습니다. 여기까지는 기본적으로 제공하는 형태의 포맷이고 사용자 요구에 의한 포맷을 패턴 문자를 이용해서 직접 만들어서 출력해보겠습니다.

Sample19.java

```java
01  package chap13;
02
03  import java.time.ZoneId;
04  import java.time.ZonedDateTime;
05  import java.time.format.DateTimeFormatter;
06
07  public class Sample19 {
08      public static void main(String[] args) {
09          DateTimeFormatter format1 = DateTimeFormatter.ofPattern("yyyy年 MM月 dd日 HH時 mm分 - vvvv");
10          DateTimeFormatter format2 = DateTimeFormatter.ofPattern("yyyy-MM-dd HH:mm - VV");
11          DateTimeFormatter format3 = DateTimeFormatter.ofPattern("yyyy/MM/dd HH:mm - VV");
12          System.out.println(format1.format(ZonedDateTime.now(ZoneId.of("Asia/Seoul"))));
13          System.out.println(format2.format(ZonedDateTime.now(ZoneId.of("Asia/Seoul"))));
14          System.out.println(format3.format(ZonedDateTime.now(ZoneId.of("Australia/Sydney"))));
15      }
16  }
```

실행 결과

```
2020年 05月 09日 10時 51分 - 대한민국 시간
2020-05-09 10:51 - Asia/Seoul
2020/05/09 11:51 - Australia/Sydney
```

원하는 결과를 DateTimeFormatter의 패턴 문자를 이용하여 출력해볼 수 있습니다. 다음은 DateTimeFormatter 클래스로 문자열로 날짜를 입력하는 방법을 살펴보겠습니다.

Sample20.java

```java
package chap13;

import java.time.LocalDate;
import java.time.LocalDateTime;
import java.time.format.DateTimeFormatter;

public class Sample20 {
    public static void main(String[] args) {
        //기본 parse 패턴
        LocalDate date = LocalDate.parse("2020-01-01");
        System.out.println(date);

        //사용자 정의 패턴 #1
        DateTimeFormatter dateTimeFormatter1 = DateTimeFormatter.ofPattern("uuuuMMdd");
        String inDate1 = "20201010";
        LocalDate date1 = LocalDate.parse(inDate1, dateTimeFormatter1);
        System.out.println(date1);

        //사용자 정의 패턴 #2
        DateTimeFormatter dateTimeFormatter2 = DateTimeFormatter.ofPattern("uuuuMMdd HH:mm");
        String inDate2 = "20200505 14:15";
        LocalDateTime date2 = LocalDateTime.parse(inDate2, dateTimeFormatter2);
        System.out.println(date2);
    }
}
```

실행 결과

```
2020-01-01
2020-10-10
2020-05-05T14:15
```

10라인에서 LocalDate.parse( ) 메서드를 사용했을 때는 패턴을 주지 않았습니다. parse( ) 메서드의 정의된 코드를 살펴보면 기본적으로 DateTimeFormatter.ISO_LOCAL_DATE 패턴이 적용됩니다.

```java
public static LocalDate parse(CharSequence text) {
    return parse(text, DateTimeFormatter.ISO_LOCAL_DATE);
}
```

ISO_LOCAL_DATE는 다음과 같이 정의되어 있습니다.

```java
public static final DateTimeFormatter ISO_LOCAL_DATE;
static {
    ISO_LOCAL_DATE = new DateTimeFormatterBuilder()
            .appendValue(YEAR, 4, 10, SignStyle.EXCEEDS_PAD)
            .appendLiteral('-')
            .appendValue(MONTH_OF_YEAR, 2)
            .appendLiteral('-')
            .appendValue(DAY_OF_MONTH, 2)
            .toFormatter(ResolverStyle.STRICT, IsoChronology.INSTANCE);
}
```

static으로 메서드를 정의해 놓았기 때문에 static으로 내용을 구현해야 상수 정보로 값을 넣을 수 있습니다. 기본 순서대로 입력하고 중간중간에 꼭 '-'를 넣게 되어 있습니다. 14라인부터 자세히 살펴봐야 할 부분입니다. DateTimeFormatter.ofPattern( ) 메서드를 이용해서 패턴 문자표를 참고합니다. 그런 후 개발자가 원하는 패턴 문자를 조합해서 직접 만든 값을 parse( ) 메서드에 패턴과 함께 16, 22라인과 같이 넣어주면 됩니다.

Java 버전별로 날짜와 시간, 그리고 숫자까지 출력해보았습니다. Java 버전이 7 이하일 경우는 Calendar 클래스를 사용하겠지만 Java 버전이 8 이상이면 당연히 LocalDateTime 클래스를 활용하면 훨씬 간편하게 사용할 수 있습니다.

연습 문제

1. 첫 만난 날을 키보드로부터 입력받아서 아래의 예와 같이 커플 기념일 목록을 출력하는 프로그램을 작성하세요.

> 예)
> 처음 만난 날을 입력하세요(예: 20200101) : 20200101
> 100일 - 2020-04-10
> 200일 - 2020-07-19
> 500일 - 2021-05-15
> 1,000일 - 2022-09-27

정답)

Test1.java

```java
package chap13;

import java.time.LocalDate;
import java.time.format.DateTimeFormatter;
import java.util.Scanner;

public class Test1 {

    public static void main(String[] args) {
        System.out.print("처음 만난 날을 입력하세요(예: 20200101) : ");
        Scanner sc = new Scanner(System.in);
        DateTimeFormatter formatter = DateTimeFormatter.ofPattern("uuuuMMdd");
        LocalDate date = LocalDate.parse(sc.next(), formatter);
        System.out.printf("100일 - %s\n", date.plusDays(100));
        System.out.printf("200일 - %s\n", date.plusDays(200));
        System.out.printf("500일 - %s\n", date.plusDays(500));
        System.out.printf("1,000일 - %s\n", date.plusDays(1000));
    }

}
```

> **실행 결과**
>
> 처음 만난 날을 입력하세요(예: 20200101) : 20200101
> 100일 - 2020-04-10
> 200일 - 2020-07-19
> 500일 - 2021-05-15
> 1,000일 - 2022-09-27

2. 2025년 5월의 달력을 보기와 같이 출력해보세요.

출력 예)

```
2025년 5월

SUN MON TUE WEZ THU FRI SAT
                  1   2   3
 4   5   6   7   8   9  10
11  12  13  14  15  16  17
18  19  20  21  22  23  24
25  26  27  28  29  30  31
```

정답)

Test2.java

```java
01  package chap13;
02
03  import java.time.LocalDate;
04  import java.time.format.DateTimeFormatter;
05
06  public class Test2 {
07
08      public static void main(String[] args) {
09          String date = "202505";
10
11          DateTimeFormatter formatter = DateTimeFormatter.ofPattern("uuuuMMdd");
12          LocalDate dt = LocalDate.parse(date + "01", formatter);
```

```
13          int dtMonth = dt.getMonthValue();
14          int weekCnt = 0;
15          int[][] days = new int[6][7]; //6주 7일
16          int day = 1;
17          int weekNum = dt.getDayOfWeek().getValue(); //1일의 요일
18          do {
19              days[weekCnt][weekNum] = dt.getDayOfMonth();
20              if(weekNum == 6) {
21                  weekCnt++;
22                  weekNum = 0;
23              }
24              else {
25                  weekNum++;
26              }
27              dt = dt.plusDays(day);
28          } while(dtMonth == dt.getMonthValue()); //달이 바뀌면 종료
29
30          // 배열의 내용을 출력
31          System.out.printf("\t%d년 %d월\n\n", dt.getYear(), dtMonth);
32          System.out.println(" SUN MON TUE WEZ THU FRI SAT");
33          for(int[] week : days) {
34              for(int today : week) {
35                  System.out.printf("%4s", today == 0? "" : today);
36              }
37              System.out.println();
38          }
39      }
40
41  }
```

실행 결과

```
    2025년 5월

 SUN MON TUE WEZ THU FRI SAT
              1   2   3
  4   5   6   7   8   9  10
 11  12  13  14  15  16  17
 18  19  20  21  22  23  24
 25  26  27  28  29  30  31
```

Chapter 14

14장 | 애너테이션(Annotation)

지금까지 자바를 학습하면서 메서드나 필드 혹은 지역 변수 위에 '@'으로 시작하는 문법을 본 적이 있을 겁니다. 이를 애너테이션이라고 읽습니다. 객체지향을 학습할 때 특히 많이 봤었지요? '@' 표시가 앞에 붙어있다면 Java 5에서부터 제공된 '애너테이션'입니다. 이번 장에서는 다음과 같이 3가지 애너테이션에 관해서 들여다보겠습니다.

- 메타 애너테이션(Meta-annotations)
- 내장형 애너테이션(Build-in Annotation)
- 커스텀 애너테이션(Custom Annotation)

Annotation은 사전적 의미로는 '주석'이라고 되어 있지만 [3장 주석]에서 배운 주석과는 다른 주석입니다. 3장에서 배운 주석은 개발자들이 보기 좋게 소스코드의 분석이나 작성일자 혹은 개발 요건 등 컴파일과는 무관하지만 애너테이션은 개발자가 소스코드를 분석하거나 코딩하는 데는 도움이 되는 주석입니다. 따라서 [14장 애너테이션(Annotation)]에서 배우는 주석은 컴파일에 영향을 주는 주석인 셈이 됩니다.

toString( ) 메서드 위에 @Override이라든가, Lombok에서 @Data이나 @Builder 등을 봐왔습니다. 이게 무엇인지는 모르겠지만 애너테이션 문법을 사용한 후 컴파일을 하게 되면 디컴파일 후에 코드를 살펴봤을 때 개발자가 작성하지 않은 코드들이 보입니다. 애너테이션은 주석이라기보다는 개발자에게 간편하게 코딩 작업을 할 수 있도록 도움을 주는 것입니다. Java에서 제공하는 내장형 애너테이션과 개발자가 직접 만든 커스텀 애너테이션을 학습하겠습니다.

14.1 메타 애너테이션(Meta-annotations)

메타 애너테이션은 사용자가 직접 만드는 애너테이션으로 인터페이스를 만들듯이 하되 인터페이스 앞에 '@' 문자를 넣어주어야 합니다. 다음 예를 살펴보겠습니다.

```
public @interface SampleAnnotation { }
```

접근제어자 다음에 '@interface' 그리고 애너테이션명 순으로 단순히 입력만 하면 되지만 이클립스에서 자동 생성 기능이 있습니다. 단축키 [Ctrl + N]을 누른 후 'annotation'을 검색해서 선택합니다.

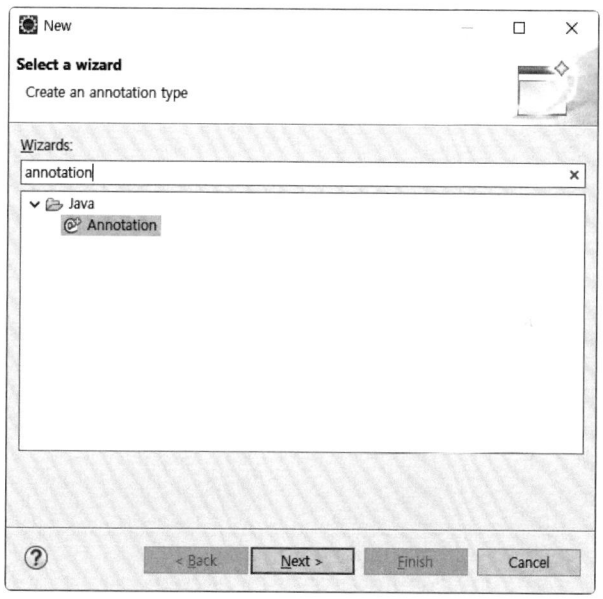

[그림 14-1] Java > Annotation 선택 메뉴

검색된 Annotation을 선택하면 다음과 같은 창이 뜨게 됩니다.

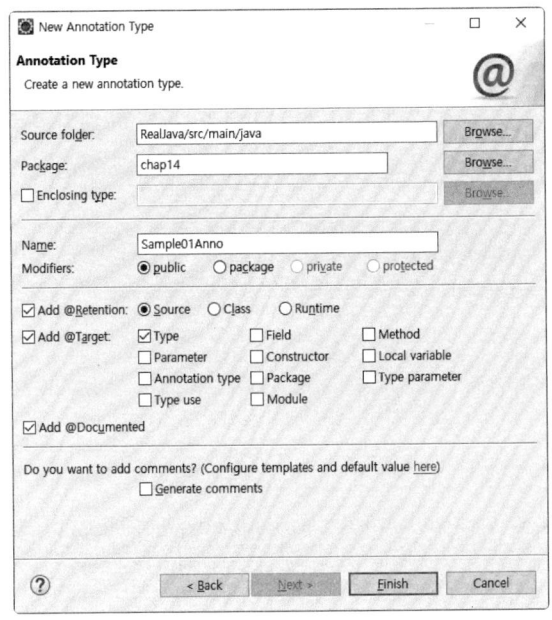

[그림 14-2] Annotation Type 생성 화면

앞으로 배우게 될 @Retention, @Target, @Documented에 대해서도 기본적인 선택 옵션을 제공하고 있습니다.

[그림 14-2]와 같이 선택한 다음 [Finish] 버튼을 클릭하게 되면 다음과 같이 코드가 작성됩니다.

```
package chap14;

import static java.lang.annotation.ElementType.TYPE;
import static java.lang.annotation.RetentionPolicy.SOURCE;

import java.lang.annotation.Documented;
import java.lang.annotation.Retention;
import java.lang.annotation.Target;

@Documented
@Retention(SOURCE)
@Target(TYPE)
public @interface Sample01Anno {

}
```

[그림 14-3] 자동으로 생성된 Annotation 코드

이렇게 기본 형태의 애너테이션 생성 방법을 살펴봤습니다. 메타 애너테이션들을 하나하나 살펴보겠습니다.

14.1.1 @Retention

애너테이션이 유지되는 범위를 지정할 때 사용합니다. 범위는 소스코드를 작성할 때, 컴파일 시, 런타임 시를 말하며 RetentionPolicy 열거형 클래스에 다음과 같이 3가지로 구성되어 있습니다.

RetentionPolicy.java

```java
/**
 * Annotation retention policy.  The constants of this enumerated type
 * describe the various policies for retaining annotations.  They are used
 * in conjunction with the {@link Retention} meta-annotation type to specify
 * how long annotations are to be retained.
 *
 * @author  Joshua Bloch
 * @since 1.5
 */
public enum RetentionPolicy {
    /**
     * Annotations are to be discarded by the compiler.
     */
    SOURCE,

    /**
     * Annotations are to be recorded in the class file by the compiler
     * but need not be retained by the VM at run time.  This is the default
     * behavior.
     */
    CLASS,

    /**
     * Annotations are to be recorded in the class file by the compiler and
     * retained by the VM at run time, so they may be read reflectively.
     *
```

```
     * @see java.lang.reflect.AnnotatedElement
     */
    RUNTIME
}
```

RetentionPolicy의 요소를 하나하나 살펴보겠습니다.

SOURCE

소스 파일에만 존재하며 컴파일된 클래스 파일에는 전혀 영향을 주지 않습니다. 다시 말해서 프로그래머가 개발할 때 가이드 용도로 주로 사용하게 됩니다. 주로 내장형 애너테이션 중에 @Override, @SuppressWarnings이 그 대상입니다. 사용방법은 다음과 같습니다.

```
import static java.lang.annotation.RetentionPolicy.SOURCE;

@Retention(SOURCE)
public @interface Sample01Anno { }
```

Sample01Anno.java - 1

```
01  package chap14;
02
03  import static java.lang.annotation.RetentionPolicy.SOURCE;
04  import java.lang.annotation.Retention;
05
06  @Retention(SOURCE)
07  public @interface Sample01Anno { }
```

06라인에서 SOURCE라고 사용하기 위해서 03라인에서 RetentionPolicy.SOURCE를 'import static'으로 정의했습니다. 그래서 06라인에서 'SOURCE'라고 할 수 있습니다. 다음은 똑같지만 RetentionPolicy를 단순 import 하여 작성할 때의 소스코드입니다.

Sample01Anno.java - 2

```
01  package chap14;
02
03  import java.lang.annotation.Retention;
```

```
04  import java.lang.annotation.RetentionPolicy;
05
06  @Retention(RetentionPolicy.SOURCE)
07  public @interface Sample01Anno { }
```

두 소스코드는 import 방식의 차이입니다. 먼저 RetentionPolicy.SOURCE가 적용된 대표적인 내장형 애너테이션인 @Override을 예로 들면 다음과 같은 소스코드가 있습니다.

Sample01.java
```
01  package chap14;
02
03  public class Sample01 {
04      private int    no;
05      private String name;
06
07      @Override
08      public String toString() {
09          return "Sample01 [no=" + no + ", name=" + name + "]";
10      }
11  }
```

@Override은 @Retention에서 SOURCE로 지정하여 컴파일된 클래스 파일에는 전혀 영향을 미치지 않는다고 했습니다. 그래서 컴파일된 클래스 파일을 확인해보겠습니다.

Sample01.class
```
01  package chap14;
02
03  public class Sample01 {
04      private int no;
05      private String name;
06
07      public String toString() {
08          return "Sample01 [no=" + this.no + ", name=" + this.name + "]";
09      }
10  }
```

[Sample01.java] 파일 07라인에 있던 '@Override'은 컴파일된 클래스 파일에는 없습니다. 컴파일된 클래스 파일에는 전혀 아무런 영향력이 없다는 것이 확인되었습니다. @Override은 이미 있는 메서드를 다시 재구현할 때 사용되는데 [Sample01.java]에서는 Object를 상속받

아서 구현되기 때문에 toString( ) 메서드가 있어 아무런 문제가 없었는데 toString( ) 메서드를 toStringTest( ) 메서드로 메서드명을 변경하게 되면 '@Override'에 의해서 오류가 발생하게 됩니다.

```
*Sample01.java
 1  package chap14;
 2
 3  public class Sample01 {
 4
 5      private int     no;
 6      private String  name;
 7
 8      @Override
 9      public String toStringTest() {
10          return "Sa  The method toStringTest() of type Sample01 must override or implement a supertype method
11      }           1 quick fix available:
12  }               Remove '@Override' annotation
13
```

[그림 14-4] '@Override'에 의해 소스코드 오류 발생

'@Override'은 개발 시에 가이드 기능으로써 영향을 끼치게 됩니다. 그럼 애너테이션을 만들어서 실습해보겠습니다.

Sample02.java
```
01  package chap14;
02
03  import static java.lang.annotation.RetentionPolicy.SOURCE;
04  import java.lang.annotation.Retention;
05
06  @Sample02Anno
07  public class Sample02 {
08      @Sample02Anno
09      public void test() { }
10  }
11
12  @Retention(SOURCE)
13  @interface Sample02Anno { }
```

13라인에서 Sample02Anno 애너테이션을 만들었으며 이 애너테이션은 개발 가이드로만 사용하고자 12라인에서 SOURCE 수준으로 @Retention을 정의했습니다. 원래 작성할 때는 다음과 같이 작성합니다.

```
import java.lang.annotation.RetentionPolicy;

@Retention(RetentionPolicy.SOURCE)
@interface Sample02Anno { }
```

'SOURCE'에 커서를 두고서 단축키 [Ctrl + 1]을 누르면 팝업메뉴가 나옵니다.

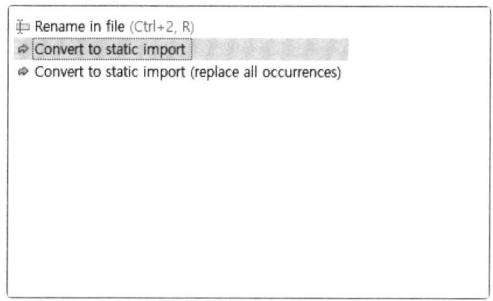

[그림 14-5] 단축키 Quick fix

메뉴에서 [Convert to static import]를 선택하면 다음과 같이 소스코드가 변경됩니다.

```
import static java.lang.annotation.RetentionPolicy.SOURCE;

@Retention(SOURCE)
@interface Sample02Anno { }
```

개발자 선택에 따라서 구현하면 됩니다. 06라인에 클래스명 위에 '@Sample02Anno' 애너테이션을 작성했습니다. 그리고 08라인에 메서드명 위에도 애너테이션을 작성했습니다. 정확히 어디에 사용하라는 규칙이 없기 때문에 어디에 붙여도 오류가 발생하지 않습니다. 다음은 RetentionPolicy.SOURCE로 정의했으니 클래스 파일에는 영향이 없어야 합니다. 바로 클래스 파일을 살펴보겠습니다. 한 개의 파일에 두 개의 클래스가 만들어져서 각각 살펴보겠습니다.

Sample02.class
```
01  package chap14;
02
03  public class Sample02 {
04      public void test() {
05      }
06  }
```

클래스명과 메서드명 위에 작성했던 '@Sample02Anno' 애너테이션이 보이질 않습니다.

Sample02Anno.class
```
01  package chap14;
02
03  import java.lang.annotation.Retention;
04  import java.lang.annotation.RetentionPolicy;
05
06  @Retention(RetentionPolicy.SOURCE)
07  @interface Sample02Anno {
08  }
```

애너테이션은 그대로 클래스 파일로 변경되어 있습니다. 이렇게 RetentionPolicy.SOURCE를 살펴보았습니다.

CLASS

CLASS는 SOURCE와는 다르게 컴파일할 때만 사용되며 컴파일된 이후에는 더 이상 애터네이션의 내용을 사용할 수 없게 됩니다. '@Retention'을 작성하지 않으면 기본적으로 CLASS로 동작하게 됩니다.

RUNTIME

CLASS와 동일하게 컴파일할 때 사용되며 컴파일된 이후에도 실행 중에 애너테이션의 정보를 계속해서 사용할 수 있습니다. 그래서 RetentionPolicy의 요소 중에 CLASS를 제외한 SOURCE와 RUNTIME을 주로 사용합니다. CLASS와 RUNTIME을 소스코드로 비교하여 살펴보겠습니다.

Sample03.java

```java
01  package chap14;
02
03  import java.lang.annotation.Retention;
04  import java.lang.annotation.RetentionPolicy;
05  import java.util.Arrays;
06
07  public class Sample03 {
08
09      public static void main(String[] args) {
10          @Sample03AnnoClass
11          class C { }
12
13          @Sample03AnnoRuntime
14          class R { }
15
16          System.out.println("클래스명 : " + C.class.getName());
17          System.out.println("Annotation 수 : " + C.class.getAnnotations().length);
18          System.out.println("Annotations : " + Arrays.toString(C.class.getAnnotations()));
19          System.out.println();
20          System.out.println("클래스명 : " + R.class);
21          System.out.println("Annotation 수 : " + R.class.getAnnotations().length);
22          System.out.println("Annotations : " + Arrays.toString(R.class.getAnnotations()));
23
24      }
25  }
26
27  @Retention(RetentionPolicy.CLASS)
28  @interface Sample03AnnoClass { }
29
30  @Retention(RetentionPolicy.RUNTIME)
31  @interface Sample03AnnoRuntime { }
```

실행 결과

```
클래스명 : chap14.Sample03$1C
Annotation 수 : 0
Annotations : []

클래스명 : class chap14.Sample03$1R
Annotation 수 : 1
Annotations : [@chap14.Sample03AnnoRuntime()]
```

내부 클래스 C와 내부 클래스 R을 각각 만들어서 테스트해보았습니다. C는 RetentionPolicy.CLASS 애너테이션을 사용했고, R은 RetentionPolicy.RUNTIME 애너테이션을 사용했습니다. 이 두 클래스를 각각 비교했습니다. 각각의 클래스명을 출력하고 getAnnotations( ) 메서드를 사용해서 현재 적용 중인 애너테이션을 배열로 반환받게 됩니다.

물론 SOURCE는 소스코드 형태일 때만 유효하고 CLASS는 컴파일 이후엔 사용할 수 없습니다. 마지막으로 RUNTIME은 컴파일 이후에도 JVM에서 계속해서 사용할 수 있기 때문에 getAnnotations( ) 메서드는 RetentiomPolicy가 RUNTIME인 애너테이션 정보만 출력할 수 있습니다. CLASS를 적용한 C 클래스는 애너테이션이 0개로 나오고 RUNTIME을 적용한 R 클래스는 애너테이션이 1개로 나오고 있습니다. 이렇게 CLASS와 RUNTIME의 차이점을 확인할 수 있습니다.

14.1.2 @Target

애너테이션을 적용할 수 있는 대상을 지정하는 애너테이션입니다. @Target의 인자로는 ElementType 열거형 클래스에 정의되어 있습니다.

ElementType.java

```
01   * Copyright (c) 2003, 2017, Oracle and/or its affiliates. All rights reserved.
02
03  package java.lang.annotation;
04
05  /**
06   * @author  Joshua Bloch
07   * @since 1.5
08   * @jls 9.6.4.1 @Target
09   * @jls 4.1 The Kinds of Types and Values
10   */
11  public enum ElementType {
12      /** Class, interface (including annotation type), or enum declaration */
13      TYPE,
14
15      /** Field declaration (includes enum constants) */
16      FIELD,
17
18      /** Method declaration */
19      METHOD,
20
21      /** Formal parameter declaration */
```

```
22      PARAMETER,
23
24      /** Constructor declaration */
25      CONSTRUCTOR,
26
27      /** Local variable declaration */
28      LOCAL_VARIABLE,
29
30      /** Annotation type declaration */
31      ANNOTATION_TYPE,
32
33      /** Package declaration */
34      PACKAGE,
35
36      /**
37       * Type parameter declaration
38       *
39       * @since 1.8
40       */
41      TYPE_PARAMETER,
42
43      /**
44       * Use of a type
45       *
46       * @since 1.8
47       */
48      TYPE_USE,
49
50      /**
51       * Module declaration.
52       *
53       * @since 9
54       */
55      MODULE
56  }
```

Java 9에서 Java Module 개념이 처음 소개되었는데, Java 9 이전에는 패키지와 클래스가 있었습니다. 패키지가 다를 경우에는 public 접근 제어자에 의해서 접근할 수 있었습니다. Java 9에서는 패키지와 클래스 그리고 모듈이라는 개념이 추가되면서 모듈 간의 접근성을 제어할 수 있지만, 이 책에서는 Java Module을 다루지 않기 때문에 Java 9에서 추가된 ElementType. MODULE은 따로 소개하지 않습니다. 그럼 나머지 JDK 1.5 ~ 1.8에 소개된 ElementType의 요소들을 살펴보겠습니다.

TYPE

TYPE은 클래스나 인터페이스, 열거형 상수 클래스에 적용할 수 있습니다. 이 외의 위치인 메서드명이나 변수명 등에 적용하게 되면 다음과 같은 메시지가 출력됩니다.

```
The annotation @Sample04AnnoClass is disallowed for this location
```

Sample04.java

```java
01  package chap14;
02
03  import java.lang.annotation.ElementType;
04  import java.lang.annotation.Retention;
05  import java.lang.annotation.RetentionPolicy;
06  import java.lang.annotation.Target;
07
08  @Sample04AnnoClass
09  public class Sample04 {
10      private String test;
11
12      public static void main(String[] args) { }
13
14      public void testMethod() { }
15  }
16
17  @Retention(RetentionPolicy.RUNTIME)
18  @Target(ElementType.TYPE)    //Class, interface, @interface, enum
19  @interface Sample04AnnoClass { }
```

18라인에서 TYPE으로 적용했으니 클래스명에서는 오류가 발생하지 않지만 메서드나 변수명 위에 작성하면 오류가 발생합니다.

FIELD

FIELD는 변수나 enum 요소를 변수로 정의할 때 사용할 수 있는 애너테이션입니다.

Sample05.java

```java
01  package chap14;
02
03  import java.lang.annotation.ElementType;
04  import java.lang.annotation.Target;
05
```

```
06   public class Sample05 {
07
08       @Sample05AnnoField
09       private String test;
10
11       @Sample05AnnoField
12       private Color1 color = Color1.RED;
13
14       public static void main(String[] args) { }
15
16       public void testMethod() { }
17
18   }
19
20   @Target(ElementType.FIELD)
21   @interface Sample05AnnoField { }
22
23   enum Color1 {
24       RED, BLUE, ORANGE;
25   }
```

09라인과 12라인에 필드를 선언한 곳 위에 ElementType.FIELD 속성을 갖는 Sample05 AnnoField 애너테이션을 사용하였습니다.

METHOD

METHOD는 직관적으로 메서드명에 적용해야 할 것 같은 기운이 듭니다. 대상을 메서드명에만 적용할 수 있도록 사용을 제한합니다.

Sample06.java
```
01   package chap14;
02
03   import java.lang.annotation.ElementType;
04   import java.lang.annotation.Target;
05
06   public class Sample06 {
07
08       private String test;
09
10       private Color1 color = Color1.RED;
11
12       public static void main(String[] args) { }
13
14       @Sample06AnnoMothod
15       public void testMethod() { }
```

```
16
17  }
18
19  @Target(ElementType.METHOD)
20  @interface Sample06AnnoMothod { }
```

15라인은 testMethod( ) 메서드에 애너테이션을 넣었습니다.

PARAMETER

메서드의 파라미터에 적용하도록 대상을 제한합니다.

Sample07.java

```
01  package chap14;
02
03  import java.lang.annotation.ElementType;
04  import java.lang.annotation.Target;
05
06  public class Sample07 {
07
08      private String test;
09
10      public static void main(String[] args) { }
11
12      public void testMethod(@Sample07AnnoParameter int testNo) { }
13
14  }
15
16  @Target(ElementType.PARAMETER)
17  @interface Sample07AnnoParameter { }
```

12라인은 testMethod( ) 메서드 안에 파라미터 앞에 애너테이션을 넣었습니다.

CONSTRUCTOR

생성자에만 애너테이션을 적용하도록 대상을 제한하는 요소입니다.

Sample08.java

```
01  package chap14;
02
03  import java.lang.annotation.ElementType;
```

```
04  import java.lang.annotation.Target;
05
06  public class Sample08 {
07
08      private String test;
09
10      public static void main(String[] args) { }
11
12      @Sample08AnnoConstructor
13      public Sample08(String test) {
14          this.test = test;
15      }
16
17  }
18
19  @Target(ElementType.CONSTRUCTOR)
20  @interface Sample08AnnoConstructor { }
```

13라인에 생성자가 있습니다. 12라인은 생성자 전용 애너테이션입니다.

LOCAL_VARIABLE

지역 변수에만 사용할 수 있도록 대상을 제한합니다. 지역 변수라고 하면 메서드나 생성자 안에서 사용하는 필드를 말합니다.

Sample09.java

```
01  package chap14;
02
03  import java.lang.annotation.ElementType;
04  import java.lang.annotation.Target;
05
06  public class Sample09 {
07
08      private String test;
09
10      public static void main(String[] args) { }
11
12      public void test() {
13          @Sample09AnnoLocalVariable
14          String test = this.test;
15      }
16
17  }
18
19  @Target(ElementType.LOCAL_VARIABLE)
20  @interface Sample09AnnoLocalVariable { }
```

12라인에 test라는 지역 변수에 @Sample09AnnoLocalVariable 애너테이션을 적용했습니다.

ANNOTATION_TYPE

ANNOTATION_TYPE은 @interface을 통해서 애너테이션을 만드는 애너테이션을 정의할 때 사용하는 요소입니다. 지금 @Target의 경우도 애너테이션을 정의할 때 사용하는 애너테이션입니다. @Target의 소스코드를 보면 이해가 쉽게 될 겁니다.

Target.java
```java
01  package java.lang.annotation;
02  @Documented
03  @Retention(RetentionPolicy.RUNTIME)
04  @Target(ElementType.ANNOTATION_TYPE)
05  public @interface Target {
06      /**
07       * Returns an array of the kinds of elements an annotation type
08       * can be applied to.
09       * @return an array of the kinds of elements an annotation type
10       * can be applied to
11       */
12      ElementType[] value();
13  }
```

Target 클래스는 애너테이션을 정의할 때 사용하기 위해서 ElementType이 ANNOTATION_TYPE으로 되어있습니다. 그럼 애너테이션을 정의하는 애너테이션을 만들고 새로운 애너테이션에 적용해보겠습니다.

Sample10.java
```java
01  package chap14;
02
03  import static java.lang.annotation.ElementType.ANNOTATION_TYPE;
04
05  import java.lang.annotation.Target;
06
07  public class Sample10 {
08
09      public static void main(String[] args) { }
10  }
11
```

```
12  @Target(ANNOTATION_TYPE)
13  @interface Sample10AnnoAnnotationType { }
14
15  @Sample10AnnoAnnotationType
16  @interface Sample10Anno { }
```

13라인에서 애너테이션에 적용할 Sample10AnnoAnnotationType 애너테이션을 만들었습니다. 16라인은 새로 만드는 Sample10Anno 애너테이션을 만들고 이에 앞서 만든 @Sample10AnnoAnnotationType을 적용하여 보았습니다.

PACKAGE

PACKAGE는 package-info.java 파일의 상단에 위치한 패키지에 적용할 때 사용합니다.

Sample11.java
```
01  package chap14;
02
03  import static java.lang.annotation.ElementType.PACKAGE;
04
05  import java.lang.annotation.Target;
06
07  public class Sample11 { }
08
09  @Target(PACKAGE)
10  @interface DontUseIt { }
```

10라인에서 DonUseIt 애너테이션을 만들어서 PACKAGE를 적용했습니다.

package-info.java
```
01  @DontUseIt
02  package chap14;
```

package-info.java 파일에 package 상단에 '@DontUseIt'을 붙였습니다. 파일마다 위치한 package에 적용하는 것이 아니라 package-info.java 파일에만 적용한다는 점을 유의해야 합니다.

TYPE_PARAMETER

지금부터는 JDK 1.8에서부터 추가된 요소들입니다. 'TYPE_PARAMETER 제네릭 매개변수 **타입 선언 시**에 사용하는 요소입니다. [Sample12.java]에서 TYPE_PARAMETER 요소의 사용 예를 살펴보겠습니다.

Sample12.java
```
01  package chap14;
02
03  import static java.lang.annotation.ElementType.TYPE_PARAMETER;
04
05  import java.lang.annotation.Target;
06
07  import lombok.Getter;
08  import lombok.Setter;
09
10  public class Sample12 { }
11
12  @Getter
13  @Setter
14  class Person<@NullTest T> {
15      private T t;
16  }
17
18  @Target(TYPE_PARAMETER)
19  @interface NullTest { }
```

19라인의 NullTest라는 애너테이션을 14라인에서 제네릭 타입 T 앞에 적용했습니다.

TYPE_USE

제네릭 타입을 사용할 때의 요소입니다. 어떻게 사용하는지 예제를 통해서 살펴보겠습니다.

Sample13.java
```
01  package chap14;
02
03  import static java.lang.annotation.ElementType.TYPE_USE;
04
05  import java.lang.annotation.Target;
06  import java.util.HashMap;
07
08  public class Sample13 {
09      public static void main(String[] args) {
```

```
10          var map = new HashMap<@UseTest String, @UseTest String>();
11
12          //Sample12의 Person 클래스
13          Person<@UseTest String> person = new Person<>();
14      }
15 }
16
17 @Target(TYPE_USE)
18 @interface UseTest { }
```

17라인에서 'TYPE_USE'는 'TYPE_PARAMETER'와는 반대로 제네릭 타입을 사용할 때 적용하는 애너테이션입니다. [Sample12.java] 파일에서 만든 Person 클래스의 제네릭 타입에 13라인처럼 String 타입을 적용해서 앞에 '@UseTest'을 적용했습니다. 그리고 10라인에서도 컬렉션 프레임워크에서 배웠던 HashMap에 사용된 제네릭 타입을 사용할 때 @UseTest을 적용해보았습니다.

14.1.3 @Documented

'@Documented'이 정의된 애너테이션을 사용하게 되면 클래스에 사용된 애너테이션 정보가 Javadoc으로 작성된 문서에 포함되게 합니다. '@Documented'이 없으면 Javadoc 문서에 포함되어 보이지 않습니다.

예제를 통해서 '@Documented'이 있는 애너테이션과 없는 애너테이션을 만들어서 클래스 파일에 2개 모두 적용한 후 Javadoc 파일을 만들어서 비교해보겠습니다.

Sample14.java
```
01 package chap14;
02
03 import static java.lang.annotation.ElementType.TYPE;
04
05 import java.lang.annotation.Documented;
06 import java.lang.annotation.Target;
07
08 /**
09  * <p>14장의 Sample14입니다.</p>
10  * <p>Sample14 클래스에 Documented 애너테이션이 사용된 애너테이션 정보를 보여줍니다.
11  * @author promaster
12  */
13 @Sample14Anno1
```

```
14  @Sample14Anno2
15  public class Sample14 {
16
17      public static void main(String[] args) {
18          char J = 74;
19          char a = 97;
20          char v = 118;
21
22          System.out.printf("%c%c%c%c", J, a, v, a);
23      }
24      /**
25       * <p>생성자의 설명을 적습니다.</p>
26       * <p>아직 생성자를 배우지 않아서 뭔지 모릅니다.</p>
27       */
28      public Sample14() { }
29
30      /**
31       * <p>뭔가를 처리합니다.</p>
32       * <p>반환값은 없습니다.</p>
33       * @since 1.0
34       */
35      public void doSomething() {
36
37      }
38  }
39
40  @Documented
41  @Target(TYPE)
42  @interface Sample14Anno1 { }
43
44  @Target(TYPE)
45  @interface Sample14Anno2 { }
```

13라인은 42라인에 정의된 Sample14Anno1 애너테이션입니다. 여기에는 '@Documented'이 추가되어 있습니다. 14라인은 45라인에 정의된 Sample14Anno2 애너테이션입니다. 여기에는 '@Documented'이 추가되어 있지 않습니다. 이 두 경우를 JavaDoc에서 확인해보겠습니다.

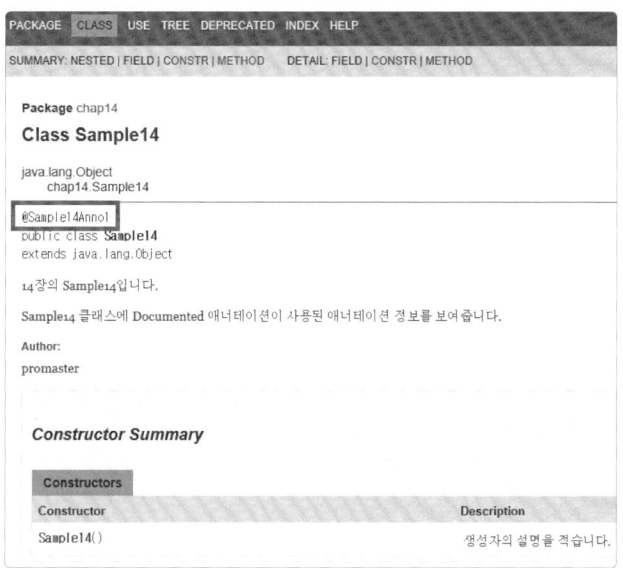

[그림 14-6] @Documented 출력 여부 확인

[그림 14-6]을 보면 '@Sample14Anno1'은 보이지만 '@Sample14Anno2'은 보이지 않습니다. '@Documented' 여부에 의해서 보이고 보이지 않고가 결정됩니다.

14.1.4 @Inherited

특정 클래스를 상속받아서 구현하는 클래스를 자식 클래스 혹은 자손 클래스라 부릅니다. 애너테이션도 마찬가지입니다. 조상 클래스로부터 상속받을 때 '@Inherited'이 삽입된 애너테이션이 있다면 상속받는 클래스 정보와 함께 조상 클래스가 갖고 있는 애너테이션도 함께 상속받게 됩니다. 소스코드로 확인해보겠습니다.

Sample15.java

```
01  package chap14;
02
03  import java.lang.annotation.ElementType;
04  import java.lang.annotation.Inherited;
05  import java.lang.annotation.Retention;
06  import java.lang.annotation.RetentionPolicy;
07  import java.lang.annotation.Target;
```

```
08  import java.util.Arrays;
09
10  public class Sample15 {
11
12      public static void main(String[] args) {
13          System.out.println("Annotations : " + Arrays.toString(TargetClass.
    class.getAnnotations()));
14      }
15  }
16
17  @Target(ElementType.TYPE)
18  @Retention(RetentionPolicy.RUNTIME)
19  @interface NotInheritClass { }
20
21  @Inherited
22  @Target(ElementType.TYPE)
23  @Retention(RetentionPolicy.RUNTIME)
24  @interface InheritClass { }
25
26  @InheritClass
27  @NotInheritClass
28  class SuperClass { }
29
30  class TargetClass extends SuperClass { }
```

실행 결과

Annotations : [@chap14.InheritClass()]

2개의 애너테이션을 만들었습니다. 19라인의 'NotInheritClass' 애너테이션에는 '@Inherited'이 없습니다. 24라인에 있는 'InheritClass' 애너테이션에는 '@Inherited'이 있습니다. 28라인에 SuperClass 클래스에 2개의 애너테이션을 넣고 30라인에서 SuperClass 클래스를 상속받는 TargetClass 클래스를 만듭니다.

13라인에서 SuperClass를 상속받은 TargetClass 클래스가 갖고 있는 애너테이션들을 출력합니다. 실행 결과에서 InheritClass 애너테이션만 포함하고 있다고 출력되었습니다.

14.1.5 @Repeatable

애너테이션이 반복해서 적용할 수 있도록 해주는 기능으로 JDK 1.8부터 추가된 기능입니다. 아직 다루지 않은 내용이라 하나를 적용하는 방법과 반복해서 적용하는 방법을 익혀보겠습니다. 제세한 내용은 [14.3 커스텀 애너테이션(Custom Annotation)]에서 다시 학습합니다.

지금까지 배운 애너테이션들은 '@Inherited'이나 '@Documented'처럼 단독으로 쓰이기도 하지만 '@Target'이나 '@Retention'처럼 값을 갖는 애너테이션들도 있습니다. 지금 배워보려는 것이 바로 값을 갖는 애너테이션입니다. 값을 갖는 애너테이션을 직접 만들어보겠습니다.

Sample16.java
```java
01  package chap14;
02
03  import java.lang.annotation.ElementType;
04  import java.lang.annotation.Retention;
05  import java.lang.annotation.RetentionPolicy;
06  import java.lang.annotation.Target;
07
08  @Friend(name = "구미호")
09  public class Sample16 {
10      public static void main(String[] args) {
11          Sample16 sample = new Sample16();
12          Friend friend = sample.getClass().getAnnotation(Friend.class);
13          System.out.printf("내 친구는 %s", friend.name());
14      }
15  }
16
17  @Retention(RetentionPolicy.RUNTIME)
18  @Target(ElementType.TYPE)
19  @interface Friend {
20      String name();
21  }
```

실행 결과

내 친구는 구미호

19라인의 Friend 애너테이션은 클래스 파일이 실행 중에 사용하기 위해서 RetentionPolicy.RUNTIME으로 설정했으며 클래스에 적용하기 위해서 ElementType.TYPE을 설정했습니다. Friend의 멤버 필드로 name을 추가했으며 이는 08라인에서 name = "구미호"처럼 값을 넣을 수 있습니다. name 필드를 value로 바꾸게 되면 다음과 같이 사용할 수도 있습니다.

```
@Friend(value = "구미호")  혹은  @Friend("구미호")
```

애너테이션 필드는 생략할 수 있습니다. 꼭 한 번 변경해보세요. 12라인에서 getAnnotation (Friend.class)로 Friend 애너테이션 정보를 가져와서 13라인에서 name 필드의 정보를 출력합니다. 이렇게 1개의 값을 애너테이션으로 보냈지만, 배열로 처리하고자 할 때는 다음과 같이 구현할 수 있습니다.

Sample17.java

```java
01  package chap14;
02
03  import java.lang.annotation.ElementType;
04  import java.lang.annotation.Retention;
05  import java.lang.annotation.RetentionPolicy;
06  import java.lang.annotation.Target;
07
08  @Friend1({"구미호", "둘리", "스누피"})
09  public class Sample17 {
10      public static void main(String[] args) {
11          Sample17 sample = new Sample17();
12          Friend1 friend1 = sample.getClass().getAnnotation(Friend1.class);
13          for(String friend : friend1.value()) {
14              System.out.printf("내 친구는 %s\n", friend);
15          }
16
17      }
18  }
19
20  @Retention(RetentionPolicy.RUNTIME)
21  @Target({ElementType.TYPE, ElementType.METHOD})
22  @interface Friend1 {
23      String[] value();
24  }
```

실행 결과

```
내 친구는 구미호
내 친구는 둘리
내 친구는 스누피
```

23라인에서 String[ ] 자료형으로 배열을 만들었습니다. 그래서 08라인에서 괄호({ })에 콤마를 넣어서 3개의 값을 배열로 넘겨서 출력해보았습니다. 이번에는 @Repeatable을 사용해서 애너테이션을 하나하나 넣어서 배열로 처리되게 해보겠습니다.

Sample18.java

```java
01  package chap14;
02
03  import java.lang.annotation.Repeatable;
04  import java.lang.annotation.Retention;
05  import java.lang.annotation.RetentionPolicy;
06  import java.util.Arrays;
07
08  @Friend2(name = "구미호")
09  @Friend2(name = "둘리")
10  @Friend2(name = "스누피")
11  public class Sample18 {
12      public static void main(String[] args) {
13          Sample18 sample = new Sample18();
14          Friends friends = sample.getClass().getAnnotation(Friends.class);
15
16          System.out.println("## Annotation info ##");
17          System.out.println("** Arrays.toString()");
18          System.out.println(Arrays.toString(friends.value()));
19
20          System.out.println("\n** for expression");
21          for(int i = 0; i < friends.value().length; i++) {
22           System.out.println(friends.value()[i]);
23          }
24
25          System.out.println("\n** Lambda & Stream");
26          Arrays.stream(friends.value()).forEach(System.out::println);
27
28          System.out.println("\n\n## Value info ##");
29          System.out.println("** for expression");
30          for(int i = 0; i < friends.value().length; i++) {
31              Friend2 friend = friends.value()[i];
32              System.out.println(friend.name());
33          }
34
35          System.out.println("\n** Lambda & Stream");
36          Arrays.stream(friends.value()).forEach(
37              v -> {
38                  System.out.println(v.name());
39              }
40          );
41      }
42  }
43
44  @Repeatable(Friends.class)
45  @interface Friend2 {
46      String name();
47  }
48
49  @Retention(RetentionPolicy.RUNTIME)
50  @interface Friends {
51      Friend2[] value();
52  }
```

실행 결과

```
## Annotation info ##
** Arrays.toString()
[@chap14.Friend2(name="구미호"), @chap14.Friend2(name="둘리"), @chap14.Friend2(name="스누피")]

** for expression
@chap14.Friend2(name="구미호")
@chap14.Friend2(name="둘리")
@chap14.Friend2(name="스누피")

** Lambda & Stream
@chap14.Friend2(name="구미호")
@chap14.Friend2(name="둘리")
@chap14.Friend2(name="스누피")


## Value info ##
** for expression
구미호
둘리
스누피

** Lambda & Stream
구미호
둘리
스누피
```

45라인에서 Friend2 애너테이션을 만들고 44라인에서 '@Repeatable'에 'Friends' 애너테이션을 값으로 넣습니다. Friends 애너테이션은 Friend2 객체를 배열로 만들었습니다. 그리고 이 배열을 value( ) 필드로 만들었습니다. 이렇게 만들어진 Friend2 애너테이션을 08~10라인에 한 개씩 연속으로 사용하여 값을 넣어서 출력하는 프로그램을 작성했습니다.

14.2 내장형 애너테이션(Build-in Annotation)

내장형 애너테이션은 Java에서 기본으로 제공하는 애너테이션입니다. JDK 1.5에서부터 JDK 1.8까지 버전별로 추가된 내장형 애너테이션을 하나하나 살펴보겠습니다.

14.2.1 @Override

JDK 1.5에서부터 제공하기 시작한 '@Override'은 다음과 같이 설정되어 있습니다.

```
@Target(ElementType.METHOD)
@Retention(RetentionPolicy.SOURCE)
public @interface Override { }
```

'@Override'은 메서드에 적용하는 애너테이션이고 소스코드 레벨에서 개발 가이드하는 용도이며 메서드가 오버라이드 대상이 아니면 에러를 발생시킵니다.

Sample19.java

```
01  package chap14;
02
03  public class Sample19 {
04
05      @Override
06      public String toString() {
07          return "Sample19";
08      }
09
10      @Override
11      public int toInteger() {
12          //The method toInteger() of type Sample19 must override or implement a supertype method
13          return 0;
14      }
15
16  }
```

11라인에서 toInteger( ) 메서드를 재구현하기 위해서 '@Override'을 붙였지만, 재구현 대상이 아니기 때문에 12라인의 에러 메시지가 출력됩니다(에러 메시지를 주석으로 적어놓았습니다.). '@Override'은 재구현 대상이 맞는지를 검증하는 용도로 개발 가이드 역할을 합니다.

14.2.2 @Deprecated

JDK 1.5에서부터 제공하기 시작한 '@Deprecated'입니다. 사용하지 않을 것을 권장할 때 사용합니다. '@Deprecated'이 붙여진 대상에는 이클립스 기준으로는 strike 문자열로 표시가 됩니다.

예

```java
@Deprecated
public String toString() {
return "Sample19";
}
```

toString( ) 메서드명 중간에 가로줄이 그어졌습니다. 하지만 사용하는 데는 문제가 없습니다. 권장하지 않는다는 의미입니다. '@Deprecated'을 살펴보겠습니다.

```java
@Documented
@Retention(RetentionPolicy.RUNTIME)
@Target(value={CONSTRUCTOR, FIELD, LOCAL_VARIABLE, METHOD, PACKAGE, MODULE, PARAMETER, TYPE})
public @interface Deprecated {
    /**
     * Returns the version in which the annotated element became deprecated.
     * The version string is in the same format and namespace as the value of
     * the {@code @since} javadoc tag. The default value is the empty
     * string.
     *
     * @return the version string
     * @since 9
     */
    String since() default "";
```

```
    /**
     * Indicates whether the annotated element is subject to removal in a
     * future version. The default value is {@code false}.
     *
     * @return whether the element is subject to removal
     * @since 9
     */
    boolean forRemoval() default false;
}
```

'@Documented'에 의해서 Javadoc의 API에도 표시가 되며 Runtime 시에 사용하는 애너테이션입니다. 대상은 모든 곳에 사용됩니다. 추가로 since( )와 forRemoval( ) 애너테이션 변수가 JDK 1.9에서부터 추가되었습니다. since( )는 더 이상 사용하지 않기 시작한 버전 정보를 담습니다. 그리고 forRemoval( )에는 향후 버전에서 제거 가능 여부에 대한 정보를 담습니다.

Sample20.java
```
01  package chap14;
02
03  public class Sample20 {
04
05      /**
06       * 버전 1.5부터는 toString( ) 메서드를 권장하지 않습니다.
07       * 추후 본 메서드는 제거될 수 있습니다.
08       */
09      @Deprecated(since="1.5", forRemoval=true)
10      public String toString() {
11          return "Sample20 []";
12      }
13
14  }
```

주석에 설명을 적은 데로 버전 1.5부터 권장하지 않는 메서드가 되었으며 forRemoval은 제거 여부 정보로 true이기 때문에 제거될 것이라는 정보를 표현한 것입니다.

14.2.3 @SuppressWarnings

JDK 1.5에서부터 제공하기 시작한 '@SuppressWarnings'입니다. 큰 문제는 아니지만, 개발 시에 발생하는 Warning 수준의 경고 메시지가 나타나지 않게 처리하는 기능이 있습니다. SupressWrnings 애너테이션 코드를 살펴보겠습니다.

```java
@Target({TYPE, FIELD, METHOD, PARAMETER, CONSTRUCTOR, LOCAL_VARIABLE, MODULE})
@Retention(RetentionPolicy.SOURCE)
public @interface SuppressWarnings {
    /**
     * The set of warnings that are to be suppressed by the compiler in the
     * annotated element.  Duplicate names are permitted.  The second and
     * successive occurrences of a name are ignored.  The presence of
     * unrecognized warning names is <i>not</i> an error: Compilers must
     * ignore any warning names they do not recognize.  They are, however,
     * free to emit a warning if an annotation contains an unrecognized
     * warning name.
     *
     * <p> The string {@code "unchecked"} is used to suppress
     * unchecked warnings. Compiler vendors should document the
     * additional warning names they support in conjunction with this
     * annotation type. They are encouraged to cooperate to ensure
     * that the same names work across multiple compilers.
     * @return the set of warnings to be suppressed
     */
    String[] value();
}
```

역시 RetentionPolicy.SOURCE로 되어 있습니다. 컴파일이나 실행될 때는 영향을 미치질 않습니다. 사용 방법은 다음과 같습니다.

```
@SuppressWarnings(옵션 문자열)
```

다음은 경고 메시지가 나타나지 않게 하는 대표적인 옵션들을 살펴보겠습니다.

- all: 모든 경고를 나타내지 않습니다.
- boxing: boxing/unboxing에 관련된 경고를 나타내지 않습니다.
- cast: 형 변환 연산자 관련 경고를 나타내지 않습니다.
- dep-ann: 사용하지 말아야 할 애너테이션 관련 경고를 나타내지 않습니다.
- deprecation: 사용하지 말아야 할 메서드 관련 경고를 나타내지 않습니다.
- fallthrough: switch 문에서의 break 누락 관련 경고를 나타내지 않습니다.
- finally: 반환하지 않는 finally 블록 관련 경고를 나타내지 않습니다.
- hiding: 변수를 숨기는 지역에 대한 경고를 나타내지 않습니다.
- null: null 관련 경고를 나타내지 않습니다.
- rawtypes: 제네릭을 사용하는 클래스 매개변수가 불특정일 때의 경고를 나타내지 않습니다.
- unchecked: 검증되지 않는 연산자 관련 경고를 나타내지 않습니다.
- unused: 사용하지 않는 변수와 관련하여 경고를 나타내지 않습니다.

경고성이 포함되어 있는 다음 소스코드를 살펴보겠습니다

```
package chap14;

import java.util.HashMap;
import java.util.Map;

public class Sample21 {

    public static void main(String[] args) {
        //The value of the local variable name is not used
        String name = "빵형";

        //HashMap is a raw type. References to generic type HashMap<K,V> should be parameterized
        Map map = new HashMap();

        //Type safety: The method put(Object, Object) belongs to the raw type Map.
        //References to generic type Map<K,V> should be parameterized
        map.put("key", "value");
    }
}
```

[그림 14-7] 이클립스에서 발생한 경고 표시

이클립스 왼쪽에 행 번호의 왼편에 전구 그림과 함께 느낌표 표시가 있습니다. 총 3개의 경고 표시가 발생했습니다. 해당 경고 메시지는 소스코드 바로 위에 주석으로 옮겨놓았습니다. 자세히 보면 경고 대상에 밑줄이 쳐져 있습니다.

10라인에 name은 소스코드에서 사용되지 않아서 발생했습니다. 13라인은 제네릭으로 타입을 정의하지 않았습니다. 17라인은 역시 자료형이 정해져 있지 않은 상태에서 자료를 파라미터로 넣으면서 경고가 발생했습니다. 이 경고를 표시하지 않게 '@SuppressWarnings'을 활용해서 수정해보겠습니다.

Sample22.java

```
 1 package chap14;
 2 
 3 import java.util.HashMap;
 5 
 6 public class Sample22 {
 7 
 8     @SuppressWarnings({ "unused", "rawtypes", "unchecked" })
 9     public static void main(String[] args) {
10 
11         String name = "빵형";
12 
13         Map map = new HashMap();
14 
15         map.put("key", "value");
16     }
17 
18 }
```

[그림 14-8] 애너테이션에 의한 이클립스에서 발생한 경고 표시 제거

08라인에 3가지 경우의 경고를 나타내지 않게 하였습니다. 11라인과 13라인, 15라인에 있어야 할 경고 표시가 없어졌습니다. 경고 내용을 직접 입력하는 것이 아니라 이클립스에서 마우스 클릭 몇 번으로 자동 입력이 됩니다.

14.2.4 @SafeVarargs

JDK 1.7에서부터 제공된 '@SafeVarargs'은 제네릭 타입의 가변 인자 사용으로 어떤 자료형이 몇 개가 어떻게 들어오는지 알 수 없을 때 어떠한 유해한 작업이 존재하지 않다고 알림으로써 경고 메시지를 표시하지 않는 애너테이션입니다.

```
@Documented
@Retention(RetentionPolicy.RUNTIME)
@Target({ElementType.CONSTRUCTOR, ElementType.METHOD})
public @interface SafeVarargs {}
```

'@SafeVarargs'은 실행 중에 작동하며 애너테이션의 사용은 다음에 한하여 사용할 수 있습니다.

- final instance methods
- static method
- private instance methods

예제 코드로 사용 예를 살펴보겠습니다.

Sample23.java
```
01  package chap14;
02
03  public class Sample23<T> {
04
05      //Potential heap pollution via varargs parameter toAdd
06      @SafeVarargs
07      public final void safe(T... toAdd) { }
08
09      @SafeVarargs
10      public static void safe(int... toAdd) { }
11
12      @SafeVarargs
13      private void safe2(T... toAdd) { }
14
15  }
```

07라인은 final을 사용하여 제네릭 타입의 가변 인자로 메서드를 만들었습니다. 10라인은 static을 사용하여 제네릭 타입의 가변 인자로 메서드를 만들었습니다. 13라인은 접근 제어자를 'private'으로 한 메서드를 만들었습니다.

14.2.5 @FunctionalInterface

JDK 1.8에서 추가된 '@FunctionalInterface'은 함수형 인터페이스라는 것을 의미하며 [16장 람다식(Lambda expression)]에서 자세히 다룹니다.

```
@Documented
@Retention(RetentionPolicy.RUNTIME)
@Target(ElementType.TYPE)
public @interface FunctionalInterface {}
```

14.3 커스텀 애너테이션(Custom Annotation)

지금까지는 Java에서 제공한 애너테이션인 메타 애너테이션과 내장형 애너테이션에 관해 학습했습니다. 메타 애너테이션으로 만들어진 내장형 애너테이션 외에 개발자가 필요로 하는 간단한 애너테이션을 만들어 보겠습니다. 애너테이션을 생성하는 것을 애너테이션 타입을 생성한다고 합니다. 기본 형태부터 확인해보겠습니다.

> **애너테이션 타입 선언 방법**
>
> ```
> @interface [애너테이션 명] {
>     (자료형) 변수명();
>     …
> }
> ```

애너테이션에 사용하는 변수는 없을 수도 있고 많을 수도 있습니다. 메서드는 들어올 수 없습니다. [9.2 인터페이스(Interface)]에서 배운 내용과는 비슷하지만, 멤버 변수인 필드 정보만 애너테이션에 넣을 수 있습니다. 필드의 뒤에는 괄호를 꼭 붙여야 합니다. 다음은 애너테이션 타입 생성의 예입니다.

애너테이션 타입 생성

```
@interface MyAnnotation {
String value() default "home";
}
```

MyAnnotation 애너테이션은 value라는 필드를 갖고 있으며 value의 값을 정의하지 않으면 "home"을 기본값으로 value 변수에 값이 들어갑니다. [14.1.5 @Repeatable]에서 애너테이션을 통해서 값을 읽어오고 배열로 읽어오고 반복적으로 읽어왔습니다.

다음은 'MaxLength'라는 애너테이션을 만들어서 문자열 필드에 길이 제한을 두고 길이가 초과되면 초과되었다는 메시지를 출력하는 애너테이션을 만들어 보겠습니다.

Sample24.java

```
01  package chap14;
02
03  import java.lang.annotation.Retention;
04  import java.lang.annotation.RetentionPolicy;
05  import java.lang.reflect.Field;
06
07  import lombok.AllArgsConstructor;
08  import lombok.Getter;
09  import lombok.Setter;
10
11  @Retention(RetentionPolicy.RUNTIME)
12  @interface MaxLength {
13      int value() default 0;
14  }
15
16  @Getter
17  @Setter
18  @AllArgsConstructor
19  class Score {
20      @MaxLength(5)
21      public String name;
22      public int    no;
23      public int    korean;
24      public int    english;
25      public int    math;
26  }
27
28  public class Sample24 {
29      public static void main(String[] args) throws Exception {
30          Validator checker = new Validator();
```

```java
31        Score score = new Score("bbanghyung", 1, 20, 30, 100);
32        checker.excute(score);
33    }
34 }
35
36 class Validator {
37     public void excute(Score score) throws Exception {
38         //Score 객체의 모든 필드를 가져온다. 단, 접근제어자가 public에 한한다.
39         Field[] fields = score.getClass().getFields();
40         for(Field field : fields) {
41             //MaxLength 애너테이션이 있는지 확인한다.
42             if (field.isAnnotationPresent(MaxLength.class)) {
43                 MaxLength anno = field.getAnnotation(MaxLength.class);
44                 int AnnoMax = anno.value();
45                 int NameMax = field.get(score).toString().length();
46                 if(NameMax > AnnoMax)
47                     System.out.printf("%s 필드의 최대 글자수는 %d자 입니다. 입력한 문자[%s]\n"
48                         , field.getName(), AnnoMax, field.get(score).toString());
49             }
50         }
51     }
52 }
```

실행 결과

name 필드의 최대 글자수는 5자 입니다. 입력한 문자[bbanghyung]

12라인을 보면 MaxLength라는 애너테이션 타입을 생성했습니다. 여기엔 value라는 변수를 갖는 정수형으로 기본값으로는 0을 갖는 변수입니다. 11라인에서 정의했듯이 실행 중에도 애너테이션이 유지됩니다.

19라인에는 Score 참조 객체를 만들었습니다. 멤버 변수로 name을 문자열로 등록해놓고 여기에 @MaxLength을 적용했습니다. 괄호 안에 숫자는 5로 MaxLength 애너테이션의 변수가 value( )일 경우에는 애너테이션을 적용하면서 변수명에 값을 넣을 때 @MaxLength(value = 5)라고 안 하고 @MaxLength(5)라고 해도 똑같이 실행됩니다.

29라인에서 main( ) 메서드에서 Validator 객체를 생성하고 Score 객체에 값을 넣어서 생성한 후 Validator를 통해서 애너테이션을 읽어서 검수하는 로직이 실행됩니다. @MaxLength을 검증하는 Validator 클래스를 살펴보면 39라인에서 인자로 넘어온 Score 객체로부터 필드 정보를 모두 가져옵니다. 단, public 접근 제어자를 갖는 변수 정보만 얻을 수 있음에 주의해야 합니다.

가져온 모든 필드를 40라인에서 반복문으로 하나하나 꺼내어 애너테이션에서 정의된 MaxLength의 value( ) 값을 얻어와서 name 변수에 입력된 길이와 비교하여 value( ) 값보다 name 값의 길이가 더 크면 47라인에서 문구를 출력합니다. 29라인과 37라인을 보면 throws Exception이라는 낯선 단어가 보이더라도 그냥 넘어가세요. 자세한 내용은 [18장 예외 처리]에서 학습합니다.

이번엔 클래스의 메서드에 정의된 애너테이션을 읽고 애너테이션의 정보를 이용하여 메서드를 실행시켜보겠습니다.

Sample25.java

```
01  package chap14;
02
03  import java.lang.annotation.ElementType;
04  import java.lang.annotation.Retention;
05  import java.lang.annotation.RetentionPolicy;
06  import java.lang.annotation.Target;
07  import java.lang.reflect.Method;
08
09  @Retention(RetentionPolicy.RUNTIME)
10  @Target(ElementType.METHOD)
11  @interface Autowired {
12      String value();
13  }
14
15  class GreetingService {
16      @Autowired("Cheol-su")
17      public void greeting(String name){
18          System.out.println("Hello, " + name);
19      }
20  }
21
22  public class Sample25 {
23      public static void main(String[] args) throws Exception {
24          GreetingService service = new GreetingService();
25          Method method = service.getClass().getMethod("greeting", String.class);
26          if(method.isAnnotationPresent(Autowired.class)){
27              Autowired anno = method.getAnnotation(Autowired.class);
```

```
28              method.invoke(service, anno.value());
29          }
30      }
31  }
32
```

실행 결과

```
Hello, Cheol-su
```

11라인에서 Autowired라는 애너테이션을 만들었습니다. 15라인에서 GreetingService라는 클래스에 greeting( ) 메서드를 살펴보면 value( )의 값으로 'Cheol-su'를 갖고 있습니다. 24라인에서 GreetingService 클래스 객체를 생성하고 25라인에서 greeting( ) 정보를 얻어오면서 매개변수 정보인 Strig.class 자료형을 정의합니다.

이 메서드에 Autowired 애너테이션이 있는지 26라인에서 확인한 후, 있으면 28라인에서 invoke( ) 메서드를 통해서 service 객체의 메서드인 greeting( ) 메서드를 호출하며 애너테이션의 value( ) 값을 매개변수로 넘겨서 18라인의 println( ) 메서드로 결과가 출력됩니다.

연습 문제

1. 자바 코드가 실행 중에 필드에 적용되는 '@Test1'을 작성하세요.

정답)

Test1.java

```java
package chap14;

import java.lang.annotation.ElementType;
import java.lang.annotation.Retention;
import java.lang.annotation.RetentionPolicy;
import java.lang.annotation.Target;

@Retention(RetentionPolicy.RUNTIME)
@Target(ElementType.FIELD)
@interface Test1 { }
```

2. 소스코드에서 필드의 값이 null 값을 체크하여 null인 필드가 있다면 메시지를 출력하는 코드를 작성하세요.

예) 2개의 필드를 갖는 클래스를 작성하고 '@NullCheck' 애너테이션을 만들고 null을 체크하는 코드를 작성하세요.

```java
@NullCheck
String a;

@NullCheck
String b;
```

정답)

Test2.java

```java
package chap14;

import java.lang.annotation.ElementType;
import java.lang.annotation.Retention;
import java.lang.annotation.RetentionPolicy;
import java.lang.annotation.Target;
import java.lang.reflect.Field;

import lombok.AllArgsConstructor;
import lombok.ToString;

@Retention(RetentionPolicy.RUNTIME)
@Target(ElementType.FIELD)
@interface NullCheck { }

@AllArgsConstructor
@ToString
public class Test2 {
    @NullCheck
    public String a;

    @NullCheck
    public String b;

    public static void main(String[] args) throws Exception {
        Test2 test = new Test2("apple", null);
        test.nullCheck(test);
    }

    public void nullCheck(Test2 obj) throws Exception {
        Field[] fields = obj.getClass().getFields();
        for(Field field : fields) {
            //@NullCheck 애너테이션이 있는지 확인한다.
            if (field.isAnnotationPresent(NullCheck.class)) {
                NullCheck anno = field.getAnnotation(NullCheck.class);
                String nullStr = anno.toString();
                if(field.get(obj) == null) {
                    System.out.printf("%s 필드의 값이 null 입니다.\n",field.getName());
                }
            }
        }
    }
}
```

실행 결과

```
b 필드의 값이 null입니다.
```

Chapter 15

15장 | 정규 표현식(Regular Expression)

정규 표현식은 정규식이라고도 하며 특정한 규칙을 가진 문자열의 집합을 표현하는데 사용하는 형식 언어입니다. 말이 어려울 수 있는데 특정한 규칙을 가진 문자열이라는 말을 주목하면 이해하기 쉽습니다. 우리가 자주 사용하는 말로 패턴이라고 하면 더 쉽게 다가올 수 있을 것 같습니다. 수많은 문자열이나 서버 로그, 많게는 빅데이터의 데이터로부터 특정한 규칙으로 데이터를 추출할 때도 많이 사용됩니다.

- 비교 확인
- 치환

정규 표현식은 대부분 언어가 제공하고 있는 기능으로 정규 표현식에서 사용하는 표현식은 크게 다르지 않습니다. 정규 표현식은 주로 표현한 표현식이 규칙에 맞는지와 치환할 경우에 사용합니다. Java에서는 JDK 1.4부터 정규 표현식을 제공합니다. 표현식 일부를 확인해보겠습니다.

표현식

표현식	설명
^	문자열의 시작부터
$	문자열의 종료까지
.	줄바꿈을 제외한 임의의 한 문자
?	바로 앞에 문자가 없거나 한 문자가 있을 때
*	바로 앞에 문자가 없거나 하나 이상 있을 때
+	바로 앞에 문자가 하나 이상 있을 때
[^]	^ 이후의 괄호안 형식을 제외한 문자
[ ]	[ ]안의 형식을 일치하는 문자열
{ }	{ }앞 문자열의 반복 개수(예: ab{2,} (2개이상), ab{1,2} 1부터 2까지)
( )	( )안의 내용을 하나의 묶음으로 처리

표현식	설명
|	OR 연산
[0-9]	0부터 9까지의 숫자
[a-z]	소문자 소문자
[a-zA-Z]	영어 대소문자
\s	모든 공백 문자
\S	모든 공백 문자를 제외
\d	[0-9]와 동일
\D	[0-9]를 제외한 문자
\w	[0-9a-zA-Z] 와 동일(알파벳 대소문자, 숫자)
\W	[0-9a-zA-Z]를 제외한 문자

표현식은 더 많이 있으나 기본적인 표현식만 소개했습니다. 이 정도의 표현식이 능숙해지면 나머지는 인터넷 검색으로도 충분히 학습할 수 있습니다. 이번 장에서는 자바에서 제공하는 정규 표현식을 배워보겠습니다.

15.1 검색

개발할 때 요구사항 중에 '대문자로만 입력하게 해주세요', '소문자만 입력하게 해주세요', '숫자만 입력하게 해주세요' 등 다양한 요구사항이 있습니다. 이때 간단하게 입력을 제한하는 방법을 소개합니다. 먼저 숫자만 허용하도록 정규 표현식으로 확인해보겠습니다.

Sample01.java

```java
01  package chap15;
02
03  import java.util.regex.Matcher;
04  import java.util.regex.Pattern;
05
06  public class Sample01 {
07
08      public static void main(String[] args) {
09          //대상 문자열
```

```
10              String str = "1234567890";
11
12              Pattern p = Pattern.compile("^[0-9]*$");
13              Matcher m = p.matcher(str);
14
15              System.out.println(m.find());
16          }
17      }
```

실행 결과

```
true
```

10라인에서 대상 문자열을 숫자로만 구성했습니다. 12라인에서 문자열의 첫 문자부터 매칭 시작을 알리는 '^'를 넣고 맨 뒤에 '$'로 문자열 마지막까지 매칭한다고 정했습니다. 시작과 끝을 정하지 않으면 중간에 조건이 맞는 문자열이 나오면 무조건 true라는 결과가 나오게 됩니다. 그리고 [ ] 뒤에 '*'는 괄호 안의 패턴이 여러 번 반복한다는 것을 뜻합니다.

[ ] 안에는 '0-9'까지 숫자만 올 수 있다는 표현식입니다. Pattern 객체에 정규 표현식 [^[0-9]*$]를 정의하여 Matcher 객체를 이용해서 문자열 str과 Pattern을 매칭해서 정규 표현식의 결과를 boolean으로 출력합니다. 조합해보면 문자열의 처음과 끝까지 숫자만 여러 번 반복되는 문자열이면 true이고 숫자가 아닌 문자가 들어오면 false가 나온다는 식입니다.

13라인에서 문자열과 표현식을 매칭해서 15라인에서 결과를 출력합니다. 10라인의 대상 문자열을 바꿔서 입력도 해봅니다. 바로 10라인 대상 문자열 맨 뒤에 문자인 'a'를 다음과 같이 붙인 뒤에 실행하여 'false'가 출력되면 정규 표현식대로 잘 처리된 것입니다.

```
String str = "1234567890a"; //맨 뒤에  'a'를 붙인 뒤 실행하면

실행 결과는 'false'로 나온다.
```

이렇게 Pattern과 Matcher 객체를 이용해서 하는 방법도 있고 String 객체에서 제공하는 메서드도 있습니다.

String 객체의 matches( ) 메서드 API

반환자료형	메서드	설명
boolean	**matches(String** regex**)**	인자로 넘어온 정규 표현식과 일치하는지 여부를 판단합니다.

String 객체의 메서드인 matches( )를 이용해서 소스코드를 수정해보겠습니다.

Sample02.java
```java
package chap15;

public class Sample02 {

    public static void main(String[] args) {
        //대상 문자열
        String str = "1234567890";
        System.out.println(str.matches("^[0-9]*$"));
    }
}
```

실행 결과
```
true
```

str인 String의 인스턴스 자체에 문자열이 있으니 필요한 정규 표현식을 matches( ) 메서드를 통해서 매칭을 하니 바로 결과를 얻을 수가 있습니다. 정규 표현식 정보를 갖는 Pattern과 이를 비교하는 Matcher는 String 객체에서 한 번에 처리되어 소스코드가 더욱더 간결해졌습니다.

이번엔 조금 더 패턴을 추가해보겠습니다. **대문자와 숫자만 입력하는 6자리의 문자열**을 입력해보겠습니다. 먼저 전체 문자열이니까 '^'와 '$'로 끝나야 합니다. 그리고 입력하는 문자열은 숫자와 대문자이니까 [0-9A-Z]이고, 6자리이니까 {6}이 됩니다. 합쳐보면 완성된 정규 표현식은 다음과 같습니다.

```
^[0-9A-Z]{6}$
```

표현식이 이해가 되나요? 그럼 한 번 실행해보겠습니다. 이번에는 배열을 이용해서 String에서 제공하는 matches( ) 메서드를 활용하여 비교해보겠습니다.

Sample03.java

```java
01  package chap15;
02
03  public class Sample03 {
04
05      public static void main(String[] args) {
06          //대상 문자열
07          String[] str = {"ASDF12", "123456", "QWERTY", "as45aa", "567jkl"};
08          String regex = "^[0-9A-Z]{6}$";
09          for(String data : str) {
10              System.out.printf("%s \t %b\n", data, data.matches(regex));
11          }
12      }
13  }
```

실행 결과

```
ASDF12     true
123456     true
QWERTY     true
as45aa     false
567jkl     false
```

정규 표현식에 맞는 문자열은 true가 나오고 표현식에 부합하면 false가 나오는 것을 확인할 수 있습니다. 모든 숫자를 나타낼 때 [0-9]라고 입력합니다. 혹시 [9-0]이라고 입력하게 되면 아스키 순번에 의해서 오류가 발생하며 영문도 마찬가지입니다.

> **Tip | 정규표현식 대상의 글자수**
>
> 한 개의 문자만 확인하는 게 아니라면 {}를 활용해서 개수 제한하는 것을 잊지 말아야 합니다. 아니면 *를 해서 연속 문자임을 알려줘야 합니다. 그렇지 않으면 1개의 문자만 확인하고 true나 false 값을 반환합니다.

다음은 '.com'으로 끝나는 이메일 정보만 골라서 출력하는 프로그램을 작성해보겠습니다. '@' 문자 앞에 오는 계정은 영어 대소문자와 숫자를 사용할 수 있고 '@' 문자 뒤에 오는 서버 네임도 똑같이 영어와 숫자로 이루어집니다. 끝으로 '.com'으로 끝나는 정규 표현식 조합으로 만들면 다음과 같습니다.

```
([\\w]*@[\\w]*(.com))
```

Java 코드에서는 역슬래시를 작성하려면 역슬래시를 2번 연속으로 입력해야 역슬래시로 인식합니다. 조건을 대괄호([ ])로 묶어서 '*'로 여러 번 반복한다고 정의했습니다. 그리고 전체를 괄호( )로 묶어서 이것이 하나라고 표현했습니다. 이 정규 표현식을 이용해서 프로그램을 구현해보겠습니다.

Sample04.java

```java
01  package chap15;
02
03  import java.util.regex.Matcher;
04  import java.util.regex.Pattern;
05
06  public class Sample04 {
07      public static void main(String[] args) {
08          // .com으로 된 이메일을 배열로 찾으세요
09          String target = "sample@sample.com,test@test.co.kr,example@example.com,"
10                        + "school@school.net,apple@apple.org";
11
12          String regex = "([\\w]*@[\\w]*.com)";
13
14          Pattern pattern = Pattern.compile(regex);
15          Matcher matcher = pattern.matcher(target);
16
17          while(matcher.find()) {
18              System.out.println(matcher.group());
19          }
20      }
21  }
```

실행 결과

```
sample@sample.com
example@example.com
```

09~10라인이 대상 이메일 목록입니다. 12라인은 정규 표현식을 정의하였고, 17라인에서 정규 표현식에 맞는 텍스트를 검색하면 18라인에서 출력을 반복해서 합니다. 다음은 URL에서 맨 마지막 파일명만 추출해보겠습니다.

```
https://docs.oracle.com/en/java/javase/13/docs/api/java.base/java/lang/String.html
```

맨 마지막에 'String.html'을 추출해야 하는데 어떻게 해야 할까요? String.html 앞에 '/'로 끝나는 문자열을 제거하면 됩니다.

Sample05.java

```java
01  package chap15;
02
03  import java.util.regex.Matcher;
04  import java.util.regex.Pattern;
05
06  public class Sample05 {
07      public static void main(String[] args) {
08          String url = "https://docs.oracle.com/en/java/javase/13/docs/api/java.base/java/lang/String.html";
09
10          String regex = "\\w+.html";
11
12          Pattern pattern = Pattern.compile(regex);
13          Matcher matcher = pattern.matcher(url);
14
15          while(matcher.find()) {
16              System.out.println(matcher.group());
17          }
18      }
19  }
```

실행 결과

```
String.html
```

10라인의 정규 표현식을 살펴보면 'Ww' 혹은 '\w'는 모든 알파벳 대소문자와 숫자를 말하며 '+'는 바로 앞의 문자가 하나 이상 있을 경우를 말합니다. 그리고 '.html' 문자로 끝나는 문자열을 찾습니다. 그럼 모든 문자열과 다음에 '.html'로 끝나는 문자열을 찾아봅시다.

중간에 '/'가 있어서 다 해당하지 않고, 'docs.oracle.com'처럼 마침표를 찾았지만, 마침표 다음에 'html'이 아니라서 대상이 되질 않습니다. 그리고 맨 마지막이 '/' 다음에 'String.html'이 나옵니다. '\w'는 알파벳과 숫자만 해당하므로 '/'는 빼고 'String'과 다음에 오는 '.html'이 조건에 맞아서 'String.html'이 출력되었습니다.

이번엔 'OR 연산'인 '|'로 검색해보겠습니다. [Sample04.java]에서 이메일 주소 중에 '.com'으로 끝나는 이메일을 출력하는 예제가 있었습니다. 이번에는 '.com'과 '.net'으로 끝나는 이메일을 OR 연산으로 출력해보겠습니다.

Sample06.java

```java
package chap15;

import java.util.regex.Matcher;
import java.util.regex.Pattern;

public class Sample06 {

    public static void main(String[] args) {
        // '.com'과 '.net'으로 된 이메일 찾아서 출력하세요
        String target = "sample@sample.com,test@test.co.kr,example@example.com,"
                + "school@school.net,apple@apple.org";

        String regex = "([\\w]*@[\\w]*(.com|.net))";

        Pattern pattern = Pattern.compile(regex);
        Matcher matcher = pattern.matcher(target);

        while(matcher.find()) {
            System.out.println(matcher.group());
        }
    }
}
```

실행 결과

```
sample@sample.com
example@example.com
school@school.net
```

13라인의 '(.com|.net)' 부분이 중요합니다. '.com'이나 '.net'으로 끝나는 문자열을 갖는 이메일 주소만 검색하게 됩니다. OR 연산에 대한 개념은 [4장 연산자]에서 배웠으니 따로 설명하지 않겠습니다.

15.2 치환

문자열에는 특정 문자열을 찾아서 모두 치환하는 String 클래스의 replaceAll( ) 메서드가 있습니다. 이때 찾고자 하는 대상을 정규식으로 찾아서 치환하는 방법을 배워보겠습니다.

String 객체의 replaceAll( ) 메서드 API

반환자료형	메서드	설명
String	replaceAll(String regex, String replacement)	지정된 정규 표현식이나 문자열과 일치하는 문자열을 변경할 문자열로 바꿉니다.

[Sample03.java]를 재사용해서 배열에 있는 데이터에서 숫자가 아닌 값을 모두 제거하는 프로그램을 작성해보겠습니다. 여기서 주목할 부분은 [숫자가 아닌 값]입니다. 정규 표현식으로는 '[^0-9]'로 표현합니다.

Sample07.java

```java
package chap15;

public class Sample07 {

    public static void main(String[] args) {
        //대상 문자열
        String[] str = {"ASDF12", "123456", "QWERTY", "as45aa", "567jkl"};
        String regex = "[^0-9]";

        for(String data : str) {
            System.out.printf("%s \t %S\n", data, data.replaceAll(regex, ""));
        }
    }
}
```

실행 결과

```
ASDF12      12
123456      123456
QWERTY
as45aa      45
567jkl      567
```

08라인에서 '[^0-9]'로 '0-9'는 모든 숫자를 뜻하지만 바로 앞에 '^'이 붙어서 '이를 제외한다'라는 뜻이 되어 '^0-9'는 모든 숫자를 제외한다고 괄호([ ])로 묶어서 표현했습니다. 치환할 경우 특정 문자열을 정해서 일일이 구현해야 하는데 정규 표현식을 알면 한 줄로도 많은 내용을 담아서 치환할 수 있습니다.

String 객체의 substring( ) 메서드 API

반환자료형	메서드	설명
String	substring(int beginIndex)	문자열의 매개변수 값의 위치부터 문자열을 반환합니다.
String	substring(int beginIndex, int endIndex)	문자열의 매개변수 값의 범위 안의 위치에 대한 문자열을 반환합니다.

String 객체에서 제공하는 substring( ) 메서드를 통해서 치환하는데 글자 위치 정보를 통해서 특정 위치에 있는 문자열을 반환하여 필요한 문자열만 취할 수 있습니다. 다음은 주민등록번호를 검색해서 뒷번호 앞 4자리를 모두 '*'로 치환하는 프로그램을 구현해보겠습니다.

Sample08.java

```java
01  package chap15;
02
03  import java.util.regex.Matcher;
04  import java.util.regex.Pattern;
05
06  public class Sample08 {
07
08      public static void main(String[] args) {
09          String no = "주민등록 번호 : 010101-2345879 "
10                  + "주민등록 번호 : 020202-4567890";
11          String regex = "[0-9]{6}-[0-9]{7}";
12          Pattern pattern = Pattern.compile(regex);
13          Matcher matcher = pattern.matcher(no);
```

```
14
15          while(matcher.find()) {
16              System.out.print(matcher.group() + " -> ");
17              String newNo = matcher.group().substring(0, 7)
18                          + "****"
19                          + matcher.group().substring(11);
20              System.out.println(newNo);
21          }
22      }
23
24  }
```

실행 결과

```
010101-2345879 -> 010101-****879
020202-4567890 -> 020202-****890
```

주민등록번호의 패턴을 숫자 6자리와 '-' 그리고 숫자 7자리 총 14자리의 패턴을 정규 표현식으로 [0-9]{6}-[0-9]{7}로 간단히 정의하였습니다. 15라인에서 정규 표현식과 매칭된 문자열을 find( ) 메서드를 통해서 찾아온 주민등록번호에서 앞자리 7자리를 얻어오고 주민등록번호 뒷자리 7자리 중 앞 4자리를 '****'로 붙이고 나머지 뒷자리 3자리만 붙여서 실행 결과와 같이 출력했습니다. 다음 문장에서 '새'를 찾아서 대괄호([ ])로 찾은 문자열을 강조하여 출력해보겠습니다.

> 닭아 닭아 우지 마라 네가 울면 날이 새고 날이 새면 나 죽는다.

특정 위치의 문구를 찾아서 해당 위치 정보를 얻는 API를 확인해보겠습니다.

Matcher 객체의 일부 메서드 API

반환자료형	메서드	설명
int	start( )	이전 일치의 시작 인덱스를 반환합니다.
int	end( )	마지막 문자가 일치한 인덱스를 반환합니다.

Matcher 객체의 start( )와 end( ) 메서드를 활용해서 검색된 문자열을 대괄호를 이용하여 강조할 수 있게 치환해보겠습니다.

Sample09.java

```java
package chap15;

import java.util.regex.Matcher;
import java.util.regex.Pattern;

public class Sample09 {

    public static void main(String[] args) {
        String str = "닭아 닭아 우지 마라 네가 울면 날이 새고 날이 새면 나 죽는다.";
        String ret = "";
        int startIdx = 0;
        Pattern pattern = Pattern.compile("새");
        Matcher matcher = pattern.matcher(str);

        while(matcher.find()) {
            ret += str.substring(startIdx, matcher.start())
                + "[" + matcher.group() + "]";
            startIdx = matcher.end();   //마지막 문자열 위치를 기억한다.
        }
        //마지막 검색 이후의 문자열을 더한다.
        if(startIdx < str.length()) {
            ret += str.substring(startIdx);
        }
        System.out.println(str);
        System.out.println(ret);
    }
}
```

실행 결과

```
닭아 닭아 우지 마라 네가 울면 날이 새고 날이 새면 나 죽는다.
닭아 닭아 우지 마라 네가 울면 날이 [새]고 날이 [새]면 나 죽는다.
```

11라인의 정수형 변수 startIdx는 문자열의 처음 위치인 0번 값을 초기에 갖게 되고 찾고자 하는 정규 표현식이나 문자열이 탐색 되면 해당 문자열의 마지막 글자의 위칫값을 기억했다가 다음 탐색 시작 위치를 기억하게 됩니다.

16라인에서 start( ) 메서드로 검색된 문자열의 첫 위치까지 문자열을 더하고 end( ) 메서드의 검색된 마지막 문자열 위치까지의 문자열 앞과 뒤에 대괄호([ ])를 넣습니다. 이후 반복하여 실행 결과와 같이 출력합니다. 끝으로 알파벳 대문자와 소문자 그리고 숫자에 관한 이야기는 있지만, 한글에 관한 이야기는 없었습니다. 한글 입력을 제한하는 경우에 많이 사용하는 정규 표현식에 대해서 알아보겠습니다.

```
[ㄱ-ㅎㅏ-ㅣ|가-힣]
```

자음부터 모음 그리고 '가'부터 '힣'까지 한글의 모든 경우의 수를 정규 표현식으로 작성했습니다. 이 정규 표현식을 이용해서 한글이 포함되었는지 확인하는 프로그램을 작성해보겠습니다.

Sample10.java

```java
package chap15;

import java.util.regex.Matcher;
import java.util.regex.Pattern;

public class Sample10 {

    public static void main(String[] args) {
        String str1 = "나는 소년입니다";
        String str2 = "I am a boy";
        Pattern pattern = Pattern.compile("[ㄱ-ㅎㅏ-ㅣ|가-힣]");
        Matcher m1 = pattern.matcher(str1);
        Matcher m2 = pattern.matcher(str2);

        System.out.println("[" + str1 + "] 한글이 포함되었나요? " + m1.find());
        System.out.println("[" + str2 + "] 한글이 포함되었나요? " + m2.find());
    }
}
```

실행 결과

```
[나는 소년입니다.] 한글이 포함되었나요? true
[I am a boy] 한글이 포함되었나요? false
```

11라인에서 한글에 대한 정규 표현식을 넣어서 09라인과 10라인의 문자열을 검색하여 한글이 있는지의 여부를 출력하는 프로그램입니다. 실제로 한글을 입력하면 안 되는 경우에 유효성 검사를 할 때 많이 사용하는 정규 표현식입니다.

연습 문제

1. 정규 표현식을 이용하여 이메일을 확인하는 정규 표현식을 작성하세요.

> **조건**
>
> 이메일 계정은 숫자나 소문자만 들어올 수 있다.
> 이메일 계정과 URL은 '@'로 구분한다.
> URL은 URL 규칙에 따른다.

정답)

```
^[_a-z0-9-]+(.[_a-z0-9-]+)*@(?:\\w+\\.)+\\w+$
```

2. 정규 표현식을 이용하여 휴대폰 번호를 확인하는 정규 표현식을 작성하세요.

> **조건**
>
> 휴대폰 번호는 숫자로만 이루어진다.
> 휴대폰 번호는 (3자리)-(3 또는 4자리)-(4자리)로 이루어진다
> 앞 3자리는 010, 011, 016, 017, 018, 019만 올 수 있다.

정답)

```
^[01(?:0|1|[6-9])[-]([0-9]{3}|[0-9]{4})[-][0-9]{4}]$
```

3. 다음 로그파일(Log file)의 일부에서 정규 표현식을 활용해서 휴대폰 번호를 모두 수집하여 배열에 담아서 출력하는 프로그램을 작성하세요.

Log

홍길동 010-1111-2222^고길동 011-222-2222^도우너016-2513-4574^또치 019-7777-0114^둘리 010-7777-7777

Tip | 로그파일

컴퓨팅에서 로그파일(log file)은 운영체제나 다른 소프트웨어가 실행 중에 발생하는 이벤트나 각기 다른 사용자의 통신 소프트웨어 간의 메시지를 기록한 파일이다. 로그를 기록하는 행위를 로깅(logging)이라고 한다.

정답)

Test3.java

```java
package chap15;

import java.util.ArrayList;
import java.util.List;
import java.util.regex.Matcher;
import java.util.regex.Pattern;

public class Test3 {

    public static void main(String[] args) {
        List list = new ArrayList<String>();
        
        //대상 문자열
        String str   = "홍길동 010-1111-2222^고길동 011-222-2222^도우너016-2513-4574^또치 019-7777-0114^둘리 010-7777-7777";
        String regex = "[[01(?:0|1|[6-9])[-]([0-9]{3}|[0-9]{4})[-][0-9]{4}]]*";
        
        Pattern p = Pattern.compile(regex);
        Matcher m = p.matcher(str);
        
        while (m.find()) {
            if(!"".equals(m.group())) list.add(m.group());
        }
        System.out.println(list.toString());
    }
}
```

실행 결과

[010-1111-2222, 011-222-2222, 016-2513-4574, 019-7777-0114, 010-7777-7777]

4. 보기와 같이 키보드로부터 이름을 한글로만 입력받는 무한 반복 프로그램을 작성하되 '0'을 입력하면 프로그램을 종료하는 코드를 작성하세요. 단, 영어나 숫자가 포함되어 있으면 '한글로만 입력하세요'라는 문구를 출력하세요.

보기

한글로만 이름을 입력하세요: alice
한글로만 입력해주세요
한글로만 이름을 입력하세요: 엘리스
모두 한글입니다.
한글로만 이름을 입력하세요: 0
종료합니다.

정답)

Test4.java

```java
package chap15;

import java.util.Random;
import java.util.Scanner;
import java.util.regex.Matcher;
import java.util.regex.Pattern;

public class Test4 {

    public static void main(String[] args) {
        Random random = new Random();
        Scanner sc = new Scanner(System.in);
        System.out.print("한글로만 이름을 입력하세요 : ");
        while(sc.hasNext()) {
            String name = sc.next();
            if("0".equals(name)) {
                System.out.println("종료합니다.");
                return;
            }
```

```
20          Pattern pattern = Pattern.compile("^[ㄱ-ㅎ|ㅏ-ㅣ|가-힣]*$");
21          Matcher matcher = pattern.matcher(name);
22          if(matcher.find()) {
23              System.out.println("모두 한글입니다.");
24          }
25          else {
26              System.out.println("한글로만 입력해주세요");
27          }
28          System.out.print("한글로만 이름을 입력하세요 : ");
29      }
30  }
31
32 }
```

실행 결과

```
한글로만 이름을 입력하세요 : alice
한글로만 입력해주세요
한글로만 이름을 입력하세요 : dooly
한글로만 입력해주세요
한글로만 이름을 입력하세요 : 둘리
모두 한글입니다.
한글로만 이름을 입력하세요 : 엘리스
모두 한글입니다.
한글로만 이름을 입력하세요 : 0
종료합니다.
```

Chapter 16

16장 | 람다식(Lambda expression)

우리는 8장에서 익명 내부 클래스에 대해서 학습했습니다. 람다식을 활용하면 익명 내부 클래스보다 조금 더 간결하게 구현할 수 있으며 [17장 스트림(Stream)]과 함께 사용하면 더 큰 효과를 얻을 수 있습니다. 익명 내부 클래스를 확실하게 이해했다면 람다식을 학습하는 데 있어서 어려움은 없습니다. 람다식은 Java 8에서부터 사용할 수 있으며 람다식을 알고 있는지와 모르는지에 따라서 소스코드가 매우 생소할 수 있습니다.

- 함수형 인터페이스(Functional interface)
- 람다식(Lambda expression)
- 메서드 참조(Method reference)

16.1 함수형 인터페이스(Functional interface)

Java 8에서부터 제공하는 함수형 인터페이스는 **단 한 개의 추상 메서드를 갖고 있는 인터페이스**를 말하며 @FunctionalInterface을 붙여서 함수형 인터페이스임을 표현합니다. 앞서 배운 인터페이스와 같지만 한 개의 추상 메서드 외에 다른 추상 메서드가 있으면 오류가 발생하기 때문에 함수형 인터페이스 규칙을 잘 지켜서 만들어야 합니다.

함수형 인터페이스로 만들어진 변수에는 값을 갖지 않고 메서드처럼 사용하게 됩니다. 이를 '함수형 프로그래밍을 한다'라고 합니다. 다음을 예로 추상 메서드를 갖는 인터페이스를 만들고 이를 이용한 식을 살펴보겠습니다.

Sample01.java
```
01  package chap16;
02
03  public class Sample01 {
```

```
04
05      public static void main(String[] args) {
06          Sample01Function f = () -> System.out.println("샘플01테스트 출력");
07          f.test();
08      }
09
10  }
11
12  @FunctionalInterface
13  interface Sample01Function {
14      public abstract void test();   //한 개의 추상 메서드
15  }
```

실행 결과

샘플01테스트 출력

06라인에서 생소하게 구현된 문법은 다음 절에서 배우게 될 람다식(Lambda expression)입니다. 12라인에서 함수형 인터페이스라고 명시한 '@FuntionalInterface'이 작성되어 있습니다. 그럼 한 개의 추상 메서드만 있어야 하므로, 14라인에는 한 개의 추상 메서드만 존재합니다. 추상 메서드에 반한 자료형이 void이고 인자가 없기 때문에 06라인의 람다식에 인자가 없이 ( )만 있으며 반환값이 없이 println( ) 메서드로 출력만 했습니다. 만일, 함수형 인터페이스 메서드의 반환 자료형에 String을 명시한다면 다음과 같이 작성합니다.

```
@FunctionalInterface
interface Sample01Function {
  public abstract String test();   //한 개의 추상 메서드
}
```

람다식에서도 String으로 반환해야 합니다. 람다식을 모르고 함수형 인터페이스를 설명하는데 자세히 살펴보면 기존에 switch ~ case문에서 봤던 화살표 연산자(->)가 보이는데 영어로 'Arrow operator'라고 불리며 여기에서는 매우 낯설게 느껴질 수 있겠지만 [16.2 람다식(Lambda expression)]에서 자세히 배워보겠습니다.

16.2 람다식(Lambda expression) 사용법

함수형 인터페이스를 통해서 익명 내부 클래스를 구현하는 방법은 람다식을 사용하여 함수형 프로그래밍을 할 수 있는데, Java 8에서부터 이 기능을 사용할 수 있습니다. 람다식을 이용하면 코드가 눈에 띄게 간결해집니다. 다만 람다식을 이해하지 못한 상태에서 보게 되면 기존에 사용했던 문법과는 차이가 있어서 생소한 코드로 보일 수 있으며 디버깅 역시 까다로울 수 있습니다. 그리고 일회용으로 함수를 만들어 사용하기 때문에 재사용이 불가능합니다. 람다식의 사용법을 살펴보겠습니다.

람다식 사용법

실행문이 한 줄일 경우
(매개변수...) -> 실행문

실행문이 여러 줄일 경우
(매개변수...) -> {
    실행문1
    실행문2
};

매개변수와 실행문 사이에 화살표 연산자(->)를 넣어서 이 둘을 구분합니다. 매개변수가 한 개일 땐 괄호를 생략할 수 있습니다. 참 간단하죠? 매개변수가 없다면 [Sample01.java]에서처럼 아무것도 넣지 않아도 됩니다. 매개변수는 추상 메서드에서 매개변수의 자료형을 정의하기 때문에 따로 적어줄 필요가 없습니다. 스스로 추론하여 인식하기 때문입니다. 이번에는 한 개의 매개변수를 받아서 반환형은 void로 정하고 println( ) 메서드로 매개변수의 내용을 출력해보겠습니다.

Sample02.java

```
01  package chap16;
02
03  public class Sample02 {
04
05      public static void main(String[] args) {
```

```
06        Sample02Function f = (n) -> System.out.printf("당신은 %s이군요!", n);
07        f.test("빵형");
08    }
09
10 }
11
12 @FunctionalInterface
13 interface Sample02Function {
14    public abstract void test(String name);   //한 개의 매개변수가 있는 추상 메서드
15 }
```

실행 결과

당신은 빵형이군요!

함수형 인터페이스의 추상 메서드에 'name'이라는 매개변수를 인자로 정의했습니다. 물론 반환 자료형으로는 void입니다. 06라인에서 람다식에 함수형 인터페이스 'Sample02Function'을 'f'로 인스턴스를 만들어서 매개변수를 'n'으로 하는 메서드를 만들었습니다. 'f'가 익명 내부 클래스라고 생각하면 됩니다. 'f'는 Sample02Function 인터페이스를 구현 받아서 test( ) 메서드를 람다식으로 재구현한 것입니다.

여기까지 잘 이해가 되질 않는다면 다시 익명 내부 클래스로 코드를 변경해보겠습니다. 이미 배운 내용을 람다식이라는 것으로 변경한 것이기 때문에 다시 보면 쉽게 이해가 될 것입니다.

Sample03.java
```
01 package chap16;
02
03 public class Sample03 {
04
05    public static void main(String[] args) {
06        Sample03Function f = new Sample03Function() {
07            @Override
08            public void test(String n) {
09                System.out.printf("당신은 %s이군요!", n);
10            }
11        };
12
13        f.test("빵형");
14    }
15
16 }
```

```
17
18  @FunctionalInterface
19  interface Sample03Function {
20      public abstract void test(String name);   //한 개의 매개변수가 있는 추상 메서드
21  }
```

실행 결과

당신은 빵형이군요!

실행 결과가 같다는 것을 확인할 수 있습니다. 이렇게 비교해보니까 [Sample03.java]보다는 [Sample02.java]가 훨씬 구현하는 게 쉽고 편하다는 것을 알 수 있습니다. 컴파일된 class 파일은 익명 내부 클래스인 경우에는 내부 클래스 수만큼 class 파일이 생성되었지만 람다식을 이용하면 추가로 파일이 생성되지 않습니다. 다시 [8장 객체지향 프로그래밍]에서 익명 내부 클래스를 구현했던 [Sample10.java]를 람다식으로 바꾸어 보겠습니다. 먼저, 8장의 [Sample12.java] 파일을 먼저 확인해보겠습니다.

8장 - Sample12.java

```
01  package chap08;
02
03  public class Sample12 {
04
05      public static void main(String[] args) {
06
07          Runnable r = new Runnable() {
08              @Override
09              public void run() {
10                  System.out.println("익명 내부 클래스 실행");
11              }
12          };
13          r.run();
14      }
15
16  }
```

실행 결과

익명 내부 클래스 실행

자바에서 기본적으로 제공해주는 Runnable.class를 이용해서 구현했던 소스코드입니다.
Runnable 클래스 코드를 디컴파일하여 살펴보겠습니다.

Runnable.class

```java
package java.lang;

@FunctionalInterface
public interface Runnable {
    public abstract void run();
}
```

Runnable 클래스도 함수형 인터페이스로 구현된 것을 확인했습니다. 그럼 [8장의 Sample12. java]를 람다식으로 변경해보겠습니다.

Sample04.java

```java
01  package chap16;
02
03  public class Sample04 {
04
05      public static void main(String[] args) {
06          Runnable r = () -> System.out.println("익명 내부 클래스를 람다식으로 실행");
07          r.run();
08      }
09
10  }
```

실행 결과

```
익명 내부 클래스를 람다식으로 실행
```

익명 내부 클래스로 사용했던 소스코드를 람다식으로 변경하고 함수형 인터페이스도 Java에서 기본적으로 제공하는 Runnable 함수형 인터페이스를 사용하니 조금 더 간결하고 번거롭던 코드가 사라진 것을 확인할 수 있습니다. 이번에는 반환 자료형이 있는 함수형 인터페이스를 만들어서 람다식을 구현해보겠습니다.

Sample05.java

```java
01  package chap16;
02
03  public class Sample05 {
04
05      public static void main(String[] args) {
06          Sample05Function r = (t) -> {
07            String result = "";
08            for(int i = 0; i < t; i++) {
09                result += "만세\n";
10            }
11            return result;
12          };
13
14          System.out.println("== 만세삼창 ==");
15          System.out.println(r.test(3));
16      }
17
18  }
19
20  @FunctionalInterface
21  interface Sample05Function {
22      public abstract String test(int times);
23  }
```

실행 결과

```
== 만세삼창 ==
만세
만세
만세
```

22라인에서 반환형은 String으로 했고 인자로는 int형으로 함수형 인터페이스를 정의했습니다. 06라인에서 매개변수를 (t)로 받았습니다. 매개변수가 1개이면 괄호를 생략할 수도 있습니다. 't'는 int형으로 따로 정의하지 않아도 컴파일러가 추론할 수 있습니다. 앞서 배운 var라고 생각하면 됩니다. 그 var마저도 생략된 것입니다. 이런 식으로 함수형 인터페이스를 먼저 만들고 람다식을 구현한 후에 15라인에서 람다식을 호출하면 됩니다.

이렇게 람다식을 사용할 때마다 함수형 인터페이스를 만들어야 하는데 만들 때마다 인터페이스명과 메서드명 그리고 반환 자료형과 매개변수 정보만 다르게 구현하게 되지만 자주 사용하는 경우의 수 중에서 제일 많이 사용하는 함수형 인터페이스를 미리 만들어서 제공하고 있어서 굳이 함수형 인터페이스를 따로 만들 필요가 없습니다. 앞에 Runnable도 마찬가지로 여러 경우의 수에 맞게 Java에서 함수형 인터페이스를 미리 만들어서 제공하고 있는 것 중의 하나입니다. Java에서 제공하는 함수형 인터페이스는 다음과 같습니다.

함수형 인터페이스 API

인터페이스명	반환 자료형	메서드	매개변수
Runnable	void	run( )	없음
Supplier	T	get( )	없음
Consumer	void	accept(T t)	1개
Function<T,R>	R	apply(T t)	1개
Predicate	boolean	test(T t)	1개
UnaryOperator	T	apply(T t)	1개
BiConsumer<T,U>	void	accept(T t, U u)	2개
BiFunction<T,U,R>	R	apply(T t, U u)	2개
BiPredicate<T,U>	boolean	test(T t, U u)	2개
BinaryOperator	T	apply(T t, U u)	2개

> **Tip** | 더 많은 API는 java.util.function API를 참고하세요.
>
> java.util.function API :
>
> https://docs.oracle.com/en/java/javase/13/docs/api/java.base/java/util/function/package-summary.html

함수형 인터페이스 API 중에서 위 표에 제시한 함수형 인터페이스를 예제로 살펴보겠습니다.

16.2.1 매개변수가 없는 함수형 인터페이스

Runnable과 Supplier 함수형 인터페이스는 매개변수가 없습니다. 이 둘의 차이점으로는 Runnable 함수형 인터페이스는 반환 자료형이 없으며 Supplier 함수형 인터페이스는 반환 자료형이 있습니다. 이 둘의 차이를 예제를 통해서 매개변수가 없는 함수형 인터페이스를 배워보겠습니다.

Runnable과 Supplier 함수형 인터페이스

매개변수가 없는 함수형 인터페이스의 소스코드를 먼저 살펴보겠습니다.

```
@FunctionalInterface
public interface Runnable {
    public abstract void run();      - 매개변수와 반환할 자료형이 없습니다.
}

@FunctionalInterface
public interface Supplier<T> {
    T get();                          - 매개변수는 없으며 반환할 자료형은 T입니다.
}
```

Runnable은 매개변수도 없고 반환할 자료형도 없이 내부적으로 처리만 할 경우에 run( ) 메서드를 사용합니다.

Runnable 함수형 인터페이스 API

반환 자료형	메서드	설명
void	run( )	실행문을 실행합니다.

Supplier는 반환할 자료형을 제네릭으로 자료형을 선언한 후에 실행문에 제네릭으로 선언한 자료형을 반환할 경우는 get( ) 메서드를 사용합니다.

Supplier 함수형 인터페이스 API

반환 자료형	메서드	설명
T	get()	결과를 가져옵니다.

Runnable과 Supplier 함수형 인터페이스를 이용한 람다식을 살펴보겠습니다.

Sample06.java

```java
package chap16;

import java.util.function.Supplier;

public class Sample06 {
    public static void main(String[] args) {
        Runnable r = () -> {
            System.out.println("Runnable은 매개변수도 없으며 반환 자료형도 없습니다.");
        };
        r.run();

        Supplier<String> s = () -> "Supplier는 매개변수는 없지만 반환 자료형은 있습니다.";
        System.out.println(s.get());
    }
}
```

실행 결과

```
Runnable은 매개변수도 없으며 반환 자료형도 없습니다.
Supplier는 매개변수는 없지만 반환 자료형은 있습니다.
```

12라인에서 Supplier 함수형 자료형은 반환할 자료형을 다이아몬드 연산자인 제네릭을 이용해서 정의합니다. 반환할 자료형이 있으면 한 줄만 작성하면 그 한 줄이 반환할 리터럴로 인식하여 return을 생략할 수 있습니다. 반환값으로 보던 return이 없어서 낯설 수는 있지만, 당연히 있지만 없어도 되는 것들을 줄여 소스코드가 많이 간소해집니다. return문을 사용하면 다음과 같이 코딩할 수 있습니다.

```
//한 줄 구현
Supplier<String> s = () -> "Supplier는 매개변수는 없지만 반환 자료형은 있습니다.";

// return 문을 넣어서 구현
Supplier<String> s = () -> {
    return "Supplier는 매개변수는 없지만 반환 자료형은 있습니다.";
}; // 괄호를 사용하여 실행문을 작성했을 때 괄호를 닫고 세미콜론을 꼭 넣습니다.
```

이번엔 응용을 해보겠습니다. 참조 자료형으로 클래스를 만들어서 클래스의 멤버 변수에 생성자를 통해서 값을 받고 매개변수로 람다식을 이용하여 멤버 변수의 내용을 출력해보겠습니다.

Sample07.java

```
01  package chap16;
02
03  import java.util.function.Supplier;
04  import lombok.RequiredArgsConstructor;
05
06  public class Sample07 {
07      public static void main(String[] args) {
08          MessageCenter mc = new MessageCenter("Hello~ Lambda!");
09          MessageCenter main = getMsg(() -> mc);
10          System.out.println(main);
11      }
12
13      public static MessageCenter getMsg(Supplier<MessageCenter> mc) {
14          return mc.get();
15      }
16  }
17
18  @RequiredArgsConstructor
19  class MessageCenter {
20      private final String msg;
21
22      @Override
23      public String toString() {
24          return msg;
25      }
26  }
```

실행 결과

```
Hello~ Lambda!
```

13라인에 있는 getMsg( ) 메서드가 중요합니다. 인자로 Supplier⟨MessageCenter⟩를 받는데 여기서 MessageCenter는 반환 자료형으로 받겠다는 것입니다. 09라인에서 getMsg(( ) -> mc)는 매개변수 없이 MessageCenter를 실행하라는 것입니다. 10라인에서 println(main) 메서드는 main의 클래스가 MessageCenter 클래스로 23라인에 toString( ) 메서드를 암시적으로 호출하게 됩니다. 그래서 08라인에서 생성자를 통해서 "Hello~ Lambda!"를 출력하게 됩니다. 메서드 내에서 람다식을 사용한 게 아니라 매개변수로 람다식을 응용하여 사용해본 소스코드입니다.

16.2.2 매개변수가 한 개인 함수형 인터페이스

Consumer, Function, Predicate, UnaryOperator는 매개변수가 한 개씩 있고 반환 자료형에 따른 함수형 인터페이스입니다. 각 함수형 인터페이스의 특징을 살펴보고 학습해 나가겠습니다.

```
@FunctionalInterface                    - 1개의 매개변수 T가 있지만 반환할 자료형이 없음
public interface Consumer<T>
    void accept(T t);


@FunctionalInterface                    - 1개의 매개변수 T와 반환할 자료형 R
public interface Function<T, R>
    R appley(T t);


@FunctionalInterface                    - 1개의 매개변수 T와 반환할 자료형 boolean
public interface Predicate<T>
    boolean test(T t);


@FunctionalInterface                    - 1개의 매개변수 T와 반환할 자료형 T
public interface UnaryOperator<T> extends Function<T, T>
    static <T> UnaryOperator<T> identity()
        return t -> t;
```

Consumer 함수형 인터페이스

Consumer 함수형 인터페이스의 자료형은 1개의 매개변수는 있지만 반환할 자료형이 없습니다. Runnable과의 차이점은 매개변수의 유무입니다. 다음은 Consumer 함수형 인터페이스에 대해서 알아보겠습니다.

Consumer 함수형 인터페이스 API

반환 자료형	메서드	설명
void	accept(T t)	지정된 인수에 대해 이 작업을 수행합니다.
default Consumer<T>	andThen(Consumer<? super T> after)	Consumer 작업을 순서대로 수행하고 다음 작업을 수행합니다.

함수형 인터페이스는 단 한 개의 추상 메서드를 갖는다고 했는데 API를 보면 2개의 메서드가 있습니다. 여기에서 관심을 두고 살펴봐야 하는 부분이 추상 메서드입니다. accept( ) 메서드는 추상 메서드로 꼭 내용을 구현해야 하는 메서드입니다. 메서드명만 있을 뿐이지 내용물이 없습니다. 하지만 default 메서드나 static 메서드가 함수형 인터페이스에 나올 수 있는데 이는 추상 메서드가 아니기 때문에 상관이 없습니다. default 메서드는 [9.2.2 디폴트 메서드(Default Method)]를 참고하세요.

그럼 Consumer 함수형 인터페이스를 사용한 람다식을 살펴보겠습니다.

```
Sample08.java
01  package chap16;
02
03  import java.util.function.Consumer;
04
05  public class Sample08 {
06      public static void main(String[] args) {
07          Consumer<String> c = x -> {
08              System.out.printf("%s는 1개의 매개변수는 있지만 반환할 자료형은 없습니다.", x.toUpperCase());
09          };
10          c.accept("Consumer");
11      }
12  }
```

> **실행 결과**
>
> CONSUMER는 1개의 매개변수는 있지만 반환할 자료형은 없습니다.

Consumer 함수형 인터페이스는 1개의 매개변수를 받아서 작업을 처리하며 1개의 추상 메서드로는 accept( )가 있습니다. 07라인에서 매개변수가 1개일 때는 괄호를 생략할 수 있어서 x 변수에는 괄호가 없습니다. 하지만 Consumer 함수형 인터페이스에서는 andThen( )이라는 default 메서드를 추가로 더 제공하고 있습니다. 이 메서드는 Comsumer 람다식을 수행하고 andThen( ) 메서드의 인자로 들어오는 함수형 인터페이스를 다음 작업으로 수행하게 합니다. 소스코드로 함께 살펴보겠습니다.

Sample09.java

```
01  package chap16;
02
03  import java.util.Arrays;
04  import java.util.List;
05  import java.util.function.Consumer;
06
07  import lombok.AllArgsConstructor;
08  import lombok.Data;
09
10  public class Sample09 {
11      public static void main(String[] args) {
12          List<Employee> emp = Arrays.asList(
13              new Employee(1, "학건", 2400),
14              new Employee(2, "인호", 2700),
15              new Employee(3, "상도", 3000),
16              new Employee(4, "빵형", 3200)
17          );
18
19          Consumer<Employee> consumer = x -> {
20              // 연봉 2배 인상
21              x.setSalary(x.getSalary() * 2);
22          };
23          System.out.println("== 연봉 2배 인상 ==");
24          doubleSalary(emp, consumer.andThen((item) -> System.out.println(item)));
25      }
26
27      private static void doubleSalary(List<Employee> emp, Consumer<Employee> f) {
28          for(Employee e : emp) {
29              f.accept(e);
30          }
31      }
32  }
```

```
33
34  @Data
35  @AllArgsConstructor
36  class Employee {
37      private int no;
38      private String name;
39      private double salary;
40  }
```

실행 결과

```
== 연봉 2배 인상 ==
Employee(no=1, name=학건, salary=4800.0)
Employee(no=2, name=인호, salary=5400.0)
Employee(no=3, name=상도, salary=6000.0)
Employee(no=4, name=빵형, salary=6400.0)
```

36라인에 Employee 클래스를 만들어서 12라인 List에 직원 정보를 담습니다. Consumer 함수형 인터페이스로 연봉을 2배로 올리는 람다식을 구현합니다. 27라인에 doubleSalary( ) 메서드를 만들어서 직원 정보를 담고 있는 배열을 받아서 연봉에 곱하기 2를 합니다. 24라인에서 doubleSalary( ) 메서드를 호출하면서 andThen( ) 메서드로 후속 작업을 연결합니다.

doubleSalary( ) 메서드에서 직원 정보를 하나하나 꺼내어 연봉을 2배로 곱한 직원 정보인 29라인의 e를 후속 작업인 ((item) -> System.out.println(item)) 출력 작업을 이어서 진행합니다. '반환값이 없는데 어떻게 실행되지?'라는 의문이 생기게 되는데 람다식을 처리하는 직원 정보가 다 처리(연봉 2배 인상 작업)되면 그 정보를 이어서 다음 처리 작업으로 item 되어 println( ) 메서드를 통해서 출력됩니다.

참고로 후속 작업인 println( ) 메서드는 [16.3 메서드 참조(Method reference)]에서 배우게 될 방식으로 변경하면 다음과 같이 변경할 수 있습니다.

```
doubleSalary(emp, consumer.andThen((item) -> System.out.println(item)));
```
↓
```
doubleSalary(emp, consumer.andThen(System.out::println));
```

처리되고 있는 매개변수가 무엇인지 추론이 가능한 상태라서 처리 중인 요소(item)가 생략되고 출력할 매개변수가 당연히 한 개이기 때문에 참조 메서드에서도 매개변수가 생략된 것입니다. 자세한 내용은 [16.3 메서드 참조(Method reference)]에서 배우겠습니다.

[11장 컬렉션 프레임워크(Collection framework]에서 ArrayList에 대해서 학습했습니다. ArrayList에서도 Consumer를 forEach문을 통해서 제공하고 있습니다. 람다식을 배우기 전이라 설명 없이 넘어갔던 부분을 이제 람다식을 배웠으니 forEach문을 조금 더 자세히 배워 보겠습니다.

ArrayList forEach( ) API

반환 자료형	메서드	설명
void	forEach(**Consumer**<? Super E> action)	Iterable 모든 요소가 처리되거나 각 요소에 대해 지정된 작업을 수행합니다.

forEach문에서도 Consumer 함수형 인터페이스는 내부적으로 적용됩니다. 당연히 매개변수는 List의 요소들이 됩니다. [Sample09.java]를 forEach문을 이용해서 코드를 변경해보면 [Sample10.java]처럼 구현할 수 있습니다.

Sample10.java
```
01  package chap16;
02
03  import java.util.Arrays;
04  import java.util.List;
05
06  import lombok.AllArgsConstructor;
07  import lombok.Data;
08
09  public class Sample10 {
10      public static void main(String[] args) {
11          List<Employee1> emp = Arrays.asList(
12              new Employee1(1, "학건", 2400),
13              new Employee1(2, "인호", 2700),
14              new Employee1(3, "상도", 3000),
15              new Employee1(4, "빵형", 3200)
16          );
17
18          System.out.println("== 연봉 2배 인상 ==");
```

```
19          emp.forEach((x) -> {
20              x.setSalary(x.getSalary() * 2);
21              System.out.println(x);
22          }
23          );
24      }
25  }
26
27  @Data
28  @AllArgsConstructor
29  class Employee1 {
30      private int no;
31      private String name;
32      private double salary;
33  }
```

실행 결과

```
== 연봉 2배 인상 ==
Employee1(no=1, name=학건, salary=4800.0)
Employee1(no=2, name=인호, salary=5400.0)
Employee1(no=3, name=상도, salary=6000.0)
Employee1(no=4, name=빵형, salary=6400.0)
```

Consumer 함수형 인터페이스를 통해서 람다식을 구성할 필요 없이 바로 forEach문에 람다식을 넣어서 구현하니 훨씬 간결해졌습니다. [Sample09.java]에 doubleSalary( ) 메서드에 인자로 Consumer를 넣을 수 있다는 것을 보여주고 싶었습니다.

```
private static void doubleSalary(List<Employee> emp, Consumer<Employee> f) {
    for(Employee e : emp) {
        f.accept(e);
    }
}

//forEach(Consumer<? Super E> action)
```

[Sample10.java]에서는 인자로 Consumer를 갖고 있는 forEach문이 있어서 소개했습니다. 매개변수를 받아서 처리해야 할 경우 Consumer 함수형 인터페이스를 적절히 사용하면 편리하게 개발할 수 있습니다.

Function 함수형 인터페이스

Function 함수형 인터페이스는 Consumer와는 다르게 결과를 반환할 수도 있습니다.

Function 함수형 인터페이스 API

반환 자료형	메서드	설명
default ⟨V⟩ **Function**⟨T, V⟩	andThen(**Function**⟨? super R, ? extends V⟩ after)	작업을 순서대로 수행하고 다음 작업을 수행합니다.
R	apply(**T** t)	1개의 매개변수와 반환 자료형이 있습니다
default ⟨V⟩ **Function**⟨V, R⟩	compose(**Function**⟨? super V, ? extends T⟩ before)	다음 결괏값을 함수에 적용합니다.
static ⟨T⟩ **Function**⟨T, T⟩	identity( )	입력 인수를 그대로 반환합니다.

Function 함수형 인터페이스로 람다식을 구성할 때 제네릭으로 매개변수 ⟨T⟩와 반환 자료형 ⟨R⟩을 다음과 같이 정의해야 합니다.

```
Function<Integer, String> f;
```

매개변수의 자료형은 Integer이고 반환할 자료형은 String으로 자료형을 정의한 것입니다. 다음은 Function 함수형 인터페이스를 이용하여 숫자 3을 매개변수로 넘겨서 문자열 "three"를 반환받아 출력하는 프로그램을 보며 Function을 이용한 람다식 소스코드를 확인해보겠습니다.

Sample11.java
```
01  package chap16;
02
03  import java.util.function.Function;
04
05  public class Sample11 {
```

```
06    public static void main(String[] args) {
07        Function<Integer, String> f = (i) -> {
08            return switch(i) {
09                case 1 -> "one";
10                case 2 -> "two";
11                case 3 -> "three";
12                case 4 -> "four";
13                case 5 -> "five";
14                default -> throw new IllegalArgumentException("Unexpected value: " + i);
15            };
16        };
17
18        // 정수가 들어가서 문자열이 나오는 결과 Function<Integer, String>
19        System.out.println(f.apply(3));
20    }
21 }
```

실행 결과

```
three
```

향상된 switch ~ case문을 사용하여 값을 반환받는 람다식을 작성했습니다. 07라인에서 Function〈Integer, String〉으로 제네릭을 구성했습니다. 첫 번째 자료형은 매개변수 자료형이고 두 번째 자료형은 반환 자료형입니다. 19라인에서 apply( ) 메서드를 통해서 정수 3을 매개변수로 넘겨서 출력된 결과는 문자열(String)로 제네릭을 구성한 형태로 나왔습니다. 람다식에서 3에 해당하는 case문으로는 반환값이 "three"입니다. 그래서 실행 결과가 println( ) 메서드에 의해서 "three"가 출력되었습니다.

다음은 compose( ) 메서드에 대해서 예제로 학습하겠습니다. compose( )는 선행 함수를 실행한 후 현재의 람다식을 수행합니다. 작업해야 할 람다식 보다 선행 작업을 추가하여 작업해야 할 경우 유용하게 사용할 수 있습니다.

Sample12.java

```
01 package chap16;
02
03 import java.text.DecimalFormat;
04 import java.util.function.Function;
05
```

```
06  public class Sample12 {
07
08      public static void main(String[] args) {
09          int myMoney = 100000;
10
11          //10% 세금을 납부합니다.
12          Function<Integer,Integer> work = (money) -> {
13              System.out.printf("* [%d] 세금을 납부합니다.\n", (int)(money * 0.1));
14              return money = (int) (money * 0.9);
15          };
16
17          //수입금을 더합니다.
18          Function<Integer, Integer> before = (income) -> {
19              System.out.printf("* [%d] 수입이 발생했습니다.\n", income);
20              return income;
21          };
22          myMoney = work.apply(myMoney);
23          printInfo(myMoney);
24          myMoney += work.compose(before).apply(30000);
25          printInfo(myMoney);
26      }
27
28      public static void printInfo(int myMoney) {
29          DecimalFormat df = new DecimalFormat("##,###,###");
30          System.out.println("잔액 : " + df.format(myMoney));
31      }
32
33  }
```

실행 결과

* [10000] 세금을 납부합니다.
잔액 : 90,000
* [30000] 수입이 발생했습니다.
* [3000] 세금을 납부합니다.
잔액 : 117,000

두 개의 함수(람다식)를 12, 18라인에 만들었습니다. 세금을 납부하는 work 함수와 수입금에 대한 before 함수가 있습니다. 22라인에서 apply( ) 메서드로 세금을 내는 work 람다식이 호출되었습니다. 다음으로는 수입이 발생하여 수입금에 대한 세금을 납부하고 나머지 금액을 myMoney 변수에 더하는 식을 호출해야 합니다. 그런데 세금 납부 전에 수입금에 대한 함수인 before 함수를 먼저 호출하는 compose( ) 메서드를 통해서 실행한 후에 work 함수가 before의 결과를 받아서 work 함수가 실행되도록 작업 순서를 조립한 후 apply( ) 메서드로 실행되었습니다.

다음은 Consumer에서 소개되었던 andThen( ) 메서드입니다. Consumer 함수형 인터페이스는 반환값이 없기 때문에 매개변수로 넘어간 인자가 처리되고 이어서 다음 함수에서 사용되어 결과가 나왔었습니다. Function 함수형 인터페이스는 반환값이 있기 때문에 현재의 람다식이 처리된 결과를 다음 람다식(after)으로 인자가 되어 넘어가게 됩니다. [Sample13.java] 소스코드를 보고 andThen( ) 메서드를 학습해보겠습니다.

Sample13.java

```java
package chap16;

import java.util.function.Function;

public class Sample13 {
    public static void main(String[] args) {
        // 입력된 문자열을 숫자로 변환
        Function<String, Integer> work = s -> {
            System.out.println("- 입력된 문자열을 숫자로 변환합니다.");
            return Integer.parseInt(s);
        };

        // 입력된 숫자를 문자열로 변환
        Function<Integer, String> after = i -> {
            System.out.println("- 입력된 숫자를 문자열로 변환합니다.");
            return "" + i;
        };

        System.out.println("문자열 '123'을..");

        if(work.andThen(after).apply("123") instanceof String) {
            System.out.println("String입니다.");
        }
        else {
            System.out.println("String이 아닙니다.");
        }
    }
}
```

> **실행 결과**
>
> 문자열 '123'을..
> - 입력된 문자열을 숫자로 변환합니다.
> - 입력된 숫자를 문자열로 변환합니다.
> String입니다.

work라는 람다식으로 문자열을 숫자로 변환하는 함수를 만들고 후처리로 숫자를 문자열로 변경하는 함수를 만들었습니다. andThen( ) 메서드로 두 함수를 조립한 후에 apply( ) 메서드에 숫자 값을 갖는 문자열 '123'을 넣었습니다. work 함수에서 문자열 '123'을 숫자 123으로 변환한 후에 이 결과를 after 함수에서 다시 숫자 123을 문자열 '123'으로 변경하였습니다. 이 결과가 문자열 123이 맞는지 21라인에서 조건문에 instanceof로 자료형이 맞는지 비교합니다. 반환된 결과가 String이 맞으면 'String입니다'가 출력되고, 아니면 'String이 아닙니다.'가 출력됩니다.

다음은 identity( ) 메서드입니다. Function 함수형 인터페이스는 매개변수 자료형과 반환 자료형을 제네릭으로 각각 정의해서 함수를 만드는데 identity( ) 메서드를 사용하면 다음과 같이 처리됩니다.

```
Function.identity( )
```

```
Function<T, T>      - 매개변수 자료형과 반환 자료형이 동일하게 처리됩니다.
결국 입력한 파라미터 자료형이 바로 출력이 되어 버리게 됩니다.
```

가벼운 소스코드로 사용방법을 먼저 확인해보겠습니다.

Sample14.java

```java
01  package chap16;
02
03  import java.util.function.Function;
04
05  public class Sample14 {
06
07      public static void main(String[] args) {
08          Function<Integer, Integer> fun = Function.identity();
09          System.out.println(fun.apply(100));
10      }
11
12  }
```

실행 결과

```
100
```

09라인에서 매개변수로 100을 넣은 값이 그대로 실행 결과가 되었습니다. 08라인을 자세히 살펴보면 람다식이 아닙니다. 람다식이라면 다음과 같이 구현했을 겁니다.

```
Function<Integer, Integer> fun = (x) -> x;
```

이 메서드는 static으로 실행되는 메서드입니다. 람다식에서 사용하기보다는 [17장 스트림(Stream)]에서 넘어온 값을 이용하여 처리할 때 넘어온 값을 얻을 경우에 사용하게 됩니다. 매개변수가 한 개일 경우, 반환 자료형이 없을 때는 Consumer 함수형 인터페이스를 사용하면 되고 반환 자료형이 있을 때는 Function 함수형 인터페이스를 사용하면 됩니다. 그럼 다음에 학습할 Predicate와 UnaryOperator 함수형 인터페이스는 어떠한 특징이 있는지 살펴보겠습니다.

Predicate 함수형 인터페이스

1개의 매개변수 T와 boolean 반환 자료형을 갖는 함수형 인터페이스입니다. Predicate에서 제공하는 메서드 API를 살펴보겠습니다.

Predicate 함수형 인터페이스 API

반환 자료형	메서드	설명
boolean	test(T t)	매개변수 T를 갖고 boolean 자료형을 반환합니다.
default Predicate\<T\>	and(Predicate\<? super T\> other)	두 식이 AND 연산으로 모두 참이면 true를 반환합니다.
static \<T\> Predicate\<T\>	isEqual(Object targetRef)	두 인수가 Objects.equals(개체, 개체)에 따라 동일한지 테스트하는 술어를 반환합니다.
default Predicate\<T\>	negate()	논리적 결과를 부정으로 반환합니다.
static \<T\> Predicate\<T\>	not(Predicate\<? super T\> target)	논리식을 부정의 논리식으로 반환합니다.
default Predicate\<T\>	or(Predicate\<? super T\> other)	현재의 논리식과 다른 논리식의 결과를 OR 연산하는 논리식을 반환합니다.

default 메서드와 static을 사용한 메서드를 제외하면 test() 메서드가 나옵니다. test() 메서드부터 하나하나 살펴보겠습니다.

Sample15.java

```java
package chap16;

import java.util.Scanner;
import java.util.function.Predicate;

public class Sample15{

    public static void main(String[] args) {
        Predicate<Integer> isOdd  = (s)-> (s % 2) == 1;
        Scanner sc = new Scanner(System.in);
        System.out.print("홀수를 입력하세요 : ");
        sc.hasNextInt();
        System.out.println(isOdd.test(sc.nextInt()));
    }

}
```

> **실행 결과**
>
> 홀수를 입력하세요 : 1
> true
>
> 홀수를 입력하세요 : 2
> false

키보드로부터 값을 입력받아서 홀수인지 아닌지를 판단하는 프로그램입니다. 09라인을 보면 '(s % 2) == 1'이라는 조건식으로 나머지가 1이면 true이고 0이면 false로 반환합니다. 그 결과를 13라인에서 test( ) 메서드를 사용하여 결과를 출력합니다. 이렇게 test( ) 메서드는 1개의 매개변수를 받아서 boolean 자료형으로 결과를 반환합니다.

다음은 default 메서드로 제공한 and( ) 메서드에 대해서 알아보겠습니다. 딱 봐도 조건식 2개를 넣고 AND 연산할 것 같은 메서드명으로 되어있습니다. 정말로 그런지 다음 소스코드를 살펴보겠습니다.

Sample16.java

```java
01  package chap16;
02
03  import java.util.function.Predicate;
04
05  public class Sample16{
06
07      public static void main(String[] args) {
08          //10보다 크고 20보다 작은 수
09          int a = 12;
10          int b = 33;
11
12          Predicate<Integer> isMin  = (s) -> s > 10;
13          Predicate<Integer> isMax  = (s) -> s < 20;
14
15          System.out.println(isMin.and(isMax).test(a));
16          System.out.println(isMin.and(isMax).test(b));
17      }
18
19  }
```

실행 결과

```
true
false
```

12라인과 13라인은 람다식으로 10보다 큰 수와 20보다 작은 수를 판단하는 각각의 조건식으로 10과 20 안에 들어오는 수 a와 10과 20의 범위를 넘어서는 b를 람다식에 적용하여 결과를 출력하는 프로그램입니다. and( ) 메서드는 두 조건을 만족하는 AND 연산을 하는 식으로 만들어주었습니다. 다음은 람다식에 특정 값을 넣어놓고 그 값과 비교하여 같으면 true를 반환하고 다르면 false를 반환하는 isEqual( ) 메서드를 학습하겠습니다.

Sample17.java

```java
01  package chap16;
02
03  import java.util.Arrays;
04  import java.util.List;
05  import java.util.function.Predicate;
06
07  public class Sample17 {
08
09      public static void main(String[] args) {
10          //로또 당첨번호 5, 12, 25, 26, 38, 45 + 23
11          List<Integer> luckyNo = Arrays.asList(5, 12, 25, 26, 38, 45);
12          Predicate<List<Integer>> isLucky   = Predicate.isEqual(luckyNo);
13
14          List<Integer> myNo = Arrays.asList(6, 13, 26, 27, 39, 46);
15          if(isLucky.test(myNo)) {
16              System.out.println("로또 1등 당첨입니다. 축하힙니다.");
17          }
18          else {
19              System.out.println("로또 1등이 아닙니다.");
20          }
21      }
22
23  }
```

실행 결과

```
로또 1등이 아닙니다.
```

11라인에서 로또 당첨번호를 List를 이용해서 배열로 정의하고 12라인에서 함수형 인터페이스에 비교될 값으로 isLucky를 함수로 정의하여 15라인에서 if문의 조건식으로 isLucky의 결괏값에 의해서 처리되게 했습니다. 당연히 배열의 값을 틀리게 하여 else 구분이 실행되게 하였습니다.

다음은 negate( ) 메서드에 대해서 알아보겠습니다. negate( ) 메서드를 사용하면 boolean 값으로 나온 값의 반대 값을 갖게 됩니다. 예를 들어 결과가 true가 나오면 negate( ) 메서드로 인해서 true가 false로 바뀌어 결괏값이 반환됩니다. 다음 [Sample18.java] 코드는 [Sample15.java] 코드에서 홀수 입력을 negate( ) 메서드를 이용해서 짝수를 입력하도록 바꾸었습니다.

Sample18.java

```java
01  package chap16;
02
03  import java.util.Scanner;
04  import java.util.function.Predicate;
05
06  public class Sample18 {
07      public static void main(String[] args) {
08          Predicate<Integer> isOdd  = (s)-> (s % 2) == 1;
09          Scanner sc = new Scanner(System.in);
10          System.out.print("짝수를 입력하세요 : ");
11          sc.hasNextInt();
12          System.out.println(isOdd.negate().test(sc.nextInt()));
13      }
14  }
```

실행 결과

```
짝수를 입력하세요 : 2
true
짝수를 입력하세요 : 3
false
```

12라인에 negate( ) 메서드가 추가되어서 결괏값이 반대로 처리되게 하였습니다. test( ) 메서드를 이용해서 true나 false로 반환되는 결괏값을 반대로 출력할 때는 negate( )를 이용해서 반대로 결괏값을 나오게 합니다. negate( )를 이용하지 않으면 원래의 값이 나오는데 하나의 람다식을 이용했는데 이번에는 각각 홀수와 짝수를 판단하는 람다식을 not( ) 메서드로 만들어보겠습니다. [Sample19.java] 코드를 보고 not( ) 메서드의 쓰임새를 학습해보겠습니다.

Sample19.java

```java
01  package chap16;
02
03  import java.util.Scanner;
04  import java.util.function.Predicate;
05
06  public class Sample19 {
07
08      public static void main(String[] args) {
09          Predicate<Integer> isOdd  = (s)-> (s % 2) == 1;
10          Predicate<Integer> isEven = Predicate.not(isOdd);
11          Scanner sc = new Scanner(System.in);
12          System.out.print("숫자를 입력하세요 : ");
13
14          int myNum = sc.nextInt();
15          if(isOdd.test(myNum)) {
16              System.out.println("홀수를 입력하셨습니다.");
17          }
18          else if(isEven.test(myNum)) {
19              System.out.println("짝수를 입력하셨습니다.");
20          }
21      }
22
23  }
```

실행 결과

```
숫자를 입력하세요 : 11
홀수를 입력하셨습니다.
숫자를 입력하세요 : 22
짝수를 입력하셨습니다.
```

실행 결과는 2번을 실행하여 얻은 결과입니다. 09라인에서 이미 만들었던 람다식을 10라인에서 not( ) 메서드를 사용하여 반대의 결과가 나오는 람다식으로 변환하여 만들어서 15라인에서 입력받은 값에 의해서 홀수인지 짝수인지를 판단하여 출력하는 프로그램입니다.

이번에는 앞서 배운 and( ) 메서드로 2개의 람다식을 AND 연산하여 모두 만족해야 했다면

or( ) 메서드는 OR 연산에 의해서 적어도 하나만 참이면 모두 참이 됩니다. [Sample20.java]는 대상이 되는 수가 홀수이거나 3의 배수이면 출력하는 프로그램입니다.

Sample20.java

```java
package chap16;

import java.util.function.Predicate;

public class Sample20 {

    public static void main(String[] args) {
        //3의 배수이거나 홀수인 수를 출력하세요
        int[] no = {1, 3, 6, 8};

        Predicate<Integer> isOdd  = (s) -> (s % 2) == 1; //홀수인가
        Predicate<Integer> isMulitpleThree  = (s) -> (s % 3) == 0; //3의 배수인가

        for(int num : no) {
            if(isOdd.or(isMulitpleThree).test(num)) {
                System.out.printf("%d는 홀수이거나 3의 배수입니다.\n", num);
            }
        }
    }
}
```

실행 결과

```
1는 홀수이거나 3의 배수입니다.
3는 홀수이거나 3의 배수입니다.
6는 홀수이거나 3의 배수입니다.
```

09라인에 {1, 3, 6, 8}을 배열로 정의했습니다. 8은 출력되면 안 됩니다. 11라인에서는 홀수를 판단하는 람다식을 정의하고 12라인에서는 3의 배수를 판단하는 식을 작성했습니다. 14라인에서 향상된 for문으로 배열의 요소를 하나하나 람다식에 모두 적용하여 적어도 하나의 식에만 참이 되면 true를 반환하게 15라인에서 or( ) 메서드를 사용했습니다.

UnaryOperator 함수형 인터페이스

Function 함수형 인터페이스와 비슷하며 메서드도 똑같은 기능으로 제공하고 있습니다. 다만 Function을 이용할 때는 매개변수 자료형과 반환형 자료형을 각각 정의했다면 UnaryOperator 함수형 인터페이스에서는 매개변수와 같은 자료형으로 반환형 자료형을 사용하게 됩니다. UnaryOperator 함수형 인터페이스 API를 살펴보겠습니다.

UnaryOperator 함수형 인터페이스 API

반환 자료형	메서드	설명
static <T> UnaryOperator<T>	identity()	매개변수 자료형과 동일한 자료형을 반환합니다.

UnaryOperator 함수형 인터페이스에서 Function 함수형 인터페이스를 확장하여 indentity() 메서드만 새로 구현되었지만 나머지 andThen(), apply() 그리고 compose() 메서드는 Function 함수형 인터페이스의 메서드 기능을 동일하게 사용할 수 있습니다. 여기에서는 identity() 메서드보다는 Function 함수형 인터페이스의 apply() 메서드와 UnaryOperator 함수형 인터페이스의 apply() 메서드를 이용하여 비교해보겠습니다.

Sample21.java

```
01  package chap16;
02
03  import java.util.function.Function;
04  import java.util.function.UnaryOperator;
05
06  public class Sample21 {
07
08      public static void main(String[] args) {
09          //Function은 매개변수와 반환 자료형을 각각 정의
10          Function<String, String> sourceFile = p -> p + ".java";
11
12          //UnaryOperator은 매개변수와 반환 자료형을 하나로 정의
13          UnaryOperator<String> classFile = (String p) ->  p + ".class";
14
15          System.out.println(sourceFile.apply("Sample21"));
16          System.out.println(classFile.apply("Sample21"));
17      }
18
19  }
```

> **실행 결과**
> ```
> Sample21.java
> Sample21.class
> ```

10라인은 Function을 이용하여 매개변수와 반환 자료형을 각각 정의해서 람다식을 작성하였고 13라인은 매개변수와 반환 자료형이 같을 경우에 사용하는 UnaryOperator 함수형 인터페이스로 사용하였습니다. 10라인의 Function처럼 매개변수와 반환 자료형이 같다면 크게 불편하지는 않지만 UnaryOperator를 이용하여도 좋습니다.

그리고 매개변수로 10라인의 p는 매개변수가 1개라서 괄호를 생략했고 제네릭 타입으로 인해서 자료형을 생략했습니다. 13라인의 매개변수는 제네릭 타입에 〈String〉이라고 되어 있지만, 굳이 매개변수 p의 자료형에 String을 넣어서 구현했습니다. 여기에 String 자료형이 아닌 다른 자료형을 사용하면 당연히 오류가 발생합니다. 이렇게 Function과 UnaryOperator를 사용하고 람다식을 작성해보았습니다.

16.2.3 매개변수가 두 개인 함수형 인터페이스

매개변수가 1개인 경우의 함수형 인터페이스를 살펴보았는데 매개변수가 2개인 경우라면 앞서 사용했던 방법과 비슷합니다. 다만 앞에 'Bi'를 붙이면 됩니다. 'Bi'는 Binary로 2라는 의미가 있습니다. 간단한 예가 'Bicycle'도 바퀴가 2개인 자전거라는 뜻에서 앞에 'Bi'가 들어갔습니다. 여기에서는 매개변수가 2개이기 때문에 매개변수가 1개인 함수형 인터페이스에서 앞에 'Bi'만 붙이면 매개변수가 2개라고 생각하면 됩니다.

예를 들면

```
Function<T, R> - 매개변수 T와 반환 자료형 R
```

```
BiFunction<T, U, R> - 첫 번째 매개변수 T, 두 번째 매개변수 U와 반환 자료형 R
```

Function에서 매개변수는 T만 있었지만, 앞에 'Bi'를 붙인 BiFunction은 매개변수가 T와 U가 있습니다. 사용방법은 매개변수가 하나 더 늘어났을 뿐 같습니다. 하나 더 볼까요?

```
Predicate<T> - 매개변수 T와 반환 자료형은 boolean
```

```
BiPredicate<T, U> - 첫 번째 매개변수 T, 두 번째 매개변수 U와 반환 자료형 boolean
```

Consumer 역시 BiConsumer가 있습니다. 다만 UnaryOperator 함수형 인터페이스는 BiUnaryOperator가 아니라 BinaryOperator 함수형 인터페이스를 사용합니다. 헷갈리지 않게 신경 써야 합니다.

16.3 메서드 참조(Method reference)

지금까지 자료형의 추론에 관한 이야기를 많이 했습니다. 이젠 메서드에서도 매개변수의 자료형을 추론하는데 기존 방식을 사용할 수가 없어서 새로운 표현 방법으로 매개변수를 추론하여 메서드를 실행시킵니다. 메서드 참조를 사용하는 데 있어서 람다식을 사용하는 곳에서 좀 더 간결하게 사용하는데 정확히 매개변수를 추론할 수 있다면 메서드 참조를 할 수 있습니다. 메서드 참조의 종류로는 다음 4가지가 있습니다.

- static 메서드 참조
- 특정 개체의 인스턴스 메서드 참조
- 특정 타입의 임의 개체에 대한 인스턴스 메서드 참조
- 생성자 참조

메서드 참조의 기본 형태는 다음과 같습니다.

메서드 참조 기본 문법
(Object name)::(Method name)

개체의 이름과 메서드의 이름 사이에 더블 콜론(double colon, '::')을 구분하는 연산자로 사용합니다. 지금까지는 인자로 특정한 자료형을 참조했다면 지금 배우는 내용은 메서드를 참조하게 구현합니다. 다시 말해서 값을 갖는 자료형을 인자로 사용했다면 이제부터는 메서드를 인자로 사용할 수 있다는 이야기입니다. 우리는 이미 [11장 컬렉션 프레임워크(Collection framework)]에서 [Sample07.java]에서 잠깐 소개가 된 메서드 참조가 있었습니다.

```
List<String> list = new ArrayList<>();
list.add("dog");
list.add("cat");
list.add("lion");

System.out.println("1. forEach");
list.forEach(System.out::println);   //바로 여기 값이 아닌 메서드를 인자로 넘겼습니다.
```

System.out이라는 객체와 println이라는 메서드를 구분하여 'System.out::println'이라고 코딩되어 있습니다. 이를 람다식으로 했다면 다음과 같이 구현합니다.

```
List.forEach( (x) -> System.out.println(x) );
```

매개변수는 println( ) 메서드로 그대로 넘겨서 사용되고 있습니다. 이 과정을 줄이기 위해서 메서드 참조를 사용합니다. 다음은 메서드 참조 유형별로 하나씩 살펴보겠습니다.

16.3.1 static 메서드 참조

클래스 내에 static으로 구성된 메서드를 참조 메서드로 사용할 경우입니다. 다음 소스코드는 메서드 참조 기본 문법과 동일하게 사용되며 메서드는 static으로 된 메서드를 참조할 경우입니다.

Sample22.java
```
01  package chap16;
02
03  import java.util.Arrays;
```

```
04  import java.util.List;
05
06  public class Sample22 {
07
08      public static void main(String[] args) {
09          List<Integer> list = Arrays.asList(1, 2, 3, 4, 5);
10          list.forEach(Writer::doWrite);
11      }
12
13  }
14
15  class Writer {
16      public static void doWrite(Object msg) {
17          System.out.println(msg);
18      }
19  }
```

실행 결과
1 2 3 4 5

09라인에서 배열에 숫자들을 넣고 10라인에서 출력하는 static 메서드인 doWrite( )를 호출합니다. 여기에서 forEach( ) 메서드에 '다른 모든 클래스의 static 메서드를 사용해도 될까?'라는 의문이 들 수도 있습니다. 어떠한 메서드 참조가 올 수 있는지 살펴보겠습니다.

10라인의 코드를 다시 살펴보면 다음과 같이 구현되어 있습니다.

```
list.forEach(Writer::doWrite);
```

이 코드를 람다식으로 바꾸게 되면 다음과 같이 바꿀 수 있습니다.

```
list.forEach( (s) -> Writer.doWrite(s) );
```

매개변수 s를 얻어와서 doWrite( ) 메서드의 매개변수로 사용하게 되는데 doWrite( ) 메서드의 반환 자료형은 void이며 매개변수는 Object 자료형입니다. 그럼 forEach( ) 메서드의 매개변수는 어떨까요? forEach( ) 메서드를 살펴보면 Consumer로 되어 있습니다.

```
default void forEach(Consumer<? super T> action) {
    Objects.requireNonNull(action);
    for (T t : this) {
        action.accept(t);
    }
}
```

Consumer는 반환 자료형이 없으며 매개변수는 1개인 함수형 인터페이스입니다. doWrite( ) 메서드와 같은 형태를 띠고 있기 때문에 오류 없이 잘 실행되고 있는 것입니다. 람다식으로 작성하면 action에는 '(s) -> Writer.doWrite(s)' 함수 정보를 참조하게 되고 메서드 참조를 하게 되면 Write 객체의 doWrite 메서드를 갖게 되는 것입니다.

매개변수로 함수형 인터페이스를 사용했기 때문에 값을 갖는 변수를 넘기는 게 아니라 람다식이라 메서드 참조 형태의 메서드를 넘겨야 한다는 점에 유의해야 합니다. 이번에는 함수형 인터페이스를 활용하여 직접 static 메서드를 참조하는 코드를 작성해보겠습니다.

Sample23.java
```
01  package chap16;
02
03  import java.util.function.Function;
04
05  public class Sample23 {
06
07      public static void main(String[] args) {
08          Function<String, String> helloLambda = (name) -> HelloTo.hello(name);
09          Function<String, String> helloStatic = HelloTo::hello;
10
11          System.out.println(helloLambda.apply("빵형"));
12          System.out.println(helloStatic.apply("파티쉐"));
13      }
14
15  }
```

```
16
17   class HelloTo {
18       public static String hello(String name) {
19           return "Hello~ " + name;
20       }
21   }
```

> **실행 결과**
>
> Hello~ 빵형
> Hello~ 파티쉐

08라인에는 람다식을 이용하여 static 메서드를 호출하였고 09라인에서 static 메서드는 메서드 참조 기능을 이용하여 구현했습니다. 람다식은 매개변수를 직접 다루지만 메서드 참조에서는 매개변수를 추론하여 알아서 메서드로 넘겨서 처리합니다. 이렇게 static 메서드를 작성하여 호출해 봤습니다.

16.3.2 특정 개체의 인스턴스 메서드 참조

앞에서 static 메서드를 호출하는 방법을 배웠습니다. 꼭 static 메서드만 메서드 참조 형태로 사용할 수 있는 게 아닙니다. 생성된 인스턴스의 메서드를 참조할 수도 있습니다. [Sample24.java]를 통해서 인스턴스 메서드 참조를 살펴보겠습니다.

Sample24.java

```
01   package chap16;
02
03   import java.util.function.Consumer;
04   import java.util.function.Supplier;
05
06   public class Sample24 {
07
08       public static void main(String[] args) {
09           String greeting = "Hello";
10           Consumer<String> consumer = System.out::println;   //static 메서드 참조
11           consumer.accept(greeting);
12
13           writeString(greeting::toString);                    //인스턴스 메서드 참조
14       }
15
```

```
16      public static void writeString(Supplier<String> supplier) {
17          System.out.println(supplier.get());
18      }
19
20  }
```

> 실행 결과

```
Hello
Hello
```

10라인에서는 static 메서드 참조를 다시 한번 복습해봤습니다. 11라인에서 넘어온 인자가 println( ) 메서드를 참조 메서드로 consumer에 넘겨서 accept( ) 메서드를 통해서 출력됩니다. Consumer 함수형 인터페이스는 1개의 매개변수가 있고 반환형 자료형은 없습니다. System.out.println( ) 메서드가 Consumer 함수형 인터페이스에 적합한 형태를 갖추고 있기 때문에 메서드 참조를 할 수 있습니다.

```
반환형이 없으며 매개변수는 1개입니다.
@FunctionalInterface
public interface Consumer<T> {
    void accept(T t);
}

public void println(String x) { }
```

함수형 인터페이스를 사용했기 때문에 람다식이나 메서드 참조의 형태가 들어간다는 사실을 앞서 배웠습니다. 13라인에서 writeString( ) 메서드를 사용하는데 09라인의 String 자료형의 인스턴스인 greeting의 toString( ) 메서드가 인스턴스 메서드 참조의 형태로 구현되었습니다. static 메서드 참조 형태로 구현된 writeString( ) 메서드는 16라인에서 Supplier 함수형 인터페이스를 인자로 받게 되어 있습니다. Supplier 함수형 인터페이스는 매개변수가 없으면서 반환 자료형은 있습니다.

여기에서는 String 자료형으로 되어있기 때문에 String 객체의 toString( ) 메서드는 반환 자료형은 없이 내용을 반환합니다. String 객체의 toString( ) 메서드와 Supplier 함수형 인터페이스의 형태로 적합하여 greeting::toString으로 구현될 수 있습니다. 다음은 외부 클래스의 메서드를 작성하여 인스턴스 메서드를 참조하여 2개의 인자까지 넘기는 방법을 람다식과 인스턴스 메서드 참조를 하여 각각 살펴보겠습니다.

Sample25.java

```java
01  package chap16;
02
03  import java.util.function.BiFunction;
04
05  public class Sample25 {
06
07      public static void main(String[] args) {
08          Math math = new Math();
09
10          //2개의 메서드를 갖고 1개의 반환형을 갖는 함수형 인터페이스
11          BiFunction<Integer, Integer, Integer> minus1 = (a, b) -> math.minus(a, b);
12          BiFunction<Integer, Integer, Integer> minus2 = math::minus;
13
14          System.out.println("람다식 - " + minus1.apply(10, 2));
15          System.out.println("메서드 참조 - " + minus2.apply(5 , 2));
16      }
17
18  }
19
20  class Math {
21      //2개의 인자를 갖고 int 반환형을 갖는 메서드
22      public int minus(int a, int b) {
23          return a - b;
24      }
25  }
```

실행 결과

```
람다식 - 8
메서드 참조 - 3
```

20라인에서 Math라는 클래스를 외부에 작성하고 메서드는 minus( )를 2개의 매개변수를 갖고 반환 값을 갖는 메서드로 작성하였습니다. 여기에 대응되는 함수형 인터페이스로는

BiFunction〈T, U, R〉이 있습니다. 이를 이용해서 람다식과 메서드 참조 2가지 방법으로 구현하였습니다.

11라인은 람다식으로 2개의 인자를 넣고 화살표 연산자(-〉)를 이용하여 minus( ) 메서드를 작성하였고 12라인은 당연히 인자가 2개이고 반환형이 있으니까 이것이 생략되어 15라인에서 2개인 인자를 얻어서 3이라는 결과를 반환하여 출력하게 됩니다.

16.3.3 특정 타입의 임의 개체에 대한 인스턴스 메서드 참조

다음 예는 Person 객체를 생성해서 Person의 인스턴스 메서드를 메서드 참조의 형태로 호출하게 됩니다. 이때도 인스턴스의 원형 객체명을 적어주고 더블 콜론 다음에 메서드명을 적어주면 됩니다. 소스코드를 살펴보겠습니다.

Sample26.java
```java
01  package chap16;
02
03  import java.util.Arrays;
04
05  import lombok.AllArgsConstructor;
06  import lombok.Getter;
07  import lombok.Setter;
08
09  public class Sample24 {
10
11      public static void main(String[] args) {
12          var list = Arrays.asList( new Person(1, "빵형")
13                                  , new Person(2, "상도")
14                                  , new Person(3, "인호")
15                                  , new Person(4, "학건"));
16          System.out.println("== 람다식");
17          list.forEach(list.forEach(x -> x.toObjString()));
18          System.out.println("== 메서드 참조");
19          list.forEach(Person::toObjString);
20      }
21
22  }
23
24  @Getter
25  @Setter
26  @AllArgsConstructor
27  class Person {
28      private Integer no;
29      private String  name;
```

```
30
31      public void toObjString() {
32          System.out.println("Person [no=" + no + ", name=" + name + "]");
33      }
34  }
```

실행 결과

```
== 람다식
Person [no=1, name=빵형]
Person [no=2, name=상도]
Person [no=3, name=인호]
Person [no=4, name=학건]
== 메서드 참조
Person [no=1, name=빵형]
Person [no=2, name=상도]
Person [no=3, name=인호]
Person [no=4, name=학건]
```

27라인에서 Person 클래스를 정의하고 12라인에서 ArrayList에 Person 자료형으로 인스턴스를 생성하여 배열에 담습니다. 17라인과 19라인에서 forEach( ) 메서드를 통해서 해당 자료형을 하나하나 꺼내어 지정된 Person 객체의 toObjString( ) 메서드를 호출하여 배열의 정보를 출력합니다. 이것이 17라인의 람다식을 19라인에서 특정 객체의 인스턴스 메서드 참조로 구현한 것입니다.

16.3.4 생성자 참조

메서드 참조에 대해서 알아보았고 추가로 생성자도 똑같이 참조할 수 있습니다. 객체명과 더블 콜론이 위치하고 이어서 new 키워드를 사용합니다. 기본 문법은 다음과 같습니다.

생성자 참조 기본 문법

```
(Object name)::new
```

생성자 참조 기본 문법은 우리가 배운 대로 하면 생성자를 호출하게 됩니다.

```
new Object( );           //new 키워드를 이용한 생성자 호출
        ↓
( ) -> new Object( )     //람다식을 이용한 생성자 호출
        ↓
Object::new              //생성자 참조
```

이렇게 new Object( ) 객체를 생성자로 생성시키게 됩니다. 하지만 생성자 참조 기본 문법을 이용하게 되면 객체명인 Object에 더블 콜론을 입력한 뒤에 new 키워드를 입력하면 됩니다. 생성자를 사용하지 않아도 매개변수가 없는 기본 생성자를 참조하게 됩니다.

Sample27.java
```java
01  package chap16;
02
03  import java.util.function.Supplier;
04
05  import lombok.Getter;
06
07  public class Sample27 {
08
09      public static void main(String[] args) {
10          Supplier<Name> supplier1 = () -> new Name();
11          Name name1 = supplier1.get();
12          System.out.println("람다식 - " + name1.getName());
13
14          Supplier<Name> supplier2 = Name::new;
15          Name name2 = supplier2.get();
16          System.out.println("생성자 참조 - " + name2.getName());
17      }
18
19  }
20
21  @Getter
22  class Name {
23      private String name;
24
25      public Name() {
26          this.name = "빵형";
27      }
28  }
```

> **실행 결과**
>
> 람다식 - 빵형
> 생성자 참조 - 빵형

10라인의 supplier1에 정의된 람다식은 'new Name( );'을 실행하여 Name( ) 생성자를 호출합니다. 이렇게 생성된 Name 객체를 11라인의 name1에 인스턴스로 반환합니다. 12라인에서 name1의 getName( ) 메서드를 통해서 기본 생성자에서 정의된 '빵형'이라는 값을 출력하게 됩니다.

14라인은 람다식 대신에 생성자 참조하는 식을 넘겨서 똑같은 결과를 얻도록 합니다. 메서드와 마찬가지로 생성자의 인자가 없어서 Supplier 함수형 인터페이스를 사용했습니다. 그럼 인자가 있는 생성자를 생성자 참조 기능을 이용하여 구현해보겠습니다.

Sample28.java
```java
01  package chap16;
02
03  import java.util.function.BiConsumer;
04
05  public class Sample28 {
06      public static void main(String[] args) {
07          BiConsumer<Integer, Integer> plus1 = (a, b) -> new Plus(a, b);
08          System.out.print("람다식 - ");
09          plus1.accept(1, 2);
10
11          BiConsumer<Integer, Integer> plus2 = Plus::new;
12          System.out.print("생성자 참조 - ");
13          plus2.accept(3, 4);
14      }
15  }
16
17  class Plus {
18      public Plus(int a, int b) {
19          System.out.printf("%d + %d = %d\n", a, b, (a + b));
20      }
21  }
22
```

실행 결과

```
람다식 - 1 + 2 = 3
생성자 참조 - 3 + 4 = 7
```

18라인에 생성자의 인자가 2개로 정의되어 있습니다. 07라인에서 람다식의 경우 2개의 매개변수를 정의하여 생성자 a와 b를 이용하여 Plus 생성자를 호출하는 람다식을 작성합니다. 그리고 09라인에서 accept( ) 메서드가 호출되고 나서 plus1의 람다식이 실행되어 Plus의 인스턴스가 생성됩니다. 19라인에 생성자에 내용을 출력하는 코드가 구현되어 있습니다.

11라인은 람다식 대신에 생성자 참조를 하는데 매개변수가 생략되어 있습니다. BiConsumer 함수형 인터페이스를 사용했으니 당연히 매개변수가 2개입니다. Bi가 2를 의미한다고 앞서 설명했습니다. 그리고 Consumer는 매개변수는 있지만, 반환형은 없습니다. 당연히 Plus 생성자의 인자가 2개인지 확인해야 하며 모든 생성자는 반환 자료형이 존재하지 않습니다. 더블 콜론을 사용할 때는 매개변수의 수와 반환형 그리고 생성자 정보를 꼭 알고 작성해야 합니다. 다음은 인터페이스를 직접 만들어서 인자에 의한 생성자를 참조하는 코드를 살펴보겠습니다.

Sample29.java

```java
01  package chap16;
02
03  public class Sample29 {
04      public static void main(String[] args) {
05          //인자없는 생성자
06          HelloYourName1 yourName1 = Hello::new;
07          System.out.println(yourName1.get().getName());
08
09          //인자있는 생성자
10          HelloYourName2 yourName2 = Hello::new;
11          System.out.println(yourName2.get("Cheol-Su").getName());
12      }
13  }
14
15  interface HelloYourName1{
16      Hello get();
17  }
18
19  interface HelloYourName2{
20      Hello get(String name);
21  }
```

```
22
23   class Hello {
24       private String name;
25
26       public Hello() {
27         this.name = "Young-Hee";
28           System.out.println("인자없는 생성자 호출");
29       }
30
31       public Hello(String name){
32           System.out.println("인자있는 생성자 호출");
33           this.name = name;
34       }
35
36       public String getName() {
37           return name;
38       }
39   }
```

실행 결과

```
인자없는 생성자 호출
Young-Hee
인자있는 생성자 호출
Cheol-Su
```

26라인에 인자가 없는 생성자를 만들고 31라인에 인자가 있는 생성자를 만들었습니다. 06라인과 10라인은 생성자 참조식을 동일하게 작성하였습니다. 그래도 함수형 인터페이스를 참조하여 해당 인터페이스에 정의된 메서드의 인자에 따라서 호출됩니다.

메서드의 인자가 생성자의 인자로 넘어가게 되는 것입니다. get( ) 메서드를 통하여 인자가 있는 생성자를 호출하느냐 인자가 없는 생성자를 호출하느냐는 일단 생성한 뒤에 함수형 인터페이스를 호출하는 인자를 통해서 생성자의 인자로 넘기게 됩니다.

```
get( )            => Hello( )
get("Cheol-Su")   => Hello("Cheol-Su")
```

연습 문제

1. 반환 자료형이 String이고 인자가 2개인 BiTest 인터페이스를 작성하고 apply(String a, String b) 추상 메서드를 작성하여 활용하는 프로그램을 작성하세요.

정답)

Test1.java
```java
package chap16;

public class Test1 {

    public static void main(String[] args) {
        BiTest test = (a, b) -> a + "와 " + b + "가 매개변수로 넘어왔습니다.";

        String a = "유튜브";
        String b = "네이버";
        System.out.printf(test.apply(a, b));
    }

}

@FunctionalInterface
interface BiTest {
    abstract String apply(String a, String b);
}
```

실행 결과

유튜브와 네이버가 매개변수로 넘어왔습니다.

2. 보기의 내부 클래스를 람다식으로 똑같은 실행 결과가 나오도록 구현하세요.

보기

```java
package chap16;

public class Test2 {
    public static void main(String[] args) {
        TestFunction tf = new TestFunction() {
            @Override
            public String apply(String str) {
                return str.replaceAll("-", "");
            }
        };

        String str = "010-0010-0100";
        System.out.println(tf.apply(str));
    }
}

@FunctionalInterface
interface TestFunction {
    public abstract String apply(String str);
}
```

실행 결과

```
01000100100
```

정답)

Test2_a.java

```java
package chap16;

public class Test2_a {
    public static void main(String[] args) {
        TestFunction tf = (str) -> str.replaceAll("-", "");

        String str = "010-0010-0100";
        System.out.println(tf.apply(str));
    }
}
```

> 실행 결과
> ```
> 01000100100
> ```

TestFunction 인터페이스는 같은 패키지 경로에 있어서 Test2.java의 인터페이스를 사용했습니다.

3. 매개변수를 받아서 해당하는 구구단을 출력하는 람다식을 작성하고 매개변수로 2부터 9까지 넣어서 구구단을 모두 출력하게 작성하세요.

정답)

Test3.java
```java
01  package chap16;
02
03  import java.util.function.Consumer;
04
05  public class Test3 {
06      public static void main(String[] args) {
07          Consumer<Integer> gugudan = (number) -> {
08              for(int i = 1; i <= 9; i++) {
09                  System.out.printf("%d * %d = %d\n", number, i, (number * i));
10              }
11          };
12
13          for(int i = 1; i <= 9; i++) {
14              gugudan.accept(i);
15          }
16      }
17  }
```

4. 다음은 주어진 덧셈과 뺄셈이 섞여있는 문제를 푸는 코드입니다. 2개의 람다식을 메서드 참조의 형태로 변경해보세요.

```
문제))
4 - 3 + 8 + 9
```

Test4.java

```java
01  package chap16;
02
03  import java.util.function.BiFunction;
04
05  public class Test4 {
06      public static void main(String[] args) {
07          Calculator cal = new Calculator();
08          BiFunction<Integer, Integer, Integer> plus = (a, b) -> cal.plus(a, b);
09          BiFunction<Integer, Integer, Integer> minus = (a, b) -> cal.minus(a, b);
10          int sum = minus.apply(4, 3);
11          sum = plus.apply(sum, 8);
12          sum = plus.apply(sum, 9);
13          System.out.println(sum);
14      }
15  }
16
17  class Calculator {
18      public int plus(int a, int b) {
19          return a + b;
20      }
21
22      public int minus(int a, int b) {
23          return a - b;
24      }
25  }
```

정답)

```
BiFunction<Integer, Integer, Integer> plus = cal::plus;
BiFunction<Integer, Integer, Integer> minus = cal::minus;
```

Chapter 17

17장 | 스트림(Stream)

우리는 배열의 값들을 활용하여 반복문으로 처리할 때 for문이나 while문을 주로 사용했습니다. 그리고 향상된 for문을 배웠을 때 for문보다도 간단하게 배열로부터 요소 하나하나를 순서대로 꺼내어 절차적인 프로그래밍을 할 수 있게 되었습니다. 하지만 배열의 요소 중에 특정 데이터만 가공하거나 조회하기 위해서 조건문을 추가로 사용하여 구현해야 합니다. 하지만 이러한 배열 처리를 더 간단하면서 원하는 데이터를 가공하고 조회할 수 있다면 어떨까요? Java 8에서 추가되었으며, 람다와 함께 구현하면 더 큰 효과를 얻을 수 있는 스트림에 대해서 학습하겠습니다.

- 스트림의 이해
- 스트림 특징

17.1 스트림의 이해

컬렉션 프레임워크에서 배열을 다룰 때 배열의 내용을 출력하는 소스코드를 먼저 살펴보겠습니다.

```
var list = Arrays.asList(1,2,3,2,1,5);
list.forEach(System.out::println);
```

ArrayList에서 forEach() 메서드를 제공하고 있어서 차례대로 배열의 요소를 꺼내어 람다식으로 데이터를 출력할 수 있습니다. 만약에 중복된 값을 제거한다면 제거하는 내용을 구현해야 합니다.

```
var list = Arrays.asList(1,2,3,2,1,5);
list = new ArrayList(new HashSet<Integer>(list));
list.forEach(System.out::println);
```

list 본연의 값을 변경하여 변경된 내용을 출력했습니다. 만약에 list 본연의 값을 유지하기를 원한다면 출력용 변수를 따로 만들어서 구현해야 합니다.

```java
var list = Arrays.asList(1,2,3,2,1,5);
var list2 = new ArrayList(new HashSet<Integer>(list));
list2.forEach(System.out::println);
```

원래의 값은 list에 있으며 HashSet의 특성을 이용하여 중복 값을 제거한 값을 list2에 넣어서 list2를 forEach 메서드로 메서드 참조 방법을 이용하여 출력했습니다. 그런데 스트림에서는 연산이라는 처리 과정을 통해서 좀 더 효율적으로 원하는 작업을 쉽게 처리할 수 있습니다. 위 소스코드와 같이 중복된 배열의 값을 제거한 뒤에 모든 요소를 출력하는 코드를 작성할 때 스트림을 이용하면 다음과 같이 작성할 수 있습니다.

Sample01.java

```java
01  package chap17;
02
03  import java.util.ArrayList;
04  import java.util.Arrays;
05  import java.util.HashSet;
06
07  public class Sample01 {
08
09      public static void main(String[] args) {
10          var list = Arrays.asList(1,2,3,2,1,5);
11          System.out.println(list.toString());
12
13          System.out.println("* HashSet을 활용한 중복 제거");
14          var<Integer> list2 = new ArrayList(new HashSet<Integer>(list));
15          list2.forEach(System.out::println);
16
17          System.out.println("==========================");
18
19          System.out.println("* Stream을 활용한 중복 제거");
20          list.stream().distinct().forEach(System.out::println);
21      }
22
23  }
```

> **실행 결과**
>
> ```
> [1, 2, 3, 2, 1, 5]
> * HashSet을 활용한 중복 제거
> 1
> 2
> 3
> 5
> ===========================
> * Stream을 활용한 중복 제거
> 1
> 2
> 3
> 5
> ```

HashSet을 활용한 중복 데이터 제거는 컬렉션 프레임워크에서 이미 학습했기 때문에 따로 설명하지 않겠습니다. HashSet을 이용하든지 배열에 포함된 데이터가 있는지 확인해서 중복을 제거하는 프로그램을 직접 구현하더라도 20라인에서 distinct( ) 메서드를 호출하여 중복을 한 번에 제거했습니다. 이렇듯 손쉽게 중복을 제거해서 가독성이 좋아졌다는 것과 한 줄에 모든 내용을 다 표현했다는 것을 Stream이 무엇인지 몰라도 한눈에 알 수 있습니다. 내부 반복 작업을 위해서 Stream 화하여 처리하는 다양한 구현 방법을 함께 알아보겠습니다.

17.2 스트림의 생성

배열은 반복되는 자료형의 연속일 뿐이지 내부적으로 반복하며 연산하지 않습니다. 그럼 내부적으로 반복처리를 하고자 하려면 스트림을 생성해야 하는데 이렇게 스트림으로 생성된 형태를 스트림 파이프라인(stream pipeline)이라고 합니다. 스트림의 생성은 각 배열의 형태에 따라서 생성하는 방법이 다릅니다.

스트림은 가장 기본이 되는 BaseStream 인터페이스로 구현되어 있으며 객체 자료형을 이용할 때는 Stream⟨T⟩ 인터페이스를 활용해서 구현하며 숫자 자료형은 IntStream, DoubleStream,

LongStream을 사용합니다. 4개의 스트림을 자료형에 맞게 사용하면 됩니다. 그 형태에 따른 생성 방법을 살펴보겠습니다.

17.2.1 배열(Array)

배열을 스트림의 형태로 바꾸기 위해서는 Stream 객체를 이용해서 변환할 수 있습니다.

Stream API 일부

반환 자료형	메서드	설명
static <T> Stream<T>	of(T t)	배열을 스트림으로 반환합니다.
static <T> Stream<T>	of(T... values)	여러 개의 배열을 순차적인 스트림으로 반환합니다.

Stream뿐만 아니라 앞서 배웠던 Arrays 객체에서도 stream을 생성하는 메서드를 제공하고 있습니다.

Arrays API의 일부

반환 자료형	메서드	설명
static DoubleStream	stream(double[ ] array)	double 자료형의 배열을 스트림으로 반환합니다.
static DoubleStream	stream(double[ ] array, int startInclusive, int endExclusive)	double 자료형의 배열의 지정된 범위를 스트림으로 반환합니다.
static IntStream	stream(int[ ] array)	int 자료형의 배열을 스트림으로 반환합니다.
static IntStream	stream(int[ ] array, int startInclusive, int endExclusive)	int 자료형 배열의 지정된 범위를 스트림으로 반환합니다.
static LongStream	stream(long[ ] array)	long 자료형의 배열을 스트림으로 반환합니다.
static LongStream	stream(long[ ] array, int startInclusive, int endExclusive)	long 자료형 배열의 지정된 범위를 스트림으로 반환합니다.
static <T> Stream<T>	stream(T[ ] array)	지정된 자료형의 배열을 스트림으로 반환합니다.
static <T> Stream<T>	stream(T[ ] array, int startInclusive, int endExclusive)	지정된 자료형 배열의 지정된 범위를 스트림으로 반환합니다.

배열을 Stream과 Arrays 객체의 스트림으로 변환하는 메서드를 이용하여 변환해보겠습니다.

Sample02.java

```java
package chap17;

import java.util.Arrays;
import java.util.stream.DoubleStream;
import java.util.stream.IntStream;
import java.util.stream.Stream;

public class Sample02 {

    public static void main(String[] args) {
        // 1. 배열
        String[] strArr = {"빵형", "타노스", "상도"};
        int[] intArr = {3, 6, 9};
        double[] floatArr = {3.1, 4.2, 5.3};

        // 2. 스트림 생성
        Stream<String> strStm = Arrays.stream(strArr);
        IntStream      intStm = Arrays.stream(intArr);
        DoubleStream   douStm = Arrays.stream(floatArr);

        // 3. 출력
        strStm.forEach(System.out::println);
        intStm.forEach(System.out::println);
        douStm.forEach(System.out::println);
    }
}
```

실행 결과

```
빵형
타노스
상도
3
6
9
3.1
4.2
5.3
```

12라인은 String 객체를 이용한 문자열 배열을 선언했고 13라인은 int 기본 자료형으로 배열을 선언했습니다. 14라인은 double 자료형으로 배열을 선언했습니다. 17라인은 String 자료형을 사용하는 Stream으로 변환하고 18라인은 int 자료형이기 때문에 IntStream으로 변환했습니다.

19라인은 double 자료형이기 때문에 DoubleStream으로 변환했습니다. 자료형을 직접 class로 만들어서 사용할 경우 16라인처럼 제네릭 타입에 class 명을 적어서 스트림으로 처리해도 됩니다. 22라인부터 24라인은 앞서 배웠던 forEach( ) 메서드에 메서드 참조로 출력했습니다.

말이 나온 김에 사용자가 정의한 class 자료형을 스트림으로 처리해보겠습니다.

Sample03.java

```java
package chap17;

import java.util.Arrays;
import java.util.stream.Stream;

import lombok.AllArgsConstructor;
import lombok.Data;

public class Sample03 {

    public static void main(String[] args) {
        DataObj[] data = {new DataObj(1, "빵형"), new DataObj(2, "상도"), new DataObj(3, "타노스")};
        Stream<DataObj> stm = Arrays.stream(data);
        stm.forEach(System.out::println);

        System.out.println();

        //스트림 생성 후 바로 출력도 할 수 있습니다.
        Arrays.stream(data).forEach(System.out::println);
    }
}

@Data
@AllArgsConstructor
class DataObj {
    int no;
    String name;
}
```

실행 결과

```
DataObj(no=1, name=빵형)
DataObj(no=2, name=상도)
DataObj(no=3, name=타노스)

DataObj(no=1, name=빵형)
DataObj(no=2, name=상도)
DataObj(no=3, name=타노스)
```

Class를 이용한 참조 자료형을 사용하는 경우는 Stream 객체의 제네릭 타입을 이용해서 사용하면 됩니다. 13라인과 같이 꼭 스트림 객체에 배열을 스트림으로 변환하여 대입시켜서 14라인처럼 스트림 객체를 출력할 수도 있고 19라인처럼 생성된 스트림을 바로 forEach( ) 메서드를 이용해서 출력할 수도 있습니다.

스트림 정보를 한 번만 사용한다면 19라인과 같이 사용하면 더욱더 간단합니다. 배열을 인자로 받아서 스트림을 생성했는데 한 개의 인자로만 받았습니다. 가변 인자도 지원하는 of( ) 메서드를 사용해보겠습니다.

Sample04.java

```java
01  package chap17;
02
03  import java.util.Arrays;
04  import java.util.stream.Stream;
05
06  public class Sample04 {
07
08      public static void main(String[] args) {
09          String[] str1 = {"빵형", "상도", "타노스"};
10          String[] str2 = {"인호", "학건"};
11
12          Stream<String[]> strm1 = Stream.of(str1, str2);
13
14          System.out.println("** Stream.of(str1, str2)");
15          Stream.of(str1, str2).forEach(x -> System.out.println(Arrays.deepToString(x)));
16
17          System.out.println("\n** strm1.flatMap(Arrays::stream)");
18          Stream<String> strm2 = strm1.flatMap(Arrays::stream);
```

```
19          strm2.forEach(System.out::println);
20      }
21
22  }
```

> **실행 결과**
>
> ** Stream.of(str1, str2)
> [빵형, 상도, 타노스]
> [인호, 학건]
>
> ** strm1.flatMap(Arrays::stream)
> 빵형
> 상도
> 타노스
> 인호
> 학건

12라인에서 2개의 배열을 Stream으로 생성했습니다. str1과 str2의 내용을 15라인에서 출력했습니다. 결과는 String[ ]의 형태로 2건이 출력되었습니다. 여기에서 끝내도 되지만 str1과 str2의 내용을 합쳐서 Stream<String>의 형태로 만들어서 19라인에서 출력해보았습니다. flatMap( ) 메서드는 [17.3.1 중간 연산(Intermediate operations)]에서 다시 설명합니다. 여기에서는 그냥 보고 넘어가면 됩니다.

먼저 2개의 요소를 갖고 있는 strm1의 스트림을 Arrays.stream( ) 메서드를 이용하여 String 단위로 내부 반복을 합니다. '빵형, 상도, 타노스'까지 끝나면 str2의 배열의 내용을 다시 스트림으로 반복합니다. '인호, 학건'까지 완료되면 flatMap( ) 메서드로 인하여 모든 요소를 단일 요소로 스트림을 반환할 수 있게 해 줍니다. 그래서 str1과 str2의 요소가 하나로 합쳐지는 결과를 얻을 수 있고 19라인에서 이 내용을 출력하였습니다.

혹시 18라인에서 Arrays::stream 구문이 조금 생소하죠?

```
static <T> Stream<T> Arrays.stream(T[ ] array)
```

그동안 Arrays.toString( ) 메서드와 같이 사용하던 방식으로 static으로 구현된 메서드입니다. 모든 배열을 스트림으로 변환하는 메서드이며 메서드 참조 형태로 작성된 것입니다. 여기까지 알아본 기본 배열을 이용하여 스트림을 생성하는 방법에 대해서 알아보았습니다.

17.2.2 컬렉션(Collection)

Collection 인터페이스를 기반으로 구현된 자료구조로부터 스트림을 생성하는 방법에 대해 살펴보겠습니다. Collection은 [11장 컬렉션 프레임워크]에서 학습했던 배열 형태의 자료형입니다. Collection은 크게 List 자료형과 Set 자료형으로 분류되며 Collection 인터페이스에는 stream( ) 메서드를 추상 메서드로 정의하고 있기 때문에 꼭 구현되어 있습니다.

Collection API의 stream( ) 메서드

반환 자료형	메서드	설명
default **Stream\<E\>**	stream()	Stream의 형태로 반환합니다.

[Sample05.java]에서 ArrayList와 HashSet으로 스트림을 생성하여 내용 출력을 해보겠습니다.

Sample05.java

```java
01  package chap17;
02
03  import java.util.ArrayList;
04  import java.util.HashSet;
05  import java.util.stream.Stream;
06
07  public class Sample05 {
08
09      public static void main(String[] args) {
10          // 1. 배열 생성
11          var list1 = new ArrayList<String>();
12          list1.add("dog");
13          list1.add("dog");
14          list1.add("cat");
15          list1.add("cat");
16
17          var list2 = new HashSet<Integer>();
18          list2.add(3);
19          list2.add(3);
20          list2.add(5);
21          list2.add(5);
```

```
22              list2.add(6);
23              list2.add(6);
24
25              // 2. 스트림 생성
26              Stream<String> arrStrm1 = list1.stream();
27              Stream<Integer> arrStrm2 = list2.stream();
28
29              // 3. 스트림을 이용한 출력
30              System.out.println("** 스트림을 이용한 출력");
31              arrStrm1.forEach(System.out::println);
32              System.out.println();
33              arrStrm2.forEach(System.out::println);
34              System.out.println();
35
36              // 4. 컬렉션에서 스트림을 이용한 출력
37              System.out.println("** 컬렉션에서 스트림을 이용한 출력");
38              list1.stream().forEach(System.out::println);
39              System.out.println();
40              list2.stream().forEach(System.out::println);
41          }
42
43      }
```

실행 결과

```
** 스트림을 이용한 출력
dog
dog
cat
cat

3
5
6

** 컬렉션에서 스트림을 이용한 출력
dog
dog
cat
cat

3
5
6
```

11라인에서 정의한 ArrayList와 17라인에서 정의한 HashSet 컬렉션 자료형이 있습니다. 26라인과 27라인에서 각각 Collection 인터페이스에서 정의된 stream( ) 메서드를 호출하여 Stream을 생성합니다. 출력하는 방법 역시 앞서 배운 내용과 같은 방법으로 사용할 수 있습니다. 37라인 이후를 살펴보면 [17.2.1 배열(Array)]에서는 Arrays 객체를 이용해서 스트림을 생성했는데 컬렉션을 기반으로 구현된 배열은 자체적으로 스트림을 생성해서 출력까지 다 할 수 있습니다.

17.2.3 비어 있는 스트림(Empty Stream)

우리는 코딩하다가 null인 배열을 스트림으로 처리할 경우도 발생할 수 있습니다. 이때 null을 스트림으로 처리하려고 하면 오류가 발생하게 되는데 null을 반환하지 않고 요소가 없는 스트림을 반환하고자 할 때 사용합니다.

Sample06.java

```java
01  package chap17;
02
03  import java.util.stream.Stream;
04
05  public class Sample06 {
06
07      public static void main(String[] args) {
08          String[] arrStr = null;
09          Stream<String> stream = Stream.of(arrStr);
10      }
11
12  }
```

실행 결과

```
Exception in thread "main" java.lang.NullPointerException
    at java.base/java.util.Arrays.stream(Arrays.java:5635)
    at java.base/java.util.stream.Stream.of(Stream.java:1188)
    at chap17.Sample02.main(Sample02.java:9)
```

08라인에서 arrStr은 객체만 정의했지 생성하지 않은 null인 상태입니다. null인 객체를 Stream 으로 변환하려고 해서 발생한 NullPointerException 오류 메시지입니다. 이런 논리적인 오류가 발생하지 않도록 다음과 같이 처리할 수 있습니다.

```java
Sample07.java
01  package chap17;
02
03  import java.util.stream.Stream;
04
05  public class Sample07 {
06
07      public static void main(String[] args) {
08          String[] arrStr = null;
09          Stream<Object> stream = Stream.of((arrStr == null ? Stream.empty() : arrStr));
10      }
11
12  }
```

[Sample07.java]는 출력에 대한 명령어가 없기 때문에 아무런 출력 내용 없이 출력이 잘됩니다. 09라인에서 배열을 Stream으로 변환할 때 static으로 정의된 Stream.of( ) 메서드를 활용하여 스트림으로 변형하여 사용합니다. 이때 null일 경우에 비어 있는 스트림으로 생성하는 메서드인 Stream.empty( )를 이용하여 NullPointerException을 예방할 수 있습니다.

17.2.4 범위(Range)

프로그래밍할 때 같은 작업을 여러 번 처리하고자 하는 경우에 반복문을 이용하여 구현했습니다. 예를 들면 1부터 10까지 더하거나 1을 10번 더하는 경우가 그렇습니다.

```java
int sum = 0;
int tenTimes = 0;
for(int i = 1; i <= 10; i++) {
    sum += i;      //1부터 10까지 더하기
    tenTimes ++;   //1씩 10번 더하기
}
```

17장 스트림(Stream)　　637

이러한 반복문을 스트림의 범위를 이용하여 처리할 수 있습니다. 먼저 메서드를 알아보겠습니다.

Stream API의 일부

반환 자료형	메서드	설명
static IntStream	range(int startInclusive, int endExclusive)	순차적으로 요소의 범위를 정수로 반환합니다. (마지막 수 제외)
static IntStream	rangeClosed(int startInclusive, int endInclusive)	순차적으로 요소의 범위를 정수로 반환합니다. (마지막 수 포함)

Stream API 중에 range( ) 메서드와 rangeClosed( ) 메서드가 있습니다. 둘은 비슷하지만 약간의 차이가 있습니다. 매개변수로 int 자료형이 올 수 있는데 시작 매개변수는 startInclusive입니다. 그리고 마지막 매개변수는 range( ) 메서드에서는 endExclusive이고 rangeClosed( ) 메서드에서는 endInclusive입니다. 이 둘의 차이점은 마지막 수를 포함하느냐의 여부를 뜻합니다. 예를 들어서 1~10까지의 수를 스트림으로 생성할 때는 다음과 같이 구현해야 합니다.

```java
IntStream.range(1, 11);
IntStream.rangeClosed(1, 10);
```

range( ) 메서드는 마지막 수를 예외로 하므로 11이라는 정수를 매개변수로 적어주었고 rangeClosed( ) 메서드에서는 마지막 수를 포함하기 때문에 10으로 매개변수를 적었습니다. 직관적으로 사용할 때 rangeClosed( ) 메서드가 더 사용하기 편할 것 같습니다. 그리고 정수를 반환하기 때문에 range( ) 메서드와 rangeClosed( ) 메서드는 IntStream과 LongStream 클래스에서만 사용할 수 있습니다. 먼저 12부터 18까지 숫자를 출력해보겠습니다.

Sample08.java

```java
01  package chap17;
02
03  import java.util.stream.IntStream;
04
05  public class Sample08 {
```

```
06
07     public static void main(String[] args) {
08         //for(int i = 12; i <=18; i++) System.out.println(i);
09         IntStream.rangeClosed(12, 18).forEach(System.out::println);
10     }
11
12 }
```

실행 결과

```
12
13
14
15
16
17
18
```

09라인 한 줄로 출력이 다 되었습니다. 이전까지는 08라인과 같이 구현했을 텐데 스트림을 배우고 나서는 09라인과 같이 간결하고 직관적으로 구현할 수 있습니다. 또한, [17.3 스트림 연산(Stream operation)]에서 더 많은 스트림 연산을 학습하게 되면 효율적인 프로그래밍이 가능해집니다.

스트림의 rangeClosed( ) 메서드를 활용하여 더미(dummy) 데이터를 만들어보겠습니다. 게시판을 만들고 많은 글의 데이터가 필요할 때 이 메서드를 이용하면 손쉽게 많은 데이터를 만들 수가 있습니다.

Sample09.java

```
01 package chap17;
02
03 import java.time.LocalDateTime;
04 import java.util.ArrayList;
05 import java.util.List;
06 import java.util.stream.IntStream;
07
08 import lombok.AllArgsConstructor;
09 import lombok.Data;
```

```
10
11  public class Sample09 {
12      public static void main(String[] args) {
13          List<Board> boardList = new ArrayList<>();;
14          IntStream.rangeClosed(1,100)
15                  .forEach(i -> {
16                              boardList.add(
17                                  new Board(i, "title_" + i, "user" + i, LocalDateTime.now())
18                              );
19                  }
20          );
21          boardList.stream().forEach(System.out::println);
22      }
23  }
24
25  @Data
26  @AllArgsConstructor
27  class Board {
28      int no;
29      String title;
30      String user;
31      LocalDateTime createdate;
32  }
```

실행 결과

```
Board(no=1, title=title_1, user=user1, createdate=2020-02-18T11:17:20.027294600)
Board(no=2, title=title_2, user=user2, createdate=2020-02-18T11:17:20.028294500)
Board(no=3, title=title_3, user=user3, createdate=2020-02-18T11:17:20.028294500)
Board(no=4, title=title_4, user=user4, createdate=2020-02-18T11:17:20.028294500)
(중간 생략)
Board(no=99, title=title_99, user=user99, createdate=2020-02-18T11:17:20.028294500)
Board(no=100, title=title_100, user=user100, createdate=2020-02-18T11:17:20.028294500)
```

14라인에서 rangeClosed(1, 100)으로 총 100개의 데이터를 만들고자 합니다. 15라인에서 forEach( )를 이용해서 100개의 스트림을 내부 반복하게 합니다. 13라인에서 생성한 List<Board> 객체에 17라인의 Board 생성자를 통해서 생성된 정보를 배열에 담습니다.

참고로 14라인에서 LongStream 클래스를 이용하게 되면 15라인의 i는 자료형이 Long이 되므로 28라인에 int no를 Long no로 변경해 주거나 17라인에서 no에 들어갈 때 int 형으로 형 변환을 해줘야 합니다. 이렇게 총 100개의 생성된 배열을 21라인에서 출력합니다.

17.2.5 병렬 스트림 생성(Parallel Stream)

지금까지 사용한 스트림은 차례대로 스트림을 생성하였습니다. 이제 병렬로 스트림을 생성해 보겠는데요. 순차적으로 처리하게 되면 앞의 순서가 끝나야 다음을 처리할 수 있게 되어서 맨 마지막 요소는 한참을 기다리게 됩니다. 순서가 필요하지 않은 작업이라면 동시에 처리하면 기다리는 시간이 짧아서 빨리 처리할 수 있습니다. 병렬 스트림 API부터 확인해보겠습니다.

BaseStream API의 일부

반환 자료형	메서드	설명
boolean	isParallel()	병렬 스트림인지의 여부를 반환합니다.
S	parallel()	병렬 스트림으로 반환합니다.
S	sequential()	순차 스트림으로 반환합니다.

스트림을 생성하고 parallel() 메서드를 사용하면 직렬 스트림을 병렬 스트림으로 전환하게 됩니다. 우리가 구현한 프로그램을 처리하는 프로세스를 어떤 Thread(CPU가 독립적으로 처리하는 하나의 작업 단위)가 처리하는지 직렬 스트림과 병렬 스트림을 생성하여 확인해보겠습니다. 그리고 각 배열에서는 비슷한 메서드명으로 한눈에 봐도 병렬 스트림으로 반환한다고 알 수 있는 메서드를 갖고 있습니다.

Sample10.java
```
01  package chap17;
02
03  import java.util.stream.IntStream;
04
05  public class Sample10 {
06
07      public static void main(String[] args) {
08          long processTime1 = System.currentTimeMillis();
09          IntStream.rangeClosed(65, 74)
```

```
10                .forEach(x -> System.out.println(Thread.currentThread().
   getClass() + " - " + (char)x));
11          System.out.println("직렬 스트림 출력 시간 - " + (System.
   currentTimeMillis() - processTime1));
12
13          long processTime2 = System.currentTimeMillis();
14          IntStream.rangeClosed(65, 74).parallel()
15                .forEach(x -> System.out.println(Thread.currentThread().
   getClass() + " - " + (char)x));
16          System.out.println("병렬 스트림 출력 시간 - " + (System.
   currentTimeMillis() - processTime2));
17      }
18
19  }
```

실행 결과

```
class java.lang.Thread - A
class java.lang.Thread - B
class java.lang.Thread - C
class java.lang.Thread - D
class java.lang.Thread - E
class java.lang.Thread - F
class java.lang.Thread - G
class java.lang.Thread - H
class java.lang.Thread - I
class java.lang.Thread - J
직렬 스트림 출력 시간 - 9
class java.lang.Thread - G
class java.lang.Thread - F
class java.util.concurrent.ForkJoinWorkerThread - H
class java.util.concurrent.ForkJoinWorkerThread - A
class java.util.concurrent.ForkJoinWorkerThread - I
class java.util.concurrent.ForkJoinWorkerThread - J
class java.util.concurrent.ForkJoinWorkerThread - C
class java.util.concurrent.ForkJoinWorkerThread - E
class java.util.concurrent.ForkJoinWorkerThread - B
class java.util.concurrent.ForkJoinWorkerThread - D
병렬 스트림 출력 시간 - 7
```

09라인에서 직렬 스트림을 이용하여 'A'부터 'J'까지 출력하는 예제입니다. 아스키코드값에 의한 알파벳 출력인데 클래스에서 현재 처리하고 있는 스레드의 이름이 무엇인지 Thread.currentThread( ).getClass( )를 이용해서 스레드명을 출력합니다. 이 직렬 스트림 전후를 살펴보면 08라인에서 현재의 밀리초를 가져옵니다. 그리고 스트림이 끝난 후 11라인에서 또 현재의 밀리초를 가져옵니다.

현재의 밀리초에서 08라인의 이전 밀리초를 빼면 차이가 나옵니다. 그 차이를 출력한 결과와 16라인에서 병렬 스트림으로 똑같은 내용을 처리하는데 소요된 밀리초를 비교해보면 병렬 스트림이 더 빠른 것을 알 수 있습니다. 그리고 실행 결과를 살펴보면 직렬 스트림은 단일 스레드로 처리되었지만, 병렬 스트림은 ForkJoinWorkerThread라는 이름을 갖는 스레드와 함께 처리되고 있습니다. 다만 출력 문자를 보면 순서와 상관없이 출력되었습니다. 꼭 순서대로 출력해야 할 경우라면 무조건 직렬 스트림을 사용하여야 하지만 순서보다는 속도가 우선일 때는 병렬 스트림을 사용하면 좀 더 효율적인 처리 속도를 기대할 수 있습니다.

17.3 스트림 연산(Stream operations)

스트림 연산이라고도 하고 작업이라고도 할 수 있는데 여기에서는 연산이라는 표현을 사용하겠습니다. 지금까지 여러 가지 스트림 생성 방법을 살펴보았는데 [그림 17-1]에서는 ZoneId를 Set으로 반환하고 스트림을 생성하는 방법에 대해서 예로 설명하겠습니다.

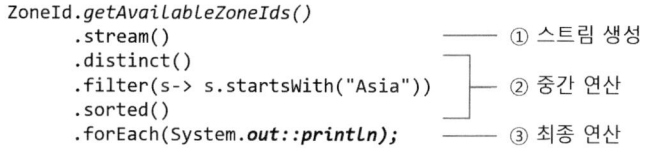

[그림 17-1] 스트림 구조

먼저 스트림을 생성한 뒤에 중간에 스트림의 내부 반복 중에 연산하는 작업을 '중간 연산'이라고 하며 '최종 연산'을 진행해야 하지만 중간 연산이 실행되고 최종 연산을 실행하게 됩니다.

[그림 17-1]에서는 ① stream( ) 메서드를 통해서 스트림을 생성합니다. ③ 최종 연산의 forEach( ) 메서드는 생성된 스트림으로부터 요소 하나하나가 넘어올 때마다 System.out::println문을 실행하기 전에 ② 중간 연산을 먼저 실행합니다. 중간 연산은 0개 이상 추가될 수 있습니다. 중간 연산이 끝난 요소는 최종적으로 System.out::println문에 전달되어 출력됩니다. 여기에서는 최종 연산을 먼저 학습한 후에 중간 연산을 학습하겠습니다.

17.3.1 최종 연산(Terminal operations)

최종 연산을 실행하게 되는 시점에 다음에 학습할 중간 연산을 시작하고 중간 연산이 모두 끝나면 최종 연산을 실행하게 됩니다. 물론 이렇게 작업한 결과물은 원본을 수정하지 않으며 스트림 작업은 일회성으로 재사용이 안 됩니다. 최종 연산에 사용되는 메서드들을 하나하나 살펴보겠습니다.

toArray( )

스트림을 다시 배열로 반환하는 메서드입니다. Stream 객체는 Object toArray( )로 반환 자료형이 Object이고 IntStream 객체는 int[ ] toArray( )로 반환 자료형이 int형 배열입니다. 여기에서는 IntStream의 toArray( )를 예로 활용해보겠습니다.

```java
Sample11.java
01 package chap17;
02
03 import java.util.Arrays;
04 import java.util.stream.IntStream;
05
06 public class Sample11 {
07
08     public static void main(String[] args) {
09         // Stream을 활용하여 1부터 100까지의 배열 생성
10         int[] numbers = IntStream.rangeClosed(1, 100).toArray();
11         // Stream을 활용하여 배열 출력
12         Arrays.stream(numbers).forEach(System.out::println);
13     }
14
15 }
```

실행 결과
1
2
3
(중간생략)
98
99
100

10라인에서 IntStream의 rangeClosed( )를 활용하여 1부터 100까지의 스트림을 생성한 뒤에 toArray( ) 메서드를 활용하여 다시 배열로 반환합니다. 12라인에서 Arrays 객체를 활용하여 배열의 내용을 다시 출력합니다.

forEach()

지금까지 배열과 컬렉션 프레임워크 그리고 람다식에서 다뤘던 메서드로 배열의 요소 하나하나를 스트림의 형태로 내부 반복을 실행하는 메서드입니다. for문과 비슷하며 각 배열의 요소를 처음부터 끝까지 반복 처리하게 됩니다. Stream 객체에서 사용하는 방법과 일반 배열을 stream( ) 메서드로 Stream으로 변환하여 처리하기 때문에 동일합니다. 이 두 가지 경우에 대한 활용을 예제로 살펴보겠습니다.

Sample12.java

```java
01 package chap17;
02
03 import java.util.Arrays;
04 import java.util.stream.Stream;
05
06 public class Sample12 {
07
08     public static void main(String[] args) {
09         Stream.of("빵형", "상도", "타노스")
10             .forEach(name -> System.out.printf(" %s", name));
11         System.out.println();
12         Arrays.asList("빵형", "상도", "타노스").stream()
13             .forEach(name -> System.out.printf(" %s", name));
14     }
15
16 }
```

실행 결과

```
빵형 상도 타노스
빵형 상도 타노스
```

지금까지 람다식이나 배열에서 소개했던 forEach( ) 메서드입니다. Stream 클래스의 forEach를 살펴보면 다음과 같습니다.

```
void forEach(Consumer<? super T> action);
```

Consumer는 매개변수는 있고 반환 자료형은 없는 함수형 인터페이스로 이 메서드 안에서 람다식을 사용해도 되고 메서드 참조를 이용해도 됩니다. 11라인은 Arrays 클래스에서 stream( )으로 직렬 스트림화 하여 forEach( ) 메서드로 모든 요소를 하나하나 처리하게 됩니다. 여기에서는 printf( ) 메서드로 출력합니다.

forEachOrdered()

병렬 스트림을 이용하여 forEach( ) 메서드로 출력하게 되면 순서를 보장할 수 없습니다. 이때 순서를 보장받기 위한 방법으로 forEachOrdered( ) 메서드를 사용하면 됩니다.

Sample13.java

```java
01  package chap17;
02
03  import java.util.Arrays;
04  import java.util.List;
05  import java.util.stream.IntStream;
06
07  public class Sample13 {
08
09      public static void main(String[] args) {
10          List<Integer> list = Arrays.asList(2, 4, 6, 8, 10);
11
12          System.out.println("* 직렬 스트림 forEach( )로 출력");
13          IntStream.rangeClosed(65, 69)
14                  .forEach(x -> System.out.println((char)x));
15
16          System.out.println("\n* 병렬 스트림 forEach( )로 출력");
17          IntStream.rangeClosed(65, 69).parallel()
```

```
18                    .forEach(x -> System.out.println((char)x));
19
20          System.out.println("\n* 병렬 스트림 forEachOrdered( )로 출력");
21          IntStream.rangeClosed(65, 69).parallel()
22                    .forEachOrdered(x -> System.out.println((char)x));
23      }
24
25  }
```

실행 결과

```
* 직렬 스트림 forEach( )로 출력
A
B
C
D
E

* 병렬 스트림 forEach( )로 출력
C
D
E
B
A

* 병렬 스트림 forEachOrdered( )로 출력
A
B
C
D
E
```

직렬 스트림과 병렬 스트림을 forEach( )와 forEachOrdered( ) 메서드로 출력하여 비교했습니다. 병렬 스트림은 순서가 보장되지 않는데 forEachOrdered( ) 메서드로 출력하게 되면 순서를 보장받게 된 결과를 얻을 수 있는 것을 확인하였습니다.

reduce()

스트림 요소를 합이나 최댓값 등을 구할 때 유용하게 사용할 수 있으며 Java API에서도 소개한 다음 코드를 reduce( ) 메서드로 사용하면 쉽게 구현할 수 있습니다.

```java
int sum = 0;
for( int x : numbers) {
    sum += x;
}
```

숫자 배열의 값을 갖는 numbers의 요소들을 sum 변수에 누적하는 소스코드입니다. 이를 reduce( )를 이용하면 긴 코드를 줄여서 간단하게 작성할 수 있습니다.

```java
int sum = numbers.stream( ).reduce(0, (x, y) -> x + y);
또는
int sum = numbers.stream( ).reduce(0, Integer::sum);
```

소스코드가 간결해진 것을 확인할 수 있습니다. 먼저 reduce( ) 메서드 API를 살펴보겠습니다.

IntStream API의 일부

반환 자료형	메서드	설명
int	reduce(int identity, **IntBinaryOperator** op)	누적 함수를 사용하여 이 스트림 요소에 대한 값을 반환합니다.
OptionalInt	reduce(**IntBinaryOperator** op)	누적 함수를 사용하여 이 스트림 요소에 대한 값을 반환합니다.

먼저 reduce(int identity, IntBinaryOperator op) 메서드부터 살펴보겠습니다. 첫 번째 인자에는 초깃값을 줍니다. 두 번째 인자에서 IntBinaryOperator는 람다식에서 BinaryOperator와 비슷합니다. 다만 Integer 자료형으로 2개의 인자를 받고 첫 번째 인자를 반환합니다.

```
reduce( ①int형 초깃값, (②int형 인자1, ③int형 인자2) )
```

[①int형 초깃값]을 최초 [②int형 인자1]로 시작해서 [③int형 인자2]는 첫 번째 스트림 요소가 들어와서 처리한 후 반환된 값을 [②int형 인자1]로 넘어가고 [③int형 인자2]에는 두 번째 스트림 요소가 처리됩니다. 다시 이 결과는 [②int형 인자1]로 반환되고 [③int형 인자2]는 세 번째 스트림 요소가 처리되는 식으로 스트림이 끝날 때까지 반복됩니다.

for문을 예로 들어서 reduce문으로 바꿔보면 다음과 같습니다.

Sample14.java

```java
package chap17;

import java.util.stream.IntStream;

public class Sample14 {

    public static void main(String[] args) {
        int sum1 = 0;
        int sum2 = 0;
        for(int i=6; i <= 10; i++) {
            sum1 += i;
        }
        System.out.println("for문 결과 : " + sum1);

        sum2 = IntStream.rangeClosed(7, 10)
                        .reduce(6, Integer::sum);

        System.out.println("reduce 문 결과 : " + sum2);
    }
}
```

실행 결과

```
for문 결과 : 40
reduce 문 결과 : 40
```

10라인은 초깃값을 6으로 하고 10까지의 수를 반복하여 11라인에서 누적합을 구합니다. 15라인은 7부터 10까지의 수를 반복하고 16라인에서 초깃값은 6으로 정하여 for문과 마찬가지로 6부터 10까지의 수가 반복됩니다. Integer::sum을 이용하여 두 수의 합을 구하여 결괏값을 reduce( )의 첫 번째 인자로 넘기게 됩니다. 그리고 16라인에서 reduce( )의 초깃값으로 6을 정의했기 때문에 null 값은 나올 수 없습니다. 음수나 정수나 값이 나올 수밖에 없습니다. 16라인은 메서드 참조로 작성되었는데 다음과 같이 람다식으로 작성할 수도 있습니다.

```
.reduce(6, ((x, y) -> x + y));
```

이해가 됐나요? 다음 예제로 반복하여 학습해보겠습니다.

Sample15.java

```java
01  package chap17;
02
03  import java.util.stream.IntStream;
04
05  public class Sample15 {
06
07      public static void main(String[] args) {
08          //1부터 100까지의 합
09          int sum1 = IntStream.rangeClosed(1, 100).reduce(0, (x, y) -> x + y);
10          int sum2 = IntStream.rangeClosed(1, 100).reduce(0, (x, y) -> {
11                                                              return x + y;
12                                                          }
13                                                      );
14          int sum3 = IntStream.rangeClosed(1, 100).reduce(0, Integer::sum);
15          System.out.println(sum1);
16          System.out.println(sum2);
17          System.out.println(sum3);
18      }
19
20  }
```

실행 결과

```
5050
5050
5050
```

09라인은 람다식을 한 줄로 작성하여 return문을 생략하여 구현하였고 10라인은 람다식을 여러 줄로 작성할 수 있게 중괄호({})로 묶어서 return문을 작성하였습니다. 이 둘은 2개의 매개변수를 직접 받아서 연산했습니다. 14라인에서는 람다식을 사용하지 않고 메서드 참조(Integer::sum) 문법을 사용하여 구현하였습니다. 이는 2개의 매개변수를 받고 Integer.sum( ) 메서드도 2개의 메서드를 받아서 처리하게 되어 생략할 수 있어 메서드 참조로 바로 작성하였습니다. Integer.sum( ) 메서드 코드를 살펴보면 다음과 같습니다.

```java
public static int sum(int a, int b) {
    return a + b;
}
```

인자의 수가 같기 때문에 서로 추론이 가능하여 생략되었다는 것을 알 수 있습니다. 앞서 IntStream API에서 반환 자료형이 int 일 경우에는 초깃값을 주었지만 OptionalInt로 반환하게 되면 초깃값이 없이 누적 함수를 구현해서 반환받게 됩니다. 이유는 OptionalInt는 기본적으로 null을 사용하지 않으며 null을 사용할 때는 Optional<T>의 경우는 ofNullable( ) 메서드를 사용할 수 있지만, 여기에서는 OptionalInt만 다루겠습니다.

Sample16.java

```java
01  package chap17;
02
03  import java.util.OptionalInt;
04  import java.util.stream.IntStream;
05
06  public class Sample16 {
07
08      public static void main(String[] args) {
09          int          sum1 = 0;
10          OptionalInt sum2;
11
12          sum1 = IntStream.rangeClosed(7, 10)
13                       .reduce(6, Integer::sum);
14          System.out.println("int로 반환하는 reduce 문 결과 : " + sum1);
15
16          sum2 = IntStream.rangeClosed(6, 10)
17                  .reduce(Integer::sum);
18          System.out.println("int로 반환하는 reduce 문 결과 : " + sum2.getAsInt());
19
20          OptionalInt sum3 = OptionalInt.empty();
21          if(sum3.isEmpty()) {
22              System.out.println("sum3은 값이 비었어요");
23          }
24
```

```
25            System.out.println("** OptionalInt는 OptionalInt.of(value)로 값을
   넣습니다.");
26            sum3 = OptionalInt.of(6);
27
28            if(sum3.isPresent()) {
29                System.out.println("값이 있을 경우엔 getAsInt()로 가져옵니다. " +
   sum3.getAsInt());
30                System.out.println("그냥 가져오면 이렇게 찍혀요 -> " + sum3);
31            }
32            else
33                System.out.println("값없다");
34
35            IntStream.rangeClosed(6, 10)
36                    .reduce(Integer::sum)
37                    .ifPresent(System.out::println);
38
39        }
40
41 }
```

실행 결과

```
int로 반환하는 reduce 문 결과 : 40
int로 반환하는 reduce 문 결과 : 40
sum3은 값이 비었어요
** OptionalInt는 OptionalInt.of(value)로 값을 넣습니다.
값이 있을 경우엔 getAsInt()로 가져옵니다. 6
그냥 가져오면 이렇게 찍혀요 -> OptionalInt[6]
40
```

20라인에서 OptionalInt를 생성할 때 값이 없으면 OptionalInt.empty( )로 생성해 줍니다. null을 넣을 수 없기 때문입니다. 그리고 값을 넣을 때는 26라인과 같이 of( ) 메서드를 이용합니다. 그리고 값을 얻을 때는 18라인이나 29라인처럼 getAsInt( ) 메서드를 이용해서 가져옵니다. 이렇게 안 가져오고 30라인과 같이 가져오면 출력 결과는 OptionalInt[value] 형태로 가져오게 됩니다.

28라인에 ifPresent( ) 메서드는 값이 있을 경우에는 true를 반환하고 없으면 false를 반환합니다. 37라인에서는 36라인의 reduce( ) 메서드가 최종 연산인데 ifPresent( )는 reduce 최종 연산을 판단하여 한 번 더 처리할 수 있습니다. 값이 있을 경우에 처리하라는 메서드입니다.

ifPresent( ) 메서드는 다음과 같이 구현되어 있습니다.

```
public void ifPresent(IntConsumer action) {
    if (isPresent) {
        action.accept(value);
    }
}
```

Consumer는 매개변수는 있지만 반환 자료형이 없는 함수형 인터페이스입니다. 여기에서는 IntConsumer이기 때문에 매개변수의 자료형은 무조건 int형이어야만 됩니다. 36라인에서는 reduce( )에서 처리된 결과가 있으면 출력하라고 했기 때문에 '40'이 출력되었습니다.

collect( )

컬렉션 프레임워크에서 다뤘던 배열들로 반환할 때 사용합니다. 이때 함께 사용하는 객체가 Collectors입니다. Collectors에 대해서 알아야 collect( ) 메서드를 사용할 수 있습니다. collect( ) 메서드는 요소 하나하나를 매개변수로 받아서 하나로 합쳐서 반환하는 최종 연산을 하는 메서드입니다. Collectors 객체의 메서드명의 특징으로는 ing형으로 되어 있어서 Stream 객체의 메서드와 같은 결과를 얻는 메서드명과의 차이를 진행형으로 명명하여 구분합니다. 먼저 살펴볼 메서드로 toList( ), toSet( ), toCollection( ), toMap( )를 살펴보고 그 외의 메서드들을 하나하나 살펴보겠습니다.

toList( ), toSet( ), toCollection( ), toMap( )

toList( )는 당연하게도 List 자료형으로 반환하며 toSet( ) 메서드는 Set 자료형으로 반환합니다. toMap( ) 메서드 역시 Map 자료형으로 반환합니다. toCollection( ) 메서드는 이 외의 Collection 자료형으로 TreeSet이나 ArrayList 등 [11장 컬렉션 프레임워크(Collection framework)]에서 배웠던 자료형으로 반환할 수 있습니다. 자료형을 변환하여 반환하는 소스 코드를 살펴보겠습니다.

Sample17.java

```java
01  package chap17;
02
03  import static java.util.stream.Collectors.toCollection;
04  import static java.util.stream.Collectors.toList;
05  import static java.util.stream.Collectors.toMap;
06  import static java.util.stream.Collectors.toSet;
07
08  import java.util.Arrays;
09  import java.util.List;
10  import java.util.Map;
11  import java.util.Set;
12  import java.util.TreeSet;
13  import java.util.function.Function;
14
15  public class Sample17 {
16      public static void main(String[] args) {
17          String[] animals = {"토끼", "호랑이", "고양이", "강아지", "고양이", "고양이"};
18          System.out.println("** 기본 배열 출력");
19          System.out.println(Arrays.deepToString(animals));
20
21          System.out.println("\n** List로 변환 후 출력");
22          List<String> ani1 = Arrays.stream(animals)
23                                    .collect(toList());
24          System.out.println(ani1.toString());
25
26          System.out.println("\n** Set으로 변환 후 출력(중복 제거)");
27          Set<String>  ani2 = ani1.stream()
28                                  .collect(toSet());
29          System.out.println(ani2.toString());
30
31          System.out.println("\n** TreeSet으로 변환 후 출력(중복 제거, 정렬)");
32          TreeSet<String>  ani3 = ani1.stream()
33                                      .collect(toCollection(TreeSet::new));
34          System.out.println(ani3.toString());
35
36          System.out.println("\n** HashMap으로 변환 후 출력");
37          Map<String, Integer> ani4 =
38              ani1.stream()
39                  .collect(toMap(Function.identity(), String::length, (x1, x2) -> x1 + x2));
40          System.out.println(ani4.toString());
41      }
42  }
```

> **실행 결과**
>
> ```
> ** 기본 배열 출력
> [토끼, 호랑이, 고양이, 강아지, 고양이, 고양이]
>
> ** List로 변환 후 출력
> [토끼, 호랑이, 고양이, 강아지, 고양이, 고양이]
>
> ** Set으로 변환 후 출력(중복 제거)
> [호랑이, 고양이, 토끼, 강아지]
>
> ** TreeSet으로 변환 후 출력(중복 제거, 정렬)
> [강아지, 고양이, 토끼, 호랑이]
>
> ** HashMap으로 변환 후 출력
> {호랑이=3, 고양이=9, 토끼=2, 강아지=3}
> ```

17라인에서 String 자료형으로 배열을 생성했습니다. 23라인에서 toList( ) 메서드를 이용해서 List〈String〉 자료형으로 변경하여 24라인에서 출력했습니다. 여기에서 toList( ) 메서드는 Collection.toList( ) 메서드인데 04라인을 보면 다음과 같이 static으로 import 했기 때문에 Collection을 생략했습니다.

```
import static java.util.stream.Collectors.toList;
```

이후 toSet( ), toCollection( ), toMap( ) 메서드들도 마찬가지로 static으로 import 했기 때문에 생략했습니다.

> Tip | [import static으로 import 단축키]
>
> [import static]으로 import를 하는 방법은 import를 한 후에 Collectors.toList( ) 메서드의 toList( )에 커서를 두고 단축키 [Ctrl + Shift + M]을 누르면 단순 'import'에서 'import static' 으로 변경됩니다.

28라인에서 toSet( ) 메서드를 사용해서 Set 자료형으로 반환해서 29라인에서 출력했습니다. 33라인을 보면 TreeSet 자료형으로 반환하기 위해서 toCollection( ) 메서드를 사용해서 **생성자 참조** 방식을 이용하여 TreeSet 자료형으로 반환했습니다. TreeSet과 Set의 차이로는 정렬이 되는 점이 있습니다. 끝으로 39라인에서는 toMap( ) 메서드를 활용했습니다. toMap( )의 메서드는 다음과 같이 정의되어 있습니다.

```
toMap(keyMapper, valueMapper, mergeFunction)
```

keyMapper는 Function 함수형 인터페이스에서 배운 Function.identity( )를 사용했습니다. 값이 넘어온 매개변수의 값을 그대로 출력하게 되어 스트림 요소를 Map의 key 값으로 사용하게 됩니다. valueMapper의 값으로는 스트림 요소의 문자 길이를 넣게 되어 Map의 value 값이 됩니다. 이렇게 Map의 key와 value의 값을 모두 얻었는데 toMap( ) 메서드의 3번째 인자로 mergeFunction이 있습니다.

mergeFunction의 용도는 Map의 경우에는 중복된 key가 있을 수 없습니다. 중복된 key는 mergeFunction이 호출되는데 여기에서는 이미 존재하는 key의 값을 x1의 인자로 넘어오고 중복이 확인된 새로운 Map의 value를 x2로 넘어오게 됩니다. 결국, 같은 key에 문자열 길이를 더하여 반환하게 처리됩니다. toMap( )은 다음과 같은 경우에 더욱 효율적일 것 같습니다.

```
toMap(keyMapper, valueMapper)
```

단, 처음부터 중복이 없을 경우입니다. 중복이 없다는 보장이 되지 않는다면 인자가 3개인 방식을 활용해야 합니다. 다음의 예는 중복이 없는 스트림에서 toMap( )을 활용하는 다른 방법입니다.

Sample18.java

```java
01  package chap17;
02
03  import static java.util.stream.Collectors.toMap;
04
```

```
05  import java.util.Arrays;
06  import java.util.Map;
07
08  public class Sample18 {
09
10      public static void main(String[] args) {
11          String[][] level = {
12              {"빵형", "초급"}, {"타노스", "중급"}, {"상도", "고급"}
13          };
14
15          Map map = Arrays.stream(level)
16                          .collect(toMap(x -> x[0], x -> x[1]));
17          System.out.println(map.toString());
18      }
19
20  }
```

실행 결과

```
{빵형=초급, 타노스=중급, 상도=고급}
```

중복 처리 없이 배열을 활용해 보았습니다. key와 value의 형태로 구성된 2차원 배열을 이용하여 Map으로 변환해보았습니다. 중복이 없기 때문에 mergeFunction에 해당하는 인자를 구현하지 않았습니다. 만약에 level이라면 이중 배열에 key 값이 중복이 있다고 한다면 mergeFunction을 구현해야 합니다. 예를 들어서 다음과 같이 값이 있다고 했을 때,

```
String[][] level = {
    {"빵형", "초급"}, {"빵형", "중급"}, {"타노스", "중급"}, {"상도", "고급"}
};
```

mergeFunction 인자를 구현하지 않으면 다음과 같은 오류가 발생합니다.

```
Exception in thread "main" java.lang.IllegalStateException: Duplicate key 빵형
  (attempted merging values 초급 and 중급)
```

중복 값이 있을 때 이전 문자열과 다음 문자열을 콤마(,)로 구분해서 반환하는 코드를 작성해 보겠습니다.

Sample19.java

```java
01  package chap17;
02
03  import static java.util.stream.Collectors.toMap;
04
05  import java.util.Arrays;
06  import java.util.Map;
07
08  public class Sample19 {
09
10      public static void main(String[] args) {
11          String[][] level = {
12              {"빵형", "초급"}, {"빵형", "중급"}, {"타노스", "중급"}, {"상도", "고급"}
13          };
14
15          Map map = Arrays.stream(level)
16                  .collect(toMap(x -> x[0], x -> x[1], (x, y) -> x + ", " + y));
17          System.out.println(map.toString());
18      }
19
20  }
```

실행 결과

{빵형=초급, 중급, 타노스=중급, 상도=고급}

16라인에서 중복될 경우 mergeFunction에 해당하는 코드를 다음과 같이 작성했습니다.

(x, y) -> x + ", " + y

X가 이전 중복된 키를 갖는 이전 value이고 y는 다시 발견된 중복 키의 value입니다. 이 둘을 ", "로 문자열을 더하여 반환해서 [빵형=초급, 중급]으로 출력되었습니다.

collectingAndThen(), reverse()

collectiongAndThen( )는 다른 자료형으로 변환하여 반환한 후에 추가 작업을 할 수 있습니다. collectiongAndThen( ) 메서드를 살펴보면 다음과 같이 되어 있습니다.

```
collectingAndThen(Collector<T,A,R> downstream, Function<R,RR> finisher)
```

downstream 인자에 toList( )나 toSet( ) 등을 하여 배열로 변환시킨 뒤에 finisher 인자에 최종 작업을 추가로 더 할 수 있게 됩니다. Function은 1개의 매개변수가 있고 반환 자료형을 갖고 있습니다. 그리고 reverse( ) 메서드는 배열을 역정렬을 해주는 기능이 있습니다. collect( ) 메서드를 이 두 메서드로 활용하여 구현된 예제를 살펴보겠습니다.

Sample20.java

```java
01  package chap17;
02
03  import java.util.Arrays;
04  import java.util.Collections;
05  import java.util.List;
06  import java.util.stream.Collectors;
07
08  public class Sample20 {
09      public static void main (String[] args) {
10          List<String> locals = Arrays.asList("서울", "대전", "대구", "광주", "부산", "제주");
11          List<String> reversedLocals = locals.stream()
12                                  .collect(Collectors.collectingAndThen(Collectors.toList(),
13                                                  city -> {
14                                                      Collections.reverse(city);
15                                                      return city.stream();
16                                                  }))
17                                  .collect(Collectors.toList());
18          System.out.println(locals.toString());
19          System.out.println(reversedLocals.toString());
20      }
21  }
```

실행 결과

```
[서울, 대전, 대구, 광주, 부산, 제주]
[제주, 부산, 광주, 대구, 대전, 서울]
```

12라인에서 .collect(Collectors.toList( ))로 끝났을 텐데 List로 반환되는 컬렉션을 city로 받아서 Collections.reverse( ) 메서드로 역정렬을 한 뒤에 stream으로 반환하여 17라인에서 toList( ) 메서드로 최종 List형으로 반환하게 됩니다.

unmodifiableList(), toUnmodifiableMap(), toUnmodifiableSet()

unmodifiableList( ) 메서드는 Collection 클래스를 수정할 수 없는 상태로 반환하게 됩니다. 이번 예제에서는 Collection 클래스 중에서 List, Map, Set 중에서 List를 예로 들어서 확인해 보겠습니다.

Sample21.java

```java
01  package chap17;
02
03  import java.util.Collections;
04  import java.util.List;
05  import java.util.stream.Collectors;
06  import java.util.stream.Stream;
07
08  public class Sample21 {
09      public static void main (String[] args) {
10          List<String> G7 = Stream.of("미국", "영국", "프랑스", "독일", "이탈리아", "캐나다", "일본")
11                                  .collect(Collectors.collectingAndThen(Collectors.toList(),
12          Collections::unmodifiableList));
13          System.out.println(G7);
14          G7.add("대한민국");
15      }
16  }
```

실행 결과

```
[미국, 영국, 프랑스, 독일, 이탈리아, 캐나다, 일본]
Exception in thread "main" java.lang.UnsupportedOperationException
    at java.base/java.util.Collections$UnmodifiableCollection.add(Collections.java:1060)
    at chap17.Sample21.main(Sample21.java:15)
```

10라인에서 Stream으로 7개의 국자를 G7 List에 담습니다. 물론 collect( )를 이용해서 toList( )를 활용하여 List로 반환하는데 CollectingAndThen( ) 메서드로 Collections.unmodifiableList( )를 최종적으로 실행했습니다. 이를 실행하여 G7을 수정할 수 없는 상태로 만들어서 G7에 add( ) 메서드로 '대한민국'을 추가하려고 하는데 [실행 결과]와 같이 오류가 발생하였습니다.

averagingDouble( ), averagingInt( ), averagingLong( )

스트림의 자료형별 배열의 평균을 구하는 Collectors 객체의 메서드입니다. 배열 요소의 자료형에 따라 메서드명이 정해져 있습니다. 평균은 소수점이 나오기 때문에 반환 자료형은 double 자료형으로 반환됩니다.

Collectors API의 일부

반환 자료형	메서드	설명
static <T> Collector<T,?,Double>	averagingDouble(ToDoubleFunction<? super T> mapper)	double형 요소들의 평균값을 반환합니다.
static <T> Collector<T,?,Double>	averagingInt(ToIntFunction<? super T> mapper)	int형 요소들의 평균값을 반환합니다.
static <T> Collector<T,?,Double>	averagingLong(ToLongFunction<? super T> mapper)	long형 요소들의 평균값을 반환합니다.

3가지 자료형을 갖는 3개의 List 평균을 구해보겠습니다.

Sample22.java

```
01  package chap17;
02
03  import java.util.Arrays;
04  import java.util.List;
05  import java.util.stream.Collectors;
06  public class Sample22 {
07
08      public static void main(String[] args) {
09          List<Integer> list = Arrays.asList(100, 100, 61, 85, 91);
10          System.out.println("평균 : " + list.stream().collect(Collectors.averagingInt(i -> i)));
```

```
11
12          List<Double> list2 = Arrays.asList(100.0, 100.8, 61.7, 85.5, 91.9);
13          System.out.println("평균 : " + list2.stream().collect(Collectors.
   averagingDouble(i -> i)));
14
15          List<Long> list3 = Arrays.asList(100L, 100L, 61L, 85L, 91L);
16          System.out.println("평균 : " + list3.stream().collect(Collectors.
   averagingLong(i -> i)));
17      }
18
19 }
```

실행 결과

```
평균 : 87.4
평균 : 87.97999999999999
평균 : 87.4
```

09라인에서는 int형 List를 10라인에서 Collectors.averaingInt( )를 이용해서 평균값을 반환합니다. 12라인은 실수형 자료형의 List를 Collectors.averagingDouble( ) 메서드를 이용해서 평균값을 반환하여 출력합니다. 15라인은 Long 자료형으로 배열의 요소에 L을 붙여서 Long 자료형을 표현했습니다. Long 자료형의 List를 Collectors.averagingLong( ) 메서드를 이용해서 평균값을 반환하여 출력했습니다.

다음은 클래스를 List에 담아서 클래스의 멤버 변수 중에 수학 점수의 값을 갖는 mat 값을 모두 얻어서 평균을 구하는 예제를 살펴보겠습니다.

Sample23.java

```
01 package chap17;
02
03 import java.util.Arrays;
04 import java.util.List;
05 import java.util.stream.Collectors;
06
07 import lombok.Data;
08 import lombok.RequiredArgsConstructor;
09
10 public class Sample23 {
11
```

```
12      public static void main(String[] args) {
13          List<Score> scores = Arrays.asList(
14              new Score("빵형", 61, 71, 81),
15              new Score("타노스", 62, 72, 82),
16              new Score("상도", 100, 100, 61)
17          );
18
19          double averageMat = scores.stream()
20                              .collect(Collectors.averagingInt(Score::getMat));
21          System.out.printf("빵고등학교 수학 평균은 [%f]입니다.", averageMat);
22      }
23
24  }
25
26  @Data
27  @RequiredArgsConstructor
28  class Score {
29      private final String name;
30      private final int    kor;
31      private final int    eng;
32      private final int    mat;
33      private       String msg;
34  }
```

실행 결과

```
빵고등학교 수학 평균은 [74.666667]입니다.
```

27라인의 RequiredArgsConstructor 애너테이션은 멤버 변수들 중에 final로 선언된 멤버 변수나 @NonNull이 있는 멤버 변수를 대상으로 생성자가 만들어지게 됩니다. 여기에서는 name, kor, eng, mat 변수가 그 대상입니다. 13라인에서 Arrays.asList( ) 메서드로 Score 객체를 생성하면서 List에 담습니다. 20라인은 Collectors.averagingInt( ) 메서드를 통해서 스트림의 요소 중에 getMat( ) 메서드로 값을 얻은 평균의 값을 21라인에서 출력합니다.

counting()

스트림의 요소 하나하나를 세어 최종 스트림 요소의 수를 반환합니다. 다음 예는 게시판의 게시글을 작성하고 최종 글이 위로 오게 역정렬한 뒤에 마지막에 글의 수를 출력해보겠습니다.

Sample24.java

```java
01 package chap17;
02
03 import java.util.Arrays;
04 import java.util.Collections;
05 import java.util.List;
06 import java.util.stream.Collectors;
07
08 import lombok.AllArgsConstructor;
09 import lombok.Data;
10
11 public class Sample24 {
12
13     public static void main(String[] args) {
14         List<FreeBoard> list = Arrays.asList(
15                 new FreeBoard(1, "가입인사", "안녕하세요"),
16                 new FreeBoard(2, "가입인사", "반갑습니다."),
17                 new FreeBoard(3, "질문있습니다.", "자바가요 잡히나요?")
18         );
19
20         List<FreeBoard> reversedList =
21             list.stream()
22                 .collect(Collectors.collectingAndThen( Collectors.toList()
23                                     , contents -> {
24                                         Collections.reverse(contents);
25                                         return contents.stream();
26                                     }
27                                 )
28                 )
29                 .collect(Collectors.toList());
30
31         long cnt = list.stream()
32                     .collect(Collectors.counting());
33
34         reversedList.stream().forEach(System.out::println);
35         System.out.println(cnt);
36     }
37
38 }
39
40 @Data
41 @AllArgsConstructor
42 class FreeBoard {
43     private int no;
44     private String title;
45     private String contents;
46 }
```

> **실행 결과**
>
> FreeBoard(no=3, title=질문있습니다., contents=자바가요 잡히나요?)
> FreeBoard(no=2, title=가입인사, contents=반갑습니다.)
> FreeBoard(no=1, title=가입인사, contents=안녕하세요)
> 3

14라인에 게시글의 List를 1번부터 차례로 작성합니다. 24라인에서는 출력하기 위해서 스트림으로 요소들을 역정렬합니다. 32라인에서 게시글의 수를 카운트하기 위해서 Collectors.counting() 메서드를 사용하여 값을 얻습니다.

maxBy(), minBy()

요소 중 제일 큰 값과 작은 값을 Optional⟨T⟩ 객체로 반환받는 maxBy() 메서드와 minBy() 메서드를 살펴보겠습니다.

Collectors API의 일부

반환 자료형	메서드	설명
static ⟨T⟩ Collector⟨T,?,Optional⟨T⟩⟩	maxBy(Comparator⟨? super T⟩ comparator)	Comparator에 의해서 제일 큰 요소를 Optional⟨T⟩로 반환합니다.
static ⟨T⟩ Collector⟨T,?,Optional⟨T⟩⟩	minBy(Comparator⟨? super T⟩ comparator)	Comparator에 의해서 제일 작은 요소를 Optional⟨T⟩로 반환합니다.

클래스를 참조 자료형으로 데이터를 넣고 각 멤버 변수의 점수에 따른 최솟값과 최댓값을 구해보겠습니다.

Sample25.java

```
01  package chap17;
02
03  import java.util.Arrays;
04  import java.util.Comparator;
05  import java.util.List;
06  import java.util.stream.Collectors;
07
08  public class Sample25 {
```

```java
09
10      public static void main(String[] args) {
11          List<Score> scores = Arrays.asList(
12              new Score("빵형", 61, 71, 81),
13              new Score("타노스", 62, 72, 82),
14              new Score("상도", 100, 100, 61)
15          );
16
17          System.out.println("** 국어가 최저 점수인 학생");
18          scores.stream()
19                  .collect(Collectors.minBy(Comparator.comparing(Score::getKor)))
20                  .ifPresent(System.out::println);
21
22          System.out.println("** 영어가  최고 점수인 학생");
23          scores.stream()
24                  .collect(Collectors.maxBy(Comparator.comparing(Score::getKor)))
25                  .ifPresent(System.out::println);
26
27          System.out.println("**이름순으로 제일 빠른 학생");
28          scores.stream()
29                  .collect(Collectors.minBy(Comparator.comparing(Score::getName)))
30                  .ifPresent(System.out::println);
31
32          System.out.println("**이름순으로 제일 느린 학생");
33          scores.stream()
34                  .collect(Collectors.maxBy(Comparator.comparing(Score::getName)))
35                  .ifPresent(System.out::println);
36      }
37
38  }
```

실행 결과

```
** 국어가 최저 점수인 학생
Score(name=빵형, kor=61, eng=71, mat=81, msg=null)
** 영어가 최고 점수인 학생
Score(name=상도, kor=100, eng=100, mat=61, msg=null)
**이름순으로 제일 빠른 학생
Score(name=빵형, kor=61, eng=71, mat=81, msg=null)
**이름순으로 제일 느린 학생
Score(name=타노스, kor=62, eng=72, mat=82, msg=null)
```

Comparator.comparing( ) 메서드를 이용해서 비교한 결과 중에 Collectors.minBy( )이면 제일 작은 요소를 반환하고 Collectors.maxBy( )이면 제일 큰 요소를 반환합니다. 예제는 int 자료형과 String 자료형에 모두 적용해 보았습니다.

joining( )

스트림 요소들을 하나로 조합하는 메서드입니다. 매개변수가 없으면 스트림 요소들끼리 조합하여 그 값을 반환합니다. 먼저, 다음 API 메서드를 살펴보겠습니다.

Collectors API의 일부

반환 자료형	메서드	설명
static **Collector**<**CharSequence**,?,**String**>	joining( )	요소들을 순서대로 조합하여 반환합니다.
static **Collector**<**CharSequence**,?,**String**>	joining(**CharSequence** delimiter)	요소들을 지정된 문자로 구분하여 순서대로 조합하여 반환합니다.
static **Collector**<**CharSequence**,?,**String**>	joining(**CharSequence** delimiter,**CharSequence** prefix, **CharSequence** suffix)	요소들을 접두사와 접미사를 사용하여 접속 순서로 표시하여 반환합니다.

joining( ) 메서드를 이용해서 매개변수에 따른 경우를 다음 예제로 살펴보겠습니다.

Sample26.java
```
01  package chap17;
02
03  import java.util.Arrays;
04  import java.util.List;
05  import java.util.stream.Collectors;
06
07  public class Sample26 {
08
09      public static void main(String[] args) {
10          List<String> list = Arrays.asList("py", "java", "c");
11
12          //단순 조합
13          String a = list.stream()
14                  .collect(Collectors.joining());
```

```java
15          System.out.println(a);
16
17          //요소와 요소를 구분자로 구분
18          String b = list.stream()
19                      .collect(Collectors.joining(", "));
20          System.out.println(b);
21
22          //구분자, 접두사, 접미사
23          String c = list.stream()
24                      .collect(Collectors.joining(" ,", "프로그래밍 언어에는 "," 등이 있습니다."));
25          System.out.println(c);
26      }
27
28  }
```

실행 결과

```
pyjavac
py, java, c
프로그래밍 언어에는 py ,java ,c 등이 있습니다.
```

14라인에서 매개변수가 없는 상태로 joining( ) 메서드를 사용하면 그냥 모든 요소를 붙여서 반환하게 됩니다. 19라인에서처럼 매개변수 한 개만 넣게 되면 그 매개변수를 구분자로 스트림 요소들을 조합한 후 반환합니다. 24라인은 3개의 매개변수를 넣어서 첫 번째 매개변수는 스트림 요소 간의 구분자로 사용되며 두 번째 매개변수는 접두어가 되며 세 번째 매개변수는 접미어가 되어 이 세 개의 결과를 조합하여 반환합니다.

reducing( )

reducing( ) 메서드는 IntStream에서 학습했던 reduce( ) 메서드 사용법과 같습니다. IntStream의 reduce( ) 메서드와 Collectors.reducing( ) 메서드를 비교해보겠습니다.

Sample27.java

```java
01  package chap17;
02
03  import java.util.stream.Collectors;
04  import java.util.stream.IntStream;
05
```

```
06  public class Sample27 {
07
08      public static void main(String[] args) {
09          long sum1 = IntStream.rangeClosed(2, 10)
10                              .reduce(1, Integer::sum);
11          System.out.println(sum1);
12
13          IntStream range = IntStream.rangeClosed(2, 10);
14          long sum2 = range.boxed().collect(Collectors.reducing(1, Integer::sum));
15          System.out.println(sum2);
16      }
17
18  }
```

실행 결과
55
55

10라인은 IntStrem의 reduce( ) 메서드를 사용하여 초깃값 1을 주고 초깃값부터 스트림 요소인 2부터 10까지의 합과 함께 누적하여 11라인에서 출력하였습니다. 14라인에서는 13라인에서 생성된 IntStream 자료형의 range를 boxed( ) 메서드로 intStream을 Stream〈Integer〉 형태로 변경하여 collect( ) 메서드 내에서 Collectors.reducing( ) 메서드를 사용하였습니다. reduce( ) 메서드의 인자들과 reducing( ) 메서드의 인자들은 같습니다. 사용법 역시 같습니다.

groupingBy( )

배열의 요소들을 특정한 값을 기준으로 집계를 한다거나 분류할 때 주로 사용하는 방법입니다. 다음의 Collectors 객체의 API를 먼저 살펴보겠습니다.

Collectors API의 일부

반환 자료형	메서드	설명
static <T,K> Collector<T,?,Map<K,List<T>>>	groupingBy(Function<? super T,? extends K> classifier)	입력 요소에 대해 구현한 함수에 따라 요소를 그룹화하고 결과를 Map의 형태로 반환합니다.
static <T,K,D,A,M extends Map<K,D>> Collector<T,?,M>	groupingBy(Function<? super T,? extends K> classifier, Supplier<M> mapFactory, Collector<? super T,A,D> downstream)	요소를 키 값에 따라 그룹화하여 기준값을 키로 하여 그룹화된 값들을 Map의 형태로 반환합니다.
static <T,K,A,D> Collector<T,?,Map<K,D>>	groupingBy(Function<? super T,? extends K> classifier, Collector<? super T,A,D> downstream)	요소를 키 값에 따라 그룹화하여 기준값을 키로 하여 그룹화된 값들을 Map의 형태로 반환합니다.

API를 보고 다음 예제를 통해서 익혀보겠습니다.

Sample28.java

```
01  package chap17;
02
03  import java.util.Arrays;
04  import java.util.List;
05  import java.util.Map;
06  import java.util.stream.Collectors;
07
08  public class Sample28 {
09      public static void main(String[] args) {
10          //Sample23.Student 객체를 활용합니다.
11          List<Score> scores = Arrays.asList(
12              new Score("빵형", 61, 71, 81),
13              new Score("타노스", 62, 72, 82),
14              new Score("상도", 100, 100, 61)
15          );
16
17          // 수학 점수를 기준으로 A, B, C, D, F 학점으로 분류하겠습니다.
18          Map<String, List<Score>> result = scores.stream()
19                                              .collect(Collectors.
    groupingBy( s -> {
20                                                  return (s.getMat() >
    90) ? "A" :
21                                                      (s.getMat() >
    80) ? "B" :
```

```
22                                                              (s.getMat() >
   70) ? "C" :
23                                                              (s.getMat() >
   60) ? "D" : "F";
24                                              }));
25
26          result.keySet().forEach(key -> {
27              System.out.printf("** 수학 %s 학점\n", key);
28              List<Score> score = result.get(key);
29              score.stream().forEach(s -> System.out.println(s.getName()));
30          });
31
32      }
33  }
```

실행 결과

```
** 수학 B 학점
빵형
타노스
** 수학 D 학점
상도
```

19라인에서 Collectors.groupingBy( ) 메서드로 그룹핑을 하려고 합니다. 스트림으로 넘어오는 Score의 getMat( ) 메서드로 수학 점수를 받아서 20라인부터 23라인까지의 3항식으로 학점 정보를 얻어서 학점을 기준으로 그룹핑하여 학점의 대상이 되는 이름을 출력합니다. Map에서 키값들을 Set의 형태로 얻어오는 메서드가 26라인의 keySet( ) 메서드입니다. 키값을 기준으로 해당 Score 정보를 얻어와서 스트림으로 29라인에서 출력합니다.

Sample29.java

```
01  package chap17;
02
03  import java.util.Arrays;
04  import java.util.List;
05  import java.util.Map;
06  import java.util.function.Function;
07  import java.util.stream.Collectors;
08
09  public class Sample29 {
10
```

```java
11      public static void main(String[] args) {
12          // 근태 정보를 이용해서 출근, 지각, 결근을 집계하세요
13          List<String> list = Arrays.asList(
14              "출근", "출근", "지각", "출근", "출근",
15              "지각", "출근", "출근", "출근", "출근",
16              "지각", "지각", "결근", "출근", "출근",
17              "지각", "출근", "출근", "출근", "출근"
18          );
19
20          Map<String, Long> info = list.stream()
21                                  .collect(Collectors.groupingBy(
    Function.identity()
22                                                                  ,
    Collectors.counting()));
23          System.out.println(info);
24      }
25
26  }
```

실행 결과

```
{지각=5, 결근=1, 출근=14}
```

21라인에서 첫 번째 인자는 그룹핑의 기준이 되는 배열의 값을 정의합니다. Function. identity( )는 넘겨받은 값을 그대로 반환하는 기능을 갖고 있으므로 배열의 요소가 넘어오게 되며 두 번째 인자는 요소의 수를 나타냅니다. 여기에서는 그룹핑이 된 요소들의 수를 얻게 됩니다.

partitioningBy( )

partitioningBy( ) 메서드는 groupingBy( ) 메서드와 비슷하지만 차이는 Function 함수형 인터페이스와 Predicate 함수형 인터페이스를 인자로 사용하는 차이가 있습니다. Function 함수형 인터페이스를 사용하는 partitioningBy( ) 메서드에서 Function은 스트림으로 넘어온 요소를 특정 자료형으로 반환하지만, Predicate 함수형 인터페이스를 인자로 사용하는 partitioningBy( ) 메서드에서 인자로 사용하는 Predicate는 스트림으로 넘어온 요소들을 처리한 후 Boolean 자료형으로만 반환할 수 있습니다. API를 살펴보겠습니다.

Collectors API의 일부

반환 자료형	메서드
static <T> Collector<T,?,Map<Boolean,List<T>>>	partitioningBy(**Predicate**<? super T> predicate)
static <T,D,A> Collector<T,?,Map<Boolean,D>>	partitioningBy(**Predicate**<? super T> predicate,**Collector**<? super T,A,D> downstream)

최종 연산이 끝나면 Map의 형태로 반환되며 key는 true와 false로 나뉘게 됩니다. 키의 값이 중요하지 않는 2개의 분류로만 나눌 때 partitioningBy( )를 사용할 수 있습니다. 다음 예제를 통해서 partitioningBy( )를 학습하겠습니다.

Sample30.java
```java
01  package chap17;
02
03  import java.util.Arrays;
04  import java.util.List;
05  import java.util.Map;
06  import java.util.stream.Collectors;
07
08  public class Sample30 {
09
10      public static void main(String[] args) {
11          //Sample23.Student 객체를 활용합니다.
12          List<Score> scores = Arrays.asList(
13              new Score("빵형", 61, 71, 81),
14              new Score("타노스", 62, 72, 82),
15              new Score("상도", 100, 100, 61)
16          );
17
18          // 수학 80점 이상인 사람과 그렇지 않는 사람을 구분하세요
19          Map<Boolean, List<Score>> result = scores.stream()
20                  .collect(Collectors.partitioningBy( s -> {
21                      return (s.getMat() > 80) ? true : false;
22                  }));
23
24          System.out.println("** 수학 80점 이상인 고득점자");
25          List<Score> list = result.get(true);
26          for(Score score : list) {
27              System.out.println(score.getName());
28          }
29
30          // 수학 80점 이상인 사람과 그렇지 않는 사람은 각각 몇명인가요?
31          Map<Boolean, Long> count = scores.stream()
32                  .collect(Collectors.partitioningBy( s -> {
33                      return (s.getMat() > 80) ? true : false;
34                  }, Collectors.counting()));
```

```
35              System.out.printf("80점 이상인 사람은 %d명 입니다.\n", count.get(true));
36          }
37      }
38
39  }
```

실행 결과

```
** 수학 80점 이상인 고득점자
빵형
타노스
80점 이상인 사람은 2명 입니다.
```

앞서 groupingBy( )를 학습했기 때문에 쉽게 이해할 수 있습니다. 다만 결과를 true와 false로 반환해야 하는 것이고 Map의 키로 문자열이 아닌 boolean형으로 사용한다는 점을 주의해야 합니다. 이렇게 collect( ) 메서드 내에서 사용하는 Collectors 객체에 대해서 주로 사용할 만한 메서드들을 알아봤습니다.

collect( ) 메서드 내에서 Collectors 객체와 함께 제공하는 기능들이 스트림에서도 제공하는 기능들이 있습니다. 이미 살펴본 Stream의 reduce( ) 메서드와 Collectors의 reducing( ) 메서드 같은 경우처럼 앞으로 몇 개 더 나오게 됩니다.

distinct( )

distinct는 사전적인 의미로 '뚜렷이 다르다'라는 뜻을 갖고 있습니다. 그냥 중복 제거라고 생각하고 이 메서드를 이용하면 사용하기에 편합니다. 데이터베이스에서도 이 명령어가 나오는데 중복을 제거하는 똑같은 기능으로 사용되고 있습니다.

앞에서 collect( ) 메서드에서 toList( )를 이용할 때 중복되는 값이 있을 때 Set의 특성을 이용해서 중복을 제거했습니다. distinct( )를 이용해서 중복 값을 처음부터 제거한 후에 구현하고자 하는 내용을 구현하면 좀 더 손쉬운 코딩이 될 수 있습니다. 다음 예제로 distinct( ) 메서드를 학습하겠습니다.

Sample31.java

```java
package chap17;

import static java.util.stream.Collectors.toList;
import static java.util.stream.Collectors.toSet;

import java.util.Arrays;
import java.util.List;
import java.util.Set;

public class Sample31 {

    public static void main(String[] args) {
        String[] animals = {"토끼", "호랑이", "고양이", "강아지", "고양이", "고양이"};
        System.out.println("** 기본 배열 출력");
        System.out.println(Arrays.deepToString(animals));

        System.out.println("\n** List로 변환 후 출력(중복이 발견됨)");
        List<String> ani1 = Arrays.stream(animals)
                                  .collect(toList());
        System.out.println(ani1.toString());

        System.out.println("\n** Set으로 변환 후 출력(중복 제거) 후 List로 반환");
        Set<String>  ani2 = ani1.stream()
                                  .collect(toSet());

        //List로 반환
        List<String> ani3 = ani2.stream().collect(toList());
        System.out.println(ani3.toString());

        System.out.println("\n** distinct( )로 중복 제거 후 List로 반환");
        List<String> ani4 = Arrays.stream(animals)
                                  .distinct()
                                  .collect(toList());
        System.out.println(ani4.toString());
    }
}
```

> **실행 결과**
>
> ** 기본 배열 출력
> [토끼, 호랑이, 고양이, 강아지, 고양이, 고양이]
>
> ** List로 변환 후 출력(중복이 발견됨)
> [토끼, 호랑이, 고양이, 강아지, 고양이, 고양이]
>
> ** Set으로 변환 후 출력(중복 제거) 후 List로 반환
> [호랑이, 고양이, 토끼, 강아지]
>
> ** distinct( )로 중복 제거 후 List로 반환
> [토끼, 호랑이, 고양이, 강아지]

이 프로그램의 목적으로 중복된 요소를 갖고 있는 배열은 중복을 제거하고 List로 변화하고자 합니다. 13라인에 animals 배열에 중복 값이 존재하는 요소들이 있습니다. 15라인에서 단순히 출력하면 중복된 내용이 그대로 출력됩니다. 이후 List로 변환하여 출력해도 똑같은 결과가 나옵니다.

중복을 제거하기 위해서 Set의 특징을 24라인에서 이용하여 Set으로 반환하여 출력합니다. 두 번의 변환 작업을 했습니다. 이번에는 distinct( ) 메서드를 이용해서 한 번에 처리해보려고 합니다. 32라인에서 distinct( )로 중복을 제거하고 33라인에서 toList( )로 List로 반환합니다. 중복제거가 간단하게 이루어졌습니다.

count()

스트림 요소의 수를 세어 그 수를 반환하는 메서드입니다. 11부터 33까지의 수는 몇 개인지 세어보겠습니다.

Sample32.java
```
01  package chap17;
02
03  import java.util.stream.IntStream;
04
05  public class Sample32 {
06
```

```
07    public static void main(String[] args) {
08        System.out.println(
09            IntStream.rangeClosed(11, 33)
10                    .count()
11        );
12    }
13
14 }
```

실행 결과

```
23
```

09라인에서 rangeClosed( )를 이용해서 11부터 33까지의 요소를 스트림으로 생성한 뒤에 이 요소들을 세어 그 수를 반환하여 출력했습니다. 앞서 collect( ) 메서드에서 Collectors. counting( ) 메서드를 학습했습니다. Stream에서 제공하는 count( ) 메서드와 결과는 똑같이 나옵니다. 이 둘을 구현해보겠습니다.

Sample33.java

```
01 package chap17;
02
03 import java.util.Arrays;
04 import java.util.List;
05 import java.util.stream.Collectors;
06
07 public class Sample33 {
08
09     public static void main(String[] args) {
10         //Sample24의 FreeBoard 이용
11         List<FreeBoard> list = Arrays.asList(
12                 new FreeBoard(1, "가입인사", "안녕하세요"),
13                 new FreeBoard(2, "가입인사", "반갑습니다."),
14                 new FreeBoard(3, "질문있습니다.", "자바가요 잡히나요?")
15         );
16         long cnt1 = list.stream()
17                     .collect(Collectors.counting());
18         System.out.println(cnt1);
19
20         long cnt2 = list.stream().count();
21         System.out.println(cnt2);
22     }
23
24 }
```

실행 결과
3 3

11라인에서 3개의 요소를 갖는 List를 생성합니다. 16라인에서 list를 스트림으로 생성하여 Collectors.counting()을 하여 요소의 수를 세어 반환했습니다. 똑같이 20라인에서는 스트림을 생성하여 바로 count() 메서드로 요소의 수를 세어 반환했습니다. 똑같은 결과가 나왔습니다.

min(), max()

요소에서 최솟값과 최댓값을 구하는 메서드입니다. Integer로 구성된 List와 클래스로 구성된 배열에서 찾고자 하는 대상의 최솟값이나 최댓값을 갖는 객체나 값을 구하는 예제를 살펴보겠습니다.

Sample34.java

```java
01  package chap17;
02
03  import java.util.Arrays;
04  import java.util.Comparator;
05  import java.util.List;
06  import java.util.stream.Collectors;
07
08  public class Sample34 {
09
10      public static void main(String[] args) {
11          List<Integer> list = Arrays.asList(10,4,7,56,43, 99);
12          Integer minNumber = list.stream().min(Integer::compare).get();
13          System.out.println("최솟값 :: " + minNumber);
14
15          //Sample23.Student 객체를 활용합니다.
16          List<Score> scores = Arrays.asList(
17              new Score("빵형", 61, 71, 81),
18              new Score("타노스", 62, 72, 82),
19              new Score("상도", 100, 100, 61)
20          );
21
22          scores.stream()
23                  .collect(Collectors.minBy(Comparator.comparing(Score::getMat)))
```

```
24                    .ifPresent(System.out::println);
25
26            scores.stream()
27                    .min(Comparator.comparing(Score::getMat))
28                    .ifPresent(System.out::println);
29
30            Score maxMathScore = scores.stream()
31                                    .max(Comparator.comparing(Score::getMat))
32                                                .get();
33            System.out.println("최고 수학점수인 사람 :: " + maxMathScore);
34        }
35
36  }
```

실행 결과

```
최솟값 :: 4
Score(name=상도, kor=100, eng=100, mat=61, msg=null)
Score(name=상도, kor=100, eng=100, mat=61, msg=null)
최고 수학점수인 사람 :: Score(name=타노스, kor=62, eng=72, mat=82, msg=null)
```

이번 예제도 collect( )와 함께 min( )과 max( ) 메서드를 비교하는 코드입니다. 23라인의 collect( ) 내에서 Collectors.minBy( )를 이용해서 최솟값을 얻습니다. minBy( ) 메서드 자체도 최종 연산을 처리하지만 여기에 ifPresent( )도 최종 연산의 값이 있다면 출력하는 기능을 갖고 있습니다. 이 내용은 이미 앞에서 배운 내용을 활용해서 구현했습니다.

여기에서 중요한 것은 27라인에서 사용된 min( ) 메서드입니다. 굳이 collect( )를 사용하지 않고도 스트림에서 바로 최솟값을 구할 수가 있습니다. max( )도 min( )과 사용방법이 같습니다. 여기 31라인에서는 getMat( ) 메서드로 얻은 값이 제일 큰 Score를 30라인에서 maxMathScore에 담아서 33라인에서 출력합니다. max( ) 메서드로 얻은 요소를 반환할 때는 32라인과 같이 get( ) 메서드를 이용해서 해당 요솟값을 얻어오게 됩니다.

sum()

sum( ) 메서드는 딱 봐도 총합이라는 게 예측이 되는 메서드입니다. 요소의 모든 수를 더하는 메서드입니다. 앞서 배웠던 메서드와 함께 사용해보겠습니다.

Sample35.java

```java
package chap17;

import java.util.stream.IntStream;

public class Sample35 {

    public static void main(String[] args) {
        int sum1 = IntStream.rangeClosed(1,100)
                            .boxed()
                            .reduce(0, (a, b) -> a + b);
        System.out.println(sum1);

        int sum2 = IntStream.rangeClosed(1, 100)
                            .boxed()
                            .reduce(0, Integer::sum);
        System.out.println(sum2);

        Integer sum3 = IntStream.rangeClosed(1, 100)
                                .skip(10)
                                .sum();
        System.out.println(sum3);
    }
}
```

실행 결과

```
5050
5050
4995
```

08라인에서 구현된 내용은 reduce( )를 이용해서 1부터 100까지의 합을 구했습니다. 다음은 15라인에서 참조 메서드를 이용하여 구현했습니다. 20라인의 sum( ) 메서드를 활용하면 더 간단하게 합을 구할 수 있습니다. 여기에서는 19라인에서 skip(10)을 이용해서 처음 10개를 무시하고 이후의 요소부터 처리하라는 명령입니다. 그래서 11부터 100까지의 합을 얻었습니다.

average()

average()는 요소의 평균을 구하는 메서드입니다. 스트림 요소의 평균값을 구해보겠습니다.

Sample36.java

```java
package chap17;

import java.util.stream.IntStream;

public class Sample36 {

    public static void main(String[] args) {
        IntStream.rangeClosed(1, 100)
                .average()
                .ifPresent(System.out::println);

        double avg = IntStream.rangeClosed(1, 100)
                            .average()
                            .getAsDouble();
        System.out.println(avg);
    }
}
```

실행 결과

```
50.5
50.5
```

09라인에서 average( )로 평균을 구하게 되고 변수에 값을 대입하는 게 아니라 바로 소진하기 때문에 ifPresent( ) 메서드로 값이 있는지 확인하고 값이 있으면 출력합니다. 13라인은 평균을 구하고 소수점이 나타나게 됩니다. 이때 avg라는 double형으로 값을 대입하게 되는데 IntStream을 사용했기 때문에 int 자료형으로 반환하게 되기 때문에 14라인과 같이 getAsDouble( ) 메서드를 이용해서 double형으로 값을 반환합니다.

anyMatch(), allMatch(), noneMatch()

이 세 메서드는 Predicate 함수형 인터페이스를 사용하여 이 결과의 여부에 따라서 true와 false의 값을 반환합니다.

Stream API의 일부

반환 자료형	메서드
boolean	allMatch(Predicate<? super T> predicate)
boolean	anyMatch(Predicate<? super T> predicate)
boolean	noneMatch(Predicate<? super T> predicate)

인자로 Predicate 함수형 인터페이스를 사용하는데 Predicate는 1개의 매개변수와 boolean 자료형의 반환으로 구성되어 있기 때문에 람다식으로 조건식을 넣어서 boolean으로 결과가 나올 수 있도록 구현하면 됩니다. allMatch( )는 스트림의 모든 요소가 참이면 true를 반환합니다. anyMatch( )는 스트림의 요소 중에서 적어도 하나 이상이 조건에 만족하면 true를 반환합니다. 끝으로 noneMatch( ) 메서드는 모든 스트림 요소가 조건에 만족하지 않을 경우에 true 값을 반환합니다.

다음 예제에서는 40점 미만은 과락입니다. 과목별로 과락에 대한 물음에 대한 답을 true와 false로 출력해보겠습니다.

Sample37.java

```java
package chap17;

import java.util.Arrays;
import java.util.List;

public class Sample37 {

    public static void main(String[] args) {
        //Sample23.Student 객체를 활용합니다.
        List<Score> scores = Arrays.asList(
            new Score("빵형", 61, 31, 31),
            new Score("타노스", 62, 32, 82),
            new Score("상도", 100, 30, 31)
        );
```

```
15
16          boolean result1 = scores.stream()
17                                  .anyMatch(x -> x.getMat() > 39);
18          System.out.println("수학 과락이 아닌 사람이 있나요? " + result1);
19
20          boolean result2 = scores.stream()
21                                  .allMatch(x -> x.getKor() > 39);
22          System.out.println("국어 과락은 없나요? " + result2);
23
24          boolean result3 = scores.stream()
25                                  .noneMatch(x -> x.getEng() > 39);
26          System.out.println("영어는 모두 과락인가요? " + result3);
27      }
28
29  }
```

실행 결과

```
수학 과락이 아닌 사람이 있나요? true
국어 과락은 없나요? true
영어는 모두 과락인가요? true
```

17라인에 anyMatch( ) 메서드를 이용해서 국가 자격증 시험 최저 합격 점수인 40점 이상인 수학 과목이 한 개라도 있다면 true를 반환하게 됩니다. 타노스의 수학이 82점으로 40점 이상인 점수가 존재하므로 true를 반환합니다.

21라인에서는 모든 국어 점수가 40점 이상이면 true를 반환하게 되는 allMatch( ) 메서드가 사용되었습니다. 국어 점수는 61, 62, 100 점으로 모두 40점 이상이기 때문에 true가 반환되었습니다.

25라인은 noneMatch( )는 모두가 거짓이면 true를 반환하게 됩니다. 영어 점수가 모두 40점 미만이면 true를 반환하게 됩니다. 영어 점수는 31, 32, 30점으로 모두 과락이기 때문에 true가 반환됩니다.

findAny(), findFirst()

스트림 요소 중에 조건에 맞는 첫 번째 요소를 찾는 findAny( )와 스트림 요소 중에 첫 번째 요소를 찾는 findFirst( ) 메서드에 대해서 예제로 알아보겠습니다.

Sample38.java

```java
package chap17;

import java.util.Arrays;
import java.util.List;

public class Sample38 {

    public static void main(String[] args) {
        List<Integer> list = Arrays.asList(4, 6, 2, 8, 10);
        //요소들 중에 제일 먼저 찾은 요소를 얻는다.
        list.stream().findAny().ifPresent(System.out::println);

        //요소들 중에 첫 요소를 찾아서 얻는다.
        list.stream().findFirst().ifPresent(System.out::println);

        list.stream()
            .filter(x -> x > 2)    //중간 연산을 통해서 2보다 큰 수만 요소로 걸러낸다.
            .findAny()             //순서와 상관없이 요소를 찾는다.
            .ifPresent(System.out::println);

        list.parallelStream()
            .filter(x -> x > 2)    //중간 연산을 통해서 2보다 큰 수만 요소로 걸러낸다.
            .findAny()             //순서와 상관없이 요소를 찾는다.
            .ifPresent(System.out::println);

        list.stream()
            .filter(x -> x > 2)    //중간 연산을 통해서 2보다 큰 수만 요소로 걸러낸다.
            .findFirst()           //요소 중에 첫번째 요소르 찾는다.
            .ifPresent(System.out::println);

        list.parallelStream()
            .filter(x -> x > 2)    //중간 연산을 통해서 2보다 큰 수만 요소로 걸러낸다.
            .findFirst()           //요소 중에 첫번째 요소를 찾는다
            .ifPresent(System.out::println);
    }
}
```

실행 결과 - 1

```
4
4
4
10
4
4
```

실행 결과 - 2

```
4
4
4
8
4
4
```

실행 결과를 보면 중간에 값이 다르게 나온 부분이 있습니다. 병렬처리가 되기 때문에 이런 현상이 나타난 것입니다. 11라인과 14라인을 봤을 때는 findAny( )와 findFirst( )로 메서드명이 다릅니다. 하지만 결과는 둘 다 4로 같습니다. 스트림이 절차적으로 처리가 되었을 때는 요소를 찾는 순서가 당연히 처음부터 진행되니 모두 첫 번째 요소를 얻어오기 때문입니다.

반면에 18라인에 사용된 findAny( )와 23라인에 사용된 findAny( )의 결과는 4와 10으로 다릅니다. 차이는 직렬 스트림과 병렬 스트림에 있습니다. 직렬로 처리되면 상관없지만, 병렬로 처리되면 순서는 의미가 없어지게 됩니다. 출력 결과가 10이 나온 병렬 스트림은 10이 제일 먼저 처리된 것 같습니다.

중간에 filter( ) 메서드가 나오는데 아직 배우지 않은 메서드로 중간 연산에서 배우게 됩니다. 간단하게 설명하면 중간에 요소들이 filter( )를 만족한 요소만 처리될 수 있도록 걸러내는 역할을 합니다. 여기에서는 요소가 2보다 큰 수만 스트림으로 요소를 만들게 됩니다. findAny( )의 경우는 성능을 우선시하며 순서와 상관없이 조건에 만족하는 요소를 얻어 올 때 사용합니다.

28라인과 33라인에 사용된 findFirst( )의 경우는 직렬, 병렬 처리를 하더라도 첫 번째 요소가 출력됩니다. 순서가 우선일 때 사용합니다.

17.3.2 중간 연산(Intermediate operations)

스트림 중간 연산은 최종 연산이 실행되기 전까지 실행되지 않아서 '지연(Lazy) 연산을 한다'라고 표현하기도 합니다. 최종 연산을 하기 전에 DB에서 사용하는 SQL문과 같은 형식으로 여러 작업을 호출하여 처리된 또 다른 스트림으로 반환하게 됩니다. 중간 연산을 하게 되는 스트림의 메서드를 하나하나 알아보도록 하겠습니다.

map( )

스트림의 요소 하나하나에 연산한 결과를 그대로 반환할 경우에 사용합니다.

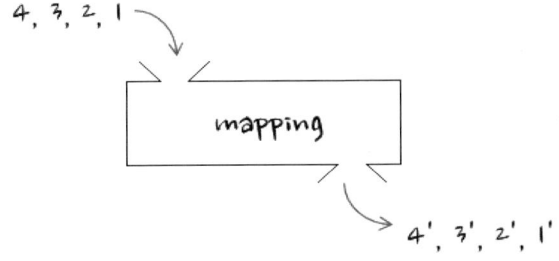

[그림 17-2] Stream.map( ) 연산 과정

스트림의 요소가 1, 2, 3, 4 순서대로 들어가서 특정 기능을 수행한 뒤에 그 결과가 1', 2', 3', 4'로 반환되는 과정을 mapping이라고 합니다. 이 작업은 최종 연산이 아닌 중간 연산으로 최종 연산을 하기 위한 과정입니다. 값을 하나하나 함수에 넣어서 연산 처리했던 부분을 map( )을 이용해서 모든 요소를 함수에 넣어서 연산한 결과를 얻을 수 있습니다. 먼저 List에 stream을 이용하여 10번을 반복하기 위해서 10개의 요소를 넣고 2의 배수 10개를 출력하는 예제를 살펴보겠습니다.

Sample39.java

```java
01  package chap17;
02
03  import static java.util.stream.Collectors.toList;
04
05  import java.util.List;
06  import java.util.stream.IntStream;
07
08  public class Sample39 {
09
10      public static void main(String[] args) {
11          List<Integer> list = IntStream.rangeClosed(1, 10)
12                                  .map(x -> x * 2)
13                                  .boxed()
14                                  .collect(toList());
15          System.out.println(list);
16      }
17
18  }
```

실행 결과

```
[2, 4, 6, 8, 10, 12, 14, 16, 18, 20]
```

총 10번을 반복하기 위해서 11라인에서 rangeClosed(1, 10)을 이용하여 10개의 요소를 생성합니다. 12라인에서 각 요소에 2를 곱해서 2의 배수를 만들어 줍니다. 13라인에서는 Stream을 Integer 자료형으로 자동 형 변환을 합니다. 14라인에서 toList() 메서드를 이용해서 최종 연산인 collect() 메서드에서 List 배열로 반환합니다.

최종 결과를 15라인에서 출력합니다. 이렇게 map() 메서드를 이용해서 요소 하나하나에 똑같은 로직을 적용하여 중간 연산을 할 수 있습니다. 단순하게 2의 배수를 10개까지 얻어봤는데 이번에는 참조 자료형으로 한 번 더 살펴보겠습니다.

Sample40.java

```java
01  package chap17;
02
03  import java.util.Arrays;
04  import java.util.List;
05
06  public class Sample40 {
```

```java
07
08      public static void main(String[] args) {
09          //Sample23.Student 객체를 활용합니다.
10          List<Score> scores = Arrays.asList(
11              new Score("빵형", 61, 31, 31),
12              new Score("타노스", 62, 62, 82),
13              new Score("상도", 94, 44, 41)
14          );
15
16          scores.stream()
17              .map(
18                  x -> {
19                      if(x.getKor() < 40 || x.getEng() < 40 || x.getMat() < 40) {
20                          x.setMsg("과락입니다.");
21                      }
22                      else if((x.getKor() + x.getEng() + x.getMat()) / 3 < 60) {
23                          x.setMsg("불합격입니다.");
24                      }
25                      else {
26                          x.setMsg("합격입니다.");
27                      }
28                      return x;
29                  }
30              )
31              .forEach(System.out::println);
32      }
33
34  }
```

실행 결과

```
Score(name=빵형, kor=61, eng=31, mat=31, msg=과락입니다.)
Score(name=타노스, kor=62, eng=62, mat=82, msg=합격입니다.)
Score(name=상도, kor=94, eng=44, mat=41, msg=불합격입니다.)
```

국가기술자격 합격기준을 넣어서 msg 변수에 결과를 넣어서 출력했습니다. 19라인에서 국, 영, 수 과목에서 40점 미만의 점수가 있으면 "과락입니다."를 msg에 넣습니다. 22라인에서 else if문으로 3과목의 평균이 60점 미만이면 "불합격입니다."를 msg에 넣습니다. 이 외의 경우에는 "합격입니다."를 msg에 넣습니다.

flatMap()

flatMap은 [Sample04.java]에서 잠깐 언급했던 메서드입니다. 여러 개의 Stream을 모두 합쳐서 하나의 스트림으로 반환합니다.

Sample41.java

```java
package chap17;

import java.util.Arrays;
import java.util.List;
import java.util.stream.Collectors;
import java.util.stream.Stream;

public class Sample41 {

    public static void main(String[] args) {
        // 2개의 String 배열이 있습니다.
        String[] str1 = {"빵형", "상도", "타노스"};
        String[] str2 = {"인호", "학건"};

        // 2개의 String 배열을 스트림으로 만듭니다.
        //[{"빵형", "상도", "타노스"}, {"인호", "학건"}]
        Stream<String[]> strm = Stream.of(str1, str2);

        List<String> list =
            //{"빵형", "상도", "타노스", "인호", "학건"} 한개의 배열로 스트림 변환
            strm.flatMap(x -> Arrays.stream(x))
                .collect(Collectors.toList());   //List<String>으로 변환
        System.out.println(list.toString());
    }
}
```

실행 결과

[빵형, 상도, 타노스, 인호, 학건]

12, 13라인에 각각의 String 배열 2개를 만들었습니다.

17라인에서 String[ ]으로 구성된 2개의 요소를 갖는 스트림을 생성합니다.

21라인에서 flatMap( ) 메서드를 통해서 2개의 요소를 1개의 요소로 합치게 됩니다.

22라인에서 최종 연산자 collect( ) 메서드를 이용해서 List로 반환합니다.

23라인에서 List를 출력합니다.

다음은 배열이 하나로 합쳐지는 과정을 이해하기 쉽게 표현했습니다.

```
{"빵형", "상도", "타노스"}, {"인호", "학건"}      2개의 String 배열


[{"빵형", "상도", "타노스"}, {"인호", "학건"}]    Stream<String[]>


{"빵형", "상도", "타노스", "인호", "학건"}        flatMap( )


[빵형, 상도, 타노스, 인호, 학건]                  Collectors.toList( )
```

mapToObj( )

스트림 요소는 연산하는 과정에서 자료형을 변경해야 할 경우가 있습니다. 이때 Stream⟨T⟩를 사용할 경우 자료형을 변경하고자 할 때 사용하는 메서드가 있습니다.

- mapToDouble( )
- mapToInt( )
- mapToLong( )

'mapTo' 다음에 오는 단어에 따라서 해당 Stream 자료형으로 반환하게 됩니다. 그리고 하나 더 자료형을 코드에서 자유로이 변경할 수 있는 mapToObj( )가 있습니다. 중간 연산할 때 자료형을 변경하여 처리하는 예제를 함께 살펴보겠습니다.

Sample42.java

```
01  package chap17;
02
03  import java.util.List;
04  import java.util.Map;
```

```
05  import java.util.stream.Collectors;
06  import java.util.stream.IntStream;
07
08  public class Sample42 {
09
10      public static void main(String[] args) {
11          Map<Boolean, List<Long>> m1 =
12              IntStream.range(1, 10)
13                      .mapToLong(x -> x)
14                      .boxed()
15                      .collect(Collectors.partitioningBy(i -> i % 2 == 0));
16          System.out.println(m1);
17
18          Map<Boolean, List<Long>> m2 =
19              IntStream.range(1, 10)
20                      .mapToObj(Long::new)
21                      .collect(Collectors.partitioningBy(i -> i % 2 == 0));
22          System.out.println(m2);
23      }
24
25  }
```

실행 결과

```
{false=[1, 3, 5, 7, 9], true=[2, 4, 6, 8]}
{false=[1, 3, 5, 7, 9], true=[2, 4, 6, 8]}
```

collect( ) 메서드를 이용해서 홀수와 짝수를 구분하여 Map의 형태로 반환하는 예제 코드입니다. 13라인에서 mapToLong(x -> x)는 LongStream 자료형으로 중간 연산을 합니다. 그리고 collect( ) 메서드를 사용해서 Map의 형태로 반환하기 위해서 14라인에서 Stream〈Long〉 형태로 boxing(특정 자료형으로 형 변환)을 합니다. 똑같은 코드인데 20라인에서 mapToObj( ) 메서드를 사용했습니다. 인자로 'Long::new'인 생성자 참조를 이용했습니다. 일반 코드로 풀어 쓰면 다음과 같습니다.

```
.mapToObj( x -> new Long(x))
```

스트림 요소를 Stream⟨Long⟩ 자료형으로 반환합니다. 그래서 바로 collect( ) 메서드로 최종 연산을 하게 됩니다.

filter( )

모든 스트림 요소를 다 처리하기보다는 원하는 데이터만 필터링해서 요소를 제어할 경우가 생깁니다. 이때 filter( ) 메서드를 이용하여 원하는 요소만 추려내어 프로그래밍할 수 있습니다. filter( ) 메서드는 Predicate 함수형 인터페이스를 인자로 사용합니다.

```
Stream<T> filter(Predicate<? super T> predicate)
```

스트림의 요소를 받아서 true와 false로 나누고, true인 요소만 걸러서 Stream으로 반환하게 됩니다. 다음 예제는 3의 배수인 요소만 얻어내는 코드입니다.

Sample43.java

```java
package chap17;

import java.util.Arrays;
import java.util.List;
import java.util.stream.Collectors;
import java.util.stream.Stream;

public class Sample43 {

    public static void main(String[] args) {
        //1. 2개의 배열
        List<Integer> list1 = Arrays.asList(1, 3, 5, 7, 9);
        List<Integer> list2 = Arrays.asList(2, 4, 6, 8, 10);

        //2. 2개의 배열을 스트림으로 합친 후 3의 배수를 얻는다.
        List<Integer> list3 = Stream.of(list1, list2)
                                    .flatMap(List::stream)
                                    .filter(x -> x % 3 == 0)
                                    .collect(Collectors.toList());

        //3. 출력한다.
        System.out.println(list3);
    }
}
```

> **실행 결과**
>
> ```
> [3, 9, 6]
> ```

12, 13라인의 List를 16라인에서 합친 뒤에 17라인에서 하나의 스트림으로 만듭니다. 18라인에서는 3의 배수 요소만 필터링합니다. 19라인에서 true 값을 얻는 요소만 필터링하여 List로 반환합니다. 22라인에서 3의 배수 정보를 갖고 있는 list3을 출력합니다.

문자열의 경우 포함된 단어를 찾을 때도 filter( )를 이용하면 유용합니다. 예를 들어서 배열에 단어들을 나열하고 'ed'가 포함된 단어를 찾고자 할 때 filter( ) 메서드를 이용하여 구현해볼 텐데요. filter( ) 인자로 Predicate 함수형 인터페이스가 들어가게 되어 있습니다. Predicate를 이용해서 람다식으로 구현해보겠습니다.

Sample44.java

```java
01  package chap17;
02
03  import java.util.Arrays;
04  import java.util.List;
05  import java.util.function.Predicate;
06
07  public class Sample44 {
08
09      public static void main(String[] args) {
10          List<String> list = Arrays.asList("RED","bad", "BED", "Wed", "rad");
11          list.stream()
12              .filter(x -> 0 < x.toUpperCase().indexOf("ED"))
13              .forEach(System.out::println);
14
15          System.out.println("=======================");
16          System.out.println("ED가 포함된 단어");
17          System.out.println("=======================");
18          Predicate<String> condition1 = x -> 0 < x.toUpperCase().indexOf("ED");
19          list.stream()
20              .filter(condition1)
21              .forEach(System.out::println);
22
23          System.out.println("=======================");
24          System.out.println("ED가 포함되지 않은 단어");
25          System.out.println("=======================");
26
27          Predicate<String> condition2 = Predicate.not(condition1);
```

```
28            list.stream()
29                .filter(condition2)
30                .forEach(System.out::println);
31      }
32
33  }
```

실행 결과

```
RED
BED
Wed
======================
ED가 포함된 단어
======================
RED
BED
Wed
======================
ED가 포함되지 않은 단어
======================
bad
rad
```

12라인에서 대소문자 구분 없이 모두 검색하기 위해서 스트림 요소를 .toUpperCase( ) 메서드로 대문자로 변경한 뒤에 indexOf( ) 메서드로 'ED'를 찾습니다. 찾는 문자열이 존재하면 시작 위치의 자리에 순번을 반환하며 없을 때는 −1을 반환하기 때문에 0보다 큰 수를 찾게 조건식을 주었습니다.

이렇게 구현된 코드의 조건 부분을 18라인에서 Predicate 함수형 인터페이스를 따로 만들어서 출력했고 27라인에서는 반대로 필터링이 안 된 조건을 not( ) 메서드를 이용하여 쉽게 구현하였습니다.

sorted()

메서드명만 봐도 정렬하는 기능이라는 것을 알 수 있습니다. 정렬이 안 된 배열을 스트림으로 처리할 때 정렬이 필요한 경우에 사용하면 편리합니다. 기본값으로 순정렬을 취하고 있으며 [11장 컬렉션 프레임워크(Collection framework)]에서 예제 [Sample07.java]를 통하여 수동으로 정렬하는 방법을 살펴보았습니다. 마찬가지로 스트림에서도 동일하게 사용하여 정렬할 수 있습니다. 먼저, 기본 정렬부터 살펴보겠습니다.

Sample45.java

```java
01  package chap17;
02
03  import java.util.Arrays;
04  import java.util.List;
05  import java.util.stream.Collectors;
06  import java.util.stream.Stream;
07
08  public class Sample45 {
09
10      public static void main(String[] args) {
11          Integer[] int1 = {1, 3, 5, 7, 9};
12          Integer[] int2 = {2, 4, 6, 8, 10};
13
14          Stream<Integer[]> strm1 = Stream.of(int1, int2);
15          List<Integer> list1 =
16              strm1.flatMap(x -> Arrays.stream(x))
17                  .sorted()
18                  .collect(Collectors.toList());
19          System.out.println(list1.toString());
20      }
21
22  }
```

실행 결과

```
[1, 2, 3, 4, 5, 6, 7, 8, 9, 10]
```

14라인에서 2개의 배열이 스트림으로 합치게 됩니다. [{1, 3, 5, 7, 9}, {2, 4, 6, 8, 10}]의 형태로 들어가게 됩니다. 16라인에서 flatMap( ) 메서드를 이용해서 하나로 합쳐지게 됩니다. {1, 3, 5, 7, 9, 2, 4, 6, 8, 10}의 형태로 스트림이 됩니다. 이때 17라인에서 sorted( ) 메서드로 다시 {1,

2, 3, 4, 5, 6, 7, 8, 9, 10}의 형태로 순정렬이 됩니다. 18라인에서 List로 반환하여 19라인에서 출력하게 됩니다. 순정렬까지는 알겠는데 그러면 역정렬은 어떻게 할까요? 간단하게 sorted( ) 메서드에 다음과 같이 인자를 넣으면 됩니다.

```
Comparator.reverseOrder( )
```

그럼 [Sample45.java]에서 역정렬 인자를 넣어서 구현해보겠습니다.

Sample46.java
```java
01  package chap17;
02
03  import java.util.Arrays;
04  import java.util.List;
05  import java.util.Comparator;
06  import java.util.stream.Collectors;
07  import java.util.stream.Stream;
08
09  public class Sample46 {
10
11      public static void main(String[] args) {
12          Integer[] int1 = {1, 3, 5, 7, 9};
13          Integer[] int2 = {2, 4, 6, 8, 10};
14
15          Stream<Integer[]> strm1 = Stream.of(int1, int2);
16          List<Integer> list1 =
17              strm1.flatMap(x -> Arrays.stream(x))
18                  .sorted(Comparator.reverseOrder())
19                  .collect(Collectors.toList());
20          System.out.println(list1.toString());
21      }
22
23  }
```

실행 결과

```
[10, 9, 8, 7, 6, 5, 4, 3, 2, 1]
```

[Sample46.java]에서는 18라인만 보면 됩니다. Comparator.reverseOrder( ) 요소 하나하나를 비교하여 우선순위를 정해서 결과를 반환하게 됩니다. 그런데 참조 자료형으로 클래스에

멤버 변수가 여러 개 있을 경우 어떤 멤버 변수를 기준으로 정렬을 할지 애매한 경우가 있을 때 직접 원하는 데이터로 정렬하라고 지정해야 할 경우가 있습니다.

Sample47.java

```java
package chap17;

import java.util.Arrays;
import java.util.List;
import java.util.stream.Collectors;

public class Sample47 {

    public static void main(String[] args) {
        //Sample23.Student 객체를 활용합니다.
        List<Score> scores = Arrays.asList(
            new Score("빵형", 61, 31, 31),
            new Score("타노스", 62, 62, 82),
            new Score("상도", 94, 44, 41)
        );

        System.out.println("이름 순으로 순정렬");
        List<Score> list1 = scores.stream()
                                  .sorted((x, y) -> x.getName().compareTo(y.getName()))
                                  .collect(Collectors.toList());
        System.out.println(list1.toString());

        System.out.println("영어 성적순으로 역정렬");
        List<Score> list2 = scores.stream()
                                  .sorted((x, y) -> y.getEng() - x.getEng())
                                  .collect(Collectors.toList());
        System.out.println(list2.toString());
    }
}
```

실행 결과

이름 순으로 순정렬

[Score(name=빵형, kor=61, eng=31, mat=31, msg=null), Score(name=상도, kor=94, eng=44, mat=41, msg=null), Score(name=타노스, kor=62, eng=62, mat=82, msg=null)]

영어 성적순으로 역정렬

[Score(name=타노스, kor=62, eng=62, mat=82, msg=null), Score(name=상도, kor=94, eng=44, mat=41, msg=null), Score(name=빵형, kor=61, eng=31, mat=31, msg=null)]

기본 정렬 값으로 순정렬을 하도록 구현되어 있습니다. 이 순정렬을 커스터마이징 하여 역정렬을 하도록 구현할 수 있지 않을까? 하는 생각이 들 수 있습니다. 가능합니다. 11장에서 배웠던 Comparable 인터페이스를 이용하여 구현해보겠습니다.

Sample48.java

```java
package chap17;

import java.util.Arrays;
import java.util.List;
import java.util.stream.Collectors;

import lombok.AllArgsConstructor;
import lombok.Data;

public class Sample48 {

    public static void main(String[] args) {
        List<ScoreBoard> boards = Arrays.asList(
            new ScoreBoard("타노스", 60, 70, 80),
            new ScoreBoard("빵형", 80, 50, 40),
            new ScoreBoard("상도", 90, 90, 80)
        );

        boards.stream()
            .sorted()
            .collect(Collectors.toList())
            .forEach(System.out::println);
    }

}

@Data
@AllArgsConstructor
class ScoreBoard implements Comparable<ScoreBoard> {
    private String name;
    private int    score1;
    private int    score2;
    private int    score3;

    /**
     * 기본 정렬을 이름 역정렬로 정의함
     */
    @Override
    public int compareTo(ScoreBoard o) {
        return o.getName().compareTo(this.getName());
    }
}
```

실행 결과

```
ScoreBoard(name=타노스, score1=60, score2=70, score3=80)
ScoreBoard(name=상도, score1=90, score2=90, score3=80)
ScoreBoard(name=빵형, score1=80, score2=50, score3=40)
```

29라인에서 Comparable 인터페이스를 받아서 39라인에서 compareTo( ) 메서드를 구현했습니다. 40라인은 역정렬이 구현되어 있으며 순정렬을 구현하고자 할 경우엔 다음과 같이 수정하면 됩니다.

```
This.getName( ).compareTo(o.getName( ))
```

20라인에서 따로 sort( ) 메서드에 인자를 넣지 않았지만 역정렬된 것을 확인할 수 있습니다.

distinct( )

스트림 요소 중에 중복되는 정보가 있을 때 모두 제거해 주는 기능입니다. 데이터베이스에서도 distinct를 사용하면 중복 데이터를 모두 제거해 주는 기능을 하기 때문에 SQL문을 공부한 분들은 쉽게 이해할 수 있을 겁니다. 간단한 기능이니까 바로 예제를 살펴보겠습니다.

Sample49.java

```
01  package chap17;
02
03  import java.util.Arrays;
04  import java.util.List;
05
06  public class Sample49 {
07
08      public static void main(String[] args) {
09          List<Integer> numberList = Arrays.asList(3, 6, 9, 3, 6, 9, 1, 2, 3);
10          //중복을 모두 제거하고 list 출력
11          numberList.stream()
12                  .distinct()
13                  .sorted()
14                  .forEach(System.out::println);
15      }
16
17  }
```

실행 결과

```
1
2
3
6
9
```

09라인에서 중복 데이터를 일부러 만들어서 List에 담았습니다.

12라인에서 distinct( ) 메서드를 이용해서 모든 중복 요소를 제거합니다.

13라인에서 순방향 정렬을 합니다.

14라인에서 스트림 요소들을 모두 출력합니다.

간단하게 distinct( ) 메서드를 이용해서 중복 데이터를 모두 제거된 코드를 살펴보았습니다.

peek()

최종 연산에서 forEach( ) 메서드를 학습했습니다. 중간 연산 중에 중간에 처리된 요소의 값을 확인하고 싶을 때 peek( ) 메서드로 확인할 수 있습니다. 주의할 점은 중간 연산을 하는 메서드이기 때문에 최종 연산에 들어올 메서드가 꼭 있어야 실행된다는 점을 숙지하고 있어야 합니다. 다른 중간 연산자와 동일하다는 것이죠.

중간에 처리할 요소의 값을 먼저 확인해본 뒤에 요소들을 대문자로 변경합니다. 그런 후 다시 요소의 값들이 잘 변경되었는지 확인해 보면서 최종 결과를 forEach( )로 출력해보는 코드를 살펴보겠습니다.

Sample50.java

```java
01  package chap17;
02
03  import java.util.stream.Stream;
04
05  public class Sample50 {
```

```
06
07     public static void main(String[] args) {
08         Stream.of("mouse", "cow", "horse", "monkey")
09                 .peek(x -> System.out.println("처리할 요소 : " + x))
10                 .map(String::toUpperCase)
11                 .peek(x -> System.out.println("처리된 요소 : " + x))
12                 .forEach(System.out::println);
13     }
14
15 }
```

실행 결과

```
처리할 요소 : mouse
처리된 요소 : MOUSE
MOUSE
처리할 요소 : cow
처리된 요소 : COW
COW
처리할 요소 : horse
처리된 요소 : HORSE
HORSE
처리할 요소 : monkey
처리된 요소 : MONKEY
MONKEY
```

08라인에서 소문자로 된 요소들을 09라인에서 출력해봅니다. 10라인에서 이 요소 하나하나를 대문자로 변경합니다. 다시 11라인에서 대문자로 잘 변경되었는지 출력해봅니다. 최종적으로 12라인에서 최종 연산을 하는 forEach( ) 메서드로 최종 요소를 출력합니다.

limit()와 skip()

스트림의 모든 요소를 사용하는 게 아니라 일부는 제한하고 싶을 때 사용하는 메서드입니다. limit( ) 메서드는 스트림 요소의 처음부터 몇 개까지만 처리할 때 사용하고 skip( ) 메서드는 처음 몇 개는 건너뛰고 이후의 요소부터 처리할 때 사용합니다. 다음 예제로 학습해보겠습니다.

Sample51.java

```java
01  package chap17;
02
03  import java.util.Map;
04  import java.util.function.Function;
05  import java.util.stream.Collectors;
06  import java.util.stream.Stream;
07
08  public class Sample51 {
09
10      public static void main(String[] args) {
11          //선착순 3명
12          Stream.of("빵형", "상도", "타노스", "학건", "인호")
13                  .limit(3)
14                  .forEach(System.out::println);
15
16          //총 7경기 중에 앞 2경기는 연습경기
17          Map<String, Long> info = Stream.of("패", "승", "패", "승", "승", "승", "패")
18                  .skip(2) //앞에 2 경기는 연습경기
19                  .collect(Collectors.groupingBy(Function.identity()
20                                  , Collectors.counting()));
21          System.out.println(info);
22      }
23
24  }
```

실행 결과

```
빵형
상도
타노스
{패=2, 승=3}
```

13라인에서 limit( )을 사용했습니다. 인자로 3이 들어가 있습니다. limit(3)은 3개의 요소로 제한한다는 것입니다. 3개의 요소를 차례로 출력하여 [빵형, 상도, 타노스]가 출력되었습니다.

18라인에서는 skip(2)로 앞에 2개의 요소는 무시하게 됩니다. 첫 번째가 '패', 두 번째가 '승'인 2개의 요소를 건너뛰고 세 번째 요소부터 groupingBy( )를 하여 21라인에서 결과를 출력합니다.

다음은 임의의 값을 얻는 Math.random( )을 이용하여 1부터 10까지의 수 10개를 얻어와서 정렬까지 하는 코드를 작성해보겠습니다.

Sample52.java

```java
package chap17;

import java.util.stream.Stream;

public class Sample52 {

    public static void main(String[] args) {
        Stream.generate(Math::random)
            .map(n -> (n * 9) + 1)
            .map(Math::round)
            .limit(10)
            .sorted()
            .forEach(System.out::println);
    }

}
```

실행 결과

```
2
3
3
5
7
7
8
8
9
9
```

요소를 무한정 비순차적으로 생성할 때 Stream.generate( )를 사용합니다. 무한정으로 생성되기 때문에 limit( )는 꼭 있어야 요소의 수를 제한할 수가 있습니다.

08라인에서 Math.random( )을 이용하여 난수를 생성합니다. 코드에서는 메서드 참조 기능으로 구현되었습니다.

09라인에서 요소의 난수 범위를 1~10까지의 수로 한정합니다.

10라인에서 double형의 소수점이 있는 난수를 반올림하여 정수로 반환합니다.

11라인에서 요소를 10개까지 생성하도록 제한합니다.

12라인에서 요소들을 순차 정렬합니다.

13라인에서 출력합니다.

추가로 유일한 랜덤 키값을 얻고자 할 때 UUID를 사용할 수 있습니다. Random( )이나 Math.random( )을 이용한 난수는 중복 값이 나올 수 있기 때문에 GUID(Globally Unique Identifier)라고도 하는 UUID(Universally Unique Identifier)를 사용하여 고유한 128비트의 값을 얻을 수 있습니다. 자릿수는 총 32자와 4개의 '-'로 이루어져 총 36자리의 문자를 반환합니다. 앞에서 배운 generate( ) 메서드와 limit( ) 메서드를 이용해서 5개의 유니크한 UUID를 얻어서 출력해보는 코드를 살펴보겠습니다.

Sample53.java
```
01  package chap17;
02
03  import java.util.UUID;
04  import java.util.stream.Stream;
05
06  public class Sample53 {
07
08      public static void main(String[] args) {
09          Stream.generate(UUID::randomUUID)
10              .limit(5)
11              .forEach(System.out::println);
12      }
13  }
```

> **실행 결과**
> ```
> a99cb7e7-f235-4c74-9c1d-eb4647cd5d3c
> 3a1d0824-b05c-43b9-9758-a12286a5570f
> 8b475a33-fdd2-400a-bb1b-fc60dc010886
> d99c6e5e-95e5-4aa4-8eea-c93ef621a5bd
> a04ca197-e6a7-4795-95a9-9b20b2023e70
> 90713655-c79a-4766-a08b-788d8033abe0
> 4ebca867-f15d-4c08-9db1-64770c41fa9c
> ```

09라인에서 UUID.randomUUID( ) 메서드를 호출하여 요소를 generate( )에 의해서 생성합니다.

10라인에서 요소를 5개로 제한합니다. 11라인에서 생성된 요소를 출력합니다.

이렇게 Stream에 대해서 알아봤습니다. 여기에서 소개한 내용보다 더 있지만 줄이고 줄여서 반드시 학습해야만 하는 내용을 위주로 소개했습니다. 이 정도의 학습량으로도 충분히 실력을 쌓았다고 생각합니다. 이제는 Java API만 보고도 쉽게 이해하고 얻고자 하는 정보를 얻을 수 있을 겁니다.

연습 문제

1. Stream을 이용해서 구구단을 출력하세요.

정답)

Test1.java

```
01  package chap17;
02
03  import java.util.stream.IntStream;
04
05  public class Test1 {
06
07      public static void main(String[] args) {
08          IntStream.rangeClosed(1, 9)
09                  .forEach(x -> {
10                      IntStream.rangeClosed(1, 9)
11                              .forEach(y -> {
12                                  System.out.println(x + " * " + y + " = " + (x * y));
13                              }
14                      );
15                  }
16          );
17      }
18
19  }
```

실행 결과

```
1 * 1 = 1
1 * 2 = 2
1 * 3 = 3
(중간생략)
9 * 7 = 63
9 * 8 = 72
9 * 9 = 81
```

* 한줄로 작성할 경우

```
IntStream.range(1,10).forEach(x->IntStream.range(1,10).forEach(y->System.out.
println(x+" * "+y+" = "+(x*y))));
```

2. 현재 수중에 500,000원을 갖고 있습니다. 〈보기〉에 나오는 항목으로 장을 봤습니다. 수중에 남는 돈은 얼마인지 reduce( ) 메서드를 활용하여 코드로 구현하세요.

보기

빵	20,000
우유	5,000
라면	10,000
옷	200,000
신발	100,000
삼겹살	50,000
소주	10,000
쌈장	2,000
상추	3,500
쌀	50,000

정답)

Test2.java

```
01  package chap17;
02
03  import java.text.DecimalFormat;
04  import java.util.Arrays;
05  import java.util.List;
06
07  public class Test2 {
08
09      public static void main(String[] args) {
10          List<Integer> goods = Arrays.asList(
11                  20000, 5000, 10000, 200000, 100000,
12                  50000, 10000, 2000, 3500, 50000);
13          int myMoney = 500000;
14          myMoney = goods.stream().reduce(myMoney, (a, b) -> a - b);
15          DecimalFormat df = new DecimalFormat("#,##0");
16          System.out.println("남은 돈    : " + df.format(myMoney));
17      }
18  }
```

실행 결과

```
남은 돈   : 49,500
```

3. 1에서 100까지의 수 중에서 소수만을 골라서 총 몇 개의 요소가 있는지 Stream을 이용하여 구현하세요.

정답)

Test3.java

```java
01  package chap17;
02
03  import java.util.stream.IntStream;
04
05  public class Test3 {
06
07      public static void main(String[] args) {
08          //1에서 100까지의 수중에서 소수만을 골라서 총 몇 개의 요소가 있는지 Stream을 이용하여 구현하세요.
09          IntStream.rangeClosed(2, 100)
10                  .filter(x -> {
11                      int i =
12                      IntStream.rangeClosed(2, x)
13                              .map(y -> (x % y == 0) ? 1:0)
14                              .reduce(0, Integer::sum);
15                      return i < 2;
16                  })
17                  .forEach(System.out::println);
18      }
19
20  }
```

실행 결과

```
2
3
5
7
(중략)
```

	73
	79
	83
	89
	97

4. 다음 〈보기〉의 파일명들에 확장자가 누락되어 있습니다. 파일명 뒤에 '.java'를 모두 붙이세요.

> **보기**
>
> Sample01, Sample02, Sample03, Sample04, Sample05

정답)

Test4.java

```java
01  package chap17;
02
03  import java.util.Arrays;
04  import java.util.List;
05  import java.util.stream.Collectors;
06
07  public class Test4 {
08
09      public static void main(String[] args) {
10          List<String> fileList = Arrays.asList("Sample01", "Sample02", "Sample03", "Sample04", "Sample05");
11          List<String> newFileList = fileList.stream()
12                                              .map(x -> x + ".java")
13                                              .collect(Collectors.toList());
14          System.out.println(newFileList);
15      }
16
17  }
```

실행 결과

[Sample01.java, Sample02.java, Sample03.java, Sample04.java, Sample05.java]

5. 로또 번호를 스트림을 이용하여 난수를 발생시켜서 출력해보세요.

조건

- 중복 값이 있으면 안된다.
- 1부터 45까지의 수만 올 수 있다.
- 순차적으로 정렬한다.

정답)

Test5.java

```java
package chap17;

import java.util.stream.Stream;

public class Test5 {

    public static void main(String[] args) {
        Stream.generate(Math::random)
            .map(n -> (n * 44) + 1)   //0부터 시작하기 때문에 1을 더한다
            .map(Math::round)
            .distinct()
            .limit(6)
            .sorted()
            .forEach(x -> System.out.printf("%d ", x));
    }
}
```

실행 결과(임의의 수이기 때문에 값은 다를 수 있습니다.)

2 4 5 22 24 38

Chapter 18

18장 예외 처리(Exception)

17장까지 Java를 공부하면서 많은 오류가 발생했을 겁니다. 컴파일하다가 발생하기도 하고 실행 중에 발생하기도 합니다. 논리적으로 문제없이 잘 동작하다가도 외부 변수에 의해서 오류가 발생하기도 합니다. 오류가 발생하게 되면 프로그램은 오류 메시지를 출력하고 강제로 종료됩니다. 이 오류 중에서 실행 중에 예측이 가능한 오류에 대응하여 우리가 만든 프로그램이 강제로 종료되지 않고 지속해서 끝까지 동작하도록 처리하는 방법을 예외 처리라고 합니다. 이번 장에서는 예외 처리하는 방법을 알아보겠습니다.

- 예외 클래스
- try-catch-finally
- throw
- throws
- 직접 만드는 사용자 예외 클래스
- try-with-resources

18.1 예외 클래스

자바에서 예외 처리라고 하면 필자는 Exception이라는 클래스가 제일 먼저 생각납니다. 이 Exception 클래스에서 Java API를 살펴보면 다음과 같은 상속 구조가 눈에 띕니다.

```
java.lang.Object
    java.lang.Throwable
        java.lang.Exception
        java.lang.Error
```

여기에서 예외를 처리하여 프로그램이 지속해서 돌아갈 수 있도록 도와주는 클래스는 Exception 클래스입니다. 갑자기 메모리가 부족하면 메모리에 데이터를 입력해야 다음 프로세스를 처리하는데 메모리가 부족하여 진행할 수 없을 땐 Error 메시지를 출력하고 프로그램을 종료하게 됩니다. 예외를 처리할 수가 없습니다. 하지만 논리적으로는 문제가 없지만, 오류가 나는 경우가 있습니다. 이럴 때 발생하는 오류는 Exception 클래스를 이용하여 예측이 가능한 오류는 예외로 처리할 수가 있습니다.

Exception 클래스로 모든 예외를 처리할 수 있지만 여러 하위분류별로 예외를 더 정확히 처리할 수도 있습니다. Exception 클래스가 예외의 상위에 들어가고 이를 상속받아서 예외를 처리하는 클래스가 정말 많습니다. 실무에서 개발하다가 발생하는 대표적인 예외 클래스로는 IOException, RuntimeException 등이 있습니다. 너무 많아서 실제 자주 발생하는 2개만 소개했습니다. 이렇게 예상이 가능한 예외 처리 방법을 하나하나 배워보겠습니다.

18.2 try-catch-finally

코딩하면서 논리적으로 맞게 구현했는데 불안한 때도 있습니다. 이럴 때 try문을 사용합니다. 사용방법은 다음과 같습니다.

> **try문법**
>
> ```
> try {
>     구현문
> }
> catch (예외타입1) {
>     예외 처리 구현
> }
> catch (예외타입2) {
>     예외 처리 구현
> }
> ...
> finally {
>     예외 처리 후에 마지막에 무조건 실행
> }
> ```

try문 중괄호({ }) 내에서 예외가 발생할 수 있는 코드를 작성하고 catch문으로 예외를 처리하는데 예외 타입에 해당하는 오류가 발생하게 되면 거기에 맞는 catch문이 실행됩니다. catch문은 1개 이상 구현되어 있어야 하며 finally문은 옵션으로 예외가 처리되든 되지 않든 무조건 실행되어 꼭 구현하지 않아도 됩니다. try문도 if문이나 for문과 마찬가지로 중괄호({ })에서 생성한 변수는 중괄호 밖에서는 사용할 수 없습니다.

Sample01.java

```java
01  package chap18;
02
03  public class Sample01 {
04
05      public static void main(String[] args) {
06          int i = 1;
07          try {
08              int j = 1;
09              System.out.println(i);   //출력 됨
10          }
11          catch (Exception e) {
12
13          }
14          System.out.println(j);       //오류발생
15      }
16  }
```

06라인의 i는 main( ) 메서드에서 생성한 변수로 main( ) 메서드 전역에서 사용할 수 있는 변수입니다. 08라인은 try문에서 생성된 변수로 try문의 중괄호 내에서만 사용될 수 있으며 try문이 끝나면 j는 더 이상 사용할 수 없습니다. try문 안에서도 사용하고 try문 밖에서도 사용할 때는 06라인처럼 try문 밖에서 생성하여 사용합니다. 꼭, try문 안에서만 사용할 때 08라인의 j와 같이 생성하세요. 다음 경우는 배열의 크기보다 1개 더 큰 배열의 공간에 값을 넣으려고 해서 오류를 발생시킵니다.

Sample02.java

```java
01  package chap18;
02
03  import java.util.Arrays;
04
05  public class Sample02 {
06
```

```
07    public static void main(String[] args) {
08        int i = 5;
09
10        int[] a = new int[i];
11        for(int j=0; j <=i; j++) {
12            a[j] = j;
13            System.out.println(j);
14        }
15        System.out.println(Arrays.toString(a));
16    }
17 }
```

실행 결과

```
0
1
2
3
4
Exception in thread "main" java.lang.ArrayIndexOutOfBoundsException: Index 5 out of bounds for length 5
    at chap18.Sample02.main(Sample02.java:12)
```

08라인에서 i의 값을 5로 정의했습니다. 10라인에서 int형 배열 a를 i만큼 배열을 할당합니다. 11라인에서 반복문으로 0부터 5까지 6번 반복합니다. 12라인에서 0부터 5까지의 배열 위치에 0부터 5를 넣으려고 합니다. 하지만 실제 배열은 0부터 4까지 5개의 배열 공간이 할당되어 있어서 마지막 6번째 배열 공간이 없어서 오류가 발생합니다. 오류 메시지는 ArrayIndexOutOfBoundsException이 발생합니다. 범위를 넘어선 배열의 위치에 값을 넣으려 해서 발생한 오류입니다. 이렇게 발생한 오류를 예외 처리해보겠습니다.

Sample03.java

```
01 package chap18;
02
03 import java.util.Arrays;
04
05 public class Sample03 {
06
07    public static void main(String[] args) {
```

```
08          int i = 5;
09          try {
10             int[] a = new int[i];
11             for(int j = 0; j <= i; j++) {
12                a[j] = j;
13                System.out.println(j);
14             }
15             System.out.println(Arrays.toString(a));
16          }
17          catch (ArrayIndexOutOfBoundsException e) {
18             System.out.println("오류 발생 - " + e.getMessage());
19          }
20       }
21    }
```

실행 결과

```
0
1
2
3
4
오류 발생 - Index 5 out of bounds for length 5
```

[Sample02.java] 소스코드에서 try문을 추가하고 17라인에 앞에 발생한 ArrayIndexOutOf-BoundsException을 catch문에 넣었더니 해당 문에서 오류를 잡아서 실행합니다. catch문에 발생한 오류 정보가 매개변수 e로 넘어와서 e.getMessage( ) 메서드를 이용하여 오류 내용을 출력하였습니다.

다음은 개발 중에 일부러 오류를 발생시켜서 프로세스를 중지시키기 위해서 종종 사용하는 방법입니다. 0으로 나누는 식을 넣어서 오류를 강제로 발생시킵니다.

Sample04.java

```
01  package chap18;
02
03  import java.util.stream.IntStream;
04
05  public class Sample04 {
06
```

```
07    public static void main(String[] args) {
08        IntStream.rangeClosed(1, 5)
09                .forEach(System.out::println);
10
11        System.out.println(1/0);
12
13        IntStream.rangeClosed(1, 50000)
14                .forEach(System.out::println);
15    }
16 }
```

실행 결과

```
1
2
3
4
5
Exception in thread "main" java.lang.ArithmeticException: / by zero
    at chap18.Sample04.main(Sample04.java:11)
```

구현 중에 13라인 이후로 많은 업무 프로세스가 있는데 당장 09라인까지의 처리를 확인하고자 할 때 중간에 강제로 오류를 발생시킵니다. 이렇게 발생한 오류는 ArithmeticException 예외가 발생합니다. 그럼 [Sample03.java]와 [Sample04.java]에서 발생한 2가지의 오류에 대해서 예외 처리하는 프로그램을 살펴보겠습니다.

Sample05.java

```
01 package chap18;
02
03 import java.util.Arrays;
04 import java.util.stream.IntStream;
05
06 public class Sample05 {
07
08    public static void main(String[] args) {
09        int i = 5;
10        try {
11            int[] a = new int[i];
12            for(int j=0; j <=i; j++) {
13                a[j] = j;
```

```
14                System.out.println(j);
15            }
16            System.out.println(Arrays.toString(a));
17
18            System.out.println(1/0);
19
20            IntStream.rangeClosed(1, 50000)
21                    .forEach(System.out::println);
22        }
23        catch (ArrayIndexOutOfBoundsException e) {
24            System.out.println("ArrayIndexOutOfBoundsException 오류 발생 - "
    + e.getMessage());
25        }
26        catch (ArithmeticException e) {
27            System.out.println("ArithmeticException 오류 발생 - " +
    e.getMessage());
28        }
29    }
30
31 }
```

실행 결과1

```
0
1
2
3
4
ArrayIndexOutOfBoundsException 오류 발생 - Index 5 out of bounds for length 5
```

13라인에서 발생한 오류가 ArrayIndexOutOfBoundsException이기 때문에 24라인이 마지막에 출력되었습니다. 13라인에서 오류가 발생하지 않도록 12라인의 for문을 다음과 같이 수정합니다.

```
for(int j = 0; j <= i; j++) {     ➡     for(int j = 0; j < i; j++) {
```

수정한 후 다시 실행하면 다음과 같이 실행됩니다.

실행 결과2

```
0
1
2
3
4
[0, 1, 2, 3, 4]
ArithmeticException 오류 발생 - / by zero
```

이렇게 오류가 발생하면 해당 Exception의 catch문이 실행됩니다. 그럼 Exception 중의 Exception인 Exception 클래스로 하면 어떨까요? 무조건 Exception 클래스에서 예외가 걸리게 되며 앞에서 예외가 이미 있다면 Exception은 실행되지 않고 이 외의 예외 처리할 때 Exception이 실행됩니다. 만약, Exception으로 예외 처리를 첫 번째 catch문에 매개변수로 사용하게 되면 두 번째 이후의 모든 catch문이 필요 없어서 Source 레벨에서의 오류가 발생합니다.

```
Unreachable catch block for ArrayIndexOutOfBoundsException. It is already handled
by the catch block for Exception
```

각 예외 경우에 따라서 catch문으로 처리하지 않고 예외 최상위 클래스인 Exception으로 테스트해보겠습니다.

Sample06.java

```java
01  package chap18;
02
03  import java.util.Arrays;
04  import java.util.stream.IntStream;
05
06  public class Sample06 {
07
08      public static void main(String[] args) {
09          int i = 5;
10          try {
11              int[] a = new int[i];
12              for(int j = 0; j < i; j++) {
```

```
13                    a[j] = j;
14                    System.out.println(j);
15                }
16                System.out.println(Arrays.toString(a));
17
18                System.out.println(1/0);
19
20                IntStream.rangeClosed(1, 50000)
21                        .forEach(System.out::println);
22            }
23            catch (Exception e) {
24                System.out.println("Exception 오류 발생 - " + e.getMessage());
25            }
26        }
27
28    }
```

실행 결과

```
0
1
2
3
4
[0, 1, 2, 3, 4]
Exception 오류 발생 - / by zero
```

물론 13라인에서 오류를 발생시켜도 Exception에서 똑같이 오류를 잡아서 그 내용을 출력하게 됩니다. 이렇게 try-catch문을 이용해서 기본적인 사용방법을 함께 알아보았습니다. 이젠 옵션인 finally문까지 사용하여 학습해보겠습니다. finally는 예외 처리 후에 무조건 실행된다고 설명했습니다. 다음 경우와 같이 사용하면 좋을 것 같습니다.

Sample07.java

```
01  package chap18;
02
03  import java.util.ArrayList;
04  import java.util.Collections;
05  import java.util.List;
06
07  public class Sample07 {
```

```
08
09      public static void main(String[] args) {
10          String msg = "";
11          List<String> list = new ArrayList<String>();
12          try {
13              list.add("사자");
14              list.add("호랑이");
15              list.add("원숭이");
16              list = Collections.unmodifiableList(list);
17              list.add("토끼");
18              msg = "처리가 완료되었습니다.";
19          }
20          catch (UnsupportedOperationException e) {
21              msg = "처리 중에 오류가 발생했습니다.";
22          }
23          finally {
24              System.out.println(msg);
25          }
26      }
27
28  }
```

실행 결과

처리 중에 오류가 발생했습니다.

Collections.unmodfiableList( )는 [17장 스트림(Stream)]에서 소개되었던 메서드로 List를 수정할 수 없게 하는 메서드였습니다. List를 수정하지 못하게 16라인에서 unmodfiableList( ) 메서드로 속성을 변경하였는데 17라인에서 list에 add( ) 메서드로 요소를 추가하려고 해서 UnsupportedOperationException이 발생하였습니다.

이때 21라인에서 msg 문자열 변수에 "처리 중에 오류가 발생했습니다."를 넣어서 23라인의 finally문을 통해서 24라인에서 msg의 내용을 출력하였습니다. 이렇게 오류가 발생하여 강제로 프로그램이 종료되는 경우를 처리하는 예외 처리를 학습해보았습니다.

18.3 throw

앞서 개발을 하다 보면 일부러 오류를 발생시키는데 [/ by zero]와 같이 오류를 발생시켰습니다. 그냥 0으로 나누면 쉽게 오류가 발생하게 되어 프로세스 처리 중에 개발자가 강제로 특정 오류를 발생시키는 방법도 있습니다. 바로 throw문을 이용하는 방법입니다.

> throw 문법
>
> ```
> throw (exception);
> ```

exception 부분에 Exception 객체를 생성해서 넣어주면 됩니다. 예를 들면 변경할 수 없는 List에서 발생한 UnsupportedOperationException 오류를 강제로 발생시키고자 한다면 다음과 같이 작성합니다.

> ```
> throw new UnsupportedOperationException("오류 메시지")
> ```

강제로 오류를 발생시켜서 catch문에서 실행되는지 확인해보겠습니다.

Sample09.java

```
01  package chap18;
02
03  public class Sample09 {
04
05      public static void main(String[] args) {
06          try {
07              throw new UnsupportedOperationException("throw로 오류를 강제로 발생시켰습니다.");
08          }
09          catch(UnsupportedOperationException e) {
10              System.out.println(e.getMessage());
11          }
12
13      }
14
15  }
```

> **실행 결과**
>
> ```
> throw로 오류를 강제로 발생시켰습니다.
> ```

해당 오류를 강제로 발생시켜 예외 처리해서 메시지를 출력해 보았습니다. 특정 예외 클래스를 테스트할 때 throw문을 이용하면 쉽게 예외 처리할 수 있습니다.

18.4 throws

throw는 오류를 발생시키게 하고 throws 오류가 발생하면 현재 오류가 발생한 영역(scope)에서 try문을 이용하여 오류를 예외 처리하지 않고 현재 영역을 호출한 상위 영역에 오류를 위임하여 처리하게 합니다. 최상위 영역에서 throws를 이용하여 오류를 위임하게 되면 JVM에서 오류를 따로 처리하지 않게 되므로 그냥 예외 처리 없이 오류가 발생한 것과 같습니다. 문법을 먼저 확인해보겠습니다.

> **throws 문법**
>
> ```
> (접근 제한자) [반환 자료형] 메서드명(파라미터...) throws 예외 클래스 {
>
> }
> ```

추상 클래스를 사용하기 위한 extends나 인터페이스를 사용하기 위한 implements를 적는 위치에 throws를 사용합니다. 그리고 예외 클래스라고 적혀있는 부분에는 catch문에 들어갈 예외 클래스명을 작성하면 됩니다. 오류를 상위 영역에서 처리하도록 위임한다고 했으니 2개의 메서드를 작성하여 살펴보겠습니다.

Sample10.java

```
01  package chap18;
02
03  public class Sample10 {
04
```

```
05      public static void main(String[] args) {
06          try {
07              excute();
08          }
09          catch(Exception e) {
10              System.out.println(e.getMessage() + "in Main method");
11          }
12      }
13
14      public static void excute() throws Exception {
15          throw new Exception("throws로 오류를 강제로 위임시켰습니다.");
16      }
17  }
```

실행 결과

```
throws로 오류를 강제로 위임시켰습니다.in Main method
```

실제 오류는 excute( ) 메서드의 15라인에서 메서드가 발생했지만, 14라인에서 throws Exception 으로 excute( ) 메서드를 호출한 main( ) 메서드로 오류를 위임하여 09라인에서 위임받은 예외를 처리하게 됩니다. 그럼 예외 처리를 안 한 실행 결과와 최상위 메서드에서 예외 처리를 안 하고 위임한 경우를 살펴보겠습니다.

Sample11.java

```
01  package chap18;
02
03  public class Sample11 {
04
05      public static void main(String[] args) {
06          // 예외 처리없이 오류 발생
07          System.out.println(1/0);
08          System.out.println("예외 처리없이 오류 발생");
09      }
10
11  }
```

실행 결과

```
Exception in thread "main" java.lang.ArithmeticException: / by zero
    at chap18.Sample11.main(Sample11.java:7)
```

07라인에서 0으로 나누어서 'by zero' 오류가 발생했습니다. 그래서 더 이상 실행하지 않고 프로그램이 종료되었습니다. 다음은 main( ) 메서드에서 [Sample11.java]와 같은 오류가 발생했으니 throws로 위임해보겠습니다.

Sample12.java

```java
01  package chap18;
02
03  public class Sample12 {
04
05      public static void main(String[] args) throws Exception {
06          // 예외 처리없이 오류 발생
07          System.out.println(1/0);
08          System.out.println("예외 처리없이 오류 발생");
09      }
10
11  }
```

실행 결과

```
Exception in thread "main" java.lang.ArithmeticException: / by zero
    at chap18.Sample12.main(Sample12.java:7)
```

최상위 메서드에서 throws를 했지만 더 위임받는 메서드가 없어서 JVM에서 그냥 오류를 발생시키고 프로그램을 종료시켰기 때문에 08라인이 실행되지 않았습니다. 반드시 더 위임받을 곳이 있는지 없는지 확인하고 throws를 작성해야 합니다.

실제로 다른 비슷한 메서드를 복사해서 붙여넣고 throws가 있는 메서드를 무조건 넣어서 예외 처리가 되지 않은 채로 오류가 발생하는 소스코드가 많이 있습니다. 이제 배웠으니 이런 일은 발생하지 않도록 잘 처리하기 바랍니다.

18.5 직접 만드는 사용자 예외 클래스

프로그래머가 직접 예외 클래스를 만들어서 사용할 수도 있습니다. 그러기 위해서는 Exception을 상속받아서 구현해야 합니다. 사용자가 직접 만드는 Exception 문법은 다음과 같습니다.

사용자 Exception 문법

```java
class CustomException extends Exception {
    CustomException(String s) {
        super(s);
    }
}
```

예외 처리를 위한 사용자 클래스를 만들기 위해서는 Exception 클래스로부터 꼭 상속받아야 합니다. Exception 클래스에서 여러 생성자 중에 다음의 Exception(String message) 생성자를 활용하여 예외 클래스를 만들어보겠습니다.

Sample13.java

```java
01  package chap18;
02
03  import java.util.Arrays;
04  import java.util.List;
05
06  public class Sample13 {
07
08      public static void main(String[] args) {
09          List<String> list = Arrays.asList("인디안밥", "고래밥", "허니버터칩");
10          try {
11              hasBread(list);
12          }
13          catch(BreadException e) {
14              System.out.println(e.getMessage());
15          }
16      }
17
18      public static boolean hasBread(List<String> list) throws BreadException {
19          if(!list.contains("빵")) {
20              throw new BreadException();
21          }
22          return true;
```

```
23        }
24
25  }
26
27  class BreadException extends Exception {
28
29      public BreadException() {
30          super("빵이 포함되지 않는 치명적인 오류가 발생했습니다.");
31      }
32
33  }
```

실행 결과

빵이 포함되지 않는 치명적인 오류가 발생했습니다.

먼저 사용자 예외 클래스를 살펴보겠습니다. 27라인에서 Exception을 상속받는 BreadException을 정의했습니다. 29라인에 생성자를 정의하고 30라인에서 super( )를 통해서 Exception 생성자를 호출합니다. 메시지로는 "빵이 포함되지 않는 치명적인 오류가 발생했습니다."로 정했습니다.

18라인에서는 List 객체의 요소에 "빵"이 포함되어 있지 않으면 throw로 예외를 발생시키는 hasBread( ) 메서드를 정의했습니다. 08라인에 있는 main( ) 메서드를 보면 09라인에 List 객체에 "빵"이라는 글자가 포함되지 않는 객체를 생성하여 hasBread( ) 메서드를 호출하였습니다. 18라인에 hasBread( ) 메서드를 살펴보면 throws BreadException이 있습니다. 이는 hasBread( ) 메서드를 호출한 메서드로 예외가 발생하면 위임한다는 말입니다.

19라인에서 "빵"이라는 요소가 없어서 20라인의 throw를 통해서 BreadException이 발생합니다. 이는 main( ) 메서드로 위임되며 main( ) 메서드의 13라인 catch(BreadException e)에서 해당 예외가 catch 되어 14라인의 println( ) 메서드로 에러 메시지가 출력됩니다. 이렇게 직접 만드는 사용자 예외 클래스를 살펴보았습니다.

18.6 try-with-resources

try-with-resources 문법은 Java 7에서 처음 소개되었습니다. 이전에는 없던 문법이었는데 왜 try-with-resources 문법이 나왔는지 이전에 사용하던 try문과 Java 7에서 새로 소개된 try문을 비교해보고 try-with-resources 문법이 Java 9에서는 어떻게 변경되었는지 알아보겠습니다.

먼저 try-with-resources문을 알아보기 전에 학습해야 할 것이 있습니다. AutoCloseable 인터페이스가 있는데 먼저 알아보고 try문으로 넘어가겠습니다. AutoCloseable 인터페이스는 1개의 추상 메서드만 갖고 있습니다.

```
void close() throws Exception;
```

close( ) 메서드에 throws 키워드가 보입니다. 그리고 Exception을 위임한다고 합니다. 결국 AutoCloseable 인터페이스를 사용하게 되면 try-catch(try-catch-finally문을 읽을 때 finally문은 옵션으로 꼭 사용하지 않기 때문에 try-catch문이라고 줄여서 읽기도 합니다.)문을 이용해서 예외 처리를 해야 합니다. 물론 Closeable 인터페이스도 있습니다. Closeable 인터페이스 역시 1개의 추상 메서드를 갖고 있습니다.

```
public void close() throws IOException;
```

예외가 발생하면 IOException을 위임합니다. 우리는 아직 IO에 대해서 배우질 않았기 때문에 여기에서는 다루지 않고 [19장 파일(File)]에서 다시 살펴보겠습니다. IO는 Input, Output을 말합니다. 자, 그럼 AutoCloseable 인터페이스를 받아서 구현한 예제를 살펴보겠습니다.

AutoMachine.java
```
01  package chap18;
02
03  public class AutoMachine implements AutoCloseable {
04
05      private static AutoMachine machine;
```

```
06
07      public static AutoMachine getInstance() {
08          System.out.println("AutoMachine을 시작합니다.");
09          machine = new AutoMachine();
10          return machine;
11      }
12
13      public void run() throws Exception {
14          System.out.println("AutoMachine이 동작합니다.");
15      }
16
17      @Override
18      public void close() throws Exception {
19          System.out.println("AutoMachine을 종료합니다.");
20          machine = null;
21      }
22
23  }
```

AutoMachine 객체는 try문에서 사용할 객체로 하나를 만들어놓고 계속 사용하고자 합니다. 03라인에서 AutoCloseable 인터페이스를 받아서 18라인에서 추상 메서드 close( )를 구현합니다. close( ) 메서드는 멤버 필드인 machine을 null로 만들며 'AutoMachine을 종료합니다'라는 문구를 출력합니다.

07라인에서는 AutoMachine 인스턴스를 생성합니다. 이때 'AutoMachine을 시작합니다'라는 문구를 출력합니다. AutoMachine 객체를 사용하려고 하면 close( ) 메서드에 [throws Exception]을 사용하고 있기 때문에 try문을 이용해야 합니다. AutoMachin 객체를 이용해서 시작부터 동작, 종료까지 실행하는 코드를 작성해보겠습니다. 물론 try문으로 꼭 작성해야겠지요?

Sample14.java

```
01  package chap18;
02
03  public class Sample14 {
04
05      public static void main(String[] args) {
06          AutoMachine machine = AutoMachine.getInstance();
07          try {
08              machine.run();
09          } catch (Exception e) {
10              System.out.println(e.getMessage());
```

```
11          }
12          finally {
13              if(machine != null) {
14                  try {
15                      machine.close();
16                  } catch (Exception e) {
17                      System.out.println(e.getMessage());
18                  }
19              }
20          }
21      }
22
23  }
```

> **실행 결과**
>
> AutoMachine을 시작합니다.
> AutoMachine이 동작합니다.
> AutoMachine을 종료합니다.

06라인에서 AutoMachine 객체를 생성합니다. run( ) 메서드는 throw Exception이 정의되어 있어서 try문 내에서 작성합니다. AutoMachine 동작을 마무리하고자 할 때 close( ) 메서드를 꼭 실행시켜야 합니다. 그래서 오류가 발생하더라도 close( ) 메서드를 실행시킬 수 있도록 finally문에서 close( ) 메서드를 호출합니다. 그런데 close( ) 메서드에서도 throw Exception을 작성했기 때문에 try문 내에서 작성되어야 합니다.

현재 위치는 finally문 내에 작성되었기 때문에 14라인에 또다시 try문을 작성해야 합니다. Java 7 이전 버전에서는 이렇게 구현했습니다. 해당 객체는 무조건 close( ) 메서드를 작성해야 하지만 귀찮더라도 패턴화되어 똑같은 구현을 해야 했는데 Java 7에서 try-with-resources문이 추가되었습니다. 이쯤에서 try-with-resources문에 대한 문법을 확인해보겠습니다.

> **try-with-resources 문법**
>
> ```
> try (Closeable에 의해 구현된 인스턴스 ; Closeable에 의해 구현된 인스턴스){
>     구현문
> }
> ```

```
    catch (예외타입1) {
        예외 처리 구현
    }
    catch (예외타입2) {
        예외 처리 구현
    }
    finally {
        Closeable에 의해 구현된 객체의 close( )를 구현할 필요는 없다
    }
```

try-with-resources문에서는 앞서 구현한 finally문에 패턴과 같이 구현했던 close( ) 메서드를 호출할 필요 없이 try문이 모두 끝나면 자동으로 try문의 괄호에서 생성된 객체는 Closeable 인터페이스를 받아서 구현된 인스턴스가 와야 합니다.

try문이 모두 끝나면 Closeable에 의해 구현된 모든 인스턴스의 close( ) 메서드를 호출하게 됩니다. Closeable에 의해 구현된 인스턴스는 하나가 2개 이상이 오면 구분자로 세미콜론(;)을 넣어서 구분하게 됩니다. finally문에서 close( ) 메서드를 호출할 내용만 작성할 것이라면 굳이 finally문마저도 작성할 이유가 없게 됩니다. [Sample14.java]를 Java 7에서는 어떻게 바뀌었는지 [Sample15.java]에서도 확인해보겠습니다.

Sample15.java
```
01  package chap18;
02
03  public class Sample15 {
04
05      public static void main(String[] args) {
06          try(AutoMachine machine = AutoMachine.getInstance()) {
07              machine.run();
08          } catch (Exception e) {
09              System.out.println(e.getMessage());
10          }
11      }
12
13  }
```

> **실행 결과**
>
> AutoMachine을 시작합니다.
> AutoMachine이 동작합니다.
> AutoMachine을 종료합니다.

finally문에서 close( ) 메서드를 호출하지 않았는데도 [실행 결과]의 마지막 줄에 'AutoMachine을 종료합니다'라는 문구가 출력되었습니다. 이렇게 try문에서도 형식화된 구현을 굳이 작성하지 않아도 자동으로 호출되어 간결하게 작성할 수 있게 되었습니다.

한 번 더 해보겠습니다. 이번에는 Closeable 인터페이스로 구현된 2개의 객체를 try문의 괄호에 넣고 구현해보겠습니다. 먼저 [AutoMachine2.java]를 [AutoMachine.java]로 복사해서 만듭니다. System.out.println 메서드에 'AutoMachine' 문구를 모두 'AutoMachine2'로 변경하여 진행합니다.

AutoMachine2.java

```java
package chap18;

public class AutoMachine2 implements AutoCloseable {

    private static AutoMachine2 machine;

    public static AutoMachine2 getInstance() {
        System.out.println("AutoMachine2을 시작합니다.");
        machine = new AutoMachine2();
        return machine;
    }

    public void run() throws Exception {
        System.out.println("AutoMachine2이 동작합니다.");
    }

    @Override
    public void close() throws Exception {
        System.out.println("AutoMachine2을 종료합니다.");
        machine = null;
    }

}
```

'AutoMachine'을 'AutoMachine2'로 잊지 말고 바꾸세요. 그럼 2개의 객체를 넣고 finally문까지 넣어서 구현해보겠습니다.

Sample16.java

```java
package chap18;

public class Sample16 {

    public static void main(String[] args) {
        try(AutoMachine machine = AutoMachine.getInstance()
                ;AutoMachine2 machine2 = AutoMachine2.getInstance()) {
            machine.run();
            machine2.run();
        } catch (Exception e) {
            System.out.println(e.getMessage());
        }
        finally {
            System.out.println("모든 AutoMachine이 종료되었습니다.");
        }
    }
}
```

실행 결과

```
AutoMachine을 시작합니다.
AutoMachine2을 시작합니다.
AutoMachine이 동작합니다.
AutoMachine2이 동작합니다.
AutoMachine2을 종료합니다.
AutoMachine을 종료합니다.
모든 AutoMachine이 종료되었습니다.
```

07라인에 Closeable 인터페이스로 구현된 인스턴스들의 구분을 세미콜론(;)으로 된 것을 확인할 수 있습니다. try문이 끝나고 인스턴스들의 close( ) 메서드가 모두 호출된 뒤에 finally문이 실행됩니다. 06라인과 07라인에 2개의 인스턴스 생성 문법이 너무 가독성에 떨어져서일까요? Java 9에서 인스턴스를 생성한 변수만을 넣어서 가독성을 높였습니다. [Sample16.java]를 Java 9 버전으로 다시 구현해보겠습니다.

Sample17.java

```java
01  package chap18;
02
03  public class Sample17 {
04
05      public static void main(String[] args) {
06          AutoMachine  machine   = AutoMachine.getInstance();
07          AutoMachine2 machine2 = AutoMachine2.getInstance();
08          try(machine; machine2) {
09                  machine.run();
10                  machine2.run();
11          } catch (Exception e) {
12              System.out.println(e.getMessage());
13          }
14          finally {
15              System.out.println("모든 AutoMachine이 종료되었습니다.");
16          }
17      }
18
19  }
```

실행 결과

```
AutoMachine을 시작합니다.
AutoMachine2을 시작합니다.
AutoMachine이 동작합니다.
AutoMachine2이 동작합니다.
AutoMachine2을 종료합니다.
AutoMachine을 종료합니다.
모든 AutoMachine이 종료되었습니다.
```

06, 07라인에서 인스턴스를 생성하고 08라인에서 try문의 괄호에 이전과 똑같이 세미콜론으로 구분하여 변수로 넣어줬습니다. 가독성이 더 좋아 보이나요? 이렇게 예외 처리에 대해서 살펴보았습니다.

연습 문제

1. [9장 추상 클래스와 인터페이스]에서 [Sample08.java]를 참고하여 getDbInfo( ) 메서드를 호출하여 DB 접속 정보를 출력한 후에 try-catch-finally문을 이용하여 close( ) 메서드로 모두 종료하게 한 뒤에 try-with-resources 문법을 이용하여 변경해 보세요. (try-catch-finally문으로 구현한 답은 Test01_1.java로 try-with-resources 문으로 구현한 답은 Test01_2.java로 완성하세요)

Sample08.java

```
01  package chap09;
02
03  public class Sample08 {
04
05      public static void main(String[] args) {
06          // Oracle에 접속합니다.
07          Database db1 = new OracleDatabase();
08          db1.getConnection();        //DB에 접속한다
09          System.out.println(db1.getDbInfo());
10
11          // MS-SQL에 접속합니다.
12          Database db2 = new MsDatabase();
13          System.out.println(db2.getDbInfo());
14      }
15
16  }
17
18  interface Database {
19      public void getConnection();
20
21      public String getDbInfo();
22  }
23
24  class OracleDatabase implements Database {
25
26      boolean conn = false;
27
28      @Override
29      public void getConnection() {
30          this.conn = true;
31      }
32
33      @Override
34      public String getDbInfo() {
```

```
35          String ret = "";
36          if(conn) ret = "Oracle에 접속되었습니다.";
37          else     ret = "Oracle에 접속되지 않았습니다.";
38          return ret;
39      }
40
41  }
42
43  class MsDatabase implements Database {
44
45      boolean conn = false;
46
47      @Override
48      public void getConnection() {
49          this.conn = true;
50      }
51
52      @Override
53      public String getDbInfo() {
54          String ret = "";
55          if(conn) ret = "MS-SQL에 접속되었습니다.";
56          else     ret = "MS-SQL에 접속되지 않았습니다.";
57          return ret;
58      }
59
60  }
```

정답)

Test01-1.java

```
01  package chap18;
02
03  import java.io.IOException;
04
05  public class Test1_1 {
06
07      public static void main(String[] args) {
08          // Oracle DB 생성
09          Database db1 = new OracleDatabase();
10          // MS-SQL DB 생성
11          Database db2 = new MsDatabase();
12          try {
13              db1.getConnection();        //DB에 접속한다
14              System.out.println(db1.getDbInfo());
15              System.out.println(db2.getDbInfo());
16          }
17          catch(Exception e) {
18              System.out.println(e.getMessage());
19          }
20          finally {
```

```java
21              try {
22                  db1.close();
23              } catch (Exception e) {
24                  System.out.println(e.getMessage());
25              }
26          }
27
28      }
29
30  }
31
32  interface Database {
33      public void getConnection() throws IOException;
34
35      public String getDbInfo();
36
37      public void close() throws Exception;
38  }
39
40  class OracleDatabase implements Database, AutoCloseable {
41
42      boolean conn = false;
43
44      @Override
45      public void getConnection() {
46          this.conn = true;
47      }
48
49      @Override
50      public String getDbInfo() {
51          String ret = "";
52          if(conn) ret = "Oracle에 접속되었습니다.";
53          else     ret = "Oracle에 접속되지 않았습니다.";
54          return ret;
55      }
56
57      public void close() throws Exception {
58          this.conn = false;
59          System.out.println("Oracle에 접속을 끊었습니다.");
60      }
61
62  }
63
64  class MsDatabase implements Database, AutoCloseable {
65
66      boolean conn = false;
67
68      @Override
69      public void getConnection() {
70          this.conn = true;
71      }
72
73      @Override
```

```java
74      public String getDbInfo() {
75          String ret = "";
76          if(conn) ret = "MS-SQL에 접속되었습니다.";
77          else     ret = "MS-SQL에 접속되지 않았습니다.";
78          return ret;
79      }
80
81      public void close() throws Exception {
82          this.conn = false;
83          System.out.println("MS-SQL에 접속을 끊었습니다.");
84      }
85
86  }
```

Test01-2.java

```java
01  package chap18;
02
03  public class Test1_2 {
04
05      public static void main(String[] args) {
06          try(OracleDatabase db1 = new OracleDatabase();
07              MsDatabase     db2 = new MsDatabase()) {
08              db1.getConnection();        //DB에 접속한다
09              System.out.println(db1.getDbInfo());
10              System.out.println(db2.getDbInfo());
11          }
12          catch(Exception e) {
13              System.out.println(e.getMessage());
14          }
15      }
16
17  }
```

Chapter 19

19장 | 파일(File)

지금처럼 DBMS(DataBase Management System) 시장이 커지기 전까지는 예전엔 모든 애플리케이션에서 설정이나 작업 내용 등의 데이터를 파일에 저장하여 필요할 때마다 해당 정보가 저장된 파일을 읽어서 작업 환경을 지속적으로 유지했습니다. 그리고 파일을 복사하거나 이동하는 작업도 파일을 읽고 쓰고 삭제하는 것입니다. 우리가 인터넷을 이용할 때 브라우저를 통해서 보는 이미지, 사운드, 영상 등도 파일을 읽어서 출력하는 행위입니다. 이번 시간에는 파일을 읽고 쓰는 자바의 기능을 학습하겠습니다.

- 파일 입출력
- File 클래스
- Zip and Unzip
- Excel 문서 작성하고 읽기

19.1 파일 입출력

'파일로 입력한다'는 말은 '파일을 읽는다'는 말과 같습니다. 기본적으로 파일을 읽을 때 FileInputStream 클래스를 이용하여 파일을 읽게 됩니다. 그리고 '파일로 출력한다'는 말은 '파일로 쓴다'라는 말과 같습니다. 대표적으로 FileOutputStream 클래스를 이용하여 출력하게 됩니다. 여기에서도 Stream이 들어가 있는데요. 앞서 배운 Stream은 배열을 요소 단위로 연속으로 데이터를 처리한다면 파일에서의 Stream은 파일의 내용을 연속으로 읽거나 쓰는 행위를 합니다.

먼저 파일을 읽을 때는 Byte 단위로 입력하는 FileInputStream 클래스로 입력하고 Byte 단위로 출력하는 FileOutputStream 클래스로 출력합니다. 다시 말해서 FileInputStream 클래스로 파일을 읽어서 FileOutputStream 클래스로 파일을 작성하게 됩니다. 우리가 사용하는 이 클립스에서는 파일의 경로를 작성하지 않으면 프로젝트명이 있는 폴더에서 파일을 찾아서 읽거나 쓰게 됩니다.

FileInputStream 클래스의 read( ) 메서드를 통해서 1byte씩 반복문을 통해서 읽어서 버퍼에 저장하게 되고 FileOutputStream 클래스의 write( ) 메서드를 통해서 1byte씩 버퍼로부터 읽어서 파일에 내용을 쓰게 됩니다. 모두 끝나게 되면 close( ) 메서드를 호출하여 파일을 닫습니다. AutoCloseable 상속을 받아서 close( ) 메서드가 구현되어 있습니다. 18장에서 이 경우에 어떤 기능을 사용했는지 배운 내용을 기억하나요? try-with-resource문을 사용할 수 있습니다. 먼저 단순 try-catch문으로 작성해보고 이어서 try-with-resource문으로 살펴보겠습니다.

Sample01.java
```java
package chap19;

import java.io.FileInputStream;
import java.io.FileOutputStream;
import java.io.IOException;

public class Sample01 {

    public static void main(String[] args) {
        FileInputStream  fis = null;
        FileOutputStream fos = null;
        try {
            fis = new FileInputStream("pom.xml");
            fos = new FileOutputStream("test_pom.xml");
            int i;
            while((i = fis.read()) != -1) {
                fos.write(i);
            }
        } catch (Exception e) {
            System.out.println(e.getMessage());
        }
        finally {
            try {
                fos.close();
            } catch (IOException e) {
                System.out.println(e.getMessage());
            }
        }
    }
}
```

> **실행 결과**
>
> pom.xml
> test_pom.xml (복사된 파일)

13라인에서 [pom.xml] 파일을 FileInputStream 클래스의 인스턴스 fis에서 읽을 준비를 합니다.

14라인에서 FileOutputStream 클래스의 인스턴스 fos에서 [test_pom.xml] 파일로 쓸 준비를 합니다.

16라인은 fis로부터 read( ) 메서드로 읽은 pom.xml 파일의 내용을 byte 단위로 읽어서 아스키코드값으로 반환합니다. 만약에 반환된 값이 -1이면 파일의 모든 내용을 다 읽었기 때문에 더는 읽어올 값이 없다는 결괏값입니다.

17라인은 16라인에서 읽어온 값을 write( ) 메서드로 값을 출력합니다.

24라인의 close( ) 메서드는 파일의 출력이 모두 끝났으면 파일 작업을 완료합니다. 그런데 close( ) 메서드가 throws로 예외를 위임하고 있기 때문에 finally문 내에서 또 try문을 작성하여 예외를 처리합니다.

참고로 read( ) 메서드로 1byte씩 읽어서 처리하는 메서드도 있지만, 바이트 단위의 배열로 처리하는 read( ) 메서드도 있습니다. read(byte[ ] b)에서 매개변수로 버퍼의 바이트를 지정해서 사용하는 방법은 좀 더 큰 사이즈의 파일을 읽을 때 더 빠른 읽기의 속도를 낼 수 있습니다. 파일의 위치를 보면 [pom.xml] 파일을 읽어서 [test_pom.xml] 파일로 똑같은 내용의 파일이 생성되어 있습니다. 다시 [Sample01.java]를 try-with-resource로 고쳐보겠습니다.

Sample02.java

```
01  package chap19;
02
03  import java.io.FileInputStream;
04  import java.io.FileOutputStream;
05
06  public class Sample02 {
```

```
07
08      public static void main(String[] args) {
09          try (FileInputStream  fis = new FileInputStream("pom.xml")
10              ;FileOutputStream fos = new FileOutputStream("test_pom2.xml")){
11              int i;
12              while((i = fis.read()) != -1) {
13                  fos.write(i);
14              }
15          } catch (Exception e) {
16              System.out.println(e.getMessage());
17          }
18      }
19  }
```

실행 결과

```
pom.xml
test_pom2.xml (복사된 파일)
```

try-catch-finally문에서 마지막에 사용했던 close( ) 메서드를 호출하지 않고 자동으로 처리되며 그 close( ) 메서드를 또 try문으로 감싸지 않아도 되니 정말로 코드가 간편해져 보기가 편해졌습니다. 이번엔 정말로 아스키코드로 파일을 쓸 수 있는지 [2장 변수(Variable)와 상수(Constant)]에서 배웠던 Sample02.java 파일에서 'Java'를 출력했던 char 자료형과 int 자료형으로 된 아스키코드를 출력해보겠습니다.

Sample03.java

```
01  package chap19;
02
03  import java.io.FileOutputStream;
04
05  public class Sample03 {
06
07      public static void main(String[] args) {
08          char J = 74;
09          char a = 97;
10          char v = 118;
11
12          try (FileOutputStream fos = new FileOutputStream("java.file")){
13              fos.write(J);
14              fos.write(a);
15              fos.write(v);
16              fos.write(a);
```

```
17              fos.write(64);
18          } catch (Exception e) {
19              System.out.println(e.getMessage());
20          }
21      }
22  }
23 }
```

실행 결과(java.file의 내용)

Java@

Java에 대한 아스키코드값을 갖는 char 자료형을 write( ) 메서드에 매개변수로 넣어서 출력해보았습니다. 13라인에서 16라인까지는 char 자료형으로 출력했지만 17라인은 아스키코드에 해당하는 int 자료형으로 출력했습니다. 이번엔 파일에서 한글을 읽어보겠습니다. 그럼 한글로 된 파일이 필요합니다. pom.xml 파일이 있는 위치에 한글로 다음과 같은 내용의 파일을 작성합니다.

Hangul.txt

닭아 닭아 우지 마라 네가 울면 날이 새고 날이 새면 나 죽는다.

파일을 작성했다면 read( )로 한 번만 읽고 write( )로 출력하는 코드를 세 번 반복하는 코드를 다음과 같이 작성해서 실행합니다.

Sample04.java

```
01 package chap19;
02
03 import java.io.FileInputStream;
04 import java.io.FileOutputStream;
05
06 public class Sample04 {
07
08     public static void main(String[] args) {
09         try (FileInputStream  fis = new FileInputStream("hangul.txt")
10             ;FileOutputStream fos = new FileOutputStream("hangul2.txt")){
11             fos.write(fis.read());
12             fos.write(fis.read());
```

```
13                fos.write(fis.read());
14         } catch (Exception e) {
15                System.out.println(e.getMessage());
16         }
17     }
18 }
```

실행 결과(hangul2.txt의 내용)

닭

세 번을 읽어서 세 번을 썼는데 글자가 한 글자밖에 출력되질 않았습니다. 영문은 한 문자가 1byte이지만 한글은 UTF-8 인코딩 방식에서는 한글 한 문자가 3byte이기 때문에 1byte를 읽는 read( )를 총 세 번을 읽어야만 한 글자를 읽을 수 있게 됩니다. 참고로 EUC-KR 인코딩 방식에서는 한글은 2byte로 처리됩니다.

때에 따라서 글자 수를 세어서 글자 수만큼 읽어서 출력하게 되면 모두 영문과 숫자로만 되어 있다면 문제가 되지 않지만, 한글이나 2byte 이상인 문자들이 포함되어 있다면 문제가 발생합니다. 이를 해결하려면 byte 단위가 아닌 문자 단위로 읽고 써야 합니다. 그럼 바이트가 아닌 문자 단위로 읽고 쓰는 클래스를 소개하겠습니다. 바로 FileReader 클래스와 FileWriter 클래스입니다. 이는 FileInputStream과 FileOutputStream 클래스에 대응되며 사용방법도 비슷합니다. 클래스명만 바꿔서 실행해보겠습니다.

Sample05.java
```
01  package chap19;
02
03  import java.io.FileReader;
04  import java.io.FileWriter;
05
06  public class Sample05 {
07
08      public static void main(String[] args) {
09          try (FileReader fr = new FileReader("hangul.txt")
10                  ;FileWriter fw = new FileWriter("hangul3.txt")){
11              fw.write(fr.read());
12              fw.write(fr.read());
13              fw.write(fr.read());
14          } catch (Exception e) {
```

```
15              System.out.println(e.getMessage());
16          }
17      }
18  }
```

실행 결과(hangul3.txt의 내용)

닭아_   (편의상 공백을 '_'로 출력했습니다)

실행 결과를 확인해보면 한글 두 글자와 공백으로 총 3문자가 출력되었습니다. FileInputStream 과 FileOutputStream을 이용하여 출력해보고 FileReader와 FileWriter로 바꿔서 확실하게 비교해보세요. 다음은 문자열을 읽어서 파일로 출력하는 프로그램을 작성해보겠습니다. 이전엔 파일로부터 읽어 들였기 때문에 FileInputStream을 사용했는데 파일이 아니기 때문에 상위 클래스인 InputStream 클래스를 사용합니다.

그리고 InputStream은 byte 단위로 사용하기 때문에 출력할 때도 byte 단위로 출력하는 FileOutputStream 클래스를 사용해야 하며 문자열을 InputStream 클래스로 생성하려면 byte 단위로 넘겨서 생성해야 합니다. InputStream 클래스 중에 ByteArrayInputStream 클래스를 이용하고 String 객체의 getByte( ) 메서드를 이용하면 InputStream 클래스로 String 클래스의 문자열의 내용을 갖는 인스턴스를 생성할 수 있습니다. 다음과 같은 순서대로 처리됩니다.

```
String -> ByteArrayInputStream -> InputStream -> FileOutputStream -> File
```

이름을 Scanner 클래스를 이용해서 키보드로부터 입력받아서 개행 문자를 추가하여 이름을 한 번 더 넣어서 파일로 출력해보겠습니다.

Sample06.java

```
01  package chap19;
02
03  import java.io.ByteArrayInputStream;
04  import java.io.FileOutputStream;
```

```
05  import java.io.InputStream;
06  import java.util.Scanner;
07
08  public class Sample06 {
09
10      public static void main(String[] args) {
11          Scanner sc = new Scanner(System.in);
12          System.out.print("이름을 입력하세요. : ");
13          String name = sc.nextLine();
14          name += "\n" + name;
15          System.out.println(name);
16          InputStream is = new ByteArrayInputStream(name.getBytes());
17
18          try (FileOutputStream fw = new FileOutputStream("hangul4.txt")){
19              int i;
20              while((i = is.read()) > -1) {
21                  fw.write(i);
22              }
23          } catch (Exception e) {
24              System.out.println(e.getMessage());
25          }
26
27      }
28
29  }
```

실행 결과

이름을 입력하세요. : 빵형
빵형
빵형

실행 결과(hangul4.txt의 내용)

빵형
빵형

13라인에서 키보드로부터 입력받은 문자열을 14라인에서 개행 문자('\n')와 함께 이름을 한 번 더 넣었습니다. 입력된 문자열을 15라인에서 출력했고 16라인에서 InputStream으로 인스턴스 is를 생성합니다. 이후 FileOutputStream을 이용하여 파일로 출력합니다.

지금까지는 간단한 파일을 읽고 써봤습니다. 하지만 용량이 큰 음악 파일이나 동영상 파일은 1byte씩 단순하게 처리하는 방법으로는 시간이 오래 걸릴 수 있습니다. 큰 파일을 빨리 읽을 수 있는 방법으로 1byte 단위가 아닌 블록 단위로 읽히게 되어 훨씬 속도가 빠르게 처리됩니다.

버퍼를 이용하는 파일 스트림으로는 BufferedInputStream 클래스와 BufferedOutputStream 클래스가 있습니다. 사용하는 방법은 기존에 파일을 FileInputStream으로 읽어 들인 후 FileInputStream 인스턴스를 BufferedInputStream으로 다시 생성합니다. 이렇게 버퍼로 생성된 스트림을 BufferedOutStream으로 출력하는 방법이 있습니다. 다음과 같은 절차로 처리됩니다.

```
FileInputStream -> BufferedInputStream -> BufferedInputStream -> FileInputStream
```

> **Tip | 버퍼(Buffer)**
>
> 하나의 장치에서 다른 장치로 데이터를 전송할 때 양자 간의 데이터의 전송 속도나 처리 속도의 차를 보상하여 양호하게 결합할 목적으로 사용하는 기억 영역을 버퍼 또는 버퍼 에어리어라고 합니다.

그럼 버퍼를 이용한 파일 스트림을 사용하여 프로그램을 작성해보겠습니다. 먼저 우리가 컴파일하는 [java.exe] 파일을 [pom.xml] 파일과 같은 위치에 복사합니다. 그리고 앞으로 작성하게 될 프로그램에서 이 파일을 읽어서 [test_java.exe] 파일로 출력하도록 구현합니다. 결국 파일이 복사되는 프로그램입니다.

Sample07.java

```
01  package chap19;
02
03  import java.io.BufferedInputStream;
04  import java.io.BufferedOutputStream;
05  import java.io.FileInputStream;
```

```
06  import java.io.FileOutputStream;
07
08  public class Sample07 {
09
10      public static void main(String[] args) {
11
12          try (FileInputStream     fis = new FileInputStream("java.exe");
13               BufferedInputStream  bis = new BufferedInputStream(fis);
14               FileOutputStream     fos = new FileOutputStream("test_java.exe");
15               BufferedOutputStream bos = new BufferedOutputStream(fos)){
16              int i;
17              while((i = bis.read()) != -1) {
18                  bos.write(i);
19              }
20          } catch (Exception e) {
21              System.out.println(e.getMessage());
22          }
23          finally {
24              System.out.println("파일 복사를 완료했습니다.");
25          }
26      }
27  }
```

실행 결과

파일 복사를 완료했습니다.

---

pom.xml

test_pom2.xml (이전에 복사된 파일)

java.exe

test_java.exe (복사된 파일)

[pom.xml] 파일이 위치한 곳에 [java.exe] 파일을 복사해 넣고 프로그램으로 파일을 읽어 들여서 [test_java.exe] 파일을 출력하였습니다. 중간에 BufferedInputStream 클래스와 BufferedOutputStream 클래스를 사용하였습니다. 스트림에는 **기본 스트림**과 **필터 스트림**으로 나뉘는데 기본 스트림은 입력과 출력을 직접 하는 스트림을 말하고 필터 스트림은 기본 스트림을 활용하여 입력과 출력하는 스트림을 말합니다.

이렇게 파일을 복사하는 프로그램을 작성해봤습니다. 이번에는 웹사이트에 수많은 이미지가 있는데 이 중에 내가 원하는 이미지를 다운로드하는 프로그램을 작성해보겠습니다. 먼저 URL을 이용하여 웹사이트 주소를 다룰 객체가 필요한데요. Java API에서 제공하는 URL 클래스가 있습니다. 사용방법은 URL 생성자에 이미지를 가리키는 url 주소를 입력하면 됩니다.

```
new URL(String spec)
예) URL url = new URL("https://ssl.pstatic.net/tveta/libs/1278/1278934/1ba258a1ede-
217674ac7_20200323141347639.png");
```

네이버 웹페이지의 배너 이미지를 얻고자 한다면 크롬 브라우저에서 [F12] 키를 눌러서 개발자 도구를 실행시킵니다.

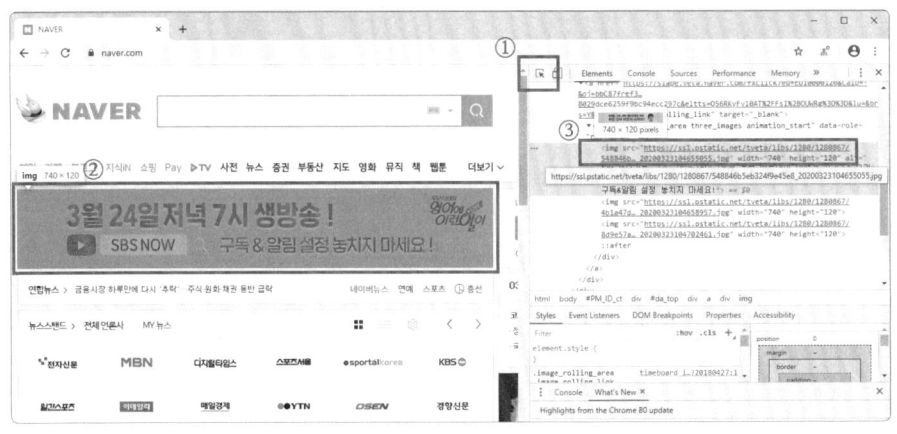

[그림 19-1] 이미지 URL 얻는 방법

개발자 도구의 왼쪽 상단에 ①을 클릭하여 웹페이지에서 원하는 이미지를 ②와같이 선택합니다. 그러면 우측에 HTML 코드에 해당 이미지 주소가 ③과같이 선택됩니다. 여기에서 이미지 주소만 얻어서 URL 생성자의 인자로 넣습니다. 배너는 해당 사이트에 따라서 항상 바뀌기 때문에 이미지 파일명은 일정하지 않습니다. 이렇게 얻은 이미지 URL을 파일로 저장하는 프로그램을 작성해보겠습니다.

Sample09.java

```java
01  package chap19;
02
03  import java.io.BufferedInputStream;
04  import java.io.BufferedOutputStream;
05  import java.io.FileOutputStream;
06  import java.io.InputStream;
07  import java.io.OutputStream;
08  import java.net.URL;
09
10  public class Sample09 {
11      public static void main(String[] args) throws Exception {
12          URL url = new URL(
13  "https://ssl.pstatic.net/tveta/libs/1278/1278934/1ba258a1ede217674ac7_20200323141347639.png");
14          InputStream in = new BufferedInputStream(url.openStream());
15          OutputStream out = new BufferedOutputStream(
16              new FileOutputStream("1ba258a1ede217674ac7_20200323141347639.png"));
17          for ( int i; (i = in.read()) != -1; ) {
18              out.write(i);
19          }
20
21          in.close();
22          out.close();
23
24      }
25  }
```

실행 결과(파일이 다운로드되어 있는지 확인한다)

```
1ba258a1ede217674ac7_20200323141347639.png
```

main( ) 메서드에 throws Exception을 이용해서 예외 처리를 JVM으로 위임했습니다. 대신에 try문 없이 간단하게 구현할 수 있습니다.

12라인에서 URL을 생성합니다.

14라인에서는 용량이 클 수 있는 파일이기 때문에 버퍼를 이용한 BufferedInputStream으로 읽어옵니다.

15라인에서는 BufferedOutputStream으로 출력합니다.

17라인에서 반복문을 통해서 파일로 출력합니다.

21, 22라인에서 Stream을 모두 닫습니다.

파일이 다운로드 잘되었는지 이클립스에서 더블클릭하여 내용을 확인하거나 이미지 뷰어를 실행하여 확인해 볼 수 있습니다.

19.2 File 클래스

File 클래스는 파일이나 디렉터리에 대응하며 File Stream과는 다르게 입력과 출력 기능을 모두 수행할 수 있습니다. File 클래스는 UNIX(혹은 Linux 이하 UNIX)나 Windows OS에서 파일 경로를 구분하는 구분자가 다릅니다.

UNIX는 파일이나 경로의 구분자가 '/'이지만 Windows에서는 '\'입니다. 그래서 문자열로 표시되는 이스케이프 문자를 표시할 때 '\'를 사용하기 때문에 연속으로 두 번 입력하여 '\\'로 표시해야 합니다. 참고로 이스케이프 문자를 활용해서 개행할 경우에는 '\n'을 입력했었습니다.

그럼 UNIX와 Windows OS 중의 하나만 사용할 때는 해당 OS에 맞게 경로 구분자를 선택해서 사용하면 됩니다. 개발하는 PC는 Windows OS를 사용하고 개발 서버나 운영 서버는 UNIX를 사용하게 되면 해당 OS에서 실행할 때마다 모든 소스코드에서 경로 구분자를 찾아서 바꿔줘야 할까요? 다행히도 File 클래스에서 OS에 맞게 알아서 경로 구분자를 반환하는 상숫값을 제공하고 있습니다. 그러므로 경로와 파일명을 구분할 때 '/'나 '\'를 일부러 사용할 필요는 없습니다.

Java의 장점이 OS의 특성을 가리지 않는데 소스코드에서 OS의 특성에 따라 실행이 안 되면 그것만큼 불행한 경우는 없다고 생각합니다. 다음은 UNIX 환경의 경로를 작성했습니다.

```
workspace/realjava/src
```

이를 UNIX에서도 Windows에서도 사용할 수 있도록 어떻게 작성하는지 예제를 통해서 살펴보겠습니다.

Sample10.java

```java
package chap19;

import java.io.File;

public class Sample10 {

    public static void main(String[] args) {
        String path = "workspace" + File.separator + "realjava" + File.separator + "src";
        System.out.println(path);
    }
}
```

실행 결과

```
workspace\realjava\src
```

File.separator를 이용하면 해당 OS에 맞는 구분자가 출력됩니다. 여기에서는 Windows OS이기 때문에 '₩'(혹은 역슬래시)로 출력되었습니다. 이렇게 OS에 상관없이 파일의 경로를 작성하는 방법을 배웠습니다. 이제 탐색기처럼 특정 디렉터리(혹은 폴더)의 내용을 출력하는 프로그램을 작성해보겠습니다. 그러기 위해서 File 클래스에서 제공하는 메서드들을 일부 확인해보겠습니다.

File 메서드 API의 일부

반환 자료형	메서드	설명
boolean	canExecute()	실행 가능 여부를 판단합니다.
boolean	canRead()	읽을 수 있는 파일인지를 판단합니다.
boolean	canWrite()	수정할 수 있는지 판단합니다.
boolean	createNewFile()	파일이 존재하지 않는 경우에만 새 빈 파일을 생성합니다.
boolean	delete()	파일 또는 디렉터리를 삭제합니다.
void	deleteOnExit()	프로그램이 종료될 때 파일 또는 디렉터리를 삭제합니다.
boolean	equals(Object obj)	지정된 개체와 동일한지 판단합니다.

반환 자료형	메서드	설명
boolean	exists( )	파일이나 디렉터리가 존재하는지 판단합니다.
File	getAbsoluteFile( )	절대 경로에 위치한 파일을 반환합니다.
String	getAbsolutePath( )	절대 경로를 반환합니다.
long	getFreeSpace( )	파티션의 할당되지 않은 바이트 수를 반환합니다.
String	getName( )	파일 또는 디렉터리의 이름을 반환합니다.
String	getParent( )	파일의 경로를 반환합니다
String	getPath( )	경로 이름을 문자열로 변환합니다.
long	getTotalSpace( )	파티션의 크기를 반환합니다.
long	getUsableSpace( )	파티션에서 사용할 수 있는 바이트 수를 반환합니다.
boolean	isDirectory( )	디렉터리인지 판단합니다.
boolean	isFile( )	파일인지 판단합니다.
boolean	isHidden( )	숨겨진 파일인지 판단합니다.
long	lastModified( )	마지막으로 수정된 시간을 반환합니다.
long	length( )	파일의 길이를 반환합니다.
String[]	list( )	파일 및 디렉터리 이름 배열로 반환합니다.
File[]	listFiles( )	파일들을 배열로 반환합니다.
boolean	mkdir( )	지정된 디렉터리를 만듭니다.
boolean	mkdirs( )	상위 디렉터리를 포함하여 디렉터리를 생성합니다.
boolean	renameTo(File dest)	파일의 이름을 변경합니다.
boolean	setExecutable(boolean executable)	실행 권한을 설정합니다.
boolean	setExecutable(boolean executable, boolean ownerOnly)	소유자 또는 모든 사용자의 실행 권한을 설정합니다.
boolean	setReadable(boolean readable)	읽기 권한을 설정합니다.
boolean	setReadable(boolean readable, boolean ownerOnly)	소유자 또는 모든 사용자의 읽기 권한을 설정합니다.
boolean	setReadOnly( )	읽기 작업만 허용합니다.
boolean	setWritable(boolean writable)	쓰기 권한을 설정합니다.
boolean	setWritable(boolean writable, boolean ownerOnly)	소유자 또는 모든 사용자의 쓰기 권한을 설정합니다.
String	toString( )	추상 경로를 문자열로 반환합니다.

많은 API 중에 주로 쓸 만한 메서드로만 모았습니다. 이 메서드 API를 참고하여 탐색기처럼 목록을 조회하는 프로그램을 작성해보겠습니다.

Sample11.java

```java
package chap19;

import java.io.File;
import java.util.ArrayList;
import java.util.Comparator;
import java.util.List;

public class Sample11 {

    public static void main(String[] args) {
        String sPath = "c:" + File.separator + "My Java"
                     + File.separator + "Workspace" + File.separator
                     + "RealJava2" + File.separator;
        //대상 경로
        File paths = new File(sPath);
        //모든 파일과 디렉터리 수집
        String files[] = paths.list();
        List<String> fileList = new ArrayList<>();
        for(String fNm : files){
            File fileDir = new File(fNm);
            if(fileDir.isDirectory()) {
                //디렉터리일 경우
                fNm = "디렉터리: " + fNm;
            }
            else {
                //파일일 경우
                fNm = "파일: " + fNm;
            }
            fileList.add(fNm);
        }

        fileList.sort(Comparator.naturalOrder()); //순차정렬
        fileList.forEach(System.out::println);
    }
}
```

실행 결과

```
디렉터리: .settings
디렉터리: .sts4-cache
디렉터리: .svn
```

```
디렉터리: src
디렉터리: target
파일: .classpath
파일: .gitignore
파일: .project
파일: 1ba258a1ede217674ac7_20200323141347639.png
파일: hangul.txt
파일: hangul2.txt
파일: hangul3.txt
파일: hangul4.txt
파일: java.exe
파일: java.file
파일: pom.xml
파일: test_java.exe
파일: test_pom.xml
```

11라인에서는 File.separator를 이용하여 파일 경로를 작성했습니다. (파일 경로는 독자의 프로젝트 위치로 작성합니다.)

15라인에서 생성 시에 파일 경로를 통해서 File을 생성합니다.

17라인에서 경로에 위치한 파일(디렉터리 포함) 목록을 배열로 반환받습니다.

향상된 for문을 이용해서 파일에는 '파일: '을 파일명 앞에 붙이고 디렉터리에는 '디렉터리: '를 붙여서 fileList에 넣습니다.

32라인에서 Comparator.naturalOrder( )를 이용해서 순차정렬합니다. 역정렬은 Comparator.reverseOrder( )를 넣으면 됩니다.

33라인에서 forEach( ) 메서드를 이용하여 출력합니다.

우리는 Stream을 배웠기 때문에 이 소스코드를 Stream을 이용하여 변경해보겠습니다.

Sample12.java

```java
01  package chap19;
02
03  import java.io.File;
04  import java.util.Arrays;
05  import java.util.List;
06  import java.util.stream.Collectors;
07
08  public class Sample12 {
09
10      public static void main(String[] args) {
11          String sPath = "c:" + File.separator + "My Java"
12                  + File.separator + "Workspace" + File.separator
13                  + "RealJava2" + File.separator;
14
15          //모든 파일과 디렉터리 수집
16          String files[] = new File(sPath).list();
17          List<String> fileList =
18              Arrays.stream(files)
19                  .map(x -> {
20                      File fileDir = new File(x);
21                      return (fileDir.isDirectory())?"디렉터리: " + x :"파일: " + x;
22                  })
23                  .collect(Collectors.toList());
24
25          fileList.stream()
26              .sorted()
27              .forEach(System.out::println);
28      }
29
30  }
```

실행 결과

디렉터리: .settings

디렉터리: .sts4-cache

디렉터리: .svn

디렉터리: src

디렉터리: target

파일: .classpath

파일: .gitignore

파일: .project

파일: 1ba258a1ede217674ac7_20200323141347639.png

```
파일: hangul.txt
파일: hangul2.txt
파일: hangul3.txt
파일: hangul4.txt
파일: java.exe
파일: java.file
파일: pom.xml
파일: test_java.exe
파일: test_pom.xml
```

결과는 동일하게 잘 출력되었습니다. 굳이 배열에 담지 않고 바로 출력하게 되면 더 간단하게 코드를 줄일 수 있습니다. 이번엔 파일과 디렉터리 목록 중에 파일만 목록으로 출력하고 'hangul'로 시작하는 파일은 모두 삭제하는 프로그램을 작성해보겠습니다.

여기에 사용할 메서드는 delete( ) 메서드를 사용하면 될 것 같습니다. 그럼 'hangul'로 시작하는 파일명을 어떻게 얻어올지 고민해야 합니다. String 클래스에서 제공하는 startWith( ) 메서드를 이용하면 'hangul'로 시작하는 파일명을 얻을 수 있습니다.

Sample13.java

```java
01  package chap19;
02
03  import java.io.File;
04  import java.util.Arrays;
05
06  public class Sample13 {
07
08      public static void main(String[] args) {
09          String sPath = "c:" + File.separator + "My Java"
10                  + File.separator + "Workspace" + File.separator
11                  + "RealJava2" + File.separator;
12
13          //모든 파일과 디렉토리 수집
14          String files[] = new File(sPath).list();
15          Arrays.stream(files)
16              .filter(x -> new File(x).isFile())
17              .filter(x -> x.startsWith("hangul"))
18              .map(x -> {
19                  new File(x).delete();
20                  return x;
21              })
```

```
22                    .forEach(x -> System.out.println("파일 [" + x + "]이
   삭제되었습니다."));
23        }
24
25 }
```

실행 결과

```
파일 [hangul.txt]이 삭제되었습니다.
파일 [hangul2.txt]이 삭제되었습니다.
파일 [hangul3.txt]이 삭제되었습니다.
파일 [hangul5.txt]이 삭제되었습니다.
```

14라인에서 파일과 디렉터리를 수집합니다.

16라인에서 파일인지 디렉터리인지를 판단하여 파일일 경우만 stream으로 처리합니다.

17라인에서 파일 중에 hangul로 시작하는 파일명만 선택합니다.

19라인에서 hangul로 시작하는 파일을 삭제합니다.

22라인에서 삭제한 파일을 출력합니다.

다음은 디렉터리는 앞뒤로 대괄호([ ])를 넣고 파일은 실행, 읽기, 쓰기, 숨김 속성을 나란히 출력하는 프로그램을 작성해보겠습니다.

Sample14.java

```
01 package chap19;
02
03 import static java.util.stream.Collectors.toList;
04
05 import java.io.File;
06 import java.util.Arrays;
07 import java.util.List;
08 import java.util.function.Predicate;
09 import java.util.stream.Stream;
10
11 public class Sample14 {
12
```

```java
13      public static void main(String[] args) {
14          String sPath = "c:" + File.separator + "My Java"
15                      + File.separator + "Workspace" + File.separator
16                      + "RealJava2" + File.separator;
17
18          //모든 파일과 디렉토리 수집
19          String files[] = new File(sPath).list();
20
21          //디렉터리 filter식 작성
22          Predicate<String> dirCondition = x -> {
23              File fileDir = new File(x);
24              return fileDir.isDirectory();
25          };
26
27          //파일 filter식 작성
28          Predicate<String> fileCondition = Predicate.not(dirCondition);
29
30          List<String> dirList  = Arrays.stream(files)
31                                      .filter(dirCondition)
32                                      .map(dir -> "[" + dir + "]")
33                                      .collect(toList());
34
35          List<String> fileList = Arrays.stream(files)
36                                      .filter(fileCondition)
37                                      .map(file -> {
38                                          File f = new File(file);
39                                          file += (f.canExecute())? "\t실행파일" :"\t실행불가";
40                                          file += (f.canRead())? "\t읽기가능" :"\t읽기불가";
41                                          file += (f.canWrite())? "\t쓰기가능" :"\t쓰기불가";
42                                          file += (f.isHidden())? "\t숨김파일" :"\t일반파일";
43                                          return file;
44                                      })
45                                      .collect(toList());
46
47          Stream.of(dirList, fileList)
48              .flatMap(List::stream)
49              .forEach(System.out::println);
50      }
51
52  }
```

실행 결과

```
[.settings]
[.sts4-cache]
[.svn]
[src]
[target]
.classpath      실행파일    읽기가능    쓰기가능    일반파일
.gitignore      실행파일    읽기가능    쓰기가능    일반파일
.project        실행파일    읽기가능    쓰기가능    일반파일
java.exe        실행파일    읽기가능    쓰기가능    일반파일
java.file       실행파일    읽기가능    쓰기가능    일반파일
pom.xml         실행파일    읽기가능    쓰기가능    일반파일
test_java.exe   실행파일    읽기가능    쓰기가능    일반파일
test_pom.xml    실행파일    읽기가능    쓰기가능    일반파일
```

19라인에 파일과 디렉터리 목록을 얻어와서 22라인에서 디렉터리를 구분하는 람다식(Lambda Expressions)을 작성합니다.

28라인에서는 파일인지 구분하는 람다식을 작성합니다.

30라인에서 디렉터리만 구분하는 람다식을 이용하여 디렉터리명을 List에 추가합니다.

35라인에서는 파일만 구분하는 람다식을 이용하여 파일명을 List에 속성 정보들과 함께 추가합니다.

47라인에서 디렉터리와 파일의 List를 하나로 합치고 48라인에서 요소 단위로 다시 구성하여 49라인에서 모든 내용을 출력합니다.

이렇게 File 클래스의 메서드를 활용해 보았습니다. 파일은 업로드를 하거나 다운로드할 때도 많이 사용하기 때문에 웹사이트에서 파일을 다운로드하는 방법까지 가볍게 소개했습니다. 이제 얼마든지 파일을 읽고 쓰기를 마음대로 할 수 있으니 현재 상태 정보를 저장하여 확장성이 있는 프로그램을 작성할 수 있습니다.

특정 위치에 파일을 저장하려고 합니다. 이때 특정 위치가 디렉터리로 존재해야 파일을 저장할 수 있습니다. 없다면 디렉터리를 생성해서 저장하게 됩니다. 특정 위치는 [C:\Temp\test]로 정하고 [test.txt] 파일을 저장해보겠습니다.

우선 특정 위치가 있는지 확인하고 없으면 디렉터리를 생성하고 파일을 저장합니다. 특정 위치를 확인하는 방법은 exist( ) 메서드를 사용하여 메서드나 파일이 존재하는지 확인합니다. true 값이 반환되면 파일을 저장하면 되는데 false 값이 반환되면 디렉터리를 생성해야 합니다. 디렉터리를 생성하는 메서드로는 한 개의 디렉터리를 생성하는 mkdir( ) 메서드가 있고, 경로가 1개 이상인 경우에 한 번에 디렉터리를 모두 생성할 수 있는 mkdirs( ) 메서드가 있습니다. 이러한 메서드를 이용하여 프로그램을 작성해보겠습니다.

Sample14.java

```java
package chap19;

import java.io.File;
import java.io.IOException;

public class Sample14 {

    public static void main(String[] args) {
        String path = "c:" + File.separator + "Temp"
                    + File.separator + "test" + File.separator ;
        String file = "test.txt";

        // 경로가 없으면 생성
        File p = new File(path);
        if(!p.exists()) {
            p.mkdirs();
        }

        // 파일 생성
        File f = new File(path + file);
        try {
            System.out.println("파일을 생성합니다." + f.getCanonicalPath());
            f.createNewFile();
            System.out.println(f.exists());
        } catch (IOException e) {
            System.out.println(e.getMessage());
        }
    }
}
```

[그림 19-2] 탐색기로 본 C:₩Temp₩test

09라인에서 저장하고자 하는 경로를 넣고 11라인에는 파일명을 작성했습니다.

14라인에 경로까지만 넣고 15라인에 해당 경로가 존재하는지 확인하고 없으면 16라인에서 모든 경로를 생성합니다. 혹시 14라인에서 'path + file'로 File을 생성했다면 16라인에서 마지막 파일명까지도 디렉터리 정보로 인식하고 test.txt 폴더가 생성되기 때문에 파일 경로와 파일명을 분리했습니다.

20라인에서는 실제로 파일명을 생성하기 위해서 경로부터 파일명까지 모두 인자로 적습니다.

23라인에서 제일 마지막 부분인 [test.txt]를 파일명으로 인식하고 지정된 경로에 파일을 생성합니다.

24라인에서 지정된 경로에 파일이 존재하는지 확인하고 그 결과를 boolean으로 출력합니다.

19.3 Zip and Unzip

이번에 소개할 내용은 압축과 압축 해제입니다. 웹 프로그래밍을 할 때 다운로드하는 경우가 있는데 다운로드할 파일이 너무 많은 경우 압축파일로 한 번에 다운로드받을 때 이 방법을 사용하면 한 번의 다운로드로 끝낼 수가 있습니다. JDK 1.1에서 제공하고 있는 Zip 압축 기능을 학습해보겠습니다.

19.3.1 압축하기

Zip 파일 형식으로 쓰기 위한 출력 스트림 필터로 ZipOutputStream 클래스를 사용합니다. 파일로 처리해야 하므로 표준 스트림인 FileOutputStream과 함께 사용하여 파일을 압축할 수 있습니다. 압축할 위치는 [C:₩Temp₩test] 디렉터리에 있는 파일을 압축합니다. 이 디렉터리에는 [test1.txt] 파일과 [test2.txt] 2개의 파일을 만듭니다.

Sample15.java
```java
01  package chap19;
02
03  import java.io.File;
04  import java.io.FileInputStream;
05  import java.io.FileNotFoundException;
06  import java.io.FileOutputStream;
07  import java.io.IOException;
08  import java.util.Arrays;
09  import java.util.zip.ZipEntry;
10  import java.util.zip.ZipOutputStream;
11
12  public class Sample15 {
13
14      public static void main(String[] args)  {
15          String path = "c:" + File.separator + "Temp"
16                  + File.separator + "test" + File.separator ;
17          byte[] bytes = new byte[1024];
18
19          //압축할 파일 목록을 가져옵니다.
20          String files[] = new File(path).list();
21
22          try(FileOutputStream fos = new FileOutputStream(path + "test.zip");
23              ZipOutputStream  zos = new ZipOutputStream(fos)) {
24              Arrays.stream(files)
25                      .forEach(x -> {
26                          File f = new File(path + x);
27                          try(FileInputStream fis     = new FileInputStream(f)) {
```

```
28                        ZipEntry      zipEntry = new ZipEntry(f.getName());
29                        zos.putNextEntry(zipEntry);
30                        int length;
31                        while((length = fis.read(bytes)) >= 0) {
32                            zos.write(bytes, 0, length);
33                        }
34                    } catch (Exception e) {
35                        e.printStackTrace();
36                    }
37                });
38        } catch (Exception e) {
39            e.printStackTrace();
40        }
41    }
42
43 }
```

실행 결과(C:\Temp\test\ 디렉터리)

test1.txt

test2.txt

text.zip

17라인은 압축할 파일을 읽어서 bytes에 담아놓을 용노도 배열을 생성합니다.

20라인에서 압축할 파일의 목록을 얻어옵니다.

22라인에서 FileOutputStream 표준 스트림을 생성한 후에 23라인에서 필터 스트림인 ZipOutputStream을 생성합니다. 하나로 줄여서 사용하면 간결해지지만 보기 편하게 각각 작성했습니다.

한 줄로 바꿔본다면 다음과 같이 바꿀 수 있습니다.

```
try(ZipOutputStream zos = new ZipOutputStream(new FileOutputStream(path + "test.zip"))) {
```

24라인에서 압축할 목록들을 stream으로 처리합니다.

26라인에서 압축될 파일을 생성합니다. 27라인에서 생성된 파일을 FileInputStream으로 생성해서 압축될 파일인 ZipEntry로 생성한 뒤에 ZipEntry 인스턴스를 29라인에서 ZipOutputStream에 담습니다.

31라인에서 압축될 파일을 읽어서 32라인에서 ZipOutputStream으로 파일을 작성합니다. 이때 압축된 파일을 읽을 때 17라인에서 생성한 byte 배열을 통해서 읽은 내용을 작성합니다.

19.3.2 압축 풀기

이번에는 많은 엑셀 파일을 압축해서 업로드하면 시스템에서 압축을 풀고 엑셀 파일을 읽어서 DB에 저장하는 경우가 있습니다. 압축파일이 업로드되었는데 압축을 못 풀면 더 이상 업무를 처리할 수 없게 됩니다. 이번엔 앞서 압축한 파일을 압축 파일명을 디렉터리로 생성한 뒤에 압축을 풀어보겠습니다. [C:\Temp\test\test.zip] 파일을 [C:\Temp\test\test\] 디렉터리를 생성한 후에 압축을 풉니다.

Sample16.java

```java
package chap19;

import java.io.File;
import java.io.FileInputStream;
import java.io.FileOutputStream;
import java.util.Arrays;
import java.util.zip.ZipEntry;
import java.util.zip.ZipInputStream;

public class Sample16 {

    public static void main(String[] args)  {
        String path = "c:" + File.separator + "Temp"
                + File.separator + "test" + File.separator;
        String files[] = new File(path).list();
        System.out.println(Arrays.toString(files));
        Arrays.stream(files)
            .filter(x -> {
                String[] ext = x.split("\\.");
                if(ext.length ==2 && "zip".equals(ext[1])) {
                    return true;
                }
                return false;
            })
            .forEach(x -> {
```

```
26                          File zipPath = new File(path + x.split("\\.")[0]);
27                          zipPath.mkdir();
28                          try(ZipInputStream zis = new ZipInputStream(new
    FileInputStream(path + x))) {
29                              ZipEntry zipentry = null;
30                              while((zipentry = zis.getNextEntry()) != null) {
31                                  // 압축 파일 요소 경로
32                                  String entryFile = path + x.split("\\.")[0] +
    File.separator + zipentry.getName();
33                                  try(FileOutputStream fos = new
    FileOutputStream(entryFile)) {
34                                      byte[] bytes = new byte[1024];
35                                      int length;
36                                      while((length = zis.read(bytes)) != -1) {
37                                          fos.write(bytes, 0, length);
38                                      }
39                                  }
40                              }
41                          }
42                          catch(Exception e) {
43                              System.out.println(e.getMessage());
44                          }
45                      });
46      }
47
48 }
```

실행 결과

압축 푼 경로 : C:\Temp\test\test

압출 푼 파일 : test1.txt, test2.txt

[그림 19-3] test.zip 압축 푼 폴더 내용

17라인의 Arrays.stream( )은 zip 파일을 찾기 위해서 filter( ) 메서드를 통해 zip 파일을 모두 걸러냅니다.

27라인에서 해당 압축 파일명을 디렉터리를 생성하여 32라인에서 압출 풀 파일명을 경로명과 함께 entryFile 변수에 담습니다.

33라인부터 압축을 해당 경로에 풀게 됩니다

19.4 Excel 문서 작성하고 읽기

Excel을 다루는 내용은 Java에서 제공하는 JDK의 기술은 아니고 외부 라이브러리를 이용하는 것입니다. 실제로 프로젝트에서 데이터를 엑셀로 다루는 경우가 많아서 소개합니다. 엑셀을 다루는 여러 외부 라이브러리 jar 파일 중에 여기에서는 Apache POI를 소개하겠습니다. Apache POI를 사용하기 위해서는 MVN Repository 사이트에서 POI를 검색합니다.

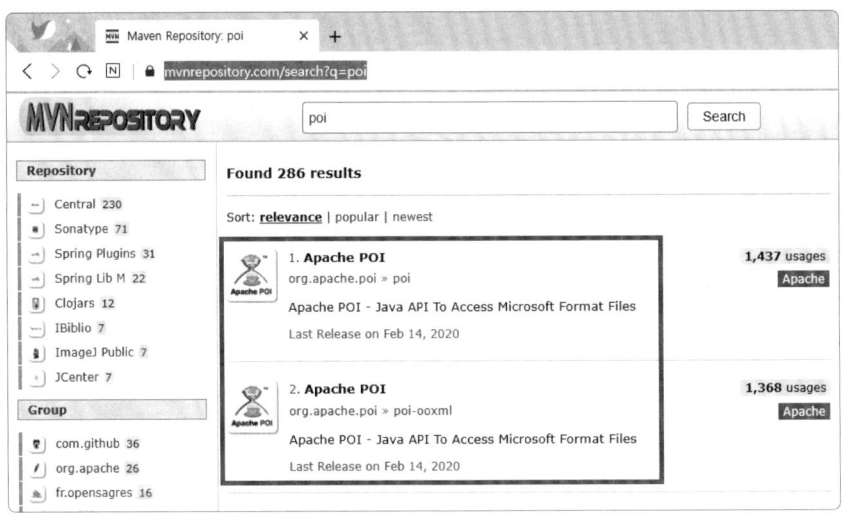

[그림 19-4] MVN Repository 사이트에서 poi 검색

조회된 Apache POI 정보 중에서 Apache POI의 poi와 poi-ooxml을 선택하여 Maven의 dependency 정보를 얻어옵니다. 먼저 poi의 dependency 정보를 얻어보겠습니다.

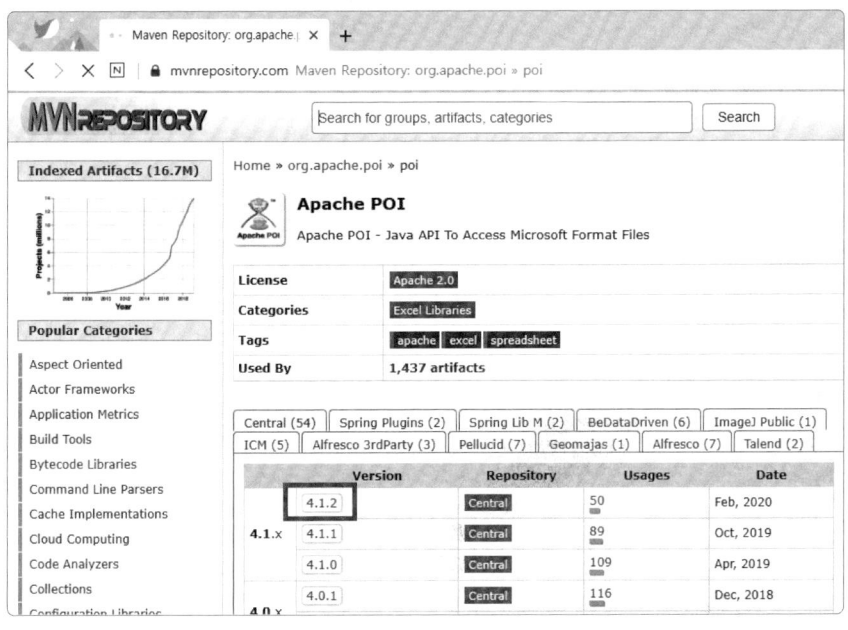

[그림 19-5] Apache POI에서 최신 버전 선택

최신 버전 순으로 검색됩니다. 당연히 제일 위에 검색된 버전을 선택합니다.

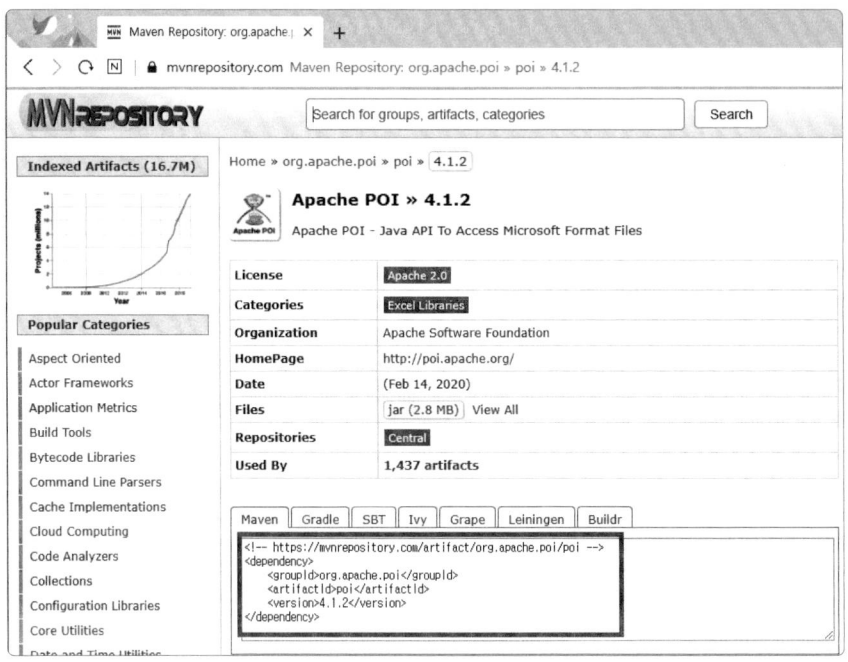

[그림 19-6] Maven dependency 정보

Maven 탭에 dependency 정보가 있습니다. 이 텍스트를 복사합니다. 이런 식으로 poi-ooxml도 dependency 정보를 얻습니다.

```
<dependency>
    <groupId>org.apache.poi</groupId>
    <artifactId>poi</artifactId>
    <version>4.1.2</version>
</dependency>

<dependency>
    <groupId>org.apache.poi</groupId>
    <artifactId>poi-ooxml</artifactId>
    <version>4.1.2</version>
</dependency>
```

pom.xml 파일에 dependencies 태그 안에 다음과 같이 추가합니다.

```
<dependencies>
    <dependency>
        <groupId>org.apache.poi</groupId>
        <artifactId>poi</artifactId>
        <version>4.1.2</version>
    </dependency>

    <dependency>
        <groupId>org.apache.poi</groupId>
        <artifactId>poi-ooxml</artifactId>
        <version>4.1.2</version>
    </dependency>

    <dependency>
        <groupId>org.projectlombok</groupId>
        <artifactId>lombok</artifactId>
        <version>1.18.10</version>
        <scope>provided</scope>
    </dependency>
```

POI 관련 jar 파일들이 다음과 같이 다운로드되었습니다.

```
poi-4.1.2.jar
commons-codec-1.13.jar
commons-collections4-4.4.jar
commons-math3-3.6.1
SparseBitSet-1.2.jar
poi-ooxml-4.1.2.jar
poi-ooxml-schemas-4.1.2.jar
xmlbeans-3.1.0.jar
commons-compress-1.19.jar
curvesapi-1.06.jar
```

> **Tip**
>
> Aphache POI에 대한 API 문서는 다음 사이트에서 확인할 수 있습니다.
>
> https://poi.apache.org/apidocs/dev/

19.4.1 Excel 문서 작성하기

이제 엑셀 파일을 만들어 보겠습니다. 먼저 엑셀 파일을 XSSFWorkbook 클래스를 이용하여 생성합니다. 엑셀 파일에는 sheet가 하단에 있습니다.

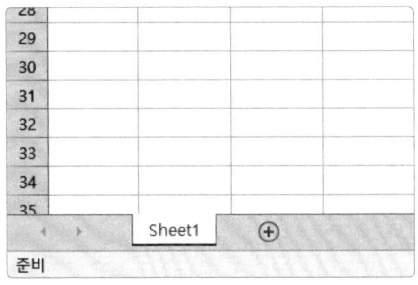

[그림 19-7] Excel 하단의 시트

이 sheet를 XXSFSheet를 이용하여 생성합니다. 그리고 왼쪽 번호 단위로 Row 클래스를 이용하여 Row를 생성합니다. Row에는 여러 칸의 cell로 이루어져 있습니다. 이 셀은 Cell 클래스로 생성하여 값을 넣게 됩니다. 엑셀에서 [1학년 1반 성적]이라는 이름으로 sheet를 만들고 표의 헤더 정보를 [학번, 이름, 국어, 영어, 수학] 순으로 [그림 19-8]과 같이 만들어보겠습니다.

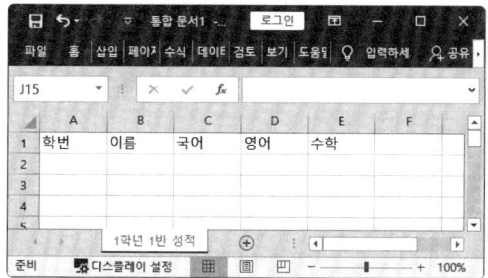

[그림 19-8] Excel 표 헤더 예

Sample17.java

```java
01  package chap19;
02
03  import java.io.File;
04  import java.io.FileOutputStream;
05
06  import org.apache.poi.ss.usermodel.Cell;
07  import org.apache.poi.ss.usermodel.Row;
08  import org.apache.poi.xssf.usermodel.XSSFSheet;
09  import org.apache.poi.xssf.usermodel.XSSFWorkbook;
10
11  public class Sample17 {
12
13      public static void main(String[] args) {
14          //엑셀 workbook 생성
15          XSSFWorkbook workbook = new XSSFWorkbook();
16
17          //엑셀 sheet 생성
18          XSSFSheet sheet = workbook.createSheet("1학년 1반 성적");
19
20          // Row 생성
21          Row row = sheet.createRow(0);
22
23          // Cell 생성
24          Cell cell = row.createCell(0);
25          cell.setCellValue("학번");
26          cell = row.createCell(1);
27          cell.setCellValue("이름");
28          cell = row.createCell(2);
29          cell.setCellValue("국어");
30          cell = row.createCell(3);
31          cell.setCellValue("영어");
32          cell = row.createCell(4);
33          cell.setCellValue("수학");
34
```

```
35              // 엑셀 파일 작성
36          try(FileOutputStream out = new FileOutputStream(new
    File("성적.xlsx"))) {
37              workbook.write(out);
38              System.out.println("엑셀 파일이 작성되었습니다.");
39          }
40          catch (Exception e)
41          {
42              e.printStackTrace();
43          }
44      }
45
46  }
```

실행 결과

엑셀 파일이 작성되었습니다.

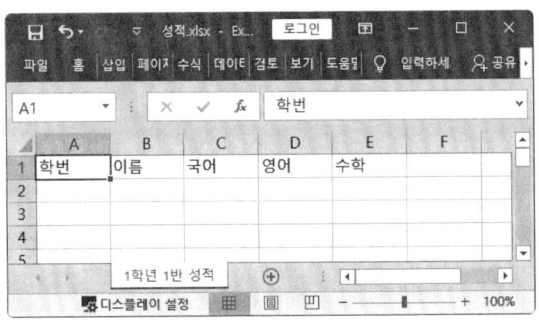

[그림 19-9] 성적.xlsx로 저장된 Excel 파일

Workbook을 만들고 Sheet를 만들고 Row를 만들고 Cell을 만들어서 값을 채워 나갔습니다. 설명이 필요 없을 만큼 만드는 과정이 생각보다 쉬웠습니다. 하지만 뭔가 아쉬울 만큼 단조롭습니다. 표의 헤더 정보에 색도 넣어보고 글씨도 굵게 변경해보겠습니다.

Sample18.java

```
01  package chap19;
02
03  import java.io.File;
04  import java.io.FileOutputStream;
```

```java
05
06 import org.apache.poi.ss.usermodel.BorderStyle;
07 import org.apache.poi.ss.usermodel.Cell;
08 import org.apache.poi.ss.usermodel.CellStyle;
09 import org.apache.poi.ss.usermodel.FillPatternType;
10 import org.apache.poi.ss.usermodel.Font;
11 import org.apache.poi.ss.usermodel.HorizontalAlignment;
12 import org.apache.poi.ss.usermodel.IndexedColors;
13 import org.apache.poi.ss.usermodel.Row;
14 import org.apache.poi.ss.usermodel.VerticalAlignment;
15 import org.apache.poi.ss.util.CellRangeAddress;
16 import org.apache.poi.xssf.usermodel.XSSFSheet;
17 import org.apache.poi.xssf.usermodel.XSSFWorkbook;
18
19 public class Sample18 {
20
21     public static void main(String[] args) {
22         //엑셀 workbook 생성
23         XSSFWorkbook workbook = new XSSFWorkbook();
24
25         //엑셀 sheet 생성
26         XSSFSheet sheet = workbook.createSheet("1학년 1반 성적");
27
28         //sheet 눈금선 없애기
29         sheet.setDisplayGridlines(false);
30
31         //표 헤더 cell의 style 정의
32         CellStyle tableHeaderStyle = workbook.createCellStyle();
33
34         //배경색
35         tableHeaderStyle.setFillForegroundColor(IndexedColors.LIGHT_CORNFLOWER_BLUE.getIndex());
36         tableHeaderStyle.setFillPattern(FillPatternType.SOLID_FOREGROUND);
37
38         //정렬
39         tableHeaderStyle.setAlignment(HorizontalAlignment.CENTER); //가운데 정렬
40         tableHeaderStyle.setVerticalAlignment(VerticalAlignment.CENTER); //높이 가운데 정렬
41
42         //폰트
43         Font headerFont = workbook.createFont();
44         headerFont.setFontHeightInPoints((short)12);
45         headerFont.setBold(true);
46         tableHeaderStyle.setFont(headerFont);
47
48         //테두리 선
49         tableHeaderStyle.setBorderLeft(BorderStyle.THIN);
50         tableHeaderStyle.setBorderRight(BorderStyle.THIN);
51         tableHeaderStyle.setBorderTop(BorderStyle.THIN);
52         tableHeaderStyle.setBorderBottom(BorderStyle.THIN);
53
54         // Row 생성
```

```java
55              Row row = sheet.createRow(0);
56
57              //Cell 생성
58              Cell cell = row.createCell(0);
59              cell.setCellStyle(tableHeaderStyle);
60              cell.setCellValue("학번");
61              cell = row.createCell(1);
62              cell.setCellStyle(tableHeaderStyle);
63              cell.setCellValue("이름");
64              cell = row.createCell(2);
65              cell.setCellStyle(tableHeaderStyle);
66              cell.setCellValue("점수");
67              cell = row.createCell(3);
68              cell.setCellStyle(tableHeaderStyle);
69              cell = row.createCell(4);
70              cell.setCellStyle(tableHeaderStyle);
71
72              row = sheet.createRow(1);
73              cell = row.createCell(0);
74              cell.setCellStyle(tableHeaderStyle);
75              cell = row.createCell(1);
76              cell.setCellStyle(tableHeaderStyle);
77              cell = row.createCell(2);
78              cell.setCellStyle(tableHeaderStyle);
79              cell.setCellValue("국어");
80              cell = row.createCell(3);
81              cell.setCellStyle(tableHeaderStyle);
82              cell.setCellValue("영어");
83              cell = row.createCell(4);
84              cell.setCellStyle(tableHeaderStyle);
85              cell.setCellValue("수학");
86
87              //셀 병합
88              sheet.addMergedRegion(new CellRangeAddress(0,0,2,4)); //row 시작, row 종료, cell 시작, cell 종료
89              sheet.addMergedRegion(new CellRangeAddress(0,1,0,0));
90              sheet.addMergedRegion(new CellRangeAddress(0,1,1,1));
91
92              //엑셀 파일 작성
93              try(FileOutputStream out = new FileOutputStream(new File("성적.xlsx"))) {
94                  workbook.write(out);
95                  System.out.println("엑셀 파일이 작성되었습니다.");
96              }
97              catch (Exception e)
98              {
99                  System.out.println(e.getMessage());
100             }
101         }
102
103 }
```

실행 결과

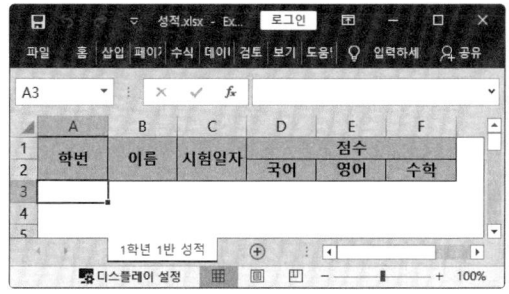

[그림 19-10] 스타일을 적용한 Excel 파일

적용하고자 하는 스타일을 CellStyle로 만들어 놓고 해당 Cell에 setCellStyle( ) 메서드를 이용해서 스타일을 Cell 하나하나에 적용합니다. CellStyle을 여러 개 만들어 놓고 Cell에 맞게 CellStyle을 적용해 주면 보기 좋게 엑셀을 꾸밀 수가 있습니다. 코드가 너무 길어지기 때문에 [학번, 이름, 시험일자, 국어, 영어, 수학] 데이터만 입력하는 프로그램을 작성해보겠습니다. 이번에 학습할 내용은 한글, 숫자, 날짜를 입력하는 방법을 소개합니다.

Sample19.java

```
01  package chap19;
02
03  import java.io.File;
04  import java.io.FileOutputStream;
05
06  import org.apache.poi.ss.usermodel.BorderStyle;
07  import org.apache.poi.ss.usermodel.Cell;
08  import org.apache.poi.ss.usermodel.CellStyle;
09  import org.apache.poi.ss.usermodel.CreationHelper;
10  import org.apache.poi.ss.usermodel.Font;
11  import org.apache.poi.ss.usermodel.HorizontalAlignment;
12  import org.apache.poi.ss.usermodel.Row;
13  import org.apache.poi.ss.usermodel.VerticalAlignment;
14  import org.apache.poi.xssf.usermodel.XSSFSheet;
15  import org.apache.poi.xssf.usermodel.XSSFWorkbook;
16
17  public class Sample19 {
18
19      public static void main(String[] args) {
20          //엑셀 workbook 생성
21          XSSFWorkbook workbook = new XSSFWorkbook();
```

```
22
23          //엑셀 sheet 생성
24          XSSFSheet sheet = workbook.createSheet("1학년 1반 성적");
25
26          //일반 cell의 style 정의
27          CellStyle stringStyle = workbook.createCellStyle();
28
29          //날짜 cell의 style 정의
30          CellStyle dateStyle = workbook.createCellStyle();
31
32          //첫단위 숫자 cell의 style 정의
33          CellStyle numberStyle = workbook.createCellStyle();
34
35          //정렬
36          stringStyle.setAlignment(HorizontalAlignment.LEFT); //왼쪽 정렬
37          stringStyle.setVerticalAlignment(VerticalAlignment.CENTER); //높이 가운데 정렬
38
39          dateStyle.setAlignment(HorizontalAlignment.CENTER); //가운데 정렬
40          dateStyle.setVerticalAlignment(VerticalAlignment.CENTER); //높이 가운데 정렬
41
42          numberStyle.setAlignment(HorizontalAlignment.RIGHT); //우측 정렬
43          numberStyle.setVerticalAlignment(VerticalAlignment.CENTER); //높이 가운데 정렬
44
45          //폰트
46          Font normalFont = workbook.createFont();
47          normalFont.setFontHeightInPoints((short)12);    // 폰트사이즈
48
49          stringStyle.setFont(normalFont);            // 스타일에 폰트 적용
50          dateStyle.setFont(normalFont);
51          numberStyle.setFont(normalFont);
52
53          //테두리 선
54          stringStyle.setBorderLeft(BorderStyle.THIN);
55          stringStyle.setBorderRight(BorderStyle.THIN);
56          stringStyle.setBorderTop(BorderStyle.THIN);
57          stringStyle.setBorderBottom(BorderStyle.THIN);
58          dateStyle.setBorderLeft(BorderStyle.THIN);
59          dateStyle.setBorderRight(BorderStyle.THIN);
60          dateStyle.setBorderTop(BorderStyle.THIN);
61          dateStyle.setBorderBottom(BorderStyle.THIN);
62          numberStyle.setBorderLeft(BorderStyle.THIN);
63          numberStyle.setBorderRight(BorderStyle.THIN);
64          numberStyle.setBorderTop(BorderStyle.THIN);
65          numberStyle.setBorderBottom(BorderStyle.THIN);
66
67          CreationHelper createHelper = workbook.getCreationHelper();
68          dateStyle.setDataFormat(createHelper.createDataFormat().getFormat("yyyy-mm-dd"));
69          numberStyle.setDataFormat(createHelper.createDataFormat().getFormat("#,##0"));
```

```java
70
71            // Row 생성
72            Row row = sheet.createRow(0);
73
74            // Cell 생성
75            Cell cell = row.createCell(0);
76            cell.setCellStyle(stringStyle);
77            cell.setCellValue("20202021");
78
79            cell = row.createCell(1);
80            cell.setCellStyle(stringStyle);
81            cell.setCellValue("빵형");
82
83            cell = row.createCell(2);
84            cell.setCellStyle(dateStyle);
85            cell.setCellValue("2020-04-01");
86
87            cell = row.createCell(3);
88            cell.setCellStyle(numberStyle);
89            cell.setCellValue("1000");
90
91            cell = row.createCell(4);
92            cell.setCellStyle(numberStyle);
93            cell.setCellValue("300");
94
95            cell = row.createCell(5);
96            cell.setCellStyle(numberStyle);
97            cell.setCellValue("9999");
98
99            // cell 넓이 설정
100          sheet.setColumnWidth(0, 2800);
101          sheet.setColumnWidth(1, 2800);
102          sheet.setColumnWidth(2, 2800);
103          sheet.setColumnWidth(3, 2800);
104          sheet.setColumnWidth(4, 2800);
105          sheet.setColumnWidth(5, 2800);
106
107           // 엑셀 파일 작성
108           try(FileOutputStream out = new FileOutputStream(new File("점수.xlsx"))) {
109               workbook.write(out);
110               System.out.println("엑셀 파일이 작성되었습니다.");
111           }
112           catch (Exception e)
113           {
114               System.out.println(e.getMessage());
115           }
116       }
117
118 }
```

실행 결과

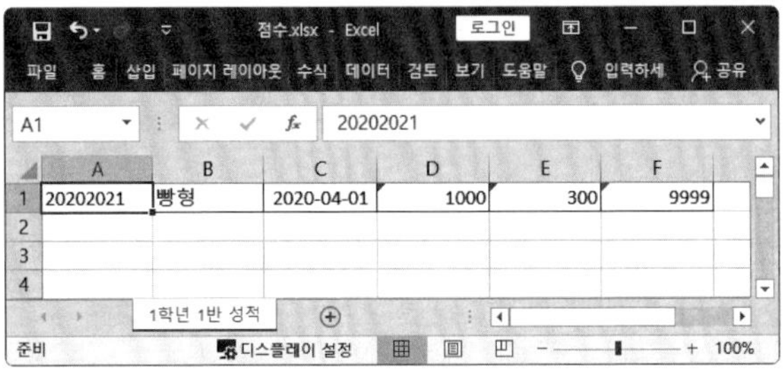

[그림 19-11] 데이터가 출력된 Excel 파일

21라인에서 Workbook을 만듭니다.

24라인에서 '1학년 1반 성적'이라는 sheet를 만듭니다.

27라인에서는 문자 CellStyle을 생성합니다. 이후 문자는 왼쪽 정렬로 구성합니다.

30라인에서는 날짜 CellStyle을 생성합니다. 날짜는 가운데 정렬로 구성합니다.

33라인에서는 숫자 CellStyle을 생성합니다. 숫자는 천 단위 콤마를 찍고 우측 정렬로 구성합니다.

실제 결과물에서는 수동으로 콤마를 찍어줘야 하는데 그냥 천 단위 숫자를 넣으면 넣는 값을 그대로 보여주지만 [셀 서식]을 확인해보면 천 단위 숫자형으로 설정되어 있습니다.

67라인에서 CreationHelper 클래스를 생성합니다. CreationHelper 클래스는 패턴이나 데이터 타입 등을 정의할 수 있습니다.

68라인에서 날짜 스타일에는 날짜 포맷을 정의하여 CellStyle에 설정합니다.

69라인은 숫자 스타일에 천 단위 콤마 형태로 CellStyle에 설정합니다.

100~105라인은 각 셀의 칼럼 넓이를 2800으로 설정합니다. 넓이의 기본값은 2048입니다.

여기까지 엑셀 문서를 생성하는 방법에 대해서 배워보았습니다. 이 방법을 응용해서 표를 만들어서 데이터를 보기 좋게 출력할 수도 있습니다.

19.4.2 Excel 문서 읽기

엑셀 문서를 만들었다면 만든 엑셀 문서의 데이터를 읽어오는 프로그램도 작성할 수 있습니다. [Sample19.java]에서 생성된 데이터를 읽어오는 프로그램을 작성해보겠습니다.

Sample20.java

```java
01  package chap19;
02
03  import java.io.File;
04  import java.io.FileInputStream;
05  import java.util.ArrayList;
06  import java.util.HashMap;
07  import java.util.Iterator;
08  import java.util.List;
09
10  import org.apache.poi.ss.usermodel.Cell;
11  import org.apache.poi.ss.usermodel.Row;
12  import org.apache.poi.xssf.usermodel.XSSFSheet;
13  import org.apache.poi.xssf.usermodel.XSSFWorkbook;
14
15  public class Sample20 {
16
17      public static void main(String[] args)  {
18          List list = new ArrayList<String>();
19          try (FileInputStream in = new FileInputStream(new File("점수.xlsx"))) {
20              //엑셀 workbook 생성
21              XSSFWorkbook workbook = new XSSFWorkbook(in);
22
23              //엑셀 sheet 읽기
24              XSSFSheet sheet = workbook.getSheet("1학년 1반 성적");
25
26              //엑셀 sheet로부터 데이터가 있는 모든 Row를 읽어옵니다.
27              Iterator<Row> rowIterator = sheet.iterator();
28              rowIterator.forEachRemaining(row -> {
29                  //Row에 있는 모든 Cell 정보를 Iterator 정보로 읽어옵니다.
30                  Iterator<Cell> cellIterator = row.cellIterator();
31                  //학번, 이름, 시험일자, 국어, 영어, 수학
32                  var data = new HashMap<String, Object>();
33                  data.put("학번"    , row.getCell(0).getStringCellValue());
34                  data.put("이름"    , row.getCell(1).getStringCellValue());
35                  data.put("시험일자", row.getCell(2).getStringCellValue());
36                  data.put("국어"    , row.getCell(3).getStringCellValue());
37                  data.put("영어"    , row.getCell(4).getStringCellValue());
38                  data.put("수학"    , row.getCell(5).getStringCellValue());
39                  list.add(data);
40              });
41
42          } catch (Exception e) {
43              System.out.println(e.getMessage());
```

```
44          }
45          // 엑셀에서 읽어 온 데이터 출력
46          System.out.println(list.toString());
47      }
48
49  }
```

> **실행 결과**
>
> [{국어=1000, 학번=20202021, 이름=빵형, 수학=9999, 영어=300, 시험일자=2020-04-01}]

18라인에 엑셀에서 읽어 올 정보를 담을 List를 생성합니다.

19라인에서 [Sample19.java]의 결과물을 읽어옵니다.

21라인에서 읽어온 파일의 Workbook을 읽어옵니다.

24라인에서 '1학년 1반 성적' Sheet를 읽어옵니다. getSheetAt(n) 메서드를 이용해서 n 번째 Sheet를 읽어올 수도 있습니다.

27라인에서 Sheet의 모든 Row를 Iterator 형태로 읽어옵니다.

28라인에서는 Iterator를 forEachRemaining( ) 메서드를 이용하여 Lambda 식으로 파일의 내용을 읽습니다.

엑셀의 셀 위치 정보를 알고 있기 때문에 Row의 getCell( ) 메서드를 이용해서 Cell을 위치의 값을 읽어서 Map에 담습니다(여기에서 Map은 인터페이스이며 실제로는 HashMap 클래스입니다.).

39라인에서 Map에 담긴 내용을 List 배열에 담습니다.

46라인에서 엑셀에서 읽어온 데이터의 내용을 담은 List 내용을 출력합니다.

이렇게 엑셀을 생성하여 읽어오는 프로그램을 살펴보았습니다.

연습 문제

1. 구구단의 내용을 각 단을 파일로 저장하여 [9x9.txt] 파일로 압축하세요.

2.txt (2단 예)

```
2 * 2 = 4
2 * 3 = 6
2 * 4 = 8
2 * 5 = 10
2 * 6 = 12
2 * 7 = 14
2 * 8 = 16
2 * 9 = 18
```

정답)

Test1.java

```java
package chap19;

import java.io.ByteArrayInputStream;
import java.io.File;
import java.io.FileInputStream;
import java.io.FileOutputStream;
import java.io.InputStream;
import java.util.stream.IntStream;
import java.util.zip.ZipEntry;
import java.util.zip.ZipOutputStream;

import lombok.Getter;
import lombok.Setter;

public class Test1 {
    @Getter
    @Setter
    static String str = "";

    public static void main(String[] args) {;
        // 1. 구구단 파일 만들기
        IntStream.rangeClosed(2, 9)
```

```java
23                      .forEach(x -> {
24                          IntStream.rangeClosed(2, 9)
25                              .forEach(y -> {
26                                  setStr(getStr() + x + " * " + y + " = " + (x * y) + "\n");
27                              });
28                          //파일로 만들기
29                          System.out.print(getStr());
30                          InputStream is = new ByteArrayInputStream(getStr().getBytes());
31
32                          try (FileOutputStream fw = new FileOutputStream(x + ".txt")){
33                              int i;
34                              while((i = is.read()) > -1) {
35                                  fw.write(i);
36                              }
37                          } catch (Exception e) {
38                              System.out.println(e.getMessage());
39                          }
40                          finally {
41                              File f = new File(x + ".txt");
42                              f.deleteOnExit();
43                              setStr(""); //str 초기화
44                          }
45                      });
46
47          // 2. 압축하기
48          try(FileOutputStream fos = new FileOutputStream("9x9.zip");
49              ZipOutputStream  zos = new ZipOutputStream(fos)) {
50              IntStream.rangeClosed(2, 9)
51                  .forEach(x -> {
52                      byte[] bytes = new byte[1024];
53                      File f = new File(x + ".txt");
54                      // zip 파일의 output Stream
55                      try(FileInputStream fis     = new FileInputStream(f)) {
56                          ZipEntry       zipEntry = new ZipEntry(f.getName());
57
58                          // 압출할 파일 추가
59                          zos.putNextEntry(zipEntry);
60
61                          // 전달받은 파일을 압축하여 파일에 씀
62                          int length;
63                          while((length = fis.read(bytes)) >= 0) {
64                              zos.write(bytes, 0, length);
65                          }
66                      } catch (Exception e) {
67                          System.out.println(e.getMessage());
68                      }
69                  });
70          } catch (Exception e) {
```

```
71                System.out.println(e.getMessage());
72            }
73        }
74
75 }
```

실행 결과

9x9.zip 파일이 만들어지고 그 안에 2.txt부터 9.txt 파일이 있어야 합니다.

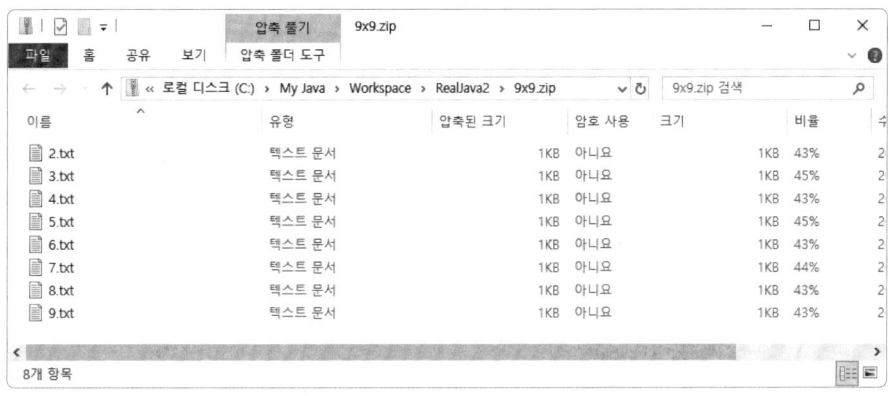

[그림 19-12] 9x9.zip 압축 파일 내용

2. 연월 정보를 키보드로부터 입력받아서 달력을 엑셀로 그려서 저장하는 프로그램을 작성하세요. (13장 연습 문제 2번 달력 출력하기를 참고하세요.)

보기

연월 정보를 입력하세요(yyyymm) : 202004

정답)

Test2.java

```
01 package chap19;
02
03 import java.io.File;
04 import java.io.FileOutputStream;
```

```java
05  import java.time.LocalDate;
06  import java.time.format.DateTimeFormatter;
07  import java.util.Scanner;
08
09  import org.apache.poi.ss.usermodel.Cell;
10  import org.apache.poi.ss.usermodel.CellStyle;
11  import org.apache.poi.ss.usermodel.HorizontalAlignment;
12  import org.apache.poi.ss.usermodel.Row;
13  import org.apache.poi.ss.usermodel.VerticalAlignment;
14  import org.apache.poi.ss.util.CellRangeAddress;
15  import org.apache.poi.xssf.usermodel.XSSFSheet;
16  import org.apache.poi.xssf.usermodel.XSSFWorkbook;
17
18  public class Test2 {
19
20      public static void main(String[] args) {
21          System.out.print("연월 정보를 입력하세요(yyyymm) : ");
22          Scanner sc = new Scanner(System.in);
23          String date = sc.next();
24
25          DateTimeFormatter formatter = DateTimeFormatter.ofPattern("uuuuMMdd");
26          LocalDate dt = LocalDate.parse(date + "01", formatter);
27          int dtMonth = dt.getMonthValue();
28          int weekCnt = 0;
29          int[][] days = new int[6][7]; //6주 7일
30          int day = 1;
31          int weekNum = dt.getDayOfWeek().getValue(); //1일의 요일
32          do {
33              days[weekCnt][weekNum] = dt.getDayOfMonth();
34              if(weekNum == 6) {
35                  weekCnt++;
36                  weekNum = 0;
37              }
38              else {
39                  weekNum++;
40              }
41              dt = dt.plusDays(day);
42          } while(dtMonth == dt.getMonthValue()); //달이 바뀌면 종료
43
44          //**배열의 내용을 출력
45          //엑셀 workbook 생성
46          XSSFWorkbook workbook = new XSSFWorkbook();
47          //엑셀 sheet 생성
48          XSSFSheet sheet = workbook.createSheet(date);
49          //일반 cell의 style 정의
50          CellStyle stringStyle = workbook.createCellStyle();
51          stringStyle.setAlignment(HorizontalAlignment.CENTER); //가운데 정렬
52          stringStyle.setVerticalAlignment(VerticalAlignment.CENTER); //높이 가운데 정렬
53
54          // Row 생성
55          Row row = sheet.createRow(0);
```

```java
56              Cell cell = row.createCell(0);
57              cell.setCellStyle(stringStyle);
58              cell.setCellValue(dt.getYear() + "년 " + dtMonth+ "월");
59              cell = row.createCell(1);
60              cell = row.createCell(2);
61              cell = row.createCell(3);
62              cell = row.createCell(4);
63              cell = row.createCell(5);
64              cell = row.createCell(6);
65
66              //셀 병합
67              sheet.addMergedRegion(new CellRangeAddress(0,0,0,6)); //row 시작, row 종료, cell 시작, cell 종료
68
69              //요일 출력
70              row = sheet.createRow(2);
71              cell = row.createCell(0);
72              cell.setCellStyle(stringStyle);
73              cell.setCellValue("SUN");
74              cell = row.createCell(1);
75              cell.setCellStyle(stringStyle);
76              cell.setCellValue("MON");
77              cell = row.createCell(2);
78              cell.setCellStyle(stringStyle);
79              cell.setCellValue("TUE");
80              cell = row.createCell(3);
81              cell.setCellStyle(stringStyle);
82              cell.setCellValue("WEZ");
83              cell = row.createCell(4);
84              cell.setCellStyle(stringStyle);
85              cell.setCellValue("THU");
86              cell = row.createCell(5);
87              cell.setCellStyle(stringStyle);
88              cell.setCellValue("FRI");
89              cell = row.createCell(6);
90              cell.setCellStyle(stringStyle);
91              cell.setCellValue("SAT");
92
93              int r = 2;
94              for(int[] week : days) {
95                  row = sheet.createRow(++r);
96                  int t = 0;
97                  for(int today : week) {
98                      cell = row.createCell(t++);
99                      cell.setCellStyle(stringStyle);
100                     cell.setCellValue("" + (today == 0? "" : today));
101                 }
102             }
103
104             // 엑셀 파일 작성
105             try(FileOutputStream out = new FileOutputStream(new File(dt.getYear() + "년 " + dtMonth+ "월.xlsx"))) {
106                 workbook.write(out);
```

```
107                System.out.println("엑셀 파일이 작성되었습니다.");
108            }
109            catch (Exception e)
110            {
111                System.out.println(e.getMessage());
112            }
113        }
114
115 }
```

실행 결과

연월 정보를 입력하세요(yyyymm) : 202004

엑셀 파일이 작성되었습니다.

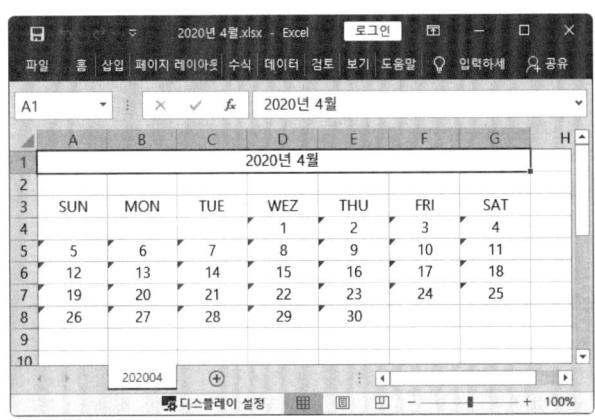

[그림 19-13] 달력을 Excel 파일로 출력한 결과

Chapter 20

20장 | 웹 크롤링(Web crawling)

웹 크롤링(Crawling)이란 특정 웹 페이지로부터 데이터를 모두 수집하는 행위입니다. 이러한 수집하는 프로그램을 웹 크롤러(Web crawler)라고 하며 로봇(robot)이라고도 불립니다. 웹 크롤링으로 여러 웹사이트에서 내가 직접 브라우저를 통해서 확인하지 않고 원하는 웹 크롤러를 통해서 데이터를 얻어 올 수 있어서 모니터링이 손쉬우며 시간을 절약할 수 있습니다. 해당 사이트의 정보를 무단으로 수집하게 되는 문제가 제기되기도 합니다. 이번 시간에는 웹 크롤링에 대한 전반적인 내용을 살펴보겠습니다.

- 로봇 배제 표준(Robots exclusion standard)
- 웹 크롤러 만들기

20.1 로봇 배제 표준(Robots exclusion standard)

로봇 배제 표준은 웹사이트에 로봇이 접근하는 것을 방지하기 위한 규약으로 일반적으로 로봇의 접근을 제한하는 내용을 robots.txt 파일에 기술하고 있습니다. [robots.txt] 파일은 각 사이트의 root 디렉터리에 위치하고 있습니다.

```
(웹사이트 URL 주소)/robots.txt
```

남가람북스 사이트를 예로 들어보겠습니다. 남가람북스 사이트 URL은 [https://www.namgarambooks.co.kr]입니다. 이어서 '/robots.txt'를 넣어보면 됩니다.

남가람북스 웹사이트 robots.txt

```
http://www.namgarambooks.co.kr/robots.txt
```

내용을 살펴보면 다음과 같습니다.

```
User-agent: *
Disallow: /owner
Disallow: /manage
Disallow: /admin
Disallow: /oldadmin
Disallow: /search
Disallow: /m/search
Disallow: /m/admin
Disallow: /like
Allow: /

User-agent: Mediapartners-Google
Allow: /

User-agent: bingbot
Crawl-delay: 30
```

이제 문서 읽는 방법을 하나하나 알아보겠습니다.

20.1.1 User-agent

웹을 크롤링하는 로봇의 이름을 말합니다. 여기에 '*'를 표시하면 모든 로봇을 지칭합니다.

예)

```
User-agent: *           (모든 로봇)
User-agent: bingbot     (bingbot이라는 이름의 로봇)
```

20.1.2 Disallow

크롤링하는 행위를 허락하지 않는다는 것입니다. 보통 모든 경로를 거부하기도 하며 특정 경로를 거부하기도 합니다.

예)
```
User-agent: bingbot
Disallow: /           (bingbot은 모든 경로를 크롤링하는 행위를 허락하지 않습니다.)

User-agent: *
Disallow: /owner      (모든 로봇은 [/owner] 경로를 크롤링하는 행위를 허락하지 않습니다.)
```

20.1.3 Allow

로봇이 웹 크롤링의 접근을 허락할 때 사용합니다. Disallow와 사용방법은 같습니다.

예)
```
User-agent: Mediapartners-Google
Allow: /               (Mediapartners-Google 로봇은 모든 경로의 접근을 허락합니다.)
```

그럼 모든 로봇에게 최상위 경로만 허용하고 나머지 모든 경로를 불허하고자 한다면 다음과 같이 합니다.

```
User-agent: *    (모든 로봇)
Disallow: /      (모든 경로 불허)
Allow: /$        (최상위 경로 허가)
```

'$' 표시는 뒤로 더 이상 경로를 붙이지 않는 최종 상태를 말합니다. 위의 robots.txt를 예로 들면 남가람북스에 대해서는 [https://www.namgarambooks.co.kr/]는 허락하지만 [https://www.namgarambooks.co.kr/owner]이나 [https://www.namgarambooks.co.kr/manage]는 허락하지 않는다는 말입니다. 이렇게 각 웹사이트마다 로봇 배제 표준으로 정의해놓고 정보의 재산을 지키고자 하는데 웹 크롤링으로 인하여 무단으로 정보를 도용하는 일이 없도록 주의해야 합니다.

20.1.4 Crawl-delay

크롤링할 때 지연시간을 지정합니다. 단위는 초입니다. 특정 로봇에 검색을 주기적으로 하도록 설정된 경우에 사용합니다.

예)
```
User-agent: bingbot
Crawl-delay: 10        (10초마다 bingbot이 접근)
```

10초마다 사이트를 접근하게 되면 하루 24시간 동안 총 8,640번 웹 페이지의 접근을 허용하게 됩니다.

20.1.5 법적인 문제

대법원에서 "웹사이트 무단 크롤링은 불법"이라고 합니다. 2017년에 웹사이트 콘텐츠를 크롤링하여 자신의 영업에 무단 사용하는 것은 데이터베이스(DB)권 침해 행위라고 대법원 판단이 나왔습니다. 관련 기사는 '크롤링 불법'으로 검색해보면 많은 자료를 찾을 수 있습니다. 크롤링이 필요한 경우 콘텐츠에 대한 동의를 꼭 얻은 후에 크롤링하기 바랍니다. 크롤링을 이용하여 무단으로 사용하는 일은 절대 없도록 주의하여 사용하세요.

이 책에서는 콘텐츠 무단 사용을 피하고자 콘텐츠 사용 허락을 받은 남가람북스 사이트를 크롤링하며 연습 문제에서는 문제만 제공하고 답안을 제공하지 않는 방법으로 진행합니다.

20.2 웹 크롤러 만들기

웹 크롤러를 만들기 위해서는 JSoup이라는 외부 라이브러리가 필요합니다. 이는 메이븐 레파지토리(mvnrepository.com)에서 쉽게 얻을 수 있습니다. 메이븐 레파지토리에서 'jsoup'을 검색합니다.

[그림 20-1] JSoup Java HTML Parser 검색

검색된 JSoup의 최신 버전의 dependency를 [pom.xml]에 추가합니다.

```
<dependency>
    <groupId>org.jsoup</groupId>
    <artifactId>jsoup</artifactId>
    <version>1.13.1</version>
</dependency>
```

여기까지가 크롤러를 만들기 위한 모든 준비는 끝났습니다. 웹 크롤링을 할 때 다음 3가지 클래스를 이해하면 쉽게 원하는 데이터를 얻을 수 있습니다.

- Document
- Elements
- Element

Document는 웹사이트의 모든 소스코드입니다. 여기에는 HTML, CSS, Javascript가 포함됩니다. Elements는 Document의 특정 범위입니다. 우리가 얻고자 하는 대상이 되는 HTML의 일부 Tag를 Elements에 담을 수 있습니다. Element는 Elements에서의 최종 요소입니다.

제일 먼저 남가람북스 사이트에서 출간 도서 목록을 크롤링하여 List〈String〉 형태로 담고 출력해보겠습니다. 크롤링할 남가람북스 URL은 [https://www.namgarambooks.co.kr/category/출간 도서 소개]입니다.

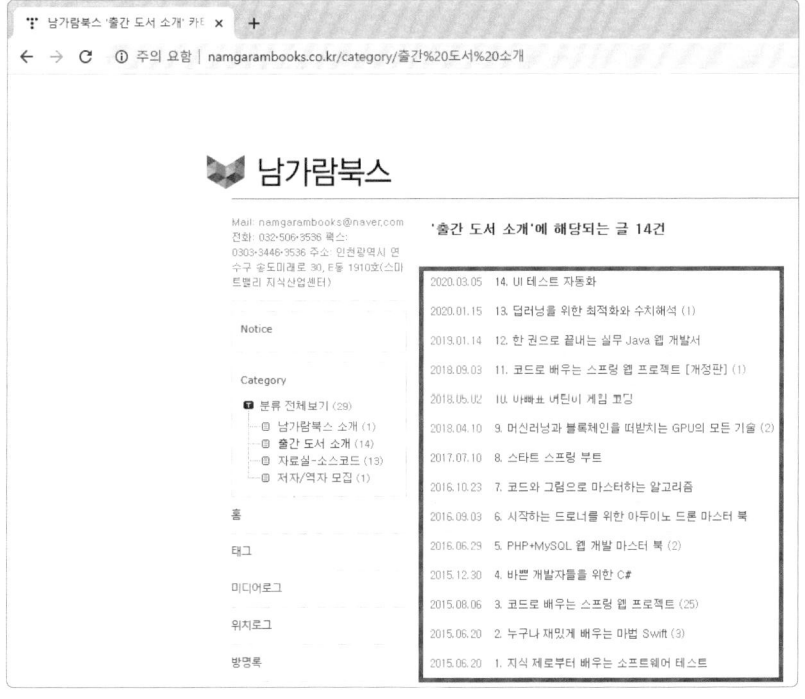

[그림 20-2] 남가람북스 도서 목록

크롬 브라우저에서 [그림 20-2]의 위치를 개발자 도구(F12)로 확인해보겠습니다. [그림 20-3]의 ①번을 선택한 후 ②번에서 내가 찾고자 하는 도서명을 선택하면 ③번 우측에 HTML 코드에 해당하는 위치로 이동합니다.

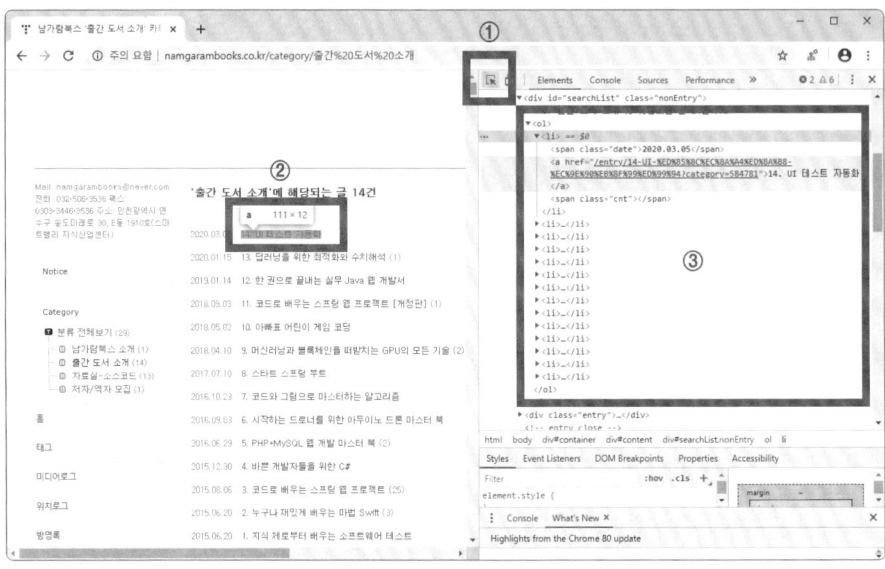

[그림 20-3] 남가람북스 도서 목록 태그

Document로 전체 HTML 문서를 가져와서 ③번의 HTML Tag를 Elements로 가져옵니다. Elements로 가져올 Tag를 다시 보면 다음과 같습니다.

```
01  <ol>
02      <li>
03          <span class="date">2020.03.05</span>
04          <a href="...">14. UI 테스트 자동화</a>
05          <span class="cnt"></span>
06      </li>
07      <li>
08      </li>
09  (중간 생략)
10      <li>
11      </li>
12  </ol>
```

Elements를 ol 태그 안의 내용을 Document로부터 가져오고 li 태그 안의 a 태그 값을 기준으로 Element로 가져와서 값을 얻어오면 배열로 값을 얻어와서 출력할 수 있습니다. 소스코드로 확인해보겠습니다.

Sample01.java

```java
package chap20;

import org.jsoup.Jsoup;
import org.jsoup.nodes.Document;
import org.jsoup.select.Elements;

public class Sample01 {

    public static void main(String[] args) {
        Document document;
        try {
            document = Jsoup.connect("https://www.namgarambooks.co.kr/category/출간 도서 소개").get();
            Elements elements = (Elements) document.select("#container #content #searchList ol li a");
            elements.stream()
                    .forEach(name -> System.out.println(name.text()));
        } catch (Exception e) {
            System.out.println(e.getMessage());
        }
    }
}
```

실행 결과

```
14. UI 테스트 자동화
13. 딥러닝을 위한 최적화와 수치해석
12. 한 권으로 끝내는 실무 Java 웹 개발서
11. 코드로 배우는 스프링 웹 프로젝트 [개정판]
10. 아빠표 어린이 게임 코딩
9. 머신러닝과 블록체인을 떠받치는 GPU의 모든 기술
8. 스타트 스프링 부트
7. 코드와 그림으로 마스터하는 알고리즘
6. 시작하는 드로너를 위한 아두이노 드론 마스터 북
5. PHP+MySQL 웹 개발 마스터 북
4. 바쁜 개발자들을 위한 C#
3. 코드로 배우는 스프링 웹 프로젝트
2. 누구나 재밌게 배우는 마법 Swift
1. 지식 제로부터 배우는 소프트웨어 테스트
```

10라인에서 웹 페이지 정보를 담을 Document를 준비합니다.

12라인에서 웹사이트 URL을 넣고 get( ) 메서드로 HTML 정보를 모두 가져옵니다.

13라인에서 CSS Selector를 이용하여 Elements를 가져옵니다.

14라인에서 Elements에서 a 태그의 반복을 Element로 하나하나 가져와서 a 태그의 text 값을 출력합니다.

이렇게만 보면 정말 간단하게 가져왔는데 CSS Selector가 뭔지 모르면 값을 얻어오기 힘듭니다. 참고로 태그는 〈 〉로 감싸고 있는 코드를 말합니다.

예제 **Tag**

```
<div id='content' class='title'>도서명</div>
```

CSS Select를 이용하여 태그 정보를 가져올 경우에는 태그명을 그대로 적어주면 됩니다. 예를 들어 같은 경우는 'div'라고 하면 됩니다. id를 기준으로 위 정보를 가져올 때는 '#content'라고 하면 됩니다. class를 기준으로 위 정보를 가져올 때는 '.title'라고 하면 모두 동일하게 예제 Tag를 가져올 수 있습니다. 그럼 위의 Tag 정보를 어떻게 가져왔는지 Document를 살펴보겠습니다.

```
<div id="container">
    <div id="header">...</div>
    <div id="sidebar">...</div>
    <div id="content">
        <div id="searchList" class="nonEntry">
            <h3>'출간 도서 소개'에 해당되는 글 14건</h3>
            <ol>
                <li>
                    <span class="date">2020.03.05</span>
                    <a href="...">14. UI 테스트 자동화</a>
                    <span class="cnt"></span>
```

```
            </li>

            (li 반복)

        </ol>
</div>
```

많은 태그 사이에 찾고자 하는 태그 문서만 살펴보면 됩니다. CSS Select로 이러한 패턴을 찾는데 모든 Document에서 찾기 때문에 비슷한 패턴이 나오면 모두 함께 검색되기 때문에 태그명과 id, class를 적절히 이용하여 찾습니다.

먼저 위 패턴은 id가 container인 div로 시작해서 또 id가 content인 div가 나오고 이어서 id가 searchList이고 class가 nonEntry인 div가 나옵니다. 그리고 ol 태그가 나오고 li 태그가 반복되어 나옵니다. 우리가 찾는 건 이 반복되는 li 태그 안에 있는 a를 찾는 것입니다. 태그로만 찾는다면

```
div div div ol li a
```

이렇게 찾게 되면 이러한 패턴으로 된 다른 태그들까지 올 수가 있습니다. 이때 id와 class를 적절히 사용하는 게 좋습니다. id로 가져올 경우는 id 값 앞에 '#'을 붙이면 됩니다.

```
#container #content #searchList ol li a
```

이렇게 id 값을 기준으로 소스코드에서 검색하여 Elements 값을 얻어옵니다.

```
<a href="...">14. UI 테스트 자동화</a>
```

a 태그 안에 있는 값이 필요하기 때문에 15라인에서 Element인 name에서 text( ) 메서드로 텍스트 값을 가져옵니다. A 태그 안에 href처럼 속성들이 있습니다. 이 속성값을 가져올 경우에는 attr(속성명)으로 값을 가져올 수 있습니다. href 같은 경우는 다음과 같이 합니다.

```
elements.stream()
    .forEach(name -> System.out.println(name.attr("href")));
```

이 정도 배웠으니 웬만한 정보는 쉽게 얻어 올 수 있습니다. 여기서 끝내면 재미가 없습니다. 남가람북스 홈페이지를 보면 도서 제목과 도서의 표지 이미지가 보입니다. 이번에 할 내용은 표지 이미지를 얻어와서 압축하고 얻어온 이미지는 삭제하는 크롤러 프로그램을 작성해보겠습니다. 남가람북스 메인 홈페이지(https://www.namgarambooks.co.kr/)는 다음과 같습니다.

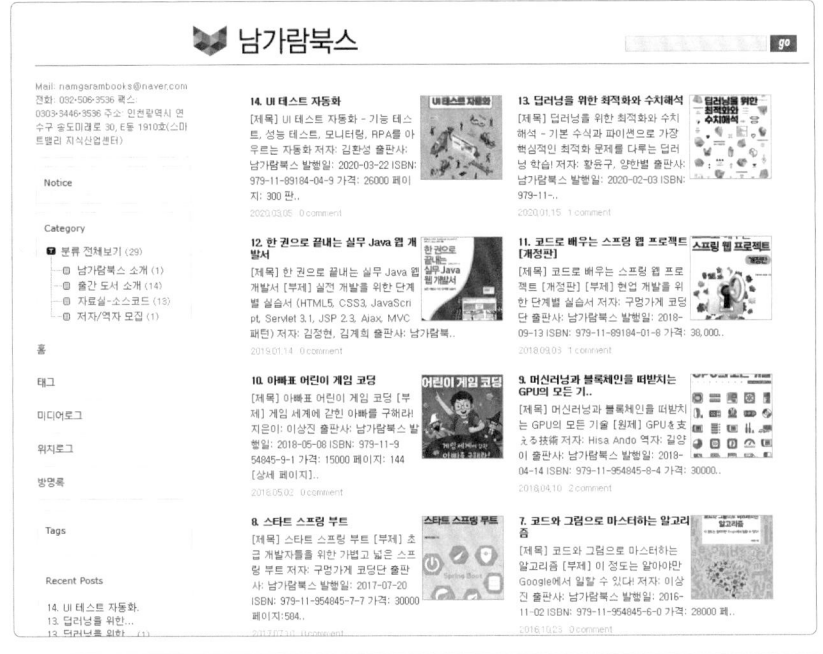

[그림 20-4] 남가람북스 홈페이지

우리가 얻어올 이미지는 각 도서의 앞표지입니다. 파일명을 도서명으로 크롤링하여 다음 형태로 데이터를 가져오겠습니다.

이미지 파일 경로 | 도서 제목 | 이미지 확장자

이미지 파일 경로는 이미지 다운로드를 위해서 필요합니다. 도서 제목은 이미지 파일명으로 사용하고자 합니다. 이미지 확장자가 없는 경우에는 모두 jpg로 처리하고자 합니다.

Sample02.java

```java
package chap20;

import java.util.List;
import java.util.stream.Collectors;

import org.jsoup.Jsoup;
import org.jsoup.nodes.Document;
import org.jsoup.select.Elements;

public class Sample02 {

    public static void main(String[] args) {
        Document document;
        try {
            document = Jsoup.connect("https://www.namgarambooks.co.kr/").get();
            Elements elements = (Elements) document.select("#ttItem1434785977 .tt-wrap-item li div a img");
            // 1. 이미지 파일 경로 | 도서 제목 | 이미지 확장자
            List<String> list =
                    elements.stream()
                            .map(element -> {
                                String path = element.attr("src");
                                String ext = path.split("\\.")[(path.split("\\.").length-1)];
                                //4자 이하는 확장자가 아님, 확장자가 없으면 jpg로 처리
                                ext = (ext.length() > 4 || "".contentEquals(ext))?"jpg":ext;
                                return element.attr("src") + "|" + element.attr("alt") +"|" + ext;
                            })
                            .collect(Collectors.toList());
            list.forEach(System.out::println);
        } catch (Exception e) {
            System.out.println(e.getMessage());
        }
    }
}
```

실행 결과

http://img1.daumcdn.net/thumb/T150x150/?scode=mtistory2&fname=https%3A%2F%2Fk.kakaocdn.net%2Fdn%2FsuQjO%2FbtqCrkh5gwC%2Fd5br06XGsnmhlBkOwV14pk%2Fimg.png|14. UI 테스트 자동화|png

http://img1.daumcdn.net/thumb/T150x150/?scode=mtistory2&fname=https%3A%2F%2Fk.kakaocdn.net%2Fdn%2FbcHrMh%2FbtqBc6yKqAH%2FkwKHKYilajwqK7DraAPu61%2Fimg.jpg|13. 딥러닝을 위한 최적화와 수치해석|jpg

https://img1.daumcdn.net/thumb/T150x150/?scode=mtistory2&fname=https%3A%2F%2Ft1.daumcdn.net%2Fcfile%2Ftistory%2F9962A6365C3C5DB125|12. 한 권으로 끝내는 실무 Java 웹 개발서|jpg

https://img1.daumcdn.net/thumb/T150x150/?scode=mtistory2&fname=https%3A%2F%2Ft1.daumcdn.net%2Fcfile%2Ftistory%2F99D24B415B8C6B0710|11. 코드로 배우는 스프링 웹 프로젝트 [개정판]|jpg

https://img1.daumcdn.net/thumb/T150x150/?scode=mtistory2&fname=https%3A%2F%2Ft1.daumcdn.net%2Fcfile%2Ftistory%2F9929644D5AE95CCE32|10. 아빠표 어린이 게임 코딩|jpg

https://img1.daumcdn.net/thumb/T150x150/?scode=mtistory2&fname=https%3A%2F%2Ft1.daumcdn.net%2Fcfile%2Ftistory%2F998C8F485ACC61E915|9. 머신러닝과 블록체인을 떠받치는 GPU의 모든 기술|jpg

https://img1.daumcdn.net/thumb/T150x150/?scode=mtistory2&fname=https%3A%2F%2Ft1.daumcdn.net%2Fcfile%2Ftistory%2F276A163E5962EC0C0D|8. 스타트 스프링 부트|jpg

https://img1.daumcdn.net/thumb/T150x150/?scode=mtistory2&fname=https%3A%2F%2Ft1.daumcdn.net%2Fcfile%2Ftistory%2F2649CB42580EC7DE1A|7. 코드와 그림으로 마스터하는 알고리즘|jpg

https://img1.daumcdn.net/thumb/T150x150/?scode=mtistory2&fname=https%3A%2F%2Ft1.daumcdn.net%2Fcfile%2Ftistory%2F2530F34E57CA5AB732|6. 시작하는 드로너를 위한 아두이노 드론 마스터 북|jpg

https://img1.daumcdn.net/thumb/T150x150/?scode=mtistory2&fname=https%3A%2F%2Ft1.daumcdn.net%2Fcfile%2Ftistory%2F276FFC3F577317AD2D|5. PHP+MySQL 웹 개발 마스터 북|jpg

https://img1.daumcdn.net/thumb/T150x150/?scode=mtistory2&fname=https%3A%2F%2Ft1.daumcdn.net%2Fcfile%2Ftistory%2F27465350568362D813|4. 바쁜 개발자들을 위한 C#|jpg

https://img1.daumcdn.net/thumb/T150x150/?scode=mtistory2&fname=https%3A%2F%2Ft1.daumcdn.net%2Fcfile%2Ftistory%2F2235DD3A55C29C1001|3. 코드로 배우는 스프링 웹 프로젝트|jpg

https://img1.daumcdn.net/thumb/T150x150/?scode=mtistory2&fname=https%3A%2F%2Ft1.daumcdn.net%2Fcfile%2Ftistory%2F264AFA3E5587423E17|2. 누구나 재밌게 배우는 마법 Swift|jpg

https://img1.daumcdn.net/thumb/T150x150/?scode=mtistory2&fname=https%3A%2F%2Ft1.daumcdn.net%2Fcfile%2Ftistory%2F241C8244558742890A|1. 지식 제로부터 배우는 소프트웨어 테스트|jpg

https://img1.daumcdn.net/thumb/T150x150/?scode=mtistory2&fname=https%3A%2F%2Ft1.daumcdn.net%2Fcfile%2Ftistory%2F1403F8164B8735F440|글제목이 없습니다.|jpg

https://img1.daumcdn.net/thumb/T150x150/?scode=mtistory2&fname=https%3A%2F%2Ft1.daumcdn.net%2Fcfile%2Ftistory%2F1403F8164B8735F440|글제목이 없습니다.|jpg

실행 결과를 보면 이미지 파일 URL의 정보가 길게 나온 뒤에 파이프(|) 표시 위에 도서 제목이 보이고 다시 파이프 표시 뒤에 이미지 확장자가 출력되어 있습니다. 이미지 파일 URL을 통해서 이미지를 얻어서 도서명과 확장자로 저장하려고 합니다.

16라인에서 ["#ttItem1434785977 .tt-wrap-item li div a img] 이렇게 한 이유는 이미지 위치까지의 패턴이 모두 같은 위치로 되어있습니다. 가로로 두 개의 도서가 보이지만 결과적으로는 CSS Selector의 경로가 같습니다.

```
▼<div id="ttItem1434785977" class="tt-item tt-item-320110 tt-span-12 tt-last">
  ▶<h2 class="tt-item-title">…</h2>
  ▼<ul class="tt-wrap-item">
    ▼<li class="tt-span-12  tt-last tt-clear">
      ▼<div class="tt-span-6">
        ▶<a href="/32" title="14. UI 테스트 자동화" class="tt-wrap-thumb-link tt-span-1_8-border tt-span-1_8-thumb_ratio-1_1 tt-thumb-originW">…</a>
        ▼<p class="tt-post-title">
          <a href="/32">14. UI 테스트 자동화</a>
        </p>
        ▶<p class="tt-post-summary">…</p>
        ▶<p class="tt-post-etcinfo">…</p>
      </div>
      ▼<div class="tt-span-6 tt-last">
        ▶<a href="/30" title="13. 딥러닝을 위한 최적화와 수치해석" class="tt-wrap-thumb-link tt-span-1_8-border tt-span-1_8-thumb_ratio-1_1 tt-thumb-originW">…</a>
        ▶<p class="tt-post-title">…</p>
        ▶<p class="tt-post-summary">…</p>
        ▶<p class="tt-post-etcinfo">…</p>
      </div>
    </li>
    ▶<li class="tt-span-12  tt-last">…</li>
    ▶<li class="tt-span-12  tt-last">…</li>
    ▶<li class="tt-span-12  tt-last">…</li>
```

[그림 20-5] 남가람북스 도서 HTML 코드

이후 21라인에서 img 태크 안에 있는 src 속성값의 이미지 경로를 얻습니다.

22라인에서는 확장자 정보를 얻습니다.

24라인에서는 확장자가 없을 경우에 대한 예외 처리를 했습니다.

여기까지 됐다면 이어서 [Sample03.java] 파일로 이미지를 다운로드하는 프로그램을 구현해 보겠습니다.

Sample03.java

```java
01  package chap20;
02
03  import static java.util.stream.Collectors.toList;
04
05  import java.io.BufferedInputStream;
```

```java
06  import java.io.BufferedOutputStream;
07  import java.io.FileOutputStream;
08  import java.io.InputStream;
09  import java.io.OutputStream;
10  import java.net.MalformedURLException;
11  import java.net.URL;
12  import java.util.List;
13  import java.util.stream.Collectors;
14
15  import org.jsoup.Jsoup;
16  import org.jsoup.nodes.Document;
17  import org.jsoup.select.Elements;
18
19  public class Sample03 {
20
21      public static void main(String[] args) {
22          Document document;
23          try {
24              document = Jsoup.connect("https://www.namgarambooks.co.kr/").get();
25              Elements elements = (Elements) document.select("#ttItem1434785977 .tt-wrap-item li div a img");
26              // 1. 이미지 파일 경로 | 도서 제목 | 이미지 확장자
27              List<String> list =
28                  elements.stream()
29                      .map(element -> {
30                          String path = element.attr("src");
31                          String ext = path.split("\\.")[(path.split("\\.").length-1)];
32                          //4자 이하는 확장자가 아님, 확장자가 없으면 jpg로 처리
33                          ext = (ext.length() > 4 || "".contentEquals(ext))?"jpg":ext;
34                          return element.attr("src") + "|" + element.attr("alt") +"|" + ext;
35                      })
36                      .collect(Collectors.toList());
37
38              // 2. 다운로드 이미지 파일 리스트
39              List<String> imgFileList =
40                  list.stream()
41                      .map(mapper -> {
42                          String returnVal = mapper.split("\\|")[1] + "." + mapper.split("\\|")[2];
43                          URL url;
44                          try {
45                              url = new URL(mapper.split("\\|")[0]);
46                              try(InputStream in = new BufferedInputStream(url.openStream());
47                                  OutputStream out = new BufferedOutputStream(
48                                          new FileOutputStream(returnVal)))
49                              {
50                                  for ( int i; (i = in.read()) != -1; ) {
```

```
51                                    out.write(i);
52                                }
53                            } catch (Exception e) {
54                                System.out.println(e.getMessage());
55                            }
56                        } catch (MalformedURLException e1) {
57                            System.out.println(e1.getMessage());
58                        }
59                        return returnVal;
60                    })
61                    .collect(toList());
62            imgFileList.forEach(System.out::println);
63        } catch (Exception e) {
64            System.out.println(e.getMessage());
65        }
66    }
67
68 }
```

실행 결과

14. UI 테스트 자동화.png
13. 딥러닝을 위한 최적화와 수치해석.jpg
12. 한 권으로 끝내는 실무 Java 웹 개발서.jpg
11. 코드로 배우는 스프링 웹 프로젝트 [개정판].jpg
10. 아빠표 어린이 게임 코딩.jpg
9. 머신러닝과 블록체인을 떠받치는 GPU의 모든 기술.jpg
8. 스타트 스프링 부트.jpg
7. 코드와 그림으로 마스터하는 알고리즘.jpg
6. 시작하는 드로너를 위한 아두이노 드론 마스터 북.jpg
5. PHP+MySQL 웹 개발 마스터 북.jpg
4. 바쁜 개발자들을 위한 C#.jpg
3. 코드로 배우는 스프링 웹 프로젝트.jpg
2. 누구나 재밌게 배우는 마법 Swift.jpg
1. 지식 제로부터 배우는 소프트웨어 테스트.jpg
글제목이 없습니다..jpg
글제목이 없습니다..jpg

다운로드하는 프로그램이기 때문에 아무런 실행 결과가 출력되질 않지만, 파일명 확인을 위해서 62라인에서 출력했습니다. 이 파일명은 압축할 때 사용하고 원본 이미지는 삭제 처리합니다. 38라인에서부터 파일 저장하는 로직이 구현되어 있습니다. [19장 파일(File)]에서 학습했던 코드이기 때문에 설명은 생략합니다.

마찬가지로 19장에서 학습한 압축 부분입니다. 19장의 [Sample04.java]에서 배웠던 압축 코드를 똑같이 적용하고 삭제하는 코드까지 넣어서 실행해보겠습니다. 압축할 파일명은 [book.zip]파일로 하겠습니다.

```java
01  package chap20;
02
03  import static java.util.stream.Collectors.toList;
04
05  import java.io.BufferedInputStream;
06  import java.io.BufferedOutputStream;
07  import java.io.File;
08  import java.io.FileInputStream;
09  import java.io.FileOutputStream;
10  import java.io.InputStream;
11  import java.io.OutputStream;
12  import java.net.MalformedURLException;
13  import java.net.URL;
14  import java.util.List;
15  import java.util.stream.Collectors;
16  import java.util.zip.ZipEntry;
17  import java.util.zip.ZipOutputStream;
18
19  import org.jsoup.Jsoup;
20  import org.jsoup.nodes.Document;
21  import org.jsoup.select.Elements;
22
23  public class Sample04 {
24
25      public static void main(String[] args) {
26          Document document;
27          try {
28              document = Jsoup.connect("https://www.namgarambooks.co.kr/").get();
29              Elements elements = (Elements) document.select("#ttItem1434785977 .tt-wrap-item li div a img");
30              // 1. 이미지 파일 경로 | 도서 제목 | 이미지 확장자
31              List<String> list =
32                  elements.stream()
33                      .map(element -> {
34                          String path = element.attr("src");
35                          String ext = path.split("\\.")[(path.split("\\.").
```

```
                            length-1)];
36                                    //4자 이하는 확장자가 아님, 확장자가 없으면 jpg로 처리
37                                    ext = (ext.length() > 4 ||
"".contentEquals(ext))?"jpg":ext;
38                                    return element.attr("src") + "|" + element.attr("alt") +"|" + ext;
39                                })
40                                .collect(Collectors.toList());
41
42                        // 2. 다운로드 이미지 파일 리스트
43                        List<String> imgFileList =
44                            list.stream()
45                                .map(mapper -> {
46                                    String returnVal = mapper.split("\\|")[1] + "." + mapper.split("\\|")[2];
47                                    URL url;
48                                    try {
49                                        url = new URL(mapper.split("\\|")[0]);
50                                        try(InputStream in = new BufferedInputStream(url.openStream());
51                                            OutputStream out = new BufferedOutputStream(
52                                                new FileOutputStream(returnVal)))
53                                        {
54                                            for ( int i; (i = in.read()) != -1; ) {
55                                                out.write(i);
56                                            }
57                                        } catch (Exception e) {
58                                            System.out.println(e.getMessage());
59                                        }
60                                    } catch (MalformedURLException e1) {
61                                        System.out.println(e1.getMessage());
62                                    }
63                                    return returnVal;
64                                })
65                                .collect(toList());
66
67                        // 3. 압축하기
68                        try(FileOutputStream fos = new FileOutputStream("book.zip");
69                            ZipOutputStream zos = new ZipOutputStream(fos)) {
70                            imgFileList.stream()
71                                .forEach(file -> {
72                                    byte[] bytes = new byte[1024];
73                                    File f = new File(file);
74                                    // zip 파일의 output Stream
75                                    try(FileInputStream fis      = new FileInputStream(f)) {
76                                        ZipEntry      zipEntry = new ZipEntry(f.getName());
77
78                                        // 압축할 파일 추가
79                                        zos.putNextEntry(zipEntry);
80
```

```
 81                             // 전달받은 파일을 압축하여 파일에 씀
 82                             int length;
 83                             while((length = fis.read(bytes)) >= 0) {
 84                                 zos.write(bytes, 0, length);
 85                             }
 86                         } catch (Exception e) {
 87                             System.out.println(e.getMessage());
 88                         }
 89                         //압축 후 원본 이미지 삭제
 90                         f.deleteOnExit();
 91                     });
 92             } catch (Exception e) {
 93                 System.out.println(e.getMessage());
 94             }
 95             System.out.println("이미지가 모두 압축되었습니다.");
 96         } catch (Exception e) {
 97             System.out.println(e.getMessage());
 98         }
 99     }
100 }
101 }
```

실행 결과

duplicate entry: 글제목이 없습니다..jpg
이미지가 모두 압축되었습니다.

마지막에 [글제목이 없습니다..jpg] 파일이 2개 있습니다. 이미지 중복은 처리하지 않았습니다. 이미지 파일을 구하는 Stream에서 .distinct( )를 이용하면 쉽게 중복이 제거됩니다. 아니면 중복 파일명이 나왔을 경우 뒤에 숫자를 추가해서 하는 방법도 괜찮습니다. 참고로 탐색기에서는 똑같은 파일명에 ' - 복사본'이라는 문구가 붙습니다. 또 똑같은 파일이 생성되면 ' - 복사본(2)'라고 붙습니다. 숫자가 증가되면서 파일이 추가됩니다. [book.zip] 파일을 살펴보면 다운로드한 이미지 파일들이 압축되어 있는 것을 확인할 수 있습니다.

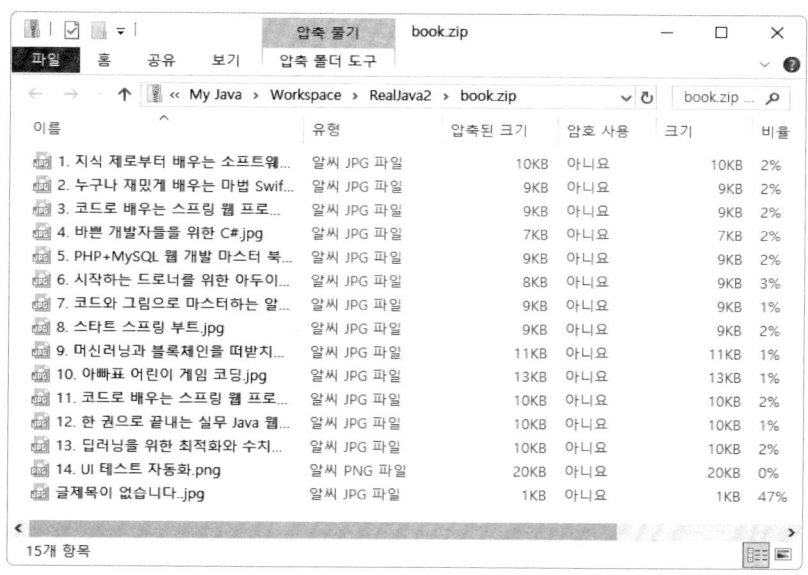

[그림 20-6] book.zip 압축 파일 내용

마지막까지 잘 따라와 줘서 감사합니다. 이제 자바에 대해서는 탄탄한 기본기로 무장했다고 생각합니다. 책에서 부족한 점은 필자의 동영상 강의가 있는 유튜브 채널('빵굽는 개발자 빵형')에서 채워드리겠습니다. 모쪼록, 꾸준히 학습해서 재밌는 프로그래밍을 하길 바랍니다.

연습 문제

1. 네이버에서 검색어를 입력하여 관련 뉴스 기사의 제목들을 1페이지에서만 얻어와서 List에 담고 출력하세요.

[URL은 다음과 같습니다. https://search.naver.com/search.naver?where=news&sm=tab_jum&query=(검색어)]

> **보기**
>
> 네이버 뉴스 검색어를 입력하세요 : 코로나
> =====================================
> 전세계 코로나19 환자 수 100만명 돌파...사망자도 5만명 넘어(종합)
> [단독] 삼성전자 美가전공장서 코로나19 확진자 2명 발생...'사업장 일시폐쇄'
> 푸틴 "코로나19 대응 유급 휴무 기간 4월 30일까지로 연장"(종합)
> 그리스 '과밀' 난민캠프서 20여명 코로나19 집단 감염(종합)
> 전세계 코로나19 환자 수 100만명 돌파...사망자도 5만명 넘어(종합2보)
> 영국 "이달 말까지 코로나19 검사역량 하루 10만건으로 확대"(종합)
> 북한 "코로나 세계적 박멸전까지 비상방역"...격리 500여명(종합)
> 거리에 방치된 시신...코로나19 강타한 에콰도르 과야킬의 악몽(종합)
> 미 민주 전대 결국 8월로 연기...코로나19가 집어삼킨 대선레이스(종합)
> 정총리 "조만간 코로나19 해외유입 상당부분 통제 가능할 것"

(1번 문제는 정답을 따로 제공하지 않습니다.)

2. 청와대 국민 청원 웹 페이지에서 [답변 대기 중인 청원] 글을 모두 얻어오는 크롤러를 만들어보세요.

(URL은 다음과 같습니다. https://www1.president.go.kr/petitions)

(2번 문제는 정답을 따로 제공하지 않습니다.)

찾아보기

기호 & 번호

@Deprecated	544
@Documented	535
@FunctionalInterface	550
@Inherited	537
@Override	543
@Repeatable	538
@Retention	519
@SafeVarargs	548
@SuppressWarnings	546
@Target	526
2차원 배열	156
3차원 배열	161

ㄱ

가변 인자(Variable arguments)	259
객체지향 프로그래밍	241
객체(Object)	284

ㄴ

난수(Random number)	91
내장형 애너테이션(Build-in Annotation)	543
논리 연산자	125

ㄷ

다운 캐스팅(Downcasting)	336
다운캐스팅(Down-Casting)	79
다이아몬드 연산자(Diamond operator)	354
다중 for문	187

다차원 배열	156
다형성(Polymorphism)	332
디버그(Debug)	70
디컴파일(Decompile)	54
디폴트 메서드(Default Method)	339

ㄹ

람다식(Lambda expression)	576
리터럴(Literal)	94

ㅁ

매개변수(Parameter)	253
메서드 오버라이딩(Method Overriding)	324
메서드 참조(Method reference)	607
메서드(Method)	252
메타 애너테이션(Meta-annotations)	517
멤버 변수(Field)	249
명명 규칙	93
명시적 형 변환	76
묵시적 형 변환	77
미리보기 언어 기능	220

ㅂ

반복문	182
배열	150
버퍼(Buffer)	748
변수 예약어(Reserved keywords)	93
변수(Variable)	60
병렬 스트림 생성(Parallel Stream)	641
복합대입 연산자(Assignment Operators)	139

브레이크 포인트(Break point)	71
비교 연산자	124
비트 연산자	129
빌드(소프트웨어 빌드- Build)	241

ㅅ

산술 연산자	118
삼항 연산자	142
상수(Constant)	60, 88
생성자 참조	615
생성자(Constructor)	263
선입선출법(First-In First-Out)	397
스네이크 표기법(Snake Case)	98
스트림 연산(Stream operations)	643
스트림의 생성	628
스트림(Stream)	626

ㅇ

아스키코드(ASCII Code)	62
애너테이션(Annotation)	516
업 캐스팅(Upcasting)	336
업캐스팅(Up-Casting)	79
연산자	118
열거형(enum)	438
예외 처리(Exception)	712
예외 클래스	712
오버로딩(Overloading)	257
익명 내부 클래스(Anonymous Inner classes)	277
인수	68
인스턴스 내부 클래스(Instance Inner classes)	272
인스턴스 변수	250
인자(Argument)	253
인코딩(Encoding)	28
인터페이스(Interface)	337
인터프리터(Interpreter)	240

ㅈ

재귀함수(Recursive Function)	262
전치 증감 연산자	120
절차지향 프로그래밍	240
접근 제어자(Access Modifier)	293
정규 표현식(Regular Expression)	558
정적 중첩 클래스(Static Nested classes)	281
제네릭 메서드(Generic Method)	368
제네릭 클래스(Generic Class)	354
제네릭(Generic)	354
조건문	208
주석	100
중간 연산(Intermediate operations)	686
중첩 클래스(Nested Class)	270
증감 연산자	120
지시자의 종류	66
지역 변수(Local variable)	253
지역 클래스(Local Inner classes)	275

ㅊ

참조 자료형	68
최종 연산(Terminal operations)	644
추상 클래스(Abstract Class)	324

ㅋ

카멜 표기법(Camel Case)	97
캐스팅(Casting)	76
캡슐화(Encapsulation)	296
커스텀 애너테이션(Custom Annotation)	550
컬렉션 프레임워크(Collections framework)	382
케밥 표기법(Kebab Case)	98
클래스 변수	251
클래스(Class)	246

ㅌ

| 타입 추론(var) | 86 |

ㅍ

파스칼 표기법(Pascal Case)	98
파일(File)	740
패키지(Package)	241
플러그 인(Plug-In)	55

ㅎ

함수형 인터페이스(Functional interface)	576
함수(Fucnction)	252
향상된 for문	192
향상된 switch ~ case	225
확장특수문자	66
후입선출법(LIFO)	397
후치 증감 연산자	121

A

allMatch( )	682
AND	130
anyMatch( )	682
Apache Maven	32
Apache POI	768
API(Application Programming Interface)	106
ArithmeticException	717
ArrayIndexOutOfBoundsException	715
ArrayList	384
Arrays 클래스	166
AutoCloseable	728
average( )	681
averagingDouble( )	661
averagingInt( )	661
averagingLong( )	661

B

BiConsumer	607
BinaryOperator	607
boolean	62
break문	189
BufferedInputStream	749
BufferedOutputStream	749
ByteArrayInputStream	746

C

Calendar	470
char	62
Code Templates 변수	105
collect( )	653
collectingAndThen( )	658
Collection	382
CompactNumberFormat	483
Consumer	588
continue문	191
count( )	676
counting( )	663
CreationHelper	780

D

Date	472
DateTimeFormatter	502
DecimalFormat	478
default	293
distinct( )	674, 699
do ~ while문	197

E

| Empty Stream | 636 |
| Enhanced Class Decompiler | 55 |

EnumSet	452
Exception	712

F

File 클래스	752
FileInputStream	740
FileReader	745
File.separator	753
FileWriter	745
filter( )	692
final	89
findAny( )	684
findFirst( )	684
flatMap( )	689
for문	182
forEach( )	645
forEachOrdered( )	646
Function	593

G

getAsInt( )	652
getter( ) 메서드	304
groupingBy( )	669
GUID(Globally Unique Identifier)	704

H

HashMap	418

I

if	210
ifPresent( )	653
import static	655
Iterator	400

J

JAR(Java ARchiver)	221
Javadoc Tool	105
JDK	20
joining( )	667
JRE	20
JVM(Java Virtual Machine)	20

L

limit( )	701
LinkedList	394
List	383
LocalDate	491
LocalDateTime	497
LocalTime	493
LOMBOK PROJECT	302

M

map( )	686
Map	417
mapToObj( )	690
Matcher	568
Math.random( )	91
Maven project	30
max( )	678
maxBy( )	665
min( )	678
minBy( )	665

N

noneMatch( )	682
NOT	135
Null	69

O

OptionalInt.empty( )	652
OR	132
ordinal( ) 메서드	458

P

parallel( )	641
partitioningBy( )	672
peek( )	700
Predicate	598
preview 기능	110
private	293
Project Lombok	39
protected	293
public	293

R

Random 객체	91
range( )	638
rangeClosed( )	638
reduce( )	648
reducing( )	668
RetentionPolicy	519
reverse( )	658

S

Scanner 클래스	81
Set	408
setter( ) 메서드	304
Signed left shift(왼쪽 시프트 연산자)	136
Signed right shift(오른쪽 시프트 연산자)	137
SimpleDateFormat	488
skip( )	701
sorted( )	695

Stack	397
startWith( )	758
static	249
static 메서드 참조	608
sum( )	680

T

this	255
throw	722
throws	723
toCollection( )	653
toList( )	653
toMap( )	653
toSet( )	653
toUnmodifiableMap( )	660
toUnmodifiableSet( )	660
TreeMap	423
TreeSet	411
try-catch-finally	713
try-with-resources	728

U

UnaryOperator	605
Underscore	94
unmodifiableList( )	660
Unsigned right shift	138
UnsupportedOperationException	721
UUID(universally unique identifier)	704

V

var(디입 추론)	86

W

| while문 | 195 |

X

XOR(Exclusive OR)	133
XSSFWorkbook	772
XXSFSheet	772

Y

| yield | 229 |

Z

ZipEntry	766
ZipOutputStream	764, 766
ZonedDateTime	499